U0673644

曾国藩传

他是那个时代的
一个『百科全书』式人物，所涉
政事、军事、人事、德事、学事、家事……
蕴涵丰富，意味隽永
堪称得——
社会资鉴录、人生教科书

董丛林◎著

人民出版社

目　录

引　言

并非蛇足的“务虚”

历史长河，滚滚滔滔，吐故纳新，承前启后。

于今我们回溯一百几十年前的史迹，岂不已有隔世沧桑之感？那个时候，中国还处于最后一个帝制王朝在内忧外患中极力挣扎甚至梦幻“中兴”之际，“时势”造就出的一班所谓“中兴名臣”，在那段历史上也确实演绎了非同寻常的社会和人生“大戏”，既反过来影响“时势”，同时也塑造个人。本书传主曾国藩，就是其中一个最为典型、最有代表性的人物。为这样一个人物作传，在审视其本身的同时，也能连带地看其所属群体，察览世态，自然是很有意义的事情。

对于业已逝去多年的传主而言，当然只能通过史料中介去认知他。关于其人的史料遗存可谓数量丰富，质亦较高，于此有着良好的成传条件。并且，因为其人的身份地位、社会角色和人生特点，不管对他的认识曾有的反差和现存的分歧有多大，他总会成为世人所经常关注的对象，少有真正淡出视野的时候，甚至时或成为“热点”。就关乎其人的论著而言，“古”往今来，可谓夥矣！除时人所作，我们可视为“史料”而外，即使今人之作亦复不少。平时尽量搜罗阅览，从中受益。之所以不揣浅陋，还敢再添其一传，是鉴于传主实在是个复杂多面的人物，所留历史信息资源丰富，审视和解读的空间广阔而回旋余地颇大。虽说作“全传”决不能略其“大面”（这是一般都能注意到的）而专挖偏角，但觉得不管是从总体立意还是具体操作上，还都是有“新”可求的，故有此一试。

曾国藩由一个传统士子，历经多年寒窗，得以登科入仕，又终成举足轻重的大员，军务、政事自然成为他履历中的要项；然而，读书向学又是其终身不泯的倾心挚爱，即使在戎马倥偬、政事繁复之际也难舍难弃，在学术、文化史上留下了抹不去的印记。他身处官场政坛，牵连于复杂的人际，终不能不顺应“官道”，取法权变；但他一直又注重修身养性，以“进德”刻刻自励，成为当年这方面的一个“典范”。他为朝之重臣、邦之梁柱，身属君国，志存“公忠”；而对身家之事也常萦心头，既有的放矢地力持齐家之道，又殚精竭虑于自身和家人的安危祸福，如此等等。在那个年代，修齐治平，内圣外王，也许可谓官僚士大夫们的“通箴”，但真正像曾国藩这样，在相关各事上都留下系统言说和践行实迹的“全才”并不多有。或可以说，他是那个“畸形”王朝的一个“百科全书”式的人物，在政事、军事、人事、德事（修身）、学事、家事等方面，都有值得关注的表现。而这些事项，又可综合归纳入“社会”和“人文”所属的两大门类。窃以为，无论忽略哪一个门类和事项，都难得见其人全貌。

进而想来，上述举及的诸多方面，岂不是构成了一个相“辅”相成与相“反”相成并存的复杂的矛盾体吗？其实，在曾国藩身上，“矛盾”现象是非常凸显的。这除在上列事项中可以体现外，再譬如说，他既是传统的卫道士，又是洋务新政的先导之一；他既残酷无情地镇压起义民众，又绝非纯然欺饰地鼓吹“爱民”之道；他既看重人为奋斗的作用，又摆脱不了天命、迷信的困惑……面对这一切一切，无疑需要我们正视矛盾，辩证分析，如实而又合理地揭示其人的这种复杂情状。就此而言，由表及里地体悟其人的精神韵致也非常关键。这一点，似乎可以从“画论”中获得灵感，而其“形”“神”关系之论，应该是最值得揣摩的奥旨深含之点。古今这方面的言说可谓多矣，不必烦琐地引证原文了吧，从其要旨上体悟，似可概言：形神相依，不能截然分割，但两者又相对独立，有层次上的低、高和把握上的易、难之别，应求取以形写神，由形传神，形神兼备，神超乎形，以神摄形。作画如此，那么，借鉴到写人物传记当中，“形”、“神”当为何指？似可谓，“形”者，乃“静态的表象”；“神”者，则为“内在的韵致”。本传当中，为了做到由“形”入“神”，复活传主“内在的韵致”，故而特别注意“心态史”方面的探察，以及关键细节上的发掘，还有基于史实和逻辑规则的合理推演。

人物研究自然包含价值取向，所谓“评价”，或可视为研究中的要素之一，然而，又绝非唯一，似更不应作为最紧要的指归。不妨从一个例子引申来说：当年梁任公交代他写《李鸿章传》的立意，说传主“为中国近四十年第一流紧要人物”，“读中国近世史者，势不得不口李鸿章；而读李鸿章传者，亦势不得不手中国近世史”。这显然是鉴于李鸿章其人的历史地位，要把为他所写之传，作为知其人与察其世双向贯通的一个“中介”。故梁氏言其所作李传，“虽名之为‘同光以来大事记’可也”，而书成之后，又有《中国四十年来大事记》的别名。想来，尽管曾国藩与李鸿章在世时间上的先后、长短不同，具体履历有异，但他们同属梁任公所谓中国近世史上的“第一流紧要人物”，当无问题。因为他们有这等历史重要性，不了解其人，就难知晓其世；同样，不了解其世，也难真正认识其人。既然如此，我们岂不该把为之作传，既作为察其世相的一条引线，又将与之连带的世相作为凸显其人真貌的必需背景？若是如此，那么，给其人戴顶什么“帽子”，作个怎样的“鉴定”，也就是不必刻意追求的事情了。窃以为，简单地胶着于“评价”，自会障碍研究的深入，甚或陷入迷误的泥沼，那种“贴标签”、“跳两极”、“压跷跷板”之类的滑稽游戏，起码与此种迷误不无关系。本书的写作中对此保持应有的警惕，将着力点放在具体地揭示人物的言行、心理表现和相关社会情状上，总体上尽量淡化“评价”，寓“评”于“述”。当然，也决不排斥和回避结合历史情节的具体“评论”，将“论”与“述”的有机结合和融通作为基本手法之一，即使稍带一点“评传”的味道亦未尝不妥，只是力戒空泛玄虚的、生硬武断的、尤其是非学术语境的“政治鉴定”式“评价”而已。

本书定位于学术性的历史人物传记。秉持实事求是的原则，立基于扎实的史料基础，注意对材料的审查辨析和合理解读，对传主作不仅“形似”更要“神似”的展示——这是本传写作的最基本立意。同时，也不忽略表现形式上的用心。就结构布局而言，鉴于时序是事物最为基本和自然的发展线索亦逻辑线索，故此传以接续的“时段”来设计“章”序，而每章所含的若干“节”（未出现“节”的字样，以数字一、二、三……表示），其内容可谓分属不同的“事类”，大多“节”所述事体，基本上就在所属“章”的时段之内，但也有些“节”的涉事内容需要前溯后延，有所穿插、跳跃，以求集中，不宜拘泥。这样，即在主线上依从了时序，又可避免“流水账”式的散乱杂陈。文字上，则有追求典雅而又活泼灵动的努力，相信“言之无文，行而不远”的古语诚有至理。其实，曾国藩之辈堪称文字高手，故本书中特别注意精选引录原文，这当不失为原汁原味“原生态”地展示相关情境的必要手段。

以上算是关于拙著写作立意的一番交代。当然，笔者深知，立意的追求并不等于实现，作如此交代的目的之一，便是为给尊敬的读者审查赐教提供参照。

自信并非蛇足的“务虚”话语就此打住，接下来就让我们“入实”地具体观摩传主在那个特定舞台上的“表演”，同时也不忘追踪他隐深之处的心路。

第一章　终于登龙门

一、“神虬”惊梦故事的寓意

这是一个平常的时间——清朝嘉庆十六年十月十一日（1811 年 11 月 26 日）晚间十来点钟。可以想见，此时，京城里白天的喧嚣已经退尽，即使皇家宫苑，其昏黄色的灯光里，似乎也透出几分疲惫。至于散布在辽阔“王土”上千千万万个孤镇陋村，更是被浸着寒气的朦胧月色包裹在沉寂里。不要说这一时刻，即使在这一年里，皇朝也没有发生惊天动地的特大事变。较需一提的，是七月间朝廷重申“严禁西洋人潜住内地”和“民人私习其教”①，要把“禁教”和闭关锁国的樊篱扎得更紧。

这是一处平常的地方——湖南省长沙府湘乡县大界白杨坪。这个闭塞的山野聚落，离大清帝国的都城有三千多里之遥，乡民们也许大多能够隐约知道，正在金銮殿里坐天下的是嘉庆皇帝，至于皇帝和皇家宫苑是个什么模样，恐怕连做梦也想象不到分毫。不过，这里有世代相沿的山山水水，黎民百姓尽管生活贫苦，但也年复一年、习以为常地生息繁衍，打发着平淡无奇的岁月。

这是一件平常的事情——一个“小康”农家的孕妇临产。这时距“盛世滋丁，永不加赋”的“纶音”发布业已百年，全国丁口已达三亿五六千万，在这偏僻的山乡再添一个小儿，何异于沧海之中再加一粒微粟？

然而，此时、此地、此事，可以说又都是不平常的。不仅仅是对这个家庭，而且对它所属的王朝也是如此。如果说其不平常，对于王朝来说还要待三几十个四季循环之后才会证明，那么，对于这个家庭而言，眼下即已步入“进行

① 《清实录》，中华书局 1986 年版影印本，第 31 册，第 325—326 页。

时态”了——

据说，这家辈分最长、年近古稀的曾竟希老人，此时在睡梦之中忽然看到一条巨大的“神虬”蜿蜒自空而下，落在他家中庭，头伸到梁上，尾端则盘绕于柱，“麟甲森然，黄色灿烂”，让人“不敢逼视”，遂被惊醒，而这时恰好听到传报曾孙出生的喜讯。老人揣摩方才梦境，大喜曰：“是子必大吾门，当善视之！”这个婴儿，便是初临人世的曾国藩。看，“神虬”惊梦之事，岂不就是一个“不平常”的开头！

还说此儿出生之后，他家又有“苍藤生于宅内，其形夭矫屈蟠”，很像曾祖父梦中所见“神虬”的形状。以后多年间，此藤荣衰竟昭示着长大成人、步入社会的曾国藩境况的顺逆：它枝叶繁茂的时候，曾国藩就登科、升官、打胜仗；而他遭逢变故和挫败之时，藤就显出似要枯萎的样子，所谓“如是者历年不爽”。还有曾国藩为“癞龙”转世之说。这除了与曾祖父梦境和故宅奇藤的事象有关之外，还牵涉其人的“癣”疾。曾国藩长大后患上这种病症，百般调治，时轻时重，终不得愈，后半生一直为其所苦，痒上来不停地抓搔，癣屑如鳞片纷纷脱落。从其症状看，恐怕就是今天所谓银屑病（俗称“牛皮癣”）。这对于曾国藩本人来说恨不得一朝除之而后快的疾患，却被传为“癞龙”体征。据说与曾国藩有过接触的江西饶州知府张澧翰，精于相术，有谓其端坐注视曾氏，“张爪刮须，似癞龙也”①。

这个“癞”字听起来不雅，在当年则是必须得加上去的。谁都知道，那个时代只有帝王才堪称“真龙天子”，其他任何人不得“拟龙”僭越。曾国藩再显再贵，也终为“人臣”之属，是其人“赖有此癣，俾虽龙而癞，不与所谓真龙天子同科。否则，黄袍加身，取清室而代之矣”——后人或就此说生发感言：“癣疥之疾，乃有偌大关系，良可发噱！”②然而，无论你觉得多么可笑，当年的造作者想必是很认真的。除了“癞龙”、“神虬”之外，也有以“巨蟒”称之的。总之，都是与“真龙”不同但又形近的非凡之物。

说曾国藩是这类物种转世者还有一个“证据”，那就是其人生性畏惧鸡毛。说是他遇有传递紧急情报的“插羽之文”（按：即俗称“鸡毛信”之类），

① 本段及上段中引文见薛福成：《庸盦笔记》，江苏古籍出版社2000年版，第81页。

② 徐凌霄、徐一士：《曾胡谈荟》，山西古籍出版社1995年版，第11页。

“皆不敢手拆”。作此说者还以在场见证人的身份记述下这样的事情：曾国藩在去世的前几个月到上海阅兵，其侍从事先到检阅台查看布置情况，见为曾氏准备的座位后边有鸡毛扫帚，立即让人拿掉，说曾氏“恶见其物”。那么，何以如此？记述者由《随园随笔》中查考到了关于“焚鸡毛，修蛇巨虺闻气即死，蛟蜃之类亦畏此气”的记载，遂更“悟”及和相信曾国藩是“神蟒转世”①。而在那一特定时间和场合出现的鸡毛帚，似乎就成了曾国藩不会久于人世的凶兆之物。

此类事情并非仅仅作为志异性的谈资笑料被记述下来，当年多是作为“正经”之说出现的，甚至为曾氏所作谱传中也不乏作为可信之事采载者。譬如，由作为曾国藩“四大弟子”之一的黎庶昌署名的《曾文正公年谱》②中，还有其人所作《曾太傅毅勇侯别传》③里，都肯定性地置有这类内容，并且属较为“原始”者。我们这里考索展陈这类内容，绝不是作为猎奇的噱头，而是要透过这种传说的荒诞表象，体悟其不应忽略的政治和文化蕴涵。正如有谙熟近世掌故的人士所注意到的：旧日人们对于显贵人物，“每喜以附会种种神话，以示崧生岳降、生有自来之意。历代开创之君，其赖以号召，故神其说者无论矣；即人臣之位高勋著者，亦不乏神话式之传说，为非常人之特征”④。的确，翻检旧日的帝王将相传记，关于若辈出生时的神异之说并不鲜见，甚至可谓连篇累牍，在在多有，关于曾国藩者绝非特例。

想来，对旧日这种颇为流行的传闻事象，仅以“荒诞不经”予以简单地抛弃并不可取。其实，它是当年具有浓重政治色彩的神秘文化的一种醒目表征，具有“神道设教”的性质。它之所以能够流行得开来，也是以具有起码规模的接受市场为前提性条件的。一般说来，显贵者当然不会排拒对其有利的神化，但这种神化变本加厉地凸显和放大往往更在事主无知无觉的身后。具体到曾

① 陈其元：《庸闲斋笔记》，中华书局1989年版，第61页。

② 岳麓书社1986年版改名《曾国藩年谱》。顺便说明，有研究者考证，该年谱的实际作者当为湖南籍人士曹耀湘（见王澧华：《〈曾文正公年谱〉作者考辨》，《历史研究》1996年第4期），但至今并未见有更改署名的版本问世，故本书中仍依其旧。

③ 该别传载《拙尊园丛稿》，台湾文海出版社“近代中国史料丛刊”影印本，第199—230页。

④ 徐凌霄、徐一士：《曾胡谈荟》，第11页。

国藩，他在世之时对有关自己的神异传闻能知晓多少及所抱态度不好细究，但起码可以想见，对以其体癣附会而成的“癞龙”之说，如果他能得知，恐怕不免会抱以几分苦笑。他是怎么也不会欣赏和留恋如此“贵疾”的吧？难道他可能一边挠着“鳞体”，一边陶醉于“癞龙”之想，默诵“天将降大任于是人也，必先苦其心志，劳其筋骨，‘痒’其体肤”吗？

至于神虬惊梦的故事，则可以说既是相关一系列传说的生发源头，更不失为其家族的“传世经典”。曾国藩去世后，其子曾纪泽在祭父文中也郑重置言：“昔我高祖，夜梦神虬，蟠础缠栋，夗蟺蚴蟉。怖骇末终，诞降吾父，卜云大吉，为王室辅。苍藤献瑞，垂荫终亩，大逾十围，其占贵寿。贵则贵矣，寿止如斯。有征无征，天道宁窥？”①虽说表面上在最后表示出对其征验的怀疑之意，但实际上其主旨还是借以张扬乃父的非凡、特出。

推本溯源，神虬惊梦的故事与其说是曾门的欺骗性杜撰，不如说是巧合性附会更近乎情理。曾氏借它寄寓的是光大家门的一个强烈愿望。也可以说，它是曾门多年间一种最大希冀的幻化。这从其山乡农家与古圣后裔的家世背景便不难解读出来。

曾国藩家的远祖，可以确切地追溯到曾参。这由存世的曾氏祖谱资料可以推查证明，的确没有曾国藩家族为给自己贴金而妄行攀圣认祖的嫌疑。曾参，春秋鲁南武城（今属山东费县）人，孔子的著名弟子。是他发明了“吾日三省吾身”这千古不朽的格言，作为四书之一的《大学》相传也是由他述作。他被后世尊为“宗圣”，享配祀“至圣先师”孔子之荣。这显然是一块很荣耀和漂亮的祖源招牌，曾国藩家族当然珍惜和利用，其祖谱全称即《武城曾氏衍湘乡大界房族谱》，特别标识出由武城“宗圣”流衍到湖南湘乡的宗支关系。当然，实际上这中间还有若干中转环节。

有考察者据曾氏族谱资料揭明：武城曾氏自十五派曾据南迁江西庐陵，至四十五派曾霸（坝）始迁湖南衡阳唐福，至六十二派曾孟学迁湘乡大界（今属双峰县），成为大界房曾氏始祖。② 曾孟学，字少林，生于明万历三十年（1602年），卒于清康熙十九年（1680年）。其曾孙曾应贞（字元吉）便是曾国藩的太

---

① 曾纪泽：《祭文正公文》，喻岳衡点校：《曾纪泽遗集》，岳麓书社1983年版，第153页。

② 参见罗绍志、田树德：《曾国藩家世》，江西人民出版社1996年版，第41页。

高祖。曾国藩的曾祖竟希，也就是在曾国藩降生时做了那个“神虬”之梦的人，是曾应贞的孙辈。曾竟希生有五子，第三子曾玉屏（字星冈）就是曾国藩的祖父。曾玉屏生有三子，其长子曾麟书（字竹亭）即是曾国藩的父亲。

曾国藩的出生地在湖南湘乡大界白杨坪，这个不大的村落地处湘乡、衡阳两县之间的高楣山下，在湘乡县城以南百余里。是竟希老人嘉庆十三年（1808年）率家人迁居该村的。也就是说在迁来此坪的第四个年头，曾国藩出生。这个时候，他们这个小家族只能说是以“耕”为主、以“读”为辅的乡间小土财主。虽说积累有百十来亩地产，在十坪八村算得上比较富裕的门户，后生们也有了读书识字的条件，但多少辈子还没有出个获得功名、登科入仕的人物。这岂不让“宗圣”曾子的这支传人汗颜？正是寄寓着家人们对一个男婴日后蟾宫折桂、光宗耀祖的厚望，曾国藩降生世间。这个时候，迷信预兆的老人们一个巧合的怪梦，或是其眼中一种“奇特”的事象，都极容易有意无意地被赋予神秘的解释，神虬惊梦之事恐怕即不外如此。

当然，“国藩”是其人日后才有的名号，他的乳名叫宽一。据传说，小宽一初生之时丑陋猥琐毫无富贵之征的样子，竟让其生母江氏对可能应合老太爷的梦释大为怀疑，不过，丈夫关于孔夫子刚生下来也是一副丑怪模样，终成至圣的一番例说，使她转觉宽慰。祖父曾玉屏，更是对得孙男喜不自禁。据说平日并不怎么迷信的他，为长媳的生男生女，事先曾请算命先生占卜，结果说是要得女孩，他急得求神许愿，祈求生个男婴。长媳临产之时，夫人去接生，他自己在屋里守候不睡。还几次跑进祖堂添油剔灯，焚香祷告，乞求祖宗保佑快降男喜。接完生夫人回屋，他急不可耐地问是男是女，平时在丈夫面前唯唯诺诺粗气也不敢喘的夫人，打心眼儿里高兴，此番竟斗胆要成心逗一下丈夫，故意装出失望的样子告是“千金”，曾玉屏一听顿时懊丧之极，呆愣愣地俨然木雕泥塑。正好这当儿曾麟书兴冲冲地进来报是男婴，老头子一听顿觉喜从天降，当下就铺排要大筵宾客。这虽然只能当作一种故事性花絮，品味起来却十分符合曾门人等当时的心理状态。在那个时代，女子连科举入仕的性别资格都没有，光大门户的希望当然只能寄托在男儿身上。得男得女，可以说是其家族梦想是否有真正希望的首要前提。所以小宽一的出世，对于当时的曾门来说不啻天使降临。

有记载说曾国藩自幼就显有特异出众之处。譬如：“自初生至三岁（按：

旧时计岁是以虚龄，本书中皆照此），庭户不闻啼泣声。母江太夫人勤操作，不恒顾复。每日依祖母王太夫人纺车之侧，花开鸟语，注目流眄，状若有所会悟”。及至五岁时，便“受学于庭，诵读颖悟”。其实，这种俨然“史笔”之下的“实录”，较之上面述及的某些稗野传闻，其可靠性也未必就能高多少，甚至更易落入为尊贵者天生命定出奇超众作注、张本的窠臼俗套。曾国藩少年时的许多迹象表明，他也并不是一个超常聪慧的神童。不过家人对他的钟爱是可以想见的，特别是那个信得梦兆的竟希老人，对小曾孙会喜爱尤甚。但遗憾的是他并没有等到吉梦征验的那一天，在曾国藩六岁那年以七十有四的享年去世，据说小宽一“哭泣甚哀，执丧若成人”①。

竟希老人去世后，曾玉屏便成了一家之长。这是一个很有性格的人物，并且也是对曾国藩一生影响最大的长辈中人。曾国藩这样记述其祖父的言说：“吾少耽游惰，往还湘潭市肆，与裘马少年相逐，或日高酣寝。长老有讥以浮薄，将覆其家者。余闻而立起自责，货马徒行。自是终身未明而起。”可知，曾玉屏是一个经历了浪子回头般人生转折的人物。其家虽非豪富，但尚能衣食无忧。于是，他一度成了一个耽于游惰的浪荡子。但是，这种靠农耕起家的小康之户，必须是靠持家的勤苦来支撑和延续的。对曾玉屏的浮薄派头，乡里长老非但“讥”之，更以“将覆其家”来警告，诚为良苦之言。有幸曾玉屏由此而能受到警醒，翻然悔悟，改弦易辙，前后判若两人，真可是浪子回头金不换。仍是据曾国藩记祖父忆述：

> 余年三十五，始讲求农事。居枕高嵋山下，垅峻如梯，田小如瓦。吾凿石决壤，开十数畛而通为一。然后耕夫易于从事。吾昕宵行水，听虫鸟鸣声以知节候，观露上禾颠以为乐。种蔬半畦，晨而耘，吾任之；夕而粪，庸保任之。入而饲豕，出而养鱼，彼此杂职之。凡菜茹手植而手撷者，其味弥甘；凡物亲历艰苦而得者，食之弥安也。

这不只是描绘出了一幅生动的勤耕力农的图画，同时也情真意切地道出了农耕苦乐的生活哲理。

① 黎庶昌：《曾国藩年谱》，第2页。

曾玉屏火大性暴，而又豪爽侠义，贺吉吊丧，扶危济困，身体力行，在乡里算得上一个能孚众望、有头有脸、令人敬畏的人物。他自己说："邻里讼争，吾尝居间以解两家之纷。其尤无状者，厉辞诘责，势若霆摧而理如的破，悍夫往往神沮。或具樽酒通殷勤，一笑散去。君子居下，则排一方之难；在上，则息万物之嚣。其道一耳。"至于在家中，更是说一不二的专制之主。其夫人是一个能勤苦持家，"经纪百端"的主妇，但在他面前"卑诎已甚"，甚至到了一见丈夫愠怒，"则竦息减食，甘受折辱以回眷睐"①的份上。对于后辈更是严厉有加，不稍宽纵。

如此，曾玉屏莫非就全身心地充满荣耀和优越感了吗？不，他心头也压着一块不能自我卸掉的巨石，那就是所谓"大以不学为耻"②。为学可不像农耕那样只要不惜心身之力立马可行，春华秋实收效快捷。而要学有所成，特别是走通科举功名之路，除却其他多方面的因素不说，单学历一条，即使自幼苦读，十年寒窗，也未必能争得一捷。像曾玉屏这样半老之年方脱胎换骨，又得以业农顶家为主，再走士子之路显然已不可能，他只好寄望于儿孙后辈。在这方面自身的绝望越大，对后辈的希望越殷，所以极力为之创造学习的条件和氛围。他尝这样坦言："吾早岁失学，壮而引以为耻，既令子孙出就名师，又好宾接文士，候望音尘，常愿通材宿儒，接迹吾门，此心乃快。"③

长子曾麟书自然首先成为他督导的重点对象，所谓"穷年磨厉，期于有成"。并且对其严厉峻烈得出奇，"往往稠人广坐，壮声呵斥；或有不快于他人，亦痛绳长子"。曾麟书也只得逆来顺受，所谓"起敬起孝，屏气负墙，踧踖徐进，愉色如初"④。想来，曾玉屏这样对待长子，实在是出于恨铁不成钢的心理。他虽然在时间和物质方面为其创造了学习的良好条件，曾麟书也不是怠惰荒嬉之辈，但资禀欠佳，才力平平，能成"大器"的希望几微。三子中的其他俩人，小曾麟书七岁的次子曾鼎尊在这方面更是无望(并且，他于二十四岁上就早逝)。三子曾骥云仅长侄儿曾国藩四岁，一个稚童虽说是否可雕之材尚

① 前注以下至此之引文，见曾国藩：《大界墓表》，《曾国藩全集·诗文》，岳麓书社1986年版，第329—330页。

② 曾国藩：《台洲墓表》，《曾国藩全集·诗文》，第331页。

③ 曾国藩：《大界墓表》，《曾国藩全集·诗文》，第329页。

④ 曾国藩：《台洲墓表》，《曾国藩全集·诗文》，第332页。

难判定，但也见不到聪慧出众的迹象。在这种情况下，寄望孙辈学有大成的梦幻自会超常强烈，此又是与曾门新的一代香火延续合一的事情。

曾国藩并不是他父母所生的第一个孩子，其上边是姐姐国兰，国兰也是后来起的名号，其乳名是“男妹子”。她出生前长辈都殷殷盼望这一辈的头一个孩子是个男儿，可生下的却是个女婴，曾家人一时大失所望。按习俗初为人父的曾麟书应向岳家报喜，可他扫兴未去。给这个头生女孩取名“男妹子”，便有兆示第二个必定是男孩之意。[①] 由此，便可更真切地体察曾国藩临生之际曾家人等那般忐忑的心情，恐怕不啻下了巨大赌注者正面临翻牌见输赢分晓的那关键一刻，由此也就能够更有助于理解那“神虬惊梦”故事的寓意了。

二、“蟾宫折桂”的拼搏之路

竟希老人的“吉梦”似乎没有白做，小宽一以其日后的造化给以“验证”和回报。再准确地说，正是因其日后的造化，对本来属附会的神异之说有了承而当之的本钱和资格。假如说他终生为一介株守山隅的小民，这种神化其人的谈资岂不成了“皮之不存，毛将焉附”的空幻？当然，大到一个社会，小到某一个人，其历史都不能假设。对于曾国藩来说，既定的事实是他毕竟为大有“造化”的人物。

纵观曾国藩的“造化”之途，也并非一帆风顺，平步青云。而是曲直相间，崎坦并存。既有常规的水到渠成，又有奇径上的鬼使神差；既有成败昭然、祸福分明的不易之局，又有塞翁失马安知非福的歪打正着。而无论如何，及至道光十八年（1838 年）桃红柳绿的时节，二十有八尚未及而立之年的曾国藩，跳过“春闱”龙门，站在进士这最高一级功名的台阶上，拥抱了蟾宫折桂的多年梦想，是他“造化”之途中的至为关键的一阶。因为，由此他作为国家“抡才大典”中优胜而出的凤麟之选，取得了正途入仕的高级入场券。既然如此，就有必要回顾和体察一下，他是怎样一程程地走到了其人生旅途中的这样一个界碑。

---

① 参见罗绍志、田树德：《曾国藩家世》，第 161 页。

当曾麟书尚在乃父的严督下孜孜苦读的时候，稚子宽一就开始了他正式入塾学习的生活，时在嘉庆二十一年（1816年）六岁之时，请的是一位姓陈的先生，专门做他的问字师。竟希老人是这年十月间去世的，生前他有幸目睹了自己所钟爱孙儿的入塾发蒙，想必已是对他的莫大安慰。

这年已二十有七的曾麟书，已经有过多次参加童试而不能获售的经历，面对儿子都已入塾自己尚学无所成的事实，不好再专一读书，便考虑做一份与学事有关并且于家计有补的工作，来年即创设了一所名曰"利见斋"的塾堂，招收了十来名孩童教读。曾麟书既已自行立塾，陈先生也就辞席告退，小宽一遂就学于乃父。曾麟书则一面教书，一面自学，并没有放弃继续入闱一试的努力。

曾麟书自己的学业上难进佳境，教读他人似乎也无甚妙法高招。但就教习初入塾堂的稚童来说，学力上自然还算绰绰有余。并且他做事情有股认真和耐心的笨功夫，教书亦然，尝对生徒言："吾固钝拙，训告尔辈钝者，不以为烦苦也。"对别人家的孩子尚且如此，对自己的儿子自然更不会例外。据曾国藩自己忆述，当时父亲对他"晨夕讲授，指画耳提，不达则再诏之，已而三复之；或携诸途，呼诸枕，重叩其所宿惑者，必通彻乃已。"①真可是达到了随时随地、不厌其烦督教的地步。何况，小宽一的资禀应该说高于一般的儿童，又得乃父亲自督教之利，所以在同学中就越来越有出众的表现。

检视曾国藩当年的学习进程，到九岁的时候，即"读五经毕，始为时文帖括之学"，也就是说开始学习作应科举考试的八股文了，并且还颇见"文以载道"的悟性。有记载说，他十岁上国潢弟出生，父亲笑着对他说，你现在有弟弟了，就此作一篇时文吧，出的题目是《兄弟怡怡》。父亲看了他写就的文章"喜甚"，曰："文中有至性语，必能以孝友承其家矣！"及至十四岁上，竟因他诗赋才华为人欣赏而获订婚。事情是这样的：衡阳籍的乡绅和馆师欧阳凝祉（号沧溟）与曾麟书友善，来曾家塾堂，见到其家公子哥所为试艺，"亟赏之"。得意的曾麟书又请欧阳氏当场命题试诗，曾公子即席出赋，欧阳氏览而惊叹："是固金华殿中人语也！"②于是便择定了这位少年东床。也就是这年间，曾国

① 曾国藩：《台洲墓表》，《曾国藩全集·诗文》，第331页。
② 黎庶昌：《曾国藩年谱》，第2—3页。

藩跟随父亲到长沙第一次参加了童试，这是他入闱应考的开始，其结果是父子双双落选。

此后的几年中，曾麟书起码曾两度改馆，一次是设名曰“锡麟斋”的同族塾堂，另一次是到邻近的石鱼百鲁庵设馆，曾国藩都继续从读。这期间，又修习了《周礼》、《仪礼》，并兼及《史记》、《文选》等课程。他学业上不断长进，实际上比之乃父已不为逊色了，曾麟书充当业师已经越来越力不从心，便考虑让他外出深造，并且要脱离私塾而进入书院。

在当时的教育设施中，书院应该说是高于私塾的一个类别，并且，其性质上也比较特殊，具有介于官学与私学之间半官半私的一种模糊属性。它不同于官方体制内的各级儒学，但与官方有又有密切联系，往往由名绅名儒领办，并且官方通过对其主持者和师生的督查、考核、奖惩等相关措施来进行控制，特别是科举指归的诱导，使得书院在很大程度上成为官学教育和科举制度的附庸。当然，也有些书院能保持有自己相对独立的学术和学风特点。总之，当时书院的情况比较复杂，不能一概而论，特别是在办学层次上更显分轩轾，湖南的情况亦颇典型。

道光十年（1830年），正值弱冠之年的曾国藩，离乡到邻县衡阳唐翊庭氏所办的“桂花轩”书屋就学。或说它即属书院，或说亦是私塾。无论如何，曾国藩毕竟走出了自家和乡族的塾堂，改变了偌多年间只在当时连生员都不是的父亲身边从读的境况，起码也可以算是他“出塾入院”的一个过渡。在这里任教的是一个叫汪觉庵的先生。从日后曾国藩对其人表示礼敬和推重，并且赞同自己的弟弟也跟从学习的情况看，汪氏当是道德学问都不错的一位老师。但曾国藩在这里学习的时间并不太长，第二年就告离。至于原因，可能和在这里遭到有的同学嫉妒有关。这从他后来与诸弟商议学事，“衡阳不可以读书”，“为损友太多故也”（但称誉汪觉庵为“明师”）①的言语中，可隐约体察出来。但这段外乡的学习生活，想必也会有助于他开阔眼界，增长学识。特别是这里离本即衡阳籍的王夫之的隐居著述之所不远，临境感事，对曾国藩推崇王氏之学不会没有一些影响。在此学习期间，曾国藩取名子城，字居武。

随后曾国藩进入的是本邑最好的涟滨书院，但曾国藩可能遭遇到了与在

① 《曾国藩全集·家书》，第一册，岳麓书社1985年版，第53页。

衡阳读书时类似的情况（他同样也说过“涟滨不可以读书”的话）。这也许更促使他总结以往的经验教训，加倍发愤努力。此间他改号“涤生”自励：“涤者，取涤其旧染之污也。生者，取明袁了凡之言：‘从前种种，譬如昨日死；从后种种，譬如今日生’也”①。该院的山长刘元堂先生也颇欣赏曾国藩的才学，对其诗文“叹赏不置，以为大器”②。

道光十二年（1832 年），曾家父子再次一道参加童试，这次曾麟书终于告捷，得入湘乡县学。曾国藩则为备取，以佾生注册。对于曾麟书来说，这可是着实不容易的事情。他已先后参加过十七次考试，到了年逾不惑的四十有三的半老之时，才算中了个“秀才”。不过，这对于湖湘支派的曾氏世家来说，已经具有了破天荒的“里程碑”意义。后来曾国藩追忆起乃父的此番经历，大发感慨：“吾曾氏由衡阳至湘乡，五六百载，曾无一人于科目秀才之列。至是乃若创获，何其难也！”③

至此，已是曾麟书的“尽头学历”，他是再无进取余力了。而曾国藩的出蓝锋芒则愈发显露。第二年，他便正式考中生员，时年二十有三。虽说亦算不上少年捷登，但较比乃父已整整早了二十个年头。这年腊月，他把许字有年的欧阳夫人娶进家门。闱场初捷，又燕尔新婚，真是双喜临门。然而，曾国藩并没有因此陶醉，完婚几个月后，他便离家到省城的岳麓书院继续深造。

岳麓书院不要说是在湖南所有书院中首屈一指，并且在全国范围也数得上赫赫名牌。该院背倚岳麓山，前临湘江水，古树掩映，幽径回绕，花香汇书香，松涛伴书声，环境分外幽雅。特别是其历史悠久，文脉深厚，自宋代创设，便很快成为“天下名学”。与朱熹、吕祖谦并称为“东南三贤”的南宋名儒张栻曾主持该院，并写下了著名的《岳麓书院记》，宣明了他不拘于科举利禄之学，重在造就经世之才的办学宗旨，其务实求真之学风，对后世有着深远影响。特别是朱熹来访进行学术交流，所谓“朱（熹）张（栻）会讲”，更成为该院的千古佳话，奠定了其学术高坛的地位。岁月如流，朝代多易，岳麓书院也饱历事变，但其院格学风前绪不泯，传承光大的名儒高士亦因时而出。

---

① 《曾国藩全集·日记》，第一册，岳麓书社 1987 年版，第 42 页。

② 黎庶昌：《曾国藩年谱》，第 3 页。

③ 曾国藩：《台洲墓表》，《曾国藩全集·诗文》，第 331 页。

到曾国藩求学岳麓的这个时候，书院的掌门人为欧阳厚均。其人为湖南安仁籍，嘉庆初年进士，曾做过御史，以母老告归。他本人即曾是岳麓学子，师从前任山长罗慎斋。他受聘继任山长，司事自嘉庆二十三年（1818 年）至道光二十四年（1844 年）长达二十七年之久，入门弟子三千余人，颇富学名、师誉。名师高朋，地灵人杰，曾国藩在此就读如鱼得水，考试成绩常名列前茅，平时吟诗作文也深得师友称赏，声名鹊起。对在岳麓书院的学习生活，曾国藩在日后多年回忆起来，依旧觉得兴味盎然，好生感慨，曾有诗曰：

岳麓东环湘水回，长沙风物信佳哉！
妙高峰下携谁步？爱晚亭边醉几回。
夏后功名余片石，汉王钟鼓拨寒灰。
知君此日沉吟地，是我当年眺览来。①

进入岳麓书院的当年，曾国藩即秋闱报捷，在本科乡试中以第三十六名中了举人，跃上了科举的又一大阶。其时乡试中式定额，湖南全省不过四五十人，应试与录取者的比例，大约为八十比一，可见实属不易。并且与中秀才是两年间接连踵成，快捷的不能再有。这对于曾国藩自信的激励可想而知，当年冬他便“公车”入都，准备参加来年春天的会试。不意届时受挫，名落孙山。为了接着在下届再试身手，免除往返时间和精力上的浪费，他便在京城住了下来，刻苦攻读。然而，在道光十六年（1836 年）的恩科会试中，又不获中。一时的失望抑郁在所难免，但有一个很值得注意的迹象，就是曾国藩首次入京留居期间，在治学上开始有了自己的侧重方向和门径方法，不再一味盲目效习应试的时文帖括，这待稍后再具体论说。当然，曾国藩并没有也不可能放弃对最高一级科举功名的追求，并且仍以之为最迫切的奋斗目标，决心发愤再图。

已离家日久的曾国藩，不好继续在京久留，此番闱事败北后便南下返乡，并绕道江南一游。曾家并非豪门巨富，不过是平日自给自足略有盈余的农家

---

①　曾国藩：《温甫读书城南寄示二首》（其二），《曾国藩全集·诗文》，第 81 页。这是曾国藩写给时在长沙城南书院读书的国华弟的。国华就读之所虽非岳麓书院，但同在一城，乃兄借题发挥，借自己对当年岳麓书院读书时的美好回忆，抒怀寄情，激励老弟发愤和立志。

而已。即使曾国藩自能尽量节约用度，但多年间供他读书应试，家中也有捉襟见肘之虞。加上他在京师居留偌长时日，费用上已是非常困顿，途中不得不到同邑在安徽睢宁任知县的易作梅那里求借百金。路过金陵时，六朝金粉地，秦淮两岸灯，曾国藩毫不为之动心，只是在书坊书市间留连忘返。为购买一套二十三史，他拿出了剩余的盘费，数来数去，还是不够，便以携带的衣裘顶补，将书买下。一路上节衣缩食，随舱而卧。

回到家中，向父亲告明情况，父亲且喜且诫地对他说："尔借钱买书，吾不惜为汝弥缝，但能悉心读之，斯不负耳！"曾国藩"闻而悚息，由是侵晨起读，中夜而休，泛览百家，足不出户者几一年"①。

道光十八年（1838 年）又该进行新的一科会试。湘省距京遥远，至京后又须留有安置的充裕时间，所以起码在前一年的岁杪，就该首途。而当时，曾国藩家自己连这趟盘费都拿不出来，只好向族戚家借贷。据说这次曾国藩只携带三十二缗钱便上了路，到了京城，只剩下了三缗。应试期间的生活用度，想必还得靠在京借贷。后有其弟子记述此事而感言："时公车寒苦者，无以逾公（按：指曾国藩）矣！"②

这次命运之神眷顾了曾国藩。这就是前边言及的其人"造化途中的至为关键的一阶"。当然，这次闱事本身，曾国藩也并非觉得是一路春风得意，而可谓仍是一波三折。会试他以第三十八名得中贡士。榜上有名他自然感到欣幸，但这个名次又使他颇不满意，本憋足劲在殿试中奋起直追，不想只得了三甲第四十二名，别说是状元、榜眼、探花了（一甲第一、二、三名），连二甲也没能进入，只落个三甲之列"赐同进士出身"。按例，一甲称"赐进士及第"，二甲称"赐进士出身"，三甲则比二甲又添了一个"同"字，以示级差。按照一般情况，三甲人员多不能入翰林。曾国藩中的就是虽"进士"而曰"同"的这最后一级。据说，这使得曾国藩"大恚，即日买车欲归"，还要进行的朝考都不想参加了，是有人好生劝慰，"固留之，且许为尽力"③也就是说尽力帮他的忙，他才打消了放弃朝考的念头，参加了这最后一场考试。

---

① 黎庶昌：《曾国藩年谱》，第 4 页。

② 黎庶昌：《曾国藩年谱》，第 5 页。

③ 朱克敬：《雨窗消意录》，岳麓书社 1983 年版（与《儒林琐记》合刊），第 115 页。

可见，当时曾国藩对科举功名还是特别在意的。其实，这也并非特殊，是自从有了科举考试这玩艺儿，对此孜孜以求的士子们的一种通病。“书中自有黄金屋，书中自有千钟粟，书中自有颜如玉”，千有万有，是要通过科举入仕的门径才能得到的。所以，挤此门径那可真是千军万马过独木桥，挤得人仰马翻，头破血流，迷狂无以复加。能初入此门者，已是千百不及其一，又加上逐级筛选，能跻身进士之列者，更属凤毛麟角。按说，能入其中已该感到千幸万幸矣，但依然还有级别名次来吊人胃口，搅人兴致。即使平日里夸“圣贤”、居“英雄”之辈，到了这当儿也多难脱此樊篱。难怪当年那个绝顶聪明的唐太宗“私幸端门”，见新进士缀行而出，喜曰：“天下英雄入吾彀中矣！”①对科举的笼络控制“妙道”，真是一语破的。但只有当皇上的才有这般掌局的狡黠和潇洒，争当“人臣”的当然只有就范的份儿。

这样看来，曾国藩辈不能免俗自在情理之中。一个“同进士出身”，似乎成了曾国藩一生不能释怀的遗憾。传说后来曾国藩开府纳幕，有一个幕客以怕小老婆出名，曾国藩戏以“代如夫人洗脚”让那人出对，人家即对以“赐同进士出身”来反唇相讥，结果曾国藩大为渐恚。当然，这未必是真确的事实。熟知历史掌故者指出：“此谑在国藩前已见著录。国藩名高，且以喜诙谐著，后来因以此归之耳。自来此类张冠李戴之事数见不鲜。”②不过，既能做此以假乱真的移植，也说明能大致符合曾国藩的此种意态。有更明确述称对话是发生在曾国藩与李元度之间者，情节上也有不同，说是曾国藩“督师两江时，偶与宾客语及‘如夫人’三字无以对，李元度应声曰‘同进士’。曾变色，李亦惭悔，久之乃解”③。想来，言谈中无意脱口而造成误会和尴尬的这种情况，发生的可能性也许更大些。无论如何，同为湘人的李元度曾在曾氏幕下并且两人一度交恶确是事实（后详）。除了这两种说法之外，还有其他“版本”，也就不一一列举分析了。

话题回到当时的考试之事上来。比起会试、殿试，最后的朝考曾国藩则碰到了莫大的幸运。先是排了个一等第三名，而道光皇帝审核钦定时，读了曾国

---

① （五代）王定保：《唐摭言·述进士》上篇。

② 徐凌霄、徐一士：《曾胡谈荟》，第14—15页。

③ 朱克敬：《雨窗消意录》，第115页。

藩的应试之文颇为赞赏，挥笔将其圈定为第二名。曾国藩的名字，自然在皇帝心目中打下了深刻的印记。很快获得"引见"，尽管为时匆匆也总算亲见了"天颜"，并顺理成章地入翰林院为庶吉士。大为庆幸之余，曾国藩一定会想到，人生之事真不啻浮云苍狗，变幻莫测，这也许就是命运吧？宿命之说，是曾国藩一生都信多疑少的。当然，他并不因此而放弃主观努力，也是主张奋力做"人事"拼争的。回顾他不算特别漫长但也绝非便捷的科举之路上的足迹，不也能作出一个证明吗？

无论如何，曾国藩毕竟登得"进士"这最高一阶的科举龙门，仕途之门已经向他敞开。此时，他自然会觉得己身与"国家"紧密地联系了起来。此番中式后他改名"国藩"，显然就寄寓了这样的意蕴。"国藩"之名，也正是自此才正式有了的。

三、家门琐事亦堪品

春闱金榜题名，成进士，入翰林，曾国藩不但圆了个人多年的梦想，也是圆了其家族的一个悠悠长梦。在京安排停当，他便请假回乡。金秋八月出都，一路走走停停，直到腊月才迟迟抵家。途中还遭遇了一场风险，那是在湖北境内道出襄樊舟次安陆的时候，突遭飓风袭击，据说"邻舟数十，鲜有完者"，而惟独曾国藩所乘之舟完好无恙。① 作此记述者虽然没有明写，但言外之意又是在暗示福贵之人得天佑神庇了。其实，他接下来遭遇的家门变故，说明这位新贵也无此"特权"。

当然，曾国藩的此番归里已是非同寻常。"朝为田舍郎，暮登天子堂"；"一举登科日，双亲未老时。锦衣归故里，端的是男儿。"这种当年"识字"兼"励志"双料启蒙的"顺口溜"，他自幼必定就背得滚瓜烂熟，此时自当有了切实的体验。虽说未必真的"锦衣"，但也着实荣贵了。亲友踵门而贺，家中治酒款客，着实热闹了一番。不过，曾国藩本人并没有成为范进，曾家也没有显出一朝暴贵得意忘形的气态。这年六十有五、身体康健的曾玉屏老人欣喜中

---

① 黎庶昌:《曾国藩年谱》，第5页。

更多地保持着冷静，庆贺高潮一过，他就半是商议半是训诫地对曾麟书说："吾家以农为业，虽富贵，毋失其旧。彼为翰林，事业方长，吾家中食用无使关问，以累其心。"纪之者就此评议说："自是以后，公（按：指曾国藩）官京师十余年，未尝知有家累也。"①的确，曾国藩在以后做京官的偌长时日里，并没有十分丰厚的收入，少有能济家用的余资，甚至自己在京逢事还常有借贷的时候，而他尚能够清廉自守，不去钻营贪墨之道。其在乡的家人，则依然能够保持业农持家的本色，没有立显高贵骄奢之习，这与自曾玉屏营造的家风不能说没有密切关系。

后来，由曾麟书拟稿、曾国藩书写有这样一幅联语：

> 有子孙，有田园，家风半读半耕，但以箕裘承祖泽；
> 无官守，无言责，世事不闻不问，且将艰巨付儿曹。

这中间，对其家风模式作了"半读半耕"的概括。实际上，这种"两半"家风即由曾玉屏主使开创，而"半读"之事，则是自曾麟书这辈才开始继有承当的。揣摩品味这副联语，如果说，它对于本有科举入仕之志而未得竟，以一个老童生终老乡间的曾麟书来说，不免隐含着无可奈何聊以自慰的几分矫情，甚至流露出因儿辈承当大任出人头地而抱有的些许骄矜②，那么对于走通科举入仕之路有了官守的曾国藩来说，也许能符合他力求保持家门本色的更多实意。有关情况拟留待后边合适的地方再予细说，现在该看一下至曾国藩中进士、成翰林的道光十八年（1838 年）这时，其家族成员的情况：

祖父曾玉屏的健在及年龄上已提及，祖母王氏也还在世，七十一岁。父亲曾麟书四十九岁，母亲江氏五十四岁。叔父曾骥云三十二岁，婶母小其一岁。他们没有亲子，似与兄嫂合炊而终未分家。妻欧阳氏二十三岁。同胞辈按年序排：姊国兰三十一岁，已于八年前出嫁本邑王氏；妹国蕙二十五岁，于上一年

---

① 黎庶昌：《曾国藩年谱》，第 5—6 页。

② 刘声木就评其"且将艰巨付儿曹"句不当出之，出则显"陋"。当然，同时也认为曾国藩不避嫌而书之"涉于夸诞"。见《苌楚斋随笔续笔三笔四笔五笔》，上册，中华书局 1998 年版，第 582 页。

亦出嫁本邑王氏，与国兰为妯娌；妹国芝二十一岁，闺中待字；弟国潢十九岁；弟国华十七岁；弟国荃十五岁；弟国葆十一岁；小妹（惯称“满妹”）九岁。儿辈当时只有于上一年十月才出生的稚子祯第。

曾国藩回到家中已临近这年的辞岁，本来这应该是一个特别喜乐的年节，但自来年（道光十九年，1839 年）新正之初，在当地流行的天花病魔就无情地也袭向他的家人，很快有国葆（季洪）、国荃（叔淳）、满妹和祯第四人发病，最后国葆和国荃弟兄总算是挺了过来，但满妹和祯第相继死去。满妹临死之前，“面上痘痂皆指爪爬破，面及颈皆烂，血渍被褥，淋漓不复可视，臭气薰蒸，其实极惨”①。小祯第仅十五个月的乳儿，染病开始还日夜哭闹，不几天就连啼哭的气力也没有了，回春无方，也只能眼巴巴地看着他惨死而去。满妹和祯第先后接踵夭殇，时在正月之末二月之初。当时国荃之病亦正严重，悲痛的家人连大放悲声都不敢，生怕惹国荃惊恐，只是饮泣而已。此间国华（温甫）也染病卧床，自然更增加了家人的惊恐，所幸最后确诊其为伤风，并非痘症。

稚子之殇，曾国藩自然悲痛，但更不能控制的是欧阳夫人，想起来就啼泣不止，曾国藩少不了忍痛劝慰。何止于对儿辈的爱怜，曾国藩所怀同胞手足之情也是异常深厚的，对小满妹更是有“老兄比父”的特殊感情，平时见爱有加。满妹对小祯第则特别亲近，抱持抚玩，几“无片刻离身”②，死后姑侄俩又同穴而葬。对此事的伤感之深，曾国藩多年间不能稍释，曾专门为满妹作一碑志，悲戚怀念之情溢于言表。

就在满妹和祯第夭殇的这年，时已二十二岁的国芝订亲，接着出嫁，这也都是做兄长的曾国藩主持操办的。国芝从小体弱多病，连能否成人父母都抱怀疑，所以不宜过早地择婿。就在曾国藩这次家居期间，有友人登门提亲，男方为本邑朱氏，也算个“半读半耕”的门户。媒人特别夸赞该男“愿而敦，讷而慈爱”，说是“必得佳婿，莫良此子”。曾国藩信得过这媒妁之言，卜测也为吉象，便与父母商量，订下了这门亲事，很快在几个月后即行成婚。当时，朱氏兄弟中亦适有捷于乡试中了举人者，故“里人颇称门祚之盛”，“迎亲之夕，姻娅族

① 《曾国藩全集·日记》，第一册，第 5 页。

② 《曾国藩全集·日记》，第一册，第 6 页。

党会者数百人"[①],讲得自然是门户的排场。过门后,国芝在婆家也颇有贤干之名。不意好景不长,结婚八年后她即死于难产。不逾月祖母又去世。曾家的悲哀可想而知。也就是在那个时候,曾国藩在为朱氏妹写下墓志的同时,追忆满妹、祯第的夭殇,也为满妹写了碑记,追忆她"生而善谑,旁出捷警,诸昆弟姊妹并坐,虽黠者不能相胜。然归于端静,笑罕至矧"[②]——活脱脱地描画出一个聪明伶俐而不失端静的小姑娘的形象,可见乃兄对其印象之深。

生死祸福实难卜测,这个己亥年的春天对曾家来说应该算是"黑色"的。比起后来曾氏兄弟在攸关"君国大事"的战场和官场上偌多叵测的重大变端来,这种家门的自然变故似乎算不了什么。然而,揣摩起来,谁又能说这不是借以探查传主内心世界的一条重要引线、全方位揭示其真实生活状貌的一个不应忽略的向度呢? 再显赫的人物,无论其在历史上的角色价值如何,也总是血肉之躯,有其家庭里居环境,有这个环境里的悲欢离合、喜怒哀乐的情感反应。并且,在这个界域里,它往往多的是自然流露,而较少矫饰和造作,可供人弃圣就俗地对其去作心灵洞察和性情扪摸。正是在这个意义上,可以说,"家门琐事亦堪品"。故而,本书中决不鄙弃对这类素材的适当采撷。

在曾国藩这次假归期间,有失妹丧子的悲痛,当然也感受到因其登科入翰而给自己家族乃至乡里带来的荣耀。像得到他这等功名者,不仅是湘(乡)衡(阳)曾家数百年间的唯一,在乡里邑间也不啻凤现麟出之事。试想,一届进士的中额,举国总数一般也就是二百来人的规模(无严格定额,个别也有少至几十人或多达近四百人者),曾国藩获中的这一科,全国为 194 人(一甲 3 名,二甲 82 名,三甲 109 名),湖南全省才 5 人(皆长沙府者,其中湘乡县两人)[③]。从一个较长时段来看就更为醒目:清朝从顺治之初到光绪九年(1883 年)的近 240 年间里,湖南全省共中进士 650 来名,每县(或散州和厅)平均还不到 9 人[④],也就是说,该省每县平均二十六七年间才出一个进士,至于能入翰林者

---

① 曾国藩:《适朱氏妹墓志》,《曾国藩全集·诗文》,第 179 页。

② 曾国藩:《满妹碑志》,《曾国藩全集·诗文》,第 180 页。

③ 据《清朝进士题名录》,中册,中华书局 2007 年版,第 908—915 页道光十八年戊戌科名录统计。

④ 据《湖南通志》,光绪十一年刊本卷一百三十六(商务印书馆 1934 年影印本第 2721—2733 页)有关名录统计核算。

自然就更少了。曾国藩真可是光宗耀祖并兼荣乡里了,这也直接促成了第三次《湘乡大界曾氏族谱》的修纂。

该族谱的首次修纂是在康(熙)末雍(正)初,续修是在嘉庆初年。对谱牒进行第三次修纂,虽说族人已动议有年,但迟迟未能着手。此番曾国藩的报捷,族中轰动,叔父曾骥云遂借机出名主持修务,曾国藩积极助理。此次修谱,并非仅简单地接续前谱,而要通过实地调查寻访踪迹源流,既作新续,又兼修正前修本的错讹。曾国藩或独自一人,或陪同叔父,不避风雨或是酷暑,多处奔波,亲与其事。他返京之前,已把修谱事宜基本料理停当。次年,该谱正式修成。以后又有两次续修。一次是在光绪二十年(1894 年)至二十六(1900 年)间,由曾国藩的侄孙曾广祚(曾国潢嫡孙)和孙曾广钧主持进行了第四次修纂;再一次是到了 1946 年,由曾国藩的长曾孙曾约农主修第五次本,计成二十四卷,是历次修本中内容最为丰富的版本。其中将清帝对曾国藩的御赐文字,以及曾国藩为曾氏族人所作寿序,哀辞、墓表、墓志铭等,悉行录集,并将他的遗训编成专卷。据知情者介绍,现在完整保存在曾氏后裔中的族谱,只剩这五修本了。① 不要说在后两次修纂的族谱里曾国藩理所当然地成为中心,即使他亲自参与的第三次修纂活动,张扬其"功名"的立意也实不可免。

这次曾国藩在休假期间,还促成了叔父的立嗣之事。曾骥云二十岁上即与本邑罗氏女成婚,但其妻长期患病,未能生育。而曾国藩的三弟国华,幼时测命,说要做叔父的义子才能长命,于是就名义上认骥云作"干爷"。至于正式让国华为骥云做嗣子,虽有过多次议商,但皆因江氏夫人不允而作罢。这次曾国藩回来,叔父又嘱托他从中促成,经过曾国藩的"再四劝谐",终于说动了母亲,答应下这件事情。在曾国藩要动身返京的前夕,择定十月二十六日这天,正式举行了个收嗣仪式,"请族戚四席"②。

曾国藩是在这年的十一月初二日启程进京的。碰巧的是,就在这天的寅时(凌晨三点到五点),欧阳夫人生产,添的又是一个儿子,他便是纪泽。想必是日程事先铺排已定,他并没有因儿子的出生再行滞留,不知是带着几分欢喜,几分离愁,曾国藩踏上了北上的途程。

---

① 见罗绍志、田树德:《曾国藩家世》,第 24—25 页。

② 《曾国藩全集 · 日记》,第一册,第 33 页。

第二章　京官岁月

一、学事的转向与进境

道光二十年(1840 年),在中国历史上是一个具有非常意义的年头。以这年鸦片战争的爆发为界标,中国史册揭开了近代的首页。

在曾国藩个人的履历中,这年也是一个有阶段性意义的界标——他结束了士人生涯而正式踏入仕途之门,实现了由“士”而“仕”的转折。

当然，上述这两种宏纤迥异的界标之间并没有一点必然的联系，完全是偶然性巧合。由此回顾曾国藩走过的生活道路，显然典型地是沿着“登科入仕”的千年常轨挣扎奋斗的过程，就此而言，并没有什么超乎当时士流的十分特别之处。如果说，像他这样一个出身于充其量不过山乡小小地主之家的“寒士”，在向功名顶阶、社会显层挤占的行列中，没有任何特权优势，需要自我更加倍地努力奋斗和付出，并且，这对其人生长远而隐深的影响如果也姑置不论，只就这个过程当中其志趣关注和心力投入的因素而言，当然会对科举之外的其他事情造成一种本能性屏蔽。“两耳不闻窗外事，一心只读圣贤书”，应该成为其时曾国藩的生活主调。而所谓“经国济世”之图，是他入仕以后才逐步彰显出来的。鸦片战争这时的风云变幻，炮响东南海疆，在曾国藩并没有表现出特别敏感和激切的反应（有关情况待在后面适当地方细论）。

当曾国藩带着一路风尘,于这年正月踏进尚无些许春意的京城之时,他的身份还是在进行最高层次学业深造尚未“毕业”的一个“学生”——翰林院庶吉士。翰林院属当时国家设置的一个官署机构,掌编修国史、草拟有关典礼文件等事。同时,它也是国家最高级别的文苑场所,设庶常馆选新进士中的成绩较为优秀者(最优秀的一甲三名直接授翰林院官职)入馆深造,称为“馆选”,入选者即为庶吉士。名义上是三年期满,实际上是跨三个年头,经过考试,根据成绩授予不同官职。一般来说,只要有了进士的出身,便奠定了在仕途中的优越地位,譬如可以优先被选充实缺,初任官时即有资格充当正印官(有实权的“第一把手”)等。而获选庶吉士者,就更优一等。

曾国藩这届庶吉士的“散馆”是在这年四月。屈指算来,他实际可能居馆的时间至多不过寥寥数月,可见当时的这种“馆修”在很大程度上有名无实。考试结果他列位二等第十九名,授职检讨。翰林官的位次,主官为掌印学士,要从大学士、尚书类高官中选充。属官从高到低依次为侍读学士、侍讲学士、侍读、侍讲、修撰、编修、检讨等。新进士中的一甲三名,头名状元直接即授修撰,第二、三名榜眼和探花直接授职编修。曾国藩被授的检讨属最末一级,为从七品。官职级别上虽说尚不及一个知县(正七品),但庶吉士留院授职,通常被认为要比除受院外官职者(如给事中、御史、主事、知县等)优秀。翰林官名位清高,与朝廷又可以有较多直接联络的机会,不失为一个有快捷选擢可能的过渡之阶。即使在末等的编修、检讨,转外任也惯以知府保送,迁调都特别受到优待。事实上,从中央到地方的许多高官显宦在很大比例上是由翰林官转擢。史籍中有言:“有清一代宰辅多由此选,其余列卿尹膺疆寄者,不可胜数。”① 诚然如此。曾国藩日后的连升超擢,也与此不无密切关系。

其人的翰林官从最低一级的检讨做起,道光二十三年(1843年)升侍讲,此后两年相继擢侍读和侍讲学士,至道光二十七年(1847年)六月擢内阁学士(兼礼部侍郎衔),结束在翰林院的任职生涯,屈指算来,他在翰林院居官整整七年。翰林官本即文事专职又相对闲散,特别在其居职的最初几年间,所理公务极少,主要的时间和精力还是用于个人的学事修习。其学事转向和进境,也主要是表现在这一期间。多年之后,曾国藩回顾自己的读书治学历程,作有这样一个阶段性勾勒:“余二十岁在衡阳从汪师读书,二十一岁在家中教澄、温二弟,其时之文……脉不清而调不圆。厥后癸巳、甲午间,余年二十三四聪明

① 《清史稿》,中华书局1977年版标点本,第12册,第3165页。

始小开，至留馆以后年三十一二岁聪明始大开。”①所谓“聪明始小开”的癸巳、甲午间，即道光十三、十四年（1833、1834 年）间，是他相继报捷童、乡两试之时，也就是进入岳麓书院读书前后。而所谓“聪明始大开”的留馆以后，主要就是他居职翰林官期间。可以说他是把自己的学事分成了从混沌懵懂到“小聪明”再到“大聪明”的三个从低到高的阶段。这提示的实际上就是学事境界的一个进步过程。

最初一些年里，曾国藩封闭于乡间塾堂，没有什么名师高友来指导匡辅，识见有限，志趣难高，只能囿于循声逐响地仿学八股试帖，练习截搭卜题，难及科考以外的学问。后来他回顾这一时期的情况，感叹“天分不甚低”的自己，“日与庸鄙者处，全无所闻，窍被茅塞久矣”②。显然是陷在一种混沌懵懂的状态。

自打领略岳麓风习，特别是见识京师文华，曾国藩在学事上始有茅塞渐开之感。其进境的第一步是不再仅仅囿于时文帖括之习，开始步入治古文词的门径。有记载说，他初次会试不售，“留京读书，研究经史，尤好昌黎韩氏之文，慨然思蹑而从之。治古文词自此始”③。曾国藩自己也明确说是“自乙未到京后，始有志学诗古文并作字之法”④。

所谓“古文”，作为一种文体的名称，原是指先秦两汉以来用文言写作的散体文，相对六朝骈体而言，后则广义地相对于科举应用文体而言。在历史上，唐朝的韩愈就是大力提倡古文、反对骈俪文体和文风的著名人物。上面引文中言及的“昌黎韩氏”，即指此人。及于有清一代，最为著名的古文流派是所谓“桐城派”。它是由安徽桐城籍人士方苞、刘大櫆、姚鼐（史称“桐城三祖”），相继传承、逐步发展而形成的，尤其是姚鼐，更为集大成者。这一文派既远承唐宋古文大家之遗风，又因时而变地有自己的创新主张。虽然它自身也有拘狭的弊端，但在以“追古”之名义下对抗“时文”的死板僵化、阻滞“载

① 《曾国藩全集·家书》，第二册，岳麓书社 1985 年版，第 1327 页。引文中所言“二十一岁时在家教澄、温二弟”，是指道光十一年间他出衡阳汪师教馆后，进涟滨书院前的一段时间，在家教习国潢、国华。

② 《曾国藩全集·家书》，第一册，第 56 页。

③ 黎庶昌：《曾国藩年谱》，第 4 页。

④ 《曾国藩全集·家书》，第一册，第 56 页。

道”功能方面,的确有其新鲜活泼之处。事实上,他并非仅为“文派”,且更是“学派”。在当时“海内犹尚考据之说,尊汉而黜宋”的学风下,姚氏却能够“恪守程朱,孤行不惑,宗主义理,不薄考据”①。也就是说,能够将汉、宋两学在一定程度上嫁接。

至于曾国藩成为“桐城派渐趋式微后的巨子”,扯起其旁支“湘乡派”②的大旗,那还是若干年后的事情,是随着他学业上的逐渐拓进,并且也是政治地位和声名的提高才达到那一地步的。初涉古文的这时,他恐怕连桐城派文论学理的要领尚不甚清晰,只不过算是借以找到了窥察时文帖括之外学术天地的一个窗口,握住了通向这个天地的一条引线。故此,他的阅读有所扩大,倾尽盘费在金陵买二十三史之事也不失为证明。然而,这时还只能说他处于一个“混沌”初开的摸索期。他在古文方面远没有能领一时风骚的造诣和影响,更谈不上有宏阔而明确的治学意旨。并且其主要的时间和精力还是要为跳过春闱的龙门而付出。这就是他自己所谓“聪明始小开”阶段的情境。

其人的学事境界从“小聪明”到“大聪明”的过渡,是以闯过了中进士、入翰苑的关口为醒目界标的。迷狂地追求科举成功,对当年的士子们来说固然是禁锢其智慧,磨灭其灵性,束缚其学思的事情,但这毕竟又是很少有人在可能拼搏获取的条件下,而甘心轻易放弃的一个充满利益诱惑的世俗目标。“小聪明”后的曾国藩自然也不甘于功败垂成,所幸他在第三次“试跳”时大功告成,这已经算是比较快捷了,有多少人为此颠踬垂老!曾国藩在春闱告捷之后,已经不用再为科举的事情去挂心萦怀,他得以入翰馆更是有了治学的职业性条件。这对于他的学事进境来说实在太重要了。道光二十四年(1844 年)五月间,他在家书中言及六弟国华的闱事和学业,有过这样一番现身说法:

> 吾谓六弟今年入泮固妙,万一不入,则当尽弃前功,壹志从事于先辈大家之文。年过二十,不为少矣,若再扶墙摩壁,役役于考卷截搭卜题之中,将来时过而业仍不精,必有悔恨于失计者,不可不早图也。余当日实见不到此,幸而早得科名,未受其害。向使至今未尝入泮,则数十年从事

① 曾国藩:《海宁洲训导钱君墓表》,《曾国藩全集·诗文》,第 343 页。

② 见郭绍虞:《中国文学批评史》,下卷,百花文艺出版社 1999 年版,第 384 页。

于吊渡映带之间，仍然一无所得，岂不靦颜也哉！①

是呵，颠踬垂老不得入泮，“数十年从事于吊渡映带之间”者当年岂不大有人在！曾国藩若不早得科名，说不定也真会坠入这流人物当中。这个时候他能够如此开导和警戒别人，固然是基于他作为过来人，在学术境界上也确有提高条件下的一种真切体察，但同时也不免为并非设身处地情境中旁观者的一种好话好说。难怪弟弟们也并不完全买他这位翰林老兄的账，虽然既乏才情也欠刻苦，但乃弟们还是千方百计地谋取科举功名。连饱尝追求科举艰辛的乃父，也决不同意曾国藩给弟弟们的追求科名泼洒冷水，甚至担心曾国藩的这种说教，还会贻误对后辈自小就应该着手的举业训练，给其写信特别强调：“朝廷立法数百，不易者为制艺耳。尔等亦必深鄙也。此后教纪泽读书，定要做八股。至嘱，至嘱！”②其实，曾国藩自己又何尝不真正挂心弟辈乃至儿孙辈的举业呢？这从此间他嘱将子侄辈的排行，由原来的甲乙丙丁改为“甲科鼎盛”③的事情上也可见一斑。当然以后直接关系其科举的诸多事实更是有力的证据。

无论如何，曾国藩自从进入翰苑之后，学事上的境界确实开始有飞跃性的提升。这在对“古文”的认识和利用方面即有醒目的表现。首先是他通过向桐城派嫡传弟子的直接讨教，开始识得该派门径。他在致友人刘蓉的信中尝言：“仆早不自立，自庚子以来，稍事学问，涉猎于前明、本朝诸大儒之书，而不克辨其得失。闻此间有工为古文诗者，就而审之，乃桐城姚郎中鼐之绪论，其言诚有可取。”④所谓“此间有工古文诗者”，即当指姚鼐弟子辈人物。比曾国藩早生七十九年的姚鼐尽管高寿，但其去世之年曾国藩五龄稚童，不可能有机会向姚氏直接问业。而姚氏嫡传“高第弟子”中，当时有江苏上元（今属南京市）人氏梅曾亮（或作宗亮，字伯言）居京，曾国藩得以直接向其讨教桐城古文，他对梅氏其人也颇表推重，赠诗中有“单绪真传自皖桐，不孤当代一文

---

① 《曾国藩全集·家书》，第一册，第87页。其中“卜题”原为“小题”，似误，引录中径改。

② 曾麟书：《谕国藩》，《曾氏三代家书》，岳麓书社2002年版，第2页。

③ 见《曾国藩全集·家书》，第一册，第191页。曾国藩的两个儿子乳名即一为甲三，一为科一。

④ 《曾国藩全集·书信》，第一册，岳麓书社1990年版，第5页。

雄”,“方姚以后无孤诣,嘉道之间又一奇”①的称誉之句。对姚鼐,曾国藩自然钦崇有加,不啻以隔代私淑自承,尝言:“国藩之初解文章,由姚先生启之也。”②

曾国藩对桐城派由衷推挹和师法,但又不是一味拘泥于蹈袭成说,从一开始就表现出能够推衍发挥为己所用的迹象。这从他其时的“文”、“道”关系论上即可见一斑。自宋儒周敦颐明确提出“文以载道”,文道关系可以说也成为文论中的一个基本命题,桐城文派围绕这一命题的阐释也是其文论内容的基本方面之一。曾国藩即以此为主要切入点来阐释自己“古文”观要旨的。

他首先是坚持“道以统文”、“知道必文”观点的。有谓:“古之知道者,未有不明于文字者也。能文而不能知道者,或有矣,乌有知道而不明文字者乎?”③尽管这样来解释文道关系不无片面和绝对化之嫌,但他无疑是要强调“道”的决定作用。而另一方面,他又强调“由文窥道”的重要性,持论“舍文字无以窥圣人之道”,显然又是反对以道贬文。他借着周敦颐提出文以载道,而以“虚车”讥俗儒的话题,发挥说:“夫‘虚车’诚不可,无车又可以远行乎?孔孟没而道至今存者,赖有此行远之车也。吾辈今日苟有所见,而欲为远行之计,又可不早具坚车乎哉?”④所谓“虚车”,是对有文而不载道没有实际用处的喻体。曾国藩认为“虚车”固不可,“无车”更不行,要“载道”“传道”就必须打造“坚车”。“坚车”者何?即其所心仪之“古文”也!

曾国藩的这种看法和主张,显然不都是从桐城文派先人那里搬来的,有其在特定条件下因时因势因人而发的针对性,也是其由词章而入义理的学术根基所在。其友人以“因文以证道”⑤来概括他的为学原则,诚不失为的论。而这种情况,又是与曾国藩在追踪桐城古文的同时,更密交理学师友,着力于程朱之学的体悟分不开,两者异曲同工,互促并进。而姚鼐的古文学术,事实上在曾国藩手下成为这中间的一种长效黏合剂。

要说在这以前,曾国藩对理学也绝非陌生。他多年致力于科举应试,时文

---

① 曾国藩赠梅伯言诗,《曾国藩全集·诗文》,第85、89页。

② 曾国藩:《圣哲画像记》,《曾国藩全集·诗文》,第250页。

③ 曾国藩:《致刘蓉》,《曾国藩全集·书信》,第一册,第5页。

④ 曾国藩:《致刘蓉》,《曾国藩全集·书信》,第一册,第7页。

⑤ 郭嵩焘为曾国藩撰《墓志铭》,见黎庶昌:《曾国藩年谱》附二,《曾国藩荣哀录》,第94—95页。

制艺形式上的呆板僵化自不待言，而试题内容则专取四书五经，四书尤为主要。包括《论语》、《孟子》两书和《礼记》中的《大学》、《中庸》两篇的“四书”之得名，就是因朱熹将其用作教科书，并作了注解，叫做《四书章句集注》（简称《四书集注》）。以四书中内容所命的试题，考生并不能随意发挥解释，必须依据被认可的注释，主要就是朱熹之注。连“五经”中《易》也主要是取程颐、朱熹对该经所作的注解。而程、朱对古代经典的传注，自然是体现其理学精神的，也可以说，注解古经是阐发其理学观点的重要途径。显然，程朱理学对于应科士子们来说，是想避也避不开的必然常修课。不只是科考一途的影响，理学（亦称宋学）也是清朝最“正统”和主要的官学之属，比作为考据学的“汉学”更为一贯地受到统治者重视，官方色彩更为浓重。对科甲人员来说，受其熏染就更是自然而然的事情。曾国藩当然也不例外。朝考时他那篇受到皇帝特别欣赏的《顺性命之理论》（即因此将排名提前），其论旨为理学所属是显而易见的。

那么，居翰苑期间曾国藩的理学修习，较前有何不同呢？似乎可以这样说：如果以前就是为了应对科考，带有相当盲目性的话，那么现在完全没有了这一羁绊，是在比较自觉状态下有的放矢地探研和实际运用。把他引入这一门径的是唐鉴。起始还真带有几分偶然的故事性。

道光二十一年（1841 年）七月十一，这是一个晴朗的日子，曾国藩与来访的友人们吃过午饭，便邀他们一道去琉璃厂书店，这自然是他们常去的处所。这回，曾氏买了一套《朱子全集》。回到家里，先看的是其中“为学之方”的内容。看来，他是想从中寻觅治学的灵丹妙药。恐怕是没得到开卷便心中雾障立破、豁然开朗的感觉吧？及至十四日这天，尽管天阴下雨，他还是抽空去谒师请教，去的就是唐鉴之处。

唐鉴，湖南善化（今长沙）人，号镜海。他长曾国藩三十三岁，对曾氏来说，既是湖南同乡又是前辈。当时他正在京居官太常寺卿。此人“学宗朱子，笃信谨守，无稍违依”①，颇负盛名，追随问学的弟子颇多，曾国藩亦在其列。

这天曾国藩向唐先生请教“检身之要，读书之法”。唐氏指教说，读书“当以《朱子全书（集）》为宗”。曾氏告知他刚刚买了此书，又请教具体的读法。唐氏因道，“此书最宜熟读，即以为课程，身体力行，不宜视为浏览之书”。接

① 王钟翰点校：《清史列传》，中华书局 1987 年版，第 17 册，第 5400 页。

着又教以治经的方法,说是“治经宜专一经,一经果能通,则诸经可旁及。若遽求兼精,则万不能通一经”。并举自己的例子,说他生平最喜欢读的是《易》经。唐先生又进而从学问的总体分类及其关系上来作提纲挈领的指点:“为学只有三门:曰义理,曰考核,曰文章。考核之学,多求粗而遗精,管窥而蠡测。文章之学,非精于义理者不能至。经济之学,即在义理之内。”因为提到了“经济之学”,曾国藩对此表现出特殊的兴趣,即追问于此“宜何如审端致力”。唐氏回答说:“经济不外看史,古人已然之迹,法戒昭然;历代典章,不外乎此。”唐氏最后又告诉他,“诗、文、词、曲皆可不必用功,诚能用力于义理之学,彼小技亦非所难”①。

这是他们师徒之间的一次非常重要的论学,对于曾国藩可以说影响终生。以后多年间他的学术观,宏旨上都不外是在以此为依傍的基础上发展变化的。其后来的发展变化稍后再论,而起码在最初一段时间里,曾氏对此是心悦诚服,奉为圭臬的。以《朱子全书》为“课程”,他是雷厉风行,对此书精细研读,还作语录贴于壁间,以便随时观览揣摩。治经也的确比以前专一了许多,读史显得更加细致起来,当是加进了着意体察“义理”的功夫。这些,只要翻检曾氏日记,即不难得出一个大概印象。

值得特别注意的是关于为学“三门”的论题对曾氏的影响。有必要先将姚鼐文论中最核心之说与唐鉴所说,作个比较。姚氏论曰:

> 余尝闻学问之事,有三端焉,曰:义理也,考证也,文章也。是三者,苟善用之,则足以相济;苟不善用之,则或至于相害。今夫博学强识而善言德行者,固文之贵也;寡文而浅识者固文之陋也。然而有言义理之过者,其辞芜杂俚近,如语录而不文;为考证之过者,至繁碎缴绕,而语不可了当;以为文之至美,而反以为病,何哉?其故由于自喜之太过,而智昧于所当择也。夫天之生才,虽美不能无偏,故以能兼长者为贵。②

① 《曾国藩全集·日记》,第一册,第92页。

② 姚鼐:《述庵文钞序》,转据方尔文主修《桐城文化志》,安徽人民出版社1992年版,第223页。引文的个别标点有改动。本书引自当代编辑出版的有关书籍中的古文,或还偶有类似情形,一般不再出注。

体察其意，虽然不否认“义理”的重要性，但也不以其“芜杂俚近”、零散“不文”为是，甚至有直讥朱熹辈“语录”体义理论说之弊的暗示。当然，他同时也指出考证的“繁碎缴绕”、文章的过于藻饰之弊，强调要力求能“兼长”而适中，使三者很好地配合而互济。

比较可知，唐鉴的为学“三门”之分，基本上是取自姚鼐的“三端”之分（只不过表述上有“考核”与“考证”一个字眼上的差异，其实际意思一样），从这一点上来说，唐鉴所说并非其首创。但是，在三者地位关系的阐释上，唐鉴出于其“笃宗宋儒”的立场，对“义理”一项的首要予以特别强调和突出，对“考核”和“文章”之学则表示出轻鄙不屑的态度。那么，在这两者之间，曾国藩是何去何从呢？大致可以说，他始则基本依从唐氏，继而有趋近于姚氏的某些变化，以后又在此基础上有所开拓创新。且看他道光二十三年（1843 年）正月间在致诸弟信中的这样一番论说：

> 盖自西汉以至于今，识字之儒约有三途：曰义理之学，曰考据之学，曰词章之学。各执一途，互相诋毁。兄之私意，以为义理之学最大。义理明则躬行有要而经济有本。词章之学，亦所以发挥义理者。考据之学，吾无取焉矣。此三途者，皆从事经史，各有门径。吾以为欲读经史，但当研究义理，则心一而不纷。①

显然，这基本上就是袭取唐氏之说。在同一封信中他教弟“读书之道”的内容中，所谓“经则专守一经，史则专熟一代”，“以研寻义理为本，考据名物为末”，并授以“耐字诀”，即“一句不通，不看下句；今日不通，明日再读；今年不精，明年再读”云云，显然也是取源和发挥自唐氏所教。再回顾前边引及的他《致刘蓉书》中论及的“文”、“道”关系说，可知其强调以“道”为指归的意蕴与唐氏的义理惟要说显然一致，因为在若辈的语境中“道”与“义理”基本上是能够对应的。实际上这一点曾国藩始终也没有游移和放弃，他一直坚持以程朱理学为其治学之宗。而其变化在于不仅仅拘守于此，以兼重考据、文章来助益对义理的研求。这一点，在曾氏通给刘蓉的信中，论“文”、“道”关系时所表露

---

① 《曾国藩全集·家书》，第一册，第 55 页。

出的反对以道贬文的意思,即可见一斑。该信中又明确表示:“于汉宋两家构讼之端,皆不能左袒,以附一哄;于诸儒崇道贬文之说,尤不敢雷同而苟随。”可见已是毫不含糊地表态要折中宋、汉(即理学与考据学),调适道、文。与上引致诸弟书论学内容中表示出的对考据学的态度,已明显不同。此二函写于同一年间,既知那封致诸弟者系写于年初,那么致刘蓉者自当在后。这样看来,道光二十三年(1843 年)间曾氏的学术观已有明显变化,致刘蓉信中的观点似乎与姚鼐氏者更为接近。姚氏不也认为考证得法,可使义理更有所依凭,亦能“助文章之境”①吗?

曾国藩对考证之学的进一步研习入道,是在道光二十六年(1846 年)夏秋间,他与“精考据之学,善为深沉之思”的刘传莹得以切磋之后。当时曾国藩因患病“僦居城南报国寺,闭门静坐”,时任国子监学正的刘传莹则“每从于寺舍,兀坐相对竟日”,两人促膝论学,相互取长补短。刘传莹切身体察到仅“崇尚考据”致使“敝精神费日力而无当于身心”②的“汉学”缺憾,向曾国藩讨教心性之学以求弥补;曾国藩则由刘传莹这里得到考据学方面点拨。当时曾国藩随身携带的便是段玉裁的《说文解字注》。段氏为著名的汉学家,对《说文解字注》的考索探研为其毕生学问的精要所在。曾国藩此时以之为学习的范本,训练自己文字和考据学方面基本功的意向明矣。

当然,即使这个时候,曾国藩也决不是认为汉学超乎宋学之上,不过是痛感学术上门户之争,终无益而有害于“圣道”,主张各家各派都统归于有裨于承载、阐扬“圣道”的基点上来。刘传莹取宋学之长补汉学之短的态度使曾氏大为欣赏,这恐怕也是他们结为学术“莫逆”的基础。曾国藩最为称道刘氏的,就是他“用汉学家之能,综核于伦常日用之地,以求一得当于朱子”③,因为这符合曾氏本人以宋学为本、汉学为用的意旨。

无论如何,曾国藩的学术观是越来越趋于开豁的,知情者有这样的评说:“公(指曾国藩)居京师,从太常寺卿唐公鉴讲受义理学,疾门户家言,汉宋不相通晓,亦宗尚考据,治古文辞……务为通儒之学。由是精研百氏,体用赅备,

① 姚鼐:《与陈硕士书》,转据《桐城文化志》,第 223 页。
② 黎庶昌:《曾国藩年谱》,第 10 页。
③ 曾国藩:《汉阳刘君家传》,《曾国藩全集·诗文》,第 213 页。

名称重于京师。”①后世学人也有评其“论学之平正通达，宽宏博实，有清二百余年，固亦少见其匹”②者。曾国藩之所以能够如此向更深层次追索，是有一种重要基因在这中间发挥着作用，即其学须“务本”、学为“经世”的理念。

前面述及的曾国藩求教唐鉴的问答中间，曾氏表现出对“经济之学”的特殊的兴趣。这对曾氏来说并非偶尔的灵感触发，而是有其一定认识基础的。当时所谓“经济”，仍是“经国济世”、“经世济民”的古义；“经济之学”，也就是经世致用之学。在曾国藩看来，为学能够“经世”，能够切近身心，才算“务本”，且看他的这样一番论说：

> 近世学者，不以身心切近为务，恒视一时之风尚以为程而趋之，不数年风尚稍变，又弃其所业，以趋于新。如汉学、宋学、词章、经济，以及一技一艺之流，皆各有门户，更迭为盛衰，论其原皆圣道所存，苟一念希天下之誉，校没世之名，则适以自丧其守，而为害于世。③

可见，最终是以学事是否有合于“圣道”、有裨于世用为评价标尺的。曾国藩以之律己，也以之诫人，不但对友辈时有此等劝勉，对自己的弟辈儿辈更常以之为切嘱。他于道光二十二年（1842年）十月间写给诸弟信中的这样一段话，即颇为典型：

> 若读书不能体贴到身上去……则读书何用？虽使能文能诗，博雅自诩，亦只算得识字之牧猪奴耳！岂得谓明理有用之人也乎？朝廷以制艺取士，亦谓其能代圣贤立言，必能明圣贤之理，行圣贤之行，可以居官莅民，整躬率物也。若以明德、新民为分外事，虽能文能诗，而于修己治人之道实茫然不讲，朝廷用此等人作官，与用“牧猪奴”作官何以异哉！④

好个“牧猪奴”之讥！不读死书，做“牧猪奴”，这应该说是曾国藩学事“大

① 黎庶昌：《拙尊园丛稿》，第199—200页。
② 钱穆：《中国近三百年学术史》，下册，商务印书馆1997年版，第655页。
③ 黎庶昌：《曾国藩年谱》，第11页。
④ 《曾国藩全集·家书》，第一册，第39页。

聪明"境界的肯綮所在,也是他学术观能够不断开豁并愈重经世致用的发展"支点"。至迟到他京官生涯的后期阶段,他已经明确把"经济之学",作为与"义理"、"词章"、"考据"三学并列而不可缺少的独立一门,形成一个更系统完备的学术体系。这从他《绵绵穆穆之室日记》咸丰元年(1851 年)七月初八至初十日页的天头文字中,即可寻得这方面的绝好例证。他这样写道:

> 有义理之学,有词章之学,有经济之学,有考据之学。义理之学,即宋史所谓道学也,在孔门为德行之科;词章之学,在孔门为言语之科;经济之学,在孔门为政事之科;考据之学,即今世所谓汉学也,在孔门为文学之科。此四者,阙一不可。予于四者,略涉津涯,天资鲁钝,万不能造其奥窔矣。惟取其尤其要者,而日日从事,庶以渐磨之久,而渐有所开。

接着,具体叙述他于这"四学"所"从事"的书册:义理之学中为"四子"书和《近思录》;经济之学为《会典》和《皇朝经世文编》;考据之学为《易经》、《诗经》、《史记》和《汉书》;而词章之学拟纂集《曾氏读古文钞》和《曾氏读诗钞》,虽说这"尚未纂集成帙,然胸中已有成竹矣"①。可以说,起码在这时,他既有了明确的"学纲",又有了所依托的具体典籍;既能体现其规划中的学术路径,也是一种颇为圆融恢廓学术观的形成,这影响到他一生的学事。后来其子曾纪泽,对乃父一生的学事特点有这样的概括:"德行政事,文学言语,列为四科,尼山所许。道出一源,末流多歧,汉儒宋学,矛盾相持。公(按:指乃父)汇其通,辩其精粗,各有专长,不主门户。"②

而在其京官后期之际,曾国藩对所注重的经世之学,有这样的具体选择和究索立意:"天下之大事宜考究者凡十四宗,曰官制,曰财用,曰盐政,曰漕务,曰盐法,曰冠礼,曰昏(婚)礼,曰丧礼,曰祭礼,曰兵制,曰兵法,曰刑律,曰地舆,曰河渠。皆以本朝为主,而历溯前代之沿革本末。"为研究使用上的方便,他专门特制两个书箱,上面置有十八个抽屉,"凡将经世之务宜讲求者分为各

① 连同上面独段引文,见《湘乡曾氏文献》,第六册,台湾学生书局 1965 年影印本,第 3279—3282 页。该册书中辑录的《绵绵穆穆之室日记》,其他曾国藩集子中未载。

② 喻岳衡点校:《曾纪泽遗集》,第 155—156 页。

屉，以便抄存各件纳于屉内，备缓急之用”①。其“经世致用”的追求和用心，岂不可谓彰明较著吗？

二、检身入圣的追求

曾国藩从唐鉴那里，所领受的不仅仅是学业上的指教，而且还有甚至更主要的是修身养性方面的导引。这两个方面又是密切联体，相辅相成的，他们所崇习的程朱理学本身就是所谓“身心性命”之学。

就在上节所述曾国藩于道光二十一年（1841 年）七月间赴唐鉴处请教的那个场合，唐氏所论除了“读书之法”之外，更有“检身之要”。而“检身之要”，就包括在读书当中“格”取修身养性之道。唐鉴当场教以这方面的“八字纲领”，即检摄于外只有“整齐严肃”四字；持守于内只有“主一无适”四字。也就是说，外在仪态上要持重庄严，内心意旨上要专一而无杂念。当然，这也不是唐老先生自己的发明，而是从先贤程朱那里学来而倡用的。在修身养性这一方面，唐先生还特别向曾国藩推荐了一个可堪效法的榜样，就是倭仁。说他“用功最笃实，每日自朝至寝，一言一动，坐作饮食，皆有札记。或心有私欲不克，外有不及检者，皆记出”②。

曾国藩谨领唐氏之教，也虚心地接受了倭仁作为榜样。他与倭仁之间，可以说是建立了一种既师且友的关系——向倭仁学习，以之为师；而他与倭仁又同以唐鉴为师③，故又互为学友。无论如何，倭仁当时对曾国藩的影响是很大的。倭仁，字艮峰，号艮斋，蒙古正红旗人，乌齐格里氏，长曾国藩七岁。他为帝师、擢部堂、授大学士那是后来到了同治年间的事情。曾国藩与之交往的这时，他也居职翰林官。此人在历史上留给人们的印象，当是一副典型的顽固派面目。同治年间那场著名的“同文馆之争”中，这位老先生愤起抵制洋务派主张，抛出的“看家法宝”，不就是“立国之道，尚礼义不尚权谋；根本之图，在人

① 《湘乡曾氏文献》，第六册，第 3369—3370、3483 页。

② 《曾国藩全集 · 日记》，第一册，第 92 页。

③ 曾国藩与唐鉴之间并非那种正式的师徒关系，曾氏尝言对唐“未尝执贽请业，而心已师之矣”（参见《曾国藩全集 · 家书》，第一册，第 40 页）。

心不在技艺"①之类的说教吗？今天看来似乎保守和迂腐得可笑，但也确实有他多年一贯、根深蒂固的学理基础的支撑。当然那个时候早就封疆的曾国藩已经是在"洋务先驱"之列，与这位老爷子不能再穿连裆裤了。但在此时，他们之间可真是志同道合的莫逆。

这个倭仁，在按理学要求修身养性方面确实有一套特殊的功夫，每天从早到晚，一行一动，一思一念，临睡前都要认真反省一番，记下札记，检讨得淋漓尽致。并且连书写都一丝不苟，用楷书一笔一画、一字一句地写成。三个月装订一册。自道光十五年（1835 年）时他就坚持这样做，至道光二十二年（1842 年）十月间，已经积存三十册之多。这是其时曾国藩在写给诸弟的信中讲的。也就是于道光二十二年十月之初，曾国藩开始像倭仁这样逐日记反省札记。仔细算来，从道光二十一年（1841 年）七月间他听唐氏正式推荐倭仁的榜样，到正式学倭仁作反省日记，其间有一年之余，由此来看，在这一点上曾国藩并没有"雷厉风行"。也许，他需要一个先从格物致知入手的学习和准备过程？

就"格物"的功夫而言，交往师友中对曾国藩影响颇大的，除了唐鉴之外，就该是吴廷栋了。曾氏尝言其人"格物工夫颇深，一事一物，颇求其理"②，钦仰之情溢于言表。吴廷栋，字彦甫，号竹如，安徽霍山人，长曾国藩十一岁，从年龄上几乎可算是曾国藩的前辈。此人自谓"生平笃信朱子"③，像唐鉴一样，是个虔诚的宋学家。当时他在京居刑部司官。此人懂得医术。曾国藩居职翰林官不久便得了一场重病，吴廷栋曾为他诊视和开方调药。有了这层关系，交往自然就更密切。

曾国藩此期学事方面的情况上一节中已有专论，这里只想强调指出，在他专注于程朱理学的时候，是把"书"也作为一"物"来"格"的。他对有的汉学家"本河间献王'实事求是'之旨，薄宋贤为空疏"的情形颇不以为然，认定所谓"事"者即"物"，"是"者即"理"，"实事求是"即朱子所称"即物穷理"④，因

① 《筹办夷务始末》（同治朝），卷 47，故宫博物院据内府写本 1930 年影印，第 24 页。

② 《曾国藩全集·家书》，第一册，第 40 页。

③ 吴廷栋：《与方存之学博书》，《拙修集》，卷 9，同治十年六安求我斋刊本，第 9 页。

④ 曾国藩：《书学案小识后》，《曾国藩全集·诗文》，第 166 页。著名学者钱穆对曾国藩的这种见解颇为称道，算在"有其甚卓绝者"之列。见钱穆：《中国近三百年学术史》，下册，第 651 页。

此就特别强调其“贴身”实用，甚至可以说把“格书”亦作为修身养性的一种手段。所以在这个时候，他对于不明此道的读书治学是很不以为然的。甚至对日常交往颇多的友辈在这一点上也不惮奚落之举。且看他这样一首诗作：

男儿读书良不恶，乃用文章自束缚。
何吴朱邵不知羞，排日肝肾困锤凿。
河西别驾酸到骨，昨日立谈三距跃。
老汤言语更支离，万兀千摇仍述作。
丈夫求志动渭莘，虫鱼篆刻安足尘？
贾马杜韩无一用，岂况吾辈轻薄人！①

其中所言何、吴、朱、邵，分别是指湖南道州人氏何绍基（子贞）、湖南巴陵（今岳州）人氏吴敏树（南屏）、广西临桂（今桂林）人氏朱琦（伯韩）、浙江仁和人氏邵懿辰（蕙西）；“老汤”则是指湖南长沙人氏汤鹏（海秋）；“河西别驾”所指不详，但肯定也和上述人物一样是当时同居京师、时常交往的仕人文友。从已知各人的情况看，尽管在学事上的具体喜好、擅长或有不同，但大都是于诗古文或宋学方面抱有兴趣的，大旨上与曾国藩应该说并不相悖。曾国藩也时常称道他们，如说何氏“讲诗、文、字而艺通于道”，邵氏能“穷经知道”，汤氏“才气奔放”②云云。不过，恐怕是觉得他们格“书”而致用的功夫不够，过于呆板，或是流于轻薄而不能“整齐严肃”（所谓“锤凿”、“酸”气、立言“距跃”、说话“支离”等等）吧，故以“乃用文章自束缚”隐然讥之。总体上看这时曾氏是觉得“虫鱼篆刻”之类的东西乃区区小技，像汉代的马融、贾逵、杜子春、韩婴那样的经师先祖都没有用处，何况今天的轻薄之辈呢！尽管曾氏对此诗中涉及的诸文友未必带有恶意，并且大有调侃的意味，但毕竟是表明他当时以

---

① 曾国藩：《感春六首》（其三），《曾国藩全集·诗文》，第47页。

② 《曾国藩全集·家书》，第一册，第47页。在有关人员中，曾国藩对汤鹏平日做派上的印象似不太好，如曾说其人“诞言太多，十句之中仅一二句可信”。见《曾国藩全集·家书》，第一册，第43页。

“格书”致用为重的一种倾向性。这与其“检身”之功是相辅相成的。格“书”究“理”，以“理”律己，这可以说是曾国藩学以致用，进行道德完善活动的一个贯通过程。

这自然有其师友交往影响方面的特定遇合机缘，但更有着学理上的皈依基因。儒学作为一种伦理中心主义的“人本”文化体系，自先秦形成伊始，就特别强调个人道德品质的修养，并且把它作为基础环节，与“治人”密切联系起来。而到了宋代程颢、程颐、朱熹的解释，关于道德修养的宗旨和程序也就进一步学理化、复杂化了。这典型地反映在经其改定和解释的《大学》经文及传文中，不但整理认定了“格物——致知——诚意——正心——修身——齐家——治国——平天下”的这样一条环环相扣的长链，而且对“修身”在其中属根本性环节以及它与其他诸环节的关系原理进行了发挥性阐释，其大旨是从“格物”到“正心”四个环节，都属以修身为归结的必须过程，而“修身”对于“齐家”、“治国”、“平天下”来说，又是根本和前提。

曾国藩对修身过程的诸环节，又特别强调“格物”和“诚意”。他对两者所指及其关系，有这样一番阐释：

> 格物，致知之事也。诚意，力行之事也。物者何？即所谓本末之物也。身、心、意、家、国、天下皆物也，天地万物皆物也，日用常行之事皆物也。格者，即物而穷其理也。如事亲定省，物也；究其所以当定省之理，即格物也。事兄随行，物也；究其所以当随行之理，即格物也。吾心，物也；究其心存之理，又博究其省察涵养以存心之理，即格物也。吾身，物也；究其敬身之理，又博究其立齐坐尸以敬身之理，即格物也。每日所看之书，句句皆物也；切己体察，究其理即格物也。此致知之事也。所谓诚意者，即其所知而力行之，是不欺也。知一句便行一句，此力行之事也。此二者并进，下学在此，上达亦在此。①

从中可以体察得出，其主旨上是说，天地间一切客观存在的事物包括人的行为方式都是“物”，推究其“理”所在就是“格物”，这属于与“致知”相连贯的

① 《曾国藩全集·家书》，第一册，第39—40页。

事情;而按照所知去努力实行不存欺饰,便是“诚意”。这两者并进而不偏废,不论是“下学”还是“上达”便都做到了。也可以进一步说,曾国藩是把包括格“书”在内的“格物”界定在对事物不仅知其然,而且知其所以然的意境;“诚意”,则不仅仅是限定在意念上,而特别推衍到按格物所获知的道理去力行方面,要达到“知”与“行”的统一。

曾国藩所“格”明的一个重要理则,就是认定要特别重视“敬”、“静”二字的修炼功夫,将其作为主要课程。对所谓“敬”,曾国藩即把它界定在“整齐严肃,无时不惧。无事时心在腔子里,应事时专一不杂。清明在躬,如日之升”①的意境。稍后,更要言不烦地释为“内则专静纯一”,“外则整齐严肃”②。可见,“敬”与“静”是相互连通的,“静”乃“敬”的一种内在属性,即要达到心思专一,不虚浮躁动的境界。曾国藩还特别强调,他求“静”的要旨是为了能够精于“体察所溺之病”而“在此处克治”,“使神明如日之升”。为了达到内心的“静”,曾国藩把“静坐”规定为自己的修身课程之一,自己要求“每日不拘何时,静坐半时,体验来复之仁心。正位凝命,如鼎之镇”③。

出于自我“省察”和“克治”的需要,曾国藩又很重视“慎独”,即个人独处而无他人监督之时的自觉省察、克治境界。他说:“独知之地,慎之又慎,此圣经之要领,而后贤所切究者也。”照其解释,一个人私下的心思意念,当然只有自己才晓得真切,如果“以其为独而生一念之妄,积妄生肆,而欺人之事成”,这便是“小人”;“君子”则“懔其为独而生一念之诚,积诚为慎,而自慊之功密”④。也就是说要真诚而自觉地省察并克治自己有不符合“天理”准则的心思和行为,力求达到存理灭欲的理学至高境界。他当时所省察和克治的主要毛病有躁而好动、傲而不谦、伪而不诚、懒而不勤、间而无恒等。针对这些,他定课立箴,严以自诫。

曾国藩所定的修身“课程”,始则为十二项,分别为“敬”、“静坐”、“早起”、“读书不二”、“读史”、“谨言”、“养气”、“保身”、“日知所往”、“月无忘所

① 曾国藩:《课程十二条》,《曾国藩全集·诗文》,第396页。

② 《曾国藩全集·日记》,第一册,第155—156页。

③ 《曾国藩全集·日记》,第一册,第123、138页。

④ 曾国藩:《君子慎独论》,《曾国藩全集·诗文》,第181页。

能"、"作字"、"夜不出门"①。稍后又增列"写日记"一项,计为十三项。这都是在道光二十二年(1842年)腊月间先后正式订立并记载下来的,及至道光二十四年(甲辰,1844年)春间,他又自订《五箴》,即"立志箴"、"居敬箴"、"主静箴"、"谨言箴"、"有恒箴",每一项下都用四言韵文若干句作释,并作有《序》文宣明作箴宗旨,还特意在致弟的信中录示:

> 少不自立,荏苒遂泪(洎)今兹。盖古人学成之年,而吾碌碌尚如斯也,不其戚矣!继是以往,人事日纷,德慧日损,下流之赴,抑又可知。夫疢疾所以益智,逸豫所以亡身,仆以中材而履安顺,将欲刻苦而自振拔,谅哉其难之与!作《五箴》以自创云。②

不论是"课程"还是"箴言",无非都是曾国藩总结出来用以自警自诫、自省自律、自克自治的一些条文,有着很强的自我针对性。其基本精神由他平时的省察日记中也能体现出来,并且,日记中所涉情事自然要更为具体。上面曾经提及,他的自省日记是从道光二十二年(1842年)十月初开始正式记起的。一天下来,对曾有过的邪思邪念、妄言妄行,都要检查一番记录下来。他所订"十三项课程"中特意加上"写日记"一项,就表示了对此举的重视,并作有这样的具体注释:"须端楷。凡日间过恶:身过、心过、口过,皆记出。终身不间断。"③可见当时的决心之大。从他一段时间里的表现看,似乎也做得相当到位,用我们经历的"文革"时代的一句"名言"来戏说,那就是真能"灵魂深处爆发革命"。

就拿日常生活方面的事情来说吧,不要说对譬如爱出游串门,有时多语巧舌,欠笃欠诚、谑浪无节之类的毛病,他在日记中屡屡记出表示切戒,甚至连夜梦别人得利,自己甚觉艳羡这样的事情,醒后也立即反省一番,记录下来。更甚乃至将闻听别人谈及女色,自己心里禁不住泛起艳羡之意,他也在日记中和盘托出,并写下"真禽兽矣"④的自詈之词。"灭欲"之诫,不啻比丘。此外,在

① 《曾国藩全集·日记》,第一册,第138页。
② 《曾国藩全集·家书》,第一册,第81页。
③ 《曾国藩全集·家书》,第一册,第49页。
④ 见《曾国藩全集·日记》,第一册,第141页。

戒烟和戒棋的事情上，表现得更是颇有意思。

曾国藩本来烟瘾很大，一根水烟袋不离身。喷云吐雾地陶醉之后，又常感口干舌燥，咽部不适，甚至头脑昏沉，于是决心戒烟。一天，两天，三天……手里没抓没挠，口里没滋没味，真是难熬得要命，他恐怕事先怎么也想不到，一杆烟袋竟会有这么大的魔力。这天，他禁不住又把它握在手里，再品一口烟味吧，实在馋得难受。吱——深深地吸过一口之后，他肯定感觉到从来没有过的舒服，品山珍海味也比不得这时的享受。他贪婪地吸完这一袋烟，又不由自主地点燃了第二袋，一发不可收拾，比戒烟前抽得恐怕要更勤了许多。

几天之后，随着烟瘾的满足，副作用也更变本加厉地显现出来。真没出息，连烟都戒不了，还讲什么修身养性！曾国藩在心里当会暗暗责骂自己。可以想见，他肯定是掂了掂了那杆伴他多年的烟袋，双手握住两端，使劲地往膝上一折，叭地一声断成两截。他操笔蘸墨，在日记中写下："念每日昏锢，由于多吃烟，因立毁折烟袋，誓永不再吃烟。如再食言，明神殛之！"时在道光二十二年（1842 年）十月二十一日。从这一次，烟便真的戒掉了。

曾国藩还是一个围棋迷。几乎每天必下，一般两三局，多时下到五六局（后来甚至八九局之多的记载），这不只耽误时间，而且时常因用心用脑过度弄得头昏眼花。在他戒烟前后，也决心把棋戒掉。开始是既不上手也不观弈，但手痒心闷得难耐，便改为以"观战"而不"参战"为诫，但看着看着，就跃跃欲试起来，不但动口，而且动手。事过之后，反省起来则自责自骂。自己悔则悔也，骂则骂矣，但待一临场又不免手痒心动，总是压抑不下"嗜之若渴"的癖好。像这种情况，曾国藩在日记中就多次记及（如道光二十二年十一月三十日、二十三年二月二十七日等处）。实在耐不住，于是干脆又开戒再战，迷弈如常。

围棋的嗜好一直伴随曾国藩终生，到他临卒之前多病缠身的时日里，每天还都要下它个两局三局。在他去世前一天的最后一篇日记里，还清清楚楚地留下"围棋二局"的记录。他一生下棋简直是不管时间和场合，无论是官署公廨，私宅内室，还是出行途次，都可以随地设局。不管是处境顺逆，心情好坏，博弈都可雷打不动，即使作战败北或是家生变故，也要靠围棋排郁消愁，调节心绪。他的棋瘾一发，也不挑剔对弈者的身份、水平，因时制宜，就地取材，与谁都可以对它一局。甚至有时夜归棋兴未尽，还要在卧室自摆棋谱玩味一番，甚至干脆邀请夫人披挂上阵。①

曾国藩一生因对围棋迷恋过度，对身体、学事和政务不能没有一些影响。虽说他自己心里也明白，想要“克治”，而终未能够见效。这恐怕算是曾国藩在“检身”当中最为明显的一失败事项。当然，也有曾国藩晚年是下“养心棋”之说。想来，兴致所在，如果适度把玩，对于娱乐和调节身心未尝无益，但过于嗜迷，殚思极虑，就恐怕不能真有助于“养心”了。至于棋艺，知情者说曾国藩越到后来不但没有进步，而且“日退”。原因是没有人真的肯与“年高望重”的他“对手”而一争输赢，但他又“不自知”，以致棋艺“愈趣（趋）愈下”②。

无论如何，从这般日常小事上也可以发人深省，人的欲望（满足兴趣当然也是一种欲望）并不是那么好“灭”的。就是作为至圣先师的孔老夫子，不是也有“食不厌精，脍不厌细”之说吗？虽说力倡“存天理、灭人欲”的朱熹，在为之作注中强调，“不厌，言以是为善，非谓必欲如是也”③，意思是孔老夫子只不过是说这个好，并非一定追求这个。但他老人家如果能有吃美味可口饭菜的条件，总不会非拗着去吃糠咽菜吧？他不是明明有那么多的“不食”之说吗？“礼数”的原因之外，就没有“食欲”的因素？至于后来能与孟老夫子论辩的那个告子（告不害），说得就更直白坦率和上层次了，他是把“食、色”并列，上升到“性”（指人的本性或说天性）的高度来概括和认识，《孟子·告子上》中“食、色，性也”的话，不啻成了千古名言。说穿了，它无非是揭明了一个或为“圣者”讳言的一个最真实和普遍不过的道理。试想，因听了别人谈及美色而心羡就不惮自骂禽兽的曾国藩，果真就能从心底阉“性”而绝色，不生这方面的一点欲望了吗？近年有学者即究及“曾氏是否也有过狎邪游”的问题。所提及的种种迹象的确值得让人一思。

曾国藩晚年在一封家信中曾忆及这样的事情：“余于道光二十五六七八等年遍身癣毒，其痛楚实为难受，澄、温诸弟曾见之。亦曾服攻伐之品，疑为杨梅疮而医之，终于寸效。”作评者据以分析置论：“倘若曾氏没有过寻花问柳的

---

① 夜归自摆棋谱及与夫人对弈事，据罗绍志：《曾国藩是个围棋迷》一文中所述，载内刊《曾国藩研究动态》第2期，1994年9月。

② 刘声木：《曾国藩养心棋》，《苌楚斋随笔续笔三笔四笔五笔》，上册，第323页。

③ 朱熹：《四书集注》，岳麓书社1987年版，第173页。

狎邪之行,医者诊断为杨梅疮,他必然会愤怒而决不肯吃治梅毒之药。但他居然吃了,表示他心中亦有怀疑。如此说来,他一定有过越轨的行为,故而拿不准而接受医者的治疗。"①应该说这是很有道理的。又正如这位评者又注意到的,曾氏还留下了一副挽"伎大姑"的联语:"大抵浮生若梦,姑从此处销魂"②。有野史说,这个名叫大姑的妓女曾在湘乡县城颇为有名,曾氏与她有密切关系。若是这样,曾国藩甚至在入京之前就有狎邪之嫌了。总之,他早年有这类行为的可能性实在不小。

其实,即使确有其事,这在当时的同侪中也非个别。他居京时,在家书中就不止一次地记及京官冶游被查获之事。就是那个后来成为他"最亲密战友",并且早在居京时就有交往的胡林翼,年轻时更是一个以狎邪之行为常事的花花公子,据说甚至连其人的岳父名宦陶澍,对乃婿的这种做法都不但不加干涉而且还有意放纵,说是他这位爱婿,"他日为国勤劳,将无暇晷以行乐。今之所为,盖预偿其后之劳也"③。不管陶澍此言是有是无,那个时代上流社会的男人们的风流之事,委实是习以为常的。当时朝廷法度上对官员们此类行径,固然也有禁规,但事实上被查获惩治者反属偶尔。在那种风气之下,曾国藩即使有过涉足烟花之地的事情,也并不奇怪。莫非,正因为自知有此前愆,才特别加以省察克治,故而连艳色的意念也要斩绝?这当然是他难以真正做到的事情,只要能保证行为上戒绝邪淫,也就值得称道了。君不闻,"百善孝当先,论心不论事,论事天下无孝子;万恶淫为首,论事不论心,论心世上无好人"乎?总的看来,在这方面曾国藩的表现不能算是下流。

无论如何,效法倭仁进行这般省察修行,确实是曾国藩做过的常课。除了倭仁榜样的激励,还有一个同道的共勉恐怕也起着作用。这个人就是同为湘籍的冯卓怀(字树堂)。他与曾国藩相商相邀自同一天开始记省察日记,互为督促,并经常交流心得体会。曾国藩于道光二十二年十二月初七日自订"课程"十二项,也是受了冯氏的启发和激励,他在这天的日记中自诫:"自十月朔立志自新以来,两月余渐渐疏散,不严肃,不谨言,不改过,仍故我矣。树堂于

① 见《唐浩明评点曾国藩家书》,下册,岳麓书社2002年版,第251页。

② 见《曾国藩全集·诗文》,第129页。

③ 《清朝野史大观》,河北人民出版社1997年版,第802页。

昨初一重立功课，新换一个人，何我遂甘堕落耶？从此谨立课程，新换为人，毋为禽兽。”

像这样的修行也实在是太不容易啊！冯卓怀坚持到什么时候我们不得而知，反正曾不止一次地表示要坚持终生如此的曾国藩，事实上到了道光二十三年（1843 年）正月间就大有受不下去的感觉了，他向家人剖白说，自己本来是要通过省察之法，“慨然思尽涤前日之污，以为更生之人，以为父母之肖子，以为诸弟之先导。无如体气本弱，耳鸣不止，稍稍用心，便觉劳顿。每自思念，天既限我以不能苦思，是天不欲成我之学问也。故近日以来，意颇疏散”①。曾国藩自我折腾得身心疲惫不堪，不光是出现头痛、耳鸣、失眠之类的严重神经衰弱症状，甚至又加上吐血。保身保命的本能使他不得不放松那种严刻呆板的省察方式。从他的日记看，的确自道光二十三年春，那种省察的内容就渐为淡薄，到夏间，基本上就不复存在，而恢复了常规。

还需要提及的是，不知是巧合还是其间有某种联系，倭仁的省察日记也在道光二十三年（1843 年）间出现停顿（所谓“自癸卯年纪录功辍”，而到了丙午即道光二十六年的正月又告恢复，有“矢当努力，自新勉图”之语）②。曾国藩则迟至咸丰元年（1851 年）夏间在“绵绵穆穆之室日记”中又有某种恢复的迹象。该日记之名，是因友人刘传莹曾为其书斋题额“养德养身绵绵穆穆之室”而得③。笔者据影印辑录该日记的《湘乡曾氏文献》第六册检知，其使用的是特制日记簿，每一页（双面）纸上刻印有阐释“静”、“动”与“绵绵”、“穆穆”而体现此日记意旨的同一段文字，以及读书、静坐、属文、作字、办公、课子、对客、回信八项事情的专栏（另还有日期栏）。各栏留空较窄，只能简单记事，并且远非每日各栏都记。格式限定，文字较长的记事和感想，多写在天头。从其内容看，涉及方面较杂，自我检查反省性者也有，但断断续续较为零散，远不如以前典型。并且，此日记的时段也只是从咸丰元年七月初一日至次年六月十一日，尚不到一整年，为时较短。

总体看来，曾国藩即使放弃倭仁式的省察修行形式，也并不意味着他根绝

---

① 《曾国藩全集・家书》，第一册，第 56 页。

② 见《倭文端公遗书》，台湾文海出版社“近代中国史料丛刊”影印本，第一册，第 241 页。

③ 见黎庶昌：《曾国藩年谱》，第 18 页。

了检身“入圣”的追求，甚至可以说，这反倒有利于他轻装上阵。就像禅道一样，只注重外在形式的修行反而会束缚悟性。内圣外王的统一是儒家的大道所在，也是经程氏兄弟和朱熹特别阐扬的格、致、诚、正、修、齐、治、平这条“长链”的归宿性概括。曾国藩在这一目标的追求中，困难也罢，挫折也罢，事实上他始终是不可能放弃的。“君子之立志也，有民胞物与之量，有内圣外王之业，而后不忝于父母之生，不愧为天地之完人”①，曾国藩用以教导和鼓励弟辈的这番话语，也正是他自己抱负和情怀的展露。而放弃倭仁式的刻板修行方式，也许使他既求“内圣”亦求“外王”的理想路径减少了贯通的内障，更能放开脚步灵活地进取。

三、在升迁的顺境中

道光二十七年（1847 年）夏间，京城的天气炎热，曾国藩的心里被仕途豁然畅通燎得更热。六月里的一天，一道谕旨下来，将他由翰林院侍讲学士（从四品）一下子擢为内阁学士（从二品）兼礼部侍郎衔。升迁如此之骤，连曾国藩自己也出乎意料，大有受宠若惊之感，有言：“由从四品骤升二品，超越四级，迁擢不次，惶悚实深！”又说：“湖南三十七岁至二品者，本朝尚无一人。予之德薄才劣，何以堪此！”②曾国藩固然没有表现出得意忘形之态，但心底能不涌动庆幸和喜出望外的潜流？

由此开始，以后数年间里，曾国藩可谓官运亨通，权位益显。在他骤擢内阁学士兼礼部侍郎衔之后一年多，于道光二十九年（1849 年）正月间，就奉旨升授礼部右侍郎（正二品），正式进入部堂之列。以后几年中，更遍兼兵、工、刑、吏等部侍郎。

何以能够如此？这当然是“机缘”。但仅仅以“机缘”来解释又不免浮泛。具体说来，曾国藩有在翰苑历练多年、声名可直达宸听的优势条件；他在官场特别京官中有较广的联络范围，也建立了较好的人际关系，或得他人援手之

---

① 《曾国藩全集·家书》，第一册，第 39 页。

② 《曾国藩全集·家书》，第一册，第 147、149 页。

力，这都不失为重要原因。那么，就他人的援手而言，能够发挥作用的，自然是要与皇帝说得上话的权贵辈。公道地说，曾国藩倒还不属那种不择手段、不要脸皮地一味钻营、寅缘攀结之辈。那么是谁在这中间助以鼎力了呢？或说是穆彰阿。此人隶满洲镶蓝旗，郭佳氏，是道光帝的宠臣，任部堂、军机大臣、大学士多年，又常执掌文衡，在朝中是个炙手可热的人物，追随者自然亦多。故而“门生故吏遍于中外，知名之士多被援引，一时号为‘穆党’”①（后咸丰帝即位将其革职）。要说曾国藩与他还真有点特殊关系，穆彰阿为曾氏春闱那科的正总裁，这样与曾氏自然就有了座主与门生之谊，当时这的确是很为人所重的。

至于穆彰阿帮助曾国藩获取连升骤擢的具体情况，有说：穆彰阿“每于御前称曾某遇事留心，可大用”。一天，曾氏“忽奉翌日召见之谕”，头天夜晚便住宿在穆家。及明赴朝，被引至并非惯常所用的房间里等候，直到午间，忽又传谕让曾氏明天再来。曾国藩回到穆宅，告明这一情况。穆彰阿问他是否留心了那个房间里所悬挂的字幅，曾氏答不上来。穆怅然地说机缘可惜，他“踌躇久之”，最后召来一个办事可靠的仆人，吩咐说，你赶快带银四百两，去送给某内监，嘱他将某处壁间字幅，炳烛代为录出，这些银子便是报酬。而让曾国藩仍在他家下榻，连夜等候阅看。结果第二天召见时，皇帝果然问起那个房间里所悬挂的历朝圣训的内容，曾氏当然能“奏对称旨”。随后皇帝满意地对穆说：“汝言曾某遇事留心，诚然。”而曾氏“自是骎骎向用矣”②。不管这种传说之事是否能有几分真确，而当时满洲权贵层中逐渐出现一股主张重用有才干的汉族大臣的势力，曾国藩的非常擢升，当然也得意于他们营造的重汉政治氛围。

满洲权贵集团中的这流人物，当时的穆彰阿也当算是一个，尽管他说不上耿直磊落之辈，甚或落下“性巧佞、好欺罔”之类的恶评，但“爱才”这一点，还是为世人一般所认可的。还有亦先后任部堂、充军机、为相国的满洲镶红旗人

① 《清史稿》，第38册，第11417页。

② 况周颐：《穆相提携曾文正》，《眉庐丛话》，山西古籍出版社1996年版，第276页。此外，李伯元的《南亭笔记》卷八中亦有与此大旨类同、细节上有异的记述。见该书江苏古籍出版社2000年版，第99页。

士文庆，以及那个后来在辛酉政变中被作为“奸党”处死的肃顺（此人的显赫是在咸丰朝），他们在职之时也都是主张重用有才干的汉臣的。不管在曾国藩此际的升擢之事上是否起过具体作用，但后来咸丰年间他们在荐拔汉臣方面皆有所作为是可以肯定的。即在道光年间，文庆对其门生胡林翼便有汲引和回护之事绝非捕风捉影。[①] 这样看来，曾国藩此时的超常规升擢，或可视为更后汉族实力派大员崛起的一种先兆性的政治信号。

无论如何，仕途的畅达，自然会激发曾国藩报效朝廷知遇之恩、建树自己“外王”之业的雄心。既在其位，便谋其政呀！不消说一心着力于举业之时难有关心天下大事的多少心思，即使居官翰苑期间，一则为职事所限，二则着重于“内圣”的追求，他对国事朝政关注似乎也没有超常的表现。

按说，就在他登科入仕前后，正是国家事变迭出、时势非常的时候。当然，这也并非一朝偶现之局，而必然有着较长时段的历史链接。其实，自曾国藩出生的嘉庆年间，清王朝就已经失去了“康乾盛世”的辉光，现出了衰微的征象，社会危机日趋严重：王朝吏治腐败，官场贪风炽盛；社会经济凋敝，国库收储不足；国家军队衰朽，武备日显废弛；人民生活困苦，阶级矛盾尖锐……而反清起义的接连不断可以说是阶级矛盾和社会矛盾激化的最突出的反映。正好是嘉庆建元那年爆发的白莲教起义，地涉鄂、川、豫、陕、甘等多省，参加者达数十万之众，绵延将近十年。而曾国藩三岁时的嘉庆十八年（1813 年），又在北方爆发了波及数省的天理会起义。由林清率领的一支二百人的起义队伍，竟曾在宫中太监的内应下，一举攻进过紫禁城里。嘉庆皇帝不由得惊呼，此乃“汉、唐、宋、元、明以来未有之奇祸”[②]！如果说，这是一位并无大作为的帝王，面对威胁其宝座的“祸乱”出自本能的反应，那么，有着敏锐痛感神经的思想家，则开始为这个社会唱出“日之将夕，悲风骤至”[③]的挽歌了。

对于清朝统治者而言的“内忧”日甚一日，对于整个中华民族来说的外患也加紧逼来。就在中国旧王朝日趋衰落的时候，西方资本主义世界殖民扩张

① 薛福成在《书长白文文端公相业》文中就谈及这方面的情事。见丁凤麟、王欣之编：《薛福成选集》，上海人民出版社 1987 年版，第 250—251 页。

② 魏源：《圣武记》，世界书局 1936 年版，第 305 页。

③ 龚自珍：《尊隐》，《龚自珍诗文选注》，广东人民出版社 1975 年版，第 48 页。

的势焰则方“凶”未艾。那个在乾隆末年就曾醉翁之意不在酒地遣使来华的英国，在四十多年之后即以“鸦片贸易”为借口，带头对华发动侵略战争。而这个时候，曾国藩正当登科入仕之际。对如此重大的“国变”事件，当时作为翰林官的他反应如何，我们不妨具体查索一番。

所查及的曾国藩最早对鸦片战争之事的记述和评议，是在道光二十一(1841 年)年正月初十的日记中，有云：

> 上年六月，英吉利豕突定海，沿海游弋。圣恩宽大，不欲遽彰天讨。命大学士琦善往广东查办。乃逆夷性同犬羊，贪求无厌。上年十二月十五，攻破沙角炮台。正月初五报到后，又直逼虎门。正月初八报到，皇赫斯怒，于初六日通谕中外。初九日，授奕山为靖逆将军，隆文、杨芳为参赞大臣。本日又策侍卫四人往广东，备差遣。

可见，这只是对朝报内容的一般性录载，并没有自己的特别看法，所谓“圣恩宽大，不欲遽彰天讨”云云，更是与朝廷虚骄的论调完全同声相合。

其后，曾国藩在家书中对有关情事也时有所言。如同年四月间的一信中说到：“琦善已于十四日押解到京。奉上谕派亲王三人、郡王一人、军机大臣、大学士、六部尚书会同审讯。现未定案。”九月间的一信中提及，“英夷在浙江滋扰日甚”。十月间的一信中有云：“英夷之事，九月十七大胜。在福建、台湾生擒夷人一百三十三名，斩首三十二名，大快人心。”来年正月间的一信中评说：“英逆去秋在浙滋扰，冬间无甚动作。若今春不来天津，或来而我师全胜，使彼片帆不返，则社稷苍生之福也。”二月间一信中言及：“浙江之事，闻于正月底交战，仍尔不胜。去年所失宁波府城、定海镇海两县城尚未收复。英夷滋扰以来，皆汉奸助之为虐。此辈食毛践土，丧尽天良，不知何日罪恶贯盈，始得聚而歼灭。”六月间的一信中感言：“逆夷海氛甚恶，现在江苏滋扰。宝山失守，官兵退缩不前，反在民间骚扰。不知何日方可荡平！天津防堵甚严，或可无虑。”①

---

① 本段落中所涉六封信中的引文分别见《曾国藩全集·家书》，第一册，第 3、14、16、21—22、25 页。

在家书中还这样不时地谈及,可见曾国藩对此等事情不是漠不关心之辈。一般性地转述所闻战况之外,也表示出自己的感觉和态度。可以看出,他对“英夷”以及“汉奸”是仇恨的,闻捷之下的欣喜也自亦由衷而发(当然,所闻捷报未必确实),但也不免流露出虚骄懵懂之气。而能够体现其人对鸦片战争事件最为典型认识的,当是他对其事终局的这番述评:

> 英夷在江南,抚局已定。盖金陵为南北咽喉,逆夷既已扼吭而居要害,不得不权为和戎之策,以安民而息兵。去年英夷在广东曾经就抚,其费去六百万两。此次之费,外间有言二千一百万者。又有言此项皆劝绅民捐输,不动帑藏。皆不知的否……自英夷滋扰,已历二年,将不知兵,兵不用命,于国威不无少损。然此次议抚,实出于不得已。但使夷人从此永不犯边,四海晏然安堵,则以大事小,乐天之道,孰不以为上策哉!①

一方面,他看到并不满于清方“将不知兵,兵不用命”,被迫求和,有损“国威”的弊情,对巨额的赔款损失也表现出掩不住的隐忧;另一方面,又对朝廷“和戎”举措的后效,抱有不切实际的幻想,根本认识不到其严重危害,实际上是表示了对清廷妥协投降方针的认同,甚至有条件地谀为“上策”。如此情形,自可以为我们前边所说,曾氏对鸦片战争这一重大“国变”事件的反应,并没有表现出特别敏感和激切,提供史实上的印证。不过,这已是曾氏在翰苑期间对国事朝政反应的较典型表现。除此之外,在他所留下的该时期的文献中再也找不出多少“议政”的内容。

及至他擢离翰苑特别是跻身部堂之后,情况发生了明显变化。一则,其官职达到了按惯例可以直接向皇帝上奏建言的品级,并且有了更实在的权力。二则,因被骤擢重用而激发的报效之心,与他由“内圣”向“外王”的追求转向正好吻合。三则,此间正值道(光)咸(丰)易代之际,一个新君的上台,往往是朝政上有所兴革的契机,曾氏觉得应抓住和利用。四则,此时社会矛盾进一步激化,太平天国起义的征象逐渐显现,朝政上的种种弊端更明显暴露,曾国藩也以前所未有的敏感有所体察。基于主观和客观上多种条件的复合促使,曾

---

① 曾国藩:《禀祖父母》,《曾国藩全集·家书》,第一册,第32—33页。

国藩开始了他在政坛上欲大显身手、一鸣惊人的尝试。而这又是伴随着咸丰皇帝御极开场的。

道光三十年(1850年)新正,皇宫里却少有往年节庆的喜乐,而为哀伤的气氛所笼罩。这不,旧岁腊月间孝和睿皇后刚刚"升遐",新年正月里道光皇帝又告"驾崩"。这位皇帝,不得不遗憾地结束他只差一岁不够古稀的生命历程。承而代之的咸丰帝是他的第四个儿子、当时正值弱冠之年的奕詝。奕詝的三个兄长先此皆已死去,他在现有的兄弟中已数居长。当然,即使不是这样,在清朝这时实行的秘密建储而非长子继承的皇位制度下,如果他得到乃父生前的认可,也有可能迈过其兄长,一尝九五之尊的味道。无论如何,咸丰帝的即位成为既定事实。至于对这一任帝王滋味的感觉,还是他御极之初难以完全预料到的,时光老人会不紧不慢地让他逐渐领受。这时,他的心头恐怕是多为一个新帝王的荣耀、威严和踌躇满志的感触所占据。而曾国藩,则正忙不迭地为这位新主人效劳,同时也在争着为自己亮相。

如果说,作为礼部堂官,曾国藩参与操办皇家的丧仪礼事,以及就道光帝是否"郊配"、"庙祔"这类问题上奏参议,完全属其职守本分,那么,下述几次上疏建言之事,就是在更广范围上倡言兴革,颇有经国济世之概甚至出政治风头之嫌了。

先看其关于"用人"建策的《应诏陈言疏》①。

咸丰帝登极伊始,便布诏令九卿科道有言事之责的官员,于用人、行政一切事宜直陈所见,以备朝廷参考采择。曾国藩应诏所上此疏,着重从所谓"转移之道"、"培养之方"和"考察之法"三个方面,提出了作育、激扬和妙用人才的方策。所谓"转移之道",主要是陈说要扭转在理政办事上所谓京官退缩、琐屑,外官敷衍、颟顸的流弊,使之通过"从事于学术"来提高素质,并且特别强调"皇上以身作则,乃能操转移风化之本"。所谓"培养之方",主要是建议皇上责成堂官对内阁、六部、翰林院八衙门的各自下属行培养之权,通过教诲、甄别、保举、超擢等不同方式和途径来励材选材。所谓"考察之法",是特指皇上可"借奏折为考核人才之具",设想通过改变"藩臬之奏事,道员之具折,虽有定例,久不遵行"的情况,切实遵行定制而扩大奏事者人数,拓广皇上直接

① 载《曾国藩全集·奏稿》,第一册,岳麓书社1987年版,第6—10页。

通过奏折鉴别人才的范围。

从曾氏的这一奏疏，可以体察，他当时是把解决选材用人问题作为朝政中兴利除弊的关键环节来看待的，对京、外各官中存在弊情的指陈也比较尖锐，并强调上下互动对于解决问题的重要性，特别是直言皇帝当以身作则，这实际已有讽谏的意味。他上此折一个月后又上《条陈日讲事宜疏》，专就由讲官每天向皇上进讲之事，提出了详细的方案，立意显然在于通过强化咸丰帝的听讲学习来提高其素质，以利其"以身作则"的落实。从这一角度看，此两折有其一定的内在联系。

再看其关于汰兵节饷的奏议。

咸丰元年（1851 年）三月，曾国藩上《议汰兵疏》①，针对他所以认定的"国用不足"和"兵伍不精"，这两端相互联系着的"天下之大患"，提出自己的改革设想。即以六年为期逐步裁兵五万人，使每年可节省饷银一百二十万两。其改革建策并无特别出彩之处，倒是对有关弊情的指陈能比较尖锐。如说各省兵伍或"以千百械斗为常"，或"以勾结盗贼为业"，至于"吸食鸦片，聚开赌场，各省皆然"，"大抵无事则游手恣睢，有事则雇无赖之人代充，见贼则望风奔溃，贼去则杀民以邀功"，还有普遍存在的虚额冒饷等情弊，尽管有"章奏屡陈，谕旨屡饬"，但终"不能稍变锢习"。至于"财用"方面，说是自庚子（指道光二十年）以来，"一耗于夷务，再耗于库案，三耗于河决"，又加赈救多省水旱巨灾的款项，用度浩繁，经费支绌，而为增收应急实行的开捐，连道光皇帝都"未尝不咨嗟太息，憾官途之滥杂，悔取财之非计"。

军队和财政状况，的确是体现国力强弱的至要之端。从曾国藩对当时清王朝这两大方面情状的指陈，可以看出他对其弊情确有比较明了的察觉，并且感到深切的忧虑，并在一定程度上能够披沥直言。当然，他也显然是作了保留的。譬如，对军队弊情的揭露所明指的只是绿营而非旗兵，所议裁的也是绿营而非旗兵。其实，这时旗兵的腐败比绿营更有过之而无不及。但它是皇家的"亲兵"，曾国藩想必是怕触大忌，有意回避开了。不过，能像他说到这个份上，也算是有几分诤言了吧，是只知粉饰谀颂之辈所说不出来的。并且，曾氏这时于兵、饷之事的痛切感触，对他稍后就涉身兵戎事务在有关举措上的影响

① 见《曾国藩全集·奏稿》，第一册，第 19—22 页。

肯定也是颇为直接的。

最值得注意的当然还是曾氏于同年四月下旬上的《敬呈圣德三端预防流弊疏》①。此疏是在论说所谓“圣德”的辞令掩饰下，专门讽谏新君的缺憾之处，要他引以为戒、预防流弊的。一开头，曾国藩先布设了这样一个“弯弯绕”：“臣闻美德所在，常有一近似者为之淆。辨之不早，则流弊不可胜防。”意思是说，美德与缺憾之间，通常存在着一种容易混淆的近似，如不及时查辨防范，便可能产生流弊。那么，与新君“圣德”近似而可能产生流弊者为何呢？曾国藩认为主要有以下三端：一是与“敬慎”之美德近似的“琐碎”，主旨在于言其拘于小节而疏于大计；二是与“好古”美德近似的“文饰”，主旨在于言其追求虚浮而忽略实际；三是与“广大”之美德近似的“骄矜”，主旨在于言其刚愎自用而拒纳谏言。这一奏疏，曾国藩肯定是绞尽脑汁地调动了他那支生花妙笔，引经据典，说古论今，曲不掩直，激胜于缓。最后特别置言：“臣谬玷卿陪，幸逢圣明在上，何忍不竭愚忱，以仰裨万一。虽言之无当，然不敢激切以沽直声，亦不敢唯阿以取容悦。”显然是向皇帝剖白，自己这样做完全是为忠忱所驱，毫无私意。这岂不是要为自己布设一道防护符？

对于上这样一道奏章要冒的风险，曾国藩不是没有思想准备的。他在写给家人的信中就曾言及，“折子初上之时，余意恐犯不测之威，业将得失祸福置之度外”。何以如此呢？他向家人剖白心迹说：“余之意，盖以受恩深重，官至二品，不为不尊；堂上则诰封三代，儿子则荫任六品，不为不荣。若于此时再不尽忠直言，更待何时乃可建言……现在人才不振，皆谨小而忽于大，人人皆习脂韦唯阿之风。欲以此疏稍挽风气，冀在廷皆趋于骨鲠，而遇事不敢退缩。”②应该说，这基本上是他的由衷之言。为报恩尽忠，而作骨鲠之谏，以挽阿谀之风，并非故作虚饰。

再进一步究查，时势的刺激也是诱发他此举的重要原因。这个时候，太平天国起义已经正式爆发数月之久，而清朝方面的镇压却不能奏效，清朝统治面临着空前未有的严重危机。曾国藩对此忧急如焚，在致友人书中他对时局作有这样的评说：“今春以来，粤盗亦复猖獗，西尽泗镇，东极平梧，二千里中，几

① 见《曾国藩全集·奏稿》，第一册，第24—27页。

② 《曾国藩全集·家书》，第一册，第212页。

无一尺净土。推寻本源，何尝不以有司虐用其民，鱼肉日久，激而不复反顾。盖大吏泄泄于上，而一切废置不问者，非一朝夕之故矣。”①可见，他私下是承认官逼民反这一事实的。当然，又决不因此认可造反者反抗清朝的合理性，而是力倡这个王朝从皇上到官员觉悟起来，努力兴利除弊以能尽快“平乱”。曾国藩接着向友人介绍，他以为清朝有“三大患”，即人才、财用和兵力，正是有鉴于此，他曾先后上疏就这几个方面的兴革略陈大指。由此可见，前边述及的曾国藩所上《应诏陈言疏》和《议汰兵疏》，也都是基于对时局的忧虑而有的放矢地建策。至于《敬呈圣德三端预防流弊疏》，其论说的指归也是紧紧扣住眼下的“广西一事”，甚至细化到有关人员的差遣委用、具体军事部署以及粮饷的筹用等事宜上。

再就是同道的督促激励，也是曾国藩不惜冒险上此奏疏的助力。随着曾国藩地位和声望的不断提高，他在湘籍以及其他省籍的官员同道及在野友朋中逐渐成为核心，被寄望甚殷，盼其能成为他们的代言人，曾国藩也力求不负所望。不消说京官同道有机会时常敦劝于他，在外的志同道合的朋友寄书当中，除了论学之外也时有议政之勉。曾国藩的“预防流弊”三端之奏，当符友辈对他所谓“言人所不能言、不敢言者”，而“慰天下豪贤之望，尽大臣报国之忠”②的期望。当然，无论何种原因，最终都与曾国藩个人政治抱负的张扬性表现分不开。

可这位刚御极不久的新皇帝有容纳这种谏言的虚怀吗？不错，他是布谕让有关臣工建言，但其采纳情况如何呢？对此，曾国藩是清楚的。就在咸丰元年春间，他在写给友人的书信中有这样的评说：“（咸丰帝）自客春求言以来，在廷献纳，不下数百余章，其中岂乏嘉谟至计？或下所司核议，辙（辄）以‘毋庸议’三字了之，或通谕直省，则奉行一文之后，已复高阁束置，若风马牛之不相与。”③既然如此，那么对直接给其揭短者岂不会抱以更为恶劣的态度？是啊，正当他陶醉于“吾皇至圣至明”的一片谀颂声中的时候，冷不丁冒出曾国

① 曾国藩：《复胡大任》，《曾国藩全集·书信》，第一册，第77页。

② 刘蓉：《与曾涤生侍郎书》，《养晦堂文·诗集》，台湾文海出版社“近代中国史料丛刊”影印本，第一册，第320、322页。刘蓉该函或可能在稍后，但引语所反映的若辈对曾氏的期望也适合于这时的情形。

③ 曾国藩：《复胡大任》，《曾国藩全集·书信》，第一册，第76页。

藩这么一个不和谐的声调，简直是敢冒天下之大不韪！而发此等言论的又是这么一个新进的汉臣，岂不更是不识好歹！

据知情者言，咸丰帝看了曾氏的这道奏章“大怒”，“捽其折于地，立召见军机大臣欲罪之”。是被召至的大臣中有祁寯藻和季芝昌两人为之反复求情，才好不容易把这事儿平息下来。当然，他们这情讲得很有艺术性，是紧扣着“主圣臣直”的主题来花言巧语的。讲情者两人中的季芝昌，还是曾国藩春闱的房考官，更是向皇上打保票，说自己的这个门生“素有愚直”，意思是决没有什么歪心。经别人如此这般地好一番代为乞求，咸丰帝最后算答应免治其罪，所谓“良久乃解”。不但没有治罪，似乎还顺水推舟地巧作个人情，来了个所谓“优诏褒答”①。怎么个“优”法，又是何等“褒”词？且看此上谕：

> 曾国藩条陈一折，朕详加披览，意在陈善责难，预防流弊，虽迂腐欠通，意尚可取。朕自即位以来，凡大小臣工奏章，于国计民生用人行政诸大端有所补裨者，无不立见施行；即敷陈理道有益身心者，均着置左右，用备省览；其或窒碍难行，亦有驳斥者，亦有明白宣谕者，欲求献纳之实，非徒沽纳谏之名，岂遂以‘毋庸议’三字置之不论也。伊所奏，除广西地利兵机已查办外，余或语涉过激，未能持平；或仅见偏端，拘执太甚。念其意在进言，朕亦不加斥责……朕思为君之难，诸臣亦当思为臣之不易，交相咨儆，坐言起行，庶国家可收实效也。②

好一个“优诏褒答”！这位皇帝还不是为自己画了一副虚衷纳谏、从善如流的圣君形象。对曾国藩所言除作了枝节性肯定之外，大旨上则是以“过激”、“拘执”为之定性。既然如此，“念其意在进言”而“不加斥责”，岂不就是“皇恩浩荡”了。看来，曾国藩也真是“愚直”，对这位新皇帝布诏求言不过是做做样子的实底儿，不仅仅在私人信件中透露出去，而且也把这层意思不遮不掩地写进奏折，胆子真是不小。可他知道了“优诏褒答”背后的实情之后，又能不惊出一身冷汗吗？先前那“将得失祸福置之度外”的豪言壮语恐怕是完

① 黎庶昌：《曾太傅毅勇候别传》，《拙尊园丛稿》，第201页。

② 黎庶昌：《曾国藩年谱》，第17—18页。

全失效了,刻骨铭心的当换成明哲保身的古训。这时他心里没准儿老是在打鼓:脑袋这玩艺儿可不是割了一茬去还可以再长出来的韭菜!

这是不是有些危言耸听,给皇帝提几条意见就有如此之虞,能沾边吗?可别忘了,那还是个君叫臣死不敢不死的时代。君不闻,臣子笔下一个"维民所止"的用典,竟被解释为影射要去掉雍正帝的脑袋(按"维"、"止"两字的字形来解释),其人下狱死后还要枭首戮尸,并连坐家人。皇朝既有这样的先例,何况这时曾国藩是明目张胆地数叨皇帝的不是呢!咸丰与雍正是已间隔数代了,但"家天下"还是一脉相承的呀!就近处说,咸丰皇帝在对付内忧外患方面,未必比刚归西的先皇更有办法,但对臣子的生杀予夺之权,自他臀沾御座的那一刻起,便法定地有了。处置一个"大不恭"的新进汉臣,还是小菜一碟的。即使不至于到杀头的份上,给个革职之类的处分,你苦巴苦结地奋斗挣扎了这么多年,好不容易才有了的这般光景,岂不就又毁于一旦了吗?这样看来,此番这位新君还真是对曾国藩"施恩"了,当然更表现出他自己还算聪明。

对于曾国藩来说,真可是吃一堑长一智。他接受教训,决心以后再也不盲目效法古代谏臣,冒险上这样的奏折。他在写给诸弟的一封信中就交了实底:"此后奏折虽多,亦断无有似此折之激直者。此折尚蒙优容,则以后奏折,必不致或触圣怒可知矣。诸弟可将吾意细告堂上大人,毋以余奏折不慎,或以戆直干天威为虑。"①诚然,家人也不能不为他担惊受怕呀!他自己更是将此事铭记于心,终生念念不忘。以至于在临终的遗折中还特提到,此期"应诏陈言,语多憨直,渥蒙文宗显皇帝采纳优容,不加谴责"②。

从经此折潜在风波以后的实际情况看,曾国藩的确没有再上那样激直的谏折。所上者已是《备陈民间疾苦疏》、《平银价疏》之类。虽然也是针对社会某些积弊建言,但毕竟不是指责皇上。而且,用语上也平和、委婉多了。就拿他于咸丰元年十二月间上的《备陈民间疾苦疏》来说吧,开宗明义地便布设下

---

① 《曾国藩全集·家书》,第一册,第212页。

② 《曾国藩遗折抄件》,《历史档案》1993年第4期,第63页。按:此遗折未见原件,但据编选者查阅中国第一历史档案馆藏军机处随手登记档,其中有关于"曾国藩遗折"的记载,证明确曾上过。此折尾有"谨口授遗折,令臣子面交江宁布政使梅(启照)恭折代奏"语。曾国藩卒前中风可能影响到说话,但"遗折"在特殊之际操作,似不能仅以严格推究其是否真能"口授"之类的细节来判定真伪。从内容上看,当非伪造,应是由曾国藩之子(最可能是曾纪泽)代写的。

这样的前提:“我皇上爱民之诚,足以远绍前徽,特外间守令,或玩视民瘼,致圣主之德意不能达于民,而民间之疾苦不能诉于上,臣敢一一缕陈之……”接着,曾国藩才陈述了诸如“银价太昂”、“盗贼太众”、“冤狱太多”等致使民间疾苦深重的具体情由。说一千,道一万,反正前提压根儿没有皇上的责任,都是“外间守令”们不肖,弄得民不聊生。

这样说,皇帝还会动气吗?又兼表示了他曾国藩自己一副忠君爱民的热肠,绝不是那等漠视民间疾苦、给君国添乱增忧的混账官儿,岂不妙哉!

四、贵而“不富”,亦乐亦苦

曾国藩的京官生涯,总的看来仕途上颇为顺畅。就此而言,他应该是心遂志得了。那么,他就完全是在“春风得意马蹄疾”的妙境下享受生活了吗?也未必。

首先,“富贵”两字对他来说似乎并不能有机地连为一体。他“贵”则“贵”矣,“富”则要大打折扣。当然,要说其“贫”,只能是相对而言。他这等人再“贫”,较之穷黎百姓也不啻在天堂之上。但在上流社会的圈子里,这个时期曾国藩的经济生活上的确时有捉襟见肘之窘。

这一方面是受限于家庭条件。曾家并非巨富豪门,曾国藩入仕后,家里不但不能再资助于他,并且,他除了养活自己的妻儿小家之外,还要给老家不时地寄钱贴补。而对于巨门豪富之家来说,若像曾国藩刚出道入仕这样的情况,除了薪俸可由其自行消费外,家里往往还要资助供其官场上的排场所需。曾国藩则没有这个条件,他于道光十九年(1839年)冬在乡启程赴京时的路费都是靠他人资助和筹借的。他在这年十月初五日记中就记及,“六月底,在家作书,寄忍斋叔侄,借银进京,比未回信。八月,谦六在省会严家,面许借二百金。本日作书寄谦六,又为渠写联幅”云云。当然,曾国藩途中有“拜客”获赠之收入,如在河南省城即“获百余金”,而全程个人花费,也不过“用去百金”①。可见,实际上仅途中获赠收项就够盘费开销甚至还有一点节余的。

① 见《曾国藩全集·家书》,第一册,第1、2页。

再一方面，是受限于曾国藩本人的收入。当时文官俸禄按沿袭下来的定例，像曾国藩开始充翰林院检讨为从七品，岁俸银为四十五两，俸米四十五斛（每斛为半石）；升至侍讲、侍读皆为从五品，岁俸银为八十两，俸米八十斛；晋侍讲学士为四品，岁俸银为一百零五两，俸米一百零五斛；升授内阁学士为从二品，岁俸银一百五十五两，俸米一百五十五斛，再擢礼部侍郎为正二品，岁俸银、俸米与从二品同。按例，地方官除正俸外尚有所谓“养廉银”，虽说即使同一级别的官员在不同地方养廉银的数额亦或大有不同，但一般都要相当于正俸的十来倍到数十倍，相比之下，正俸反而显得微不足道。京官除了部分机构支放养廉银外，一般是实行双俸制，即增加与正俸银、俸米等额之数。曾国藩所先后在职的翰林院和礼部似都不在正式发放养廉银的机构之内（不排除或有临时特拨性的养廉补贴）。①

若按双俸制算，曾国藩的实际薪俸就是前列任各官职时正俸的倍数。算来，任翰林院检讨时为银九十两，米九十斛，（合四十五石），这是他任最低官职时的数额。任礼部侍郎后为银三百一十两，米三百一十斛，（合一百五十五石），这是他在京任最高官职时的数额。如果按米每石（二斛）约值银一两计算②，那么俸银加上俸米折银，曾国藩此期每年的俸额，任最低官职和任最高官职时分别为一百三十五两和四百六十五两，平均为三百两。或说曾国藩在任从五品的侍讲期间即有年五百两的养廉费③，如果定制就是这样，那么随着他以后的升迁，养廉银数额更会随之增多。养廉银与双俸似乎只能享受其中之一。若正规地享受养廉银制的待遇，其收入额会比双俸制还要高些。但从他升任内阁学士后在家书中所言“每年俸银三百两、饭银一百两”④的情况看，他应该属享双俸制者，只不过除了常规俸额之外，再加这每年一百两的“伙食

① 关于文职京官俸制，参见黄惠贤、陈锋主编：《中国俸禄制度史》（武汉大学出版社1996年版）第九章第三节有关内容。

② 这从当时曾国藩本人书信中提供的有些数字也可获得参证。如他说到谷“小斗四十石不过值钱四十千”（见《曾国藩全集·家书》，第一册，第128页）；又言及四十千钱兑换二十八两银的交换价（见《曾国藩全集·家书》，第一册，第12页）。算来，合每两银为一千四百多文钱。考虑到“谷”与“米”以及斗积上的差别，若俸米一石能合到一千四百多文钱则正好约合银一两。当然，各地、各年份粮价及银钱比值变动较大，这里只是粗略取一个约数而已。

③ 见《唐浩明评点曾国藩家书》，上册，第53页。

④ 《曾国藩全集·家书》，第一册，第152页。

补贴”而已。即使到二品官职的这个档次，俸银、俸米、饭银总计也就是每年五六百两银。

如果说除此之外，尚有属拿今天的话来说叫做“灰色收入”的额外进项，那么，外官的“别敬”当算一要项。“别敬”的名目很多，夏天送者称“冰敬”，冬天送者叫“炭敬”，有喜庆事做由头送的叫“喜敬”，年节送的叫“年敬”，等等。就一般情况而言，同级别外官要比京官收入高出许多，一则外官所享受的养廉银，通常是正俸的好多倍，二则在地方上“揩油”也要活便得多。所以外官常常要对与自己有地缘、友谊关系的京官有所表示，京官接受起来也心安理得，习为惯例。下流之辈甚至千方百计地钻营讨取。后来也做过多年京官的李慈铭，对这种情况曾有这样一番评述：

> 京官贫不自存，逢一外吏入都，皆考论年世乡谊，曲计攀援，先往投谒，继以宴乐，冀获微润。彼外吏者少分其朘削所得，以百之一辇致权要，杀其毫末遍散部院，诸司人得锱铢以为庆幸，于是益冥搜广询，得一因缘，动色相告，趋之若骛……资郎多于虮虱，穷不聊生，膻附腥钻，其卑弥甚。彼外吏者亦偃蹇倨侮，凡同乡同年之乏声气者，辄拒不见，亦不答拜，至有涓滴不及者。①

像这种情况，在晚清时一直是比较典型地存在的。当然，外吏对京官的“施舍”不只是非要其进京时才有，平时在外寄赠也是一条途径。在这方面，曾国藩尚不属无耻之辈。他并不刻意去钻营此道，平时是抱着所谓“不肯轻受人惠，情愿人占我的便宜，断不肯我占人的便宜”②的交往原则的。不过，他对别人如果是主动给予的别敬，也没有特别拒绝的意思，甚至也希望得到。总的看来，曾国藩没有很多地获取这种收入的迹象。咸丰元年间他复曾任浙江秀水知县的友人江忠源函中言及，前曾收到他寄来的“七百七十余金”，当为别敬之项，且数额不小，但又言“所寄各家银两，诸已厘清交付”，可见当是分

---

① 李慈铭：《越缦堂日记》，商务印务馆 1920 年影印本，第三十二册，光绪五年（己卯）六月初九日条。

② 《曾国藩全集·家书》，第一册，第 151 页。

给多人的,并非独给曾氏者。特别是居官翰林院期间,恐怕更是有限。譬如道光二十一年(1841 年)八月初,他在家书中述及自己入不敷出,“光景渐窘”,有“冬下又望外官例寄炭例”之言,但一直到年底,尚未见有赠者,腊月间的家书中有谓,“前日冀望外间或有炭资之赠,今冬乃绝无此项”。由此可见一斑。平时也可能得到一点真正的“友情资助”,或是润笔之酬,数额恐亦有限。

那么曾国藩的消费支出情况如何呢?不妨从其衣食住行、医疗、给老家的赡济之资、交往应酬等主要事项上予以概观。

先看其居所支出。曾国藩在京居住期间,曾多次迁移居所,一方面是为改善条件,同时也为信风水之类的迷信因素所致。总的看来,其居住消费水平是不断提高的。最初是在南横街千佛庵租屋四间,月租金四千文。几经迁移,到道光二十一年(1841 年)八月间住到绳匠胡同北头路东,“屋甚好,共十八间,每月房租京钱二十千文”。照二十千文钱约合十四两银计算,这样居所每年十二个月共需用一百六十八两银的租费。及至道光二十四年三月移寓前门内西边碾儿胡同,住房“共二十八间,每月房租京钱三十串”。[①] 每间的租金当与绳匠胡同房差不多,但又增加了十间,这样年租金约在二百六十两银上下。可见,住房是其消费支出中的大项之一。

再看其出行消费用项。车马轿舆,是官员们出行所惯用的。有临时雇用和自备两种方式。自备因为驾车骡马要经常饲养,还要有专门的车夫,费用会较高。曾国藩最初几年里没有自养车马,日常上街、串门多为步行,到衙署或路途较远的出行当是临时雇用或借用轿舆。到道光二十四年(1844 年)七月时,他开始在寓中自养车马,“每年须费百金”[②]。可见,这也是一笔较奢的开支,尽管曾国藩为了节省,在轿舆方面还特意降格使用。

除了曾国藩本人在京所用外,家人往返路费也是不能忽视的一笔开销。算来,先是曾麟书偕国荃于道光二十年(1840 年)冬间送欧阳母子赴京,次年春曾麟书独自返回,国荃留京读书,延至道光二十二年(1842 年)秋间返乡。继有国潢、国华于道光二十五年(1845 年)秋间一同赴京,国潢居留一年后返乡,国华则待到道光二十八年(1848 年)秋方回。后国潢又于道光三十年

① 本段中至此引文及相关史料根据见《曾国藩全集·家书》,第 1、12、85 页。

② 曾国藩:《禀父母》,《曾国藩全集·家书》,第一册,第 95 页。

(1850 年)春间再度进京,次年春间返回。即使来程路费是在老家筹措,回程路费自得曾国藩负担。在当时的交通条件下,最快捷单程也要一个多月的时间。曾国藩在道光二十一年(1841 年)五月间写给父亲的信中,感其自京返乡三十余日到达省城长沙(到家尚需数日)"真极神速"! 按其乘坐舟车、住宿和伙食费用的情况,每人次盘费则起码需要五十两银上下。如国荃返回那次,乃兄给他的途费银为三十二两,另有预交车行"上脚大钱十三千五百文及上车现钱六千文两项在外",还嘱万一途费银不够,再从另封的敬奉堂上老人"吃肉之资"的十两银中扯用①。这样算来,五人次的单独回程盘费合计起来起码得二百多两银,至少要相当于两年多的自养车马费用。

衣食事项的开销更是最为基本的。其多少又与供养的人口密切关联。居京期间,曾国藩小家庭里频添人丁。夫人和儿子纪泽道光二十年末至京,此后五年间里,先后有纪静、纪耀、纪琛、纪纯四个女儿相继来到世间。到道光二十八年(1848 年)又有儿子纪鸿出生。再到咸丰二年(1852 年)曾国藩出京之前,其最后一个孩子满女纪芬呱呱坠地。这样最后曾国藩夫妇加上七个儿女一共就是九口之家。此前还有父亲特别是几个弟弟的轮番较长时间的居留。另外还有亲戚的留居。像道光二十四年(1844 年)间,国蕙的丈夫王率五偕其一个从弟投奔曾国藩谋差,事不能成,都是在曾国藩家住了一段时间才先后返回的。虽说回程是让其与人结伴充当仆役,途费曾国藩没有给他们多少,但他们都是穷困潦倒之辈,在京一切消费自得由曾国藩负担,甚至行头都不得不给其换新,因为原旧的实在破烂和肮脏得不像样子。再就是曾国藩家庭使用的仆人,雇买费用之外也是要管其衣食的。早在道光二十一年(1841 年)的时候,其家就使用四个仆人②,以后逐渐添人又加置车养牲,用人更多自不待言。当然,仆人的衣食消费与主人不能同日而语,但也得有起码的维持生计条件。总体测算,其俸米项或许大致够饭食菜蔬之用。至于衣饰,其家不尚豪华,费用似不会太高。不过,他和家人的衣食消费若能够在同级京官阶层中跟帮随溜,其水平不要说要比起饥寒交迫的穷黎,即使与老家相比也算是所谓"食膏

① 曾国藩:《禀父母》,《曾国藩全集 · 家书》,第一册,第 29 页。
② 曾国藩:《禀父母》,《曾国藩全集 · 家书》,第一册,第 18 页。

梁而衣锦绣”①了。

家庭医疗费用对曾国藩来说也是一种不得已的负担。曾国藩本人及家人的灾病简直是经常不断的。入京散馆不久，曾国藩就得了一场险些丧命的重病，病程持续数十日之久。夫人和儿子到京后，灾病也接二连三。特别是道光二十一年（1841年）夏间，纪泽重病几于不治，而与此同时留京读书的国荃也染疾病求医。几个月后，他更是染上颇重的疫症。及至道光二十五年（1845年）夏间，曾国藩又患所谓“瘟疹”、“热毒”，“癣疾”即由此而发，往下一直没能痊愈，时常需要调治。当时请医问药费用颇高，尽管曾国藩结识的友人中有几人懂医（如吴廷栋、欧阳兆熊、郑小珊等），可帮忙诊疗，但药费自然需要自出，况且有些病症也要另请专医。譬如曾国藩初患所谓“热毒”那年九月间在一封家信中言及，“自今年四月得此病，请医甚多，服药亦五十多剂，皆无效验”，近又请一陈姓医生，“已请来三次，每次给车马大钱一千二百文”②。不要说药费会很可观，单请一次医生的车马费就要一千二百文，当合八九钱银子。医疗费用的开销由此可见绝非小数。

因为上有两代老人居乡，当时与诸弟亦未分家，不论是作为儿辈还是兄长，曾国藩都有一份赡养或顾持之责，何况他又是在外做官为宦之人。此外亲戚和族人中也多有贫不能立者，曾国藩虽然不能皆为施助解困，但既不失斗水救鲋之心，更怀为自家在戚族中联谊博名之图，故条件稍为允许之时亦或有杯水之施。总的看来，曾国藩在居京的最初三几年间，很少能有寄家之钱，在家书中时常置有“不能备仰事之资寄回”，“不能寄资回家，以奉甘旨之需”之类的抱愧之词。道光二十三年（1843年）间他获主持四川乡试之差，有一笔较丰的收入，此后分批次地寄家千金，是他居京期间寄家最多的一笔款项。按曾国藩本意是“以六百两为家中完债及零用之费，以四百两为馈赠戚族之用”，但老家人等以自家欠债过多等由，不同意拿那么多馈赠戚族，争来争去，最后老家以“酌量减半”来作搪塞。③

在这以后曾国藩每次寄出银数多为三五十两，至于每年的总数额，曾国藩

① 曾国藩：《致澄弟温弟沅弟季弟》，《曾国藩全集·家书》，第一册，第187页。

② 曾国藩：《禀叔父》，《曾国藩全集·家书》，第一册，第121页。

③ 本段中史料根据见《曾国藩全集·家书》，第一册，第7、25、70、106页。

在道光二十七(1847年)年时曾许诺“每岁百金”,第二年又重申此说,可见大体上就是这个样子。除了银钱之处,还时有实物的寄回,主要是给老人的药品或补品,如人参、阿胶、鹿茸等等。曾国藩居京最后几年里时有所寄,个别时候还有比较贵重的品种,如寄过每两价银二十四两、计重一两五钱的辽东人参五枝。因祖父病曾国藩还曾拟买鹿茸寄回,因价格太贵,有力者一架“必须百余金”,终未买成,至道光二十九年(1849年)冬祖父去世,他寄银一百零五两作为丧葬之费。曾国藩还给过老家一些衣物,最贵重者恐怕要数咸丰元年带给父亲的干尖子皮褂。①

交往应酬所需也是曾国藩这样的官员之家的一项常规开支。建立交往圈、关系网,这是官场中为惯常风习所制约的不可或缺的一端。当年官场上礼数烦琐,陋习盛行,不要说下流之辈刻意夤缘钻营少不了用钱开路,即使安分守己之辈通常的交往应酬也会是一种“恒课”。曾国藩的日常交往主要是限于同侪友朋之间,来往密切、轮番时有饭局之聚者恐怕要保持在十数人甚至数十人的规模,这从他的日记中就能获得一个大概印象。特别是逢友朋有吊贺之事,赠赙、贺礼亦必不可少。原同为京官的湘籍友人陈岱云,外放知府后丁艰,曾国藩打破“京官向例不送外官之银”的惯例,慷慨地送赙仪三十两②。虽说曾、陈两人之间不仅是多年间至交,而且又拟订为亲家(曾国藩次女许配陈子),关系比较特殊,但曾氏在亲朋之间礼尚往来方面一贯也是不愿表现吝啬的,故在日常应酬方面的开销数量上也绝非微不足道。

上述这些当然不能囊括曾国藩的全部支出事项。但应属其要端。显然,大多并非因特别追求奢华、讲求排场所用,而是在他所处地位、环境下所要应付的。尽管其开支没法得出一个细致的定量统计,但总体来说其入不敷出是可以肯定的,许多时候负债度日。他也因此叫苦不迭。譬如他居京的第二年夏秋间,在家书中就连连诉说“在京别无生计”,“光景渐窘”③。幸在此际他接管长沙会馆,每月收房租大钱十五千文。这一收项按例可听凭经管支用,只要到交卸时算清交付即可,并且不付利息。也就是说,这可作为连续而有保障

① 本段中史料根据见《曾国藩全集·家书》,第一册,第172、165、188、200、230页。

② 见《曾国藩全集·家书》,第一册,第156页。

③ 见《曾国藩全集·家书》,第一册,第7、8、10页。

并且是无息的借项。当时曾国藩在家书中有言，其生活开销，“除用此项外，每月仅用银十一二两，若稍省俭，明年尚可不借钱。比家中用度较奢华”。这样算来，其每月消费大约在二十二两左右，一年则为二百六七十两。而实际上，其开销则要比计划得大。及至第二年六月间，他就“已借银二百两”。这年年终，综算得“全年用费六百余金”，比原先计划显然超过不少。不过，他又说是“决不窘手，左右逢源，绰有余裕”①。看来是临时得些额外收入。真正有较明显转机是在他于道光二十三年（1843 年）秋间得充四川乡试正考官，获得一笔不菲的收项之后。一段时间里这使他能为自己的小家和老家清还前欠债务，花销上也略能放手，但时过不久，又复转窘困，即使官至二品之后，似乎于此也无大改善。如道光二十七年（1847 年）春间，他言“现在京寓欠帐五百多金”；及至翌年正月间，其欠账更增至将近一千；道光二十九年（1849 年）秋间，他又感叹“今年光景之窘更甚于往年”；到他出京的前一年即咸丰元年（1851 年）时，曾在家书中告急，说“今年腊底颇窘，须借二百金乃可过年。不然，恐被留住也”②。所谓“留住”，是被困难挡住过不去的意思。

当然，在京官中曾国藩这种情况并非特例。出身于所谓“寒门庶族”家庭者往往如此。曾国藩在道光二十一年（1841 年）六月底写给祖父的信中，述及自己在京财用光景的窘迫时曾说：“当京官者，大半皆东扯西支，从无充裕之时，亦无冻饿之时”。所言当反映了一定的实际。尤其是翰林官，就经济状况而言尤为不济。有知情者言，“翰林至清苦”，出门“皆步行，否则赁骡车，从无有自豢车马者，同辈皆然，不独一人也。京师有谚语，上街有三厌物，步其后有急事莫不误者，一妇人，一骆驼，一翰林也”。所指固为乾、嘉时的情况，并说是自道光朝翰林开始受到重视，用车马者增多，但又指出“负债亦至多”③，其较贫的状况看来还是没有大的改变。曾国藩居此衙时的情形也不失为一个例证。当然不仅仅是翰林官，对比外官，京官群体实属“相对贫困阶层”。

为了改善经济状况，京官除了谋取外官的“别敬”之外，有条件者就是争

---

① 上注以后至此引文，见《曾国藩全集·家书》，第一册，第 16、24、45 页。

② 上注以后至此引文及相关史料根据，见《曾国藩全集·家书》，第一册，第 142、164、172、227 页。

③ 金安清：《翰林清苦》，《水窗春呓》，中华书局 1984 年版，第 57 页。

取“试差”,即充当乡试考官。充此差作为座主,被录取的门生会送谢礼,即所谓“贽敬”。特别是到外地主持乡试,朝廷会按路程远近发放程仪(路费),地方官府也会以返回程仪为名赠送一笔拿得出手的款项。这些都是体制允许的“合法”收入,不啻让考官“明里发财”,所以有条件的京官趋之若鹜。正因为人多而设额有限,翰林官考试差也就不是很容易的事情。据曾国藩言,每届“考差三百余人,而得差者通共不过七十余人,故终身翰林屡次考差而不得者,亦常有也”①。

曾国藩在这方面的运气还算不错,道光二十三年(1843 年)间他就得放四川乡试主考官。有人估计,此次四川之行,“他的收入将会有两千多两,四五年京官的全部收入亦不过如此”②。所以此次差后他一度颇有点“阔绰气派”了。道光二十六年(1846 年)再次参加考试差未中,不过,此后他很快升内阁学士和部堂后,直接被派充各类试官的机会便多了起来,譬如到咸丰元年(1851 年)的数载当中,先后充任过考试汉教习阅卷大臣、武会试正总裁、殿试读卷大臣、宗室举人复试阅卷大臣、顺天乡试复试阅卷大臣、顺天武乡试校射大臣、考试国子监学正学录阅卷大臣、顺天乡试主考等,这都是在京城,没有程仪和地方上的馈赠,收入上自然没法与到外地主持乡试相比,但总还是一种额外的可观收入。譬如道光二十七年(1847 年)六月间充任考试汉教习阅卷大臣(总裁)那次,据他自己透露,“门生来见者多,共收贽敬二百余金,而南省同乡均未受,不在此数”③。

及至咸丰二年(1852 年),曾国藩被派充江西乡试正考官,这应该是与那年川差有着同等油水的美差,甚至会比那次还要肥润,因为现在他的品级和权位已高出了许多,“人缘”自会更旺。但是老母去世的变故,使这趟美差泡汤。不过,江西方面还是以“奠分银”的名义“公送”了一千两,这对于不仅为丧事也为筹思清理京中欠账搞得焦头烂额的曾国藩来说,不啻雪中送炭。正在赴差途中的他,马上寄京三百两应急。当然,日常不只是他借贷于别人,也有别

---

① 曾国藩:《禀父母》,《曾国藩全集·家书》,第一册,第 130 页。
② 见《唐浩明评点曾国藩家书》,上册,第 52 页。
③ 曾国藩:《禀父母》,《曾国藩全集·家书》,第一册,第 150 页。

人欠他之账，从曾国藩本人所说这“算来亦将近千金”①的口气揣测，若两相比较，大概还是不抵欠他人之债。再说，借贷于曾国藩者，也多是些无法及时筹钱偿还的朋友，曾国藩也表示出不必催迫。可见，当时京官中朋友间互相借贷应急成为一种习以为常的事情。倒是很值得注意，这种私人间的借贷通常是立有契据并有利息约定的，并不完全是出于“哥们义气”的无偿相助，当然，出于友情的考虑免取利息也是常有之事。对于有关情况，曾国藩家书中就屡有言及。②

无论如何，“相对贫困”对曾国藩来说当然并非惬意之事，为争取改善他也不能免俗地有收取别敬、求试差之类的行为。但是他又持守着自己心目中的道德底线，不去做那种自认为贪鄙龌龊、蝇营狗苟的事情，尝自言：“予自三十岁以来即以做官发财为可耻，以官（宦）囊积金遗子孙为可羞可恨，故私心立誓，总不靠做官发财以遗后人”，“将来若作外官，禄入较丰，自誓除廉俸之外，不取一钱”，“若禄入较丰，除堂上甘旨之外，尽以周济亲戚族党之穷者。此我素志也”③。他以后在多大程度能践此诺言，我们姑待后边再行具体分析讲论，于此可说的是，他此时的这种表态并非全属矫情。尝过穷困滋味的人，面对可能的财道，容易有两种截然不同的态度：一种是不择于手段地贪婪攫取，恨不得一口吞下个大海大洋；一种则是与昔相比知足常乐，戒贪求安。可以大概地预告，曾国藩是更接近于后者的。

比起财用开销的时常捉襟见肘来，使曾国藩更感到痛苦的是灾病时常对他和家人的侵袭。初入京不久他便患上的那场持续数十日之久的大病，从其自己记述下的“怕冷怕热”，饮食受阻，甚至十七天之久“除药水外，一无饮食”，卧床多天，渐愈当中得重新学习走路等症状，及其治疗用药情况看，大概是肠伤寒。当时只他一人在京，离家人数千里之遥，只有靠友人照料，“势甚危急”之时“来看者都以为难治”，偌多天里处在生死未卜的危境中，其心情可想而知。来年夏其子重病殆危期间，他陷入“时时惶惧”④的煎熬之中。而从他自身患皮肤顽症之后，更是医药日日不得间断，但终不能奏效，甚至愈趋严重，不

---

① 本段中史料根据见曾国藩：《谕纪泽》，《曾国藩全集·家书》，第一册，第236—237页。

② 见《曾国藩全集·家书》，第一册，第107、143、146、233页等处。

③ 《曾国藩全集·家书》，第一册，第183页。

④ 《曾国藩全集·日记》，第一册，第46、88页。

但使其肉体上饱受其苦，精神上也大受折磨，感到整日“烦躁之至”①，甚至一度因为波及头面而害怕影响皇帝召见，忧急无奈。

曾国藩宦京期间，还遇有老家祖父母之丧。先是祖母于道光二十六年(1846 年)病卒，三年之后祖父弃世。虽说这对老夫妇的享年在那个年代都要算高寿。但他们尤其是祖父在曾国藩的心目中非同寻常，其哀痛自不待言。又“以游子在外，不克佐父母襄办大事”，感觉“负罪婴疚，无可赎挽”。闻祖父去世后，他特请假两月，在家穿孝祭奠。有此丧事，京中友朋吊唁致赙自为常情，但曾国藩在讣贴上特标明谢绝赙仪，间有致送者，也一概“璧谢”退回。②

让身在京城曾国藩感到苦闷和忧虑的，不仅是自己的身家之事，还有他觉察到的诸如朝政疲敝、宦场弊深的“国事”。要说，连曾国藩自己对其仕途的顺畅也是颇感满意的，这不正是他多年奋斗追求的政治抱负吗？他当然有成功的激奋和享受上的愉悦，更有作为能与“天子”经常接触的近臣的荣耀感。然而，也正因为是处在天子脚下，置身于王朝的政治中心，对其施政的弊情就有更直接和切实的感触，对官场的陋习就有深刻而切身的体察。而这，又不免让他生出失望和厌倦，甚至心底不时地有消极隐退的潜流涌出。就是在他刚正式跻身部堂之列的道光二十九年(1849 年)间，他在家书中就这样剖白自己的心迹：“吾近于宦场，颇厌其繁俗而无补于国计民生，惟势之所处，求退不能。但愿得诸弟稍有进步，家中略有仰事之资，即思决志归养，以行吾素。”③咸丰元年间致友人书中更说：“国藩比岁以来，益复惫弱……计期岁内外，亦且移疾归去，闭关养疴，娱奉双亲。自审精神魄力，诚不足任天下之重，无为久虱此间，赧然人上也。”④明确表示是要打退堂鼓了。

矛盾吗？不错，这正是曾国藩心理矛盾的真实反映，同时也是对他所处的客观环境中复杂矛盾事象的一种折射。综观他这十有二载的宦京生活状况和心态，以“贵而不富，亦乐亦苦”来概括，应该算是合适吧？

---

① 曾国藩：《禀叔父母》，《曾国藩全集·家书》，第一册，第 120 页。
② 见《曾国藩全集·家书》，第一册，第 200 页。
③ 《曾国藩全集·家书》，第一册，第 197 页。
④ 曾国藩：《复江忠源》，《曾国藩全集·书信》，第一册，第 75 页。

第三章 “赤地新立”创湘军

一、“全孝”与“抒忠”之间

咸丰二年(1852 年)六月十二日,对曾家来说是个不平常的日子。

就是这天,曾国藩接到“江西主考官,着曾国藩去”的谕旨。寥寥十个字,却让他遂了一大心愿。屈指算来,自道光十九年(1839 年)离乡算起,到这时已有十四个年头(实际居京时间为十二年半),曾国藩一直没能回去。虽说他也时有借故归隐心思的流露,但真实做来又岂是他能下得了决心的?倒是谋取相宜省份的一个乡试考官的差使,既能捞得一笔外快贴补解困,又能在完差之后的返程中顺便回乡省亲,这样一举两得,更为可行之计。这个念头,在他心里至少已盘桓四五个年头之久。若是实现不了,他发誓最晚待到甲寅(咸丰四年,1854 年)母亲七十寿辰那年,便定要“具折告养,虽负债累万,归无储粟”,“亦断断不顾矣”①。现在这道恩旨一下,就不用走那步绝棋了。

于是,曾国藩除按照惯例上了奉差谢恩折,又特附一专片,请求赐予完差之后二十天的省亲假期,也顺利地得到恩准。曾国藩自然高兴,匆匆收拾行装,当月二十四日便驰驿出都,奔上了南下的路程。一路上,观光自然,体察人文,在旅店歇息下来,和随行人员谈天说地,与来访的当地官员讲论政情民俗,有时遇上投机的故友,竟彻夜长谈不眠,显出精神和心境格外的好。

然而,曾国藩无论如何也料不到,母亲去世的偌大变故,恰在他接奉派充试差之旨的那天已经发生。是他在七月二十五日行抵安徽太湖县境内小池驿地方,才由匆匆赶来的信使报知的。闻此噩耗曾国藩不能不顿时感到犹如五

---

① 《曾国藩全集·家书》,第一册,第 164 页。

雷轰顶,又悲又惊。大喜与大悲之事就这样发生于同一天里,是偶然的巧合,还是老天有意的安排?苦思苦盼多少个日日夜夜,本想不日就能回到故乡,见到双亲,怎么竟生此变故?曾母这年六十八岁,又非久病羸弱之躯。

无论如何,官差是不能去完了,要立即改道奔丧。妻儿还在京城,对那里的事情也得有个安排,于是,赶紧给年仅十四岁的儿子纪泽写了信。对自己的行程他也细加盘算:从小驰驿向西南行二百来里便可转长江水路到武昌,这段水路大约五六百里,从武昌到长沙先水后旱不过千里之路,从当下算至多二十几天就能赶到家了。可是,路上要遇上"粤匪"怎么办?想到这里,他的心头必定会猛地一沉,悲思中又涌上一股仇恨的冷流。在他出京之前,就听到了"粤匪"进入湖南的消息,若他们继续北上,极有可能阻隔自己的回乡之路啊!

八月十二日,曾国藩赶到了武昌。听到湖南方面的消息,果然不出所料,"匪情"正急。当时太平军正在围攻省城长沙,四周的道路梗阻,行旅不通。他只好在武昌暂住下来。可以想见,曾国藩会是多么焦灼难耐,他只在这里住了两夜,便决然启程南下。先到岳州,避走长沙,转经湘阴、宁乡,终于在二十三日踏进了家门。

哭天抢地,哀痛万分是十分自然的,曾国藩在给儿子纪泽的信中就有"痛哭吾母"之言,一个"痛"字,全都有了。先把母亲的棺柩厝置,待后再正式营葬。有关事宜办得顺当而"整齐"。说是本不想铺张的,"一切皆从俭约",连"县城各官一概不请",但借端主动前来联络攀结的想必不会少的,发引次日宴客,"八人一席,共二百六十余席",算来达二千多人,单"至亲契友"能有这么多吗?曾国藩自己倒有这般真实心意:既然在家居丧,就要"全守乡间旧样子,不参半点官宦习气"①。他身边不留一个仆人,随行而来的全都打发回北京。

人去矣,曾国藩对母亲的怀念之情却久久萦绕心中。说来,曾国藩的母亲,是一个很平常的女人。但也正像每一个平常的女人一样,都可能有各人的"不平常"经历。

她是湘乡兴让八都道常恬地方江氏的女儿。据说,江氏祖茔在仙人山,相传地仙示知,此山仙人乃处女,谁家葬得了九代要"洗女"(指把女婴溺死或以

---

① 曾国藩:《谕纪泽》,《曾国藩全集·家书》,第一册,第242—243页。

其他方式弄死),不然不发本家而只发女儿婆家。曾国藩的母亲江氏出生后,父亲将她丢在床下,当时正在十一月的寒冬天气,是想把她冻死。不想过了大半夜,女婴仍然活着。父亲又端起一片石磨去压,突然女孩哇地一声大哭,惊得父亲手中的石磨滑落,没压上孩子,反砸了自己的脚。父亲心软了,把这条小生命留了下来。可怜她从一落胎就差点丧掉性命,但终归存活,因此从小落了个“怜妹子”称号。

这虽然是传说,但有人经查考江氏祖谱,也找到了“可信”的迹象:江氏原籍江西,明朝天启年间迁湘后,的确是以湘乡二十都上山田冲仙人山为茔地。到曾国藩外祖父辈上,六传共有二十八男,却无一个女孩。查考者推断:“这不可能一个女孩都未生,只能是生下来后都‘洗’了。”并且也真奇怪,江氏多少代偌多男人中,没有一个做官发迹的,唯独这第一个女儿嫁到曾家,由其丈夫将曾家门户一下子发达到了天上。故江氏族人说,曾家的好运是占了江氏的风水,并还曾有人这样赌气:“我们的江氏祖先不发江家发曾家,要把他挖了。”①

这种风水之说今天看来纯属迷信,在当年却是信从很盛的事情。连曾国藩不论是对阳宅还是阴宅也都很讲究风水的(俟后详论)。至于他的母亲出生时差点被生父弄死,今天听来也残酷得不可思议,而在那个“洗女”成风的年代,这类事情却并不稀罕。

有幸活下来的“怜妹子”不但出落得端庄秀丽,而且勤劳节俭,很受邻里夸赞。江家与曾家常有交往,很顺当成了这门亲事,曾麟书十八岁那年完婚,妻子则大他五岁。她恪守夫家家规祖训,勤俭有加,孝敬长上更是殷勤备至。公公晚年长期卧床,她与丈夫日夜轮流陪护,从不懈怠。在一个上有姑翁下育多子的大家庭里,一切家务做得井井有条,是一个出色的好内勤。作为一个平凡的母亲,让儿辈体察其伟大的也许正是这等日常琐事。在她去世多年后改葬墓地,曾国藩撰写先考先妣墓表,关于母亲之事,这样记述:

> 江太夫人为湘乡处士沛霖公女,来嫔曾门,事舅姑四十余年,饎爨必躬,在视必恪,宾祭之仪,百方检饬。有子男五人,女四人,尺布寸缕,皆一

---

① 参见罗绍志、田树德:《曾国藩家世》,第84—85页。

手拮据。或以人众家贫为虑，太夫人曰："某业读，某业耕，某业工贾。吾劳于内，诸儿劳于外，岂忧贫哉？"每好作自强之言，亦或谐语以解劬苦。①

看来，曾母算得上旧日那种孝媳、贤妻、良母、勤妇型的人。"善忍"对这种妇女来说似乎是一种必备的性情。曾国藩把这也看作是值得效法的美德，后来尝对诸弟言："吾自服官及近年办理军务，中心常多郁屈不平之端，每效母亲大人指腹示儿女曰：'此中蓄积多少闲气，无处发泄。'"②。她的这类事情自然都算不得惊天动地的大事，但能创造惊天动地大业的人物，哪一个不是"平常"的母亲所生？这个一辈子没有走出山坳的母亲，不就生了像曾国藩这样的不仅"光大家门"，而且以"治国平天下"为职志的儿子？也正因为曾国藩是这样的人物，他果真能安安稳稳地在家守制尽孝吗？

就在其母殡葬前后，湖南省城长沙的战事也正紧张。到这个时候，距太平天国金田起义已经一年又十来个月。其间，太平军经过在广西境内大约一年半的战斗历程（全州之役中南王冯云山身负重伤，不日牺牲），于清咸丰二年（1852年）四月间进入湖南，攻克道州，并在那里进行了军队的整顿和较大规模的扩充，增员达五六万人之多。这固然是由于太平天国方面的工作得力，显而易见也说明当地人民的反清积极性高涨。同时，太平天国方面也进行了战略目标上的建设性讨论，确定了由东王杨秀清提出的继续北进，"专意金陵，据为根本"③的方针。七月初，太平军攻克郴州，随即由西王萧朝贵率小股部队先行北上攻取长沙。这个时候，防守长沙的清军力量比较薄弱，但攻城太平军兵力更形单薄，战斗中，萧朝贵不幸中炮，身负重伤，旋即牺牲。洪秀全、杨秀清闻此噩耗，遂统主力部队由郴州驻地急进增援，于八月底抵达长沙城下。

此间，清军已经乘机调援，加强了防守力量，也加固了工事。太平军将士怀着为西王复仇的决心，与守城敌军展开了激烈的战斗。面对坚城高垒，他们采取开挖地道、藏雷埋药轰炸的办法，果真几次轰开缺口。清军也千方百计地

① 曾国藩：《台洲墓表》，《曾国藩全集·诗文》，第332—333页。

② 《曾国藩全集·家书》，第一册，第284页。

③ 张德坚：《贼情汇纂》，中国近代史资料丛刊《太平天国》，第三册，上海人民出版社1957年版，第291页。

防堵御守。新任湖南巡抚张亮基，每日在城里以酒肉糕饼犒赏其军，并大造舆论蒙骗民众参加防守。据清方人员记载：“城中人人自奋，少壮持矛，老弱传餐，夜张灯坐门，备间谍。每贼薄城，守陴者呼，市民皆大呼，声动湘水。”①无论如何，太平军确实遇到了对方的有效抵抗，不能克城，终于觉得与敌人在一城之下如此胶着相持，并非上策，遂在十月中旬之末主动撤围，继续北上。

有关军情“匪患”的传言纷纷杂杂，离太平军所经之处并不是很远的曾国藩的家乡，也不免如此。或谓“时承平日久，骤经兵乱，人心惬怯，讹言四起”，虽战事未及之地，有不少人“亦相率挈家惊走”②。曾国藩却保持着闻惊不乱的样子，他还特别以所谓“保守之方、镇静之道”来劝教乡民，专门写了《保平安歌》三首③。

第一首题作《莫逃去》，有云：

众人谣言虽满口，我境切莫乱逃走。
我境僻处万山中，四方大路皆不通。
我走天下一大半，惟有此处可避乱。
……
别处纷纷多扰动，此处却是桃源洞。
……
我境大家要保全，切记不可听谣言。
任凭谣言风浪起，我们稳坐钓鱼船。
……

第二首题作《要齐心》，有云：

我境本是安乐乡，只要齐心不可当。
一人不敌两人智，一家不及十家强。

---

① 王定安：《湘军记》，岳麓书社 1983 年版，第 8 页。
② 黎庶昌：《曾国藩年谱》，第 22 页。
③ 见《曾国藩全集·诗文》，第 422—425 页。

你家有事我助你，我家有事你来帮。
若是人人来帮助，扶起篱笆便是墙。
只怕私心各不同，你向西来我向东。
……
大家吃杯团圞酒，都是亲戚与朋友。
百家合成一条心，千人合做一双手。
……

第三首题作《操武艺》，有云：

要保一方好土地，大家学些好武艺。
武艺果然学得精，纵然有事不受惊。
……
读书子弟莫骄奢，学习武艺也保家。
耕田人家图安静，学习武艺也不差。
匠人若能学武艺，出门也有防身计。
商贾若能学武艺，店中大胆做生意。
雇工若能学武艺，又有声名又赚钱。
……
各有义胆与忠肝，家家户户保平安。

这位进士大员此时竟作起这等俚俗的歌谣来宣传民众，劝其保持镇静，齐心协力，习武防卫身家。看似不作危言，不唱高调，却不着痕迹地把“粤匪”暗示作民众的当然对立面，又把自己装扮成民众的保护神。曾国藩之于所谓“靖内匪”之道的“高明”，在这中间已开始显露了。这时曾氏还有意把家乡地方说成是最安全的“桃源洞”。他自己的那颗心，果真能安守在这“桃源洞”里吗？

当曾国藩在纷乱的传闻中证实了长沙业已解围的消息，心里自然感到一些庆幸。接踵而来的是“粤匪”走宁乡、下益阳、掠湘阴、陷岳州、趋武汉的一连串消息。似乎敌踪由近而远了。但这分明是他们的胜利进军，而不是本朝

“官报”上说的“败窜”啊！人家的队伍正在滚雪球般地急速扩大，对王朝的“祸乱”也正在扩大而绝非削减啊！曾国藩不由得心急火燎。

此时，北京紫禁城里尽管还保持着表面的恬静，但君主和一班近臣们心中肯定也是忧急万分的。受命专门“平乱”的钦差大臣，已相继有李星沅败死，赛尚阿遭革，徐广缙新任，换来换去，都一样的不中用。那一个个将领们，也简直都是白吃干饭的东西。大清家豢养了连八旗带绿营统共不下八九十万人的“经制”兵员，怎么这时连股他们心目中的“流匪”都制不住？朝廷除了气急败坏地更师换将，似乎再没有什么别的好办法。让地方上编练“民团”以为配合官兵御敌之计，便属君臣们合计出的一条本来也无甚指望的辅助性措施。而当初计议者恐怕谁也没有想到，它竟成为曾国藩编练湘军的由头。

十二月十三日，曾国藩接到了由湖南巡抚张亮基转达的咸丰帝于上个月二十九日发布的上谕：“前任丁忧侍郎曾国藩，籍隶湘乡，闻其在籍，其于湖南地方人情自必熟悉，着该抚传旨，令其帮同办理本省团练乡民、搜查土匪诸事务。伊必尽力，不负委任。”①那个时代，遭父母之丧称“丁忧”。按当时定制，官员遭父母丧亡，要解任回家居丧三年（称“守制”，实际期限为二十七个月）。曾国藩在家居丧，不再担任原官，故谕旨中称“前任丁忧侍郎”。所谓“帮同”云云，是指协助巡抚做有关工作，实际上是专司本省团练事宜。

曾国藩还不是清廷最早任命的团练大臣，他的前边，有在籍的前刑部尚书陈孚恩被任命为江西团练大臣，随后就是曾国藩。再往后，三个来月的时间里，共任命团练大臣四十多人（有的一省数人甚至十数人）。这众多的团练大臣很少有因此建立显赫“功业”的，唯独曾国藩卓然独异。当然严格说来这也并非因为他着实地办团练，不过很好地利用了这个契机来个移花接木地组建湘军。这是稍后的事。

且说接到派办团练这道谕旨的此刻，曾国藩心里是颇为矛盾、很费斟酌的。他明白，“粤匪”虽然暂时离开了湖南，但这并不等于湘地从此就绥靖无事。不要说当地的会党、“莠民”被“煽惑”得纷纷闹事，就是“粤匪”说不定什么时候就会回马重来。再说，凭他们那个势头，夺去整个大清江山的危险都有。若是那样，桑梓之地何能独免，皮之不存，毛将焉附？并且，作为多沐“皇

① 见《曾国藩全集·奏稿》，第一册，第39页。

恩”的他，在“国难”当头的时候，也不能仅仅考虑和挂心于桑梓一方之地呀。当然，眼下既然在籍，保卫家乡、保卫湘省，也就是为大清王朝出力分忧了。

不要说他本人，就是其家人早在几年前“粤匪”还没有揭竿而起的时候，国潢就在家乡组织过“安良会”，后来他又和父亲一起组织乡团武装，镇压那些抗粮闹事的“刁民”们，维持地方治安。尽管那时他曾国藩对家人在乡里出头露面、逞强施威的做法不以为然，写信屡屡告诫，而现在想来，他们毕竟也是基于“公义”激发的一种责任感呀。在眼下的危急情况下，既然朝廷有命，自己还能不从？但又一转念，之所以出现这种越来越动乱的局面，还不是因为朝纲不振，当道无能？官员一个个内部倾轧有术，临乱平定无方。地主士绅们一个个脑满肠肥，私而忘公。自己出来办团练，免不了跟这种人物打交道，倘若事事掣肘，处处荆棘，成功无望，受过有缘，岂不是惹火烧身？

——以上这么说，绝非凭空想象，而是根据曾国藩所留及其他相关文献，对其人当时心态情状的撮述和分析。除此而外，他内心还有一个最为矛盾的情结，那就是守制期间，若应命出山任事，会不会被人认为贪恋官场，遭讥惹谗？忠、孝两者，这可都是“礼”之大端，如何将此摆平？

曾国藩不是特别重视“检身”修养吗？不是极力追求“内圣”与“外王”的统一吗？具体事情上千桩万桩，琐细的理则千条万条，最终多可归结到“礼”字上。“礼”可以说提挈众目之纲，也是曾国藩心目中最大之“理”。在曾国藩看来，“圣王所以平物我之情，而息天下之争，内之莫大于仁，外之莫急于礼”，仁能“育物”，礼可“兴邦”①；“先王之礼制也，人人纳于轨范之中”；要做到不坠入“奇邪”，大则“辅世长民”，小亦“循循绳矩”，就得“人无不出于学，学无不衷于礼也”②——这虽然是其人后来所言，但他从刻意修身养性的那一天起，事实上就是把“礼”作为最高的修习理则和行为“轨范”的。他推重宋儒，自然并不妨碍追踪先圣。孔老夫子面对当年天下“礼崩乐坏”的局面不是极力鼓吹“克己复礼”吗？曾国藩的修身养性和内圣外王的追求，从一定意义上可以说，正是面对他心目中现实的“礼崩乐坏”而作“克己复礼”的倡率。既然如此，那么眼下这步棋他该如何走？

---

① 曾国藩：《王船山遗书序》，《曾国藩全集·诗文》，第277—278页。

② 曾国藩：《江宁府学记》，《曾国藩全集·诗文》，第337—338页。

他不能不想到一个现实的事例，那就是友人江忠源去年的墨经从戎。江忠源应该算是湖南同道中最早组织武装镇压民众起事者。他先是在本邑（新宁）“练勇”，防范和镇压民众“作乱”。发生于道光二十七年（1847 年）的雷再浩起义最终就是由他督率地方武装镇压下去的。知情者或言“湖南团练自此始”①，或言“湘人以书生杀贼自忠源始”②。也正是因建此“功”，江氏被授予知县，分发浙江秀水。当他在籍丁父忧之际，正值太平天国革命方兴之时。清廷布置加紧镇压，赛尚阿任钦差大臣后，以江忠源“知兵”，疏调他赴营任事。江忠源遂募前所用“湘勇”五百人，让其弟江忠濬率领，投身到与太平军作战的行列中。因此，知情者又有云，“湘勇出境讨贼自公（指江忠源）始”③。这支号称“楚勇”的队伍刚到时“敝衣槁项”的样子，不禁为“正牌军”所窃笑，但实战当中却显示出它比“正牌军”中用。全州之役中太平天国南王冯云山身负重伤旋即牺牲，就是吃了这支“楚勇”的亏。

可是当时曾国藩对江忠源墨经从戎的举动颇不以为然。他认为江氏在“忧戚之中”，对调令“宜托疾以辞”，这样“庶上不违君命，下不废丧礼”。他对江忠源计不出此而是“被命即行”的表现直言相责，说是“虽军旅墨衰，自古所有，然国朝惟以施之武弁，而文员则皆听其尽制，无夺情之召”，而你却如此“轻于一出”，则“君子大节”有亏矣，而“大节一亏，终身不得为完人矣”④。曾国藩持如此态度，绝非出于嫉贤妒能之心，而是由衷地出于对友人声名的爱护。曾国藩居京时江氏亦曾到京，两人有过直接的密切交往，江忠源出京后两人也时常不断地保持联系，论学议政，交流看法，皆能推心置腹。曾国藩还曾上奏保荐过时在浙江秀水知县任上的江忠源，说他“忠义耿耿，爱民如子”⑤，为他的擢升铺路搭桥。此时曾国藩之所以规劝和责怪他，就是因为在其心目中“守礼”而“全节”是最要紧不过的。

这道大题目眼下又轮到考测曾氏自己了，他该怎样作答？其实，在正式接到朝命以前，湘乡县成立“练局”就曾邀约曾国藩出主其事，当时他没有答应，

---

① 朱孔彰：《中兴将帅别传》，台湾文海出版社“近代中国史料丛刊”影印本，第 53 页。

② 王定安：《湘军记》，第 3 页。

③ 朱孔彰：《中兴将帅别传》，第 54 页。

④ 曾国藩：《致江忠源》，《曾国藩全集·书信》，第一册，第 83—84 页。

⑤ 黎庶昌：《曾国藩年谱》，第 16 页。

作书解释说:他之所以"再四踌躇,迟迟未出",一方面是因为"不可以缟素而入公门",又不能"竟更墨绖,显干大戾";另一方面也虑及,"局中要务,不外训练武艺,催收捐项二端",而这都不是自己所长,也没有办好的其他条件。但又表示自己"居湘乡之土,为湘乡之民,义不可不同心协力保护桑梓",说拟于母丧百日克释素缟而改墨绖之后,出行一趟,一则答谢有关人员之吊唁,二则"以明同舟共济之义"①。想来,这既不纯是虚与委蛇,也并非真的决定出山任事,而是在一种矛盾心态之下,保留着再进一步斟酌和伺机行事的活便余地。无论如何,若仅在县中操持团练,恐怕是"小庙"盛不下这位"大和尚"的。而当下接到钦命,既非一般的友人和官员的敦劝可比,到省中办事局面上也非邑中可比,这样,他就不能不认认真真地筹谋一番了。

开始,他还是决定予以疏辞,恳乞终制。并且确实也缮就折稿,一边打算交由湖南巡抚张亮基转奏,同时拟将抄件随信附给在京帮助照料其家的妻弟欧阳秉铨(字牧云,是在曾国藩闻讣后安排他赴京的),嘱他转给在京的有关人员阅看,叫他们不要再推荐自己出山任事。在写给欧阳的信中,他这样解释不拟应命的理由:

> 弟(自称)闻讣到家,仅满四月,葬母之事,草草权厝,尚思寻地改葬,家中诸事尚未料理,此时若遽出而办理官事,则不孝之罪滋大,且所办之事亦难寻头绪,若其认真督办,必须遍走各县,号召绅耆,劝其捐资集事,恐为益仅十之二,而扰累者十之八;若不甚认真,不过安坐省城,使军需局多一项供应,各官多一处应酬而已。再四思维,实无裨于国事,是以具折陈情,恳乞终制。②

可见,到头来还是一则顾虑墨绖出山有悖礼制,损节遭讥;二则害怕事情棘手,办无成效。但是就在曾国藩缮就折稿和信件,正拟专人送至省城发出之时,十二月十五日这天夜里,接到张亮基派人送来的急件,得知湖北省城武昌失守,这使得他"不胜骇叹"!武昌连带汉口、汉阳,三镇地居"天下冲要",特

---

① 曾国藩:《与刘蓉》,《曾国藩全集·书信》,第一册,第91—92页。

② 曾国藩:《致欧阳秉铨》,《曾国藩全集·书信》,第一册,第95页。

别是扼长江中游,是全国最大水路交通命脉上的拦腰锁钥,此处一失,数省告警。曾国藩对此危急性当然明白。而这对于太平天国方面来说,则无疑是重大的胜利。此乃其军兴以来攻克的清方第一座省城,并且又是这么一个具有特别重要战略地位之处。本来此时太平军力量已空前壮大,又获此大胜,对敌方不但在军事上是莫大的震慑,在政治上也是沉重的打击。这岂能不牵动曾国藩的痛感神经?而同是在十二月十五日夜,作为曾氏挚友(后来还结为亲家)的郭嵩焘,也亲自登门前来计议和劝驾。

郭嵩焘为本省湘阴人氏,他与曾国藩(连同刘蓉)为岳麓读书时同窗,彼此间非常投契,遂结莫逆。曾国藩中进士那科,是他们结伴一同赴京应考。郭嵩焘落榜后又数次往返应试,不在京之时他俩书信联系亦时常不断,在京逗留期间更是得到曾国藩的多方帮助和关照,有时就干脆在曾家伙食。道光二十七年(1847 年)郭嵩焘也终于获中进士,并选庶吉士。在翰林院深造期间他丁忧回籍,到这时期限已满,鉴于形势,他暂未返京,就是要在湖南地方上帮助操办御守事宜。这不,见曾国藩迟迟不应命出山,似乎最能了解其真实心思、与其人又算得上“铁哥们儿”的他,便径直投门做说客来了。

郭嵩焘也许用不着千言万语、苦口婆心地敦劝,在当时的局势下,曾国藩的出山已成无可推脱之事,只不过有一个这样的“说客”给砌道台阶更显自然和方便些罢了。当然,郭氏的话要显得声声破的、句句到位:你老兄不是“本有澄清天下之志”吗?“今不乘时而出,拘守古礼,何益于君父?且墨绖从戎,古之制也”①。听了郭老弟的这般劝导,曾老兄心里一定窃笑,这样的大道理我还能不懂吗?不过是要借你的嘴在这当儿说出来罢了。惯常,哪一个墨绖任事的官员,即使心里边一百个乐意,也是要借守制尽孝来忸怩一番的。曾国藩就能完全免俗吗?可以想见,即使面对郭嵩焘这样的挚友,他也可能要再推辞一番,郭嵩焘自然也会做曾麟书的工作,让身受君令的曾国藩再衔父命,这样忠孝自然就可兼而顾之了。

曾麟书是不但不会阻挠而且必然要督促儿子出山的。他对“粤西逆匪”同样是仇恨得咬牙切齿,时刻关注其动向,巴不得赶快剿灭。前不久自己就曾参与办本县团练,甚至想募勇遣援“有警”之处。本年的四月末,他写给“藩

① 朱孔彰:《中兴将帅别传》,第 24 页。

男”的信中就这样说：

> 粤西逆匪，其气益炽……（北来）事甚危急，人心摇动，竟有无可如何之势。予意欲招募乡勇，志切同仇，一闻永州有警，即命有才干绅士带赴衡州救援。而本县团练处处要紧，虽与众绅士认真办理，若带精壮赴衡州，又恐邻邑有土匪乘风滋扰，大约以保守近处为上策。所恃者官民一体，有勇知方。团练之举，众皆乐从。五户连结，内无匪类，外匪自然不难殄灭。然此为一县之计，而通计南省，上报皇恩，则以援救衡州为妙。①

看，他一个在乡士绅，布衣而已，数月前就如此这般，大有不但为本邑而且为“南省”、为皇朝担忧、筹计的心志，而在事态更变本加厉的此时，他会甘愿让本已为皇朝高官的儿子在家守孝吗？当然不会。有友劝再衔父命的曾国藩，出山任事也就会显得情顺而自然了。“忠孝不能两全”吗？可“抒忠即为全孝”呵！这成了当下曾国藩最为需要的“理则”和“礼则”。

于是，曾国藩把拟好待发的那一辞谢疏稿毁掉，急匆匆地于当月（十二月）十七日就动身前往省城，二十一日抵达，第二天便上奏陈情，表态说“贼势猖獗如此，于大局关系匪轻，念我皇上宵旰南顾，不知若何焦灼。臣虽不才，亦宜勉竭愚忠，稍分君父之忧”②。同时又专附一片，声称“以墨绖而保桑梓则可，若遂因此而夺情出仕，或因此而仰邀恩叙则万不可”，“一俟贼氛稍息，团防之事办有头绪，即当专折陈情，回籍守制”③。冠冕堂皇，既“忠”又“孝”，周到得可以。其私衷究竟如何呢？这或许更要由他以后的言行中来解读和印证。

---

① 曾麟书信，钟叔河汇编校点：《曾国藩往来家书全编》，上卷，海南出版社 1997 年版，第 114 页。

② 《敬陈团练查匪大概规模折》，《曾国藩全集·奏稿》，第一册，第 40 页。

③ 《附陈办团稍有头绪即乞守制片》，《曾国藩全集·奏稿》，第一册，第 41 页。

二、“曾屠户”的凶残与尴尬

曾国藩墨绖出山了,到省城长沙就任“团练大臣”。其“法定”的职责,按上谕中的准确说法,即所谓帮同巡抚“办理本省团练乡民、搜查土匪诸事务”。显然,主旨在于维持本地的治安。事实上,曾国藩并没有恪遵上谕心甘情愿地仅做个尚挂“帮同”两字的团练头子,而是借端练起一支有别于清朝“经制兵”的“异军”。对个中机杼拟在下一节中专析,这里要说的是他借助团练查办“土匪”以及在湖南官场中处境的有关情形。

出自当年统治阶级口中笔下的“匪”字,是对所谓“造反”、“作乱”的“不法之徒”的贬义泛称。其具体种类的指称可谓五花八门:如对太平天国起义者称“粤匪”、“发匪”,对捻军起义者称“捻匪”,对少数民族起义者根据不同民族所属称“苗匪”、“回匪”等。这些,都是我们今天看来属正式而公开的武装起义者。此外还有特指会党的所谓“会匪”,特指所谓“邪教”成员的“教匪”等。至于“土匪”,一般是指在地方上从事暴力活动者,其情况比较复杂,我们不应该简单地来个“反向”地望文生义,把当时出自清方人员口中笔下的“土匪”即一概认为是具有正义性者,而需要作具体分析。具有明显的反清革命倾向、行动上惯于除恶济良者当然应该算是有较强的正义性,而只是以劫掠为生、不分青红皂白地一味逞强施暴者则不尽然,因为受其扰害的不只是豪绅,也往往祸及平民百姓。在任何社会制度下,生民的正常生活都不能离开起码的社会秩序条件。

其时湖南的所谓“匪情”是非常严重和复杂的。曾国藩在给清廷的一道奏章①中就具体说到,其“会匪”名目繁多,有分别属添弟会(按:即天地会)、串子会、红黑会、半边钱会、一股香会等门派者。又有“教匪”、“盗匪”,前者或主要是指信拜上帝教的太平天国起义者②,后者即指惯行盗窃、抢劫者当无疑

① 见曾国藩:《严办土匪以靖地方折》,载《曾国藩全集·奏稿》,第一册,第43—46页。

② 如李少陵:《湖南强人曾国藩》中即说曾氏所谓“教匪”,“就是吃上帝教的太平军”。见《曾国藩传记资料》,第一册,台湾天一出版社1985年版,第5页。

义。还特别言及"痞匪"和"游匪"。所谓"痞匪",是指"如奸胥、蠹役、讼师、光棍之类"的人等。而"游匪"列举出以下三种:"逃兵、逃勇奔窜而返,无资可归,无营可投,沿途逗留",此其一;"粤寇蹂躏之区,财物罄空,室庐焚毁,弱者则乞丐近地,强者则转徙他乡,或乃会聚丑类,随从劫掠",此其二;"大兵扎营之所,常有游手数千随之而行,或假充长夫,或假冒余丁,混杂于买卖街中,偷窃于支应局内,迨大营既远辗转流落,到处滋扰",此其三。可见,曾国藩辈心目中的"匪类"是多种多样的,既包括反清起义者,也包括通常所说的强盗之流;既包括不甘驯顺敢于反抗的所谓"莠民",也包括刁悍害民的不法胥吏、兵痞。这种种"匪类",只要相对固定地在特定地域内活动,则都包括在他们广义上的所谓"土匪"之列。至于其涉及的范围,当时在湖南全省几乎是遍地开花的,而曾国藩特别说到,"东南之衡(州)、永(州)、郴(州)、桂(阳),西南之宝庆、靖州,万山丛薄,尤为匪徒卵育之区",也就是所谓"匪患"特别严重的地方。

总体上看,无论具体情况多么复杂,既然湖南当时的"匪情"如此严重,那么,必定是社会矛盾尖锐、环境动荡不安、清方统治危机的直接表现。这不但在客观上是一种有利的革命形势,而且清方人员所谓的"匪类"中,也不乏直接就属起义力量者。曾国藩即言及,"粤逆入楚(按:"楚"这里似特指湖南),凡入添弟会者,大半附之而去",即不失为确证。清方在当时的特定背景下,对其心目中"土匪"的关注和着力"清剿查办",立意上与平时的"治安"大为不同,更主要的就是为防范和扼制响应反清起义的势力,削弱其社会基础。对此,曾国藩当然心知肚明,并且比其他有关人员显得更为敏锐和自觉,力倡用"重典"以锄强暴,以"威猛"来救时局,宣称为此自己即"身得残忍严酷之名亦不敢辞"①,也"不复敢言阴骘"②。他向君上这样奏陈,向朋辈如此表白,并且是再三再四,反复陈说。

在这一点上,曾国藩可谓"言必信,行必果",说到做到。他镇压"匪类",采取双管齐下的措施:一方面,是在驻所设局坐地审办;另一方面,是派遣属下武装赴"匪乱"之处镇压。

---

① 《曾国藩全集·奏稿》,第一册,第44—45页。

② 曾国藩:《与江忠源》,《曾国藩全集·书信》,第一册,第118页。

曾国藩的“审案局”,设在长沙城中鱼塘口他的行辕里。“匪犯”的获取途径,“或签派兵役缉拿,或札饬绅士踩捕,或着落户族勒令跟交,或即令事主自行擒缚”①。至于审办“匪案”情形,曾国藩曾向友人这样坦言:“匪类解到,重则立决,轻则毙之杖下,又轻则鞭之千百。敝处所为止此三科。巨案则自行汇奏,小者则惟吾专之。期于立办,无所挂碍牵掣于其间。案至即时讯供,即时正法,亦无所期待迁延。”②这样审办“匪案”,根本没有认真核查的程序和时间,有的只是唯押送匪犯者的指认是听,兼以严酷的刑讯逼供,甚至是不讯而诛。想想看,那“止此三科”之下,岂能还有“匪犯”抗辩的余地,或是被“立决”,或是被杖毙,最轻者也要挨鞭笞千百!这样的“审案局”,岂不是血腥的阎王殿吗?

按照曾国藩向皇帝的奏报,在他设局的短短几个月间,对审办的“匪犯”,一共斩决一百四十名,立毙杖下者二名,监毙狱中者三十一名,此外,还有若干札饬各州县就地正法而没有解送来局者。③ 谁知道,究竟有多少人的性命,是枉送在了曾氏“审案局”的刀斧棍棒之下!

那么,按照清朝司法常规,这种情况是“合制”的吗?当然不是。清律规定,非地方正印官不得受理民间词讼;即使有司法权的官员和机构,所办案事,也要由下至上逐级审转复核,特别是死刑案件,最终批准权是在皇帝,“盗案”者也不例外。当时曾国藩显然不是地方正印官,本来是不应有司法权的,而像他的审案局那样自主地审决盗案,先斩后奏,甚至斩而不奏,随心所欲,一意孤行,当然也是有违常规的。不过,这种情况又非全然瞒天过海,而是得到了清廷的认可甚至赞赏。这是因为在当时情势下,清王朝为了“弭乱”的需要,采取了允许地方官员对“土匪”实行“就地正法”的变通措施。《清史稿》中对这一举措的实施及其对以后的影响,有这样的评述:

(地方上对土匪)就地正法一项,始自咸丰三年。时各省军兴,地方大吏,遇土匪而窃发,往往先行正法,然后奏闻。嗣军务敉平,疆吏乐其便

① 曾国藩:《拿匪正法并现在帮办防堵折》,《曾国藩全集·奏稿》,第一册,第56页。

② 曾国藩:《复欧阳兆熊》,《曾国藩全集·书信》,第一册,第134页。

③ 《曾国藩全集·奏稿》,第一册,第56页。

已,相沿不改。光绪七八年间,御史胡隆洵、陈启泰等屡以为言。刑部声请饬下各省,体察情形,仍照旧例解勘,分别题奏。嗣各省督抚俱复称地方不靖,碍难规复旧制。刑部不得已,乃酌量加以限制,如系土匪、马贼、游勇、会匪,方准先行正法,寻常强盗,不得滥引。自此章程行,沿及国变,而就地正法之制,讫未之能革。①

由此可见,这不仅仅是特事特办,而是当时一个司法环节上的"变制",并且造成以后多年相沿难改。而曾国藩当时在湖南的作为,对这种"变制"无疑是起了重要的推波助澜和迎合作用。因为他的"审案局"早在咸丰三年(1853年)二月间就正式设立起来了,而清廷布旨明确认可对"匪犯"的正法,也正是在此前后。这从此年三月十三日咸丰帝发布的一道上谕即可推知。该谕云:

前据四川、福建等省奏陈缉匪情形,并陈金绶(按:提督,时防江北)等奏遣散广东各勇沿途骚扰,先后降旨,令该督抚认真拿办,于讯明后就地正法。并饬地方官及团练、绅民,如遇此等凶徒,随时拿获,格杀勿论。现当剿办逆匪之时,各处土匪难保不乘间纠伙,抢劫滋扰,若不严行惩办,何以安戢闾阎?著各直省督抚,一体饬属随时查访,实力缉拿。如有土匪啸聚成群,肆行抢劫,该地方官于捕获讯明以后,即行就地正法,以昭炯戒。②

从中可以知道,在这道谕旨发布前不久,针对四川、福建"匪"情,以及被遣散兵勇为匪滋扰的情况,清廷即谕令相关省份督抚,可将匪犯就地正法。如果说那还是特事特办的话,那么,上引谕旨中对"就地正法"的放行范围,已明确推及"各直省",即全国各地。曾国藩对"匪犯"的就地正法,也正是在清廷此项措施的酝酿之际和确定之初。对此,他虽不是独角独唱,但也明显在"前驱先路"之列。

① 《清史稿》,第15册,第4202—4203页。
② 《清实录》,第41册,第165页。

当然,在咸丰三年以前,就因为有太平天国起义爆发,受其直接影响,尤其是南方一些地方,清朝统治者心目中的“土匪”蜂起,社会秩序紊乱,所谓“治匪弭乱”对清朝来说迫在眉睫,有异于平时的对匪盗就地正法的事情便难免存在,并且有愈演愈烈之势,这正是促使清廷到咸丰三年春间明令放开此举的宏观时势条件。曾国藩适应并积极利用了这种条件,心狠手辣地做起了“屠户”。他的更特别之处,就是虽说不是正式地方官员的身份,但以“巡抚令旗”行事①,看似受巡抚委托,实则独断专行。他对“匪犯”实际处置上的严酷峻苛,简直达到无以复加的程度,但他还觉得不够,对责他“猛厉”的人,认为是“少见多怪,俗人自生诧耳”,说自己“于古之猛烈者,曾不足比数”。并且,他坚持认为这是为势之所迫的必行之举,上为君国,下为民生,天经地义,功德无量。他曾明确声称,“书生好杀,时势使然耳”②。仔细体味,这决不仅仅是为了找一个替自己开脱的借口,而是他心底一种真实使命感的表露。也正是由此开始,他在“书生杀人”的道路上越走越远,一发不可收拾。

至于派团勇出剿土匪,作为曾国藩的另一种手段,就带有了武装作战的性质。在当时情况下,一些地方的“土匪”蜂起,诚然非同平时,而确有迎合太平天国起义的势头。特别是所谓“会匪”,更是有着相当的组织基础,乘机举事而明显具有反清意向者所在多有。其他种类的“土匪”也往往相机而动。总之,当时“匪患”不只限于一般性地劫掠,揭竿而起与官府对抗之事屡屡发生。曾国藩派团勇剿办的即多属这类“匪事”。

他首先是派团勇镇压常宁的匪乱。咸丰三年春间,据地方官报称,此股“匪徒”有数百人,“旗帜枪械俱全,沿途张贴伪示,称受伪东王札谕,劫掠富户,裹胁村民”③。显然,他们具有响应太平天国起义的动静。而在曾国藩所派团勇武装抵达之前,这股举事者已为当地兵勇击溃。正在这时,又接报衡山有“匪徒”千余人,“执持器械、枪炮”滋事④,于是遂命所派团勇改往衡山剿捕。双方进行了比较激烈的战斗,最后“匪”方被镇压下去。此外,曾国藩麾

① 黎庶昌:《曾国藩年谱》,第24页。

② 上注以后至此引文见《曾国藩全集·书信》,第一册,第143、152、118页。

③ 张亮基:《湖南剿办土匪情形片》,《左宗棠全集·奏稿》,第九册(附张亮基、骆秉章奏稿卷),岳麓书社1996年版,第75页。

④ 潘铎、曾国藩:《现办各属土匪情形折》,《曾国藩全集·奏稿》,第一册,第46页。

下团勇还赴省内其他诸多地方协同行动。当然,曾国藩他们也不能真的将其认定的“匪患”敉平,当时这类举事此起彼伏,防不胜防,可谓“野火烧不尽,春风吹又生”。说到底,它不失为其时阶级和社会矛盾激化、革命形势发展的一种重要征象。

在当时的形势下,曾国藩对“匪患”忧愤交加,不管实效如何,总要尽其所能地争取赶快平定,为此简直是无所不用其极,对起事者的凶残、苛酷暴露无遗。与此同时,他表现出的专横跋扈、我行我素的处事态度和作风,也激化了与湖南地方文武官员层的矛盾,使他陷入了一种颇为尴尬的境地。

曾国藩酝酿出山和出山之初,张亮基为湖南巡抚。此人字采臣,号石卿,江苏铜山(今徐州)人,曾任云南巡抚、署云贵总督。咸丰二年(1852年)夏间太平军进入湖南,省城长沙受到威胁的时候,他被清廷任命为湖南巡抚。张亮基与随后成为湘系要员的有关人物,这时就有着较好的关系。像当时还在贵州地方上任职的胡林翼,就对张亮基颇表推重,说他“肝胆血性,一时无两”,是林则徐“一流人物”①。胡林翼还为他的湖南老乡兼亲戚左宗棠出山做张亮基的幕宾,积极地铺路搭桥,既向张亮基力荐,又劝敦左氏听其建议,最后终于促成其事。任湖南巡抚的张亮基对曾国藩出山到省办理团练,也持颇为积极的态度。他初到湖南,没有根基,想借助湘籍人员的用心当是真诚无疑的。不过,曾国藩出办团练不日,张亮基便改署湖广总督,移驻湖北(旋又改任山东巡抚)。他离湘与曾国藩“握别”之时,许以二日给曾氏一封书信②,保持经常联系,可见其间关系比较和谐。

张亮基改职后,湖南巡抚由原任湖南布政使的潘铎署理,仅两三个月,此人便以病免,改由原曾任过湖南巡抚的骆秉章复任此职。在此前后的一段时间里,该省的布政使是调原任云南布政使的徐有壬来担任,按察使则是由衡永郴桂道刚提升不久的陶恩培。这些官员中,潘铎与曾国藩不能和洽。骆秉章虽非奸诈刻毒之辈,但这时他内心里对曾国藩的做派也不以为然,只是出于种种原因,没有明里与他公开交恶,而实际上也并不尽心护持。有知情者这样评

---

① 胡林翼:《致左宗棠》,《胡林翼集》,第二册,岳麓书社1999年版,第74页。

② 据曾国藩:《与张亮基》,《曾国藩全集·书信》,第一册,第116页。

说:骆氏对曾国藩“心诽之”,只是因“见其所奏辄得褒答,受主知”[1],维持表面客套。可见,这时骆秉章对曾氏,最好也就是持一种虚与委蛇的态度。而分别任布政使和按察使的徐有壬、陶恩培两人,则对曾国藩颇为嫉恨,处心积虑地与他为难。当时驻湖南的武官中,提督是鲍起豹,他对曾国藩涉身军务特别是染指绿营的做法极为不满,公开与之对抗,其麾下的一些绿营军官也推波助澜。这样,曾国藩及其所统团勇与“官军”将士之间的矛盾不断激化开来,以致在咸丰三年秋间酿成双方械斗,乃至发生绿营兵哗闹曾国藩公馆的严重事件。

这要从曾国藩赏识和延揽绿营军官塔齐布的事情说起。塔齐布,满洲镶黄旗人,托尔佳(一作“陶佳”)氏,字智亭。他起初在都统乌兰泰部下,由火器营护军擢三等侍卫,咸丰元年(1851 年)至湖南以都司用,曾参与防御太平军对长沙的进攻。此人虽系旗籍,但少有腐化劣习,勤于职事,勇武异常,为人亦颇侠义。曾国藩到长沙编练团勇,见识其人,有心笼络为己所用。或记曰,塔齐布“每操军,执旗指挥,虽甚雨,矗立无惰容”,曾国藩见而“伟其才”,颇为器重,“令绾辰勇”[2]。不但聘他教管练勇,曾国藩还着力为其升擢铺路搭桥,奏称他“忠勇奋发,习劳耐苦,深得兵心”,说自己今在省操练,常倚其人整顿营务,“军士皆乐为之用”,实“堪膺重任”,请求皇上予以“破格超擢”。并特别强调,“当湖南防堵吃紧之际,奖拔一人,冀以鼓励众心”[3]。此时塔齐布已升至游击,又很快升署抚标中军参将。他对曾国藩也由衷钦佩和感戴,唯命是从,他们两人间建立起了一种非同寻常的关系。

曾国藩不仅掌控塔齐布个人,还把手更深地伸向了绿营。最典型的事情就是传令营兵与他的练勇一道会操。本来,绿营为清朝“经制兵”(即由国家经理节制的具有定编的正规军、常备军)之属,而曾国藩只是一个受命操办团练的人员,他对绿营兵本是无权干预的,而绿营方面也多不买曾国藩的账,视其练勇更乃乌合之众,不屑与之为伍。而曾国藩对绿营兵日常游惰不武的弊情知之甚深,既忧且愤,要想通过与他的练勇一同会操来矫治其弊,并借以树

---

① 王闿运:《湘军志》,岳麓书社 1983 年版,第 20 页。

② 王定安:《湘军记》,第 13 页。

③ 曾国藩:《保参将塔齐布千总诸殿元折》,《曾国藩全集 · 奏稿》,第一册,第 60—61 页。

立和张扬自己的权威。他的传令会操之举,自然得到塔齐布的积极响应,率部坚持参加。而其他营伍,则消极对抗,甚或鲜有来者。官弁中更是不乏坚决抵制者,认为这是曾国藩对他们的有意侮辱,像长沙协副将清德,就是这样一个典型人物。他不但拒绝参加曾国藩要求的会操,并且借端生事,极力挑唆绿营上下对曾国藩的不满。

曾国藩则利用自己的相对优势地位,通过奏参的手段想要把清德打压下去。他在一个专折中弹劾其人"性耽安逸,不遵训饬,操演之期,从不一至,在署偷闲,养习花木","一切营务武备,茫然不知,形同木偶",说是"疲玩如此,何以督率士卒"!先是要求将他革职,随即又在另一折中附片,进而增列其罪端,要求更加重处罚,说"去年贼匪开挖(长沙)地道,轰陷南城,人心惊惶之时,该将自行摘去顶戴,藏匿民房;所带兵丁,脱去号褂,抛弃满街,至今传为笑柄","此等恶劣将弁,仅予革职,不足蔽辜",应当"解交刑部,从重治罪",以求"惩一儆百,稍肃军威而作士气"。曾国藩把对清德的奏劾,特别与"官兵"的流弊和"贼情"的急迫联系起来。对于前者,有言"军兴以来,官兵之退怯迁延,望风先溃,胜不相让,败不相救,种种恶习,久在圣明洞察之中,推原其故,总由平时毫无训练,技艺生疏,心虚胆怯所致";对于后者,声言"现在逆匪围逼南昌,湖南已调兵数百,拟往救援","湖南本省防堵,亦在十分吃紧之际",而在这种情况下,因"将士畏葸、疲玩已成锢习","劝之不听,威之不惧,竟无可以激励之术",意思是说,之所以要求对清德予以严惩,是基于矫治官兵流弊以应付当前危局的考虑,此乃公忠为国,而绝非出于个人成见和私愤。为表白这种心迹,曾国藩上奏中还特别置语:"臣若稍怀私见,求皇上严密查出,治臣欺罔之罪"①。

曾国藩保举塔齐布而奏参清德,显然是一柄剑上的双刃。他自觉义正理直,不能不为,当时在给友人的一封信中这样说:"鲍提军(按:指鲍起豹)到省,即宣言仆不应操练兵士,且将以军棍施之塔将(按:指塔齐布),自以黑白颠倒,不复能忍默。苟扪心自问,诚为君父,不为意气,即物论小有异同,亦难曲曲瞻顾。"他又向张亮基通报此事,剖白他并非有意"侵官",而是鉴于"世事

① 本段中引文见《曾国藩全集·奏稿》,第一册,第59—60页。

败坏如此”,“清浊混淆,是非颠倒”①,而不能不作抗争。皇上对曾国藩的或保或劾的奏请,都基本上予以认可,对塔齐布又赏加副将衔,对清德则谕令革职拿问。

然而,曾国藩看似颇被朝廷信任的这种情况,并没有能够缓解他与湖南一些文武官员以及练勇与“官兵”之间的矛盾,甚至使得有关人员对他更为嫉恨,像提督鲍起豹就是这样。他与清德之间关系颇不一般,清德曾屡屡向他拨弄有关曾国藩、塔齐布的是非,而鲍起豹本来对曾、塔就非常不满,加上清德的火上浇油,更是变本加厉,竟至公然命令所统各营一律停止与练勇会操,说“提督见(现)驻省城,我不传操,敢再妄为者军棍从事”。这样一来,甚至连“塔布齐也沮惧不敢出了”,而“司道群官皆窃喜,以谓可惩多事矣”②。绿营兵本来就轻侮练勇,在鲍起豹的支持纵容下,就愈加骄横,变本加厉地与练勇为难,其间越来越“龃龉不相能”③,恶性的械斗遂接连发生。

七月里的一天,曾国藩的练勇在试枪的时候,误伤了标兵长夫,这正好给了绿营兵发难的一个机会,他们吹起号角,执旗列队,气势汹汹地向练勇发起攻击。城上的兵士都越堞而出,城中惊哗。曾国藩为了平息事变,对练勇中的试枪者予以鞭笞的惩罚,向绿营方面表示了歉意。曾国藩的隐忍虽然暂时平息了这场事变,但时隔不久,到八月间,又发生了一场更为严重的兵勇械斗事件。

绿营兵这次寻衅的目标是由塔齐布所教练的“辰勇”,绿营兵又是吹角列队地进行攻伐,表现得傲怒异常。曾国藩思忖,再向上次那样一味隐忍也不是办法,内斗停息不下来,何以治军,自己也会愈发被吏民轻视,于是变而采取了强硬的态度,给鲍起豹发了公文,点名要捕治绿营中的肇事者。鲍起豹接到文牒对曾国藩更增恼怒,他为了激化事端,表面上故意答应了曾氏的要求,将被其点名的肇事者捆绑到辕门示众。这下可激怒了绿营兵,他们“汹汹满街”地示威。曾国藩本来是想把肇事者问斩儆众的,见绿营兵大闹起来,怕引起更严重的事变,对案犯怎样处置,一时也犹豫不决起来。

---

① 曾国藩与郭崑焘、张亮基函,见《曾国藩全集·书信》,第一册,第174、175—176页。

② 王闿运:《湘军志》,第21—22页。

③ 王定安:《湘军记》,第13页。

而绿营兵日夜游聚城中,文武官员皆闭门不肯过问,最后绿营兵竟包围了曾国藩的公馆。这里处在巡抚的射圃,曾国藩本来认为是绝对安全的地方,绿营兵想必不敢到此胡闹的。哪里料得,他正在办公当中,竟有绿营兵持刀执矛地闯了进来,刺伤护卫人员,差一点连曾国藩本人也伤及,这使他不免大惊,连忙去扣巡抚垣门求救。要说,巡抚骆秉章的处所仅一墙之隔,这里所发生的乱事,他不可能不闻不知,但等到曾国藩叩门求救,这才装出吃惊的样子。但他对此事的最终处理结果,是把逮捕的肇事者放掉,息事宁人,不了了之。由此也可为前边说到的,当时骆秉章对曾国藩的态度,最好是虚与委蛇一下而非尽心护持,提供一个典型例证。那司道以下的官员们对这件事的反应如何呢?知情者记述说,他们都认为是曾国藩的过于“操切”而激此事变。曾氏的属下、友朋自然感到气愤,怂恿将事情向朝廷奏报,曾国藩却感叹道:“时事方亟,臣子既不能弭大乱,何敢以己事渎君父?吾宁避之耳。”①这种冠冕堂皇的话里,即使不能排除也可能包含一定的真情实意,而难堪局面之中的无可奈何实际上当更为主要。于是,曾国藩离开省城长沙,移屯到衡州去了。

体察曾国藩出山应办团练这段时间的情况,他面对太平天国起义造成的清朝社会的紊乱和危机,是想要尽力而为地有所补救。一方面是以严酷之极的手段,所谓“不拘常例”地镇压各种“土匪”;另一方面就是试图在湖南矫治文武官员和绿营武装的流弊陋习,使之有所振刷,并力图借以树立起自己的榜样和权威,在官场上打开局面。就镇压“匪事”而言,他心狠手辣,酷烈非常,对得“曾屠户”、“曾剃头”之类的骂名也无所顾忌,照样我行我素;而在处理与湖南地方文武两线的关系方面,他尽管不能毫无顾及和隐忍,但总体上也是以刚硬为主。

曾国藩友人后来总结曾氏一生的变化,言及他“在京官时,以程朱为依归,至出而办理团练军务,又变而为申(按:指申不害)韩(按:指韩非)。尝自称欲著《挺经》,言其刚也”②。他此时之“刚”,如果说用在镇压“土匪”的事情上,虽不无非议,但统治集团内部尚不至于为之设置无法逾越的障碍,那么,用到处理与地方文武的关系上,得到的却是强力的阻抗,使之陷入严重的困境和

① 王闿运:《湘军志》,第22页。

② 欧阳兆熊:《一生三变》,《水窗春呓》,第17页。

尴尬境地。曾国藩当得了杀“土匪”的“屠户”，但做不了制约湖南文武官员的强梁。他最后离开长沙而移扎衡州，虽然并不是其人改刚取柔的根本“变道”表现，但起码也是他在湖南官场间受挫后无奈之中的一种权宜性退避。后来做曾国藩机要幕僚的赵烈文曾说，曾国藩“历年辛苦”，“与贼战者不过十之三、四，与世俗文法战者不啻十之五、六”①。也就是说，与所谓“世俗文法战”，占去了其人大部分精力。曾国藩应命出山办理团练时在湖南官场上的遭遇，即典型地是在“与世俗文法战”之列。他力图冲破和改变常例熟规，岂不知它具有积重难返的巨大惯性力量，凭他个人的勇力，对抗起来决非易事。后面的路曾国藩要怎样走呢？无论如何，更多的坎坷和磨难还在等待着他。

三、“移花接木”的魔术

以后的事情暂且搁置不述，这里还要看曾国藩应命举办团练期间巧创湘军的作为。他所练成的该军既迥异于传统的团练，也大不同于当时清朝国家的“经制兵”，开启了晚清历史上的一种新的军制。这种情况的出现，可以说是基于曾国藩在特定条件下，成功地玩了一场移花接木的魔术。

曾国藩虽然受命的是帮同巡抚办理团练的任务，“团练大臣”的旗号他不能抛弃，但事实上，他从一开始就对以传统团练应对现实“贼情匪患”的作用，抱怀疑乃至否定的态度。在他受命出山任团练大臣后的第一个奏折中，虽然不能不说一句“圣谕团练乡民一节，诚为此时急务”的应景话，但紧接着就强调了按常规举办团练的巨大难题和易于形成的流弊。稍后，他在给张亮基的信中更明言：“团练终成虚语，毫无实裨，万一土匪窃发，乡里小民仍如鱼听鸣榔，鸟惊虚弦，恇怯四窜，难可遽镇也。”②那么，对官兵呢？曾国藩更是深知其流弊之大，积重难返，他在上奏中对此有淋漓尽致的指陈：

---

① 赵烈文：《能静居士日记》，《太平天国史料丛编简辑》，第三册，中华书局 1962 年版，第 413 页。

② 曾国藩：《与张亮基》，《曾国藩全集·书信》，第一册，第 144—145 页。

> 自军兴以来二年有余，时日不为不久，糜饷不为不多，调集大兵不为不重，而往往见贼逃溃，未闻有与之鏖战一场者；往往从后尾追，未闻有与之拦头一战者；其所用兵器，皆以大炮、鸟枪远远轰击，未闻有短兵相接以枪靶与之交锋者，其故何哉？皆由所用之兵未经训练，无胆无艺，故所向退怯也。①

虽说曾国藩对绿营官兵不无染指改造之心，但事实证明此路他没有走通。既然单纯举办传统团练不行，而官兵弊情又重，那么曾国藩就要另辟蹊径了。他在这次上奏中明确表示："今欲改弦更张，总宜以练兵为务。"正是基于这样的立意，他所谓"因于省城立一大团，认真操练，就各县曾经训练之乡民，择其健壮而朴实者招募来省，练一人收一人之益，练一月有一月之效"。至于训练章程，则系"参仿前明戚继光、近人傅鼐成法"。戚继光编练"戚家军"的事情人们自当熟悉，而傅鼐则是乾隆、嘉庆之际人，曾在湘西编练武装，镇压苗民起事，官至湖南按察使兼署布政使。曾国藩特别提出要仿照他们的成法练兵，也是表明他不想胶着于通常的团练，并且，所编练的军队自然也不能等同于官兵。从这种种迹象看，曾国藩从名义上应办团练伊始，就没有货真价实地履行"本职"，压根儿就没想当个团练头子，而是志在改弦更张地"练兵"。

当然，像上一节述及的，他传令绿营兵与他的营伍一同会操，似乎是要顺便加强对当地官兵的训练，这也是一种"练兵"。然而，不但因绿营方面的抵制，事实上未能很行得通，而且在曾国藩本意里，恐怕也没有对真的能改造官兵抱有多大希望，此举的要旨，更在借以树立与强化自己的权威，可以说，醉翁之意不在酒。曾国藩也明白，只有借团练大臣的身份，才能编练属于自己掌控的军队。这样的军队，在当时严格说来，是"勇"而不是"兵"。

那么，"兵"与"勇"的区别何在？所谓"兵"，是指"官兵"，清朝国家的经制兵。它有"八旗兵"和"绿营兵"两大类别。八旗兵共二十余万人，平时以十余万驻京师，又以十余万分驻全国战略要地。绿营主要由汉人组成，分属各省，全国共有六十万人左右。八旗兵和绿营兵在地位和待遇上有明显差异，自然是前者较高而后者较低，其具体制度和职能上也有明显不同，但两者都属于

---

① 《曾国藩全集·奏稿》，第一册，第40—41页。

国家的常备军、正规军。就绿营而言,虽然是各省的“地方军”,但最终仍属国家的统编规制,其官与兵的设置,各地兵数的多寡及马、步兵种的比例等,皆为国家所定。“勇”则是因有战事而“兵”不敷用,所临时招募起来的武装力量,待战事完结或不再需要,便予解散,不能常留。自清朝前期,便有这种旋成旋散的勇营。

曾国藩正是借办团练之名而练勇营,并且使其勇营的地位和作用较以往发生重大变化,具有了与国家经制兵比肩而立乃至逐步胜出甚至取而代之的发展趋势。事之伊始,关键在于曾国藩巧妙地解释和利用“团练”与“勇营”的某种相通性,使之移花接木,做得自然天成。

团练,一般而言,就是用于地方治安和自卫的乡间武装。当时清廷对各省举办团练的原则,是这样指示的:“或筑寨竣濠,联村为堡;或严守险隘,密拿奸宄。无事则各安生业,有事则互卫身家。一切经费均归绅耆掌管,不假吏胥之手。所有团练壮丁,亦不得远行征调。”①可见,充其量是地方民兵的性质,它和战时作为国家经制兵辅助的勇营显然有着区别,但也有着属武装组织的类同之处。在曾国藩,不是把团练作为一体一事,而是别有用心地拆解开来解释,他这样说:“团者,即保甲之法也。清查户口,不许容留匪人,一言尽之矣。练则必制器械,造旗帜,请教师,拣丁壮,或数日一会,或一月一会。又或厚筑碉堡,聚立山寨,皆大有兴举,非多敛钱文不可。”他又从因地制宜的角度论说,并且每每向人这样宣传:“乡村宜团而不宜练,城厢宜练而不宜团。”还曾特别表白,说他此次是“重在团,不重在练”。即使这不是他有意以“团”掩“练”的宣传策略,也是着眼于当时防范和查治乡间土匪的特定需要而言。在他看来,“团练之事,极不易言。乡里编户,民穷财尽”,而兴办“练”事,尤要多敛钱财,民不能堪,经手者又不免染指勒索,更会重累于民。鉴于此,所以曾国藩不无为节省民财而办“团”防治匪患的真实想法,因有“我不能有利于民,但去其害民者而已”之说。他最初也确实尝试发动基层绅耆操办本地“团”事,“每县择绅耆五十人”,将与他们联络的书信派“专丁送门”②,进行晓谕布置。但总的看来,曾国藩真正的着力点,到底还是很显然地放到了“练勇”上,并且

---

① 转引自龙盛运:《湘军史稿》,四川人民出版社 1990 年版,第 54—55 页。

② 上注以后至此引文见《曾国藩全集·书信》,第一册,第 131、126、106 页。

最终成就了一支颇具特色军队。

当然，在这方面，曾国藩也并非完全是白手起家。他出任团练大臣之际，湖南的团练尽管有些地方也存在虚应故事的明显弊情，但毕竟有了一定实际基础，有些州县办得较有成效，甚至形成“练勇”的营伍。像常宁，在县城设局统理全县团练，四乡共设三十二团，“有警每团十人入城守，有急则倍之”；蓝山在团练的基础上建立起号曰“蓝勇”的县级武装，原有团练“亦编为伍籍，期会操演”①。此外，像宝庆、浏阳、辰州等地的团练也办得较好。特别是曾国藩家所在的湘乡，县上对团练操办得尤为得力，早在太平军进入湖南以前，曾国藩的父亲和其他一些有名的乡绅就应邀参与其事，镇压过当地因漕抗官的民变和起事的所谓“会匪”。继而随着太平军进入湖南后形势的愈发吃紧，该县组织起“乡勇”武装。它与分布于四乡的团丁不同，系由官府出资、集中于县城进行训练，不但维护本地治安，而且准备赴援外地，已经具有了“勇营”的性质。

曾国藩出任团练大臣后，他练勇所罗致的最初班底，就是先已存在的本县乡勇。时有三营，分别有罗泽南、王鑫、邹寿璋（或说非邹氏，这里依曾国藩本人之说）率领，在时任湖南巡抚的张亮基札调下，于咸丰二年末到省城长沙。当然，曾国藩也不是原封不动地接过袭用，而是酌情整顿，逐步汰旧增新。并且，所留营伍中，也不断有分化变动。其具体情况稍后再述。

此外，湖南还曾有比湘乡练勇更为正规的勇营出现，就是前边提及的由江忠源所操办者。江忠源顶着舆论压力墨绖出山后，到广西前敌军营任事。他让弟弟江忠濬募集起以前用过的乡勇五百人带往广西随军作战，号称“楚勇”。其后，江忠源一度回籍养病，在太平军围攻桂林之际，他“力疾起，出私财增募千人”，招同邑友人兼有姻亲关系的刘长佑相助，“倍道赴援”②。太平军自桂林撤围北上，“楚勇”随“官军”一路尾追，曾参加全州之役，继而回到湖南。曾国藩出山任团练大臣之后，不论是镇压“土匪”所用，还是编练勇营之事，都与江氏“楚勇”密切关联。像咸丰三年春间到衡山等地“剿匪”，除了王鑫等率领的“湘勇”外，也有刘长佑等率领的“楚勇”。“楚勇”最先的出省作

① 分别见（同治）《长宁县志》卷五、《蓝山县志》卷七，转据龙盛运：《湘军史稿》，第61页。
② 朱孔彰：《中兴将帅别传》，第54页。

战之举，对于曾国藩新练勇营很快不拘湘地、跨省大范围地运动作战，也具有先例可鉴的意义。

曾国藩正是在这种条件下，借办团练之名，行移花接木地行编练湘军之实。鉴于曾国藩练勇的情况，王闿运在《湘军志》中说，当时“诏湖南治团练善后，以乡人副巡抚，湘军始萌芽矣”①。所谓“以乡人副巡抚”，即指曾国藩在去官丁忧之时，受命“帮”巡抚办团练的名义；而说湘军由此“萌芽”，自然也符合实际，似无不妥。但有人对王闿运此说不以为然。像郭嵩焘即说，曾国藩任团练大臣后，“具奏团练不足办，惟当练治一军讨贼，湘军之起，正在初办团练时，更无所谓萌芽也”②。近人罗尔纲先生认同郭说，觉得王闿运“对事实不免有点弄不清楚”③。仔细想来，郭嵩焘和其他有关人物当时恶评《湘军志》，主要是因为在此书中叙事兼用直笔，对曾氏兄弟不尽回护。《湘军志》全书中，叙事虽难免有欠妥甚至错谬之处，但郭氏对它“湘军萌芽”说的指误，就不免有鸡蛋里挑骨头的意味了。其实，“萌芽”说与湘军正式成之曾国藩之手不但不矛盾，而且更能统一起来吻合实情。新建一支军队，自然要有一个从酝酿发端到正式成军的过程，何况曾国藩湘军具有起源于团勇的特殊性，当然更要有一个渐而化之的改制过渡。后来成为曾国藩四大弟子之一的薛福成说，此期曾国藩办戎务“以团练始，不以团练终，且幸其改图之速，所以能成殄寇之奇功，扩勇营之规制也”④，评议的显然就是这种改制过渡。

在这过渡中间，非常醒目的一点就是所练武装出省作战的逐步“使命化”。

自卫乡里或是被遣派随地作战，这是团勇与正式军队的重要区别之一。如果说招勇出省作战有江忠源开例在先，那么，曾国藩应命团练大臣后操办团勇，也很快有了一次派出增援外省的军事行动，并且规模更大，事情更为典型。或言“湘军援邻省自此始”⑤，即把它看成出省作战的正式开端。事情发生在

---

① 王闿运：《湘军志》，第 1 页。

② 见郭振墉：《湘军志评议》，岳麓书社 1983 年与《湘军志》、《续湘军志》合刊本，第 184 页。

③ 见罗尔纲：《湘军新志》，台湾文海出版社“近代中国史料丛刊”影印本，第 29 页。

④ 薛福成：《叙团练大臣》，《薛福成选集》，第 308 页。

⑤ 王定安：《湘军记》，第 13 页。

咸丰三年(1853 年)的夏秋之交。当时受命帮办江南军务的江忠源,应江西巡抚之请助守南昌,因所带兵勇不足,请求家乡省份增援。曾国藩与江忠源具有同党之谊。就投身镇压太平天国而言,江氏“出道”更早,但这时他孤悬外省,兵力单薄,向桑梓同道求援,自在情理之中。曾国藩积极应和,他与巡抚骆秉章商定,派湖南团勇三千六百人,分路赴援。结果,在七月下旬的作战当中,营官谢邦翰、易良干、罗信东、罗镇南及兵勇八十多人战死①,遭到挫败。而死难的人中,多为湘乡籍者。

战事的失利,部属的死难,当然使曾国藩感到忧伤,但他同时也为之感到振奋。因为从未经充分训练即仓促出援外省的勇营的表现,可以看出它与官兵的明显不同。在曾国藩看来,近日的官兵已“孱怟”到极点,普遍嫉妒成性,胜则相忌,败不相救,往往此营被敌人围杀,生死呼吸之际,而彼营袖手旁观,哆口微笑,没有能借助声势以相援应救助者。而此番派出的勇营,虽然缺少作战经验,也暴露出其他一些弊端,但毕竟比官兵团结和敢战,赢得了较好名声。使曾国藩更感到可慰的是,数十人死难,不但没有使得队伍胆怯畏避,反而激起了许多人复仇的义愤,所谓“务期一心一德,生死相顾”,“联吾同仇之义士,以破逆贼之死党”。像罗泽南,此次战死之人中多系其弟子,他与部属具有“同仇敌忾”之心自不待言。而未赴江西前线的王鑫,亦坚意“率湘中弟子,长驱杀贼,以报谢、易诸友之仇,而纾国家累年之难”。曾国藩因势利导,借以加强教化,策划于湘乡县城建立“忠义祠”,祭祀死难官弁勇卒,所谓“以慰死者果毅之魂,而作生者忠奋之气”②。出援江西的军事行动,不但张扬了曾国藩编练勇营的声名,而且炫示了其勇营比官兵的可用性。

事情并没有就此而止。因为出援湘勇的战败,江忠源所面临的燃眉之急并未得解脱,窘急之下,他寄望于落实此前关于“调云贵、湖广兵六千,募勇三千,合为一万,自成一军”的奏请。曾国藩对此则大持异议,急切地劝阻调用官兵。他于八月底致函江氏,直言“添兵六千”,“不如概行添勇”,理由是,一则兵勇混用,会两相“嫉妒不和”,再则统兵镇将“其势不能相下”,而“弁中又多卑庸无足与语”之人,终恐不能一出死力。总之,是说官军兵将皆靠不住。

---

① 黎庶昌:《曾国藩年谱》,第 28 页。

② 曾国藩:《与朱蓂》,《曾国藩全集·书信》,第一册,第 236 页。

曾国藩承诺,在前已办齐发往的三千勇众的基础上,打算"再募勇六千,合成万人",概交江氏使用,"为扫荡澄清之具"①。随后,他又向骆秉章等有关人员,屡申此意。

江忠源也巴不得这件事情早见成局。正是在此事筹议之际,江氏被任命为安徽巡抚。在湘系基干人物当中,他算是第一个被授予这等官职者,似乎具有非同寻常的意义。然而,当时清朝安徽这个省份,是遭受太平军攻夺最为激烈的地区之一,不但其原省城安庆失陷,而且新作省会的重镇庐州(今合肥)形势上也日见吃紧,省境成连片糜烂之势。在这种情势下清廷授江忠源安徽巡抚之职,与其说是重用,不如说更在于万般无奈之下的督责。江忠源手下缺兵少将,无法独立地应付局面,被驱迫得行踪难定。受命安徽巡抚之职的时候,他"新自江西援湖北",闻授皖抚之命后遂又"力疾趋庐州",处此境况中,他未与包括曾国藩在内的有关人员相商,便率尔"以曾国藩练军六千助剿"②出奏。由此更可见他窘急之中渴待援助的情状。

曾国藩对江忠源出任安徽巡抚,可谓亦喜亦忧。他说:"默数平生之交旧,环顾天下之贤豪,惟此君尚有讨贼之志,又勋名日著,亦渐为人所信仰","岷老超擢皖抚,是近日耳中一大快事"!这显然是其喜悦的流露。而其所忧者,更是言之切切:

> 惟庐州新立之省(按:指安庆被太平军占领后清方以庐州为暂时省会),无兵无饷;江南、江北各郡,皆逆舟往来必经之地,此防彼窜,疲于奔命。且素日贯(惯)用之楚勇,又溃去十分之七,而骨肉至交……又皆远莫之助。以单独之身,处积疲之区,吾不知岷老从何下手也。

也正是顾虑及此,他自不能冷眼旁观,而想助一臂之力,表示"欲练两三千人,远致皖中","添其羽翼,则澄清之望,庶几可期"③。

但是,当曾国藩闻知江忠源把由其代练六千兵勇之说自行向清廷上奏时,

① 曾国藩:《与江忠源》,《曾国藩全集·书信》,第一册,第192页。

② 王定安:《湘军记》,第69页。

③ 曾国藩:《与左宗棠》,《曾国藩全集·书信》,第一册,第306页。上独段引文亦出此。

却颇感其唐突失策,为之忧急万分。他在十月下旬致骆秉章的一封信中说,“募勇六千”的计划,我是本想经“大加训练”之后,使之“旌旗一色,万众一心,机械一新,号令一律”,“而后破釜沉舟,长驱东下”,但这一切还未来得及做,江氏便率尔上奏朝廷,以“一日未能训练”的队伍仓促“驱之向敌”,“大失国藩之本意”。次日夜间,曾国藩又追发一信,说自己不敢因为江氏的一奏,就遽尔“滥收杂蓄,以充数而塞责”。他以“带勇六千之说,口粮实不易办”为由,要骆秉章对湖南新添之勇,“饬令大加裁汰,止酌留一二营”①。应该说,“口粮”之事有困难,是其考虑的真实原因之一,但这恐怕并不是唯一甚至也不是主要的原因。从前述情况看,曾国藩所言为江忠源所练之兵,有时说六千,有时又说三千,并无一个定数,并且只是在一个小范围的适当人员间议及,远说不上形诸既定不移的明确方案。并且,这种在一定范围内表白的意向,也不是能立马落实的事情,而要有一个为时不能太促的起码准备过程,要有曾国藩自己认可的必要条件。他在写给江忠源之弟江忠濬的信中,在说明了“募勇六千之议”的缘起和根由之后,解释此事不能遽成的原因时即说:

> 募勇之举,自不可缓。惟勇不难于募,而难于练;不难于招六千之勇,而难于求带勇之人;不难于发起行一月之粮,而难于军装、器械一概不用寻常窳败之件,而别制坚致可恃之物……如“勤操练”、“精器械”两条,断非仓促所能办……练卒、制器尚需时日,未可咄嗟兴此大举。②

曾国藩所说靠自己练勇来支持江忠源,首先是要化解江氏饥不择食地欲用官兵的心结,至于最终怎样落实以勇增援之事,要取决于曾国藩内心所把握的尺度。归根到底,增援江氏只能是曾国藩练勇底成前提下的一种派生行为,而不是其目的本身。由此看来,曾氏的为江忠源“代练”之说,很大程度上也是他为自己练勇巧妙借用的一个冠冕堂皇的由头。

既定的事实是,江忠源并没有真能从曾国藩手下接到所期望规模的“代练”兵勇,他自鄂赴皖时只带了千人匆匆冒雨而行,而途中又多染病者,江忠

① 曾国藩:《与骆秉章》,《曾国藩全集·书信》,第一册,第318—319页。
② 曾国藩:《复江忠濬》,《曾国藩全集·书信》,第一册,第321—322页。

源自己也患病而“惫甚”[①]。到十二月间，他就在守卫庐州的战事中死去。当然，出自对其敬佩同情者笔下的记述，是极力张扬其“壮烈”的。如有说他最后“知事不济，掣佩刀自刎”，被左右夺住，一仆从背起他逃生，他则猛咬仆从的肩膀和耳朵，致其鲜血淋漓，大受创伤，只得将他放下，他坚持“转战至水关桥之古塘，被七创，奋投桥下死之”[②]。无论情节如何悲壮，反正他此番丧了性命，这一任安徽巡抚，徒有其名，连一天真正开府施政的日子也没有过过。不过，其人的最终结局，倒应验了昔年曾国藩初见江忠源时的“占辞”。

据说，曾国藩喜相术，他居都期间，“以举人留京师的江忠源”前往拜访，待告别，曾国藩“目送之”，既而曰：“此人必立名天下，然当以节烈死。”而当时天下承平日久，最终果真应验。后来湘籍名人左宗棠为江氏作“行状”，正经八百地记入其事，感叹曾国藩“名能知人”，“有不可测者”[③]。不管是巧合还是源自他人的附会之说，反正关于曾国藩看相“灵验”的传闻不止此一则，还有诸多事例。甚至后世有人将古时相书《冰鉴》托名为曾国藩所作印行[④]。至于现今仍有人以曾国藩遗著的名目印行该书，或是不辨真伪，或是为牟利故意认假为真，无论如何，当然也是基于曾国藩会相术而“尤善相士”的传名。尽管《冰鉴》非其所作，但曾氏还是真的留下了一些有关相术的言说，譬如他曾作“看相诀”，并在多年后饶有兴致地回顾起来记于日记当中：“邪正看眼鼻，真假看嘴唇，功名看气概，富贵看精神，主意看指爪，风波看脚筋，若要看条理，全在语言中。”[⑤]这算是穿插的一个小小花絮吧，还是归结到原来的话题。江忠源一死，曾国藩的练勇更名正言顺地是自练自统，没有了为人“代练”的名头，而仍然要被征调作战的使用目标也更明确无疑了。由于江忠源生前有关上奏，使得清廷对曾国藩练勇的事情愈发关注，把它视为与太平天国斗杀的棋局上一粒可用的棋子，甚至屡屡督迫其拔营出征，使这支“练勇”外出作战俨然成为一种使命。

---

① 王定安：《湘军记》，第 69 页。

② 朱孔彰：《中兴将帅别传》，第 66 页。

③ 《左宗棠全集 · 家书 · 诗文》，岳麓书社 1987 年版，第 328 页。

④ 参见《唐浩明评点曾国藩家书》，上册，第 393 页。

⑤ 《曾国藩全集 · 日记》，第二册，岳麓书社 1988 年版，第 1206 页。

四、"魔术"机妙有续篇

曾国藩移花接木"魔术"的机妙之处,除了使之编练的武装外出作战逐步"使命化"以外,也在其组织本身彰显出鲜明特色。

先说其选将、招勇方面。

曾国藩编练湘军,一条最根本的组建原则即所谓"选士人领山农"①。也就是说以读书有知识者为军官,以山乡农夫辈充兵勇。当然,这是就总体情况概言之,不排除具体操作上的酌情灵活把握,未必拘此一式。湘军的这种组建原则不仅非一般团练所具有,而且与清朝"经制兵"也迥然不同。拿以汉族人为主体的绿营兵来说,它作为世兵制下的产物,成员有相对固定专门的"兵籍",不能随意从籍外人等中招募,从军官到士兵多系行伍出身,军官的选置和调动权全在国家。而曾国藩编练湘军,选将招勇有着自主权。他正是基于对清朝国家经制兵窳败状况的不满,特别注重湘军人员的素质条件,而这方面对军官和士兵的具体要求又是大不一样的。

对军官何以着重从"士人"中间选置?从曾国藩于咸丰三年(1853年)九月间给朋辈信中的这样一番申论,似可窥其基本底蕴:

> 带勇之人,第一要才堪治民,第二要不怕死,第三要不急急名利,第四要耐受辛苦。治民之才,不外公、明、勤三字。不公不明,诸勇则必不悦服;不勤,则营务巨细,皆废弛不治,故第一要务在此。不怕死,则临阵当先,士卒乃可效命,故次之。为名利而出者,保举稍迟则怨,与同辈争薪水,与士卒争毫厘,故又次之。身体羸弱者,过劳则病;精神乏短者,久用则散,故又次之。四者似过于求备,而苟阙其一,则万不可以带勇……带勇须智浑勇沉之士,文经武纬之才。数月以来,梦想以求之,焚香以祷之,盖无须臾或忘诸怀,大抵有忠义血性,则四者相从以俱至;无忠义血性,则

---

① 王定安:《湘军记》,第337页。

貌似四者,终不可恃。①

其中对“带勇之人”即军官具体列出了四项基本条件,并分析了须具备这些条件的理由。认定只有满足了这几项条件,才说得上“智浑勇沉之士,文经武纬之才”。而最根本的,是归结到要有“忠义血性”。对此,曾国藩一再强调。当操办有关事务的人员,以“不苟求乎全材,宜因量以器使”的选将主张与他商议时,他在表示认可的同时,又特别作嘱,说“以血性为主,廉、明为用。三者缺一,若失輗軏,终不能行一步也”②。在曾国藩的心目中,只能是像他们这样的读书明理之人,才可能有真正的忠义血性,才可能成为文经武纬之才,才可以“治民”、“治兵”,才有望摆脱八旗、绿营将官的种种弊习。至于士人本来不懂兵事,这并不是曾国藩所特别顾虑的。他自己在这方面不也是从头学起吗?江忠源、罗泽南、王錱等人岂不都是如此?当然,带勇之人也有不同的层次,在选置上曾国藩自然也会取其所宜,灵活把握,在基本原则上则一以贯之,保障了其将领的基本特色,即军官中的大多数人系“士人”出身。

至于对勇员要从“山农”中选募,显然是要利用这等人的身体健壮而性情憨朴、好蒙蔽驱使为之卖命。从湘军编练伊始,即有对“滑弁、游卒及市井无赖,摈弃不用”③的要求。曾国藩特别强调,若所招兵勇中一旦发现“体弱者,艺低者,油滑者”,必须“严汰”④。到后来改定营规时,他更是根据多年即行的惯例,把兵勇的“募格”明确规定为:“须择技艺娴熟、年轻力壮、朴实而有农夫土气者为上,其油头滑面,有市井气者,有衙门气者,概不收用。”⑤其立意,从当年曾国藩对新募湘勇的“晓谕”之辞,也可有助于进一步揣摩:

本部堂招你们来充当乡勇,替国家出力。每日给你们的口粮,养活你们,均是皇上的国帑。原是要你们学些武艺,好去与贼人打仗、拼命。你

① 曾国藩:《与彭洋中曾毓芳》,《曾国藩全集·书信》,第一册,第224—225页。

② 曾国藩:《与彭洋中》,《曾国藩全集·书信》,第一册,第228页。引文中的“輗軏”,古代车辕与横木相连接的关键。

③ 王定安:《湘军记》,第337页。

④ 曾国藩:《与王錱》,《曾国藩全集·书信》,第一册,第340页。

⑤ 《曾国藩全集·诗文》,第463页。

们平日如不早将武艺学得精熟，将来遇贼打仗，你不能杀他，他便杀你；你若退缩，又难逃国法。可见学的武艺，原是保护你们自己性命的。若是学得武艺精熟，大胆上前，未必即死；一经退后，断不得生。此理甚明，况人之生死，有命存焉。你若不该死时，虽千万人将你围住，自有神明保佑，断不得死；你若该死，就坐在家中，也是要死。可见与贼打仗，是怕不得的，也可不必害怕。①

——这样的文字，并不是译作白话引录，而是原本如此。曾国藩用如此浅俗的语言来讲解这般“道理”，岂不是典型地针对他们心目中的蚩蚩“山农”的吗？将这样的人招作勇员才便于“带勇之人”的欺骗和利用呀！

湘军选将募勇的特点不仅仅在其人员的素质条件要求上，还在于所建立的将与将、兵与兵、将与兵之间的关系上。以湘籍人士为主体的将领（也包括幕府要员）层人物，一般并不是到从戎后才偶然遇合，而早先读书修业时即多相识相知，声气相通，有志同道合的基础，甚至不乏具有师生、密友、姻亲等各种特殊关系者。而投笔从戎的选择，也多与在前有关系上的相互荐引有直接关联。从官弁的选置看，基本上是自上而下逐级由个人识用的，从而建立起了一种私人隶属关系。湘军军官之间的这种特殊关系网络，是由清朝国家选置将领的“经制军”中所不可能具备的。兵勇的来源，也往往相对集中于湘省的某些县份②，这于“山农”要求的地理条件自然有关。而同乡同里者又往往相对集中于同一营、哨。湘军兵勇地域来源上的相对集中，从人为因素看，除应招时他们的连带因素外，招募者也有意利用其同乡间便于团结协同的好处。如招募水勇（水师亦湘军的重要组成部分）时曾国藩即明确指示：“水手须招至四千人，皆须湘乡人，不参用外县的。盖同县之人，易于合心故也。”③尽管实际上水勇也未能清一色地仅用湘乡人，但曾国藩本要取之于湘乡一地的用意说的已很明白。在军官与兵勇的关系上，因为兵勇直接为带领他们的军官所招，也就有了所谓“兵为将有”的“私属性”，兵勇一般只直接听命于他所隶

① 曾国藩：《晓谕新募乡勇》，《曾国藩全集·诗文》，第452—453页。
② 有学人即注意到以湘乡县和宝庆府人为最多。见罗尔纲：《湘军新志》，第74页。
③ 曾国藩：《复朱荬》，《曾国藩全集·书信》，第一册，第409页。

属的官弁,若一旦该官发生或死或散的变故,属下的营伍往往要遣散重招或由兵勇自愿认可新官,等于改换门庭。或谓“其将死,其军散;其将存,其军完(按:‘完好’意)”①,像这种情况在当时清朝国家“经制军”中也是不可能存在的。

再看其营制、饷章方面。

因为湘军的编练是先从陆营开始,其营制也是由陆营奠基的。“营”,一直是湘军最基本的固定单位。首先是一营的人数,最初以三百六十人为一营。曾国藩尝忆述,他“于咸丰二年冬,奉旨办团”时,在省训练的三营湘勇为“一千零八十人”②。直到咸丰三年九月,他仍言一营三百六十人符其营制③。到这年冬,曾国藩屡有改为五百人之议,但开始明确说是包括“长夫”在内。如他在十月底给骆秉章的信中说:“湘军营制,加以长夫百四十人,即为五百人”。而到咸丰四年(1854 年)正月出征的前夕,他给塔齐布的信中就明确说:“新定营制,五百人一营,每营四哨,每哨八队,火器占半,刀矛占半,所带各营皆如此……以五百人为一营,外招长夫一百八十人。”显然,各营五百人中已经皆不包括长夫。

那么,何谓“长夫”?它在湘军中是怎样一种角色呢?长夫不是战兵,但也作为部队中的特类成员,负担随军的运输和扎营后的筑墙挖濠之类的任务。专设“长夫”,这是曾国藩编练湘军的一个创造,能够保证军中的后勤和工程事项及时有序地进行,避免了临时征用民伕既扰民又无工效保障的弊端,并且能够让战兵摆脱若干杂务的干扰,更利于其集中体力和心思投入作战。可见,长夫在湘军中绝不是可有可无、无足轻重的“闲杂”人员,最后确定其属于一营五百人以外的专类配置,似更利于它与“战兵”相对独立、各专其责而能相互协同配合。这不失为湘军提高综合作战能力在营制方面的一项重要保障。

其“营”下分“哨”、“哨”下分“队”的基本建制框架,以及使用冷、热兵器的队数各占一半的配置原则,在其军正式出征前夕确定下来以后,多年间也大

---

① 王闿运:《湘军志》,第 163 页。

② 见《复刘铎》,《曾国藩全集·书信》,第二册,岳麓书社 1991 年版、1995 年第二次印刷本,第 1572 页。

③ 见《曾国藩全集·书信》,第一册,第 224 页。

致未变（只是在一些具体环节上或有微调）。到咸丰九年（1859 年），曾部湘军制定出更为详明的《营制》，也是规定营官亲兵之外一营分四哨，每哨分八队，其中使热兵器抬枪、小枪者各两队，共四队，使冷兵器刀矛者四队；营官亲兵营六队，使属于热兵器劈山炮者两队、小枪者一队，共三队，使属于冷兵器刀矛者三队；也是规定每营五百人之外另用长夫一百八十人。① 至于营官以下的官弁设置，每哨设哨官和哨长各一名，队的头目则称"什长"，这也是前后因袭，没有什么变化。

湘军水师仿照陆营，也是以五百人为一营，前已述及其营下亦设哨。但水师是以船只为依托的，这与陆营明显不同。其船只类型亦有多种，自然需要因船配人，具体情况不再评述。另外，湘军在出征数年后也建立起马队，成为与陆营、水师并列的另一部类，但在湘军成军之初尚无。还需要说明，这里述及的只是曾部湘军的情况，其他别支湘军在营制方面或有所异，但大旨相仿。

曾国藩对湘军营制的明确和统一是非常重视的，他曾这样说："以逆贼杨秀清，不过闾里一偷儿，其羽党亦皆乌合啸聚；而其官职、营制，人数之多少，旗帜之分寸，号令之森严，尚刊定章程，坚不可改，况吾党奉朝廷之命，兴君子之师，而可参差错乱，彼立一帜，此更一制，不克整齐而划一之哉？"②他在丑化太平天国一方的同时，却又拿它的营制说事儿，作为湘军方面必须整齐划一的论据。由此也可有助于理解，为什么曾国藩在编练湘军的过程中不断进行完备营制的摸索，而一旦确定了认为合适的方案，便不轻易更改，更不容忍变异。

湘军的薪饷也有相对固定的规制，其饷额明显高于绿营，这不啻曾国藩挂出的一钩让人眼馋口热的诱饵。官弁们再有"忠义血性"，也不会真的达到泯灭利欲、不计报酬的境界，做兵勇的山民再憨，不是为"吃粮"和养家也不会应招入伍。湘军的饷额标准，陆营营官每月薪水银五十两，另外还有办公银一百五十两听其酌用，必要的开销之外一般当有节约归己的部分；哨官则每日给银三钱，哨长两钱，什长一钱六分；亲兵每日一钱五分，正勇一钱四分，长夫一钱。算来，薪饷最低的长夫每月饷额也达三两。③ 而"一名绿营士兵每月收入只有

---

① 见《曾国藩全集·诗文》，第 467—468 页。

② 曾国藩：《复王鑫》，《曾国藩全集·书信》，第一册，第 428 页。

③ 据《曾国藩全集·诗文》，第 468—469 页所载《营制》中的《薪水口粮之制》。

几钱银子”。根据有关资料,19 世纪 50 年代每石米的平均价格为 0.59 两银①,这样湘军长夫每月三两银可买五石多米,如此的薪饷水平,维持三四口人之家的生计当无问题。而正勇的薪饷几乎相当长夫的一倍半,哨官则是其三倍,营官仅个人薪饷即为其大约十七倍,若再加上办公费下的剩余则有可能多达几十倍。而作为“统领”的高级将官,除自带一营的薪水、公费及夫价各项银之外,凡统之三千人以上者,每月加银百两;统至五千人以上者,每月加银二百两;统至万人以上者,每月加银三百两②。这还只是饷章规定的明面上的收入,贪婪者靠侵蚀下属特别是借作战抢掠而中饱私囊,更是一个无底的黑洞。若真的仅按章取酬,那可真算是廉之又廉者。知情者说在湘军,“将五百人则岁入三千,统万人,岁入六万金,犹廉将也”③。湘军的饷额虽然较高,但他不同于八旗、绿营兵那样由国家供饷,而是要自行筹集,没有很稳定的保障,不过开始阶段一般能够按月足额发饷,后来折扣现发而记留部分待后结算的事情多有,这甚至成了有意使用的一种手段。如有说:“湘军定制,按月发饷,初无折扣”,后来则对“久征远战之勇,月计食用若干,到期按发,余则分哨记注,存于公所,或因事裁革,或有故假归,核其所存之饷,酌复川资,别由粮台给一印票,至后路给清。如此有利三焉:营哨员弁不能私侵暗食,一也;勇不能任意开销,二也;回籍余资尚可营生,三也。”④

还需要注意它的训练方面。

曾国藩创建和发展湘军,重视训练自在情理之中,并且确有自己的独到之处。他在这方面曾有一番总结性的话语,是把“训”和“练”分别开来论说的:

训有两端:一曰训营规,二曰训家规。练有两端:一曰练技艺,二曰练阵法。点名、演操、巡更、放哨,此将领教兵勇之营规也;禁嫖赌、戒游惰、慎语言、敬尊长,此父兄教子弟之家规也。为营官者,待兵勇如子弟,使人人学好,个个成名,则众勇感之矣。练技艺者,刀矛能保身,能刺人;枪炮

① 据皮明勇:《关注与超越——中国近代军事变革论》,河北人民出版社 1999 年版,目录第 2 页、正文第 76 页。

② 据《曾国藩全集·诗文》,第 470 页所载《营制》中的《统领之制》。

③ 王闿运:《湘军志》,第 163 页。

④ 见徐宗亮:《归庐谈往录》,台湾文海出版社“近代中国史料丛刊”影印本,第 16—17 页。

能命中,能及远。练阵法者,进则同进,站则同站;登山不乱,越水不杂,总不外一熟字。技艺极熟,则一人可抵数十人;阵法极熟,则千万人可使如一人。①

可知,曾国藩所谓“训”的内容,既包括思想教育,又包括军事纪律和日常活动事项方面的训导,并且把“家规”字眼引进其中,把官弁与兵勇,比作父兄与子弟的关系。曾国藩曾明确说是“将领之管兵勇,如父兄之管子弟”②。这与其说是渲染亲近的意味,不如说是移植礼教的约束。曾国藩自操办团练伊始,即对“训”的有关各事特别着意,有谓“誓欲练成一旅,秋毫无犯,以挽民心而塞民口。每逢三八操演,集诸勇而教之,反复开说之千百语,但令其无扰百姓”,“每次与诸弁兵讲说,至一时数刻之久,虽不敢说点顽石之头,亦诚欲以苦口滴杜鹃之血”③。他当时不但把此法施之于自己的队伍,而且还要兼用于绿营,绿营官兵多不想受其制约,要保持门户上的独立,故而成为引发冲突的导火索。

而曾国藩自己队伍中的各项“训”事,无疑是坚持下来的,并且愈发严格,以至于列入营规专条。如关于其“日夜常课”事项,规定各哨每日夜站墙子(按:“墙子”指所筑营墙)、点名、看操各两次,皆有定时;全营则不定期地点名、看操,大约每月四五次;夜间轮流每更有一二成队站墙、唱更(或暗传令箭而不唱)④。至于思想教育,除了专门的训练之外,更是随时随地地渗透到日常生活当中。

其界定在“技艺”、“阵法”内容的所谓“练”,就“技艺”而言,一方面是练跑、跳、爬高、手掷、脚踹等身体技能,曾国藩曾这样要求:“练纵步上一丈高之屋,跳步越一丈宽之沟,以便踹破贼营”,“练手抛火球能至二十丈以外”,“练脚系沙袋,每日能行百里”。另一方面是练习拳、棒、刀、矛、钯、叉和火器使用的功夫。关于阵法,曾国藩认为,“阵法原无一定”,“但将多人以御寇,断不可

① 曾国藩:《劝诫浅语十六条》,《曾国藩全集·诗文》,第438页。
② 曾国藩:批湘后营营务处文,《曾国藩全集·批牍》,岳麓书社1994年版,第146页。
③ 曾国藩:《与张亮基》,《曾国藩全集·书信》,第一册,第208页。
④ 《曾国藩全集·诗文》,第463页。

无阵法”，强调“以一队言之，则以鸳鸯、三才二阵为要。以一营言之，则一正两奇，一接应，一设伏，四者断不可缺一”。他又说，“总以《握奇经》之天地、风云、龙虎、鸟蛇为极善。兹以五百人，定为四面相应阵”。并将相关阵法绘刻颁示，传令：“凡各阵法之根本，各营均须遵照。”他所说的这些阵法，自然大致上还是借鉴利用前已有之者，譬如他所特别看重的鸳鸯阵、三才阵，就明言是取之戚氏即戚继光者。① 当然，曾国藩湘军这时演练起来，不会完全拘泥于旧有程式，而自当酌情灵活变通，因为战阵是最忌讳生搬硬套、胶柱鼓瑟的，一切需要从实际出发。

从上述这些事项可以看出，在曾国藩手下打造出来的，已经是一支有其特定规制和素质条件，并负有外出作战使命的一支军队。它既不同于传统意义上的团勇，又有异于清朝经制军，是移花接木“魔术”手段下的产物。它生必适时，成又非易。打造者为之费尽心力，自然巴不得早日见其实战成效，但在时机尚不成熟的情况下，又决不会将它轻于一掷。

五、从坚忍待机到建旗出征

自打江忠源窘急之中把曾国藩再代为练勇六千的拟议出奏以后，尚在编练之中的曾氏湘军便被清廷纳入了调遣外出作战之列，并频频督催。

咸丰三年（1853 年）秋，西征太平军在江西南昌撤围后，分兵进攻安徽和湖北。其攻鄂部队九月间相继占领黄州和汉阳，尾随“追剿”的江忠源也从江西转战湖北。江部兵力单薄，清朝湖北地方上的军事力量也不敷所需，防务吃紧，形势危急，省城武昌也面临朝不保夕之势。在这种情况下，清廷于十月初两次谕令曾国藩“赶紧督带兵勇炮船，驶赴下游会剿，以为武昌策应”。在曾国藩相继接到两谕之时，湖北形势发生变化，太平军从汉阳东撤，武汉的严峻形势暂时得以舒缓，这给了本来就不打算应命仓促拔营出援的曾国藩以借故拖延的理由。他于十月下旬向清廷奏陈，“目下武昌无贼，臣赴鄂之行，自可暂缓。未敢因谕旨严催，稍事拘泥”，“军情变幻，须臾百出，如有万分紧急之

① 本段中引文及相关史料根据见《曾国藩全集·书信》，第一册，第 324、341、429 页。

处，虽不奉君父之命，亦当星驰奔救。如值可稍缓之时，亦未可轻于一行，虚糜饷项”。其实，曾国藩心里盘算的，不仅仅是拟援之地军事情势的问题，更在于自己的水师尚未编练就绪，认为与太平军作战，有无可用的水师至关重要。这一点在他此次上奏中也特别明确地强调：

> 因思该匪以舟楫为巢穴，以掳掠为生涯，千舸百艘，游弈往来，长江千里，任其横行，我兵不敢过而问者，前在江西，近在湖北，凡傍水区域，城池莫不残毁，口岸莫不蹂躏，大小船只莫不掳掠，皆由舟师未备，无可如何……现在两湖地方，无一舟可为战舰，无一卒习于水师……再四思维，总以办船为第一先务。臣现驻衡州，即在衡城试行赶办……如果舟师办有头绪，即行奏明，臣亲自统带驶赴下游。

此奏上达，咸丰帝朱批不但未对曾国藩未遵前旨率部出征湖北表示责怪，而且予以表扬：“所虑俱是。汝能斟酌缓急，甚属可嘉。”①然而，湖北形势刚稍转圜，安徽方面又频添险象，江忠源受命安徽巡抚，麾下缺兵少将，到皖后困窘难支，不得展布。清廷焦灼之下，于十一月中旬又布谕催迫曾国藩率部援皖。说是“皖省情形甚属危急。总由江西无水师战船拦截追剿，任令贼船往来自如，以致逆匪日肆鸱张”，要曾国藩带已练水陆之师，“自洞庭湖驶入大江，顺流东下，直赴安徽江面，与江忠源会合，水陆夹击，以期收复安庆及桐、舒等城，并可牵制贼匪北窜之路”，并置激将之辞，说曾国藩“忠诚素著，兼有胆识”，“谅必能统筹全局，不负委任也”。

曾国藩于当月下旬接到该谕后，立即上奏解释，不能应命马上出征，须待时日，因为水师的船、炮、勇三者皆未完备。就造船之事，他奏报说，自前次上奏之后，即鸠工购材，试行造办，成造样船数只，皆以工匠太生，规模太小，不足以压长江之浪，不足以胜巨炮之震；近日刚仿照自广东绘来的快蟹船式，赶造出十号，还须添造二三十号，而新造之船，百物未备，虽日夜赶办，亦难遽就；此外还需拖罟船只，衡州匠少技拙，尚未试造。关于置炮的情况，他奏称，现在衡州仅有广西解来之炮一百五十尊，长沙新造之炮虽有三百余尊，除解往湖北及

① 本节中至此引文见《曾国藩全集·奏稿》，第一册，第76—78页。

存城防守者以外，可取备战船之用者，已属无几，要等购办的“夷炮”、“广炮”千尊运到，乃足资配放，但运输非易，要待时日。至于募勇一事，曾国藩特别解释，前“添勇六千之信，系为江忠源尚守江西言之”，“旋奉带勇六千之旨，系为救援湖北言之”，均事过境迁，没有成行，眼下陆勇已属整备，而水勇尚无章程，须待水勇亦成军定章，水陆齐备，合之则两相夹击，分之则各能自立，才可出战。总之船、炮、水勇三者统筹，皆非一月所能办就，必须明春乃可成行。曾国藩此次上奏，陈述的事项非常具体，可以说不厌其详，目的显然在于，能让清廷了解细致情况，谅解他不能奉旨即刻出征的苦衷，并非泛言虚词，一味搪塞，也非高调空唱，自我吹嘘。并且说到，有关督抚人员与他多次函商，“皆言各省分防，糜饷多而兵力薄，不如数省合防，糜饷少而力较厚”，共议“四省（按：指湖南、湖北、江西、安徽）合防之道”，“兼筹以剿为堵之策”。

不想，这次咸丰帝对曾国藩陈述的缓期出征的具体事由全不理会，只是抓住他与有关督抚大员的议商之说，竭尽挖苦、斥责之能事。且看其朱批：

> 现在安省待援甚急，若必偏执己见，则大觉迟缓。朕知汝尚能激发天良，故特命汝赴援，以济燃眉。今观汝奏，直以数省军务，一身克当，试问汝之才力能乎？否乎？平时漫自矜诩，以为无出己之右者，及至临事，果能尽符其言甚好，若稍涉张皇，岂不贻笑于天下。着设法赶紧赴援，能早一步即得一步之益。汝能自担重任，迥非畏葸者比。言既出诸汝口，必须尽如所言办与朕看。①

可以想见，曾国藩见此朱批，感触一定是很复杂的，心中会像打翻了五味瓶。他能不感到委屈吗？对“圣上”就不产生一点尤怨？但这些，都得死死地掩在心底，他还得说：“仰见圣谕谆谆，周详恳至，见臣之不事畏葸而加之教诲，又虑臣之涉于矜张而严为惩诫。跪诵之下，感悚莫名。”不过，曾国藩并没有惊惧得惟命是从，他仍然坚持自己的定见，向皇帝再次陈述不能立时出征的缘由：第一，是起行之期，必须等到外购之炮解到和新造、改造的船只毕工。第二，出征也不能遽达皖境，因为“黄州以下，节节有贼”，“若舟师东下，必须克

① 上注以下至此引文见《曾国藩全集·奏稿》，第一册，第80—83页。

复黄州，攻破巴河，扫清数百里江面贼艅”。第三，“现在大局，宜堵截江面，攻散贼船，以保武昌”，因为“能保武昌则能扼金陵之上游，能固荆襄之门户，能通两广、四川之饷道。若武昌不保，则恐成割据之势，此最可忧者”，强调“论目前之警报，则庐州为燃眉之急；论天下之大局，则武昌为必争之地”。第四，所练成之陆勇，现在本省境内一些地方“剿办土匪”，不能遽行撤回，要待到正式出征作战时再调回带出。第五，在“饷乏兵单”的情况下，会“竭力效命”，“至于成效，则不敢必”。

特别值得注意，曾国藩针对朱批中“平时漫自矜诩……”一番直言斥责的话，表态说：

> 臣自维才智浅薄，惟有愚诚不敢避死而已。至于成败利钝，一无可恃。皇上若遽责臣以成效，则臣惶悚无地。与其将来毫无功绩，受大言欺君之罪，不如此时据实陈明，受畏葸不前之罪。臣不娴武事，既不能在籍终制，贻讥于士林；又复以大言偾事，贻笑于天下，臣亦何颜自立于天地之间乎！中夜焦思，但有痛哭而已。伏乞圣慈垂鉴，怜臣之进退两难，诫臣以敬慎，不遽责臣以成效。臣自当殚竭血诚，断不敢妄自矜诩，亦不敢稍涉退缩。

这真是一段“绝妙好词”！刚柔相济，不卑不亢，率直下更显披肝沥胆之诚，曲意中暗设以退为进之计。圣上您不是以才能、成效来给我下套吗？我偏不做这方面的任何承诺，仅以“惟有愚诚不敢避死而已”相许。不知是皇帝从中真的读出了曾国藩的一片忠诚，还是兼而怕在急于用之的当儿惹得其人消极怠工，此番咸丰帝一改上次的态度，主要是以好言相慰，朱批：“知道了。成败利钝，固不可逆睹，然汝之心可质天日，非独朕知。”只不过在后边又加上了个委婉示诫的小尾巴：“若甘受畏葸之罪，殊属非是。”①在曾国藩看来，这已经是皇帝对自己的莫大恩遇了，以致“闻命感激，至于泣下”，当然要竭心尽力地加紧练兵，以便早日投赴与“粤匪”拼搏的战场，报效朝廷。这样，曾国藩便有了从容练兵的“合法”时间。因为其水师操办较晚，并且没有像陆营那样的基

① 上注以下至此引文，见《曾国藩全集·奏稿》，第一册，第86—90页。

础,一切是从头开始,在实践中摸索改进,所以,在正式出征前的一段时间里,他更主要的是致力于对水师的编练。

起初,曾国藩着意于“造排”。排的形制,按曾国藩的设想,是编杉木为之,宽约七尺,长约一丈五尺;两头尖形,以便劈水疾行;前后安放两轮,如翻水车;旁施两浆,头尾置柁,顺逆皆可驶行;置大铁钉于头,以便冲击敌船;上置帐房一架,就像京师所谓西洋房子的样式,顶及四围皆用夹布,每日三次浇水,以御枪炮。至于用这样的木排与敌人进行水战的利处,曾国藩认为起码有下述诸项:第一,彼船高仰,我排贴水,枪炮仰攻则远而劲,俯放则子易落;第二,排身吃水既透,帐房亦极渍湿,敌方之火弹、火球,烧我不能燃烈,我之火箭、火球,近船即可焚放;第三,我勇在排,退则落水,敌若登排,不得不尽力死战,可救奔溃之积习;第四,每排之费不过二十两,造排百架,工不满一月,费不过二千,工价俱备;第五,每排仅雇一舵师,二桨手,其余皆用寻常兵勇,因为排身稳实,不虑荡摇,不必习惯之舟师,而可驱之于水战。① 总的看来,在曾国藩心目中,造排是既省时、省力、省费、省工,又具备灵便,利于攻击敌船并且寻常兵勇即可载以作战的特点,造排作为水师的战具是克敌制胜的一个妙招儿。

但是,设想不等于实效,按设计造出的木排一经试验,就暴露了突出的问题:一是顺水及横渡尚可行,逆水则极迟笨;二是排身短小,只在湘江上还勉强凑合,到长江大湖就非常不利。总之,很难适应实战的需要。所以,在十月下旬,曾国藩给骆秉章写信,要其千万不可将造排之事入奏,以防眼下说得天花乱坠,而“将来无可试验,反蹈欺饰之习”。实际上,这个时候曾国藩已意识到造排并不可恃,而开始向“设法买船改造”的思路转移了。② 到前边述及的他以水师未备为主要理由,向清廷要求缓期出征的时候(十一二月间),显然所说就不是造排而是买船、造船之事了。

不过,战船怎样造法,不但当时曾国藩个人心目中没有具体底数,而且“楚中不知战船为何物,工匠亦无能为役”。他们“因思两湖旧俗,五日龙舟竞渡,最为迅捷。短桡长浆,如蛉之足,如鸟之飞。此人力可以为主者,不尽关乎风力水力也。遂决计仿竞渡之舟,以为战船”。但娱乐之舟与作战用船毕竟

① 曾国藩:《与省城司道》,《曾国藩全集·书信》,第一册,第253页。

② 曾国藩:《与骆秉章》,《曾国藩全集·书信》,第一册,第293页。

是两码事,若果真只如此仿造自难能成功。幸亏这时候有内行人来助。一是守备成名标从长沙来到衡州,告诉曾国藩广东快蟹船和舢舨的船式;再是同知诸汝航从桂林也来到衡州,告诉曾国藩长龙船式。这些都是实用的战船之属,算是解了曾国藩此前不晓此道的燃眉之急。于是他除了在衡州设厂之外,又在湘潭设立分厂,纠集工匠赶造各式战船。①

从成军出征时已投入使用的各类船只的规模看,有快蟹四十号,长龙五十号,舢舨一百五十号,拖罟一号为统帅坐船,由所购民船改造成战船者数十号,另雇民船一百数十号以载辎重。② 其战船上所备之炮,按曾国藩《报东征起程日期折》中所说,借用广西者一百五十位,自广东购办者共三百二十位,本省提用者一百余位。其中以所谓"夷炮"为多,炮重从二三百斤至三千斤不等。并言及当时其水师的编制,分为十营,"前、后、左、中、右"正、副营各五,正营旗用纯色,副营旗用镶边。其营官是由褚汝行、夏銮、胡嘉垣、胡作霖、成名标、诸殿元、杨载福、彭玉麟、邹汉章、龙献琛充任③。每营分配的船只数量一般相等,官兵人数约为五百,十营合计大概五千人的规模。统领由褚汝行兼任。

在湘军水师紧锣密鼓编练的时候,其陆营的规模业已成型。这个时间里的变故,最值得注意的是王鑫所部的归属问题。

王鑫作为罗泽南的弟子,与乃师同为湘军最早班底营伍的头目。他们师徒都与曾国藩为同邑人,也都在曾氏练兵的最早相谋者之列,但似乎一开始就不甘心附于曾国藩手下。王鑫,在经绿营兵长沙闹事曾国藩移驻衡州后,他对曾氏说:"若令我募勇三千,必将粤匪扫荡!"曾国藩想必看出了他要"单干"的意思,遂致信巡抚骆秉章,说其人"有此大志,何不作成之"。骆秉章便写信请王鑫赴省城面商,王鑫果然来了,提出先发巨额口粮、硝磺等军需物资,表示"必能不负所委"④。不能否认其人所谓"讨贼"的心志之大,但用三千兵勇即可扫荡"粤匪",显然无异于痴人说梦,在以后的战事中,王鑫也绝不是常胜将军。

---

① 曾国藩:《水师得胜歌并序》,《曾国藩全集·诗文》第425页。

② 黎庶昌:《曾国藩年谱》,第36页。

③ 黎庶昌:《曾国藩年谱》,第37页。

④ 《骆公年谱》,台湾文海出版社"近代中国史料丛刊"影印本,第53页。

就说湘勇出援江西之战败北，所损兵将即多为其亲旧，王鑫愤而请“增军殄贼”，提出“欲练万人为恢复中原计”。他这时独领一军而不愿隶属曾国藩麾下的意态愈发显露，曾氏与他的矛盾也日益加深，不但私下对其有“精神上浮，言事太易”，“难与谋大事”之评，而且直接致书王氏本人，说他“志气满溢，语气夸大，恐持之不固，发之不慎，将来或至偾事，天下反以激烈男子为戒”。曾国藩还屡屡致函有关人员，要他们也对王鑫进行规劝，并且对他招带勇营的具体事项作出非常明确的要求，甚至提出若干“必从鄙意而不可改者”的“通牒式”条款。但最终两人之间的分歧未能弥合。曾国藩曾这样概括他们的“见解不符”：一是王欲率师急行，专由陆路，自己则欲明春（按：指咸丰四年春）始发，水陆并备；二是王欲统勇三千，一手经理，自己则欲划开数营，各立营官；三是王意新招之卒业经亲选，无可再拣，自己则疑其多有可汰；四是王欲因援鄂之行，乘势东下，一气呵成，自己则以援鄂之暂局与此后之长征，截分两事。①

如此说来，其间的不合，既体现在对王鑫所部状况的要求各异，也反映出对兵机战略的认识有所不同，但归根结底，最要紧的实质性问题，是王鑫所部保持相对独立，还是严格隶属曾国藩麾下。正如有人注意到的，王鑫之于当时的湘军将领“无不敬重”，但到头来“惟与曾国藩分道扬镳，实亦基于自立创军之一念而已”②。也正以因为王鑫不愿放弃“自立创军”的念头而折节归从，曾国藩自然也不愿迁就性地收揽于自己军中。曾氏在率军出征前夕致郭嵩焘函中这样交底说：“璞山（按：王鑫字）一人而恃三千人，一出而独当一面，其阅历局量，似尚不足此。其志趣所在，不特不欲受仆（按：曾国藩自称）节制，亦未欲他帅节制也。与其进止之际，以龃龉而失机，不如此时早自决定，不复带之东下。”当湖南巡抚骆秉章致函曾氏商议王鑫所部归属时，曾国藩回复说：“璞山之勇，若归我督带，即须受我节制，此一定之理”，“既不能受节制，自难带以同行”，“一将不受节制，则他将相效，又成离心离德之象，故遂决计不带也。”③就这样，曾国藩湘军出征时，王鑫所部没有作为隶属营伍随从，所统“二

① 本段中引文及相关史料根据，见《曾国藩全集·书信》，第一册，第269、275、340、361页。

② 王尔敏：《湘军军系的形成极其维系》，台湾《近代史所研究集刊》，第八期，第11页。

③ 见《曾国藩全集·书信》，第一册，第469、471—472页。

千四百人别为一军"①,实际上当时是归骆秉章属下了。

此外还有罗泽南,因年龄较长不愿再远征他乡,而湘南地区所谓"会匪"活动得仍比较厉害,也需要有兵力防范,罗泽南部也就留驻衡州。不久,根据军务的需要,该部实际上一度也由曾国藩统一指挥。而王鑫所部虽未如此,但无疑也属正宗的湘军,并且,也曾出省作战,与曾部湘军在整体上互为配合。只是曾国藩所部湘军"建旗东征"之时,王、罗所部都不在其编制之中。

那么,这时曾国藩所部湘军是怎样一个规模呢?其水师情况上已述及。其陆师也为十营大约五千人的样子,按黎庶昌《曾国藩年谱》中所列营官,有塔齐布、周凤山、朱孙诒、储玫躬、曾国葆、林源恩、邹世琦、邹寿璋、杨名声等人,塔齐布兼为陆营的先锋。水陆各营正式兵员,再合以陆营的长夫、随丁,水师雇船的水手、粮台的员弁、丁役,全军约一万七千人。物资方面,携米粮一万两千担,煤一万八千担,盐四万斤,油三万斤,军械数千件,子药二十余万斤。②可以想见,这支颇具规模的军旅浩浩荡荡出征的景象。

曾国藩湘军"建旗东征"的时间是在咸丰四年(1854 年)新正月底。这时,南国楚地也还是春寒料峭,但这支军队很快就会搅起战火的升腾。他们的武器不光是刀矛枪炮,还有其统帅手中的那管狼毫。曾国藩这时特作《讨粤匪檄》③一道,布告远近,进行政治宣传和动员。这是一篇费尽心机炮制的文告,其立意诡谲,蕴涵深险,文辞考究,很值得细致地品味和分析。

这篇檄文开篇首先宣示和声讨"粤匪"的"残忍惨酷":

> 逆贼洪秀全、杨秀清称乱以来,于今五年矣。荼毒生灵数百万余,蹂躏州县五千余里。所过之境,船只无论大小,人民无论贫富,一概抢掠罄尽,寸草不留。其掳入贼中者,剥取衣服,搜刮银钱;银满五两而不献贼者,即行斩首。男子日给米一合,驱之登陴守夜,驱之运米挑煤。妇人而不肯解脚者,则立斩其足以示众妇;船户而阴谋逃归者,则倒抬其尸以示众船。粤匪自处于安富尊荣,而视我两湖三江被胁之人,曾犬豕牛马之不

---

① 朱孔彰:《中兴将帅别传》,第 160 页。
② 据曾国藩:《报东征起程日期折》,《曾国藩全集·奏稿》,第一册,第 99 页。
③ 载《曾国藩全集·诗文》,第 232—233 页。本小节中以下引录该篇中的文字,不另出注。

若。此其残忍惨酷，凡有血气者，未有闻之而不痛撼者也！

——没有首先声讨太平天国要颠覆和取代清朝统治的“弥天大罪”，而是一上来就痛斥其所谓“荼毒生灵”，祸害人民，似乎这是他曾国藩最为关切和最感激愤的事情，由衷而发，无可抑止。并且，把“粤匪”与“我两湖、三江被挟之人”的悬殊境况特别强调出来。看来，曾国藩于此并不想凸显自己甘作清廷犬马的形象，而是挂上了怜惜民众、忧患楚吴的脸谱，要激发所谓“有血气”者的“痛憾”之情，从而理解和支持湘军，至于他对太平天国起义者所谓“残忍惨酷”事项的列举，自然不惜极尽歪曲污蔑之能事。檄文接下来进入又一个层次：

自唐虞三代以来，历世圣人，扶持名教，敦叙人伦，君臣父子，上下尊卑，秩然如冠履之不可倒置。粤匪窃外夷之绪，崇天主之教，自其伪君伪相，下逮兵卒贱役，皆以兄弟称之。谓惟天可称父，此外凡民之父，皆兄弟也；凡民之母，皆姊妹也。农不能自耕以纳赋，而谓田皆天王之田；商不能自贾以取息，而谓货皆天王之货；士不能诵孔子之经，而别有所谓耶稣之说、《新约》之书。举中国数千年礼仪人伦、诗书典则，一旦扫地荡尽。此岂我大清之变，乃开辟以来名教之奇变，我孔子、孟子之所以痛哭于九原！凡读书识字者，又乌可袖手安坐，不思一为之所也！

——这显然是从保卫中国传统“圣道”立论，以激发读书识字者而对抗“粤匪”的诡招儿。在曾国藩辈的心目中，圣人名教自然是天经地义，不可或变，作此种宣示对他们来说理所当然。耐人寻味的是其对“粤匪窃外夷之绪，崇天主之教”的指斥。诚然，太平天国与“拜上帝教”密切结缘。洪秀全创立“拜上帝教”，是利用了《劝世良言》①中包含的基督教的某些素材，但是，这并

① 《劝世良言》是由第一个新教华人牧师梁发所编的基督教布道书，中文初印本分九册，计约九万字。其中辑录了《圣经》的部分章节，其余则是结合中国情况讲道布教的内容。洪秀全1836年在广州参加童试时从基督教宣教者手中得到该书。《近代史资料》1979年第2辑（总39号）载有该书的简体字标点文本。

不意味着拜上帝教就是移植了基督教。一则,《劝世良言》中所介绍的有关基督教内容并非全面系统,而较为有限,本不足以仅据此就能移植来一个基督教,洪秀全在借以创教的过程中,自觉不自觉地必然糅进了他头脑中储存的像儒学、佛学等其他文化成分;二则,《劝世良言》的作者梁发文化水平不高,对基督教教义、教理的掌握未必到位,他又是专门针对华人宣道,其书中内容与基督教本义有不尽吻合之处自不可免,而本无一点基督教知识基础的洪秀全,也只能从他自己的角度来解读《劝世良言》的有关内容,所以,他从中所接受下来的东西,对比原本的基督教来说,肯定发生不止一层的变异。三则,也是更重要的事情,洪秀全在创教数年后,随着客观形势和个人思想的变化,逐步具备了发动反清起义的志向,遂着意利用拜上帝教进行宣传、组织和发动工作,使拜上帝教在一定程度上成为这方面的工具。

曾国藩当时对这些情况当然不会有特别具体的了解,他对基督教和拜上帝教各自的面目也不会明晰地认识。不过,这里他言"粤匪窃外夷之绪,崇天主之教",恐非纯然误会之言,而自有利用中国人反洋教情绪的用心。当时从中国的士大夫到广大民众,对"洋教"多是深恶痛绝的,大有不共戴天之势。究其原因,除了认为洋教士横暴不法,为非作歹之外,觉得洋教会淆乱中国圣道,也是特别重要的原因之一。所以反洋教事件层出不穷。在这种情势下,给"粤匪"再戴一顶"天主教"的帽子,认定它竟致"举中国数千年礼义人伦,诗书典则,一旦扫地荡尽",岂不是更加它一层莫大罪恶!这是"读书识字者"所能容忍的吗?还不赶快来卫道而对抗这"开辟以来名教之奇变"!其实,何仅止于"读书识字"者,那个时代即使目不识丁的国人,谁又脱得了纲常名教的网罗,孔孟圣道对他们的浸润不也同样沦肌浃髓吗?只不过"读书识字"者更具有自觉性罢了。所以,曾国藩布设的这一招数更是厉害,他是要最为广泛并且是从最为隐深的心理层面上,进行为卫道而起来抵抗"粤匪"的社会动员,特别是对地主阶级智识层人员进行动员。与这相辅相成,他还布设了又一层圈套:

> 自古生有功德,没则为神。王道治明,神道治幽。虽乱臣贼子、穷凶极丑,亦往往敬畏神祇。李自成至曲阜,不犯圣庙;张献忠至梓潼,亦祭文昌。粤匪焚郴州之学宫,毁宣圣之木主,十哲两庑,狼藉满地。嗣是所过

> 郡县,先毁庙宇。即忠臣义士,如关帝、岳王之凛凛,亦皆污其宫室,残其身手。以至佛寺、道院、城隍、社坛,无庙不焚,无像不灭。斯又鬼神所共愤怒,欲雪此憾于冥冥之中者也!

——这是说太平天国毁庙渎神,幽界亦愤,典型的“神道设教”①伎俩。儒家文化虽然从根本上说是“伦理中心主义”的,但并不是与神秘文化绝缘,而是与之密切联体,相辅相成的。儒家文化中所容纳的“鬼神”,可谓多而杂矣,从佛、道之教到民间信仰的神祇,从圣贤英雄过世后的转化之神到普通人等的祖宗神灵,林林总总,五花八门。而基督教作为严格的一神教,所信仰和礼拜的只是“独一真神”上帝,不能容忍再有别的神灵与之分庭抗礼,坚决反对偶像崇拜。洪秀全他们的拜上帝教,虽然难得基督教的真传,但其对佛寺、道院和传统祭祀中涉及的神灵偶像,也是排斥的,他们所到之处,不免有毁弃之举。这显然在一般国人的心目中也是不能接受的。曾国藩深明其道,故意借此锻制又一款煽动人们起来对抗太平军的法器。

通过从上述几个方面列数“粤匪”的“罪恶”,接下来曾国藩便宣明他所率湘军的“使命”和“传檄”的要求:

> 本部堂奉天子之命,统师两万,水陆并进,誓将卧薪尝胆,殄此凶逆;救我被掳之船只,拔我被胁之民人。不特纾君父宵旰之勤劳,而且慰孔孟人伦之隐痛;不特为百万生灵报枉杀之仇,而且为上下神祇雪被辱之撼。是用传檄远近,咸使闻知:倘有血性男子,号召义旅,助我征剿者,本部堂引为心腹,酌给口粮;倘有报道君子,痛天主教之横行中原,赫然愤怒,以卫吾道者,本部堂礼之幕府,待以宾师;倘有仗义仁人,捐银助饷者,千金以内给予实收部照,千金以上专折奏请优叙;倘有久陷贼中,自拔来归,杀其头目,以城来降者,本部堂收之帐下,奏授官爵;倘有被胁经年,发长数寸,临阵弃械,徒手归诚者,一概免死,遣资回籍。

① “神道设教”,出自《易·观》:“观天之神道,而四时不忒,圣人以神道设教,而天下服矣。”本义为顺应自然之势以教化万物,后来演变为假托鬼神之道以治人的意思。

可以看出,这里曾国藩所着意突出的“使命”,是“救民”和“卫道”两者,虽然也提及“纾君父宵旰之勤劳”,这只是装饰性的。也许,他心中明白:老百姓对大清朝廷的存亡也并不太挂心,他们最关注的是自己的生计,除此而外,自觉不自觉地“卫道”——卫孔孟之道,卫惯常认可的鬼神之道,这也是人们比较普遍的一种心理要求。而曾国藩传檄所号召的,一是要所谓“血性男子”、“报道君子”、“仗义仁人”之辈出力、出智、出钱,投入对付“粤匪”的战线中来,这是正面的动员和激励;再就是要被“胁”而陷“贼”者投降“归诚”,这显然是策反,以分化和削弱敌方阵线。由此反映出曾国藩软硬兼施、奇正并用的策略。

在这道檄文的最后,曾国藩是这样行文的:

> 在昔汉、唐、元、明之末,群盗如毛,皆由主昏政乱,莫能削平。今天子忧勤惕厉,敬天恤民,田不加赋,户不抽丁。以列圣深厚之仁,讨暴虐无赖之贼,无论迟速,终归灭亡,不待智者而明矣。若尔被胁之人,甘心从逆,抗拒天诛,大兵一压,玉石俱焚,亦不能更为分别也。
>
> 本部堂德薄能鲜,独仗“忠义”二字为行军之本。上有日月,下有鬼神;明有浩浩长江之水,幽有前此殉难各忠臣烈士之魂,实鉴吾心,咸听吾言。檄到如律令,无忽!

曾国藩先是从历史与现实的对比中预言“贼”方必败的结局,他不但承认汉、唐、元、明之末所谓“群盗如毛”并且“莫能消平”的历史事实,而且认可那是由于“主昏政乱”所致。就此而言,曾国藩具有知史之明。诚然,农民起义在中国古代社会的历史上是屡见不鲜的,特别是在每个王朝的末年,由于政治昏暗,阶级矛盾激化,社会危机严重,民不聊生,被迫揭竿造反,爆发大规模的起义,成为惯常的事情,甚至成为导致改朝换代的直接契机,这不啻一条重要的历史规律。像曾国藩所提到的汉、唐、元、明之末的情形,便很典型。其实,太平天国起义的爆发,虽然时值近代,但它基本上还是一场旧式农民起义,爆发的原因,主要也是因为清王朝的“主昏政乱”,其斗争的目标,就是要以太平天国取代清王朝的统治。就此而言,与前代的农民起义并无质的不同。但曾国藩无论如何是不能在这里承认当下“主昏政乱”的,而是要来几句歌功颂德,认定皇朝“列圣深厚之仁”。这与其说是他的肺腑之言,倒不如说是特定语言场合下的套语更为合适。最后他也并不刻意强调自己率军出征就是为保卫大清王朝,而只是强调“独仗‘忠信’二字为行军之本”,极力渲染道德色彩,归根到底,极力突出的还是“卫道”。

《讨粤匪檄》绝不是一道普通的出师文告,而是曾国藩精心炮制出来的一篇宣传品,它具有很强的政治策略性,有的放矢而又有着广泛的涉及面,欺骗性和煽动性都不可小觑。只有在曾国藩这样的湘军统帅手下,才可能出品这样的东西。这对于曾国藩本人,对于建旗出征伊始的湘军,都是一种非同寻常的亮相。

第四章　颠连楚、赣间

一、出师未捷身“险”死

曾国藩率湘军出征之际，正值西征太平军的一部进入湖南攻袭之时。该部太平军以石祥贞为首领，在咸丰四年(1854年)四月间相继攻占岳州、湘阴、宁乡等地。

刚建旗出征的湘军暂驻长沙，面对省内的紧急情况，只好分路与太平军对抗，以解燃眉之急。储玫躬在率部攻夺宁乡的作战中毙命，湘军刚一出师就损折了一员营官。有记载说，储玫躬出兵时，有人以敌军势盛劝阻，说是应该暂屯兵以待，储氏不听，他说：“贼不取正道而旁出，必人少也。吾自领军，皆击土贼，今遇大贼不进，何以率众？”①可见，其人当时对宁乡一带太平军的力量没有精确的估计，更主要的是为显示一下不惧“大贼”的英勇气概，因而坚持进兵。他战死后，曾国藩专折为其请恤，以示对其事的重视。

在湘军分路纷纷反扑之下，在湘太平军，一度从各占领地向湖北撤退。他们在途中遇到从汉阳前来的林绍璋部援军，于是又合力再攻湖南，重占岳州以及靖港、湘阴、宁乡等地，其前锋甚至攻克湘潭，从北、南、西三面形成对长沙的夹攻之势。

太平军这时在湖南军事上优势的取得，关键在于三月间岳州之役的胜利。当太平军此前向湖北后撤的时候，曾国藩的一部分兵力本来拟于王鑫所部一同往攻湖北的蒲圻，王鑫部在北进途中与南返的太平军大队遭遇，败退岳州，当时曾国藩部也有几营在那里，都处在太平军的包围之中。曾国藩不得不派

---

① 王闿运：《湘军志》，第6页。

炮船到岳州城外施救，被围湘军一部分得以借机逃出城来，而起码有一千余人被歼，多为王鑫的部属。王鑫本人事先得以缒城逃命。

出师不利的曾国藩被动之极，甚至连退归长沙城内自保都难，或说当时"巡抚骆公不听入城，曾公亦耻于依人，独率水军十营，散屯湘岸，与寇共水，皆半日可接"①。想几个月前，躲开对他深为嫉恨的政敌，到衡州发愤编练水师，意在为保桑梓、保君国效力的同时，岂不也想以自己的作为给政敌一点颜色看看？而经过千难万难，把湘军编练有成，谁知初试偏遭挫折，自己复又坐困于省城附近江面，在诸多政敌的眼皮底下遭受难堪，备受奚落，许多人骂他无用，甚至呼吁解散他的湘军。巡抚骆秉章虽然不好公开责难他，但也对他表现出相当的冷淡。至于本与曾国藩交恶的藩、臬两司（布政使、按察使），这时自然是不遗余力地落井下石。甚至本该有同党之怜的人物当中，也有因故弄得关系颇为紧张的。这怎能不使得曾国藩羞愤难当？此际经历使得他刻骨铭心，多年之后仍耿耿于怀，有这样的记述：

> 起义之初，群疑众谤，左季高以吾劝陶少云（文毅之子）家捐资缓颊未允，以至仇隙，骆吁门从而和之。泊舟郭外，骆拜客之邻舟，而惜跬步不见过。藩司陶庆培（后任鄂抚殉难）、臬司徐有壬以吾有靖港之挫，遽详骆抚请奏参。黄昌歧及吾部下之人出入城门，恒被谯诃，甚有挞逐者。②

其中所说到的左季高，即左宗棠（字季高），他最终成为湘军集团的要员之一。此人为湖南湘阴人，道光十二年（1832 年）中举后屡试不第，曾做乡村塾师。太平天国起义爆发后，面对乱势，最初虽故显隐逸之态，但实抱经世之志。有传说，太平军由广西起义北上围攻长沙时，他曾"布衣单履"，往见天王洪秀全，劝其"弃天主耶稣，专崇儒教"，并与"论攻守建国之策"，"因天王不能

① 王闿运：《清故资政大夫江苏补用知府章君墓志铭》，转据徐一士：《一士类稿·一士谈荟》，书目文献出版社 1984 年版，第 285 页。

② 赵烈文：《能静居士日记》，《太平天国史料丛编简辑》，第三册，第 416 页。文中所谓"藩司陶庆培、臬司徐有壬"有误，应为藩司徐有壬。从所注"后任鄂抚殉难"的情况看，"陶庆培"当为"陶恩培"之误。其人曾任湖北按察使，但这个时候已在江苏布政使任上。不久，便由该任擢湖北巡抚。《湘军志》中即如是记，见该书第 7 页。

用，其人乘夜逃去”。有纪其事者认为，“推察左宗棠之性格，此说不诬也”①。不论此事是虚是实，反正左宗棠的性格恃才傲物，甚至大有玩世不恭的意态，因而多有非常之举，这是事实。在人际关系方面，通常难以协和，他和不少人搞得颇为紧张。所谓“曾左交恶”，就是典型的例子。上述引文中曾国藩提到的因劝捐而致与左“仇隙”事，只不过是诸多事端当中的一件而已。当然，此事发生较早，也许算得具有缘起性者。

曾国藩对左宗棠本无成见，且颇看重，在其湘军建旗出征之时，就曾贻书左氏邀其随行相助，左宗棠没有答应②。但仅一个多月后，也就是咸丰四年（1854 年）三月间，他就到省城长沙入骆秉章幕（此前张亮基为湖南巡抚时左氏曾在其幕，张氏离湘他遂退归），并且此行即与捐事有关。左宗棠与本省籍的名宦陶澍（官至两江总督，道光十九年卒）曾有面交，陶澍死后左宗棠做其子陶桄的馆师多年，又将长女许配陶桄。陶桄年幼，左宗棠帮助经理其家政。陶家在湘中本属望门富家，但陶澍死后今非昔比，故曾国藩向陶家“劝捐”，左宗棠或有“缓颊”要求，未被应允因而产生矛盾，也是情理中事。到底左宗棠还是同陶桄到省纳捐，因骆秉章的极力挽留（此前骆氏曾多次邀请，左氏未出），“始允入省襄办”③，也就是答应做其幕僚。

左宗棠在骆秉章幕中可非一般的幕客，他既得幕主倚重，自己又能干敢干，无拘无羁，越来越有越俎代庖之嫌，为政敌所嫉，终致酿成大的事端，此为后话。这时骆秉章被曾国藩疑为“从而和之”，恐亦不尽属谬妄。无论如何，骆秉章到邻船拜客，而不肯付跬步之劳就便与曾国藩见一下面，这种态度让处于特定境况下的曾国藩不能不深感寒心。至于其朋僚部下出入长沙城门都常遭“谯诃”和“挞逐”，显然也是“打狗不看主人”，借端故意对曾国藩进行凌辱的行为。藩、臬两司怂恿巡抚奏参曾国藩，更是意在结束他的政治生命，阴毒之极。曾国藩言及的政敌借以发难的事端“靖港之挫”，是咸丰四年四月初的事情，上面还没有具体述及，是接下来要着重交代的——

坐困省城附近水面上的曾国藩，急欲靠出战摆脱窘迫情势。他召集部下

① ［日］稻叶君山原：《清朝全史》，秦翰才辑录：《左宗棠逸事汇编》，岳麓书社 1986 年版，第 351—352 页。

② 见罗正钧《左宗棠年谱》，岳麓书社 1983 年版，第 37—38 页。

③ 《骆公年谱》，第 61 页。

的军官们集议，都认为不能退却入城，应该积极进攻。但具体如何攻敌，意见不同。有人主张就近先攻取靖港，有人则认为这样太冒险，如战败再退还长沙城下，就是自置于死地了，主张往攻湘潭，这样即使作战不利，也可保守衡州，省城即便是暂时失陷，还能有复振的机会。这后一种意见本被采纳，在长沙的湘军水师决定由彭玉麟带五营即日先发，第二天，再由曾国藩带余留的五营后继。可就在这天夜里，长沙乡团来向曾国藩报告说，靖港敌军营盘中只有数百人，且无防备，可以乘机攻而取之，团丁已经架好浮桥，但等湘军出师，这是一个不应错过的好机会。闻知这一情报，部下跃跃欲试，曾国藩本人更觉得机不可失，攻袭靖港之敌也可对湘潭的敌人有所牵制，所以临时变更原定计划，命令本拟后继进军湘潭的队伍（水师外还有部分陆勇）改攻靖港。

靖港，在长沙西北，距当时长沙城六七十里，处资水入湘江之口，有铜官山，六朝置铜官于此，因称铜官渚。当曾国藩决定率军进攻靖港之时，也有部下不以为然，如李元度就在此列。此人字次青，湖南平江人，在曾国藩出任团练大臣后，曾化名“罗江布衣”上书曾氏，被曾国藩寻访识得并召见。及至湘军建旗出征前后，曾国藩几次致书相约，李元度感其诚恳，遂入其幕，成为当时为数不多的曾国藩幕府人物中的一员。这时李元度认为，湘军的“精者已调剿湘潭”，“早晚捷者必至，此间但宜坚守，勿轻动”。曾国藩对此不以为然，坚持己见。李元度和其他有关人员又提出随从曾国藩一道行动，曾国藩也不应许。他临行前，“将遗疏稿暨遗嘱二千余言”密授于李氏，嘱咐说：“我死，子以遗疏上巡抚，乞代陈，遗嘱以授弟。军营中军械辎重船百余艘，子且善护之。”①见曾国藩这种意态，李元度等人怕出意外，便暗中随曾国藩行动，他们藏在曾国藩座船的后舱，主人并不知晓。

这是四月初二（4 月 28 日）的清晨，攻袭靖港的湘军出发。顺风顺流，水急风利，其炮船很快就逼近太平军的驻屯之地，遭到势头猛烈的迎击，湘军的船队再也无法前进，结缆而退行。太平军方面一小队人马忽然突上来砍断其缆绳，致使湘军的船队大乱，其陆军与团丁一与太平军接仗，也立时溃败，争相从团丁搭起的浮桥上退逃。浮桥是以门扉、床板之类的东西搭成的，本不坚

① 李元度：《题铜官感旧图》，长沙章氏辑：《题铜官感旧集》，台湾文海出版社“近代中国史料丛刊”影印本，第 14—15 页。

固,这时乱军争过,人多坠水,死者上百。曾国藩见此情况羞愤难当,亲自仗剑督逼,严禁退逃,在岸上树起令旗,出以“过旗者斩”的严令。但真可谓兵败如山倒,部属并不理会,纷纷绕着从旗旁过去,拼命逃奔。①

见此情势,曾国藩忧愤羞愧得无以复加,并且他的座船也处在太平军的攻袭之下,飞矢可及。他见败成定局,大势已去,想到正式出师后这样一场本以为得计、主动攻袭的较大战斗,竟是如此惨状,颜面往哪里搁?遂决意投水自杀。船行之中,他乘身边人不备,纵身向那被战斗搅得波涌浪叠的江水中跳将下去。在这万分危急的关头,从瞬间的惊呆中回过神来的仆从们,赶紧入水施救,将其挽起。曾国藩极力推拒,竟对施救者破口大骂,“众不能违”,正在将要松手之际,与李元度他们一同合谋事先潜随的一个叫章寿麟(字价人)的人,“从后舱突出,力援以上”。曾国藩见此人突然出现,死死盯着他追问:“你怎么在此?”章氏回答说,湘潭大捷,是特以赶来报告的。实际上,这时章氏并没有真的得到“湘潭大捷”的消息,只是对曾国藩“权辞以慰”而已。他们把曾氏弄到一艘渔船上,其时南风大作,返回系逆流而上,费了好一番劲儿,中午时分才到长沙。

曾国藩穿着一身湿衣,蓬头跣足,狼狈之极,连饭也不吃一口,还是想一死了之。他移居城南妙高峰地方,“再草遗嘱,处分后事”,打算到次日“自裁”。不想,转机出现了,就在天快要亮的时候,湘潭真的有捷报传来,而靖港敌人也连带逃遁。曾国藩闻报破颜为笑,说了一句:“死生盖有命哉!”②

看来,是湘潭之役的胜利使曾国藩感到了希望,一扫满心的愁哀,从而打消了死的念头。湘潭之捷主要是塔齐布所率陆营的战果,有其军“三日三胜”③之说。而先遣水师,也乘势给予了配合。

出征伊始叵测的战局,曾国藩险些身死的遭遇,在湘军的战史上,在曾国藩个人的军政生涯中,都是耐人寻味的大事。靖港败后,曾国藩之寻死是出于真意,绝非骗人的表演,这从他留下来的遗折遗片稿④中,可以窥知其当时的

① 见王闿运:《湘军志》,第24页。

② 李元度:《题铜官感旧图》,长沙章氏辑:《题铜官感旧集》,第15—16页。

③ 王闿运:《湘军志》,第25页。

④ 见《曾国藩全集·奏稿》,第一册,第139—141页。本节中以下引录该遗折遗片稿文字,不再另行出注。从其文句看,肯定不全然是战前预作。

心迹。在遗折稿中，他开宗明义地说，“臣已力竭，谨以身殉”，接着，历数岳州战败之后的军事情势，尤其是对靖港之败切感的创剧痛深，他这样陈说：

> 臣于初二日自带舟师五营千余人、陆勇八百人，前往靖江（港）攻剿贼巢。不料陆路之勇与贼战半时之久，即行奔溃；而水师之勇见陆路即溃，亦纷纷上岸奔窜。大小战船有自行焚烧者，有被贼抢去者，有尚扎省河者；水勇竟至溃散一半；船炮亦失去三分之一。臣愧愤之至，不特不能肃清下游江面，而且在本省屡次丧师失律，获罪甚重，无以对我君父。

曾国藩正是怀着如此心思，“见事势万不可为”，才决意“殉难”。在此关头，他追思前事，感慨万千：

> 臣读书有年，窃慕古人忠愤激烈之流。惟才智浅薄，过不自量，知小谋大，力小任重。前年奉命帮办团防，不能在籍守制，恭疏辞谢。臣以墨绖出外莅事，是臣不孝也。去年奉命援鄂援皖，不自度其才之不堪，不能恭疏辞谢，辄以讨贼自任，以至一出偾事，是臣之不明也。臣受先皇帝知遇之恩，通籍十年，洊跻卿贰。圣主即位，臣因事陈言，常蒙褒纳；间有憨激之语，亦荷优容；寸心感激，思竭涓埃以报万一。何图志有余而力不足，忠愤填胸，而丝毫不能展布。上负圣主重任之意，下负两湖士民水火倒悬之望。臣之父，今年六十有五。自臣奉命剿贼，日日以家书勉臣尽心王事，无以身家为念。凡贮备干粮，制造军械，臣父亦亲自经理，今臣曾未出境，自取覆败，尤大负臣父荩忠之责。此数者，皆臣愧恨之端。论臣贻误之事，则一死不足以蔽辜；究臣未伸之志，则万古不肯瞑目。

从其读书通籍到京官生涯，从“墨绖”出山到率军“讨贼”，从君主恩宠到家父劝勉，桩桩件件情事，此时一齐撞击在曾国藩的心头。尽管这当儿他对遗折的立意和文句也不能不精心斟酌，以表自己的忠孝情思，但人之将死，其言也许不必像通常那样多讳，无可奈何的绝望之情也溢于言表。还需要注意的是，曾国藩在遗片中，除了对他死后的其军兵将之事有所铺排之外，还特别说明将《讨粤匪檄》抄呈御览的深意，有谓“臣自去岁以来，日夜以讨贼为心。曾书檄文一道，刊刻张贴。今一事无成，贻笑天下；而臣之心，虽死不甘。谨将檄文抄呈御览，一以明臣区区之志，一以冀激发士民之心”。这与他遗折中的意旨，可谓相辅相成。由此也更可看出《讨粤匪檄》在曾国藩心中的分量，是他至死也念念不忘的。

铜官投水一事，后来曾国藩讳莫如深，致使人们或风闻其事而不知其详确情形。直到光绪二年(1876 年)，也就是曾国藩下世的四年之后，当事人章寿麟旧地重过，在靖港舟中望铜官山川，当年情景历历在目，感触良深，遂作图以纪当年之事。他说：“公(按：指曾国藩)已功成事赍，返马帝乡。惟时秋风乍鸣，水波林壑尚隐隐作战斗声，仿佛公之灵爽乎叱其际，因不禁俯仰畴昔，怆然动泰山梁木之感，故为此图而记之。”这个章寿麟，虽说当年对曾国藩有救命之恩，但后来并未因曾国藩的显贵而发达，为官仅止州县。或说章氏对曾国藩颇有尤怨之心，故作《铜官感旧图》广为传播，张扬曾国藩投水被他救起之事。当然，章氏自己在该图的“自记”中并未公开这样承认，而是表白其用意在于：“以见公(按：指曾国藩)非偶然而生，即不能忽然而死。且以见兵事之艰，即仁智勇毅如公者，始事亦不能无挫，而挫而不挠，困焉而益励，垂翅奋翼，则固非公之定力而及此。至于大臣临敌援桴忘身，其为临淮之鞸刀与蕲王之泅水，均各有其义之至当焉。”①

无论如何，在曾氏身后《铜官感旧图》的出现和广为散播，引起许多人的兴趣，争相为之作感怀文字。从前边的引注中可知李元度有作，这里再举另一位直接当事人陈士杰的一例。陈士杰为湖南桂阳州人，以拔贡考取小京官，遭父忧回籍，在家乡举办团练，又曾问学于曾国藩，被曾氏了解和赏识，在衡州时招其入幕。当曾国藩欲攻靖港时，陈士杰和李元度一起进议劝阻，不被听从，他们与章寿麟合谋潜随曾氏，以备不测。陈士杰在光绪九年(1883 年)时因见章氏的《铜官感旧图》而生感触，所撰文字中，除简要地忆述了当年的有关情况之后，特别感言：“今事隔三十年矣，从公(按：指曾国藩)游者先后均致通显，而价人(章寿麟)犹沉浮偃蹇，未得补一官，将无遇合通塞，自有数存耶？余既悲价人之砢坎不遇，且欲天下后世共知公之勘定大乱，皆由艰难困顿中而

① 章寿麟：《铜官感旧图自记》，长沙章氏辑：《题铜官感旧集》，第 3—4 页。

来，而价人之拯公所关为不小也。”[1]仔细品来，其中不免有些为章氏打抱不平的意味了。陈士杰自己，倒是官至山东巡抚，跻身疆吏大员之列者。

直接当事人之外，见图撰有诗文者还有像左宗棠、王闿运、吴汝纶、张謇、赵炳麟、林纾、蔡元培、郑孝胥、徐世昌等多人。他们与靖港事件的当事人或有联系，或无直接关联而只是后来的见图志感者，各自对事情的评说也或有较大差异。有的隐然为章寿麟鸣不平，而咎曾国藩之寡恩薄义；有的则意在为曾国藩开脱，阐释不录章寿麟功之疑；有的则借题发挥，论事势变迁，抒己之胸臆，大有“醉翁之意不在酒”的意味。而无论如何，反正是因为章寿麟对靖港事件的详细披露，在当时以及后来多年间里，引起众多人对此事的关注，成为一个聚议颇多的话题。

若是抛开当事人之间说不清道不明的恩怨是非，单就靖港事件对曾国藩及其湘军的影响而言，的确是不应忽视的一个转折点。

经历这一事件，对曾国藩的心理承受能力是一次极大的磨炼，使他对军事变局的认识水平自然也会大有提高。人之生死，莫大之事，而有时则取决于一念之间。若曾国藩此番自杀真的得逞，无论留得一个什么名声，但他的一生就此完结，难脱一个败亡的结局，前功尽弃，后事无继。而他侥幸存活下来，一生“功业”绝多是在其最后十几年间建立。使他打消自杀念头的直接事因，就是湘潭之役的消息传来，他自然是觉得有了转机和希望，真可谓“山重水复疑无路，柳暗花明又一村”。兵家胜败之局，人生顺逆之机，变数叵测，有时真让人难以预料。历经靖港、湘潭之变，对曾国藩来说，自有影响终生的感悟。后来追忆前事，他说是生平曾吃过四大堑，第一次是“壬辰年（道光十二年，1832年）发佾生，学台悬牌，责其文理之浅”；第二次是“庚戌年（道光三十年，1850年）上日讲疏内，画一图甚陋，九卿中无一人不冷笑而薄之”；第三次即“甲寅年（咸丰四年，1854年）岳州、靖港败后栖于高峰寺，为通省官绅所鄙夷”；第四次为“乙卯年（咸丰五年，1855年）为九江败后赧颜走入江西，又参抚、臬；丙辰（咸丰六年，1856年）被困南昌，官绅人人目笑存之”[2]。

这四次所谓“大堑”，其实重要程度对曾国藩是不一样的，前两次只是“文

① 长沙章氏辑：《题铜官感旧集》，第27—28页。

② 曾国藩：《致沅弟》，《曾国藩全集·家书》，第二册，第1330页。

事”末节上的被人见笑,后两次则是军政生涯中的生死关口。而这两次时间上接踵相连,有了甲寅败后欲死未死的结局和感悟,对随后更大挫败和困厄的度过当有直接的借鉴和帮助。其实,曾国藩所说的第四次“大堑”,在“第三次”那年的岁末就开始了。当时因为江西湖口之战的挫败,曾国藩又有过一次投水自杀的事情,但已带有一些故意表演的味道,不如靖港败后欲死这般实在(具体情况见下节)。再后来,挫败也多有,曾国藩都“咬牙立志”地坚持了过来。他强调人生要讲“明强”,如在同治二年(1863年)七月间致曾国荃的信中说:“强字原是美德”,“强字须从明字做出,然后始终不可屈挠”①;还强调要注意把握“时会”,在咸丰八年(1858年)五月间同是写给曾国荃的信中有谓,“人生适意之时不可多得”,“不可错过时会,当尽心竭力,做成一个局面”②。这与他经历靖港、湘潭败胜相继,是死是生取乎一念之间的特别体悟分不开。正是直接鉴于相关经验教训,曾国藩以力守“悔”字、“硬”字两诀教人,说是“安知大堑之后无大伸之日耶”③。

从靖港之败到湘潭之胜,也使曾国藩的处境发生了明显变化。他“为通省官绅所鄙夷”的局面得以扭转。巡抚骆秉章虽然对曾国藩有过冷淡的表示,但在徐有壬和陶恩培怂恿奏参曾氏并解散其军时他尚且没有应和,湘潭胜利后对曾国藩的态度当然会更趋热情。徐有壬和陶恩培起码在表面上也一改前态,主动到曾国藩面前“谢罪”,并祝贺湘潭之役的胜利。甚至因为有诏令让曾国藩择司道大员随营办理饷事,徐、陶等前与曾氏交恶的官员们,“惴惴恐在选中”,都巴不得曾国藩放他们一马,有求于其人,更不免故意作点谄媚之态。当然,无论如何曾国藩是看不上他们这号人的。他一方面对若辈表面上的态度改善“笑谢之”,不失策略性地礼貌回应,另一方面,又对亲信者明言:“此辈怯懦,徒败吾事。虽请同行,吾固当止之,况不欲乎?”④这是曾国藩的真实心迹。

曾国藩所激赏的,是塔齐布这类人物,湘潭之捷就主要是塔齐布督率、指

---

① 见《曾国藩全集·家书》,第二册,第1010页。

② 见《曾国藩全集·家书》,第一册,第391—392页。

③ 曾国藩:《致沅弟》,《曾国藩全集·家书》,第二册,第1331页。

④ 王闿运:《湘军志》,第7页。

挥的功劳。其人的事迹奏报上去,朝廷给予了超乎常格的擢拔,让他署理湖南提督(不久即又实授)。而原提督鲍起豹因"专阃大员不闻出战"被严厉诘责,并罢其官。塔升鲍黜,对于曾国藩在湖南官场上的处境,自然非常有利,与之交恶的势力遭到明显的削损,亲近派则得到很大的张扬。有记载说:"塔齐布以都司署守备,仅二年,超擢大帅。新从湘潭立功归,受印之日,文武、民士聚观相叹诧,虽起豹傔从亦惊喜,以为皇上知人能任,使军气始振焉。"①超擢塔齐布,分明是对曾国藩湘军的一种肯定,也是曾国藩重用塔齐布这样一个特殊人物策略上的胜利。

至于曾国藩本人,对朝廷他当然不能不表示要承担岳州、靖港战败的责任,他于三月二十日上《岳州战败自请治罪折》,随后又于四月十二日上《靖港败溃自请治罪折》。上后一折的时候,因为已有湘潭之胜,曾国藩难免有胜可抵败的心理,虽然奏词中表示愿自承办理"乖谬"之咎,并且举出"纪纲不密,维系不固";"但知轻进之利,不预败退之地";对勇众"不善调习而试用之"的三项谬端,但同时又强调不可抗拒的客观因素。他对自己欲死未死之事的解释也比较含糊。最后既请旨将他"交部从重治罪,以示大公",并请"特派大臣总统此军",又表示"非敢因时事万难,遂推诿而不复自任"。可能咸丰皇帝对此折的意旨真的揣摩不透,故朱批中有"此奏太不明白,岂已昏聩焉"②这样的斥责之词。最后清廷发布对曾国藩处置的上谕:

> 曾国藩亲督舟师进剿,虽小有斩获,旋以风利水急,战船被焚,以致兵勇多有溃败。据曾国藩自请从重治罪,实属咎有应得。姑念湘潭全胜,水勇甚为出力,着加恩免治其罪,即行革职,仍赶紧督勇剿贼,带罪自效。③

这应该说只是一种象征性的处分,名义上暂行革职,实际上仍督率其军,一般用不了多时即可复职。按照惯例,"降黜人员不得上疏,谕旨由大帅传

① 王闿运:《湘军志》,第7页。

② 曾国藩:《靖港败溃自请治罪折》,《曾国藩全集·奏稿》,第一册,第137—139页。

③ 《曾国藩全集·奏稿》,第一册,第142—143页。

知”,但曾国藩获得可单衔奏事的特许①。由种种迹象,曾国藩也可看得明白,此番处分对他日后不会有大的影响。

当然,这个时候也有许多让曾国藩非常不满意的事情,而他又不得不隐忍委蛇。譬如,在他看来,王錱“骄蹇致败,贻误大局”,竟又夸饰胜利,将杀敌三十人夸大为所谓“杀敌数百人”。如此弄虚作假,本甚为可恶,但由左宗棠起草的由巡抚、提督与他会衔具奏的折稿中,竟将王錱的假胜仗作为真事写入,而让他曾国藩初阅的折稿中并无此内容,是后来瞒着他加入的,奏折发出后才送定稿来让其画诺,他感到“无可如何,只得隐忍画之”。还有非属曾部的一个叫朱石樵的人,在岳州战败逃回,复在宁乡战败,“逃奔数次”,但仍令他署宝庆府事。曾国藩在家书中感叹:“是非之颠倒如此,余在省日日恼郁,诸事皆不顺手,只得委屈徐图。”②尽管如此,但较比湘潭胜利前的情形,已经有了很大改善,他毕竟有了“徐图”的条件。

岂是只等“徐图”,能够立办的事情曾国藩便雷厉风行,整军即是这样的事情。经过岳州、靖港之败,湘军水师的战船“去其大半”。曾国藩派人在衡州、湘潭分别设厂,造出“较前更加坚致”的船只六十号,又在长沙设厂修复船只一百数十号,恢复和加强水师船械,对已溃的勇丁,不再收集,另行募水陆兵勇数千人,使队伍不仅在人数上得以及时补充,而且人员素质条件也更形严格。除了从本省挑选人员外,又奏调广西、广东的水师弁兵前来“会剿”,结果,“广西巡抚委知府李孟群募水勇一千名,广东委派总兵陈辉龙带水师四百员名、炮一百尊”到湘,加强了阵线的实力。对军官层的整顿更毫不含糊,作战中立功的将领,予以奖拔保奏,溃败者则革退更置。这样,其部队“规模重整,军容复壮矣”③!

曾国藩建旗出征以来的四个多月里,还没有能够出省作战,主要是在湖南与太平军较量,总的看来是败多胜少,但湘潭之役的胜利给他和他的湘军带来重要转机,而对于太平天国方面来说则是一次大挫。从全局看,湘潭之役的结果,与其说由于湘军方面的得计,不如说缘于太平天国方面的战略失策。有军

① 参见王定安:《湘军记》,第15页。
② 《曾国藩全集·家书》,第一册,第254页。
③ 黎庶昌:《曾国藩年谱》,第43页。

事史专家评析说:太平天国西征军从出征到湘潭受挫,前后不足一年。在此期间,先后攻占了安庆、庐州、九江、汉口、汉阳、岳州等重镇,控制了大片地区,有效地保证了天京上游的安全和粮食物质的供应,取得了重大胜利。但同时也暴露出不少问题,主要是战线太长,兵力过于分散。将数万兵力分布在东起芜湖,北到庐州、随州,西至宜昌,南到南昌、湘潭,跨越四省、纵横数千里的战场上,这就难以有效地打击敌人。尤其是攻占汉口、汉阳之后,在武昌尚未攻克的情况下,又再度分兵,北攻随州、荆州,南攻岳州、湘潭。由于兵力一分再分,在湘潭骤遇强敌湘军,终于遭到大挫。湘潭挫败是太平军西征作战的一个转折点,自此以后,西征军被迫由进攻转入防御,节节后退,几至不能遏止。后来李秀成总结太平天国失败教训时,将此列为"天朝十误"之一,可见其影响重大与深远。①

所提到的李秀成,是太平天国后期的重要领袖人物,封"忠王"。他的所谓"天朝十误",是太平天国的都城天京最后被湘军攻破,他保护幼天王洪福瑱出逃被俘囚禁期间,所写《自述》中总结太平天国失败教训所列"十条"②。这些并不都是军事方面的,还有关于施政方面的。在关于军事方面的事项中,北伐的占三条,最后"不应专保天京,扯动各处兵马"占"半条"(因为其后还有"误立政无章"云云的半条),而关于西征之事只一条,大意是说误不该派林绍璋部去湘潭,致其全军败尽。③ 可见,此事对于太平天国后期领导人来说都刻骨铭心,的确不能小觑。

湘潭之役的当时,也许作战双方都难以像过后回顾总结那样将其置于战略全局审视。但无论如何,此役对湘军和太平军双方的幸与不幸来说,反差是鲜明的。它有着对战局阶段性地承前启后的连接意义——对前一阶段是一个归结,在这中间,曾国藩本人遭逢的是"出师未捷身'险'死"的境况;而对战局下一步的走势,此役则有着直接的启导作用。

---

① 见张一文:《太平天国军事史》,广西人民出版社1994年版,第45—46页。

② 实为十一条,因为列了两个第"六"条,而最后一条序码为"十",故通常称"天朝十误"。

③ 见太平天国历史博物馆编:《太平天国文书汇编》,中华书局1979年版,第543页。

二、武昌胜局喜与忧

如果说,湘潭之役对于曾国藩和他湘军来说是第一步胜利,那么,几个月后曾部湘军又告捷了湖北的武汉战役,则属再一步的更大胜利。其影响尤远远超出军事本身,它对清廷的刺激力是空前的,清廷就此所作出的反应也是复杂的。当然,就武汉战役的本身而言,它是湘军与太平天国西征军作战的又一个阶段性归结,自有着诸多战事的铺垫,导向它的更是一段血火交织之路。

征湘太平军湘潭挫败后,退守岳州。当湘军整编的时候,原进军湖北西部的太平军曾天养部突入湖南境内,相继占领澧州、常德、桃园等地,后越过洞庭湖也屯驻岳州。岳州在洞庭湖东北,扼该湖与长江干流的连通处,是湖南与湖北的水上交通咽喉,地理位置十分显要。会师于此的两支太平军,在这里筑工事,设关卡,准备迎击湘军的进攻,也从上游屏蔽着其武汉一带的据点。

这年(咸丰四年,1854 年)六月间,曾国藩部署分路进军,东路由平江趋湖北通城、崇阳,西路趋常德,这两路为旁翼,皆为陆营。中路为主力,由塔齐布所率陆营和褚汝航所率水师担当,从水陆两路直逼岳州,随后又继有增援部队。塔齐布率军自新墙(在岳州东南)北攻,太平天国方面曾天养率军迎战不利,退回岳州。湘军水师则在东洞庭湖设伏,败太平军水师于君山、雷公湖一带。在湘军水陆配合的进逼之下,太平军退守岳州以北二十余里的城陵矶,湘军进占岳州。乘其立营未稳,太平军组织反击,但其接战不利,伤亡近千人。国宗韦俊等自武昌率水陆大军来援,合曾天养、林绍璋等率战船五六百只,再次向岳州反攻,湘军水师迎击,太平军方面再败,其战船被焚众多,又有千余人的死伤。①

这时已近七月。曾国藩面对湘军在此次岳州之役中屡屡取胜的形势,遂督水师后帮从长沙起行,北上岳州。曾国藩的心目中,湘军在湖南与太平军的作战已经取得了决定性胜利,他与骆秉章、塔齐布接连会奏,向清廷报捷。继七月十一日所上《水师克复岳州南省已无贼踪折》,七月十六日又上《水师迭

① 此段叙述中参照了张一文《太平天国军事史》第 46 页的内容。

获大胜将犯岳贼船全歼折》，对自六月以来在岳州一带的历次主要战事详作铺陈，涉及部署指挥情况以及作战细节、战果收获等事项。其夸饰成分自不可免，尤其是所报歼敌人数、毁敌船只数量更难说准确可信。为炫耀胜利，对缴获物都有细致的开列。如后一折中对七月初六日之战歼敌和缴获情况奏报说：

> 是日，自未至戌，鏖战数时之久。晚间，仍在罗山对岸扎营。约计烧船四百余号，其得脱者仅数十号耳。毙贼约二千名，生擒百二十名。夺船二十余号，内有长龙战船一只。大炮十四位。绣字北殿右四承宣金龙冠一顶，殿前正丞相龙帽一顶，功勋北殿右二承宣金龙冠一顶，殿前正丞相龙帽一顶，功勋北殿右二承宣龙帽一顶，北殿右四承宣黄帽两顶，功勋南殿左一指挥帽一顶，功勋南殿左参护帽一顶，承宣将使紫金冠一顶，北殿承宣绣龙凤帽两顶，各绣伪衔于冠上。五色缤纷，侈丽无匹。内有十四龙金冠一顶，錾金为字，制尤僭妄。又黄缎伞三把，绣龙黄马褂二件，黄羽绫马褂一件。画龙宫扇六把，红黄绣龙桌围二件。龙袍一件，蟒袍一件，承宣补褂一件，团龙补服圆领袍一件。大红缎靴三双，黄缎靴一双。承宣龙印一颗，丞相龙印一颗，印匣均用黄龙绣袱裹以银叶。其余旗帜、号衣、红巾、黄帽、抬枪、子药、刀矛、马匹之属，合计千余件，不能悉载。①

像这样对所缴获的太平军方面的衣饰用物不厌其详地罗列，显然是为了突出其破敌的规格，因为所具体开列的这些衣饰用物，都是相当级别的军官所饰所用。至于对战况的奏陈，在张扬其胜利的同时，也极力突出湘军的奋勇和辛苦。如在与上面引文的同一折中，说“此二次该逆从武汉下游分起上犯，誓争岳州，仍处处埋伏，纯用诈谋。幸仗皇上天威，屡战屡捷，以少胜多，歼毙大头目数名。各将士非常奋勉，当酷暑鏖战之际，每出队俱用长巾渍水围绕心窝，驰骋烈日之下，随渍随干，辛苦万状，伤亡亦复不少，然士气终不稍挫”②。曾国藩他们向清廷连续地特别奏奖褚汝航、夏銮、彭玉麟、杨载福等将领。当

① 《曾国藩全集·奏稿》，第一册，第166页。

② 《曾国藩全集·奏稿》，第一册，第167页。

然，前敌将领实际上以塔齐布最为显赫和突出，因为他署理提督参与联衔会奏，自己的名字便不在此保奖之列。

可真是福祸相倚，胜败叵测。就在曾国藩他们于十六日出奏的这一天，挫败突又降临：督率援湘广东水师的陈辉龙，与曾国藩一同进抵岳州后，急思破敌建功的他，第二天即率队北上，行至城陵矶，遭遇前来迎击的太平军，双方接仗，太平军后退诱敌。果然，陈辉龙麾下的沙镇邦带炮船追击，这时南风大作，水流湍急，顺流而下，进易退难，犯水战大忌。陈辉龙欲插旗收队，又恐沙镇邦头船有失，便以自己乘坐的拖罟大船赶往救护，其船身笨重，挣扎于旋涡激流之中，太平军兵船明里的蜂拥而来，埋伏于湖港的也出动配合，又有在岸上护纤夹攻者，将陈辉龙、沙镇邦及奔往救护他们的船只紧紧围住，展开猛烈攻击，陈辉龙、沙镇邦、褚汝航、夏銮等人毙命，同时有众多船只被毁。曾国藩叹曰，其"经营数月，昼夜赶办"的船只器械，"一旦损失将半"，"伤心陨涕，愤恨何言"①！

只隔了一天，也就是到十八日，塔齐布率陆营则又打了胜仗。这天太平军方面三千多人由城陵矶舍舟登岸，欲踞险扎营，知塔齐布军袭来，便分股迎敌，双方遭遇，拼死搏战。塔齐布身为署理提督，亲自冲锋陷阵，而太平军方面则有老将曾天养出马。此人骁勇异常，又富谋略，有"飞将军"之称。他为西征太平军的重要将领之一，因功封秋官又正丞相。他参与指挥了若干重要战役，使江忠源毙命的庐州之役即包括其中，接着他又转战湖北、湖南。此番与塔齐布相遇，两强交手。曾天养身先士卒，纵马直冲塔齐布，挺矛刺伤了他的坐骑，危急之中，塔齐布的兵丁黄明魁赶忙从旁救助，将曾天养刺伤，并使其落马。忍着伤痛，曾天养在地回矛相向，刺中对方的右胁。敌军一拥而来，将曾天养一阵乱砍乱刺。这位可能已年逾花甲的太平军大将，不幸牺牲。这对于所部将士的打击可想而知，统将阵亡，再也无心恋战，撤退当中，又被敌军追击、截杀，损失不少。

这次又是塔齐布扭转了湘军日前的败局，以胜抵败，也使曾国藩再次有了凭借。七月二十日，他与骆秉章、塔齐布会奏，就是故意把先败后胜联为一体，

① 《曾国藩全集·奏稿》，第一册，第173页。

以"水师失利，镇道员弁同时阵亡，陆营旋获大胜"①来具折。看来，如同"屡战屡败"与"屡败屡战"的不同表述，可巧妙地造成意蕴上反正相对的差异一样，"先胜后败"还是"先败后胜"的不同拼接，也可以使人对战事的结局获得迥异的印象。对既定的战况，如何截段拼接，对于曾国藩辈来说真不啻一种出奏的艺术。不错，陈斩曾天养，败其所部，对湘军方面是一个不小的胜利，可陈辉龙、沙镇邦、褚汝航、夏銮等将领被太平军打死，也是他们不得了的挫败啊！他们中既有来援的外省大将，又有湘军自己得力中坚。像褚汝航，从湘军出征开始就以营官兼水师各营总统，夏銮也是最早的水师营官之一。他们的毙命，对于湘军来说无异于摧梁折柱的损失。在对战双方都有败有胜的争持状态下，各自战略上的正误得失，对战局的发展趋势就显得特别重要。在下一步的军事行动中，总体上看来，是湘军方面愈发占据优势。

自七月中旬的较大战事之后，到次月（闰七月）初，双方又围绕岳州争夺进行过多次战斗，太平军方面失利较多，再克复岳州的可能性已很渺茫，被压迫在湖北占领地，基本上失去了反攻的战略主动。清军方面则抓紧时机，意在乘势收复湖北失地。而在这中间，曾国藩指挥的湘军无可替代地居于主导地位。曾氏本人于闰七月初即亲督水军，进驻湖北洪湖之畔的螺山（时为监利县属）。至此标志岳州战役的正式结束和湘军主力出省作战的开始。这时曾国藩等人的上奏中有一番总结岳州战役并拟定下一步行动方案的陈述：

> 伏查逆贼从常（德）、澧（州）饱掠归来，占踞岳城。环岳二十里坚筑土垒、木城至二十余处，自荆河脑以下，沿江湾泊贼船，连樯数十里，仍于两岸分扎营垒，设立炮台。而罗（螺）山、倒口、六溪口等处，皆贼舟老巢。层层关锁，沮我东下之师。自我军克复岳城，水陆屡捷之后，又从湖北募集二万人，悉锐上犯。于（七月）二十五日到岳，二十六、二十八九等日，三次大战。该逆凶锋顿挫，臣等即知其有逃窜之志矣。向来此贼将窜，往往故张虚声，示以进战之状。幸我军烛破诡计，一鼓而扫平之。是以贼之军火、器械、旗帜、马匹、无一物得返归者。又以水师并力穷追，沿江二百里之贼巢剿洗殆尽，西可塞由荆入蜀之路，南可固由岳入湘之门，稍纾宵

① 《曾国藩全集·奏稿》，第一册，第171页。

> 旰焦劳于万一。然臣等仍当慎之又慎，步步为营，谨遵屡次训谕，谋定后战，不敢轻于一掷。现在臣国藩进扎监利县属之罗山，臣塔齐布亦即日拔营前进。一面咨会荆州将军官文多派兵勇，从大江西岸直下，协助臣等一军。并咨会兼署督臣杨霈，由德安进攻汉口之背，以图克复鄂省，扫荡逆氛。①

可以看出，曾国藩是要在取胜于岳州之役的基础上，步步为营地沿江向下游继续推进，在湖北清军的配合下，攻夺武汉。湖北和武汉的战略地位非常重要，《湘军记》有这样的评断："湖北居天下之冲，西连秦蜀，东控吴会，南入湘粤，北达中原，四战之国也。自昔南北纷争，则扼襄汉；楚蜀相攻，则守荆彝；江左偏安，则重武昌。武昌据上游，谋金陵者，率取建瓴之势，风利浃旬可二千里，故楚旗东指，则三吴震骇，由形便势顺也。"②

的确，湖北特别是武汉，是清方与太平天国争夺的要区。太平军自广西举义，北进湖南，虽说没有攻下长沙，但得以渡洞庭湖，浮长江顺流而东，直趋武汉。武汉三镇（武昌、汉阳、汉口）时或惯称二城（武昌、汉阳，汉口属汉阳），隔江鼎立，相辅相倚，武昌为清朝湖广总督和湖北巡抚衙署的所在地。太平军于咸丰二年腊月夺占武汉，特别是拿下武昌，为他们出征以来第一次攻克清朝的省城，意义非凡。不久，太平军主动放弃这里，向东进军金陵（江宁，即南京），并在那里奠都，称为"天京"。随后组织北伐和西征，西征的战略重点就是要从天京的上游拓展控制区，而安徽的安庆、江西的九江、湖北的武汉，就是其沿江自下而上要踞守的三大据点。其中武汉又分武昌、汉阳，各自有相对的独立性，占其一处并不等全占武汉，当然是以武昌为首要。西征太平军在咸丰三年（1853 年）九月第二次攻下汉阳，旋即退出，次年正月间第三次进占此处。及至六月初，正值曾国藩在湖南整军的时候，太平军第二次攻克武昌。曾国藩率湘军进入湖北的这个时候，武汉全区皆在太平军占领之下。

正因为武昌争夺激烈，反复易手，清朝湖北政局也很不稳定，省区大员或死或革，变易频繁。从咸丰二年（1852 年）以来，湖广总督之职就有程矞采、徐

① 《曾国藩全集·奏稿》，第一册，第 190 页。

② 王定安：《湘军记》，第 22 页。

广缙（署）、张亮基（署）、吴文镕、台湧（满族）、杨霈（先由巡抚兼署，此人为汉军旗）等人的相继易手，而湖北巡抚，则历经了常大淳、罗绕典、崇纶（满）、青麐（满）、杨霈等人的前后更替。①

曾国藩这时出于合力对付太平军的需要，当然有得到湖广总督、荆州将军以及湖北省的有关大员配合的愿望，并且有所联络商讨。但曾国藩与这些人员之间的关系基础多不看好，有的先前基本没有联系，比较生分，有的则宿怨颇深，俨若政敌。加之有关人员手下的清军脱不了积弊旧习，不能与湘军相比，所以曾国藩主要还是寄望于自己的筹度部署。他这时除了对所原自建湘军营伍整补强化外，对收揽其他相关营伍、掌控有关将领也颇着意。譬如应咨调带广西水勇前来的李孟群，恰遇其在署湖北按察使任上的父亲李卿谷在武昌死难，曾国藩一方面上奏代为请恤，一方面又为"愤激填膺"的李孟群奏请留营，随同湘军一道行动，李孟群随后在湖北战场上真的发挥了不小作用。再就是罗泽南所部，江西巡抚咨调援赣，曾国藩上奏阻之，说"该员现带湘勇，屡次大捷，独当要隘，以寡胜众，亦请随同出境东征，免其赴援江省"②。罗泽南也果真得以留了下来，在对武汉战役的谋划和实战上都起了重要作用。这里需要特别一说的还有胡林翼。此人不但这时即已成为湘军棋盘上的一颗特殊棋子，而且以后数年中地位越来越显重要，成为支撑湘系的一大柱石。他本人以及与曾国藩、与湘军关系的有关情况，还需作一番回溯。

其人字贶生，号润芝（又作润之或咏芝）湖南益阳人，出身于官僚家庭。其父胡达源，嘉庆进士，官至詹事府少詹事。胡林翼又是湘籍名宦陶澍的女婿。他于道光十六年（1836 年）中进士，庶吉士散馆后在京为翰林官。道光二十一年（1841 年）乃父去世，丁忧回籍，数年间赋闲未出，但实怀经世之志。借助父亲特别是岳父的关系，与诸多显宦名流有着交往。在他们的督促和直接帮助下，于道光二十六年（1846 年）报捐知府，分发贵州，次年到黔。先后署安顺、镇远、思南知府，补黎平知府，着力办保甲、团练，治"土寇"、"匪盗"，显其手段。但受该省一些官员的猜忌和掣肘，又急切希望投身镇压"粤匪"的战场，胡林翼遂决意离黔。经御史王发桂奏荐和湖广总督吴文镕奏调，他于咸丰

① 参见钱实甫编：《清代职官年表》，中华书局 1980 年版，第 1469—1472、1696—1698 页。

② 黎庶昌：《曾国藩年谱》，第 47 页。

三年冬带黔勇北上，次年正月到湖北时，吴文镕已在黄州兵败身亡。当时湘军方编练初成，建旗出征，见胡氏“进退无所属”，曾国藩便商于湖南巡抚骆秉章，檄调胡林翼返湘，乘机将其揽于自己麾下，这时胡林翼已补授贵东道。曾国藩对胡林翼颇为看重，“密疏论荐谓其才胜臣十倍，可倚平寇”①。到六月间曾国藩部署岳州之役分路进军时，作为旁翼趋常德的西路军就是胡林翼一支。他最初所带来的黔勇并不多，只有六百人，到楚后相机扩充是很自然的事情。

及至曾国藩部署进军湖北的这时，胡林翼已被授予四川按察使，仍在楚领军。曾国藩又专片请让其扩充所部，随同行动。奏称：“新授四川臬司胡林翼，才大心细，为军中必不可少之员，请旨饬令该臬司管带黔勇，酌拔他路兵勇，能自一队，随同东征。”②但是，当胡林翼率部进至通城的时候，因为湖南巡抚骆秉章奏其留湘，他又返回岳州驻守。③ 可见，这时曾国藩与骆秉章在用兵立意上并不一致，曾氏极力揽军以筹武汉战役，骆秉章则特别着意湖南的防守，这固然与他们各自责任有关，但也反映出暗中为自己麾下的军事实力计而进行的争夺。他们的目光都聚焦到胡林翼这个重量级人物身上。骆秉章争其回湘驻守也只维持了很短暂的时间，不久胡林翼所部仍回归到曾国藩麾下。

当胡林翼率部回驻岳州前后，湖北的战事正在激烈地展开。湘军和湖北清军在武汉以南和以东夺回了诸多被太平军占领的据点，从外围上很大程度地作了肃清。由李孟群、杨载福率领的水师顺江挺进到武汉西南不远处的金口，曾国藩随后也进驻于此。从这里小军山上看武汉，太平军的营垒已是历历在目，最后攻取武汉的作战行动已提上日程。曾国藩会同有关将领筹议进攻方案，定分路进兵之策：一由金口达花园，一由纸坊达洪山。但在军务分配上，出现了争议。罗泽南带着军事地图进议说：“贼精锐尽聚花园。环城贼垒九座，长濠巨障，延袤数里，扼水陆为守。破花园贼垒，武昌可不攻而下。宜遣重兵击花园贼垒，而以一军驻洪山为犄角，防贼绕窜。”花园地方在江之东岸，外濒大江，内枕青林湖，为太平军踞守的重要阵地。这时塔齐布所部有八千人，罗泽南所部有三千人，众寡悬殊，罗泽南本来意在让塔齐布所部担当进攻花园

① 梅英杰：《胡文忠公年谱》，台湾文海出版社“近代中国史料丛刊”影印本，第93页。

② 黎庶昌：《曾国藩年谱》，第46—47页。

③ 黎庶昌：《曾国藩年谱》，第48页。

的任务，但对方军中有将领不表同意。在这种情况下，罗泽南奋袂而起，自告奋勇说："吾军少，不足当大敌。必无人任此，泽南请当之。"①曾国藩酌情为罗泽南增配了军力，攻花园的任务就交由罗部承当。塔齐布则率部趋洪山（在武昌东北）。而湘军水师，顺江分班序进。武汉之役的最后决战打响了。

由罗泽南督率的攻花园一路的营伍遭到太平军的顽强抵御，他们借木垒发炮如雨，罗泽南命令其部下乘炮火的间隙伏地蛇行以进，直逼守军大营，放火纵烧，全力掩杀。湘军水师前进中一路拔毁沿江木栅，从江干和各汊支攻击和焚烧太平军的船只，甚至发炮击中太平军火药船，致其爆炸祸及己方众多船只。塔齐布的洪山一路未占主动进攻的先机，当闻知罗泽南等部进攻中不断获胜的消息时，塔责备不愿承当进攻花园任务的将领说："罗君（按：指罗泽南）书生，以少兵当大敌，我乃避居此，岂不为笑！"不过当城破太平军出逃的时候，塔齐布军截击奏效，也歼敌不少。武汉决战中，湖北清军也发挥了配合作用。这样，在八月二十二、二十三日间，武汉即被湘军夺了下来。这最后决战只不过用了二三天的时间。太平军方面显得颇为被动。负责御守这里的将领是黄再兴、石凤魁等人，他们或是文官，或属国宗，不谙军务，不习战事，危急之中，既欠坚定勇敢，又无佳略良策，终使第二次夺占的武昌、第三次夺占的汉阳双双失去。而据曾国藩筹人的奏报，此役"踏平贼营十九座，烧船千余号"，"杀贼数千"②。

这对于湘军、对于清朝方面来说自然是一大胜利。湖北巡抚兼署湖广总督杨霈在尚未把握确实消息的时候，就抢先出奏向咸丰帝报告"湘军攻占武昌"的"探闻"。咸丰帝览奏之后对事情的虚实尚半信半疑。几天后，曾国藩与塔齐布会奏的报捷之折到达，咸丰帝对事情才确信无疑，真是喜出望外，朱批曰："览奏感慰实深。获此大胜，殊非意料所及。朕惟兢业自恃，叩天速赦民劫也。"把反抗清朝暴政的起义，污指为造成"民劫"，难道这所谓"民劫"是"叩天速赦"真能奏效的吗？不知咸丰帝心中真的怎样想，反正此时他的喜不自禁不是装出来的。他立即发布上谕嘉奖攻克武汉的有功人员，杨霈被补授湖广总督。这样湖北巡抚一职就要有新的人选。这不，上谕中明言此职即让

① 王定安：《湘军记》，第28页。
② 《曾国藩全集·奏稿》，第一册，第216、220页。

曾国藩署理,同时赏给二品顶戴,并赏戴花翎。给其他有关人员的奖赏就不再说了。对曾国藩而言,若果真能获得湖北巡抚一职,把握一省事权,领军又能理政,权位上可真是跃一大阶。但实际上并没有真的能够如此。也就是在发布上述那道奖迁谕旨的不日,咸丰帝又追发了这样一道上谕:"曾国藩赏给兵部侍郎,办理军务,毋庸署理湖北巡抚。陶恩培着补授湖北巡抚……"①又收回了让曾国藩署湖北巡抚成命!只是改赏他兵部侍郎的虚衔。而湖北巡抚一职,授予了前不久由湖南按察使先后升调山西、江苏布政使的陶恩培,而陶氏在湖南时曾惯与曾国藩为难,两人间宿怨颇深。何以有这样的变故?

据后来成为曾国藩"四大弟子"之一、对有关情况比较了解的薛福成记述,咸丰帝听到湘军武汉奏捷的消息"喜形于色",对军机大臣说:"不意曾国藩一书生,乃能建此奇功!"军机大臣中"某公"对曰:"曾国藩以侍郎在籍,犹匹夫耳。匹夫居闾里,一呼,蹶起从之者万余人,恐非国家之福也。"咸丰帝闻听"默然变色者久之"。于是"曾公不获大行其志者七八年"②。此所谓"某公"者,有人据薛氏所记的全文并辅以其他资料,推断为祁寯藻。并且,联系另外的记载:此人在当年曾国藩上《敬陈圣德三端预防流弊疏》,触怒新登极的咸丰帝时,曾叩头称"主圣臣直者"再三,极力为曾国藩求情解难。两相对比,揭示出其人对曾氏"先扬后抑",前后迥若两人的矛盾情状——揣测其原因说:"殆始之劝咸丰帝优容直臣,不过视若大臣义所当为,非对曾国藩真有推服之意。而其人素无远识,迨见国藩立功之骤,遂因诧而生疑欤?"③

不管祁寯藻是否如此情形,反正咸丰帝真的是很快反悔。即使没有人提醒,他的这种心理变化至多是迟一会儿也会发生的。从根本上说,这是出于他内心深处难以消除的对汉臣实力膨胀的担心。满洲权贵集团和汉族官僚阶层,既有着在统治阶级整体利益上统一的一面,也有着在统治阶级内部分层上具有地位差异和利益矛盾的一面。诚然,当时满洲权贵集团中有些人已表现出"重汉"的政治倾向。例如官至相国的满洲镶红旗人文庆即尝言:"欲办天下事,当重用汉人。彼皆从田间来,知民疾苦,孰谙情伪。岂若吾辈未出国门

---

① 本段中引文见《曾国藩全集·奏稿》,第一册,第221、224、258页。
② 薛福成:《书宰相有学无识》,《薛福成选集》,第252—253页。
③ 徐凌霄、徐一士:《曾胡谭荟》(与蔡锷《曾胡治兵语录》合刊),第26—27页。

一步,懵然于大计者乎”?“平时建白,尝密请破除满汉樊篱,不拘资地以用人”①。即使像以专横著称的肃顺,也认为“满人糊涂不通,不能为国家出力”,“非重用汉人不能已乱”②。这类人物对曾国藩、胡林翼辈是诚心推服的,对他们的最终崛起起了重要的推助作用。但是,疑忌和防范汉臣的心理在满洲权贵阶层中由来已久,根深蒂固,不是容易能整体化解的,特别是在咸丰皇帝心目中,更难以完全撤防。

在曾国藩湘军“建旗东征”伊始,咸丰帝即“以国藩一人兼统水陆军,心忧之,特诏贵州提督布克慎自黄州还,赴其水营,诏总督台涌会其师”③,表面上似派员相助,实际上意在监视。出于镇压太平天国的需要,在清朝经制军力不能及的情势下,咸丰帝不得不认可湘军的编练,甚至迫不及待地屡屡催其出征,但同时又怀一种不放心的隐忧。而这时湘军竟攻下武汉,出乎咸丰帝的意料之外。从与太平天国相争斗方面而言,这自然会使得咸丰帝激奋难抑,一时涌上放手重用曾国藩的念头,但冷静下来揣度、权衡,若把湖北的政柄给他,任其如虎添翼地扩展政治实力,说不定为日后埋下尾大不掉、功高震主的隐患。可已经委任他署理湖北巡抚的成命发出了怎么办?那还不容易,收回就是了。生杀予夺的大权全在朕一人嘛,反正横竖都是金口玉言。

而曾国藩,接到让他署理湖北巡抚的谕旨,自然要自谦地借故推辞一下,有“于公事毫无所益,而于私心万难自安”④云云。岂不知,皇帝已有收回成命之旨。然而,曾国藩的辞谢之折到廷,咸丰帝还这样倒打一耙,朱笔一挥,批道:

> 览。朕料汝必辞,又念及整师东下,署抚空有其名,故已降旨令汝毋庸署湖北巡抚,赏给兵部侍郎衔。汝此奏虽不尽属固执,然官衔竟不书署抚,好名之过尚小,违旨之罪甚大,着严行申饬!⑤

---

① 薛福成:《书长白文文端公相业》,《薛福成选集》,第250页。

② 转据中国社会科学院近代史研究所:《中国近代史稿》,第一册,人民出版社1978年版,第166页。

③ 王闿运:《湘军志》,第23页。

④ 《曾国藩全集·奏稿》,第一册,第256页。

⑤ 曾国藩:《谢恩仍辞署鄂抚折》后朱批,《曾国藩全集·奏稿》,第一册,第257页。

君主就是这样永远的有理，绝对的正确！曾国藩还得向朝廷申谢“宽宥”，说是因故“未署新衔，不知自己已蹈违旨之罪。幸荷鸿慈指示，又蒙圣恩宽宥，仅加申饬，于提撕之中寓鉴谅之意，五中衔感，曷胜悚惶”①！当然，曾国藩自己应当最清楚，这只不过文字游戏而已，不用署抚之衔决不会真的触怒“圣主”，说不定还要逗得他窃笑呢！不过，咸丰帝让不让他做湖北巡抚这件事情，可没有半点游戏的意味，对个中的机谋奥颐，曾国藩这会儿当然也会有所体悟，而随着时间的推移，回味起来会愈觉其险汙深含。

清廷对湘军此番报捷于武汉既喜又忧的微妙情态，岂不很耐人寻味吗？

三、湖口惨败几绝命

湘军的武汉之捷，使得清廷对其军乘胜东下而“直抵金陵，扫清江面”②，寄予了速成的希望，迫不及待督促其进军。曾国藩既然未得署理湖北巡抚而专理军务，也就更没有了在湖北滞留的理由。不过，他对仓促东进从内心是持有疑虑的，并上奏陈说：

> 臣等细察大局，尚有可虑者数端。水师抢船太多，私匿藏货，破城以后，水陆弁勇各获财物，颇有饱则思飏之意。又以岳州酷暑苦战，保奏稍迟，颇生觖望，时出怨言。屡胜之余，志骄气溢，殊觉散佚，暗伏挫败之机，此可虑者一也。武昌窜出之贼，臣塔齐布洪山截剿，虽歼去四千，然逃者尚多。汉阳窜出之贼，则截剿无几，现有逃归下游蕲（州）、黄（州）一带，尚有数万。自岳州以下直至金陵数千里，久已沦为异域，小民劫于凶威，蓄发纳贡，习为固然。虽经谕令剃发，而乡民畏贼之暴，狐疑观望。崇阳、兴国、蕲州、黄（州）、孝（感）等处，乱民尤多。设官军稍多挫衄，则四面皆贼，饷道易断，此可虑者二也。水陆两军银钱、子药，丝毫皆取给于湖南，此后去湘日远，不特饷项支绌，势难长久接济。且千里以外，转输尤艰，军

① 《曾国藩全集·奏稿》，第一册，第257页。

② 曾国藩等人折中转述廷寄谕旨，《曾国藩全集·奏稿》，第一册，第260页。

火、银米一有缺乏，军士溃散，前功尽弃，此可虑者三也。[1]

其所言“三虑”，第一是忧虑湘军的军纪士气。私藏财物，贪求奖赏，志骄气溢，散佚不整，这种情况湘军初战伊始就显现出来，实际上后来也一直难以有效整治，特别是在贪婪骄纵方面甚至愈演愈烈。曾国藩这时奏陈其情，既隐寓了需要整军而暂缓东下的一项理由，也道出了湘军与生俱来的一种弊习。第二是忧虑“贼”势仍盛，“乱民”尤多，若己方稍有败衄，即会陷其四面重围之中而难于自拔。从所透露的有关情况看，武汉之役清方真正消灭太平军的力量未必很多，主要是“击溃”而已。而从所谓“乱民”的情况，则可以体察民众对太平天国倾心拥护和服从的真相。这自然对于湘军和整个清方阵线来说是重要的不利因素，需要预筹对策。第三是忧虑东进而远离湖南后，湘军所依赖的湖南对其饷项和军火的供应上出现困难，导致其军溃散而前功尽弃。这的确也是一个重要问题。湘军不像清朝经制兵那样在饷项军需上靠国家支拨，而主要靠“自筹”，尽管这时已出省作战，但还是由其源出之地湖南筹办支应。湖南与湖北水路交通联系上便捷，又属“湖广”同一政区，而东下至江西地方则失此条件，饷需筹措供应上的困难会随之而来。以后的事实证明曾国藩这时忧虑的确有其先见之明，而绝非杞人忧天。

清廷似乎没有听任曾国藩从容休整、稳步推进的耐心，而急切地催其东进。曾国藩只得应命。不过，他即使真想挥羽直下江西也是不可能的事情。因为太平军方面在武汉失败后并没完全从湖北溃退，而是仍在武汉下游的一些据点努力坚守，太平天国最高领导集团也对湖北军务适时地作了调整性部署。对在武汉失守之事上负有直接责任的石凤魁、黄再兴调回天京问罪斩首，而改委秦日纲统理湖北军事。太平军在田家镇到蕲州数十里的江岸上构筑工事，这一江段夹岸皆山，水面较窄，是防守的有利地形。特别是“以田家镇对岸之半壁山最为隘口，江流仅一里余，山势直压中洪，山川迴薄，真水战必争之地也”[2]。太平军在这里的江面上横安铁链数道，编列排、船，配以枪炮。在半壁山扎大营一座、小营四座，山下挖三四丈宽的深沟，沟内建木栅、炮台，沟外

① 曾国藩等:《水师搜剿襄河续获大胜折》,《曾国藩全集·奏稿》,第一册,第238页。

② 赵烈文:《能静居士日记》,《太平天国史料丛编简辑》,第三册,第426—427页。

钉竹签、木桩,防御体系构筑得尤为坚固。其目的显然是要在湖北东境通连江西的江段及沿岸地带,加强防守,扼制湘军的乘势东下,直接屏蔽和保卫九江(江西境内)。

当时清方的进军方案是分为三路:以塔齐布所部进攻兴国(时为州,治所在今阳新县)、大冶,为南路;曾国藩自督水军浮江而下为中路;由提督桂明等率湖北兵勇进攻蕲州、广济为北路。[①] 拟各路相机配合,随时酌情调整部署。

这年(咸丰四年,1854 年)九月中旬其进军行动开始。作为南路的湘军陆师又分为两支,一支由塔齐布率领攻大冶,一支由罗泽南率领进攻兴国,取胜之后,这两支湘军在十月初合军进攻半壁山。太平军迎战失利,退回山上,得到增援后再次对湘军展开反攻,仍然败北,半壁山要隘被湘军夺占,这里的太平军退向对岸的田家镇。湘军水师进军中在蕲州遭到太平军的顽强抵御。太平军蕲州守将为优秀的青年将领陈玉成,他率军在这里严密布防,岸上有陆军驻扎,江中则设有舟城,相互配合,使得湘军水师屡攻不下。为了不失快速东下与陆营配合攻取田家镇的战机,曾国藩决定采取不在蕲州胶着、设法绕越太平军舟城的方策,取得成功。这样湘军最后水陆合攻田家镇的战事在十月中旬展开。

使湘军最感棘手的是太平军在这里的"安置铁锁之法"。曾国藩在上奏中这样介绍:

> 该逆安置铁锁之法,与吴人成法不同。吴人于两岸凿石穿铁,江中无物承之,故一处熔断,全锁皆沉。该逆则节节用小船承之,中用木排三架承之。船与排之头尾,皆用大锚钩于江底。铁锁四道,横于船、排之上,以铁码钤之。故虽南岸斫断一节,而其余数十节仍牢系如故。

与这种铁锁之法相匹配的排、船设施和营垒扎布情况,曾国藩也特别注意,他接着奏陈说:

> 排上安炮,船上置枪,以防我舟师之逼进;排上铺沙,船中贮水,以防

① 黎庶昌:《曾国藩年谱》,第 50 页。

> 我火弹之延烧。自铁索以上，皆贼之战船，大小约三四十号；自铁索以下，皆贼之民船，湾泊约六十里，大小五千号，亦时放枪炮，以助声威。其北岸则于田镇街外，筑一土城，长约二里，街尾为吴王庙贼营一座，系铁索北岸之根，（配以其他数座营垒，工事）长约六七里，皆密排炮眼，向江心轰击，全力以防舟师。

针对这种情况，湘军将领们共同商议对策，决定将其水师分为四队，各自承担相应的作战任务：第一队专管打断铁锁，使用炭炉、铁剪、大椎、大斧等一切可能需要的东西；第二队专管攻敌炮船，与之相对轰击；第三队待开铁锁之后，直追下游，大烧敌船；第四队坚守老营，以防敌船上犯。其陆军则排列南岸以助声威，见机行事。十三日一早，湘军按所议定的方案出击，太平军方面凭借岸上工事“尽锐抗拒，千炮环轰，子落如雨”。湘军方面则临阵不乱，其水师各队既各从其事，又相互配合，截断铁锁，以轻便快船飞桨驶下，致使太平军船队大乱，被下驶数十里至武穴一带的湘军战船截住纵火大烧。而塔齐布、罗泽南所部陆营从半壁山飞驰而来，乘势掩杀。战斗一直进行到深夜，结果，太平军方面大败。按照曾国藩奏报中的说法，此战“凡烧船四千余号”，“夺获贼船至五百余号”，歼敌众多，“焚溺半死之贼，复混杂于沙际水滨，残骸堆积，断肢漂流，目不忍睹”。

湘军的凶悍残酷由此可见一斑。同时也可以看出，曾国藩和他的湘军将领们，并没有为武汉之役的胜利冲昏头脑，对此战有着周密的谋划，做好了充分的准备，特别是能够成功地破坏太平军方面的铁锁之法，是取胜的战术关键。与日前半壁山之战合而观之，则更能说明问题。曾国藩有这样的总结性奏陈：“查该逆以田家镇为金陵咽喉，并力争此关隘。臣等以南山高，早经筹定先攻南岸，次攻江面，然后攻北岸。不图铁锁一破，焚舟数千，不特田镇之贼不战自溃，即蕲州乘胜之贼，亦胆破宵遁。”①也就是说，不但半壁山、田家镇两岸的太平军溃败，而且曾让湘军无可措手的蕲州陈玉成部也因下游的失利不能孤守一地而撤退。当然，湘军方面在此役中也遭受不小的损失，有湘军将领后来忆述有关情形，说“我军亦伤亡不少，水师尤多”，甚至曾国藩有谓行军以

---

① 连同上面两独段引文，见《曾国藩全集·奏稿》，第一册，第300—303页。

来未有“丧师如此次之惨者”,“言毕放声大哭”①。

田家镇败后,太平天国方面也没有完全放弃在湖北抗御太平军的努力,但终未能奏效,在经过了一系列战事的挫败之后,被迫回撤到江西境内,与驻守当地的太平军一道,扼制江南岸的要地九江、湖口。“九江者,北枕大江,南负匡庐,西通楚,东接皖、吴,为江西门户,湖口又鄱阳湖门户也”②。湖口在九江以东,扼鄱阳湖与长江的通连之口,与九江互为犄角,皆为战略要地。

湘军在湖北胜利之后乘势东进,气势汹汹。当时曾国藩统一指挥的湘军及湖北方面的各军达二万数千人,急欲一鼓作气地拿下九江,向东继续推进。当时驻防九江的太平军将领是能攻善守的林启荣。赶来指挥西线战事的太平天国翼王石达开和名将罗大纲也驻于此城。他们针对湘军方胜之下急攻冒进的心态,坚守疲敌,平时“静若无人,夜无更柝号火”,似无防备,而湘军一到城下,则立时“旗举炮发,环城数千堞旗帜皆立如林”③,使敌人的进攻无从措手。在连日攻城无效的情况下,曾国藩与将领们会商,决定将湘军陆师分为两支,一支由塔齐布率领继续攻九江,一支由罗泽南率领进驻湖口城外的盔山(今灰山),与胡林翼部会同,合力进攻梅家洲(盔山以北约八里),旨在牵制湖口的太平军,割断湖口与九江的联系。

太平军方面则有的放矢地应对,石达开移至湖口,罗大纲移至梅家洲,林启荣仍留防九江,三地兼顾,各有高级指挥员坐镇,并力坚守,不给湘军以可乘之机。九江坚防已久自不待言,像石达开与罗大纲所驻湖口和梅家洲这“江省内河出口”东西两岸地方的防御工事,“东岸县外厚筑土城,多安炮位”,“西岸立木城两座,高与城等,炮眼三层,周围密排,营外木桩、竹签广布十余丈。较之武昌、田镇更为严密。掘壕数重,内安地雷,上用大木横斜搭架,钉铁蒺藜其上”,而东西两岸间的口内扎有大小木排,“数十丈横亘江心,排侧有炮船,排外有铁索,篾缆,层层固护”④。

面对太平军的坚固防御,湘军虽屡次发动强攻,但终难奏效,所谓“伤亡愈多,军心愈愤”,躁急之中,实则锐气大挫。太平军方面则谋划随机应变的

① 朱洪章:《从戎纪略》,转据朱东安:《曾国藩传》,百花文艺出版社 2001 年版,第 112 页。

② 王定安:《湘军记》,第 45 页。

③ 《湘军人物年谱·罗泽南年谱》,岳麓书社 1987 年版,第 16 页。

④ 《曾国藩全集·奏稿》,第一册,第 369—370 页。

破敌之策。首先是要打破湘军的水上优势。鉴于湘军水师大小船只相互配合,有重有轻,或稳或便,实战中往往能长短互补,发挥良效的情形,太平军方面即筹策于怎样使其大小船只分开,截堵它于两处,使之失去配合作用,分割歼之。他们先用小船不断对湘军进行袭扰,使之时时警戒,不得安宁,更加重迫切欲求决战的躁急心理。太平军方面甚至作出要撤湖口守兵的架势,诱敌深入。实际上不眨眼地密切注意湘军的动态,寻求可利用之机。

机会终于到来了。十二月十二日(1855 年 1 月 29 日),湘军水陆齐攻,在太平军方面的诱使下,其水师的轻便快船、舢舨等一百二十余号,气势汹汹地冲入鄱阳湖内,石达开、罗大纲见机立即部署堵塞湖口水卡,断其出路,将其截堵在湖内,而湘军笨重大船则被截在江面。这样,湘军水师遂肢解为内湖、外江不能相互配合援应的两部分,其“轻捷之船”,“陷入鄱湖内河”,机动灵活的长处再难发挥,而外江“笨重船只,运棹不灵,如鸟去翼,如虫去足”,“无以自立”①,一下子陷入了十分被动的地位。太平军乘机展开攻袭,利用小划冲入湘军江中船队,在岸上的太平军也施放火箭、喷筒配合,烧毁敌人大中船只数十艘,余者向九江退避。而业已重占九江对岸小池口的太平军,也击败了前去夺垒的湘军陆营。湘军方面调整部署,只好暂时放弃对湖口的进攻,集中兵力攻击九江。而太平军方面乘敌人仓促调整、立脚不稳之机,于二十五日夜间对湘军江面水师发动突袭,取得大胜。且看曾国藩在向清廷奏报中所言:

> 是夜三更,浔城(按:即九江)与小池口两岸之贼,各抬小划数十只入江,乘月黑迷漫,入我军船夹内,火蛋、喷筒,百支齐放,右营被烧战船一只,各哨慌乱,挂帆上驶。臣国藩坐三板督阵,禁黑夜不许开船。江阔船多,莫能禁止。该逆已用小划数十,将臣坐船围住……文案全失。臣国藩遂饬各战船与罗泽南陆营紧相依护,而遣人四处追回上驶之船。黎明陆续归队,复将贼船追击,夺回船三只。②

---

① 《曾国藩全集·奏稿》,第一册,第 377 页。

② 《曾国藩全集·奏稿》,第一册,第 378 页。

所言时分、天气、太平军战术等情况当为不虚，但对湘军败况和损失的述说，应该是大大隐讳了。所谓“右营被烧战船一只”，其余各船“挂帆上驶”，“黎明陆续归队，复将贼船追击”云云，如此轻描淡写，甚至还有“先败后胜”的味道，显然又是在玩文字游戏。通常说此战太平军“立焚敌船百余号”，使其“辎重丧失，不复成军”①。若真是这样，与曾国藩所言相比，差异竟有多大！即使按曾国藩门人的说法，当时湘军江面战船被焚的也有“十余号”②。当然，战况战事说法分歧，事过境迁而确情难究，这并不足为奇，不过曾国藩于此的故作隐饰也是明摆着事情。对比他在给诸弟信中的说法，即可为证：

> 此军自破田镇后，满拟九江不日可下，不料逆贼坚守，屡攻不克。分罗山湘营至湖口，先攻梅家洲坚垒，亦不能克，而士卒力战于枪炮雨下之中，死伤甚众。盖陆路锐师，倏变为钝兵矣。水师……苦战经月，伤亡亦复不少。腊月十二日，水师一百余号轻便之船、精锐之卒冲入湖口小河内。该逆顿将水师堵塞，在内河者不能复出，在外江之老营船只多笨重难行。该逆遂将小划乘夜放火，烧去战船、民船四五十号之多。二十五日又被小划偷袭，烧去抢去各船至二三十号之多。以极盛之水师，一旦以百余号好船陷入内河，而外江水师遂觉无以自立，两次大挫；而兄之座船被失，一军耳目所在，遂觉人人惶愕，各船纷纷上驶……此等情景，殊难为怀。③

当然，所介绍的并不只是最后湖口一战的情况，连同此前的相关战事一同追述。明确言及其军“死伤甚众”，“锐师”变为“钝兵”，挫败致使“人人惶愕”等总体情况。就具体战事而言，说二十五日被“烧去抢去之船至二三十号之多”，与奏报中的仅一艘被烧的说法显然大相径庭。而不管是在奏报中还是此家书中，曾国藩都没有言及湖口惨败他曾两度欲寻死之事，似有隐衷。他这

① 见陈旭麓等主编：《中国近代史辞典》，上海辞书出版社 1982 年版，第 698 页。

② 黎庶昌：《曾国藩年谱》，第 56 页。

③ 《曾国藩全集·家书》，第一册，第 287 页。

两度寻死，一次是他在江上督战，坐船被夺，几陷绝境，遂“自投水，左右救之，棹小舟入罗泽南营”①；再一次是被救上岸到罗营后，“见粮台辎重各船皆退驶，战舰亦多溃而上溯者”，他“愤极，欲策马赴敌以死”，罗泽南等人“力止之”②。

揣摩起来，曾国藩这两度寻死，意味似各有些不同。如果说江中那次的确是濒临绝境，觉得与其落入“粤匪”之手，还不如自行投水“殉难”，结果被左右救出，无奈之中又事存侥幸，那么到岸上在罗泽南等人面前要赴敌而死的争持，显然有故作表演的味道了。有的著述这样描述：当时曾国藩“遥望江内水师纷纷溃逃，只剩下少数船只停泊在南岸罗泽南营旁边，情景十分凄凉。念及自己花费数年心血惨淡经营起来的湘军水师竟遭如此下场，深感大势已去，羞愤难当，遂欲效仿春秋时晋国大将先轸的榜样，策马赴敌而死。慌得罗泽南、刘蓉紧紧抓住马缰，众幕僚寸步不离，经过好一番拉扯、劝解始罢”③。据作者出注，所本亦即黎庶昌《曾文正公年谱》（就是本书所用岳麓书社版的《曾国藩年谱》）中的有关材料。与原始材料相比（上已引及），该作者的描述显然是加上了自己的合理推想，旨在揭示曾国藩当时的心境乃至他和劝止人员的行为细节，增强了生动性。从中似乎也更可以体察曾国藩的“表演”成分。不错，惨败之下他心境凄凉、羞愤乃至有几分绝望是难免的，但被救上岸后再真的坚意赴死似不至于。在众人的眼皮子底下能让他去死吗？这一点他自己的心里当是比谁都清楚的，既知如此还偏要明里去做，想必是要在众人面前表现自己忧愤而又“忠勇”之极，既给自己找个台阶下，也借以感化部众。这与湖南靖港败后他真欲寻死的情形显然大不一样了。

曾国藩没有死。他向清廷奏报湖口之战的情形，当然是在他欲“策马赴敌以死”的表演之后，他不但玩文字“魔术”有意掩饰了诸多事情，而且数战合奏以胜掩败的故伎重施，将湖口之战与前边的战事结合起来，以“水师三次获胜，二次败挫”④奏陈。通篇读来，给人的印象似乎不是湘军最后遭受了湖口

① 王定安：《湘军记》，第46页。

② 黎庶昌：《曾国藩年谱》，第56页。

③ 朱东安：《曾国藩传》，第114—115页。

④ 《曾国藩全集·奏稿》，第一册，第376页。

惨败,而只是数场大胜中的小挫而已。其实,湖口之败对于曾国藩部湘军来说是具有阶段性归结意义的,表明了它在湖北胜局之后,因此战役性挫败而跌入低谷。而太平军方面则扭转了武汉战役之后的被动局面。从战局意义及双方胜败原因上来看,太平军方面湖口大捷,使清廷驱湘军迅速夺取九江、直逼金陵的狂妄企图落空,对曾国藩的军事计划也是一个粉碎性打击。其胜利的原因除了有关前敌诸将领协同一致、指挥得当外,还与湖北溃败后退至江西,缩短了战线,集中了兵力,并能抓住有利战机果断而巧妙地反攻分不开。而湘军方面则相反,湖北战场上的胜利,导致了其骄傲轻敌的情绪滋长,急攻不能奏效之下,则产生躁急心理,频频仓促改变军事部署,轻率出击,防守上也纰漏多出。这当然与作为总指挥的曾国藩有直接关联。同时,也是致使曾国藩数年间困顿江西的发轫。

四、孤穷困厄到极峰

湘军湖口惨败之后不日即是年节的来临。这在当时是最大的节日了,身在异乡处兵败之际的曾国藩,过年的好心绪想必是没有了。以至于这年(咸丰五年,1855 年)的大年初二,他派专弁向湖南家中递送的书信中,连过年之事的只言片语都没有,说的全是军情和朝廷恩赏之类的“公事”。不知当时他预见到没有,岂止仅限于眼下短时呢,此后两年多的时间里,他会一直“客寄虚悬”于江西,领教军务的棘手,饱尝世味的艰涩,遭受来自方方面面的困厄,程度之严重,对他可以说是空前绝后,达到极峰。是到咸丰七年(1857 年)春间接到父亲去世的讣音,借奔丧之由他迫不及待地委军回籍,才算作了一个阶段性的了结。本节便要审视此段时间里,曾国藩在江西的境况。

此期湘军在军事上的逆境一直未得扭转,遭受到前所未有的困顿。在太平天国走向鼎盛的时期,其军事扩展的强势在江西得到最为典型的体现,湘军难有起码的对抗力,虽然也在不停地打仗,但基本上是小打小闹,难以发动重大的战役。有胜有负也是自然的事情,但大致上是败多胜少。将领和营伍上有增有减,调剂变动颇大,而栋梁人物的折损难得弥补。想此间,几多人为因素?几多天然助力?

这是湖口之战败后不及旬日的咸丰五年正月初四，是日夜间，突然东北风大作，江面上巨浪撞击，湘军“水师老营战船在九江城外者，飘沉二十二号，撞损数十号”①。这次“天罚”致使湘军外江水师所遭受的损失，恐怕不亚于那一次惨败的大战，不知道常怀“信天”意念的曾国藩当时心中作何思忖，反正他赶忙让残余的外江炮船全部上驶到湖北金口，而其内湖水师，闻知此大风坏船的警讯，则慌忙从湖中南下，驻泊江西省城南昌附近，湘军水师之两支愈分愈远。曾国藩本人怀着“事机不顺”的深深忧惧，也很快避至南昌。

这个时候，湘军对九江、湖口已经没有太大的威胁，为了从全局上争取战略主动，太平军反攻上游，复占湖北大片地方，到二月间，又完全占领武汉三镇。清朝的湖北大员们见本省兵勇无法抵挡太平军的攻势，请求曾国藩从其所部湘军中派援。身在江西自顾不暇的曾国藩当然明白，援鄂诚然为大局所需，但所部兵力越分散和减少他自己便越会陷于被动，但援鄂之事又是他不好强拒的。

已身膺湖北按察使的胡林翼，就以“有守土责因自请行”②，曾国藩只好答应，以他所部二千五百人，又增派副将王国才、都司石清吉所部四千人赴援湖北。自此胡林翼即脱离了曾国藩而独立山头，并且是他迅速发迹的开始。他正月间到湖北，二月里就擢升布政使，三月即署理湖北巡抚，第二年冬从太平军手中夺下武汉后实授巡抚。胡氏成为主理湖北一省军政的大员，权位上一跃超过曾国藩。他比较成功地经营着湖北，使该省成为湘系势力的重要基地，给在江西的曾国藩以不可缺少的支持。假如没有主政湖北的胡林翼，曾国藩在江西的日子更不知怎样度过。就此而言，胡林翼的离去对曾国藩的日后境况来说是一件福事，但当时对曾国藩来说毕竟意味着“断臂”之失。

继胡林翼之后赴援湖北的又有罗泽南部。曾国藩湘军建旗出征之时，罗泽南部虽不直属其中，但由楚地到赣省的作战，实际上都是在曾国藩麾下，越来越成为曾国藩辖军的重要组成部分。鉴于湖北的危急形势，罗泽南坚意率部往救，他上书曾国藩说：“东南关键在武昌。株守江西，如坐瓮中，日与贼搏战无益。今贼据武昌，关键已失。崇（阳）、通（山）群盗如毛，江西、湖南边邑

---

① 黎庶昌：《曾国藩年谱》，第58页。

② 梅英杰：《胡文忠公年谱》，第99页。

均不得安枕。欲制九江之命,必由武汉而下。欲解武昌之围,必由崇、通而入……请率所部径出崇、通,据上游,以图武昌,取建瓴之势。武昌复,东南大局始有转机。”据说曾国藩“伟其言”,表示了赞同态度。而其幕客刘蓉则力持异议:“罗军赴鄂,江西兵力益单,恐不能自守。”曾国藩回答说:“吾固知此军去,势益孤;然规武昌以维东南大局,宜如此,岂能为吾一身计?”刘蓉说,既然如此,那么我也随从赴鄂,“冀稍自效”①。这样,不但罗泽南所部五千人离开了曾国藩,而且把刘蓉也挂扯了去,时在咸丰五年(1855 年)八月。

刘蓉字孟蓉,号霞仙,湖南湘乡人,他作为曾国藩在岳麓书院读书时就结交,以后亦常有联系的朋友,在曾国藩出任团练大臣以前,就与罗泽南共同操办过湘乡团练,敦促丁忧的曾国藩出山,刘蓉也是力者之一。曾国藩湘军建旗出征,刘蓉作为曾氏幕僚随从,出谋划策,作用非同一般。此番随罗泽南同去,成为其左军将领,罗氏自领中军,右军交由李续宾统带。李续宾迪庵,也是湖南湘乡人,与其弟李续宜,都是罗泽南的弟子,从戎则为罗泽南的部将,是湘军著名的悍将。可见,罗泽南率部离去,曾国藩手下又失去一批要员。表面上看曾国藩是从大局出发慨然同意放走罗氏,实际上他是无可奈何,知道罗泽南不愿无功可奏地寄人篱下,同时从用兵方略上说他的移鄂作战也确是上策,不好不顺水推舟地送个人情罢了。后来曾国藩在家书中有这样的忆述:“罗山于咸丰五年八月至南康、湖口一看,知其不足以图功,即决然舍我而去,另剿湖北……余虽私怨罗山之弃余而他往,而亦未尝不服其行军有伸有缩,有开有合也。”②罗泽南到湖北后,得到了胡林翼的特别推重和礼遇,所部也发挥了不小的作用。只是为时不长,到咸丰六年(1856 年)春间,即在指挥中受重伤而不治身亡。

对曾国藩打击更大的是,在罗泽南从江西离去的前夕,累攻九江卒不能下的塔齐布,忧愤莫解,急火攻心,病死于军中,这是在咸丰五年(1855 年)的七月间。塔齐布既是曾国藩手中的一颗特殊政治砝码,又是部下一员得力的干将。他身为提督这样高级别的武职大员,具有直接向清廷上奏的资格和权力,曾国藩关于军务方面的奏报,塔齐布也多具衔合奏。但对于曾国藩,他一直以

① 王定安:《湘军记》,第 33 页。

② 曾国藩:《致沅弟》,《曾国藩全集·家书》,第二册,第 887 页。

部属自居，唯命是从，并且一直坚持亲临前敌指挥，每每冲锋陷阵，身先士卒，剽悍异常。九江攻不下来，成为他的一块心病。曾国藩移驻南昌一段时间后，为了与水陆两军联络上的方便，又北上移驻到南康（府治在星子县）。六月下旬，他与塔齐布在青山地方会晤，商议作战方案，塔齐布表示要坚决把九江攻下。他为此做了切实准备，让军中"广置攻具，备云梯数百，布袋四千，扎草人以缘城，结竹筏以渡水"，"各营弁勇，皆自备档牌、竹盔之属"，"专俟月黑阴雨之夜，大举攻城"，曾国藩也拟派兵配合。就在七月十八日夜，塔齐布刚下达了出队攻城的命令，正要出营，不意"陡患气脱之症，昏迷不醒"，随即死去。

曾国藩闻报感到"不胜悲愕"，他赶忙奔赴其营，亲为料理丧事，并专折上奏，嘉其"纯诚报国，忠勇绝伦"，说是其"身殁之后，军士百姓同声悲泣，不独臣军失此名将，大损声威，即东南众望所推，亦均恃为长城之倚。远近官绅，并深惊悼"①。对这种"哀辞"似乎无必要细加穿凿，不过，这位死时尚不到四十的满籍湘军悍将的"倜傥"确有佐证。有记载说，咸丰四年岁杪的战事中他与部众失散，"单骑驰入乡间，马陷泥淖，几失道。有田父引止其家，老妪涕泣上食，为匿马稻秸中"，而湘军营中正因塔齐布的失踪而悲伤着急，忽然被乡民送回，曾国藩、罗泽南"皆跃起跣而出，握手相劳苦，继以泣"，而塔齐布"谈笑自若"，曰："饥甚，速具饭啖"，"饭罢，已元旦矣"②。岂知几个月之后，曾国藩心目中的这位卓异将领永远地走了，他们再也不会有重逢的可能。

有人说，曾国藩"生平最器重者有两人，曰罗泽南、曰塔齐布，分兵杀敌，屡建奇勋，后罗、塔同时殉难，曾臂援顿失，东西南北，往来无定，湘人为之口号曰：'拆掉一座塔，打碎一面锣，穿烂一部罾。'纪其实也。"③所谓"口号"中的"塔"、"锣"、"罾"，分别喻指塔齐布、罗泽南、曾国藩，用的是姓名首字的谐音。所说"罗、塔同时殉难"，当然不很准确，两人死期有几个月的间隔，不过若从"长时段"看，可算是几乎"同时"了。无论如何，短时间里相继失去塔、罗两员宿将，对于曾氏湘军来说影响是巨大的。有的论者即说，"湘军自塔齐布、罗泽南死后，已无国藩训练之师，其后招募，皆由统领负责，即曾国荃之吉

---

① 曾国藩：《塔齐布病故出缺折》，《曾国藩全集·奏稿》，第一册，第487—488页。

② 朱孔彰：《中兴将帅别传》，第121页。

③ 李伯元：《南亭笔记》，第100页。

字营，亦非国藩旧部，而刘长佑、刘坤一、萧启江等，皆出王鑫麾下，本不属于国藩者也。湘军纪律最坏者，为鲍超之霆军……鲍超乃胡林翼擢拔之人。"①湘军具有多头多支，由曾国藩所统者转承分合的变动也很大，涉及有关将领和营伍颇多，这里仅就与所述的时段有关者略作介绍。

所谓"曾国荃之吉字营"，是咸丰六年（1856 年）秋间，由曾国荃招募成立的。当时曾国藩"困于南昌"，曾国荃"在长沙思救兄难"②。被朝廷特诏起用的长沙人氏黄冕为江西吉安知府，遂与曾国荃会商援江之事，"延国荃为军主"，所谓"素负奇略"的曾国荃慨然曰："方吾兄战利，吾从未至营相视；今坐困一隅，义当往赴。君但能治饷，吾当自立一军赴国家急。"黄冕"请于巡抚骆秉章，檄国荃募三千人，别遣周凤山领一军，合六千人。以其始攻吉安，号其军曰'吉字营'"③。这就是该营的来历，也是曾国荃正式从戎的开端。他就是以此营为班底，到后来不断扩充，成为曾国藩湘军里实力最强且最为嫡系的一支。不过，溯其初源，的确又不是曾国藩自己编练者。

在曾国藩兄弟中，曾国荃并不是继乃兄之后最早的一个从戎者。前边已经述及，在湘军初成之时陆营营官的名单中，就有曾国葆。他是曾国藩最小的弟弟，却是湘军最早一批营官中的一员，当时才三十来岁。不过时间不长，在靖港、湘潭之役后的整军中，曾国葆即被裁撤回籍了。几年之后乃兄曾国华在三河之役中毙命，他"大恸誓出杀贼，以报仇而雪耻"④，复又出山从戎。至于在曾氏同胞五兄弟中排老三的曾国华开始湘军将领的生涯，与曾国荃一样也是咸丰六年，并且还在曾国荃之前数月。同是因为曾国藩被困江西，消息不通，急欲救助，遂向署湖北巡抚胡林翼请求拨兵。胡氏慷然应允，拨付兵卒数千人，让他带领赴援江西。总之，曾国藩受困江西期间，已有三弟国华、四弟国荃赴援前来，成为其手下的重要将领。

此外，在咸丰五年（1855 年）的春间，还新募集成所谓"平江勇"营伍。曾国藩让原在他幕府、靖港之战中曾参与救过其命的李元度出而领之，李氏就是

---

① 萧一山：《清代通史》，中华书局 1986 年影印本，第三册，第 804 页。
② 朱孔彰：《中兴将帅别传》，第 189 页。
③ 王定安：《湘军记》，第 50 页。
④ 朱孔彰：《中兴将帅别传》，第 199 页。

湖南平江人，这样兵将之间有“乡谊”可凭。不过，李元度是个书生气很重的人物，带兵实非其长项，但好刚愎自用。他最终因不听曾国藩的指令而我行我素，导致重大的兵败事件，受到曾国藩的参劾，发生两人一度交恶的事情，这是后话。这时在江西，面对莫大的艰难险阻，李元度率部出生入死地转战，虽说受制于大局，难以有显著战果，但毕竟对曾国藩来说是很大的支持，以至于曾国藩为他的“辛苦折磨，誓不相弃”①深为感动。至于塔齐布所部，作为曾国藩湘军陆营的主力，在塔死后，其军并没有遣散，而是改派副将周凤山接统②。

来援江西的还有刘长佑所部湘军。刘长佑为湖南新宁人，与江忠源同乡，并且一开始就帮同江忠源练勇，后自带勇作战。此时出援江西，湘乡人士萧启江在湖南所带的“果字营”隶属之。还有新宁人氏刘坤一亦在湖南带勇，此行也一同随之。他们都不属曾国藩的原部。有人所说他们“皆出王鑫麾下”，或就在湘楚一段时间的共事关系而言。

对咸丰五六年间江西的战事情况用不着详细叙述，只要明了这样一种基本情况，就可以看出在总体战局上，太平军方面大占优势而湘军显居下风的态势了：清方人员有说，到咸丰六年春，“时自鄂渚以南，达于梅岭，贼踪绵亘千数百里，众号数十万”③。所谓“鄂渚”指武昌一带，“梅岭”则为大庾岭，在江西、广东之交。在这纵贯江西全省连带湖北东部的广阔范围内，有数十万的太平军，可见其声势之盛。仅就江西而言，当时该省十三府（其中包括宁都直隶州）共八十余州县，有八府五十多个州县望风附归于太平天国，占了该省的绝大部分。只因为这年秋天，有太平天国领导集团内讧不幸事件的发生，导致东王杨秀清、北王韦昌辉先后死去，大批太平军的官兵罹难，最后翼王石达开率兵出走单独活动，太平天国的元气大伤，军事也开始从战略进攻转入战略防御。对此，清方自然是幸灾乐祸，清廷连连部署乘机反攻，在石达开尚未与洪秀全公开分裂之时，即对曾国藩发出这样的指示：“据江、浙各省奏报，皆言金陵内乱，恐石逆不得志于皖、楚，势必窜入江西。该逆于诸贼中最为凶悍，若令回窜江西，占据数郡，煽惑莠民，其势愈难收拾。着曾国藩等乘此贼心涣散之

---

① 曾国藩：《与李元度》，《曾国藩全集·书信》，第一册，第604页。

② 黎庶昌：《曾国藩年谱》，第65页。

③ 黎庶昌：《曾国藩年谱》，第73页。

时，赶紧克复数城，使该逆退无所归，自不难穷蹙就擒。若徒事迁延，劳师糜饷，日久无功，朕即不遽加该侍郎等以贻误之罪，该侍郎等何颜对江西士民耶!”①石达开日后独树一帜，果真有经掠江西的军事行动，但此时暂且尚无清廷所患之虞，而对江西既有局势的扭转，湘军也仍然显得无能为力。尽管湖北方面在胡林翼主导下的反攻大见成效，武汉及其下游大片地区从太平军占据下夺回，并挥羽直指江西九江，战略全局上清方开始向主动地位转变，但曾国藩所部及援军仍难有大的动作，主要是从袁州（治所宜春）、瑞州（治所高安）的西路试图突破解围。

曾国藩被太平军围困窘迫到何等程度？这从他连家信都不敢明写明传，而要用隐语书写、裹以蜡丸隐藏暗送的事情，即可见一斑。不妨引录这样的一信，是咸丰六年四月初八写给国华（温甫）的：

温六老板左右：

三月二十八日，有小伙计自鄂来江，乃初九日起程者，接润之老板信三条，知雄九老板噩耗。吾邑伟人，吾店首功，何堪闻此！迪安老板新开上湘宝行，不知各伙计肯听话否？若其东来，一则恐无盘缠，二则恐润老板太单薄。小店生意萧条。次青伙计在抚州卖买较旺，梧冈伙计亦在彼帮助，邓老八、林秀三亦在彼合伙也。雪琴河里生意尚好，浙闽均有些伙计要来，尚未入境。黄虎臣老板昨往瑞州去做生意，欲与印渠老行通气，不知可得手否？

余身体平安，癣疾全愈。在省城与秋山宝店相得，特本钱太少，伙计又不得力，恐将来火食为难耳。余不一一，澄四老板三月十九日发一信来，已收到矣。

开益号手具

润公老板、迪安老板、义渠宝号、吴竹宝店均此。

来伙计两人，照给白货。初七日到小店，初九日行。②

① 黎庶昌：《曾国藩年谱》，第83—84页。

② 《曾国藩全集·家书》，第一册，第318—319页。

全信以商家口吻写来，以谈商事而暗示军情。其中涉及的主要人物之处，“温六老板”指曾国华，“润之老板”指胡林翼，“雄九老板”指罗泽南，“迪安老板”指李续宾，“上湘宝行”则指李续宾所新接统的罗泽南部，“小店”系曾国藩代称己处，“次青伙计”指李元度，雪琴即彭玉麟，“黄虎臣老板”即指时在江西任湘军营官的黄虎臣，系直用其名，“印渠老行”指刘长佑处，“秋山宝店”指江西巡抚文俊处，“澄四老板”指曾国潢，“开益号”为曾国藩的自代，“义渠宝号”指唐训方处，此人湖南常宁籍，字义渠，先在湘军水师，又改陆营，后随罗泽南，时在湖北；“吴竹宝店”指吴坤修处，此人江西新建籍，字竹庄，在湖南做地方官，曾参与湘军编练事务，此时正拟随曾国华率军援赣。明了这些指称，对信文的隐意也就不难破译个大概了，毋需再言。像这种通信方式的使用，绝非此仅此一函，而是一段时间里不得不惯用的。曾国藩后来忆述当时的情况说：“江西土地，弃之贼中者为府八，为州若县若厅五十有奇，天动地岌，人心惶惶，讹言一夕数惊，或奔走夺门相践死。楚军困于江西，道闭不得通乡书，则募死士，蜡丸隐语，乞援于楚。贼亦益布金钱，购民间捕索楚人致密书者，杀而榜诸衢。前后死者百辈，无得脱免。”①可见，当时信息环境极差，讹言纷传，草木皆兵。在这种情况下，曾国藩他们千方百计地突破封锁，与楚地沟通信息，互传情报，而太平天国方面对此则严加防范，即使对方用隐语蜡丸，所募传递者也常被查获，被处死示众者竟有“百辈”之众，可见情况的严酷。今天看来这种貌似游戏之笔、戏谑之作的隐语信函，想来当年写得并没有一丝一毫的轻松。正因为隐秘性强、传送难度也大的原因吧，他们这类函件保存下来的已属凤毛麟角。从所引一例，也算得见其庐山真面目了。

曾国藩此期军务上的困顿，与他遭受江西地方官员的轻鄙、排斥和故意刁难是连带的。他仅以兵部侍郎的虚衔带勇在赣，在该省没有任何地方事权，所言“客寄”，货真价实。曾国藩尝言，他在江西办理军务，处处与地方官相交涉，而该省的文武僚属，大率视他为客，视本管上司为主，不少人对他的极尽讥讽、侮辱、排斥之能事，甚至连他受命于朝廷的名分都不承认。这样，他在所“客寄”的地方何能有权威可言？稍后他回顾在江西“所以郁郁不得意”的事由，具体归纳说：“第一不能干预民事，有剥民之权，无泽民之位，满腹诚心无

① 曾国藩：《母弟温甫哀词》，《曾国藩全集·诗文》，第243页。

处施展;第二不能接见官员,凡省中文武官僚晋接有稽,语言有察;第三不能联络绅士,凡绅士与我款惬,则或因吃醋而坐咎。”①总之,是没有地方事权。而掣肘者最要紧的自然是当地“大吏”。

与曾国藩相龃龉的江西“大吏”,为首的是巡抚陈启迈。他对曾国藩“多方掣肘,动以不肯给饷为词”,甚至连曾国藩奏准应得充饷的捐输、截漕等粮款项目,陈启迈也多方挟制。他还对曾国藩麾下有的湘军部队任意调防,甚至是“朝令夕更,反复无常”,使之无所适从,所谓“虽欲迁就曲从而有所不能”。陈启迈在曾国藩于江西设厂造船“重办水师”之事上也是出尔反尔,“无三日不改之号令,无前后相符之咨札”,使曾国藩感到不仅是他自己与之难以共事,“即为属员者亦纷纷无所适从”。在择人用人问题上,陈启迈与曾国藩也时常冲突,像在关于举人彭寿颐之事上即闹得不可开交。彭氏为江西万载县人,该县知县李皓在太平军到时弃城逃走,而乡民彭才三等与太平军勾通。过后彭寿颐倡办团练,彭才三贿通李皓,诬告彭寿颐,搅其办团之事。陈启迈对此案“批词含糊,不剖是非,兴讼半年,案悬未结”。彭寿颐向曾国藩处申诉,曾国藩观其所刊团练章程,觉得“条理精密,切实可行”,传见其人,认为其“才识卓越,慷慨有杀贼之态”,遂与陈启迈面商,“拟即带至军营效用”,而陈启迈“坚僻不悟”,不但不答应曾国藩的要求,反而“坐彭寿颐诬告之罪”,饬令按察使恽光宸审讯,“严加刑责,酷暑入狱,百端凌虐”,“至于酿成冤狱”。可以揣想,陈启迈之所以最后对彭寿颐在处置上变本加厉,与恨他向曾国藩处告状,而故意兴狱事挫磨其人来折辱曾国藩必难分开。

冲突闹到这个份上,曾国藩觉得忍无可忍,竟至用出了奏参陈启迈的“尽头招数”。专折中除了对上述情事一一详陈之外,在前边还特别列举出,不属与自己直接冲突的陈启迈平时军政上的若干错谬之举。如绿营的已革总兵赵如胜,系奉旨发往新疆之员,陈启迈将其奏留于江西使用,结果仍是临阵先逃,致使“全军覆没”,而陈其迈对他“始终怙非袒庇,置赏罚纲纪于不问”;已革守备吴锡光,系奉旨正法之员,陈启迈为施救而奏留其在江西效用,竟“倒填日月,谓留用之奏在前,正法之旨在后,多方徇庇”,并为其“虚报战功,奏请开脱罪名”,后又“奏保屡次超升”,“种种欺饰,实出情理之外”。曾国藩还特别强

① 曾国藩:《致沅弟》,《曾国藩全集·家书》,第一册,第360页。

调说,“自军兴以来,各路奏报,饰胜讳败,多有不实不尽之处”,“然未有如陈启迈之奏报军情,几无一字不虚者”,“兹风不改,则九重之上,竟不得知外间虚实安危,此尤可虑之大者也”。军报饰胜讳败已属“常情”,不用别人说,朝廷也会有几分清楚,曾国藩这里说陈启迈的奏报军情“无一字不虚”,将其严重程度推到了极致。这显然是暗示其“欺君之罪”大矣,如此这般会致使朝廷“不知外间虚实安危”的可怕后果,还是能够容忍的吗?曾国藩为了表明自己绝非因与陈启迈的私怨、而完全是出于“公忠”才奏参其人的,奏折末尾特别陈明他“与陈启迈同乡、同年、同官翰林,向无嫌隙”①。这的确不是画蛇添足之笔,能够有助于让皇帝消除其因私怨而奏参的疑虑,相信出奏者目的上的正当性。这会让后世人不免有些奇怪,既然两人间有着这样的关系,何至于在江西闹到如此地步?这中间的是是非非怎好评说!

此事的结果,看似曾国藩奏参获胜。皇帝革了陈启迈的职,改由文俊接替充任江西巡抚。按察使恽光宸也先行撤任,与陈启迈一起听候新任巡抚文俊查办。事在咸丰五年(1855 年)秋初。文俊为满籍人员,任此新职前在湖北布政使任上,也是处在楚赣间清方官场复杂关系网中的人物,不能不从曾、陈交恶之事中得到些警戒,而曾国藩对新任的旗籍巡抚也不能不加意为善。从表面上看,他与新抚之间没有再像与陈启迈那样公开抵牾,甚至在“蜡丸隐语”的家书中还以“与秋山宝店相得”暗示与文俊的关系不错。而实际上,两人间虚与委蛇的成分都不会小。即使两人诚心向善,对陈启迈前在江西官场上结下的关系网、培植下的亲己势力,也难以破除。曾国藩以当时自己的“客寄”地位,竟奏参巡抚,也不免让人看起来有些咄咄逼人的出格,容易遭受嫉恨。其实,非仅此一特例,前在湖北取得武汉战役的胜利后东下江西的前夕,他就曾独自上专折“缕陈鄂省前任督抚优劣”②,大力褒誉自己的座师吴文镕,对青麐也有回护之辞,对崇纶则极言论咎,还涉及到对其他有关人员的评议。以其当时特定的身份和处境,这样做自然也容易招人之忌。总之,当时曾国藩是一副锋芒毕露、刚挺逼人的派头。他越是这样,越遭到一些官员的横眉冷对和故意为难,即使有把陈启迈奏参下去这样的“胜局”,其处境上也难有根本性

① 此段及上段中的引文,见《曾国藩全集·奏稿》,第一册,第 468—473 页。

② 此折见《曾国藩全集·奏稿》,第一册,第 269—272 页。

改变。

统观曾国藩困滞江西这段时间里的总体情况,其厄难简直达到极点。就连与曾氏不谐的王鑫,都发出“涤帅遭际若是,真令人急煞”①的叹惋。王闿运作《湘军志》时,披阅当年有关曾国藩的资料,留下了“其在江西时实悲苦,令人泣下”②的感言。王定安在《湘军记》中则感慨,曾氏“以客军寄江西”,外逼“剧寇”,内与“地方官相抵牾,其艰危窘辱,殆非人所堪”。薛福成也深知当时曾国藩在江西“不管吏事,权轻饷绌,良将少,势益孤,列郡多陷者”③的境况。在曾国藩自己的心目中,那段遭遇自然更是留下了创巨痛深的印象,尝言其时自己陷入“几于通国不能相容”④的窘境,感叹“士饥将困,窘若拘囚;群疑众侮,积泪涨江”,“何其苦也”⑤!

时至咸丰七年(1857年)二月,正在江西瑞州大营中的曾国藩,忽然接到父亲于当月初四在里第去世的讣告。他“大恸”而“仆地欲绝”。这自然不能说是故意作态。而此一家庭变故,让曾国藩有了委军回籍再“正当”不过的理由。日前他就曾以“目疾”为由上奏请假呢,此番似乎可以名正言顺地“归隐”调节一下了。

---

① 王鑫:《复李迪庵都转》,《王壮武公遗集》,卷12,光绪十八年刻本,第30页。

② 王闿运:《湘绮楼日记》(光绪四年二月二十七日条),第七册,商务印书馆1927年铅印本,第12页。

③ 薛福成:《叙益阳胡文忠公御将》,《薛福成选集》,第117页。

④ 曾国藩:《复郭嵩焘》,《曾国藩全集·书信》,第七册,岳麓书社1994年版,第4888页。

⑤ 曾国藩:《湖口县楚军水师昭忠祠记》,《曾国藩全集·诗文》,第259页。

第五章 “涅槃”复出后

一、机权之变

曾国藩的再出，是到了咸丰八年(1858 年)夏秋之交，在籍“蛰伏”历经了将近一年半的时间。其时，他四十八岁，已近“知天命”的年纪。此次重出之后，他比以前会有明显的变化吗？有的。并且，决不仅是时日流失带给他的自然渐变，而是经过了对诸多磨难的反刍、对世情冷暖的感怀、对人生哲理的省究，在人际权谋、处世态度方面发生的“转轨”性大变。以后每当他回首自己的人生道路，进行经验教训的省察和总结的时候，常常以此次“归隐”与重出期为界谈旧话新。

这次在籍期间，曾国藩对自己的处世之道，特别是对官场人际关系处理上的策略得失，进行痛入骨髓的反思和体悟，经过焦躁、忧愤而最终回归理智，心理上得到调适，决意作出策略调整。此期对他来说，不啻一次心理的涅槃。

在那个时代，官员的父母去世，去官回籍治丧守制尽管属于常规，但对于在前敌统军的大员来说则需要朝廷特许，因为军务非同一般政务。曾国藩在接到父亲去世的消息奏报丁忧之后，并没有等到朝命下来，就离军返家，虽然他的奏折中有“遵制丁忧”之辞，但通常还是被说成“委军回籍”。一个意为“抛弃”的“委”字，倒也能反映他当时的几分真实情绪。

他是在父亲去世的当月之末抵家，次月才接到上谕的。上谕有两道。一道是因湖南巡抚骆秉章在曾国藩本人出奏之前，代为奏报曾国藩之父去世之事，朝廷接奏后于二月二十七日发布的，谓曾国藩“现在江西督师，军务正当吃紧”，“墨经从戎，原可夺情，不令回籍”，但鉴于其人“素性拘谨”，特赏假三个月，使之回籍治丧，假满后仍回江西督办军务。第二道是接到曾国藩本人的奏报后发布的，除了重申前谕给定的假期外，还对曾国藩原统军队作了人事上的安排。及至五月下旬，假期将满，曾国藩上《恳请终制折》，说是自己“在京十四年，在军五年，堂上四人，先后见背。生前未伸一日之养，没后又不克守三年之制，寸心愧负，实为难安”。这似乎是他恳请终制的心理根源，旨在以遂孝思。但同时又披露了这样的矛盾心情：“欲终制，则无以报吾君高厚生成之德；欲夺情，则无以报吾亲恩勤鞠育之怀。欲再出从军，则无以谢后世之清议；欲不出，则无以谢患难相从之军士。”可见，似又陷在守制与出山的两难抉择之中。他所陈述的之所以最终选择恳请终制的情由，主要是鉴于大局形势好转，江西军事亦“渐有起色”，可容歇肩，少他一人亦当“不见其损”。朝廷览奏仍未准其请，上谕还是饬其“假满回营，力图报效”，并强调他“身膺督兵重任”，非常例可比。延至六月初六，仍在家拒出的曾国藩，一日之间同上两折，一是“吁请开缺”，一是“沥陈办事艰难，仍吁恳在籍守制”，两相配合，殊途同归，而其中最为实质性的内容是“沥陈办事艰难”的部分，主要列举三端，大意为：

一是说他曾国藩“虽居兵部堂官之位，而事权反不如提镇（提督、总兵）”。这主要是针对他部下的提拔补缺而言，谓其军概系募勇，不仅较高级的军职无缺可补，即使低级的千总、把总、外委之类亦终难得，虽说有人的武职虚衔被保举至二三品之高，但仍只充任本军的哨长、队目之类的微职，照此拿俸。而与巡抚、提督“共事一方”的“官军”，在拔补方面则可近水楼台，包揽把持。他本来无权也不敢“奏调满汉各营官兵”，而所统勇营人员的拔补上又受此限制，遂致“实缺之将领太少，大小不足以相维”。

二是说他曾国藩身为“客官”，“职在军旅”而“非地方大吏”，对一些事情出令“州县未必奉行，百姓亦终难见信”。说是筹饷所涉的地丁、漕折、劝捐、抽厘，皆“经由州县之手”，其勇营的饷事往往受到阻挠，至于“吏治、学额、减漕、豁免”等事，他更是“不敢越俎代谋”。地方上皆督抚之“专政”，州县敬畏之，而排斥于他，这样，“宾主既已歧视，呼应断难灵通”。

三是说他曾国藩的职事不能“取信”于地方，更加重办事艰难。举出他的职衔和关防（印信）屡变，而有关上谕“皆系接奉廷寄，未经明降谕旨”，以致外间不明其情而“时有讥议”，甚至说他“系自行出征，不应支领官饷”，或说他“不应称钦差字样”，或谓其“曾经革职，不应专折奏事”，等等。其部将遭地方上刑辱,他出示印札而不被承认。甚至以他名义出具的收捐凭证,也“每为州县猜疑”,对持有人“加之鞠讯”而“勒令续捐”。

鉴此,曾国藩在奏陈中强调:“今日局势,非位任巡抚,有察吏之权者,决不能以治军。纵能治军,决不能兼及筹饷。臣处客寄虚悬之位,又无圆通济变之才,恐终不免于贻误大局。”所以,他“仍吁恳天恩在籍终制”。①

显然,曾国藩这是赤裸裸地向朝廷摊牌了。以前吁请终制的那种种理由,在此番所言的比对之下,俨然都成了虚与委蛇的搪塞,冠冕堂皇的应付,都显出不乏虚文、套话的敷衍。这回揭了他内心的实底,原来根子全在于他没有督抚的权柄。既然如此,还岂不是说:要我重出吗?那就必须授我督抚之权!当然,这种原话,在其奏折中并没有也绝不可能直说出来,但“暗示”得已经再明白不过,简直可以说是呼之欲出了。在这种情况下,朝廷会怎样下招儿呢?

当然,皇帝即使大发雷霆怒斥曾国藩是妄语狂言,也只是金口随开、朱笔一挥的事情。但是,并没有。上谕是这般不愠不火:

> 曾国藩以督兵大员,正当江西吃紧之际,原不应遽请息肩。惟据一再陈请,情词恳切。朕素知该侍郎并非畏难苟安之人,着照所请,准其先开兵部侍郎缺,暂行在籍守制。江西如有缓急,即行前赴军营,以资督率。此外各路军营,设有需才之处,经朕特旨派出,该侍郎不得再行渎请,致辜委任。钦此。②

看,对曾国藩奏陈中的关键话茬儿,连理都没待理一句。不但“开恩”准了他开缺在籍守制(当然,留了个“暂”字的活口),而且,明令不许他再“渎请”干涉“各路军营”的人事。真真是把曾国藩“挂”了起来,“晾”了起来!

曾国藩岂能不好生尴尬和难堪!他决不真的想在家安心守制当“孝子”,此时其经世之心仍是强烈难抑的。就在他三番五次地吁请在籍终制之际,给

① 本节中至此引文所及相关上谕、奏折,见《曾国藩全集·奏稿》,第二册,第857—866页。

② 黎庶昌:《曾国藩年谱》,第91页。

部属的信中有“江右军务,刻不去怀”①之言,可谓发自肺腑。这从随后他给返还军营的弟弟国荃屡屡致函,议论军事,指授方略的情形,亦可为证。载于《曾国藩全集·家书》中有涉这类内容的函件,从咸丰七年(1857年)九月上旬到该年末,就有十几通之多。他连连吁请终制,不过是以退为进的策略,想借机要朝廷授之以督抚之柄,好军政合一,方便行事,能施展本领大干一场。不想朝廷借他屡屡吁请终制的由头来了个“顺水推舟”,这真让他哑巴吃黄连,有苦无处言。他对自己的“草草去职,致失物望”,深感所谓“内疚”②,实际上是后悔。但是,舆论却一点也不怜悯他的处境,甚至大有落井下石的架势。不仅“朝议颇不以为然”,连湖南地方上对他也颇有微词,甚至这时正在湖南巡抚骆秉章幕中控制不小实权的左宗棠,也对他“肆口诋毁”,舆论则“一时哗然和之”③。曾国藩既负亡父之哀痛,又为朝廷所“婉弃”,再加外间之非议,百不遂意,忧郁难解,竟得“不寐之疾”,也就是失眠症。此外,还有眼病。情绪上的病态也明显显露,在家人面前一向沉稳严肃的他,这时也仿佛变成了另一个人,常因一些不值得的小事就谩骂诸弟,甚至怒斥弟媳,性情变得反常地粗暴起来。

多年间的友人欧阳兆熊(后还做过曾国藩幕僚),自然了解他的“病因”何在,便借荐医为之诊病的由头婉言讽之,说是“岐黄可以医身病,黄老可以医心病”④,意思是劝曾国藩效黄老“无为”之道,改刚为柔,这样才会防止被人嫉恨攻讦,从竞争的累身累心之苦中解脱出来。这可真是对症下药,曾国藩回忆练兵领兵这数年来的经历,反思自己策略手段上的得失,遂决意改弦更张。他说自己“大抵胸多抑郁,怨天尤人,不特不可以涉世,亦非所以养德;不特无以养德,亦非所以保身。中年以后,则肝肾交受其病。盖郁而不畅,则伤木;心火上烁,则伤水”,“今日之目疾及夜不成寐,其由来不外乎此”,故要紧是在“平和”⑤。

在处世之道的反思方面,曾国藩表示当去“机巧”而返“笃实”。咸丰八年

① 曾国藩:《与李元度》,《曾国藩全集·书信》,第一册,第605页。
② 《曾国藩全集·家书》,第一册,第378页。
③ 欧阳兆熊:《一生三变》,《水窗春呓》,第17页。
④ 欧阳兆熊:《一生三变》,《水窗春呓》,第17页。
⑤ 《曾国藩全集·家书》,第一册,第380—381页。

(1858年)正月初,他在写给国荃弟的信中说了这样一段话:

> 弟书自谓是笃实一路人,吾自信亦笃实人,只为阅历世途,饱更事变,略参些机权作用,把自家学坏了。实则作用万不如人,徒惹人笑,教人怀恨,何益之有?近日忧居猛省,一味向平实处用心,将自家笃实的本质还我真面、复我固有。贤弟此刻在外,亦急须将笃实复还,万不可走入机巧一路,日趋日下也。纵人以巧诈来,我仍以浑含应之,以诚愚应之;久之,则人之意也消。若钩心斗角,相迎相拒,则报复无已时耳。

官场宦海,本不啻权术的渊薮,哪里绝得了所谓“机权”、“机巧”、“巧诈”。不过,曾国藩这些年来自觉不自觉地也陷在了里面,弄得身心疲惫,倒也是真。这当儿反思起来,想返归所谓“平实”、“笃实”,以减少“钩心斗角”,寻求身心的些许解脱,也可谓一种真诚的追求。不过,要真达到“诚愚”的境界也难。说白了,无非是作由“刚”趋“柔”策略上的转变,以“克己”、“让步”的态度,来削减别人的防范和对抗,到头来以利于自己的进路。这时他依然主“强毅”,但强调在“强制”性地约束自己一方面,并且与“刚愎”划清界限。他这样说:

> 至于强毅之气,决不可无,然强毅与刚愎有别。古语云自胜之谓强。曰强制,曰强恕,曰强为善,皆自胜之义也。如不惯早起,而强之未明即起;不惯庄敬,而强自坐尸立斋;不惯劳苦,而强之与士卒同甘苦,强之勤劳不倦。是即强也。不惯有恒,而强之贞恒,即毅也。舍此而求以客气胜人,是刚愎而已矣。二者相似,而其流相去霄壤,不可不察,不可不谨。①

这种事实上是结合自己现实教训的反思不免是夹杂痛苦的,但也是最容易见诸实效的。这在曾国藩利用时机顺梯下楼地出山的事情上,就典型地表现出来。有必要简略地交代一下其人得以复出的机缘。

一方面是同党之辈的从侧旁推助。曾国藩的在籍守制,不但自己实不甘

① 连同前面独段引文,见《曾国藩全集·家书》,第一册,第363—364页。

心，同党也为之着急，千方百计为之帮衬复出。像当时湘系的首要之人、湖北巡抚胡林翼，在咸丰七年（1857 年）九月下旬就曾上奏，以湘军水师统带缺乏合适人选为由，请求让曾国藩“移孝作忠，出而任事”，并说“幸机势可乘，东南大局，时不可失”。不过，上谕未准，说是“曾国藩离营日久，于现在进剿机宜，能否确有把握，尚未可知”，并且“江西军务渐有起色”，所以仍令“其暂守礼庐”①。此次事虽未成，但胡林翼辈仍未放弃为曾国藩复出作铺垫的努力。

再一方面是军事形势的需要。咸丰八年（1858 年）二月，天京事变后虽与洪秀全分裂但仍打太平天国旗号的翼王石达开，率部自江西广丰进入浙江，使清方该省的战场形势急转直下。及至四月，在胡林翼的指挥下，湘军悍将李续宾率部攻下久为太平军所占领的江西九江，这是沿江的重要军事据点之一，对于湘军来说自然是重大的胜利，李续宾也因此声名更著，有“浙人官京师者”，遂奏请其人改援浙省，但胡林翼以安徽事急拒受此议，对李氏“留而不遣”。当时清方浙江方面的暂代军事统帅，为刚受命来援不久的周天受，清廷虑其“资浅难统众”，命督办江南军务的和春赴浙督军，因和春“患病未行”，遂改命曾国藩出山援浙。②

查清廷发布此命的具体时间，为五月二十一日，曾国藩接到的时间，为六月三日。他闻讯喜不自禁，立即给国荃弟写信说：“圣恩高厚，令臣下得守年余之丧，又令起复，以免避世之责。感激之忱，匪言可喻。”③而启行的时间，为该月初七日，真可谓雷厉风行，没有任何耽搁，也没有再向清廷作任何讨价还价。这使得清廷颇为高兴，咸丰帝在他《恭报启程日期折》的朱批中表扬：“汝此次奉命即行，足征关心大局，忠勇可尚。”不过，既然有“汝此次”三字的特指，似乎又暗示了对其“前若干次”不能恪遵朝命的不满。无论如何，从曾国藩的这次“奉命即行”，也足见其对复出的渴望，简直是到了急不可耐的程度。

他自家启程后先到省城长沙，与巡抚骆秉章会商相关事宜，而与左宗棠的接触，更见人际策略的转变。据说，他集“敬胜怠，义胜欲；知其雄，守其雌”十二字，请左宗棠为他书写篆联，自然是隐示自己“守雌”让步的态度。因为此

---

① 《胡林翼集》，第一册，第 335、337 页。

② 参见王定安：《湘军记》，第 158 页。

③ 《曾国藩全集·家书》，第一册，第 395 页。

前左宗棠对他“遇事掣肘,侈口谩骂”的出格做法,两人之间的关系一度很僵,曾国藩甚至“有欲效王小二过年,永不说话之语”。父丧忧居期间经过反思,即作出了主动缓和关系的表示。他借左宗棠表面态度上对先已复出的国荃弟“极关切”,便写信劝弟“宜以真心相向,不可怀智术以相迎拒”。而国荃也劝乃兄与左宗棠“通书问”,曾国藩立表同意,并很快写成一信让曾国荃过目并转达①。尽管此信原文没有在曾国藩的集子中查到,但由左宗棠在咸丰八年(1858 年)四月二十六日给曾国藩复信中的这般言辞,即可体察相关情形:

> 沅浦递到手书,敬悉近状之详,喜慰无似。不奉音敬者一年,疑老兄之绝我也。且思且悲,且负气以相持。窃念频年抢忧拮据,刻鲜欢悰。每遇忧思郁结之时,酬接之间亦失其故,意有不可即探纸书之,略无拟议,旋觉之而旋悔之,而又旋蹈之。徒恃知我者不以有它疑我,不以夫词苛我,不以疏狂罪我。望人恒厚,自处殊疏,则年过而德不进之征也。来书云晰义未熟,翻成气矜,我之谓矣。②

总之,是曾氏主动示好,左宗棠也作了自我“检查”的回应,这样,两人间的关系得以改善,或谓其“交欢如初,不念旧恶”③。

如果说他们之间的这种关系改善,难免有一种“湘人同党”间顾全大局的宽容因素在起作用,那么在与非湘人同党人物关系的处理上,曾国藩也同样有着明显的策略改变。譬如与江西巡抚的关系。经前面述及的曾国藩与陈启迈斗法之后,与新换上的巡抚文俊,表面的相对“和气”依然掩不住实际的交恶,联同有关人员“訾议”其人,不久又使之去职,由满洲正黄旗人耆龄接任,时在曾国藩借丁父忧离军回籍之际。这次曾国藩复出抵南昌后,主动与耆龄接洽会商,气氛协和。或与他前在江西时的情况对比评述说,那时曾国藩“兵饷俱困,地方官吏狎侮掣肘,事多艰阻”,而到这时,“耆龄奉令惟谨,主客大和,军

① 《曾国藩全集·家书》,第一册,第 357、379 页。
② 《左宗棠全集·书信》,第一册,岳麓书社 1987 年版,第 305 页。
③ 欧阳兆熊:《一生三变》,《水窗春呓》,第 17 页。

事日有起色”①。耆龄的态度，当然与曾国藩对他主动示好不可分开。后来欧阳兆熊把曾国藩“此次出山后，一以柔道行之”的变化，看作他终能成就“巨功”的重要条件，不是没有道理。

曾国藩自己也对官场交际之策的这番调整非常看重，甚至颇有得意之感。他在当年十二月间的一封家书中就说：“吾往年在外，与官场中落落不合，几至到处荆榛。此次改弦易辙，稍觉相安。”以后多年间，他也时常以此作为经验来告诫家人。譬如同治六年(1867 年)正月初，他给当时已任湖北巡抚的国荃弟写信，就言词谆谆地说了这么一番话：

> 兄自问近年得力惟有一“悔”字诀。兄昔年自负本领甚大，可屈可伸，可行可藏，又每见得人家不是。自从丁巳、戊午(按：指咸丰七年、八年)大悔大悟之后，乃知自己全无本领，凡事都见得人家有几分是处。故自戊午至今九载，与四十岁以前迥不相同，大约以能立能达为体，以不怨不尤为用。立者，发愤自强，站得住也；达者，办事圆融，行得通也。②

当时，曾国荃在官场上人际关系很僵，处境困难，心情不好，又赶上寓所发生火灾，他很怀疑是有人故意报复，但又拿不到真凭实据。曾国藩写信告诫他不能大惊小怪，胡想乱猜，免得节外生枝，为仇家利用，要“处处泰然，行所无事”。接着，就现身说法地道出上述一通经验之谈。

曾国藩常把“好汉打脱牙和血吞”这句借诸他人的话挂在嘴边，作为警句箴言，意在于“隐忍”之中立志发愤，以求一逞，自然也是其“悔”字诀中所能包含的意蕴。文雅点讲，这是曾国藩所说的“机巧”，直露地说，就是一种以笃实作包装的奸诈。说穿了，经过居父丧期间的反省，曾国藩是较前变得圆滑、机巧和世故些了，深深悟得了以柔克刚、以退为进的奥妙。

联系欧阳兆熊为曾国藩所勾勒的所谓“一生三变”的轮廓，更可见曾国藩此番自我调节在他人生历程中的紧要。所谓“一生三变”，涉及曾国藩的书法、学问和为官三个方面都有三个阶段的不同。单就为官方面而言，也有“三

① 《清史稿》，第 40 册，第 12259—12260 页。

② 《曾国藩全集·家书》，第二册，第 1317 页。

变”:说他在京官时,以程朱为依归;至出而办理团练军务,又变而为申韩,尝自称欲著“挺经”,言其刚也(前曾提及);而经过丁父忧回籍之事再出,便“一以柔道行之”。应该说这大致符实。曾国藩居京期间,“格书”与“检身”一度做得如痴如狂,确实是按照程、朱理路笃言笃行,要成“内圣外王”之业,做个所谓“天地完人”。他出办“团练”军务后的确表现出的是刚硬加严酷。不但是对其心目中的所谓“匪”类,在处理与湖南地方官员的关系上,也是不避越俎代庖之嫌,采取刚硬手段的。有关具体情况前皆述及。而到他丁父忧期间再出这时的转行“柔道”,诚然不失为其“官道”方面的一大变化。不过,这与所谓曾国藩的“挺经”真意,倒未必绝对是南辕北辙,其间当有某种连通。也许,欧阳兆熊在这一点上也犯了望文生义的错误,倒是当过曾国藩的弟子又任过他幕僚的李鸿章,向人透露过的曾国藩“挺经”的玄机,更合其真义。他说是曾国藩的秘传心法,有十八条挺经,这真是精通造化、守身用世的宝诀,并举出一条为例:

一家子,有老翁请了贵客,要留他在家午餐。早间就吩咐儿子,前往市上备办肴蔬果品,日已过巳,尚未还家。老翁心慌意急,亲至村口看望,见离家不远,儿子挑着菜担,在水塍上与一个京货担子对着,彼此皆不肯让,就钉住不得过。老翁赶上前婉语曰:“老哥,我家有客,待此具餐。请你往水田里稍避一步,待他过来,你老哥也可过去,岂不是两便么?”其人曰:“你叫我下水,怎么他下不得呢?”老翁曰:“他身子矮小,水田里恐怕担子浸着湿,坏了食物;你老哥身子高长些,可以不至于沾水。因为这个理由,所以请你避让的。”其人曰:“你这担内,不过是菜蔬果品,就是浸湿,也还可将就用的;我担中都是京广贵货,万一着水,便是一文不值。这担子身分不同,安能叫我让避?”老翁见抵不过,乃挺身就近曰:“来来,然则如此办理:待我老头儿下了水田,你老哥将货担交付于我,我顶在头上,请你空身从我儿旁边岔过,再将担子奉还。何如?”当即俯身解袜脱履。其人见老翁如此,作意不过,曰:“既老丈如此费事,我就下了水田,让尔担过去。”当即下田避让。他只挺了一挺,一场争竞就此消解。①

① 吴永口述、刘治襄记:《庚子西狩丛谈》,岳麓书社1985年版,第110—111页。

据李鸿章言，这便是“挺经”开宗明义的第一条。不知道李鸿章是故意卖关子，还是自己也不尽知，反正是只讲了这一条。听者听入了迷，还等他逐条讲下去呢，他却说，就此一条，够了够了，不再讲了。不过，这第一条既然是开宗明义，那么，应该可以推知，曾国藩“挺经”的主旨，并不是仅仅主张绝对地刚硬不让，当也包括以退为进的“柔道”之类。后来曾国藩自己即有所谓“固执之挺经”和“通融之挺经”①的说法。后世甚至有人根据上引李鸿章所讲“故事”的意蕴，认定“挺经之刚，亦是将欲取之必姑与之之义，虽刚实柔”②，这也就意味着是侧重在“通融之挺经”了。如果是这样，那么曾国藩这种“挺经”思想之大成，当是在前有胚芽的基础上，到守父丧期间和之后臻于大成。

曾国藩的这种“变”并不奇怪：他既然不能离开官场，那就必须以改变自己来适应官场环境。尽管他本来打心里厌恶并试图在行动上对抗官场的某些弊习，但屡撞南墙，头上碰了一个又一个的包，疼而抚之，便要寻觅通路。依前曾引及的曾国藩的幕僚赵烈文所言，他的主人“历年辛苦，与贼战者不过十之三四，与世俗文法战者不啻十之五六”，这一量化的对比，就足以证明曾国藩“变”的必要和必然了。也可见当年官场上充满钩心斗角的龌龊，无时无刻不在扭曲着正常的人性。

当然，他的这种改变，主要是体现在官场内部关系方面。对于镇压他心目中的“贼匪”来说，他的坚决和残酷是一贯的。这种“变”与“不变”的结合，对于他追求的所谓“功业”的建立来说，影响自然是不可小觑的。

二、弟死三河多惊疑

曾国藩复出后，在途中数个站点停留议事（在武昌一处与胡林翼谋议就用了十来天时间），这期间军事形势发生变化，经涉浙江的石达开部太平军转入福建，又复入江西。原定曾国藩“援浙”的计划并没有付诸实施，经一度部署“援闽”之后，主要还是在江西驻留下来，九月间在建昌扎营。他刚刚复出，

① 《曾国藩全集·书信》，第三册，岳麓书社 1992 年版，第 2021 页。

② 黄濬：《花随人圣盦摭忆》，上海书店出版社 1998 年版，第 231 页。

一切还都在重新开张的初步阶段，所部还未及有太大的军事行动。然而，李续宾所统的另支湘军，九月间却在安徽庐州（今合肥）以南的三河一带全军覆没，曾国藩的弟弟曾国华也死于乱军之中。对于清朝，对于湘军，对于曾家，真不啻惊天之变！而对于太平天国方面的后期战局，则是一大转机。总之，是个大事件。

三河之役并非一场突发性战事。在几个月以前，太平天国和湘军方面都从战略全局上进行了研究部署。太平天国领导人决定首先集中兵力摧毁清军江北大营（属绿营兵），以破除敌人对天京都城的北路封锁。湘军方面则把安徽的争夺作为重点，曾国藩复出后特意经武昌与胡林翼进行谋商。

太平军摧毁清军江北大营的目标胜利实现后，接着乘胜横扫苏北战场。然而，就在这同时，湘军则在其侧后发动猛烈攻势，并频频得手，其最凶悍锐利的一军便是李续宾部。李续宾也是湖南湘乡人，属在湖南最早参与募集和训练团勇以抗御太平军的人物之一。他的老师、湘军元老层将领罗泽南于咸丰六年（1856 年）死后，他便继任为罗部湘军的首领。李续宾其人虽也是士人出身，但以骁悍著称。该军相继攻下太湖、潜山、桐城、舒城，在三河镇一带集结，直逼为太平军占领着的重镇庐州。三河是庐州的咽喉，地理位置十分重要，太平军在此筑城砌垒着力扼守，并从东线战场抽调重兵来援，将领便是李秀成和陈玉成。

李续宾部从表面上军势甚锐，但这时已犯了孤军深入的大忌。陈玉成等太平军将领，审时度势，采取迂回包围战术，切断李续宾部退路，使之陷入四面被围、孤立无援的境地，然后发起攻击。经过几天的激烈战斗，李续宾所部湘军六千多人全部被歼，李续宾及文武官员四百多人死在战场，其中就有曾国藩的弟弟曾国华。

曾国华于咸丰六年（1856 年）在乃兄曾国藩坐困江西的时候，带胡林翼所慨然拨付的兵勇五千赴援，这个从未带兵打仗的书生，还真的率领这支军队接连拿下了数县，对解南昌之围起了不小的作用，以功擢同知，赏戴花翎。他虽然在第二年春间因生父亡故与曾国藩一道回籍，但还没等曾国藩复出，他就经有着已订儿女亲家关系的李续宾奏调，复出襄理李部湘军的军务了（他因出嗣不需从守制三年例，一年即算服满）。在这支军队取得了夺取四城的连续胜利之后，曾国华这位“参谋长”简直是忘乎所以了。三河本绝地，贸然深入，据说连用兵一向偏于急躁的李续宾也有些踌躇，与营中诸将计议，倾向于暂时休整待援，以求稳妥。但曾国华独持异议，认为“贼已丧胆，岂敢复至”，力主进兵。人们碍于他与曾国藩的亲兄弟关系，不好与之力争①，勉从其议。这样，败局也就难以逆转。

仗打得确实异常惨苦。就说李续宾与曾国华战死的十月初十日这一天吧，黎明时分，大雾迷漫，咫尺莫辨，湘军遣队袭击金牛镇，陈玉成督队忽由后方杀出，大败敌人。李续宾率亲兵前往接应，亦陷于太平军重围之中。双方短兵相接，鏖战整日。据事后胡林翼向清廷的奏报，说李续宾在危境之中“勇气百倍，怒马当先，往来奋击”，战至深夜三更，他“身面均受矛伤，力竭阵亡”②，曾国华等同时“力战”阵亡。这当然是有意渲染李续宾等人的忠勇无畏，不过他们也的确不是胆怯怕死之辈，肯定是与他们的仇敌拼杀到了最后一刻。不过，乱军之中，死得实难从容，以至于连尸骸当时都无法辨认收取。

曾国藩并没有及时闻知三河之役的确切消息，开始只听说打了败仗，而李续宾和他的国华弟突围出去，只是不知下落。事变一个月之后，才得知确讯，知弟死难，悲恸之极。他在营减食示哀，又派弁勇间行入皖搜寻其弟骸骨。对这位年仅三十七岁的亡弟，陷入了深切的怀念之中：

> 温弟少时性情高傲，未就温和，故吾以温甫字之。六年在瑞州相见，则喜其性格之大变，相亲相友，欢欣和畅。去年在家，因小事而发生嫌衅，实吾度量不闳，辞气不平，有以致之，实有愧于为长兄之道。千愧万悔，夫复何言！自去冬今春以来，吾喜温弟之言论风旨洞达时势，综括机要。出门以后，至兰溪相见，相亲相友，和畅如在江西瑞州之时。八九月后，屡次来信，亦皆和平稳惬，无躁无矜。方意渠与迪庵（按：李续宾字）相处，所依得人，必得各位俱进，不料遘祸如是之惨！③

这是曾国藩写给其余三个弟弟的信中所言。追述国华近年来性格上的改

---

① 参见罗绍志、田树德：《曾国藩家世》，第141页。

② 《胡林翼集》，第一册，第529页。

③ 《曾国藩全集·家书》，第一册，第442—443页。

善,见识上的进步,愧悔自己忧居期间与他发生嫌衅,情真意切。是啊,不久前曾国藩复出,在赴军的途中还见到过国华,他当时的音容笑貌犹在眼前,怎么一下子就遽归冥界了呢?这真是命运的安排?不过,他毕竟不是死于床箦,而是死于战阵,为君国捐躯,是家门的荣耀。曾国藩这样安慰自己,也是安慰亡灵。

经过累月的费力寻觅,曾国华的骸骨还是找不到线索,曾国藩忧急无策,只好做葬衣冠冢的打算,这更增加了他的哀痛和遗憾。他泣血而作《母弟温甫哀词》,追述亡弟生平特别是投军效国的履历,最后落笔三河之难:

> ……岂谓一蹶,震惊两戒!李既出颓,弟乃梁坏。覆我湘人,君子六千。命耶数耶?何辜于天!我奉简书,驰驱岭峤。江北江南,梦魂环绕。卯恸抵昏,酉悲达晓。莽莽舒庐,群凶所窟。积骸成岳,孰辨弟骨。骨不可收,魂不可招。峥嵘废垒,雪渍风飘。生也何雄,死也何苦!我实负弟,茹恨终古。①

似乎收骨已经无望,不料在咸丰九年(1859年)正月末的一日,曾国藩忽然接到胡林翼派专弁送来的函件,告知国华的尸骨寻获。曾国藩感到这算是不幸中之一幸,谁知收得的到头来还是一具无头之尸,这使得曾国藩更感悲恸。半具骸骨归湘土,一介游魂安何处?挥泪送亡弟,一副挽联,长兄的一声凄呼婉唤:

> 归去来兮,月夜楼台花萼影;
> 行不得也,楚天风雨鹧鸪声。②

宸音可没有这般缠绵悱恻,有的只是居高临下荣赐恩典的郑重:赠其道员衔,加赠太常寺卿衔,追赠通议大夫,赏骑都尉世职,谥愍烈,御赐葬银、祭酒,入祀京师昭忠祠,国史馆立传。后来,当这位早殉者的兄弟们攻下太平天国都

---

① 《曾国藩全集·诗文》,第245页。
② 《曾国藩全集·诗文》,第127页。

城，平定这场持续十数年的“粤匪之乱”以后，朝廷加恩旧勋，又赏曾国华一等云骑尉世职，加赠资政大夫。

曾国华是曾家兄弟中第一个为君国殉难者，可以说，由他又带出了一个四年后亡故军营的曾国葆，不妨顺便于此作个简略的交代。季弟国葆是受国华之死的激发，再次“誓出杀贼，以报兄仇而雪前耻”的。早在曾国藩编练湘军期间，曾国葆就做带领数百人的官弁，连后来成大功名的杨载福（岳斌）、彭玉麟当初都是他的僚佐，是国葆视其二人为“英毅非常器”，甘居其下。湘军建旗东征不久岳州兵败，国葆又勇担责任，为诸将开脱。在许多将领“次弟登用”的时候，他却悒郁归隐。这次愤而再出，他先是投胡林翼帐下，受命募勇千人成立一军，自黄州建旆而东，参加了攸关全局的安庆战役。然后又扩充军队，与其兄曾国荃所部会合直逼太平天国的都城天京，志在与乃兄一起收“平贼卒功”。同治元年（1862 年）瘟疫流行，不想国葆身染重疫，在十一月间病死军中，时年仅三十五岁。

在曾国葆病亡之际，清廷正下旨晋其为道员，但他未及见知，命已归天。朝廷闻讯，追赠他为按察使。并且说明，“朝廷早欲擢用，特以曾国藩恳辞，留以有待”。未言的下文是这下待不上了。果真如此，还是事后送空头人情，我们不必费心揣测，反正曾国藩就此这样抒慨：“呜呼！圣主之于臣家，恩宠不訾。独惜国家欲大用吾弟，与吾弟欲得当以报国，两相须于微莫之中，而卒不克少待以竟厥志。呜呼！兹所谓命焉者非耶？”①意思是说，君主待我家是不薄呀，只可惜国家想重用我老弟，而我老弟也想担大任报效国家，他恰巧就在这么个节骨眼上死去了，怎么就不稍稍等待一下遂了他的志愿呢，这不可测度的细微阴差阳错啊，岂不就是所谓的“命”吗？细心人会看得出，他这里可是只字未提应承担“恳辞”的责任，有的只是对老弟大志未遂的终身遗憾。他给这个弟弟的挽联曰：

> 大地干戈十二年，举室效愚忠，自称家国报恩子；
> 诸兄离散三千里，音书寄涕泪，同哭天涯急难人。②

① 曾国藩：《季弟事恒墓志铭》，《曾国藩全集·诗文》，第 274—275 页。
② 《曾国藩全集·诗文》，第 127 页。

好个“举室效愚忠”！朝廷则曾夸奖曾家“一门忠义”。五兄弟到那个时候已有一个战死，一个病故于军。还有曾国藩、曾国荃两人继续领兵，一帅一将，也都历经过并正在历经着艰险的跋涉。当然，两个兄弟前后死去的间隔期间，不管是客观形势还是曾国藩的身份、地位，都发生了重大变化，这将在后面具体述说。这里，主要看一下三河之役曾国华死难后，给曾国藩造成的浓重惊疑心理，这为其人的“神秘文化”观又增加了典型的素材。

这要从曾国藩借父丧委军家居期间的相关事情说起。咸丰八年（1858年）四月间，有人在曾国藩家请乩，一开始，就出了个“赋得偃武修文（字谜‘败’字）”的判词。曾国藩正惊讶败字不知何所指，乩判回答说是“为九江言之也，不可喜也”。当时湘军刚取得九江战役的胜利不久，气机正盛，曾国藩仍大惑不解败从何言，乩又判说“为天下，即为曾宅言之”。几个月后，即有了湘军的三河惨败，而覆没之军，正是在九江战役中充当主力的李续宾部湘军，而曾国华也在此役中死难。此事发生后，曾国藩忆起扶乩之事，顿有恍然大悟的感触：“由今观之，三河之挫，六弟（指曾国华）之变，正与‘不可喜也’四字相应，岂非数皆前定耶?”这是曾国藩在咸丰八年（1858年）十一月二十三日的家书中所言，绝非一般的无根无稽之轶闻传说。以后多年间，他又曾在不同场合多次提及此事，以之作为事由命定的例证。而在曾国葆死去当年十二月间的一天，曾国藩为亡弟改写铭旌，忽然闻到“异香满室”，于是感到神奇莫解，这也是曾国藩在家书中所讲，并非故作妄言欺人。

既然事由曾国藩亲身经历，于是，平时并不怎么笃信鬼神怪异的他，“又觉神异不尽虚妄”。说是事情纯属巧合（如扶乩之事）也好，或是出于幻觉（如闻有异香之事）也罢，但起码曾国藩本人认为事情是真实的，他觉得除有鬼神、命定而外找不到别的合适解释。曾国华死于三河之役后，曾国藩惊惧之中追思近年往事，感觉其家“自咸丰年来每遇得意之时，即有失意之事相随而至”，举出咸丰二年（壬子）他获典试江西又得假顺道归省，即闻母亲之讣；咸丰四年（甲寅）冬他率军克武汉、田家镇，“声名鼎盛”又获朝廷之赏，随即便又大败，致“衣服、文卷荡然无存”；咸丰六年之冬、七年之春，其兄弟三人督师于外，“瑞州合围之时，气象甚好”，而遭父亲之丧；“今年九弟（指国荃）克复吉安，誉望极隆”，即有三河之变。有谓“此四事者，皆吉凶同域，忧喜并时，殊不可解”,令人“不免皇皇(惶惶)”①。当然,其“惶惶”之中也并不完全消极,认定应在“听天”的同时而尽人力,说是“祸福有天主之,善恶由人主之。由天主者,无可如何,只能听之;由人主者得尽一分算一分,撑得一日算一日。吾兄弟断不可不洗心涤虑,以求力挽家运”②。无论如何,反正他是摆不脱神秘感的笼罩。

还有曾国藩对风水之事的态度也很典型。所谓“不信地仙”,是“三不信”的项目之一,曾国藩亦曾屡屡表示要承此祖上遗风遗教,但又屡屡违其诺言,表现出不敢不信的无奈。他早年居京期间的住所,自道光二十年(1840年)正月返抵京都到第二年的八月,这二十个月里,改换至少有七次之多。这当然不都是因为风水之事,但也确实有为风水原因的。譬如这期间的最后一次迁移,是由棉花六条胡同搬到绳匠胡同北头路东,就是因为一个“善风水”的相识说棉花胡同的房子冬间不可住,曾国藩便相信了他,寻迁居所。在择房的过程中,又多次邀这位风水先生相看,最后选中绳匠胡同的房子,于八月初六日搬迁。而在此前的初二日,先搬去一张香案,也是专意择取的吉日。对新居曾国藩十分满意,称其“房屋爽垲,气象轩敞”。比较起前在棉花胡同的住房来,是宽绰实用了许多,而在曾国藩的赞语中,不也隐含着“好风水”的意味吗?

还有关于茔地的风水,曾国藩也是很在意的,平时即颇留心。曾国藩在意先人墓地,自然更有孝道因素在内,但毕竟不能不说是迷信风水。不错,曾国藩对看风水的行道和信风水的事情有时表现出很鄙视的态度,如曾说:“地仙(风水先生)为人主葬,害人一家,丧良心不少,未有不家败人亡者。”他在京时听说老家的亲朋中有人想做风水先生,便写信让家人竭力劝阻。然而,他自己却又不能屏绝风水之事。双亲先后故去,曾国藩都因公务在身匆忙安葬,对此他心中一直惴惴不安,要另觅佳地迁葬。他自己请到信得过的地仙审看父母葬地,果真都有“凶煞”,需要尽快迁移,但新地又不是能很快捷轻易地寻妥。为此,曾国藩日夜惦念,焦灼之极。就是正在酝酿觅地迁葬期间,曾国华在三河之役中死难,这更使得曾国藩认为与双亲的葬地不吉可能有关。因为曾国华生前也主张迁葬父母茔地,他之死,更坚定了曾国藩迁葬二老的决心,说

① 《曾国藩全集·家书》,第一册,第449—450页。
② 《曾国藩全集·家书》,第一册,第445页。

“自温弟遇难后，余常以（咸丰）七年择地不慎为悔，故此时求改葬之意尤形迫切”。他写家信切嘱要改葬二亲之坟，说是“如温弟之变果与二坟相关，则改葬可以禳凶而迪吉；若温弟事不与二坟有关，亦宜改葬，以符温弟生平之议论，以慰渠九泉之孝思”①。

经家人多方寻觅，最后认定湘乡二十九都台洲之猫面脑最佳，这里与南岳七十二峰之一的九峰山相连，又在其亲家罗泽南的故里。但此地为夏、洪二姓的争讼之地，据风水先生说，猫面形的这块土地在夏家，但结穴是在洪家。为了平息两家争讼而把地顺利购买到手，曾国藩特意给夏、洪两家写了亲笔信，终于把地买成，于咸丰九年（1859年）八月间将改葬之事办完。这使得曾国藩大感宽慰，专门写信述说此事，感谢在家具体操办的弟弟们，特别是国荃：

> 沅弟到家后，雷厉风行办理改葬大事，启土下肂，俱得吉期，欣慰无量。余在家疚心之事，此为最大。盖先妣卜葬之时，犹以长沙有警，不得不仓卒将事……自葬以后，吾之心神常觉不安，知我先人之体魄亦当有所不安矣。此次改葬之后，我兄弟在外勤慎谦和，努力王事，在家者内外大小，雍睦习劳，庶可保持家运蒸蒸日上乎？沅弟办理此事，为功甚大，兹以国朝名人法书名画扇三十柄奉赠，酬庸之物颇丰。吾父母亦当含笑于九原也。②

其实，曾国藩对茔地风水之事，即使平时也颇在意。譬如后来他于同治七年（1868年）闰四月间，游太湖谒范仲淹墓，便有这样的详记：“墓在太平山之左胁，山质皆石无土，群石矗立，土人名曰万笏，朝天结穴之处，有土方数十丈。其后山石壁立，亦不似吾乡堪舆家所称老山抽嫩枝及落脉举顶云云者，不知何以贵盛久远如此。”可见，他观范墓形势，是从“堪舆”亦即“风水”的角度着眼，最终羡慕而又觉不解的，也是其地风水何以使得范家“贵盛久远如此”。是啊，虽说冥冥无稽，可那时谁不希冀能以一穴之地，给后辈留下福泽呢？只要有条件，谁又不想为先人择个永久安身的“吉地”呢？不只对先人，曾国藩对

---

① 本段中引文见《曾国藩全集·家书》，第一册，第68、465、443页。

② 《曾国藩全集·家书》，第一册，第500页。

己辈的墓地也是很关心的。他晚年就曾延风水先生为自己预看葬地，并曾将择定葬地的后事托付给国荃弟。乃弟果不负约，在曾国藩死后尽力为之寻得葬身的“风水宝地”，是在善化（今长沙）平塘伏龙山之阳。

曾国藩的茔地到底给其后辈带来了怎样的福泽吉安，似乎没有留下多少传说，倒是曾国藩辈上的发迹，给他祖上的茔地平添了莫大的神秘和荣耀。曾国藩的高祖曾辅臣的葬地大界犁头咀，地处高嵋山麓，山势雄伟，林木葱郁，潺潺之水从山后蜿蜒流过犁头咀左侧，到前方名曰团山咀的一座平地突起的圆形小山那里折向东流。这一地形便被传说为极佳的风水处所：作为南岳七十二峰之一的九峰山结穴于犁头咀，而团山咀则是一颗金印，曾国藩挂帅封侯，就是得于此处“坟山贯气”。而曾国藩兄弟因官得财，则被传说是得益于其曾祖父竟希老人葬地“金鸡啄白米”的好风水。这处茔地在荷塘二十四都五区泥鱼坝大西冲水桐托（今属双峰县荷叶乡泥鱼村），其地形原本就像是一只展翅的公鸡，而在葬下竟希老人若干年之后，由于一次山洪暴发溪流改道，在“金鸡”的前方又冲击出一片沙洲，便被说成是供“金鸡”所啄而无竭的“白米”之源。①

曾国藩辈上发迹的既定事实与传说的这种风水由头，究竟是怎样一种因果关系，应该是不言而喻的。不独对“风水”，还有其他诸多“神异”类事情，曾国藩却不能有澄澈的认识，而是限于一种迷惘状态。他有时声称自己生平不信鬼神怪异之说，觉得鬼神空虚无稽；但有时又似乎觉得冥冥之中有一种看不见、摸不着的控制和主宰力量，除了归结于神灵而无更能说服自己的解释。想来，这也不足为怪。在当时那种社会环境和文化氛围中，能有几个人是无神论者？并且，对诸多神灵的祭祀，还是国家礼法所规定的一项重要活动内容呀，九五之尊还要恭而行之，何况臣下。他曾国藩尽管贵为高官军帅，但在好多事情面前也是无能为力的，包括自己和家人的生死康病、祸福凶吉，一个个无可奈何的巨大未知数摆在面前，当陷入困厄的境况中而渴求解脱的时候，平时本来对神异并不笃信的他，也难免要相信和祈求冥冥之中的“异己力量”了。总之，因远不能全然自我主宰命运、不能全然人谋成事而导致的成败祸福叵测的忧惧和困惑心理，使曾国藩对神异，乃至对天命，都处于一种或信或否、亦信亦

① 参见罗绍志、田树德：《曾国藩家世》，第53—54页。

否、似信非信的特别状态。不只是体现在这里侧重论述的“家事”上，在后边所涉他的诸多军政活动中，也将典型地反映出来。

三、“爱民”与“饬军”的俚俗宣教

“三河之变”带给了曾国藩莫大的惊惧与哀痛，自然也更加深了他对太平天国方面的仇恨。在紧张地应对各路军事，竭力“剿贼”报仇的同时，此期曾国藩还努力整饬军队，特别是进行“纪律”教育。此期他写下了题为《爱民歌》的施教篇什，可谓一篇很典型的文献。其开篇便言明宗旨：

三军个个仔细听，行军先要爱百姓。
贼匪害了百姓们，全靠官兵来救人。
百姓被贼吃了苦，全靠官兵来作主。

看，俨然是把他的部队打扮成了爱民、救民的“菩萨军”。而把太平军说成了祸害百姓的贼匪。这是“定性”。下边是分条的纪律要求：

第一扎营不要懒，莫走人家取门板。
莫拆民房搬砖石，莫踹禾苗坏田产。
莫打民间鸭和鸡，莫借民间锅和碗。
莫派民夫来挖濠，莫到民家去打馆。
筑墙莫拦街前路，砍柴莫砍坟上树。
挑水莫挑有鱼塘，凡事都要让一步。

第二行路要端详，夜夜总要支帐房。
莫进城市占铺店，莫向乡间借村庄。
人有小事莫喧哗，人不躲路莫挤他。
无钱莫扯道边菜，无钱莫吃便宜茶。
更有一句紧要书，切莫掳人当长夫。

一人被掳挑担去，一家号哭不安居……

第三号令要严明，兵勇不许乱出营。
走出营来就学坏，总是百姓来受害。
或走大家诈钱文，或走小家调妇人。
邀些地痞做伙计，买些烧酒同喝醉。
逢着百姓就要打，遇着店家就发气。
可怜百姓打出血，吃了大亏不敢说……

歌中还特别着意将所谓“官兵”和“贼匪”的“行为”严格区分，强调不能混同：

官兵贼匪本不同，官兵是人贼是禽。
官兵不抢贼匪抢，官兵不淫贼匪淫。
若是官兵也淫抢，便同贼匪一条心。
官兵与贼不分明，到处传出丑声名……

其最后是这样作结的：

我的军士跟我早，多年在外名声好。
如今百姓更穷困，愿我军士听教训。
军士与民如一家，千记不可欺负他。
日日熟唱爱民歌，天和地和人又和。①

据说，当时这《爱民歌》兼作为曾国藩所部兵勇的识字课本，每天只教一二句，使学的人先识字，后晓义，最后全认识并记诵下来，警诫自己，照此力行。可见曾国藩的深切用心，绝非仅为装潢门面。自练湘军之初，曾国藩鉴于“官兵”纪律的废弛和败坏，即坚意矫之。他在咸丰三年（1853 年）九月致调任山

① 《曾国藩全集·诗文》，第 429—430 页。

东巡抚张亮基的一封信中说,“只以近日官兵在乡,不无骚扰”,“民间倡为谣言,反谓兵勇不如贼匪安静。国藩痛恨斯言,恐民心一去不可挽回,誓欲练成一旅,秋毫无犯,以挽民心而塞民口”,集兵勇就此反复说教,“冀其不扰百姓,以雪兵勇不如贼匪之耻,而稍变武弁漫无纪律之态”①。曾国藩所谓“痛恨”的“谣言”,其实并不是虚假之话。清军的扰民害民是惯常的事情,已经成为一种痼疾。相比之下,太平军确实是注意群众纪律的。起义之初洪秀全颁布《五大纪律诏》,其中一条就是“秋毫莫犯”②。在实际上也真能比较亲民,而受到民众欢迎。有当时流传下来的如此歌谣:“洪杨到,百姓笑,白发公公放鞭炮,三岁孩童扶马鞍,乡里大哥吹号角。”另有一将“长毛”与“清兵”进行“好”、“坏”对比的歌谣:“长毛‘坏’,长毛‘坏’,百姓不空半文债,三餐茶饭吃得饱,晚上睡觉有被盖。清兵‘好’,清兵‘好’,弄得百姓吃不饱,卖掉棉衣交捐税,晚上睡觉滚稻草。”③这岂不正是反映了曾国藩所说的“兵勇不如贼匪”的情况?尽管他不好明确认可其真确,但显然知晓其来由并不尽虚,所以为此感“耻”而欲雪。

这并非是他故作姿态。浸润于儒家文化中的所谓“民本思想”,是从乃辈臣工到其君主都会沦肌浃髓的,起码也能当作“金字招牌”来使用。清朝廷的所谓“敬天法祖,勤政爱民”的训条里,不也有“爱民”的义项吗?曾国藩的“爱民”言论,也是一贯性的。在他居职京官期间所上《备陈民间疾苦疏》,就不失为一个典型文本。此疏开篇,就宣明所陈为“仰副圣主爱民至怀”。接下来置论:“国贫不足患,惟民心涣散,则为患甚大。自古莫富于隋文之季,而忽致乱亡,民心去也;莫贫于汉昭之初,而渐致乂安,能抚民也。”这是从历史来印证“民”为“国”本的定则。随后具体论列导致现实民间疾苦的大端:一曰“银价太昂,钱粮难纳”;二曰“盗贼太众,良民难安”;三曰“冤狱太多,民气难伸”。至于其人为根源,他不是归结于朝廷,而是归结于“外间守令”的“玩视民瘼”,吁请“皇上申谕外省,严饬督抚,务思所以更张之”。应该说,他揭示的民间疾苦的种种表现并不为虚,而在根源的推究上不免隔靴搔痒。不过,无论如何也

① 《曾国藩全集·书信》,第一册,第208页。

② 太平天国历史博物馆编:《太平天国文书汇编》,第31页。

③ 《中国歌谣选》,第一集(近代歌谣),上海文艺出版社1978年版,第28、34—35页。

否定不了这是特定背景下的一种“爱民”思想的反映。及至若辈投身镇压太平天国起义,同样是以“爱民”来高调标榜。这从《讨粤匪檄》的文告中,就能体现得很“透辟”。他在家书中也惯有这类表白,说自己带兵打仗,“即以爱民为第一义”,“寸心总不敢忘爱民两个字”。再看其丁父忧乡居期间,给乃弟国荃的诸多信函中,嘱其需特别着意的事情,虽说将战守军务放在第一位,但“爱民”一项还是念念不忘,仅置其次的。及至后来他在两江总督任上,派李鸿章为“东援”统帅进驻上海,表示对其具体军务“不遥制也”,但特别训诫:“爱民乃行军第一义,须日日三令五申,视为性命根本之事,毋视为要结粉饰之文。”①

然而,其所爱之“民”,又铁定地是有特指范围的,即只能为其心目中的“良民”、“顺民”、“规矩之民”,而不是“莠民”、“逆民”、“作乱之民”。对后者,不但不会爱,而且要毫不留情地惩治乃至剿杀。其严酷,从前述办“团练”时的有关情况即可见一斑,从《讨粤匪檄》的文告中,也同样体现得十分“透辟”。即使作《爱民歌》施教的这个时候,对“乱民”的仇恨之深和除治之酷,也不会有稍减。若辈的这种“恨”与“爱”、“仁”与“酷”之间,存在矛盾和悖论吗?从稍后曾国藩给同为带兵打仗的国荃、国葆两弟的信中的一番话,就完全可以得到破解。这是就他们所部“出队以护百姓收获”以及曾为民“散耕牛籽种”的事情为话题,引申说来的:“吾辈不幸生当乱世,又不幸而带兵,日以杀人为事,可谓寒心,惟时刻存一爱民之念,庶几留心田以饭子孙耳。”②正是基于这种认识,看似矛盾与悖论的事情,也就很自然地统一和弥合为一体了。对于今人来说,在这个问题上,“阶级分析法”诚不失为解惑破疑的金钥匙。

曾国藩对特定对象进行宣传、教化的“文本策略”,也是颇有关注价值的。当年的“蚩蚩之民”,以及主体上是募集于“山农”的湘军兵勇,都罕有识文断字者。对他们进行宣传教化,曾国藩擅长的“古文辞”就难派上用场,从实效着想,自然需要不识字者一听就懂、初识字者看得下来的篇什。像《爱民歌》自然就是非常典型的,不但通俗易懂,而且采用歌谣形式,易诵易记,也容易激发人的兴趣。其实,在这方面《爱民歌》并非绝无仅有的特例,相关形式和内

① 《曾国藩全集·书信》,第四册,岳麓书社1992年版,第2660—2661页。

② 《曾国藩全集·家书》,第一册,第548—549页。

容的宣传品在曾国藩手下炮制出多件，除了前边曾引及的《保平安歌》之外，还有咸丰五年（1855 年）在江西南康水营作的《水师得胜歌》，咸丰六年（1856 年）在南昌作的《陆军得胜歌》，则是典型的激励军士的篇什，择录其一些词句示例。《水师得胜歌》中有云：

三军听我苦口说，教你水战真秘诀。
第一船上要洁净，全仗神灵保性命。
早晚烧香扫灰尘，敬奉江神与炮神。
第二湾船要稀松，时时防火又防风。
打仗也要去得稀，切莫拥挤吃大亏。
第三军器要整齐，船板莫粘半点泥……
第四军中要肃静，大喊大叫须严禁……
第五打仗不要慌，老手心中有主张。
新手放炮总不准，看来也是打得蠢。
远远放炮不进当，看来本事也平常。
若是好汉打得进，越近贼船越有劲。
第六水师要演操，兼习长矛并短刀。
荡桨要快舵要稳，打炮总要习个准……
第七不可抢贼赃，怕他来杀回马枪。
又怕暗中藏火药，未曾得财先受伤。
第八水师莫上岸，止许一人当买办。
其余个个要守船，不可半步走河沿。
平时上岸打百板，临阵上岸就要斩。
八条句句值千金，你们牢牢记在心。
我待将官如兄弟，我待兵勇如子侄……
仔细听我《得胜歌》，升官发财笑呵呵。①

《陆军得胜歌》中有云：

① 《曾国藩全集·诗文》，第 426—427 页。

三军听我苦口说，教你陆战真秘诀。
第一扎营要端详，营盘选个好山冈。
不要低洼潮湿地，不要一坦太平洋。
后有退步前有进，一半见面一半藏……
第二打仗要细思，出队要分三大支。
中间一支且扎住，左右两支先出去……
第三行路要分班，各营队伍莫乱参。
四六队伍走前后，锅帐担子走中间……
遇着树林探村庄，遇着河水探桥梁。
遇着岔路探埋伏，左边右边都要防……
第四规矩要肃静，有礼有法有号令……
不许吸烟并赌博，不许高声大喧哗。
奸淫掳掠定要斩，巡更传令都要查……
第五军器要整齐，各人制件好东西……
第六兵勇要演操，清清静静莫号嘈。
早习大刀并锚子，晚习扒墙并跳濠……
者个六条句句好，人人唱熟是秘宝。
兵勇甘苦我尽知，生怕你们吃亏了。
仔细唱我《得胜歌》，保你福多寿又多。①

除了对自己军队宣教利用的这种歌谣之外，后来还有专门对敌宣传、为蛊惑和瓦解太平军而作的《解散歌》。其中有云：

莫打鼓来莫打锣，听我唱个解散歌。
如今贼多有缘故，大半都是掳进去。
掳了良民当长毛，个个心中都想逃。
官兵若杀胁从人，可怜冤枉无处伸。

① 《曾国藩全集·诗文》，第427—429页。

接下来的谣词大意，是列举被“掳”之人在太平军遭受的种种苦难，如“挑担”、“搬柴”、“上战场”，无衣、无鞋留长发，被打烂皮肉，与家人断绝联系，弄得妻离子散，又逃跑不得，“种种苦情说不完，说起阎王也心酸”。与此形成鲜明对照，则是曾国藩作出的种种“宽大”承诺：

我今到处贴告示，凡是胁从皆免死。
第一不杀老和少，登时释放给护照。
第二不杀老长发，一尺二尺皆遣发。
第三不杀面刺字，劝他用药洗几次。
第四不杀打过仗，丢了军器便释放。
第五不杀做伪官，被协受职也可宽。
第六不杀旧官兵，被贼围捉也原情。
第七不杀贼探子，也有愚民被驱使。
第八不杀捆送人，也防乡团捆难民。

既然承诺了这么多“不杀”，那你们还不该放心吗？快快“解散”吧！真这样，岂不是应了“苦海无边，回头是岸”的佛家语了：

人人不杀都胆壮，各各逃生寻去向。
贼要聚来我要散，贼要掳来我要放。
每人给张免死牌，保你千妥又万当……①

如果说，前边说到的军纪方面的“爱民”教育，不管其实效如何，不管湘军纪律的实际情况怎样，曾国藩为了争取民众的需要，并且也是出于儒家“民本”思想，还不免有较多一点真情实意的话，那么，《解散歌》的内容上，则恐怕就不仅是“策略”居上，甚至不乏说谎欺骗的成分了。一方面，是对太平军中“苦难”的肆意造作和渲染；另一方面，就是对己方“仁慈”的随意夸饰。事实上，湘军对杀降通常做得是颇为过分的。曾国藩忧居期间，接到胡林翼、李续

① 《曾国藩全集·诗文》，第431页。

宾关于克复九江的递报，他在给国荃弟信中激奋地说："屠戮净尽，三省官绅士民同为称快"[①]！其实，不止九江战役，湘军的各大战役中，攻下城池之后，每每对俘虏的太平军，包括投降者，采取"屠戮净尽"，以免后患的残酷手段。这在以后曾国藩亲自部署和指挥的一些战役的结局情况，可得进一步印证。不过，无论如何，这个时候《解散歌》还是发挥了作用，曾国藩党人说它"流布陷贼之境，于难民之久困贼中者曲达其苦衷。士民读之，莫不感泣，因此而自拔来归者颇多"[②]。稍后，曾国藩曾将此歌与《陆军得胜歌》从文字（自然也连及意境）上比较，说"《陆军得胜歌》冗长而欠精当，异日当另为之；《解散歌》则得意之笔，而不获一字之褒。即此一端，亦足见人心之不平，而天心未必厌乱矣。可胜感叹"[③]！可见，曾国藩对这类宣传品从形式到内容及他人评价，都是颇为在意的，抱有很高的期望值。

曾国藩的俚俗宣教所使用的，不仅仅限于歌谣体文本，也有散文体通俗宣传品的炮制。譬如他有为晓谕新募勇员所作的文告，即颇典型。这是他咸丰四年（甲寅）写下的。除了前边第三章中曾引及的，"本部堂招你们来充当乡勇，替国家出力"云云一段话，即系出自此篇之外，接下来还有这样的语句：

于今要你们学习拳棍，是操练你们的筋力；要你们学习枪法，是操练你们的手脚；要你们跑坡跳坑，是操练你们的步履；要你们学习刀、矛、钯、叉，是操练你们的技艺；要你们看旗帜、听号令，是操练你们的耳目；要你们每日演阵，住则同住，行则同行，要快大家快，要慢大家慢，要上前大家上前，要退后大家退后，是操练你们的行伍，要你们齐心。你们若是操练得筋力强健，手足伶俐，步履便捷，技艺纯熟，耳目精明，而又大家齐心，胆便大了。一遇贼匪，放炮的放炮，放枪的放枪，刀、矛、钯、叉一齐上前，见一个杀一个，见十个杀十个，那（哪）怕他千军万马，不难一战成功。你们得官的得官，得赏的得赏，上不负皇上深仁厚泽，下可谓本部堂一片

---

① 《曾国藩全集·家书》，第一册，第386页。

② 黎庶昌：《曾国藩年谱》，第129页。

③ 曾国藩：《复李续宜》，《曾国藩全集·书信》，第三册，第2141页。

苦心。①

看,这与今天的白话文有何区别?它不但文体上白得到家,内容也“实在”得可以。千万莫小瞧作者的这一手,这可谓其“经世致用”的一个不简单招数。作为进士出身、晚清桐城文派掌门人物的曾国藩,为了镇压太平天国宣教上的需要,在那个官书文告以文言为正统的年代,能够放下架子,来有的放矢地做系列性的、成规模的俚俗宣教,这离不开维护清王朝政治的“自觉”,也是文化上的“开豁”。仅就文体方面而言,在晚清白话文逐步发展的过程中,它应该算得上有先导意义的一个初阶。及至清末,官方对民间的文字宣教,出现一个俚俗体的小高潮,且不说那有否与曾国藩这时做法的直接关联,起码可以说曾国藩这时已创造出了可资借鉴的样板。而与当时敌对一方的太平天国方面相比,也有着某种类似性。太平天国领导人的“文化水平”乃至更具体的“文字水平”,自然没法与曾国藩辈相比,它的官方文献总体上就必然相对俚俗。而在该方已算得上“文杰”之辈的干王洪仁玕,不就明确提倡“文以纪实”、“朴实明晓”的文风吗?政治上、军事上的对手,却同样面临着通过切实有效地宣教来争取民众、凝聚军心的需要。从这个意义上说,它们于此也就有着“异工同曲”之妙了。

四、羽檄交驰不废学

上述曾国藩的“弄文”,当然是为了更好地“经武”。羽檄交驰,戎马倥偬,自是这位湘军大帅的惯常生活环境。可谁能想到,在这种环境中,他曾国藩胸中还能常萦“正经”的学事,甚至是操作阶段总结性的“工程”呢?可的确他是如此做了。

戎帐之中,读书仍是曾国藩的常课之一。仅从咸丰八年(1858 年)九月至咸丰九年(1859 年)六月,曾氏相继驻江西建昌和抚州的大约十个月的时间里日记中所记载的情况,即可见一斑。此间他的功课可以分成“温经”和“阅书”

① 《曾国藩全集·诗文》,第 452—453 页。

两大类。四书五经之类,对于曾国藩来说,在其心目中不知是过了多少遍筛子的了,可他还是要时常温习。此间他温习的起码有《论语》、《孟子》、《大学》、《易》、《书》、《诗》、《春秋左传》等。其"阅书"的内容更颇显广泛。当然,有的书可能是新读,有的则也属重温。涉及的种类,一为史籍,如《史记》、《汉书》、《后汉书》等;二是诗文纂集类,如《文选》、《唐宋诗醇》、《古文辞类纂》以及韩愈、杜牧、姚鼐、梅曾亮等人的诗文集,此外还有戴震、李绂、彭昱尧等人的集子;三是经史考释类,像王念孙的《读书杂志》和王引之的《经义述闻》、《经传释词》等;四是杂著杂辑类,有《世说新语》、《步天歌》①、《日知录》、《古今逸史》②等。

当然,这些书他不可能都从头至尾地通览,有些只能是选读而已。即使如此,也可见其量不少。从其类别上分析,再结合其前后更长时段的情况,则可一窥曾国藩日常读书的范围和意趣:古圣经典常温不懈,前三史为史乘中的首选,诗古文类始终为他格外看重,考据类著述他也不放弃研读,杂著杂集类亦不鄙弃。可以说,他阅读的视野颇宽,兴趣也十分广泛,甚至不乏出"道学"之格的表现。不只是《世说新语》在此期成为曾氏的玩味之品,其实,早在京师居翰苑期间,他阅读的书籍中即不乏稗官小说之类。譬如说《绿野仙踪》就曾成为他案头、枕边之物,甚至曾显出着迷的迹象,有时竟能看到半夜三更。他在道光二十年(1840 年)十一月初六和十四日的日记中,就留下了这方面的佐证。还有知情者"揭发",曾国藩稍后居职两江总督时的书房里备有《红楼梦》,被戏称"总督衙门里藏有私盐"。晚年时,他还曾向老弟们推荐纪晓岚的《阅微草堂笔记》,如在同治十年五月间的信中,即言及"该书多言狐鬼及因果报应之事","长沙如有可买,弟亦可常常阅之"。

今人有注意到这种情事者,作评曰:"《红楼梦》说的是小儿女情爱,《阅微草堂笔记》记的是狐仙鬼怪,都与圣人之教相抵牾。曾氏好读此类书,可见他不迂腐,不呆板,不是一个里里外外彻底理学化的迂夫子"③。如此看曾国藩

---

① 《步天歌》,相传为隋丹元子撰,也有说为唐王希明所作,内容是关于观测星象的,以七字的韵语写成,便于记诵。

② 《古今逸史》为明吴琯校刊的丛书,收集历代流传不多的书籍,分逸志、逸记两大类,凡55 种。

③ 《唐浩明评点曾国藩家书》,下册,第 424 页。

倒也对，不是早有人说曾老夫子“假道学”吗？更仔细想来，这方面的几多真假，自然不能只从这类“小节”上据以判定，他这个人恐怕跟他标榜的道学一样复杂。至于说“红楼”与“阅微”两书，前者的确很触道学家之忌，被视为教唆“意淫”的典型；而后者，却未必真是“悖道”之作。诚然，纪老夫子是个“不喜以心性空谈，标榜门户”①的人，他的这部笔记里所述鬼狐精怪之类，表面上看亦在“子不语”的范围，并且他个人也曾就此宣告：“传语洛闽门弟子，稗官原不入儒家”②。但是，正如知情者所言，一部“阅微”，尽管“俶诡奇谲，无所不载，洸洋恣肆，无所不言”，但“大旨要归于醇正，欲使人知所劝惩”③，终归亦是承载纲常名教之“道”的。多年着力于由文窥道、以文证道的曾国藩，不会体察不到个中三昧。由此看来，他推荐“阅微”自有深意所在，恐不算是离经叛道，至多是来点“寓教于乐”的把戏而已，与督府“私盐”之藏，恐怕得算两码事儿。

当然，像《阅微草堂笔记》这类书籍，是入不了曾国藩心目中“圣经”之列的。那么，在自古以来浩如烟海的群籍之中，他认定哪些人的撰著是最值得着重习读的呢？这不，在咸丰九年（1859 年）新正，曾国藩在建昌大营（他居府衙），利用几天的时间，撰写了治学纲要性质的《圣哲画像记》，作出了答案。他这样做，是在所谓“军旅驰驱”、“丧乱未平”之际，自感“驽缓多病，百无一成”，尤其是学事“益以芜废”④，回顾起个人的读书治学生涯，也挂念后辈的为学之路，想一方面对自己治学的体会认识进行一番清理总结，一方面对后辈的学习指点迷津。于是，选择所谓古今“圣哲”三十余人，让时正当弱冠之年、在写字绘画上已有小成的儿子纪泽绘其遗像，自己则配作《圣哲画像记》这篇文字，藏之家塾，以供后辈读书中有所依傍，不致浩瀚书海中茫无所择。

准确地说，曾国藩所选“圣哲”为三十二家三十三人⑤。是按照姚鼐对

① 盛时彦：《阅微草堂笔记·序》，《纪晓岚文集》，第二册，河北人民出版社 1991 年版，第 1 页。

② 纪昀：《诗二首》，《纪晓岚文集》，第二册，前置页。

③ 盛时彦：《阅微草堂笔记·序》，《纪晓岚文集》，第二册，第 1 页。

④ 曾国藩：《圣哲画像记》，《曾国藩·诗文》，第 247 页。

⑤ 程颢、程颐兄弟一家两人。曾氏文中亦说三十二人，人多因之，当有误会。徐凌霄、徐一士兄弟对此曾有考论，指出当年曾见图画的俞樾在《春在堂随笔》中对此即有纠正，指明为“三十三子”（见《曾胡谈荟》，第 89—90 页）。黎庶昌为曾国藩所作年谱中亦明确说是“三十三人”（见岳麓版该书第 104 页）。

“学问之事”划分的义理、考据、文章(或言辞章)三者进行分类。但认为像周文王、周公、孔子、孟子这样的圣人,还有左丘明、庄子、司马迁、班固这样的才俊,不能仅仅将其归于某个方面,他们是综合性、全面性的人物。像诸葛亮、陆贽、范仲淹、司马光是以德行而兼政事,周敦颐、程颢、程颐兄弟、张载、朱熹主要是德行,他们八家九人都可归于“义理”一类。特别值得注意的是,这中间显然纳入了“经济”(“政事”典型属之)。韩愈、柳宗元、欧阳修、曾巩、李白、杜甫、苏轼、黄庭坚划入“词章”类。许慎、郑玄、杜佑、马端临、顾炎武、秦蕙田、姚鼐、王念孙则归于“考据”类。并且编成四字韵谣:

> 文周孔孟,班马左庄,
> 葛陆范马,周程朱张,
> 韩柳欧曾,李杜苏黄,
> 许郑杜马,顾秦姚王。
> 三十二(三)人,俎豆馨香
> 临之在上,质之在旁。①

由此即可见业已定型的曾国藩的学术观之大概。如果说他这里开出的是一份“常备菜单”的话,那么,此外还有“特选配方”。在作《圣哲画像记》三个多月前的咸丰八年(1858 年)九月间,曾国藩给儿子纪泽的信中有这样一番论说:

> 自五经外,《周礼》、《仪礼》、《尔雅》、《孝经》、《公羊》、《穀梁》六书自古列之于经,所谓十三经也……十三经外最易熟者莫如《史记》、《汉书》、《庄子》、韩文四种。余生平好此四书,嗜之成癖,恨未能一一诂释笺疏,穷力讨治。自此四种而外,又如《文选》、《通典》、《说文》、《孙武子》、《方舆纪要》,近人姚姬传(按:姚鼐字姬传)所辑《古文辞类纂》,余所抄十八家诗,此七书者,亦余嗜好之次也。凡十一种,吾以配之五经四书之后。而《周礼》等六经者,或反不知笃好,盖未尝致力于其间,而人之性情

① 曾国藩:《圣哲画像记》,《曾国藩全集·诗文》,第 252 页。

各有所近焉尔。①

曾国藩于此明确表示，十三经中只对与四书并称的五经感兴趣，其余六经“不知笃好”，四书五经之外再加上开列出的其他十一种，就是他的首选书目。及至咸丰九年(1859年)四月间，也就是在完成上引信文大约七个月、撰成《圣哲画像记》大约三个月之后，曾国藩在给纪泽的信中，所言自己最喜好书籍的种数又有精简，将四书五经之外者由前言十一种压缩到八种，即去掉了《说文》、《孙武子》、《方舆纪要》，并将《通典》调换成《通鉴》。②

从这前后两个“特选配方”来看，都比《圣哲画像记》中开列的“常备菜单”更为简约。繁中求简，这是曾国藩读书治学的一个重要方法。他撰写《圣哲画像记》的主旨，也正是为了作此指点，有谓：“书籍之浩浩，著述者之众，若江海然，非一人之腹所能尽饮也，要在慎择焉而矣”；又如用餐，“庶羞百味，罗列鼎俎，但取适吾口者，哜之得饱而已。必穷尽天下之佳肴辩尝而后供一馔，是大惑也；必强天下之舌，尽效吾之所嗜，是大愚也”③。显然其主旨就是要以“慎择”来破惑防愚。这个“慎择”，一方面是质与量上的精选，另一方面则是选取适合自己口味和兴趣者。既不能贪多求全，也要懂得因人而异，不能将自己的标准强加于他人，否则便是惑、是愚。这应说是曾国藩所倡读书方法的精要所在。

试想，质与量上的求精，显然与其人一贯强调的“专”字诀是相辅相成的。泛骛便谈不上专，而专了自有助于精。他就是在《圣哲画像记》中，有关于读书专精的这样一番论说：“譬若掘井九仞而不及泉，则以一井为隘，而必广掘数十百井，身老力疲，而卒无见泉之一日。其庸有当乎?”④另一方面，选择适合自己口味、兴趣者，又是与达到曾氏所体察描述的“涵泳”之绝妙境界分不开的：

“涵泳”二字，最不易识。余尝以意测之，曰：涵者，如春雨之润花，如

① 曾国藩：《谕纪泽》，《曾国藩全集·家书》，第一册，第430页。引录标点有改易。

② 曾国藩：《谕纪泽》，《曾国藩全集·家书》，第一册，第477页。

③ 曾国藩：《圣哲画像记》，《曾国藩全集·诗文》，第248、249页。

④ 见《曾国藩全集·诗文》，第251页。

清渠之溉稻。雨之润花,过小则难透,过大则离披,适中则涵濡而滋液;清渠之溉稻,过小则枯槁,过多则伤涝,适中则涵养而浡兴。泳者,如鱼之游水,如人之濯足。程子谓鱼跃于渊,活泼泼地;庄子言濠梁观鱼,安知非乐,此鱼水之快也。左太冲有"濯足万里流"之句,苏子瞻有夜卧濯足诗,有浴罢诗,亦人性乐水者之一快也。善读书者,须视书如水,而视此心如花如稻如鱼如濯足,则涵泳二字,庶可得之于意言之表。①

曾国藩把"涵泳"一词拆开来解,以春雨润花、清渠溉稻的水量适中使之受益的情境来喻之以"涵",以鱼跃于渊的活泼快乐、人濯足洗浴的舒适惬意来解之以"泳",生动传神而又意味深长,没有自己如此的切身体验,是无法这样传达出来的。想来,因为"涵泳"一词是曾氏所嗜好的作品中从不尽相同的意义上多用到的②,他体察玩味得入情入境,故能灵活而有创意地用于对一种特别读书意境的传达。

从宏观层面而言,对于进入"涵泳"意境,曾国藩开出的"常备菜单"和"特选配方",不论从"水"之适量还是兴致、愉悦的产生条件来说,起码曾氏自己觉得是很有帮助的,不啻破惑防愚的一道"神符"。

需要特别一说的是,两份"特选配方"中,都是搁在最后"押轴"位置的"两道菜肴",一是姚鼐选编的《古文辞类纂》,一是曾国藩自己选编的《十八家诗钞》。

先说《十八家诗钞》。前边不是述及曾国藩在京时就有纂集《曾氏读古文钞》和《曾氏读诗钞》两书的成熟计划吗?后者就落实为这《十八家诗钞》。此为曾国藩在"治诗古文"的过程中,对自己认为的有代表性诗作的选集。定本凡二十八卷,录辑诗作六千五百九十九首,所谓十八家者,为曹植、阮籍、陶渊明、谢灵运、鲍照、谢朓、李白、杜甫、王维、孟浩然、韩愈、白居易、李商隐、牧杜、苏轼、黄庭坚、陆游、元好问。可见作者时代是从三国到宋、金,以唐代者为最

① 曾国藩:《谕纪泽》,《曾国藩全集·家书》,第一册,第409页。

② 如在《文选》中左太冲(思)的《吴都赋》、韩愈文集中的《禘祫议》篇、《朱子语类·性理》当中,起码分别从"水中潜行"、"沉浸"、"深入体会"的意义上用到过。曾国藩对有关篇章、语句当是很熟悉的。

多。诗的体裁上,包括五言和七言古诗、五言和七言律诗、七言绝句。这可以说曾国藩对诗开列出的“专席菜单”。至于这里边他自己最喜好和着力学习的,是杜甫、韩愈、苏东坡、黄庭坚、李商隐五家。其具体情况,曾氏本人居翰苑期间就有这样一番剖白:“吾于五七古学杜、韩,五七律学杜,此二家无一字不细看。此外则古诗学苏、黄,律诗学义山(按:李商隐字义山),此三家亦无一字不看。五家之外,则用功浅矣。”①于此,他以后似乎也无大变化。故《十八家诗钞》对以上五家作品的选录,也是特别着重的。

再说《古文辞类纂》。该书是姚鼐所编的古文选集,是体现其人古文学术观的重要文本。从其所选文章的作者及时代,可以窥察他直承本朝刘大櫆、方苞,近法明朝归有光,远绍唐宋八家的文统脉络;从其分门别类编纂的情况,则可看出他对文章乃至“学问”范畴的一个大体的认识。该书对当时和其后古文门派的影响很大,曾国藩对它更是非常重视,并且在继承的基础上有所改造和发展,编纂《经史百家杂钞》,便是前说《曾氏读古文钞》的落实本,从中可体察曾国藩古文学术观的意蕴所在。将姚、曾两氏编本比较观照,有关情况更能明晰。

曾国藩纂辑《经史百家杂钞》,目的在于“以见古文源流,略师桐城姚氏鼐之意而推广之”。纂辑时间是在他作《圣哲画像记》后一年多的咸丰十年(1860年)二至三月间,当时他正在安徽宿松营次,军情十分紧张。故知情者因此感慨其“虽羽檄交弛,而不废书史”②。关于该书与姚氏《古文辞类纂》的异同,曾国藩本人有一个提纲挈领的说明:

> 姚姬传氏之纂《古文辞》,分为十三类。余稍更易为十一类:曰论著,曰词赋,曰序跋,曰诏令,曰奏议,曰书牍,曰哀祭,曰传志,曰杂记,九者,余与姚氏同焉者也。曰赠序,姚氏所有而余无焉者也;曰叙记,曰典志,余所有而姚氏无焉者也;曰颂赞,曰箴铭,姚氏所有,余以附入辞赋之下编;曰碑志,姚氏所有,余以附入传志之下编。论次微有异同,大体不甚相远,后之君子以参观焉。

---

① 曾国藩:《致澄弟温弟沅弟季第》,《曾国藩全集·家书》,第一册,第108页。
② 见黎庶昌:《曾国藩年谱》,第112页。

由此，两家分类上的异同大致可见。曾氏编本中又把他所分的十一类归纳在三“门”里：论著、词赋、序跋三类归为“著述门”；诏令、奏议、书牍、哀祭四类归为“告语门”；传志、叙记、典志、杂记四类归为“记载门”。其实，较比姚纂，曾氏新编这种分类上的增删调整，并不仅仅涉及体裁形式本身的问题，最根本的还是由收文内容上改进的需要来决定的。

其内容上的特点起码有下述三点值得特别注意：

一是鉴于所谓“近世一二知文之士纂录古文，不复上及六经”，名义上为“尊经”，但不免是数典忘祖的弊端，曾氏“抄纂此编，每类必以六经冠其端”，体现推本溯源、万流归宗之意；二是鉴于姚纂说是“以为史多不可胜录”而不收史传，但在有些类别中又避免不了从史籍中录文的情况，曾氏编本中名正言顺地“采辑史传稍多”①；三是选录了更多“经济”内容的文章。据统计，《经史百家杂钞》共收设七百余篇目，除对经史名典节录之外，还涉及由汉至宋诸多诗文名家的作品。该选本对后世颇有影响，早年毛泽东即很表推重，在致友人信中尝言：“顾吾人所最急者，国学常识也……今欲通国学，亦早通其常识耳。首贵择书，其书必能孕群籍而抱万有。干振则枝披，将麾则卒舞。如是之书，曾氏‘杂钞’其庶几焉。是书上自隆古，下迄清代，尽抡四部精要。”②

可见，这个时期曾国藩在军务倥偬之中还兼致力的学事，主要是在诗古文方面，并且显出对考据越来越重视的迹象，特别是对王念孙父子称道备至，认其“经学为本朝之冠”；说“余于国朝大儒，除顾亭林之外，最好高邮王氏之学”。他并且极力督教纪泽儿效法王氏治学方法和路径，写信告以凡王氏父子考订之各种著述，凡家中无有者，可开单告知，“当一一购得寄回”；又向儿子列数当然包括王氏在内的本朝诸汉学大家，称其“风会所扇，群彦云兴”，嘱以“有志读书，不必别标汉学之名目，而不可不一窥数君子之门径”；甚至向儿子剖白心迹说，自己“早岁笃志为学”，一直想仿顾炎武、王念孙辈之方法，对所喜好之书“贯串精通，略作札记”，“今年齿衰老，时事日艰，所志不克成就，中夜思之，每用愧悔”，“儿若能成吾志”，“则余欢欣快慰，夜得甘寝，此外别无

---

① 连同前独段引文，见曾国藩编纂：《经史百家杂钞》，上册，河北人民出版社 1996 年版，《序例》第 1—3 页。

② 毛泽东：《致萧子升信》，《毛泽东早期文稿》，湖南出版社 1990 年版，第 24 页。

所求矣”[①]！可谓言之殷殷，绝非矫饰。知情者说曾国藩一生有几个方面的“三变”，其中“学问”方面是“初为翰林词赋”，继而“究心儒先语录”，再后“又为六书之学，博览乾嘉训诂诸书，而不以宋人注经为然”[②]。也就是说有一个从词赋转到宋学再转到汉学的一个变化过程。的确，起码在这个时候，他对汉学的注重是很明显的了。当然，曾国藩对利用考据阐证义理的原则始终没有放弃，对那种过于烦琐细碎的考据也一直颇有微词，言其“枝之蒐而忘其本，流之逐而遗其源”[③]云云。作此语，是在其人去世前多半年的同治十年（1871年）六月[④]。

无论如何，以操理军政为主业的曾国藩，确实仍丢不掉读书治学的情结。这绝不是他故意矫揉造作，装潢门面，而是基于一种根深蒂固志趣的驱使。这从他平日爱书成癖的一些行为方式中也可进一步得到印证。朋友赠送书籍，在他是最喜欢的礼品，往往高兴地在日记中详记下来。身在戎帐之中托亲朋购书亦是经常之事，甚至还专门派员外出批量购书。譬如他咸丰九年（1859年）正月二十五日记中，就有“开书目交庄委员晋省买书”的记载，及至二月初七日又记下买到寄来的“书一篓”，“内有《五代史记注》、《毛诗古韵考》、《屈宋古音义》、卢刻《国策》、纪效《新书》、《唐诗纪事》等书，外附徽墨二匣，皆收存”。也许是被委派购书人员更了解了曾国藩的好书癖吧，到五月间又自行送曾氏《宋诗纪事》、初印王引之（伯申）《经传释词》、朱彬《经传考证》、《杨文定集》各一部。尽管当时曾国藩患严重眼疾，还是禁不住马上就开卷阅读，在该月二十四日的日记中记下心得。从这时他收存、阅读的书籍品种看，可见是以“汉学”类为主。

曾国藩每到一个地方，若得知有藏书大户，辄心向往之。在建昌大营期间，他听说四五十里之遥的南城东乡上塘圩地方李家，购藏书籍达数万卷，战乱环境中竟没有损失，便带上有关幕客，在地方官的陪同下专程前往观览，惊羡所藏不但量大，“亦多佳本”，又叹“吾邑尚无此巨室耳”！此行竟使他留连

① 本段中至此的引文，见曾国藩：《谕纪泽》，《曾国藩全集·家书》，第一册，第437、452、477页。

② 欧阳兆熊：《一生三变》，《水窗春呓》，第17页。

③ 曾国藩：《重刻茗柯文编序》，《曾国藩全集·诗文》，第323页。

④ 据王澧华校点：《曾国藩诗文集》，上海古籍出版社2005年版，第397页。

忘返,在李家住宿下来。李家则置办酒食款待。第二天一大早,曾国藩就赶忙起来继续看书。为了答谢李家及其同族来迎送者,曾氏还当场书联相赠。这些细节情况,曾国藩都不厌其详地记在日记里,可见其兴致之高。①

爱书多亦爱字。尤其是在那个年代,以毛笔为惯常的书写工具,书法对于文化人来说就更是随时随地的常课。早在居京期间,曾国藩与同为湘籍的学人尤擅长书法的何绍基(字子贞)交游,除学问之外,也经常切磋书法,并且见解上颇为投合。曾国藩的一些看法常得到何绍基的称道,说他对书法"真知大源",这并非尽属溢美之辞,曾氏对此也确能从一种高深意境上去体会。譬如他曾说:

> 天下万事万理皆出于乾坤两卦。即以作字论之:纯以神行,大气鼓荡,脉络周通,潜心内转,此乾道也;结构精巧,向背有法,修短合度,此坤道也。凡乾以神气言,凡坤以形质言。礼乐不可斯须去身,即此道也。乐本于乾,礼本于坤。作字而优游自得真力弥满者,即乐之意也;丝丝入扣转折合法,即礼之意也。②

这样以乾坤礼乐之道来理解和阐释书法,所着眼的不是具体的一法一式,而是上升到哲理的宏观层面,追求达到一种心领神会、游刃有余的意境,并且与修身养性融通起来。当然,并不是说曾国藩就不重视习字的具体方法,恰恰相反,上述宏观意境,最终要落实到习字的具体技法上。

对此,多年间曾国藩一直是研摩不懈的,并且不断有所体悟。譬如,他尝言"凡作字必须得势,使一笔可以走千里",否则便"局促不能远纵"③,这显然是强调作字行笔的一种气势。他又把"势"与"节"辩证地联系起来,如在同治元年(1862 年)七月二十三日的日记中说,"无势则节不紧,无节则势不长"。所谓"节",似指运笔顿挫而致的"关节",如果是这样,那么此言"势"与"节"的关系,就是"放"与"收"之间的相辅相成。他还特别悟及"体"、"势"相匹和

---

① 见《曾国藩全集·日记》,第一册,第 332 页。

② 曾国藩:《致澄弟温弟沅弟季弟》,《曾国藩全集·家书》,第一册,第 35 页。

③ 《曾国藩全集·家书》,第一册,第 68 页。

点、画、体、势得当配合的机杼，咸丰十一年(1861 年)七月初五日日记中有言：“作字之道，点如珠，画如玉，体如鹰，势如龙，四者缺一不可。体者，一字之结构也；势者，数字数行之机势也。”可见这是从作字的具体笔画与整体结构和机势上来综合把握的。

就书法的总体风格和势态而言，曾国藩很欣赏“沉雄”，就是“须有长剑快戟、龙拿虎踞之象，锋铓森森，不可逼视”，但又不要生硬直露地求之，而应“寓沉雄与静穆之中”①，贵有自然之势。就具体笔法而言，他对诸如“偃笔”、“抽笔”、“藏笔”、“换笔”之类都有很细致的揣摩。与读书一样，习字对于曾国藩来说既是用以陶冶自己心性情操的一种手段，同时也是他的一大由衷爱好。统军、理政期间，无论条件多么艰苦，政务多么繁忙，他总是坚持抽暇练习，多年不辍。有时晚间不能成寐，他揣摩字法竟不乏灵感忽发而达到出神入化境界之时。

至于曾国藩的书学、书法的实际造诣，虽然称不上特别的名流大家，但在中国近世书学、书法史上还是当有一席之地的。或论其书法的风格特点，说他“平生于书博习穷擅，未尝少懈，欲合刚健婀娜以成体。然秉性凝重，笔亦随之，故终以凝健胜”②。又有知情者言其变化过程，“初学柳诚悬，中年学黄山谷，晚年学李北海，而参以刘石庵，故挺健之中，愈饶妩媚”③。不仅他本人，其家族中像弟国荃、儿纪泽和孙广钧(纪鸿之子)，也都算得上书家。这固然主要取决于他们自身的资禀和努力，但与曾国藩的直接督导和影响也着实分不开。特别是对弟辈、儿辈，曾国藩一直把书法作为所督导他们课业的重要内容，多年间未曾少懈。就是在相继作《圣哲画像记》和选编《经史百家杂钞》的这个时候，他对儿子纪泽习字方面的督导也抓得很紧，信中常不厌其详地教示。譬如咸丰九年(1859 年)三月初的一信中即有这样一番讲论：

> 大抵写字只有用笔、结体两端。学用笔，须多看古人墨迹；学结体，须用油纸摹古帖。此两者，皆决不可易之理。小儿写影本，肯用心者，不过

---

① 《曾国藩全集・日记》，第一册，第 595 页。

② 据张辉：《曾国藩之谜》，经济日报出版社 1996 年版，第 315 页引《云岳楼笔谈》中语。

③ 欧阳兆熊：《一生三变》，《水窗春呓》，第 17 页。

数月,必与其摹本字相肖。吾自三十时,已解古人用笔之意,只为欠缺间架功夫,使尔作字不成体段。生平欲将柳诚悬、赵子昂两家合为一炉,亦为间架欠功夫,有志莫遂。尔以后当从间架用一番苦功,每日用油纸摹帖,或百字,或二百字,不过数月,间架与古人逼肖而不自觉。能合柳赵为一,此吾之素愿也。不能,则随尔自择一家,但不可见异思迁耳。①

可见,曾国藩是将自身多年间的经验教训,有的放矢地提供给儿子作为借鉴的。他是对儿子的书法寄托着厚望,以为实现自己有志而未能达到的一种夙愿。也就是在这个时期,曾国藩对儿子纪泽讲过自己一生有“三耻”,其中之一便是“少时作字,不能临摹一家之体,遂致屡变而无所成,迟钝而不适于用。近岁在军,因作字太钝,废阁殊多”②。在书事、学事方面,曾国藩总是怀着缺憾感的,察不足而求进境,知有耻而欲雪之,这恐怕也是他能够做到“羽檄交驰不废学”的一种动力吧?而纪泽对乃父即使在统军之时也不废弃学事,则是铭感于心,钦仰备至的,故后来他在祭乃父文中,尚不忘有“戎政倥偬,劬学不舍,出入百家,熔为一治”③之赞。

五、纳幕李鸿章

就在曾国藩完成《圣哲画像记》的前夕,他的幕府中增加了一个新的成员。尽管此人当时还没有特别显贵的身份,但不数年就借这“幕客”身份起家,成为与“湘系”并列的“淮系”势力的掌门人。这不但对清朝镇压太平天国乃至捻军的军务,而且对晚清的政治格局,都有着重大的影响。不用说,此时新到的这个非常“幕客”,就是李鸿章了。

咸丰八年的腊月,曾国藩在江西建昌大营,迎接了这位客人。要说,他们

① 曾国藩:《谕纪泽》,《曾国藩全集·家书》,第一册,第468页。

② 曾国藩:《谕纪泽》,《曾国藩全集·家书》,第一册,第418页。另外二“耻”是:“天文算学,毫无所知,虽恒星五纬亦不识认”,“每作一事,治一业,辄有始无终”。

③ 喻岳衡点校:《曾纪泽遗集》,第156页。

之间并不陌生，早就有过交往，建立下了特殊的关系。李鸿章是安徽合肥人，生于道光三年（1823 年），小曾国藩 12 岁。他的父亲李文安与曾国藩为同科进士，这样，李鸿章之于曾国藩，自然更是“名正言顺”的晚辈。他是道光二十七年（1847 年）中的进士，此前也有过会试不第的经历，为“蟾宫折桂”的理想，他在京学习、准备应试的时日里，就师从曾国藩。而且中进士并成翰林之后，仍然认此师门，其间的师生关系就这样建立并保持下来。及至曾国藩在湖南办“团练”期间的咸丰三年（1853 年）春，居职翰苑的李鸿章也接到了回安徽办团练的任务。不过，他远没有像曾国藩般“大臣”的身份，而是给与曾国藩级别仿同的安徽籍大员吕贤基作帮手。究其事由，笔记材料中记有这样的大致情节：有一天李鸿章逛书市，遇见同乡某君，得知安徽省城被太平军攻陷的消息，他便上门策动时任工部左侍郎的吕贤基上奏建策救难，被委托代为拟稿。李鸿章赶忙完成，吕贤基也就呈递上去。这天午后，着急等消息的李鸿章去吕家探询，“及门，闻合家哭声如有丧者”，进入堂室，吕贤基从屋内倏地跳将出来对李鸿章说：“君祸我，上命我往，我亦祸君，奏调偕行。”①是说由于李鸿章怂恿上奏，结果被朝廷把回籍办团练的差事派到自己头上，这岂不等于被你李鸿章祸害了，那你也别想脱干系，我奏调你与我一同去。李鸿章被派回籍当吕贤基办团练的帮手，就是这样“引火烧身”的。

吕贤基受命时其一家人的惧祸悲哀情绪，似乎真成了祸兆，吕氏于当年十一月间果真送命，而李鸿章还有其父李文安，虽说继续坚持操办团练防御“贼匪”，但终究无大成效，李鸿章还落了个“翰林变作绿林”②的讥名。他不能不试图寻找新的出路，于是，凭借与曾国藩的旧有关系，又通过其兄李瀚章的牵线搭桥，得以投赴曾国藩的幕下。李瀚章比李鸿章大两岁，也曾拜曾国藩为师，还在湖南署理过几个县份的知县，随后较早地进入曾国藩幕府并被欣赏和看重，日后他在仕途上不断升迁，终成封疆大吏，实与在曾幕的奠基分不开。而乃弟李鸿章这时进入曾国藩幕，也与他的引荐不会没有关联。先前结下师生之谊的曾国藩与李鸿章，事后未再见面已有多年，李瀚章在曾幕自然可以连通其间的一些消息，而促其直接谋面则是因为李家遭太平军“焚劫”，其家眷由

---

① 刘体智：《异辞录》，中华书局 1988 年版，第 7 页。

② 刘体智：《异辞录》，第 10 页。

李瀚章接来江西南昌暂住,李鸿章也就便而来与曾国藩晤谈。在其尚未抵达之前,曾国藩就在咸丰八年(1858 年)十月初给友人的信中道及此事①,可见不是随机遇合,而是事先谋定。

曾国藩之于李鸿章的"傲性"自有了解,似乎是为了先考验他一番,甚至有意"摧折"他一下,虽说在接待和晤谈上决不失礼,但开始并没有表现出对其人渴求之极、迫不及待的样子,在李鸿章来到将近一个月的时间里,尚未明确表示聘用他。李鸿章有些着急起来,就让当时在曾幕的同科进士、友人陈鼐(作梅)探寻消息。陈鼐说:"少荃(李鸿章字)以昔年雅故,愿侍老师,藉资历练。"曾国藩回答:"少荃翰林也,志大才高,此间局面窄狭,恐艨艟巨舰,非潺潺浅濑所能容,何不回京供职?"陈鼐说:"少荃多经磨折,大非往年意气可比,老师盍姑试之?"曾国藩这才答应下来,接纳李鸿章入幕。

不过,对其人的考验并未就此罢休,下述继续考验和训诫的事情即颇典型而且有趣:曾国藩有早起的习惯,并且在黎明时分必召集幕僚一同用餐。想来,这也是为约束幕僚们培养早起的习惯,又可借机议论一些事情。但爱睡懒觉的李鸿章以此为苦,这天,借口"头痛"推辞不来。曾国藩知其真由,便三番五次地派人去催促其前来,说人到不齐就不开饭。李鸿章看实在挨不过去了,只好"披衣踉跄而往",来加入一同用餐。饭间,曾国藩没有就此说一句话,等吃完了,将筷子一放,"正色"对李鸿章说:"少荃,既入我幕,我有言相告,此处所尚惟一诚字而已。"随后便没再说什么话,李鸿章"为之悚然"。记述此事者评论说,这是曾国藩素来深知李鸿章"才气不羁,故欲折之使就范也"②。李鸿章自己虽然不会这样说,但后来他也与人述及当年被曾国藩要求一道吃早饭的事情,并且承认从中受益:"我老师实在厉害。从前我在他大营中从他办事,他每天一早起来,六点钟就吃早饭,我贪睡总赶不上,他偏要等我一同上桌。我没法,只得勉强赶起,胡乱盥洗,朦朣前去过卯,真受不了。迨日久勉强惯了,习以为常,也渐觉不甚吃苦。所以我后来自己办事,亦能早起,才知道受益不尽,这都是我老师造就出来的。"③可以印证,曾国藩在借早起用餐之事训

① 见《曾国藩全集·书信》,第一册,第 697 页。
② 薛福成:《李傅相入曾文正公幕府》,《庸盦笔记》,第 11 页。
③ 吴永口述、刘治襄记:《庚子西狩丛谈》,第 108—109 页。

之以“诚”，尽管是出于“笔记”材料中的记述，但当为真实可信的。李鸿章还向人忆述过，当时曾国藩与幕僚一班人一同用餐并惯于借机论事的情节：

饭罢后，即围坐谈论，证经论史，娓娓不倦，都是与学问经济有益实用的话。吃一顿饭，胜过上一回课。他老人家又最爱讲笑话，讲得大家肚子都笑疼了，个个东歪西倒的，他自家偏一些不笑，以五个指头作把，只管捋须，穆然端坐，若无其事，教人笑又不敢笑，止又不能止，这真被他摆布苦了。①

这又生动地反映出曾国藩性格和做派的一个侧面，即很讲究严肃持重，纵有诙谐幽默也决不为之所溺。其实他是个爱开玩笑的人，甚至有时会开得过火，在做京官期间“检身”的课程中，他不就曾把“谑浪无节”检讨出来以示力戒吗？然而，脾性并不是能够轻易改变的，它具有“顽固”的“恒常性”，曾国藩的诙谐不要说体现在日常生活中，即使在政事上也时不时地表露出来。单说由政事引发写“谐诗”的事情，就颇为人注意，被当做佳话记述下来，例如有这样一则：

曾文正喜诙谐，其《日记》中亲记一事云：“有建德李把总文书一通，面用移封。余戏于封上题十七字令云：‘团练把总李，行个平等礼。云何用移封？敌体。’”

又其督两江日，嫌公牍上所用官衔太长。亦自题一绝于上云：

官儿尽大有何荣，字数太多看不清。

减去数行重刻过，留教他日作铭旌。

亦见《日记》。②

此述确有所据，查系分别出自曾国藩咸丰十年十二月二十二日（1861年2

① 吴永口述、刘治襄记：《庚子西狩丛谈》，第109页。

② 瞿兑之：《杶庐所闻录》（与《故都闻见录》合刊本），山西古籍出版社1995年版，第114—115页。

月1日)和同治元年(1862年)二月初一日的日记,只是引文略有出入,如后一则中题诗的末两句,原文为"删去几条重刻过,留将他日写铭旌",显然大旨上亦略同。两事都是在曾国藩任两江总督期间,他写后一则日记时更是已兼协办大学士,官至一品之崇,衔名愈多。打油诗说删减衔名是为了将来他死后作铭旌(灵柩前书写官衔的长条旗幡)方便,在流露出其人当时得意心绪的同时,岂不也诙谐到家了吗?至于前一则所涉之事,是个名叫李元的低级武弁,想必没有什么文化,对当时官场上的公牍程式不懂,不知道用"移封"是表示平行关系的文书移送,决不可用于给长上大员的文书。若是遇上爱拿臭架子、装腔作势的官员,岂不觉得对方轻视、侮辱了自己,要火气十足地大骂人家"蠢材"、"放肆"吗?可曾国藩没有,而是挥笔批下了这样的"十七字令",所谓"敌体",意为彼此地位相等,无上下尊卑之分。他在这天的日记中,就有对此批辞"见者无不绝倒"的记载,可见是文文雅雅地逗了个大乐子。

曾国藩的诙谐、幽默,是一种"潜隐"而非张扬型的,他平时待人处事,则一副深沉庄严的样子和"言必信,行必果"的规矩派头。这一切,都不外乎他"内省"功夫的体现。而这方面大欠火候的李鸿章,不但以气态轻慢为曾国藩所诟病,而且因"少诚寡信"为曾国藩所训诫,也就不足为奇了。李鸿章在意态上表现得过于外露而又"粗俗"。他暴躁而不求自羁,对人动辄恶言秽语,遇事易激,甚至不惜大打出手。就是在曾幕时,一次与湘将彭玉麟遇会,说话中彭氏讥评"忽涉皖籍人士",李鸿章针锋相对地回击,以致两人对打起来,"相扭扑地"①。一直到晚年,李鸿章此性仍未稍改。例如,因为一个来访的同年在谈话中自夸其著作,李鸿章讥笑人家"中进士不得翰林可羞",对方以"翰林宰相不得文差(指做考官掌文衡)亦可羞"反唇相讥,这似乎一下子触到了李鸿章的痛处,他当即大怒,"以手杖击之"②。他平时说话也惯带不雅的口头禅,据说,"对下属若喜之,则必曰:'贼娘好好的搞'(合肥土白)",这比近人蒋介石的"娘希匹"粗俗得当有过之而无不及。可属员受他之骂者,"无不喜形于色"③,自以为是走红了。由此看来,尽管李鸿章尝自我标榜修身养性方

① 刘体智:《异辞录》,第22页。
② 窦宗一:《李鸿章年(日)谱》,台湾文海出版社"近代中国史料丛刊续编"本,第5138页。
③ 《清朝野史大观》,第881页。

面颇“服膺”曾国藩，得其造就，但境界上终究大相径庭。有知情者以李鸿章“皖人性情坦直，以率性为道”，而湘人“自讲学而起，修道为教”①，来分析这方面差异的根源，尽管不无一定道理，但个人主观因素毕竟也是需要重视的。

当然，李鸿章在曾国藩面前不能没有节制，但即使捎带出来的“不羁”味道，曾国藩也是不能听任的，故屡有考验和训诫。正式进入曾国藩幕府之后，李鸿章被安排“初掌书记，继司批稿、奏稿”，成为机要文案。他对工作处理得妥适有序，显出“业务”上确是把好手，从而赢得曾国藩这样的称道：“少荃天资与公牍最相近，所拟奏咨函批，皆有大过人处，将来建树非凡，或竟青出于蓝，亦未可知。”而李鸿章“亦自谓从前历佐诸帅，茫无指归，自此如识南针，获益非浅”②。上述不管是曾国藩还是李鸿章的话，应该说都不为客套虚言，是由衷而发，两人相互支持，互利互惠，当然，这时主要是李鸿章对曾国藩的依恃。曾国藩纳幕李鸿章，总算有了一个较好的开头，两人关系也基本和谐，不过，以后仍然波折多有，这将在下文中适当的地方再行述说。这里还要提及的是，李鸿章进入曾幕不久，还曾被指派募集马队的“武差”。

就在李鸿章到来之际，清廷根据三河之败后的军事形势，于咸丰八年腊月间谕令曾国藩“通筹大局”。次年正月，曾国藩上奏分析形势，陈述规划，认为“就近处数省而论，则安徽军务最为吃重，江西次之，福建又次之”，“安徽贼党，其氛甚恶，其患方长”，若“大江两岸，各置重兵，水陆三路，鼓行东下，剿皖南则可分金陵之贼势，即可纾浙江之隐忧；剿皖北则可分庐州之贼势，即可纾山东、河南之隐忧。方今湖北全省肃清，然与皖境处处紧接，防不胜防者，莫如湖北；据上游之势，能制皖贼之死命者，亦莫如湖北”。鉴此，他与胡林翼等楚地大员筹商，认定应在江北、南岸分别添足马步三万和两万人。对于马队，建议除于北方奏调之外，在安徽的颍州、亳州一带，“有善骑之勇”可募，应从该地募集、添练新马队两千余骑，择地操习，以能与旧队“相辅而行”③。尽管此奏中尚未言明拟委任李鸿章招募马队，但事实上曾国藩是这样安排的，不过考虑到一下子招募两千人不太现实，遂计划先招五百，再逐渐扩充。即使如此，

① 刘体智：《异辞录》，第22—23页。

② 薛福成：《李傅相入曾文正公幕府》，《庸盦笔记》，第11页。

③ 《曾国藩全集·奏稿》，第二册，第928—930页。

李鸿章对承担这一任务也是抱相当谨慎态度的，没有轻易承诺，先行到南昌与乃兄李瀚章商量，乃兄鉴于困难也曾为之代辞，而曾国藩则坚持让其一试。他致函李氏兄弟两人，说"此次招勇五百，但试淮南勇之果能操习马队否耳，不特少荃不敢自信"，即自己"亦茫无把握"，并以"当年办水师，亦系冒昧试之"的前事来鼓励李氏兄弟，要他们"不必遽以任事之难为虑"①。在这种情况下，李鸿章只好试办其事，但形势紧张，环境紊乱，此事没有结果。这算是李鸿章一次失败的尝试，曾国藩有言在先，当然没有就此怪罪于他。

昔日的师徒、今日的主从这两人之间，在特定舞台上的"好戏"，继续上演着。

六、援川未果改图皖

自三河之役后，军事形势继续发生着较为复杂的变化。咸丰九年(1859年)春间，太平军石达开部由江西进入湖南，克桂阳，攻永州，又逼湘南重镇宝庆，意图是取道入川。湖南和由湖北巡抚胡林翼控制的军队，合力防御、对抗，但形势并不乐观。在"西路"战区，清方面临着一方面是湘地的战守，一方面是川防的筹划。作为"天府之国"的四川，地理形势十分重要。《湘军记》中就当时情形这样评说：

> 国家建行省十有八，独四川幅员甲天下。其地沃，则产物多；其民众，则选徒易。古称秦为陆海，然郊野之富，犹云近蜀，则蜀之饶溢可知也。寇兴几十载，四川犹未被兵。帅斯土者，据完富之形，凭上游之势；苟用蜀财养蜀土，榷盐、药之赢以为饷，练邛、僰之豪以为兵，伐梁、益之木以造戈船，驯川、滇之马以突行阵，顺流东指，以挞荆、楚，平吴会，恢恢乎游刃而有余矣，岂仅凭川阻峡，设险自守，区区固吾圉之为哉！

总之，是言其地广民众，物产丰富，不但有着兵员、饷需方面的良好条件，

① 曾国藩：《加李瀚章李鸿章片》，《曾国藩全集·书信》，第二册，第858页。

而且具有以上制下的重要军事地理优势。不过，接着又指出其“承平日久，官吏狃晏安，不修武备”①的弊端。那几年里该省总督先是王庆云，又换黄宗汉，尽管都是汉员，但都不是湘系所属，军政作为上也都欠佳。作为湘系要员的湖北巡抚胡林翼，在黄宗汉接任后对其就有“外强中干，色厉内荏，于军务尤不相宜”的恶评。并且，他努力谋求让曾国藩取而代之，而“引线”就是促成朝廷命曾氏“西援”。恐怕是考虑这样的奏请出之于他的笔下，容易让朝廷有“同党援引”之疑，于是胡林翼便怂恿湖广总督官文出奏，但大旨全由自已授意。这由其人于五月六日致官文的信②可证。

此信以“连日心忧贼之入蜀，日夜不安，旁皇无措”开言，接着分析军事形势，力陈四川必保必争缘由，而所强调的援救四川方略，就是由曾国藩率军前往。说是若由湘省方面主持“追兵入蜀”，“将无统一”，“湖南有邻省远隔鞭长莫及之势，蜀督有主客相形呼应不灵之苦”，自不能妥。而“江西现无多贼”，“石逆又颇避涤帅（指曾国藩）之兵”，应奏请朝廷饬曾国藩“酌带江西、湖北、湖南、四川水陆精锐将备，由鄂驰入蜀中”，“由涤帅督师，则石逆必不能逞志”。他不仅是想让曾国藩任西援总帅，更要为其谋取总督之柄，极言“涤帅若得蜀中，兼署总督，军务紧急，必能不请外饷；军务平定，必能每岁协济京饷二百余万”。为了让官文高兴地依议而奏，信中一方面说曾国藩“事上信友，全凭一诚”，中堂你“推赤心相待”，他必“感激非常，并无丝毫意气”；另一方面又说官文“为国宰辅，为柱石臣”，此等大政，“非中堂不能进言，非中堂不敢进言”，极尽抬举夸赞之能事。知情者说，胡林翼利用机会，“以曾国藩久治军，无疆寄，为未竟其用”，而频说官文出奏，“请诏曾国藩援蜀，冀朝命以授总督”③。

官文果真依议上奏。五月二十一日，朝廷发布上谕，肯定官文所奏“实为通筹大局起见”，饬曾国藩统兵“前赴四川夔州扼守”，“斟酌情形”，“妥为布置”。但仅此而已，并没有像胡林翼所预筹的让其出任总督。曾国藩于六月初五日接到此谕，迟至十八日才复奏，他在“仰见圣主思患预防，熟计兼权之

① 连同上独段引文见王定安：《湘军记》，第191页。

② 见《胡林翼集》，第二册，第319—323页。

③ 王闿运：《湘军志》，第55页。

至意"的套话式谀辞后,陈述了当时他部下的兵力情况:"除萧启江之五千人援剿湖南外,其张运兰之三千七百人,上年腊月即调攻景(德)镇,屈蟠之平江营千人,本年三月复调防湖口。昨派臣弟曾国荃带五千八百人赴(景德)镇协剿。臣身边并未留一卒一兵,抚州老营惟湘后及升字两营二千余人,均有省局发饷,不归臣处调迁,聊假虚声,以坐镇要郡耳。"这是说手下兵力空虚,无可带往。同时又强调在江西战场各处分布的湘军暂时也不能移调,若移军筹防四川,除萧启江一军必须调集同行外,"且当添调水陆凑齐三万人"乃可。① 总之,曾国藩强调的困难多多,对移蜀之行并不积极。

在他上奏前夕,曾给胡林翼一封复信,其中也表露出意兴索然的情态。他在分析了四川的恶劣情势和困难时局后,这样剖白自己:

> 侍之才智短浅,精力耗绌,不特自知甚明,往年志在讨贼,尚尔百无一成;近岁意存趋时,岂足更图千里。来示以翩然翱翔相戏,昔之翩然者,群雄蔚起,云合景从,如龙得雨,如鱼得水;今则英彦莫属,足音阒寂,将何所挟以翩然乎?恐翩然者,载飞载下矣。②

曾氏把胡林翼所谓"翩然翱翔"的激励之辞,看作不是戏弄他也是开玩笑的话,很认真地陈说心志和条件上的全然今非昔比,现在不但不可能"翩然",恐怕要愈趋向下。他此时的情绪低落,自与没有让他署理川督有关。的确,没有地方事权,而只到该省"督办军务",仍旧摆脱不了"客寄虚悬"的地位,并且较之在江西更不便于得到湘系基地的支持,打开局面的可能性几希。

不过这个时候胡林翼还寄望曾国藩到川后朝廷"再有后命",说若是那样,"则有兵有权,何患事之不济!西南安危,系此一举,想中朝必有定见也"。对曾国藩是否当移调入川,不只朋党之间,而在更广范围也是议论纷纷,照胡林翼所言,"以为是者半,以为非者半",而督办皖南军务的张芾(小浦)"乞留"。胡氏自己则认为:"(朝廷)后命如何,未可知也。如圣意坚定,竟如前旨","殆可为国家谋三五十年太平之大政,其德器根基不同流俗,固近年难得

---

① 曾国藩:《复陈防蜀缓急折》,《曾国藩全集·奏稿》,第二册,第987—988页。

② 《曾国藩全集·书信》,第二册,第999页。

之好手也。中枢之大人见不及此,只看圣心之独断何如耳”①。他说这话的时候,已到了七月中旬。

而在前一个月,曾国荃等部湘军联同江西方面的清军,经过多次战斗,已攻下景德镇及浮梁县城,对于清方来说所谓“江西全省肃清”。在这种情况下,曾国藩更没有不听命的理由,他明白较前“局势自有不同”,但说是目前自己“兵单卒弱,仅可自守,不足言战”,“若朝廷必命为蜀中之行,则当调回萧、张两军,稍厚兵力耳”②。不过,既有朝命,他也不便坐守不动,不得不拟行西上,但他只“欲驻宜昌(鄂境),不即入蜀,恐近前而为主人嗔,又无处索饷”。这显然仍是因为朝廷没有给他川督之位,担心客寄之窘。而湖南宝庆的解围,石达开部太平军经由该处入川的可能暂缓,这也给曾国藩回避援蜀增加了客观形势条件上的因由。这时,连胡林翼也改变了先前的看法,他在八月初给人的信中意及,眼下情形,不要说四川,即使湖北、湖南亦“尚无他虞”,“不便以有用之兵”,“置无用之地”,拟与曾国藩及官文协商,“即合力谋皖”。这实际上是在曾国藩被授川督无望,而军事形势又发生明显变化的情况下,湘军方面战略上要进行重大调整的运思。该月中旬,曾国藩来到胡林翼行营所在的黄州,两人“纵谈八日夜”,商讨对策。他们认定,“主蜀则可有为,客蜀则必不可有为,且必趑趄不前”③。胡氏对曾氏“七年作客,险阻艰难备尝之”颇为感慨,为免其再入蜀作客,遂又怂恿官文复奏留曾国藩合力谋皖。胡、曾两人经黄州之会,曾国藩不再入蜀、也不再西进驻扎宜昌的意旨已定。而这时左宗棠似乎还是坚持“完蜀”之见,曾国藩在回信中这样向他解释:

> 来示为救已残之皖,不如完未破之蜀,良有深意。惟整军教民,处处于察吏相关,非地方官行之稍久,难以收效。作客本难,作客于无贼之省尤难。目下敝部无一统将,散钱委地,若果入川,贼至即不能御。官帅即以会剿皖中入奏,且俟谕旨再定进止。④

---

① 此段中引文见《胡林翼集》,第二册,第335、341页。

② 曾国藩:《复张芾》,《曾国藩全集·书信》,第二册,第1006页。

③ 上注以下至此引文见《胡林翼集》,第二册,第356、345、356页。

④ 曾国藩:《复左宗棠》,《曾国藩全集·书信》,第二册,第1039页。

这是曾国藩真实心迹的披露,既然不能得到川督权柄,到那里"作客"之难实在预料之中。可以想见,有数年间在江西"作客"窘困经历的刺激,他何不怕再去孤悬于川地异乡。此时他自然知道胡林翼已策动官文上奏"会剿皖中"之事,所以正盼望允准的谕旨。其实,朝廷的谕旨已经在此前的八月十三日通过军机处寄出,只是曾国藩暂未收到而已。就在他离开黄州前往武昌与官文相见的途次,便接到了这样内容的上谕:

> 官文奏皖省贼势日张,筹议由楚分路剿办一折。皖省粤匪与捻匪勾结,蔓延日甚……官文以宝庆解围,败贼悉数南窜,川省已有备无患,请饬曾国藩缓赴川省,暂驻湖口。俟湖南大定,分军四路,步步为营,进剿皖省。所筹实于大局有益。曾国藩……此时如已启程赴鄂,着与官文商酌,如湖南大局已定,川境可保无虞,即暂赴湖口,俟调回湖南各军,为分路进剿皖省之计。①

也许,这早在曾国藩的预料之中。倒不是他自己能神机妙算,而是不能不信胡林翼招数的效用。在这一事局中,官文完全充当了为胡林翼操纵行事的一个傀儡。而曾国藩的进退行止,则是胡氏非常看重和挂心的事情。在为曾国藩谋求川督之柄的目的难以达到的情况下,一改前议,免其援蜀、防蜀之责的这一步棋,胡林翼是不能错下的,他决不能赔了夫人又折兵。至此,谕旨既下,"图皖"的定策告成。

而此时的安徽,是湘系大员心目中"糜烂"之极的省区。《湘军记》的《规复安徽篇》中开篇即有这样的评说:

> 呜呼!军兴以来,东南之乱极矣,然未有甚于安徽受祸之烈者也!其南则池州、太平,毗连金陵,逼于贼巢;而徽、宁二郡,错处江西、浙江间,贼往来皆蹂躏之。北则和、滁与金陵隔江而峙,凤阳、庐、泗、颍、亳、寿诸州,介乎徐、豫之交,民俗劲悍,好斗乐祸。李兆受、苗沛霖之伦,乘机号召,结圩寨,窃名城,自为君长,雄据一方。而安庆扼长江腰膂,俯仰吴楚,为兵

① 见《曾国藩全集·奏稿》,第二册,第1021—1022页。

> 家所必争。贼既陷州郡,设伪官,责粮赋于民,民之掳杀流亡死丧以百万计,陇亩荒秽,百里不闻鸡犬。其仅存者,筑垣自守,几望官军不至,间馈遗贼,冀苟免于旦夕。甚至仇衅相图,弱肉强食,自相诛夷残灭者,不可胜数也。迨湘军起,曾国藩、胡林翼经营东征,尤急急以谋皖为事。

其中既陈述了该省的地理形势,又特别分析其“贼”情和“民”况,最后落到湘系要员们之所以“尤急急以谋皖为事”上来。确实,安徽是当时太平天国的主要占领区域之一,特别是占领安庆这一扼江的重要据点,由上游屏蔽都城天京,从军事上说,成为阻隔湘军东进的一枚硬钉。上面引文中所谓“民俗劲悍,好斗乐祸”,虽说不无贬义,但也见几分实情。所提及的“李兆受、苗沛霖之伦”,为地方割据势力,时而附清,时而反叛,依违不定。而与太平天国形成配合之势的捻军的源地,亦主要在该省。至于清方安徽的军政势力,也异常复杂。其巡抚,自湘系人物江忠源败亡后,历经满人福济,到曾国藩、胡林翼筹议“图皖”的这时,已为江苏常熟籍人士翁同书(自咸丰八年任该省巡抚),其人非湘系所属。军事将帅更是多头并立,互不协调。

安徽作为太平天国势力强盛的地区,自然成为敌对双方激烈争夺的战场。该省清方势力被割属三个不同派系的势力区:与湖北接壤的皖西一带,为湘系的重要战场,而靠近浙江的徽(州)宁(国)一带,则自咸丰五年就划归浙江巡抚节度,成为吴系控制区的一部分。自庐州为太平军攻占,皖抚北移,只好在“临淮区”就地株守。清廷遣驻临淮区之军,主要是胜保部和袁甲三部。该区未能像吴区那样掌事权与握兵符者比较协调,而其间争逐激烈,湘系则巧妙利用之,谋取该区的控制权,主要发生于翁同书任巡抚期间,主线为“挟翁、联袁、排胜”。

胜保一贯为湘系势力视作政敌。咸丰八年,诏授其人钦差大臣,专督安徽军①。当时他援河南不利,商城又告警,他乘机严檄在湖北胡林翼统下的满将舒保(曾在胜保部下)赴援,想夺归己有。胡林翼当即上疏抗争,说舒保“今以特简二品大员,胜保乃严札驱迫,加以苛辞”,乃“挟权任术”行径,“舒保一军,

① 王定安:《湘军记》,第88页。

应审楚豫各路贼势，相机进剿，毋庸强归邻省节制调遣”。结果，清廷命舒保仍留湖北。① 胡林翼获得第一个会合的胜利。咸丰九年春，胜保借口一个姓马的桐勇逃匿鄂军兵营，再次向湖北施威问难，要派兵围捕。胡林翼针锋相对，偕官文名义，“通饬各营严行拒绝”，“断不许（胜部）一人入营，一刻逗留”②。

胡林翼在与胜保直接争斗的同时，更利用与其人抵牾的袁甲三、翁同书来共同对付之。河南项城籍人士袁甲三（袁世凯叔祖父），数年间在皖北地区涉身军务起起伏伏，与福济和胜保皆颇抵牾，先后被两人劾去，再次复出后，胡林翼于咸丰九年（1859 年）八月下旬致其书云：“公仍持节淮上，是圣人之至明，而不为谗言所间……公视师以来，两为狂风引去，不能脱离苦海，必与恶客为邻，殆东坡所谓‘箕独有神’者与？旁观愤怒”！同时，又向他通报曾国藩的情况：

> 涤公（指曾国藩）奉命入蜀……官揆帅（指官文）又以并力谋皖上请，天语两许之，虚涵万象，不下十成断语。涤公现在武昌，与揆帅筹进止。留皖则于兵事有益，入蜀则于鄂、皖之饷事有益。惟林翼自揣才力，独力必不能举皖，则深望涤公之合。③

这显然是表示认袁氏为“自己人”，拉近他与湘系朋党的关系。为了加强其权势，与政敌抗衡，胡林翼又挟持在他看来“仁而不武”的皖抚翁同书，让他出面“推袁”而达到“排胜”的目的。咸丰九年七月，他曾致书翁氏直言不讳地说：“劾胜既不能，不如推袁，一推再推，至于三四推，深心妙用，贤明自有权度。”此招果然奏效，不久，胜保以处境日窘，借丁忧之故暂行退避，袁甲三代之为钦差大臣，督办皖省军务。胡林翼对此颇为得意，致书翁同书说：“午桥握篆，推袁之功效已可见矣”；“临淮代将，旌旆生新，推袁之效，亦大局之幸”④。袁甲三之起家确与胡林翼扶持有很大关系，袁氏对胡感戴不忘，故后

---

① 《清史稿》，第 40 册，第 12102—12103 页。
② 胡林翼：《致官文》，《胡林翼集》，第二册，第 287 页。
③ 胡林翼：《致袁甲三》，《胡林翼集》，第二册，第 361 页。
④ 胡林翼：《致钱萍矼》、《致翁同书》，《胡林翼集》，第二册，第 345、339、380、430 页。

来胡氏死后，袁氏祭文有“交不半面谊实结于终身”①之语。至于对翁同书，胡林翼辈颇不看重，惟挟制利用之，至好敷衍一下表面而已。在安徽，翁氏只好倚重以湘系为后盾的袁甲三。胡林翼称袁、翁两人“心心相印，办事无掣肘之虞，克敌有致果之气”②，而最终都还是按胡林翼辈的意旨行事。胡氏对皖省军、政事务时常予以具体指画，并谋划通过淮北票盐入楚，达到攫取皖省利权和陈兵占地的目的，以使“图富”与“强兵”兼而得之。经过激烈角逐，湘系方面大大削弱了胜保在临淮区的势力，也一度控制和利用了翁同书。而当翁氏失去利用价值的时候，湘系对他即如弃敝屣了，乃由曾国藩出面严辞奏参，终被逮治，而由湘系要员代之。当然，那是稍后之事了。

如果说此期胡林翼是“挟翁、联袁、排胜”这场闹剧的导演，那么，曾国藩起码也是重要参与和配合者。而在“图皖”的军务谋划方面，他的作用则更为显著。咸丰九年九月中旬，他上《遵旨会商大略折》，报告与官文晤商情形，陈述了这样的见解：

> 上年李续宾锐意深入，连克四城。因兵数太少，有战兵，无守兵；有正兵，无援兵，是以中道挫衄。今惩前之失，须合全力图之。多添一兵，得一兵之力；早办一日，救一日之难。中原腹地，莫要于皖。生民苦厄，莫甚于皖。就大局急缓而论，臣自应回军援皖，先其所急。以其速苏民困，仰慰宸廑。

上此奏的前夕，曾国藩已由武昌回驻黄州下游四十里之巴河，简校军实，详考入皖形势，认为进兵须分四路：南则顺江而下，一由宿松、石碑以规安庆；一由太湖、潜山以取桐城。北则循山而进，一由英山、霍山以取舒城；一由商城、六安以规庐州。南军驻石碑，可与湘将杨载福黄石矶之师联为一气；北军至六安州，则可与翁同书寿州之师联为一气。自己所部不及万人，仅足自当一路，仅能会剿皖北；若将援湘的萧启江、张运兰两部都调回，计有三支之力，则

① 梅英杰：《胡文忠公年谱》，第290页。

② 胡林翼：《复翁同书》，《胡林翼集》，第二册，第472页。

可专任皖南。[①] 以上所说南、北军各两路共即四路军队，按曾国藩的规划，第一路（由宿松、石碑以规安庆）由他自己担任；胡林翼麾下的多隆阿、鲍超任第二路（由太湖、潜山以取桐城）；胡林翼本人任第三路（由英山、霍山以取舒城）；李续宜（李续宾之弟）任第四路（由商城、六安以规庐州）。他认为其中第二、四路最为吃重，李续宜部自可独任，而多隆阿、鲍超一支七千人兵力较单，尚需充实。[②]

当然，这只是曾国藩此时的筹划，实际兵力调动和部署情况会因时因势变动，不会拘泥。而无论如何，此时"图皖"的运筹，标志着揭开了安庆战役的序幕。

七、助"老亮"脱难之局

就在湘系要员们就曾国藩入川与否及"图皖"筹策紧锣密鼓的当儿，本在湖南巡抚骆秉章幕府中大显身手的左宗棠，却突然陷入一场被人指控的案事当中，这与其人作为幕僚的"出格"表现分不开。幕僚本是官员自行辟置的帮手，不属命官之列，无权干预政务。但左宗棠是个胸怀经世大志而又狂放不羁的人物，岂能甘于仅做个唯唯诺诺的帮闲，他是要借这个舞台在军务政事上施展拳脚的。而幕主骆秉章又不是一个理军为政的出色干才，性情上则相对柔弱而宽厚，巴不得在军政事务上得助于左宗棠。这样，主宾之间倒是能得"互补"之宜。

关于左宗棠在骆秉章幕中包揽把持政事、大有架空巡抚势头的轶事，留存下来不少。譬如有说一天骆秉章听见辕门外放炮，询问何事，左右对曰："左师爷发军报折也。"骆秉章点了点头。事先不与巡抚商量，这个"左师爷"自主地发军报折，巡抚大人知道了竟习以为常，不与计较，可见平时左宗棠惯于越俎代庖的情况。有时他又故意折腾一下巡抚，拟稿时半夜里到骆秉章的内室大呼大叫，骆氏起来阅看，光叫绝称赞不行，还要被招呼对饮一番。有说，左宗

① 见《曾国藩全集·奏稿》，第二册，第1023页。

② 见曾国藩：《复左宗棠》，《曾国藩全集·书信》，第二册，第1072页。

棠曾当面这样嘲讽骆秉章:“公犹傀儡,无物以牵之,何能动耶?”骆秉章听了也只是干笑而已。对巡抚如此,在其他官员们面前,左宗棠架子端得自然比巡抚还大,对来室见面说话中稍有不服、不恭表示的,竟能大骂“王八蛋,滚出去”!当时有人戏称左宗棠为“左都御史”(按例,巡抚一般加“右都御史”兼衔,而“左都御史”是中央机构都察院的实权长官),意思是说他的实权在巡抚之上,是主从倒置了。像这类说法,演义味道不能说一点没有,但大旨上当不为错。左宗棠给朋友写信,就曾明言入幕一年后由他所拟稿的公文,巡抚“但主画诺行文书,不复检校”①。而对左氏再熟悉不过的胡林翼,也有“骆之办事,全在左卿”之言,并为之称道,言其“公忠之志,亦近年所独”②。这可谓凿凿有证。

左宗棠这个幕僚真是非同寻常,有关他的消息都能时不时地传进皇帝的耳朵,并被注意和重视。这从咸丰八年腊月间皇帝召见翰林院编修郭嵩焘的一段问答,就能够得到典型印证,并且能从中寻绎出更丰富的信息:

> 上曰:汝可识左宗棠?曰:自小相识。上曰:自然有书信来往?曰:有信来往。上曰:汝寄左宗棠书,可以吾意谕知,当出为我办事。左宗棠所以不肯出,系何原故?想系功名心淡。曰:左宗棠自度赋性刚直,不能与世合,所以不肯出。抚臣骆秉章办事认真,与左宗棠性情契合,彼此亦不能相离。上曰:左宗棠才干何如?曰:左宗棠才尽大,无不了之事。人品尤端正,所以人皆服他。上曰:年若干岁?曰:四十七岁。上曰:再过两年五十岁,精力衰矣。趁此时尚强健,可以一出办事,也莫自己遭踏。汝须一劝劝他。曰:臣也曾劝过他。他只觉自己性太刚,难与时合。在湖南亦是办军务。现在广西、贵州两省防剿,筹兵筹饷,多系左宗棠之力。(上)曰:闻渠尚想会试?曰:有此语。上曰:左宗棠何必以科名为重。文章报国与建功立业,所得孰多?渠有如许才,也须得一出办事才好。曰:左宗棠为人是豪杰,每谈及天下事,感激奋发。皇上天恩如果用他,他也

① 秦翰才辑录:《左宗棠逸事汇编》,第45页按语。

② 胡林翼:《致钱宝青》,《胡林翼集》,第二册,第245页。

断无不出之理。①

可见,这个时候已在骆秉章幕中数年办理军政事务的左宗棠,皇帝对其情况颇有些了解(甚至连他想会试这样的细节都闻知),但并不认为他已经出来“办事”,让郭嵩焘劝其“一出办事”,显然是指做正式官员。而郭嵩焘也不失时机地在皇帝面前极力为这个自小相识的乡友上好话,不但说他“才尽大,无不了之事”,而且强调他“人品尤端正”,这样,连其人自度的“不能与世合”,也就能以优点来弥缝了。

但无论如何,左宗棠这样做幕僚,也不免遭到许多官员嫉恨。特别是被骂“王八蛋”、受大辱的人,更会巴不得把他生吞活剥了。永州镇总兵樊燮就是这类人中的代表。他的军纪败坏,声名恶劣,为左宗棠所恶,但其人结巴上湖广总督官文,竟得到署理湖南提督的保荐。湖南方面却不买账,巡抚骆秉章上奏对其参劾,使他不但未获升迁,还被朝廷谕令革职拿问。气恼之极的樊燮,为脱难报仇,在湖南布政使文格等人的支持下,便向官文控告骆秉章和左宗棠,又控之于都察院,官文则出面向朝廷参劾。对于骆秉章来说,他毕竟是疆吏大员,有担事的资本,可左宗棠一介幕僚,担上“跋扈干政”的罪名(要说这也不是“诬告”),若“依法办事”,就得严治其罪。朝廷“命考官钱宝青即讯”,召左宗棠“对簿”②,亦饬下官文“密查”,“如左宗棠有不法情事,可就地正法”③。左宗棠面临着了一场大险！这可急坏了湘系的一帮要员,里里外外好一番折腾营救。

官文显然是处置这个案子的最关键人物,而他本人就又是参劾者,这对左宗棠是何其不利！设法求官文网开一面至为关键,这一工作主要由与其人关系“非同寻常”的胡林翼来做。他给官文写了一封“乞求”性的密函:

湖南左氏季高,性气刚烈矫强,历年与鄂省交涉之事其失礼处,久在山海包容之中,涤帅所谓宰相之度量,亦深服中堂(指官文)之德大冠绝

① 《郭嵩焘日记》,第一卷,湖南人民出版社1981年版,第203—204页。

② 罗正钧:《左宗棠年谱》,第68页。

③ 薛福成:《庸庵笔记》,第13页。

中外百寮也。来谕言湖南之案并无成见，从公而断，从实而问，无甚牵连者免提，有关紧要者亦不能不指名提取，不能令罪人幸免一节，读之再四，心以为恐……左生实系胡林翼私亲，自幼相处，其近年脾气不好，林翼无如之何……如此案有牵连左生之处，敬求中堂老兄格外垂念，免提左生之名。此系胡林翼一人私情，并无道理可说，惟有烧香拜佛一意诚求，必望老兄俯允而已。①

于此间内情，连左宗棠本人当时也未必尽知。但正如日后一位湘系要员所言，其时若非胡氏在这个环节上的“设法排解”，左氏“几乎殆矣”②！

京城里的营救工作也在紧锣密鼓地进行。据说，消息自然灵通的权臣肃顺，将有关情况告诉了其幕客江西湖口籍的高心夔，心夔转告了湘人王闿运，闿运又告知了郭嵩焘。嵩焘“闻之大惊，遣闿运去求救于肃顺”。肃顺曰：“必俟内外臣工有疏保荐（左宗棠），余方能启齿。”郭嵩焘正与京卿潘祖荫同值南书房，乃请他出面疏荐左宗棠。这样，皇上果然向肃顺征询说：“方今天下多事，左宗棠果长军旅，自当弃瑕录用。”肃顺乘机奏曰：“闻左宗棠在湖南巡抚骆秉章幕中，赞画军谋，迭著成效，骆秉章之功，皆其功也。人才难得，自当爱惜。请再密寄官文，录中外保荐各疏，令其察酌情形办理。”皇上采纳他的意见。这时，官文知朝廷意欲用左宗棠，“遂与僚属别商具奏结案”，而左宗棠“竟未对簿”③。所据虽说是“笔记”材料，但也确为知情者的有据之言。譬如所谓潘祖荫的奏疏，不但实有，且称得上一篇“名疏”，其中有云：

楚南一军立功本省，援应江西、湖北、广西、贵州，所向克捷，由骆秉章调度有方，实由左宗棠运筹决胜，此天下所共见，而久在我圣明洞鉴中也。上年逆酋石达开回窜湖南，号称数十万。以本省之饷用本省之兵，不数月肃清四境。其时贼纵横数千里，皆在左宗棠规画之中。设使易地而观，有溃裂不可收拾者。是国家不可一日无湖南，而湖南不可一日无宗棠也。

① 此函见梅英杰：《胡文忠公年谱》，第233—234页。

② 《刘坤一遗集》，第5册，中华书局1959年版，第2074页。

③ 薛福成：《庸庵笔记》，第13页。

宗棠为人，负性刚直，嫉恶如仇。湖南不肖之员，不遂其私，思有以中伤之，久矣。湖广总督官文惑于浮言，未免有引绳批根之处。宗棠一在籍举人，去留无足轻重。而楚南事势关系尤大，不得不为国家惜此才。①

其中单这一句“国家不可一日无湖南，而湖南不可一日无宗棠”，就够十足震撼了。或说此疏实出自郭嵩焘手笔，也未可知。

好了，至此应该让曾国藩“出场”，看看在这一事局中他的角色状况。

从私人关系上说，他与左宗棠不如胡林翼与左氏那样亲密，甚至多年来的那些隔节也未必真能在心中消弭得无影无踪。另一方面，受这时他的地位和实权条件的限制，似也难发挥胡林翼那般作用。不过，从湘系大局出发，在此事中他决不会基于过去的个人恩怨幸灾乐祸，更不可能对左氏落井下石，自然也是由衷地同情和设法救助左宗棠的。早在事发前夕，得知皇帝召见郭嵩焘问对中涉及左宗棠的情况时，曾国藩致信左氏说：“圣意殷勤垂询，阁下将来自不免一出。如破格擢用，竟以黔抚一席相迫，虽题目甚难，却于滇、湘两省有益。”②此时，就恐怕不只是寄望而且在筹谋左氏出任疆吏了，这自然是为湘系大局计。

及至左宗棠被控案事之中的咸丰九年（1859 年）九月下旬，曾国藩致函仍在骆幕的左氏，沟通军政计议，也言及案事，说“樊案本出意外，润帅（指胡林翼）焦灼急切，然窃闻外议，实无锄兰焚芝之意，似可夷然处之”。不过，事态变化很快，仅到几天之后的月底，他再致左宗棠的信中就说：“得闻樊案又生波折，深恐台端愤悒自伤，适丁果臣一信，道所以处之之法甚详，想润帅已抄送左右矣。”③对案子究竟生了怎样的波折没有具体说明（也没有必要，因为两人都清楚），所提到的丁果臣是长沙人士，与湘系要员们亲近，当是提出了应对此案的办法，但究竟是什么办法也未说明，从胡林翼的集子中也未查到他给左宗棠的有关寄件。不过，从中可以看出曾国藩是介入了应对此案的谋划。十月初，他在家信中有谓：“樊镇一案，骆中丞奏明湖南历次保举，一秉至公，并

---

① 罗正钧：《左宗棠年谱》，第 70—71 页。

② 《曾国藩全集・书信》，第二册，第 881 页。

③ 《曾国藩全集・书信》，第二册，第 1072、1075 页。

将全案卷宗封送军机处。皇上严旨诘责，有‘属员怂恿，劣幕要挟’等语，并将原奏及全案发交湖北，原封未动。从此湖南局面不能无小变矣。”①所述情节，也许就是前致左氏信中所谓“又生”的“波折”。有关情况，特别是咸丰帝对湖南巡抚为“属员怂恿，劣幕要挟”的诘责，等于直指左宗棠，可见当时情势确实凶险，难怪曾国藩流露出对案件会导致湖南发生变局从而影响湘系集团利益的担心。

还需要看看左宗棠本人面对案事的态度和表现。在案事已激化的九月中旬，他连续致书胡林翼，说“此事无伤于我，请勿过系怀抱。樊燮罪状昭著，虽总督欲屈法全之，不可得”，“樊燮之牵于我”，“‘莫须有’三字，终难以定爰书”，“况平生读书，崇尚气节，此身久以赘疣视之，不复爱惜，生存之乐，毫无可恋”，“此皆不足道也。所可恨者，七年一缕心血颇有以自见，今被一老伧破坏，此身断无复留之理，而大局且随之败裂耳”！可见，是坚执樊燮有罪，自己无咎，表示即使殉身，也不顾惜，只以前费心血所开之基业被坏为恨，决意离幕。他认为坐己之罪，并无实据，最坏的结果也就是“革职逐出幕府，再议以罪名重至新疆而止”，说这“亦无损于我，我自有我在也”。他特别强调“朋党之嫌不可不避”，因为朝廷向人询问“左氏是何人荐之骆某，意疑公（指胡林翼）与涤（指曾国藩）”，说自己“此后当加意检点为是”②，意思是避免牵累同党。

左宗棠本打算腊月初十离开抚署，但因突患喉疾，又迁延十日，于二十日出署，算来，他从咸丰四年（1854 年）三月初八进入骆秉章幕府，至此时出署，共五年零九个多月的时间，自我回顾，感慨“中间事变多端”，但又觉得“犹堪覆按”。出署之前，他就决定离幕后赴京，一备会试，一备引见，并思定两策：一是“不候引见，即告病”；再是“引见后，如遇一召见，则问一句，据实答一句，使上知野人不足与言”，说是“放还乡里，于愿足矣”，而“断不敢再婴世网”。左宗棠于咸丰十年（1860 年）正月间出署后真的首途北上，此举自不无意气用事的成分，胡林翼深怕其赴京有自投罗网之险，密函力阻其行，他三月间到襄阳地方接到密函，停止北上。而出路何在，则大有“侧身天地，四顾茫茫”之

---

① 《曾国藩全集·家书》，第一册，第 504 页。

② 此段中引文见《左宗棠全集·书信》，第一册，第 371、373、374 页。

感。这时，他想到了曾国藩，欲到其老营，所谓“暂栖羁羽，求一营官，杀贼自效。幸而克捷，并受其福；否则免胄冲锋，求吾死所”①。这既是惯以“老亮”自居的他的一种“另类”表现，也是在曾国藩面前的不惜“折节”。他回舟汉川，沿江而下，先至英山与胡林翼相见，然后即抵曾国藩所驻的宿松（在安徽境内西南，靠近湖北）。

曾国藩对左宗棠的充当营官自领一队之说不以为然，“劝其不必添其蛇足”，终使其打消这一念头而“作罢论”。曾氏与人说，左宗棠“欲亲临行阵，一试胆气”，将来或在李续宜营中“勾留略久，亦未可知”②，意思是说在他营中如此则不妥。是觉得其人当时的身份暧昧，不好安排？反正此际胡林翼在致骆秉章的信中直白地说，左宗棠“以幕府而见疑，则义当隐居。彼之所处，友道也，非臣道也”，自己不能强留他于皖中，“而实愿其暂隐，以待明诏而后起，傥事势果平靖，终身隐居，岂非大愿”③！意思是起码在没有明确的朝命之前，左宗棠当暂且隐身。不过，通过这场案事，朝廷当然更会加深对左宗棠的印象，对这等人物要么治罪，要么大用，是不会任之赋闲的，何况，又有朋党明里暗里的推助。四月初，给曾国藩的谕旨中，就有这样的商询：

> 左宗棠熟悉湖南形势，战胜攻取，调度有方。目下贼氛甚炽，两湖亦所必欲甘心，应否令左宗棠在湖南本地襄办团练等事。抑或调赴该侍郎（指曾国藩）军营，俾得尽其所长，以收得人之效，并着曾国藩酌量办理。

而曾国藩是这样复奏的：

> 查左宗棠刚明耐苦，畅晓兵机。当此需才孔亟之际，或饬令办理湖南团防，或简用藩（布政使）臬（按察使）等官，予以地方，俾得安心任事，必能感激图报，有俾时局。④

---

① 此段中引文见《左宗棠全集·书信》，第一册，第382、377、383页。

② 曾国藩：《加骆秉章片》，《曾国藩全集·书信》，第二册，第1338页。

③ 《胡林翼集》，第二册，第544页。

④ 《曾国藩全集·奏稿》，第二册，第1130页。

虽然没有明确表示要把左宗棠揽于自己麾下，但毕竟是推重并保举他出任官员。至此，左宗棠将被召出山的局面已告明朗。当时，左宗棠正在曾国藩处，当然知情。此际，他闻知心爱的儿子在家患病“颇剧”而急忙回归，“抵家三日后”便获以四品京堂襄办曾国藩军务的朝命①。以此为台阶，他很快又得独领一军，并为一方疆吏，羽翼丰满，气势煊赫，所谓“遂跻疆帅，开府闽浙，摅其所蓄，恢恢而敷布之”②，成为湘系集团中的又一煌煌大员。就其原有身份而言，这真是一朝间倏地飞黄腾达，实乃“非常”时期“非常”之人的“非常”造化，在平常不啻天方夜谭。此为后话。

而在等待朝命之时，左宗棠尽管归宿未明，但案事业已不了了之，大难已过。在案事的胶着之际，对他来说，命运叵测，左面一步是地狱，右面一步是天堂，而他终于没有落入地狱。与其说是幸运之星的降临，不如说多亏了朋党的合力救助。最初阶段虽说曾国藩似乎没有发挥胡林翼、郭嵩焘那般关键性的作用，但无疑也是要角儿。而在“善后”阶段，为左氏提供寄身之处、铺设擢拔台阶，角色和作用自更为重要。

---

① 左宗棠:《与陈俊臣》,《左宗棠全集 · 书信》,第一册,第 396 页。

② 王定安:《湘军记》,第 176 页。

第六章　日趋中天督两江

一、局势转换下的受命

对于曾国藩的政治生涯来说,获得封疆大吏的权位是其腾达的一个关键支点。没有这样的支点,就不能从根本上改变他“客寄虚悬”的被动地位。前在江西就是典型的例证。复出后虽说他的官场策略有明显变化,但地位上并无根本改变。胡林翼帮他谋求川督之位,虽然没有如愿,但不失为同党为之寻求上言“支点”付出的一次努力。真可谓“人算不如天算”,客观局势条件的变化,终于逼迫清廷放弃了对曾国藩疆吏权柄上的限制,将两江总督的要职给予了他,并且大大扩充了他的军权范围。以此为界标,他本人开始走向权势的巅峰阶段,湘系集团势力也获得了“爆炸性扩张”的条件。这一切,也许连曾国藩本人在最初也没有充分的预料,但一步一步的情势发展,将证明上述说法的符实。

迫使清廷向曾国藩放权疆吏的时势条件,是它原寄予厚望的江南大营的彻底覆灭,以及原两江总督任职者的窳败获咎。

本来,清廷并不甘心让湘军收取镇压太平天国的“首功”,而是想由以“经制兵”为主体的江南、北大营相互配合,拿下“逆都”天京。扎于扬州的江北大营早在咸丰八年(1858 年)被太平军二次击溃后就未再置帅复建,只剩下扎于天京城下的江南大营死死坚持。这一大营是自太平天国在“天京”建都之时,由尾追而至的钦差大臣向荣所部清军扎建,咸丰六年(1856 年)曾为太平军攻破,向荣败亡,后由和春挂帅重建,声势复振。咸丰十年(1860 年)春间太平军再次将它攻破,是打了一场在战略战术上颇为高明的漂亮仗。

重建后的江南大营,在天京城外的工事布局、营伍驻扎和兵力规模上,据其统帅和春奏称,“自城北之上元门至西路之三汊河、乐心寺江干止,共长一百三四十里,大小营盘约一百三十余座,兵勇约四万有奇”①。咸丰十年初,它水陆并进,攻陷了浦口沿江一带太平军的二十多座垒卡,接着,又相继占领了江浦、九洑洲、七里洲、上关、下关等处,加紧了对天京的围困态势。

就在敌方围攻之势咄咄逼人之际,太平天国方面也部署并实施着更高一筹的主动反击。所采取的是“围魏救赵”的方略,由李秀成率部进军浙江,攻袭杭州,仲春时节这一战略步骤得以实现。惊慌失措的清廷屡令和春从江南大营调兵赴援。据说,太平天国方面的有关军报曾为江南大营所得②,故和春对分兵援浙命令的执行并不积极,但一则清廷催逼紧迫,再则很快清廷又赋予了和春兼办浙江军务的职责,他对从江南大营调兵援浙之事不能不有所应付,“先后调援者不下一万三千人”③,大大减缩了该营驻地的兵力。而当江南大营的援兵到达杭州的时候,太平天国方面知是江南大营之兵“分势”,中其所设之计,便在城内“制造旗帜以作疑兵”。敌援军不知真假,一日一夜之间,未敢贸然攻袭入城,使杭城太平军得以悄然顺利撤出,疾速回军,于三月中旬抵达安徽广德,不日,在建平召开军事会议,制定了歼灭江南大营、解救天京的具体方案。主要是分东西两路向天京一带进军,东路由李秀成和侍王李世贤率领,西路由辅王杨辅清率领。这一方案也得以比较顺利实施。而原为进袭杭州担任战略佯动任务的陈玉成部,这时也相机回返参加对江南大营的合围。这样,各路兵马到达预定的合围地点之后,总兵力达到十万以上,远远超过江南大营的人数,较好地体现了集中优势兵力作战的原则。闰三月中旬,太平军对江南大营发起总攻,几天之内即告大捷,将重建后苦心经营两年多的这一大营摧毁于一旦,并且使之失去复建的条件。

江南大营的覆灭不但是清方军事上的重大失败,而且也使其在政治上造成混乱。歼灭江南大营后,太平天国方面接着实施东征苏、常的军事行动。这中间在攻克丹阳后杀死江南大营逃出的副手张国樑,其统帅和春则败奔当时两江总督何桂清所在的常州,太平军衔尾追至(随后和春逃至苏州浒墅关死

① 《钦定剿平粤匪方略》,卷195,同治十一年大铅字印本,第5页。

② 《能静居士日记》,《太平天国史料丛编简辑》,第三册,第138页。

③ 《钦定剿平粤匪方略》,卷236,第22页。

去)。惊慌失措的何桂清打死打伤跪请坚守该城的士绅数十人,率属逃窜苏州,被江苏巡抚徐有壬拒纳,又遁逃上海。就在此人仓皇逃窜期间,清廷于四月十九日将其革职(后来处死),而原吴地官员又无终可替代的合适人选,这样,两江总督冠冕也就落到了曾国藩的头上。

当然,在清方吴区军政形势变乱之际,湘系要员们也不会完全心绪悠然乃至幸灾乐祸,这毕竟攸关清朝大局。从镇压太平天国的需要着想,他们对江南大营的军务是颇为不满的,如胡林翼就尝指责其"将骄兵惰,终日酣嬉,不以贼匪为意。或乐桑中之喜,或恋家室之私,或群与纵酒酣歌,或日在赌场烟馆,淫心荡志,乐极忘疲。以致兵气不扬,御侮无备"。并鉴于"其调度布置实亦不能尽善",也曾为其改进军事部署出谋划策,说"金陵以长濠困贼,张三面之网,而江面不知措意,江北尤宜贼之掉尾游行也。视乎异域,将自困矣,焉能困人"?"谋金陵者,必应注意江面及江北"。当闻知江南大营覆灭的消息后,他则呼天抢地般哀叫:"东南大局不支,军国之事越办越坏,实堪痛哭!"① 而此时的曾国藩也有类同的表现。他致信同党,惊呼"金陵大营全陷","大局决裂至此,以后补苴愈难矣","不知何以善其后"②!这并非故作姿态,确乎是为其君国悲忧,同时也不免有几分物伤其类、兔死狐悲之情。但是,以往江南大营偶有挽转局势的迹象时,他们却又不无嫉妒和忧虑。譬如,当张国樑军攻下九洑洲,胡林翼犹闻警变,立即致书曾国藩坚定行动方针:"东南成功尚早,我辈自行其志,不睬他人!"③ 争衡的势亟意坚,一语暴露得淋漓尽致。

就在江南大营甫亡之际,在曾国藩当时的驻地宿松,湘系要员们于闰三月下旬和四月上中旬有一次聚商,此间由他处来此和本在这里的要员,有曾国藩、胡林翼、左宗棠、曾国荃、李元度、李鸿章、李瀚章等(他处者来去时间不一)。所议涉及军事问题之外,必然也对吴区大员的人事安排进行分析、预测,各人都会形成看法。李鸿章就有这样一番论析:

① 本段中至此所引胡林翼语,见《胡林翼集》,第二册,第1007、467—468、551—552页。
② 《曾国藩全集·书信》,第二册,第1358、1360页。
③ 胡林翼:《致曾国藩》,《胡林翼集》,第二册,第478页。

如天佑我大清，当以公（指胡）督两江，此至艰难困苦之任，非开创圣手孰能胜之！帅符则必推涤帅（指曾国藩），庶相得益彰，可挽全局十之二三。顾上游已成之局，难得替手，庙堂即有此议，东南朝士即有此识，必不敢放胆做一篇奇警文字。①

从当时出任江督的个人条件看，胡林翼似乎更优越于曾国藩（除身体情况外）。据说，本来咸丰帝是想让胡林翼充任该职的，因为肃顺提醒其人“在湖北措注尽善，未可挪动”，故改用曾国藩，以期“上下游俱得人”②。胡林翼对事局更有较明白的看法，有谓：

金陵溃败，丹阳既陷，常州、苏州岌岌不保。仓庾之本，吴越精华，荡然无存，不堪思议。近日奏请涤丈（按：指曾国藩）办皖南者二人均可不问，都中稍顾大局者必力请督办吴越军事。如果握兵符、督符，则非林翼等所能挽留。③

他又有云：

江浙为仓庾根本，京师性命所系，然使泛泛以寻常办理军务之人前往，则事权不属，功必不成。近十日中都中必有十余人奏请涤帅往援。林翼之意，必得地方之符乃可去，非此则必不可去也。设涤帅去后，秋冬之间，贼必有三四十万大股并力西犯……④

曾国藩果然获得了两江“督符”。这当然是胡林翼所殷切期盼的，并且，他极力督劝曾国藩用好此权位而“包揽把持”。其深意在于，以使得他俩犹如双峰分立吴楚，上下呼应，置东南半壁于彼辈一手包揽之下。从当时情况看，

---

① 梅英杰家藏李鸿章致胡林翼书，见梅英杰：《胡文忠公年谱》，第244页。

② 见薛福成：《肃顺推服楚贤》，《庸庵笔记》，第12—13页。

③ 胡林翼：《致郭崑焘》，《胡林翼集》，第二册，第558页。

④ 胡林翼：《致彭玉麟》，《胡林翼集》，第二册，第560页。

这确是切要之策。在曾国藩被任命为两江总督的最初阶段，吴、楚尚未统为一体，诸军分立："曾国荃留围安庆，与多隆阿、李续宜皆为湖北军；袁甲三屯淮上，自为一军；巴栋阿为镇江军；李若珠为扬州水军；王梦龄署漕督，为清淮军；薛焕署总督，为上海军；张玉良收溃军退杭州，犹称江南大营军；周天受屯宁国，张芾屯徽州，为二军；江长贵将杭州军；米兴朝防广德，皆王有龄主之，为浙江军。皆各专奏，不相咨禀。"①对于胡林翼的"包揽把持"之议，或说曾氏"壮之"而不用。诚然，起码在得署江督职位之初，曾国藩没有显出特别的激奋，甚至有几分为难情绪的流露。

曾国藩是于四月二十八日，接到了同月十九日发布的让他署理两江总督的朝命（由官文的咨件中得知）。按说，数年间因无地方事权而窘困异常的他，闻得此命之下，应该有夙愿终偿的莫大欣慰和激动感才是。但是，他的态度似乎比较淡然。当日在致国荃、国葆两弟的信中这样说："本日得信，余以尚书衔署两江总督。余之菲才，加以衰老，何堪此重任！目下江南糜烂，亦不能不闻命即行南渡。"②即使说不排除"自谦"的味道吧，鉴于时局不得不应命的勉强之意也是实有的。同日他给胡林翼的信中亦持类同的说法。他这天的日记中，也只记下关于此事的这样寥寥数语："午刻得官帅咨，知余奉旨以尚书衔署两江总督。本营员弁纷纷道喜。"下属的"道喜"是礼貌，当然也有对上司升迁之途的喜乐。当事者自己当然明白，这并不是朝廷的特别眷顾，而更是危急形势下的督责，所面临的不是平白无故的奖赏，而是刀兵血火的驱迫。同党人物中对曾国藩的此番受命也不乏为之忧虑者。像左宗棠给胡林翼的信中就这样说："涤公总制两江，实孚人望。然受命于覆军之际，兵、饷两乏，支持实难。又涤公年来意兴索然，于时材罕所罗致，所部杰出者颇少。"③总之，是从其兵、饷、人才等项全方位地为之忧虑。

然而，从总体上看，曾国藩的此番受命，不论是对他个人还是湘系群体来说，都是一个关键性的转捩点。

按照清制，督抚为地方最高官员。不过，在道光以前，尽管其名义上也是

---

① 王闿运：《湘军志》，第57页。

② 《曾国藩全集·家书》，第一册，第543页。

③ 《左宗棠全集·书信》，第一册，第390页。

综治军民、兼统文武，但实际上由于中央集权的高度强化，督抚的权力，尤其是军权方面，受到较大限制。其时，凡兴大兵役，“必特简经略大臣及参赞大臣，驰往督办，继乃有佩钦差大臣关防，及号为会办、帮办者，皆王公亲要之臣，勋绩久著，呼应素灵……总督、巡抚，不过承号令，备策应而已，其去一督抚，犹拉枯朽也”。到鸦片战争之时，所谓“经略大臣”已暴露出腐败无能，因而其“权力亦稍减焉，已与各行省大吏有互为胜负之势”①。及至太平天国起义爆发，情况发生了更明显的变化。开始，清廷还是依照旧例运饷调兵，简派钦差大臣督办，但一方面由于这等人物本身更加腐败无能，另一方面督抚权力的增强对其亦有所掣肘，特别是在当时清朝国库空虚的情况下，督抚控制地方财政也就等于控制了军队的命脉。钦差大臣虽频易其员，但仍师劳无功。所以，其后的钦差大臣，或即有疆吏兼任，若非疆吏，则亦须仰赖地方，可见当时督抚权位的重要性。

湘系党魁对这一点很清楚。曾国藩就曾深有体会地说：“今日受讨贼之任者，不若地方官之确有凭藉。”② 胡林翼更是一针见血、直言不讳地强调：“督符更重于兵符”③。在这种情况下，军权和地方事权能否达到一体化，是一个相关大员实际权势的重要控制开关，也是派系群体势力能否兴起的锁钥。清廷开始正是抓住这一紧要关节，企图使湘军和地方事权分离来控制、限制它。如果说，胡林翼出任湖北巡抚，在这上面打开了第一道缺口，那么，此时曾国藩出任两江总督，就是又一道更大的突破口。在其出任两江总督前，湘系要员中除了胡林翼任湖北巡抚外，另只有刘长佑出任广西巡抚（在曾国藩出任两江总督稍前），尽管更早还有江忠源被授安徽巡抚，但未及真正开府施政就在战地败亡。可见，此期湘系人物中出任疆吏的还属个别。而自曾国藩出任两江总督，到攻灭太平天国的短短几年间，湘系人物中就有十余人跻身督抚之位，势能可谓爆炸性释放，这绝非偶然。以曾国藩出任江督为界标，清廷不得不松弛原先对湘系的控制环节，从军务到政柄都向其开放。

---

① 薛福成：《叙疆臣建树之基》，《薛福成选集》，第290页。

② 曾国藩：《致胡林翼》，《曾国藩全集·书信》，第一册，第692页。

③ 胡林翼：《致书局牙厘局文案》，《胡林翼集》，第二册，第600页。

眼下,刚署理两江总督的曾国藩,在貌似反应平淡的情态下也作着“统筹全局”的铺排。五月初三日,他在上谢恩折的同时,又上了“遵旨通筹全局”的专折①。当时,因苏州、常州、无锡等处为太平军攻陷,清廷一再催迫曾国藩赴援苏、常地区,“以保东南大局”。曾国藩则不想按朝命行动。他这样分析军事形势:

> 窃以为苏、常未失,即宜提兵赴援,冀保完善之区。苏、常既失,则须通筹各路全局,择下手之要着,求立脚之根本。自古平江南之贼,必踞上游之势,建瓴而下,乃能成功。咸丰三年金陵被陷,向荣、和春等皆督军由东面进攻,原欲屏苏、浙,因时制宜,而屡进屡挫,迄不能克金陵,而转失苏、常。非兵力之尚单,实形势之未得也。今东南决裂,贼焰益张。欲复苏、常,南军须从浙江而入,北军须从金陵而入。欲复金陵,北岸则须先克安庆、和州,南岸则须先克池州、芜湖,庶得以上制下之势。若仍从东路入手,内外主客,形势全失,必至仍蹈覆辙,终无了期。臣所部万余人,已进薄安庆城下,深沟固垒,挖浚长濠。若一撤动,则多隆阿攻桐城之军,亦须撤回。即英山、霍山防兵,均须酌退。各路皆退,则军气馁而贼气盛,不但鄂边难以自保,即北路袁甲三、翁同书各军,亦觉孤立无援。是安庆一军,目前关系淮南之全局,将来即为克复金陵之张本。此臣反复筹思,安庆城围不可遽撤之实情也。

可见,曾国藩提出不移军径赴苏、常的理由,主要是从全局战略的高度立意,坚持以上制下,而免“从东路入手”,以致“内外主客,形势全失”。他明确以江南大营的覆败为例,这当是很能戳痛清廷心窝的事情。其最直接的目的,就是不致废弃先前已与胡林翼共同部署的“图皖”军务,以之作为所谋战略全局中最为关键的近期目标,意味着要等在达到这一目标后再谋图下一步行动。实事求是地说,这并不完全是借故推诿,确有其战略谋划上的一定合理性,而不像清廷谕旨中表现出的那样,窘急之下只看表面和眼前而难免顾此失彼的权宜布置。

① 见《曾国藩全集·奏稿》,第二册,第1144—1147页。

当然，曾国藩既然受命“权制两江”，他也不能不为履行此职的需要有所表示，上奏中承诺“带兵过江，驻扎南岸，以固吴会之人心，而壮徽、宁之声援”，说是“无论兵之多寡，将之强弱”，南渡“不敢稍缓”。并且言明“现定于十日内拔营渡江，驻扎徽州、池州两府境内”，具体军事部署：“拟于江之南岸，分兵三路：第一路由池州进规芜湖，与杨载福、彭玉麟之水师，就近联络；第二路由祁门至旌（德）、太（平），进图溧阳，与张芾、周天受（按：原湖南提督）等军就近联络；第三路分防广信、玉山，以至衢州，与张玉良（按：原江南大营统将）、王有龄（按：时浙江巡抚）等军就近联络。”又言明在不撤安庆之围的情况下，函商官文、胡林翼“酌拨万人，先带起程”，同时派员回湘招募新勇，然后再部署“进剿”。

然而，这在胡林翼看来，未免是太保守了。本来以先“攻克安庆，步步为营，次第下击”①为计的胡氏，这时经成熟酝酿已变通了原拟计划，力持在固楚图皖、不失上游形势的同时，以恢弘的规模，组织几路大兵，跃进东吴。针对曾国藩的三路进兵方案，他提出自己新的设计，并对曾氏激言督促：

> 兵事须布远势，忌近谋。丈所言之三路，应并为内三路、小三枝。另筹二大枝，一出杭州，一出扬州。其内三路、小三枝，则大帅之中权也。沈（葆祯）、李（元度）、饶（廷选）所办广信一路，竟须驰入杭州，以为平吴根本。保越人之命，取越人之财，事乃有济。拘守广信无当也……此两枝定妥，布局宏远，丈从徽（州）宁（国）鼓行而东，东吴公事，应即如此勾当。急脉缓受，大题小做，或恐不济。饷不怕无钱，只怕无人。丈毋专取丞相谨慎为也。②

其实，曾国藩的那样一个在胡林翼看来“急脉缓受，大题小做”的方案，在很大程度上也是他用以应付清廷、敷衍塞责的，并无必定力行之意。不久，他便以浙抚王有龄函言中路不宜遽进溧阳为借口，而取消进兵，改为先守徽、宁，

---

① 胡林翼：《遵旨复奏征皖孤军未可深入疏》，《胡林翼集》，第一册，第588页。

② 胡林翼：《致曾国藩》，《胡林翼集》，第二册，第534—535页。引文中的“沈、李、饶”皆为湘军将领。

并直截了当地表示，他只“注重安庆、皖南，不敢先图苏常”①。显然，是要待安徽战场见分晓之后再考虑东进。所谓“固上游以规下游，防三省（湘、鄂、赣）以图吴会”，在曾国藩来说并非同时并举，而是以“防三省”为先务，“图吴会”则为后话。

当然，这时也有人极力为先图皖再谋苏的方案张本。《曾国藩全集·奏稿》中附录有当在此期所拟但失考姓名的一道折稿②，其主旨就在劝说朝廷不要遽让曾国藩带兵赶赴苏地而误皖事，以影响大局。其有云：

> 策时务者，莫不谓苏省为财赋要区，又系全浙门户。论现在情形，自应以并力攻复苏州为急务。顾攻苏而苏能迅复，则转败为功，诚计之善也。攻苏而苏不能迅复，将顾此失彼，非万全之策也。臣愚以为欲复苏州，必先图安庆，何也？安庆据长江脊膂，控金陵上游，俯临池州、太平，屏蔽江西、湖北，为自古用兵必争之地。七、八年来，我以全力攻，贼以全力守，牵制金陵。致向荣、和春师久无功者，徒以安庆未下故也。近闻曾国藩调集水陆诸军，节节布置，联营围皖，贼已援绝势穷。曾国藩又忠诚素著，士卒用命，计皖城克日可复。由是举建瓴之师，下逼池、太，直捣金陵，急攻东坝。彼踞苏之贼，必回顾巢穴，我援苏之兵，即乘势夹攻，则苏州可复，常、镇可图，而金陵之贼不难计日殄灭也。若曾国藩遽离皖之苏，不独前功尽废……且使楚兵势孤，万一皖贼乘间奔突，蹑我兵之后，则腹背受攻，有犯兵家大忌。

曾国藩当会由衷赞同这一建策的。只不过他既然受命署理两江总督，有兼顾苏地之责，不能不向表面看来便于近顾该区的地方移驻。他五月间由宿松拔营后，先到安庆附近视察，然后渡江，于六月十一日到达皖南祁门扎定。这个本不起眼的小地方，自此却成了曾国藩据守多半年的大本营，也成为他陷于是非旋涡甚至几遭灭顶之灾的地方。这些事情就是下一小节中要集中述说

---

① 曾国藩：《遵旨妥筹办理并酌拟变通章程折》，《曾国藩全集·奏稿》，第二册，第1172页。

② 载该书第二册第1158—1160页，拟题为《附某人通筹大局敬陈管见折》。

的。这里需要提及的是，其人被实授两江总督，并受命为钦差大臣督办江南军务，也是在他驻扎祁门期间，并且是他到达此处后的不日——朝廷的授任谕旨是六月二十四日发布的，曾国藩于七月初七日接到。值得注意的是，在此前夕，朝廷根据他人的奏荐，有要他接办原由张芾负责的皖南军务的意思，而他以“初到此间”，“未便接办”①为由推辞。想来，在没有明确给他“钦差大臣”的名分前，他不会贸然染指本属他人操控的军政，一则免于触犯他人而遭嫉恨，二则也未免不是借以索要“钦差大臣”名分和权柄的一种“软计策”。无论如何，“钦差大臣”和实授的两江总督权位，果然很快就落到了他的头上。

二、险棋一着困祁门

福祸相倚，顺逆常间，这似乎说得上最朴素的辩证法，其实也是人世最常规的“易理”。看，对于曾国藩的官事和权位来说，他受命两江总督兼钦差大臣，不啻天大的“福事”和“顺境”，然而，随之而来的，却不是他立马“柳暗花明又一村”的佳境，而是大险大难的考验。而这一切，全与他驻留祁门有关。

祁门，从军事地理环境上说，是为兵家大忌的所谓“绝地”。它在皖南山区，“居万山之中”，“地形如在釜底”，不论是“客”居曾国藩军中幕下的欧阳兆熊，还是正式为机要幕僚的李鸿章，都明眼识此不利，而曾国藩自己，则将该地视为可算“皖江枢纽”的战略要地，说此处“层岩叠嶂，较之湘乡之云山，尚多四倍。泉甘林茂，静幽可喜。每一隘口，不过一哨即可坚守，并无须多兵”②。故不听诸多人的劝告，而滞留于此，结果既未能为进兵苏南张本，也未能助安庆围兵排后方之忧，反而将偌大一部分兵力置于险境，而给安庆和整个江北战场平添了一个包袱。由军事上的被动，又引发一连串的人际纠葛。

若说曾国藩进驻祁门后的军事被动，根本上还是导源于战略指导思想上的保守。上小节中，已述及他与胡林翼在这方面的差异。在当时，以及随着军事形势的实际发展，其高下得失的体现，可以从以下两个方面着眼分析：

① 曾国藩：《皖南军务暂时未便接办折》，《曾国藩全集·奏稿》，第二册，第1180页。

② 曾国藩：《复李续宜》，《曾国藩全集·书信》，第二册，第1447页。

第一,时局条件。以江南大营覆灭为转捩点,前后形势条件大不有同:此前,东西两条战线分明,湘军和江南大营基本上处于各自为战、相持竞势状态,因其各有军事支柱,相应也就各有其政治势力控制一方,虽派系不同,但统归清朝一家;此后,虽然一度尚有数军并立,但上自川楚,中经赣皖,下到吴越,实堪作太平军敌手的唯有湘军,它不遽东下,则富庶的吴越之地,太平军唾手可得,显然对清方大局不利。此前,曾国藩没有地方事权,动辄掣肘,主要赖鄂抚胡林翼力撑楚之艰难之局,受力量和其他多方面条件的限制,不得贸然对吴越兴兵问鼎;此后,曾氏出任江督,又兼领钦差,军政一身,其辖权可"南极长沙,东至齐鲁,西连蕲黄,北绾陈蔡"①,往日吴系势力的要员,此时却向曾氏投来"鹄候大援"的血书②,今非昔比,曾氏若乘势妥筹东进,展布吴越,而胡氏坐镇楚皖,则可成上下"双峰"并立之势,使局面大为开阔。此前,东西两线战场皆两军相持,虽战无虚日,但战场相对稳定;此后,太平军在东线上腾出了手脚,自然会乘势西上,解救西线之急,这就必然重新造成一种流动作战的态势,湘军方面不能不相应拿出一定的机动兵力来与对方周旋,吴地虽在下游,但为太平天国的大本营所在,是湘军最终夺取的目标,如果乘太平军重兵西上,吴地防兵相对薄弱之机而进,则不失为避实就虚、攻其必救之策,可以削减太平军对上游回攻的压力。由此看来,在变化了的新条件下,如果仍一味机械地坚持"节节推进",即无异于胶柱鼓瑟了(曾氏前在江西时,尝计及东下攻太平军之必救,但当时条件不适宜,故为非计,此时条件适宜了,他却又不计而为之了)。当然,在当时湘军尚不可能在短时间里决胜全局的条件下,如果兵力过于分散,失去战局重心,也大有散乱之虞,关键在于"适度"的把握。

第二,具体措施保障。这是决定一项总体方案可行性的重要依据。曾国藩的举动旨在保全旧有局面,坚持原定方针,故无多少新措施保障可言。胡林翼的方案则是大有变通的,他认定,如果按照曾氏的计划待三省合防而后谋吴,非一年不能到江苏之境,缓不济急;但也顾及,"舍三省协防而遽谋吴,吴已失,不可救,而楚又继失",此亦不可为。着眼于"若仅就现有兵力抽拨调遣,不仅无补于吴,而且先损于楚"的突出矛盾,相应提出了募新兵、保饷源、

① 胡林翼:《致曾国藩》,《胡林翼集》,第二册,第533页。

② 王定安:《湘军记》,第162页。

选要员等一系列具体措施。他统算分路东进所需兵力,除在原有军队中抽拨一部分外,提出“非加募四万人不为功”①。这样大规模的扩军,最紧要之事是饷需供给。他一方面力督曾国藩以江督的地位控制辖区财政,一方面拟以东进之兵控制财富要区,增辟饷地。例如,他特别注重筹建淮扬水师,目的之一即保此米盐要地。增兵须先添将,辟地要在置官。于是,胡氏举荐左宗棠、沈葆祯、李元度、刘蓉、李鸿章、李瀚章等人,或为一军之帅,或补地方要缺。应当说,这些措施是比较缜密,有不小可行性的。当然,即使着力实行起来,也需要一定时日,具有相当难度,非能一蹴而就。

综合权衡,可以说,曾国藩的举动过求稳慎而大为拘囿迂缓;胡林翼的方案力图恢弘而稍显放恣操切。这除了二人对时局的认识不尽一致等原因外,与他们的心理状态和气质因素当也有着密切关系。曾国藩多年来遭“群疑众侮”,不得其志,促其取法黄老之“阴柔”,逢事极求稳慎。而胡林翼自任鄂抚以来可谓春风得意,对事少有顾忌,锐气十足,唯求所谓“奋然果毅,自行其保境卫民之志”②。“阴阳怕懵懂”,简直成了他的口头禅。对于兵事,他认为“本无万全之策”,主张“算到五六分,便须放胆放手”③,故其果敢之中夹带莽撞之气。这里姑且不细说胡林翼战略激进的得失,反正曾国藩为自己的战略保守付出了代价。

自然需要了解其人进驻祁门后的军事情势。曾国藩刚到这里的时候,所直接带来的军队,唯“宿松马、步各营,及由安庆拨来之记名总兵朱品隆、副将唐义训两军,合共四千余人”。鲍超的霆字营也在调集之列,但“纡道较远”,尚需等待,而鲍超本人更是因休假远在从籍地四川赶回的途中。在湖南郴州的张运兰军应调本拟在五月下旬拔营,但因湘粤边地防剿吃紧,行期推延。这时已膺襄办曾国藩军务的左宗棠,被“令领五千人”,他正在募集。本在浙江的李元度回湘招募新勇,也已为曾国藩奏调皖南,所部与左宗棠新募之勇,按计划“则须七八月间陆续前来”。总之,这时曾国藩祁门营地“兵力过单,将领尤

① 胡林翼:《致曾国藩》,《胡林翼集》,第二册,第533页。
② 胡林翼:《复孙树人》,《胡林翼集》,第二册,第585页。
③ 胡林翼:《复左宗棠》,《胡林翼集》,第二册,第748页。

乏”，“恐不足以当大敌”，不敢“轻率前进”①。

及至八月，太平军攻陷宁国，清方守将周天寿战死。接着，太平天国侍王李世贤率四万之众的太平军出广德，攻徽州，从东侧压迫湘军祁门大营。曾国藩“欲自将守徽”，让部下朱品隆勘测地形，朱品隆说“非精兵两万不可”。祁门大营无此兵力，曾国藩让刚到的李元度部御守徽州。

曾国藩与李元度之间的既有关系，前已述及。多年来，曾氏对李氏视为莫逆，感念非常。在借父丧弃军回籍蛰居期间，窘忧之中的曾国藩尚曾屡屡致书李元度及其母亲，追思情谊，表达感激。他在致李母的一信中这样说：“次青于我情谊之厚，始终不渝。岳州之败，星驰来赴。靖港之挫，从人皆散，次青追随残躯，不离左右，出则呜咽鸣愤，入则强颜相慰。浔郡（指九江）之败，次青耻之，恨贴身尚无劲旅，亟欲招勇，自行训练，以护卫国藩之身。斯二者，皆国藩所镂骨铭心者也。”②给李元度本人的信中，则有对其极力护持的恩义之事“三不忘”乃至“六不忘”之说。并且，又计议“与次青约成婚姻，以申永好”。当时，因李元度已有的两个儿子皆已订婚，便约他若再有第三个儿子，便以国荃家的次女或三女许之③（后因双方儿女的年龄差异过大，此议终未得成，但曾国藩死后其孙子曾广铨与李元度之女成亲）。此议全由曾国藩做主，事后才告知国荃，可见当时与李元度“以申永好”之心切。

然而，也就是在这前后，事情开始悄悄发生变化。就在曾国藩复出之前，已升至道员职级的李元度率部援浙，这本来是胡林翼谋划湘系势力向他区渗透的一招儿，但浙江地方上则借机诱使李元度向其靠拢，和湘系展开了对他的争夺。而李元度本人不知是因为对派系之争缺乏足够的警惕，还是为本身的眼前功利所迷惑，反正于此事的态度上颇显暧昧，立场不坚，甚至有倒向对方的嫌疑，使湘系要员们颇为着急。及至李元度被调皖南，就是曾国藩的切实防范手段。李氏由原浙江温处道被曾国藩奏调为皖南道，统带所新募之三千平江勇于八月上旬赶抵祁门。脚跟尚未立稳，便有宁国失陷、徽州吃紧的军情，遂被曾国藩派往徽州办防。一切都在仓促之下，李元度纵生三头六臂，也无法

① 曾国藩：《恭报行抵祁门日期折》，《曾国藩全集·奏稿》，第二册，第1179—1180页。

② 《曾国藩全集·书信》，第一册，第607页。

③ 曾国藩：《致沅弟》，《曾国藩全集·家书》，第一册，第374页。

抵挡气势正盛且占绝对兵力优势的太平军，在李元度刚到不几天的当月二十五日，徽州即告陷落。

最初几天里，曾国藩一直听不到李元度的下落，估计大概已经殉难，给同党和家人的信中一再表示哀伤，为之“凄咽”，但随后知道他并未死，逃出后游走于“浙江衢州、江西广信等处”，而迟迟不回老营，这使曾国藩感到出奇地“骇异”和气恼，“恨”屋及乌，连对其人所带平江勇也破口大骂：“此次平江勇之可恶，实出情理之外！”①他发狠心奏参李元度，要求朝廷惩治其人。要说，李元度对徽州之败确实应负一定的直接责任。此人书生气十足，本不精于兵事，但还颇显自负，刚愎自用，可能真是未完全按照曾国藩的安排行事，所谓有违“节度”，“出城与贼战而败”。但这似乎都是不能决定大局的小节，曾国藩当时的总体战略部署已奠定了其军在皖南的被动之局。就在徽州之败后祁门大营也更形吃紧的时候，胡林翼在给曾国藩的信中有这样的评说：

> 丈（称曾国藩）筹皖南，必不可停兵株守。江督赐履，涤帅勋望，当为长驾远驭之谋，非塞向墐户之计。疆吏争援，廷臣羽檄，均可不校。士女怨望，发为谣歌；稗史游谈，诬入方策。吾为此惧，公其远谋！或并力血战，以争徽、宁；或分兵远出，以保扬州。尚祈采择。②

可以体察，这分明是责怪曾国藩“停兵株守”，“塞向墐户”而未能“长驾远驭”，劝其改弦易辙。言外更有警告之意：这已经造成被动，导致败局，若不变通，后果更甚。想必当时曾国藩身边的许多人都明白这一点，所以为不应担根本责任的李元度说情。当然，这也是鉴于曾、李两人间先前有着非同寻常的情谊，要曾国藩放李一马，以免内部交恶，有害大局。像李鸿章，在这方面就非常坚决。据说，鉴于祁门“绝地”之忌，他曾力劝曾国藩“不如及早移军，庶几进退裕如”，但曾国藩坚执己意，并不听从，还以为是别人胆小怕事，说：“诸君如胆怯，可各散去。”及至李元度兵败徽州，曾国藩知其未死的消息后欲奏劾之，而当时起草奏稿这类事情为李鸿章职事所属，李便拉上另一幕友，前去与曾国

① 曾国藩：《致沅弟季弟》，《曾国藩全集·家书》，第一册，第582页。

② 胡林翼：《复曾国藩》，《胡林翼集》，第二册，第712页。

藩相争,不被听从,便说:“果必奏劾,门生不敢拟稿。”曾国藩毫不相让,说:“我自属稿。”李鸿章说:“若此,门生亦将告辞,不能留侍矣。”曾国藩亦不挽留,发话:“听君之便。”在这种情况下,李鸿章果真很快离开了曾幕。①

曾国藩也确实奏劾了李元度,说“徽州之陷,皖南道李元度躁扰愎谏,暨不稳修营垒,又不能坚守待援,仅守一昼夜而溃,贻误大局,责无可辞”,“相应请旨将李元度革职拿问,以示惩儆”②。言其“躁扰愎谏”,大意也就是操切而不听人劝诫,如果说这还比较恰切,并非诬陷,那么,要求对其“革职拿问”,则够严苛。事实上,这还是听了一个幕僚的极力劝告,有所减轻后的结果。查此出奏的时间,是在九月十六日。前两天也就是十四日的曾国藩的日记中,有这样的记载:“中饭后,作梅写一说帖,极言劾次青折不宜太重。旋请之面谈,渠复再三婉陈,因将奏稿中删去数句。”还需要注意的是,此时李元度还未回到祁门大营。《庸庵笔记》相关材料中说是其人“久乃出诣大营,又不留营听勘,径自归去”,在这种情况下曾国藩“将具书劾之”(李鸿章遂与争持),当是在时序事序上有所颠倒了。看来,是李元度回到大营后,知曾国藩业已奏参了自己,因此愤而不平(还有说他私下擅自索要了欠饷),赌气返回湖南。

曾国藩此次奏劾李元度,是与褒扬周天受并为之请恤在同一折中,说“周天受坚守七十余日,援尽粮绝,军民爱戴,城破身殉,大节凛然”。并且,联系到此前同为战地“殉节”的他两个胞弟的情事:“其胞弟周天培,去年在江北殉节,胞弟周天孚,本年七月十六日在金坛殉节,亦系坚守孤城,力竭不屈,一门忠勋,贞烈可风。”鉴此,奏请为他们建祠“以褒忠义而昭激劝”。想来,周氏兄弟都非湘系之人(尽管周天受死前有朝命归曾国藩节制),在此时此刻,曾国藩能着力为之说话,对曾有极深恩谊的同党人物李元度,则不徇派系私情,坚持奏劾,应该说有他秉公、持正的一面。但另一方面,他对李元度如此,也不无借追究他人而掩饰和推卸自己应负更主要责任的私意。

当然,李元度虽然被革职,但并没有因此而结束其军政生涯。不过,由此与曾国藩转而一度交恶,自在情理之中。其实,遭曾国藩奏劾还不仅仅这一次,后边还有,不拟再说。不过到头来,曾国藩终究还是察觉并承认了对李元

① 据薛福成:《庸庵笔记》,第11—12页。

② 《曾国藩全集·奏稿》,第二册,第1247页。

度的过分，有所反思和道歉，并且又密荐过他，对其复起当有重要作用。及至同治八年(1869 年)三月间，他为李元度所作的《国朝先正事略》写序，其中有这样一段总结性的忆述话语：

> 如次青者，盖亦章句之儒从事戎行。咸丰甲寅、乙卯之际，与曾国藩患难相依，备尝艰险。厥后自领一队，转战数年，军每失利，辄以公义纠劾罢职。论者或咎国藩执法过当，亦颇咎次青在军偏好文学，夺治兵之日力，有如庄生所讥挟策而亡羊者。久之，中外大臣数荐次青缓急可倚，国藩亦草疏密陈："李元度下笔千言，兼人之材，臣昔弹劾太严，至今内疚，惟朝廷量予褒省。"当时虽为吏议所格，天子终右之，起家复任黔南军事。师比有功，超拜云南按察使。而是书亦于黔中告成。①

可知，李元度自徽州兵败后跌跌起起，军政之途颇不平顺，但终究做到按察使，怎么说也算个"副省级"了。可能出于为其书写序的话题需要吧，在上引文字中，曾国藩特别强调李元度儒生从戎"在军偏好文学"的误事，但密荐他复涉军政时仍褒其"下笔千言"的文才，看来，这确是其人的一大特长。于此，其实曾国藩自已也未必不有些"感同身受"，并且这也不失湘军将帅的群体特征之一。

曾国藩株守祁门期间，有与李元度的交恶，又有李鸿章的离去，还有许多人对其做事的非议，看来，不但在军事上被动窘困，而且人事上也颇有点"众叛亲离"的危机。当然，人事方面也不是没有成招儿，譬如在抵祁门前后，他依从左宗棠、胡林翼的意见，一道谋办的免左宗棠入川而留其麾下之事，就颇值得一提。

五月中旬，清廷令东纯前往署理四川总督并暂时接办军务，并有谕旨与曾国藩等筹商，若令左宗棠"督办四川军务，能否独当一面，于大局有无裨益"，显然是倾向作此任命。曾国藩在与胡林翼商酌该如何复奏此事的信中这样说：

---

① 曾国藩：《国朝先正事略序》，《曾国藩全集·诗文》，第 322 页。

> 左季公事，若待渠信来再定，则复奏太迟；若迳行先奏，则当请其入蜀。盖以事势言之，则入蜀大有益于鄂。鄂好即可波及于吴；吴好不能分润于蜀。季公之才，必须独步一方，始展垂天之翼。以奏对言之，谕旨所询，独当一面者，断无对曰否之理。既对曰可矣，则当令其速了蜀之小事，而后再谋吴之长局。是忠于为国谋，忠于为鄂谋，忠于为季谋，三者皆宜入蜀，但不忠于谋鄙人耳……来吴则自谋私忠，入蜀则三谋公忠，二者俱可，侍无意必也。①

可见，曾国藩是以所谓“三谋（为国、为鄂、为左）公忠”而非“自谋（为自己）私忠”的“高姿态”，作此番论说的。而左宗棠本人得知朝命有意让其入蜀的消息后，一向狂傲自负的他此番却忧虑重重，说“若改赴蜀中，又多一番周折”，因为自己刚刚“带勇学战”，“若临阵指麾，分合、进退、多寡之节，能合机宜与否，尚难自信”。又谓：“蜀乱已久，吏治、军政、人心无一足恃。滇匪、啯匪讧于内，石逆眈眈伺于外……宗棠资望既浅，事权不属，欲提数千之众专讨贼事，是何异于以寸胶而救黄河之昏乎？”加方经“樊案”一挫，他余悸未消，畏罹世网，担心入川与僚吏“彼此不相习，君子不能无疑我之心，小人且将百端以陷我”。他自量其力地自计：“今选募五千（人），自为统带，譬如乡居富人弃农学贾，起手即开大店，生意虽是好做，恐不免折阅之虞，更何敢独入蜀中，仰鼻息于他人乎？”②应该说，左宗棠的这些担心都是很实际的。

而胡林翼综合考虑，权衡再三，到底还是不以让其人入蜀为是。他认为左氏名望浅，“气类孤”，别说是督办军务，即使“畀以蜀督”，周围“多为小人”，“官作乱于上，民思乱于下”，亦恐其“必不能堪也”③，认定还是按原议让他隶曾国藩麾下。这也得到曾国藩的认同，他与官文、胡林翼会奏，请朝廷允将左宗棠仍留其军营，“共挽江皖大局”。折中分析了四川形势，肯定左宗棠“其才可以独当一面”，但亦言及他“措辞过峻，不无令人难堪之处”的性情偏弊，陈说他奉襄办曾国藩军务之命后即在湘募练五千余人，即将成军东下，“今若改

---

① 曾国藩：《复胡林翼》，《曾国藩全集·书信》，第二册，第1421—1422页。

② 左宗棠：《答胡润之》（两通），《左宗棠全集·书信》，第一册，第399、401页。

③ 胡林翼：《致左宗棠》，《胡林翼集》，第二册，第636页。

东师以西行”,不但曾国藩手下顿少一军,“恐不足当皖南之逆氛”,“而左宗棠独往川省,亦恐人地生疏,或致呼应不灵”①。朝廷允准。

就这样,左宗棠得以免于入川而归曾国藩麾下,其人及所部在帮曾国藩解危脱难中也确实发挥了重大作用。十月间,太平军袭羊栈岭,一度攻陷黟县,前锋甚至进至祁东乡附近,距曾国藩大营仅数十里。其时正当太平军实施第二次西征战略之际,尽管最主要的目标是湖北,但相关各部在皖南战场也一展雄威,曾对曾国藩的祁门大营造成三面包围之势,只剩西南一条连结江西景德镇的补给线。而当时左宗棠部就御守此镇,左氏本人曾于十月末亲到祁门与曾国藩会商军事,然后返回本营筹划指挥,艰苦为战,在“是时环祁门无安土,屯军皆敛兵自守”②的异常危急形势下,成为曾国藩大营不可缺少的后卫,也等于为其保守住一条生路。左部不但扼守住景德镇,而且于咸丰十一年(1861 年)正月间与鲍超部“会剿”退至洋塘一带的太平军获胜,使形势一度发生转机。曾国藩向清廷奏报,“其时臣在祁门,三面皆贼,仅留景德镇一线之路以通接济”,“赖左宗棠之谋,鲍超之勇,以守则固,以战则胜,用能大挫凶锋,化险为夷,洵足以寒贼胆而快人心”③。

当然,这时曾国藩说“化险为夷”为时尚早,接着,战局对他湘军方面来说再度恶化。二月底,太平军攻陷景德镇,使皖南曾国藩军的粮道断绝。而当时曾氏正部署攻取徽州,驻徽州西南的休宁就近调度。三月上、中旬,先后两次组织进攻,皆致大败。按曾国藩在三月二十四日上奏中的说法,“徽郡之贼,虽有二三万众,其精悍者不过数千,本可力战攻取,机缘不顺,两次未能得手”。说得似乎轻描淡写,但败得让他胆战心惊。因为在他看来,“此举关系最大,能克徽州,则祁、黟、休三县军民有米粮可通济,不能克徽州,则三县亦不能保,是以忧灼特甚。夜,竟夕不成寐,口苦舌燥,心如火炙,殆不知生之可乐、死之可悲也”。这是他在三月初五的日记中所言,当时攻徽之战尚胜败未卜,尚且如此,惨败定局之后,他的心境更可想而知。在其所谓“士气日耗,贼氛

① 曾国藩等:《请留左宗棠襄办江皖军务折》,《曾国藩全集・奏稿》,第二册,第 1181—1182 页。

② 王定安:《湘军记》,第 79 页。

③ 《曾国藩全集・奏稿》,第三册,岳麓书社 1987 年版,第 1415 页。

日长”的情势下，他于该月十三日“写信与纪泽儿兄弟，略似写遗嘱之式”，说“盖军势不振，旦夕恐蹈不测”①。此信中又交代说：

> 行军本非余所长，兵贵奇而余太平，兵贵诈而余太直，岂能办此滔天之贼？即前此屡有克捷，已为侥幸，出于非望矣。尔等长大之后，切不可涉历兵间，此事难于见功，易于造孽，尤易于诒万世口实。余久处行间，日日如坐针毡，所差不负吾心，不负所学者，未尝须臾忘爱民之意耳。近来阅历愈多，深谙督师之苦。尔曹惟当一意读书，不可从军，亦不必作官。

这自然是由衷之言。军事的确不是曾国藩的最大长项，与胡林翼相比，他似乎就略逊一筹。于此，其明志嘱儿，苦心可鉴。

这时曾国藩因战败“羞忿不肯回营，已书遗嘱，布置后事”，以致“军中皇皇，莫知为计”②。其实，他在祁门被困期间，曾不止一次地写下具有遗嘱意味的书信，甚至常悬利剑于帐中，随时准备在绝境中自刎③。事后回顾，他依然对其时遭遇心有余悸，哀痛良深，说是“自移驻祁门，无日不在惊涛骇浪之中。徽、宁失后，环祁之四面常有十余万贼围绕，更番互进，扼我粮道，几于无日不战，无路不梗”，“三省震惊，饷源尽绝，自问大局决裂，无复幸全之望”④。甚至有他在此期死难的传闻迁延多时。中国第一个留美大学毕业生容闳，同治二年(1863 年)入曾国藩幕府，是通过已在曾幕的他的一位朋友写信相约，当容闳接到此信时，脑海中泛上的疑问之一是：“一年前我就听说曾国藩亲自在徽州与太平军作战，后战败阵亡，看来传闻失实？”⑤当然，事实是曾国藩并未亡于徽州，而后仍困于祁门。

祁门，对曾国藩来说真可谓“祸地”，经过多月的挫磨，他也就难再坚执不动了。在组织攻徽州前的二月上旬，就曾有“拟移驻东流(亦安徽地，在祁门西北，临近长江)”的奏陈。在困局稍缓的情况下，到三月二十六日便选带五

---

① 《曾国藩全集·日记》，第一册，第 600 页。
② 欧阳兆熊：《祁门移营》，《水窗春呓》，第 3 页。
③ 据《徽难哀音》中一诗的注文，见《安徽史学通讯》1958 年第 2 期，第 39 页。
④ 《曾国藩全集·书信》，第三册，第 2220 页。
⑤ 石霓译注：《容闳自传——我在中国和美国的生活》，百家出版社 2003 年版，第 127 页。

百人自祁门拔营向东流转移(祁门仍留守军)。在此前二十四日出奏的附片中,曾国藩这样回顾总结军务情况及眼下"江皖大局":

> 自去冬以来……大约江皖之贼分四大股:一曰定南主将黄文金,即上年十一月攻破建德,连陷六县者。经左宗棠扼之于景德镇,鲍超破之于洋塘、黄麦铺,现闻该逆已赴援安庆矣。一曰伪右军主将刘官芳,盘踞池州、泾、旌、石埭等处。去年冬月破羊栈岭,本年正月破大赤岭、大洪岭,二月破櫸根岭,皆系刘逆之党。此股在岭外,距臣军最近,战事最多……一曰伪侍王李世贤,即去年八月攻陷徽州者也。本年二月窜扰景(德)镇、乐平一带。左宗棠一军二月与侍逆大战数次,该逆已败溃鼠窜而去,鄱阳、景德镇、浮梁、乐平一带肃清……一曰伪忠王李秀成,去年十月攻陷羊栈岭,经鲍超痛剿破之。十一月窜陷浙江之严州、江山、常山等处。本年正月围攻广信、玉山、广丰,均已(以)坚守得完。二月围攻建昌、抚州,亦以坚守得完。现闻窜至吉水、永丰一带,距祁门一千余里……各股悍贼均已退窜,皖南军务日有起色。①

当年军事奏报上的夸饰、弥缝几为"通例",曾国藩亦自不可免,不过,所涉双方各部军队、战事时间和地点、胜负的基本结局,还是可信的。据以便可了解他驻祁门期间的军务梗概和战局轮廓。仅就地域而言,涉安徽、江西乃至浙江(为避免烦琐,引文中具体地名未一一出注方位),成为一个"系统性"的战区。最后曾国藩得以摆脱祁门之困,除了具体战事因素外,更主要的还是太平天国方面在既定战略方针的实施以及全局性部署、指挥上出了较大问题,"送"给了曾部湘军的转机。无论如何,从祁门移驻东流,使曾国藩脱离了所谓他"治军以来"的"最为棘迫之境"②。迎接他的,便是通向空前"煊赫"的一程了。

---

① 曾国藩:《再陈江皖大局并移驻东流片》,《曾国藩全集·奏稿》,第三册,第1452—1453页。此片中还有言"臣亦即日拔营移驻东流",据曾国藩日记及多封书信中所说,自祁门拔营日期实为二十六日。

② 黎庶昌:《曾国藩年谱》,第126页。

三、面对"勤王"的召唤

在铺陈曾国藩的"煊赫"后事之前,他在祁门期间还有一个不应忽略的"插曲"需要交代,即所谓"北援筹议"。这是指第二次鸦片战争最后阶段,因英法联军进犯京畿,清廷谕令从南方调兵北上救援,因涉及湘军,曾国藩为此主持的相关筹划、计议。尽管因很快便有"议和"成局的出现,湘军"北援"并未付诸实施,但以曾国藩为代表的湘系要员们,为此事的筹议曾颇费心思,典型地反映出他们的态度及应对方策。

咸丰十年(1860 年)八月二十六日,在祁门营地的曾国藩,接到朝廷的"北援"谕旨。其中言及,胜保奏称,"夷氛逼近阙下,请飞召外援,以资夹击",请饬"于川、楚勇中,共挑选得力者若干名,派员管带,即行起程,克日赴京,以解危急"。朝廷正是采纳其议,遂发布谕旨安排从南方数支军队中调兵,其中包括令曾国藩挑选精勇二三千名,交鲍超管带,"兼程前进,克日赴京,交胜保调遣"。并特诫以"勿得借词延宕,坐视君国之急",说"惟有殷盼大兵云集,迅扫逆氛,同膺懋赏,是为至要"①。清廷的这道谕旨,是该月十一日交由军机处寄发的。上面引述内容中所涉及的人物,除曾国藩之外,满洲镶白旗人、在与太平军和捻军的作战中屡败的胜保,此时因在与英法联军作战中受伤而正在京城疗养。鲍超则为四川人,是湘军的一大悍将,当时已在曾国藩麾下。

至于相关背景情况,其时北国正弥漫着第二次鸦片战争的烽烟。英法侵略军占据天津后向北京进犯,在清廷发布"北援"谕旨这天,已至通州以西,离京城近在咫尺。而此前的初八日,咸丰皇帝已经由圆明园向热河出逃,这时正在途中。留在京城负责与外国方面联络和筹办议和的,是恭亲王奕䜣。据他的奏报,"现在军情万分吃紧","皇上启銮后,人心惶惑,铺商歇业,甚或匪徒乘间抢劫财物"②。不但治安环境非常恶劣,而且用于防御"夷兵"的清军更

① 《咸丰同治两朝上谕档》,第十册(咸丰十年),广西师范大学出版社 1998 年版,第 534 页。

② 中国近代史资料丛刊《第二次鸦片战争》,第五册,上海人民出版社 1978 年版,第 118、119 页。

是一塌糊涂。据本以剽悍著称的蒙古王爷僧格林沁奏称，他所带马步官兵，“溃散极多”，“京旗各营官兵，屡次挫失，心胆已寒”，其他各部或兵员“现存无多”，或武备窳劣不能抵敌炮火，局面是“人心涣散，难以收拾”，“势将全行溃散”①。而南方曾国藩这里正值宁国、徽州相继败兵之后，其窘迫、危险情状前已述及，不必重复。“北援筹议”，就是在这样的时局下展开的。

在“北援筹议”的过程中，曾国藩当然是湘系集团的核心角色，因为他是“北援”谕旨的主要承接者，又身膺两江总督兼钦差大臣的职任。其次是胡林翼，他作为几乎与曾国藩比肩的当时湘系“双峰”之一，其意见也会有举足轻重的作用。鲍超本为钦命点派的“北援”将领，但在湘系要员关于此事的筹议中，他并无事实上的发言权，这由其在湘系的地位决定：他虽是湘军的一员悍将，但并非湖南籍，又是只武不文的“老粗”，为曾国藩、胡林翼辈笼络为之卖命而已，无法进入其“内层”。更何况，他作为胜保策动受命“北援”的对象，此时自为曾国藩、胡林翼辈密切“监控”，唯让其人服从他们的决定。倒是像李续宜这样的湘籍将领，成为筹议的高参。还有一些惯常就少不了为幕主出谋划策的重要幕客，像李鸿章等人，也参议并拿出了有影响的意见。

在大致了解了筹议事局中角色概况之后，更需要考察其运筹情况，在这中间，可以进而更具体地凸显相关角色的表现。

曾国藩在接到“北援”谕旨后十来天，即到了九月初六日，才复奏朝廷，表明自己的感触和意见。他说跪读朝廷“北援”谕旨，“神魂震越，痛愤天地”，而接旨后又从胜保来件中得知“圣驾巡行热河”的消息。在这种情况下，他百感交集，言称：“臣自恨军威不振，甫接皖南防务，旬日之间，两郡（指宁国、徽州）失陷。又值夷氛内犯，凭陵郊甸。东望五越，莫分圣主累岁之忧；北望滦阳，惊闻君父非常之变。且愧且愤，涕零如雨。”至于对鲍超赴京交胜保调遣的谕令，他委婉地予以拒绝，理由是“逆夷去都城仅数十里，安危之几，想不出八九两月之内”，而鲍超到京五千余里，“须三个月乃可赶到”，“殊恐缓不济急”，再说“鲍超虽号骁雄之将，究非致远之才，兵勇未必乐从，邻饷尤难应手”；若真是夷方能与我“犹豫相持，果至数月之久”，那“岂可仅以鲍超应诏”，当于他曾国藩与胡林翼二人中“饬派一人带兵北上，冀效尺寸之劳，稍雪敷天之愤”。

---

① 中国近代史资料丛刊《第二次鸦片战争》，第五册，第138页。

并且，拟出这样的安排方案：若派他曾国藩北上，“则当与左宗棠同行，皖南暂不进兵，只能退守江西境内”；若派胡林翼北上，“则当与李续宜同行，皖北暂不进兵，只能退守湖北境内”，待北事完结后，“率师南旋，再图恢复皖、吴”①。

应该说，这是曾国藩集团“北援筹议”的基本“定策”。此前，必然有过会商；此后一段时间里，则又有进一步的筹议，但大旨亦未出所奏框架。其筹议的具体情节颇值注意和揣摩。

曾国藩在上奏的当天，就把折稿录示于胡林翼，并致信说：

> 楚军入援之谕，本日始行复奏……主意系希庵（李续宜字）所定，与侍（曾国藩谦称自己）初计相符也。惟如此入奏，谕旨派出之后，即不可少有濡滞。求阁下于南北岸各军预先安排，应撤围者预先撤围，应退扎者预先退扎，俟奉到谕旨，公北上侍当移驻皖北，侍北上则请公兼管皖南，皆义不容诿。②

可以知道，筹议中李续宜的意见因为与曾国藩本意相符，所以被采纳。查曾国藩日记，李续宜是在九月初四日来到祁门，曾国藩与之“久谈”，主要当就“北援”之事。有时人后来忆述，曾国藩当时曾广泛征询意见，“集文武参佐各立一议”，“幕中集有《北援议》一册，参互而观”。并特别举出李鸿章的高见，说他在“多以入卫为主”的群议之下，“独谓夷氛已迫，入卫实属空言，三国连衡，不过金帛议和，断无他变，当按兵请旨，且无（勿）稍动。楚军关天下安危，举措得失，切宜慎重”③，得到认可。若确是这样，李鸿章对事情结局的判断可谓比较准确，而其所谓“按兵请旨”，的确也是曾国藩实际做了的。不过，这并不能否定曾国藩辈也同时作有待旨入卫的切实准备。从前述曾国藩告知胡林翼的相关铺排情况，可知他们准备应诏北上是真实的，因为其间商讨此事用不着“玩花活”。此后，曾国藩在给其他同党人物的信以及家书之中所言相关情况，也都能证明其这种真诚。

---

① 《曾国藩全集·奏稿》，第二册，第1239—1240页。

② 《曾国藩全集·书信》，第二册，第1605—1606页。

③ 徐宗亮：《归庐谈往录》，第41页。

前边引文中言及所谓《北援议》，其详细情况未得确知，不过，在盛康所辑的《皇朝经世文续编》中，倒是能见到《北援集议》总题下所收曾国藩、李鸿章、陈鼒（字作梅，江苏人，曾国藩幕僚，后出任直隶清河道）、李榕（字申夫，四川人，曾国藩幕僚，后官至湖南布政使）和胡林翼的每人一篇计五篇文字①，显然，这远不能包纳"北援议"的全部，并且，有的篇什见之于已刊个人集子的书信之中（如胡林翼者），其篇幅也都不长，五篇统共三四千字的样子。仅由此远看不到"北援议"的全貌。值得注意的是，此《北援集议》，据采编者在篇末说明，是由胡林翼"集众议筹济，各加评注，而证以己意"而成，也就是说是由胡氏"集议"的一种。下面，还是回到以曾国藩为"主角"来观照"集议"和操持的情况。

因为"北援"对于湘系群体来说是件大事，在曾国藩就此出奏之后，不但筹议没有停息，而且会更激波澜。曾氏在九月初十日给胡林翼的信中，述及相关情况，有谓："连日争论北援之事，颇多龂龂，大约侍与希（指李续宜）、星（幕僚刘良驹，字星房）、任（幕僚文希范，字任吾）数君，意见当合，余不尽合也。"其实，即使胡林翼与曾国藩之间，也存在意见不谐之处。譬如，胡氏当时致函亲密朋僚阎敬铭，附上曾国藩关于北援的条议，就其中关于曾、胡两人待朝命择一北上的说法，评论道："涤帅必不北援。此议亦南宋人之议论多而成功少也。实则涤帅必不入卫，何劳拟议？"②他想必也向曾国藩表露过此意，曾氏复信说："入卫之疏，尊意必以为当派阁下，而不及鄙人，似未可认为定论。"这并不仅仅涉及对事情的判断谁更准确的问题，在胡林翼意思里，曾国藩所持两人备选说未免有点矫情。应该说这不是毫无理由的猜疑，试想，在曾国藩不但身为两江总督，而且为钦差大臣统理数省军务，特别是皖南吃紧的情况下，假如清廷真的需指派北援统帅，那自然是胡林翼的可能性最大，因为同时需要南北兼顾。当时就有人以曾国藩"有守土之责，又值皖南败坏之际，未可弃之而他行"的意见。另外，"北援筹议"中，还牵涉对朝臣所谓"西巡"（朝廷移西

① 载于盛康辑：《皇朝经世文续编》，台湾文海出版社"近代中国史料丛刊"影印本，第2609—2626页。

② 《胡林翼集》，第二册，第729页。

安)之议的看法。曾国藩持论“西巡之说,则万万不可”①;胡林翼则表态说:“西巡之议,亦即太王避狄迁岐之事。如朝议果定”,“惟应自请治兵襄阳,以为关中屏蔽”②,隐然有被动认可之意。胡氏还把其朋僚严树森(字渭春,时任湖北布政使)等人,明确持论“夷氛犯阙,圣驾北巡不如西狩”的信件,寄给曾国藩看,曾氏评以“甚辨,然要归亦无可取”③。可见,在这个问题上,曾、胡等人的认识也不尽统一。想来,筹议中有不同意见本属正常,而就大旨来说,曾、胡这两个最重要的人物,关于“北援”的基本意见还是一致的。

再就是时在曾国藩麾下的左宗棠,曾氏曾计划一旦奉旨北援即带他同往(后又改变主意拟让他留在南方),也不能不及时通气,不但在出奏后就尽快将奏稿抄转左氏,而且随后又特嘱:“初六日北卫一疏,十月初可奉硃批,务祈预为筹定,幸勿谦让以延时日,千万千万”④!还有像湘系要员中彭玉麟、郭嵩焘和郭崑焘兄弟等人,曾国藩也都使与闻筹议之事。

另外,曾国藩还向相关的非湘系大员们通报“北援筹议”的情况,涉及湖广总督官文、江西巡抚毓科、前督办皖南军务张芾(小浦)等多人,摆出咨询和与之会商的姿态。

尽管曾国藩集团的“北援筹议”,并不全是对清廷施出的故意拖延、欺饰手段,但也并不排除其中有着颇值揣摩的政治策略蕴涵。

曾国藩、胡林翼辈不放鲍超北去,就是防止该部湘军被胜保攘夺,从而削弱湘军力量。胜保可谓湘系集团最痛恶的政敌,他因前在率部与北伐太平军作战中屡屡失败,落了个“败保”的讥名。后在皖北督军,与湘系人物发生严重摩擦,胡林翼就曾斥其人属所谓“胜不相让,败不相救,轻而不整,贪而无亲”之流,“满腔忌刻,其志欲统天下之人,其才实不能统一人”。对他奏请获允鲍超北上归其管带之事,湘系领袖更是非常敏感和警惕,不惜以自身请命的办法力阻。胡林翼还曾致信鲍超做稳定他的工作,说自己和曾国藩深知胜保“为人忮刻贪诈,专意磨折好人,收拾良将”,若放你北上,“必为磨死”,而“北援是君父之急难”,又“万不可以他词推诿”,故只得应允自行北援,这是对你

---

① 上注以下至此引文,见《曾国藩全集·书信》,第二册,第1633、1627、1615页。

② 胡林翼:《复官文》,《胡林翼集》,第二册,第755页。

③ 《曾国藩日记》,第一册,第536页。

④ 曾国藩:《复左宗棠》,《曾国藩全集·书信》,第二册,第1628页。

的“天地父母之恩”。作如此之说，自然是为防止鲍超心思游移，不利湘系。甚至胡林翼还有退一步的计议：若是鲍超被命必须北上，宁愿让他隶属别人，也决不归于胜保。时为荆州将军的满洲正白旗人都兴阿，也受命北援，胡林翼在九月初给他的信中说：“廷旨饬涤帅拨鲍超入援，交胜君统带，弟（胡林翼自称）意亦当会奏请归兄统带，以连军心而资熟手”①。都兴阿虽然也是满人，但与湘系集团关系较为和谐，甚至当时在很大程度上依附于湘系（譬如，连他的北上路程都由胡林翼为之指画），胡林翼作此计议，可以说是设置杜绝胜保攘夺鲍超的第二道防线。

由曾国藩请旨待命，则有巧为缓兵之计，以观事态变化，防止因操切盲动而造成无谓消耗和紊乱的策略用意。试想，当请廷急饬北援的时候，英法联军已兵临城下，若进占北京将是很快的事情，军事上不用胶着；而在此等危机关头，清廷则必以妥协来应对，外交上也不容拖延，总之，双方长时间胶着的可能性不大。清廷之所以采纳胜保意见向南方召援，是在极度恐慌窘迫、束手无策的境况下作出的应急反应，缺乏冷静的深思熟虑。在这种情况下，曾国藩辈若由其战区仓促发兵北上，偌远途程，很可能军行半路，事局已明，是往是返，尴尬两难，于事无补，徒致紊乱。单就军饷的转运保障而言，即使按照曾国藩与胡林翼比较保守的计议，“带兵不满一万，转饷月不过五万，自用土马队百余，每月至襄阳驮运”②，实际上也足够麻烦了。在这种情况下，对事态发展作出一个大概的估计，据以待时定夺，不失可取之策。曾国藩上奏中所说“安危之几，想不出八九两月之内”，便是很务实的估计。此后他致许多人的函件中，又反复重申这个估测。而请旨待命，当有奏到旨下并传至其驻地期间，已可在形势相对明朗的情况下拿出可取方案的考虑。事实证明，这的确免费了轻易行动的周折。当时清廷并不是仅从南方调援，北方也涉及多处，可以说是一次全国规模的拟调，而自较远地方付诸行动的基本都半途而废。就南方而言，更早接到相关谕令的都兴阿，经过必需的准备后最终起程，但只行抵安徽寿州，“和议成，命赴扬州督办江北军务”③，亦徒废一番折腾。

① 本段中引文见《胡林翼集》，第二册，第344、345、744、697页。

② 《曾国藩全集·书信》，第二册，第1626页。

③ 《清史稿》，第40册，第12094页。

曾国藩集团的"北援筹议",也体现了主持者关于在必要时南北兼顾,但尽可能不抽队北上而免于掣动南方军事布局的立意。曾国藩致胡林翼的信中有这样一番论说:"大抵天下有理、有势。北援,理也;保江西、两湖三省,势也。吾辈就目前之职位,求不违乎势,而亦不甚悖于理,此外出位之思,非常之策,吾辈尚可不必遽议。"他又说,"北行不过明臣子之义","南服两湖、三江战守各事,仍不可不竭力支持",入卫"所带北兵均不必多,免致掣动(长江)南北两岸之全局"。湘系要员们把"卫畿、保江西、规皖吴",看做是应该"统筹合计"①的要端,并作切实筹商,而一直把他们南方战区的既定部署,视为决不可轻易变更和松懈的事情。

至于由"北援筹议"所反映出的湘系要员对清廷的基本态度,就是忧君国之危,尽臣子之义,准备在朝廷果若谕令不管是曾国藩还是胡林翼带兵入卫时便真要出行。曾国藩的这种态度对于其群体来说,就很具代表性。当他接到朝廷召鲍超等部北援的谕旨后,对京畿和朝廷的危急形势,表示为之"神魂震越,中夜涕零",请旨由他等大帅级人物亲自带队北上,说"明知无益于北,有损于南,而君父之难,义不反顾"。像这类话,他不但向非湘系的军政大员说,而且也反复向同党之辈说,还向家人说。譬如与同党人物一再申明,"北援专明臣子之义,不问事之济否"②。他在致弟信中,则既是自我剖白心迹,也是施行教谕,有云:

> 分兵北援以应诏,此乃臣子必尽之分。吾辈所以忝窃虚名,为众所附者,全凭忠义二字。不忘君,谓之忠;不失信于友,谓之义。今銮舆播迁,而臣子付之不闻不问,可谓忠乎?万一京城或有疏失,热河本无银米,从驾之兵难保必不哗溃。根本倘拔,则南服如江西、两湖三省又岂能支持不败?③

在曾国藩看来,"若不赴君父之难,则既诒后日之悔,复惧没世之讥,成败

① 本段中引文见《曾国藩全集·书信》,第二册,第1615、1637、1628页。

② 《曾国藩全集·书信》,第二册,第1605、1609、1642页。

③ 《曾国藩全集·家书》,第一册,第581页。

利钝，不敢计也”[1]。在由于形势条件及其他种种原因的限制，一时处境尴尬、选择难定的时候，曾国藩这样剖白自己极其复杂、矛盾的心情：“不能入吴，不能入越，并不能保皖。闻此大变，又不能星速入卫，负罪旁皇，莫知所措”[2]。这中间，为朝廷忧急的成分所占比重自不会小。尽管因为时局的变化最终湘系首领的北援没有成行，但他们确有赴援的切实打算，曾国藩甚至为此写下过带有“遗嘱”意味的家书，如九月二十四日他写给在军的国荃和国葆两弟的信中说：“余于（九月）初六日所发之折，十月初可奉谕旨。余若奉旨派出，十日即须成行。兄弟远别，未知相见何日。惟愿两弟戒此二字（按：指‘傲’、‘惰’），并戒（诫）各后辈常守家规，则余心大慰耳”。

可见，曾国藩集团的北援筹议绝非纯然虚与委蛇。湘系要员们作为当时清朝军政势力中的一个重要地方派系，与其他派系之间当然有矛盾和争竞，即使与朝廷之间在某些时候、某些事情上也互有猜忌和抵牾，乃至有限制和反限制。但总体上说，他们之于朝廷，不只是能臣，同时也是荩臣，是抱效忠心志的。他们在南方镇压太平天国的所作所为，虽说与其扩张派系利益不无所关，但终归还是为了挽救和维护清王朝，所谓“掀搴风云，清夷东海，挈而还之朝廷”[3]。南方军务固然为其首重，但若真的朝廷被灭，即所谓“本根倘拔”，那么，“皮之不存，毛将焉附”？那种断言曾国藩辈请旨自行“北援”完全是要“花招”、实际是“拒不北援”的看法，似乎未免有点绝对化和简单化了。

当然，事实上正如曾国藩所估计的，京畿形势很快发生了变化，由于“议和”告成，再没有必要让湘系首领率兵北上了，可以让其继续全力以赴地在南方战场对付“粤匪”。这当然是曾国藩集团所切盼的。曾氏于十月初四日首先接到清廷关于“鲍超一军，着毋庸前来”的谕旨，三天之后，即十月七日，又接到“曾国藩、胡林翼均着毋庸来京”之谕。这道谕旨中还特别言及，现与英、法两国“互换和约，抚议渐可就绪”，而“皖南、北均当吃紧之时，该大臣一经北上，逆匪难保不乘虚思窜，扰及完善之区，江西、湖北皆可为虑”[4]，显然，旨在让曾、胡专意该区。其实，在接此谕前夕，曾国藩已闻知“夷务和议已成”，判

---

① 《曾国藩全集·家书》，第一册，第583—584页。

② 曾国藩：《致左宗棠》，《曾国藩全集·书信》，第二册，第1635页。

③ 《胡林翼集》，第二册，第587页。

④ 《咸丰同治两朝上谕档》，第十册（咸丰十年），第593页。

断"带兵入卫一疏,殆必不准",说"从此可一意图东南之事",自然是由衷欣慰。及至接旨明确得知不再要其北上之后,他更是发出"朝廷于东南之事眷念极重,或者终有转机乎"①的激奋之言。

就湘军"北援"未得真正实施而言,"北援筹议"可谓一场"虚议"。尽管如此,但其意义还是多重的。

首先是藉以凸显出清朝统治集团内部关系的复杂性,以及湘系要员在处理这种关系上秉持的原则和方略。他们对胜保之类的"政敌",保持着高度的警惕和防范之心,对其借机想攘夺和染指湘军的行为坚决而又策略地进行抵制,终未使之图谋得逞。对系外相关大员(如官文、毓科、张芾等人),则及时通报情况,解释筹议方案,以争取他们的理解和支持,减少和化解来自外围的不利舆论及障碍。对朝廷则表示了他们的忧危排难之诚,这不是不问青红皂白言听计从的"愚忠",而是审时度势、以利大局的"精忠",与保存自己派系的实力、顾全南方大局,巧妙地结合起来。总之,体现出湘系要员在处理清朝统治集团内部关系方面的较高策略水平。

其次是反映出湘系要员对外国方面的态度。他们对所谓"夷氛犯阙"既表现出真切的忧愤,但又缺乏与之对抗和战而胜之的信心及勇气,故而"北援筹议"中屡屡申说即使北上也"毫无裨于事局"的意思。这表现出他们在列强面前是害先天性的软骨病,自是一种无法克服的政治偏弊。其实这也是与清朝最高统治集团共有的"通病"。在京操持与外国方面"议和"和签约的恭亲王奕䜣等人,稍后不就提出"发、捻交乘"为"心腹之害",外国对华不过是"肘腋之忧"、"肢体之患","故灭发、捻为先"②的方针吗?奕䜣和曾国藩等人,作为清朝洋务派先驱在中央和地方的代表人物,在共同存在对外软弱妥协倾向一面的同时,又都有着较为了解外国实际、明了中外差距的"明智"一面,比起有的顽固派人物平时高谈阔论大有对"外夷""灭此朝食"的气概,而往往在一触即溃(不论是战阵或外交)之下转而惊慌失措、毫无主张的情形,未必不略胜一筹。

在"北援筹议"的过程中,也反映出湘系内部尽管在枝节问题不无分歧和

---

① 《曾国藩全集·家书》,第一册,第593、595页。

② 《筹办夷务始末》(咸丰朝),第八册,中华书局1979年版,第2675页。

争论，但大旨上能够一致。特别是同居高位的胡林翼，能与曾国藩之间开诚布公，既能坦率表明自己的某些异议，又能在一致的目标上同心协力，亦在局中起着关键性作用。有人对他的这一点就特别赞赏，后来就此评议道：

> 可知文忠（按：指胡林翼）之撑拄危局，独任其艰，与文正（按：指曾国藩）诸公协力同心，深谋远虑，虽赍志先殉，卒能勘定大难，以蒇全功，非偶然也。大臣谋国必合群策群力以图之，平时无徇偏私，临事不存侥幸，有容乃大，惟断乃成。呜呼！若文忠者，可以师矣。①

当然，就全局而言，可以说曾国藩在其中更切实发挥了主导性作用。而其群体内部显示出相对团结、协调的状况，也是一种醒目的事实。这其实也是湘系军政势力能够崛起并在相当时间里保持盛势，乃至能在晚清历史上发挥重要影响的关键因素之一。由“北援筹议”情事，即可见之一斑。

四、在关键的安庆之役中

曾国藩在祁门历经了非同寻常的艰难险阻，也有过“北援筹议”这样的事情，出此“绝地”之后，他于四月初一日抵东流驻地。他的这一移动，既脱离了祁门地理条件上的被动，也得以就近更方便地指挥安庆战役。

安庆，不管是对于太平天国和清方来说，都是有着重要战略地位的地方。清初著名历史地理学家顾祖禹的《读史方舆纪要》中就说：“安庆者，金陵之门户也。”②自从太平天国建都金陵（天京），安庆遂成为从上游屏蔽其都城的一大关键性锁钥，故着力在此据守，迫使清方将其安徽省城他移多年。这时湘军正在部署进行的安庆战役，就是为了拿下这一战略要地，从上游打通逼攻天京的门户，此为实施其以上制下战略方针的重要步骤。所谓“贼以全力救安庆，我亦以全力争安庆”，乃曾国藩与胡林翼等人经“熟商”制定的作战方针。曾

---

① 盛康辑：《皇朝经世文续编》，第 2626 页。

② 顾祖禹：《读史方舆纪要》，第三册，中华书局 1955 年版，第 2021 页。

国藩进驻东流的第二天，即咸丰十一年（1861 年）四月初二日，他在奏片中言及于此，并陈述了当时的具体军务布置："以多隆阿、鲍超两军会剿集贤关（按：在安庆北面偏西）之贼，李续宜亦派十营回皖协剿。必须攻破狗逆（按：清方对太平天国英王陈玉成诬称为'四眼狗'），迅克安庆，大局乃有挽回之日，金陵乃有恢复之望。"①

此时太平天国在安庆的守将为叶芸来等人，守军两万余。陈玉成部并非守军而是援军。他所部本来是与李秀成配合"合取湖北"（也为使湘军回援以解安庆之围）的一路大军，在曾国藩移驻东流的前夕，曾出湖北英山，破蕲水、黄州，又分兵攻麻城、黄安、孝感、黄陂等地。"时湖北各军集皖疆，省城空虚，仅存标兵两千，鄂中大震，官民逃避一空，宦橐商货，多被游兵攘掠"②。知其详情的彭玉麟曾写信向曾国藩这样报告：

> 贼破黄州时，武昌人民一空，不堪笔述。各粮台、军火总局闻警散尽。阎丹初（按：即阎敬铭，总办后路粮台兼办营务）呼唤不灵，愤极自尽，几断气，为朋友所救下，两时始醒，可悲可叹。咏公（按：指胡林翼）夫人执不肯出署，言必须兵临城下，再定行止。诸当事力劝两日，始行听劝，携幼子下河，是可敬也。③

不知胡林翼对心腹自杀（未遂）夫人亦终出逃省城有何感慨，反正出境在安徽太湖就近指挥"图皖"战事的他，面对湖北的危机形势，曾引咎自责"笨人下棋，死不顾家"④。陈玉成军向上游又攻克云梦，陷德安、随州。但其所占湖北之地并不能维持，在安庆危急的情况下，遂率精锐直接回援，成为曾国藩所谓"必须攻破"的力敌。

太平天国方面本来是有乘虚攻占武汉的大好机会。但一方面，陈玉成听信外国人的讹诈：当时，英国海军中将何伯察看约开商埠行至武汉，闻知太平

---

① 曾国藩：《援救安庆及江皖军事布署片》，《曾国藩全集·奏稿》，第三册，第 1461 页。

② 王定安：《湘军记》，第 40 页。

③ 《彭玉麟集》，中册，岳麓书社 2003 年版，第 337 页。

④ 胡林翼：《复左宗棠》，《胡林翼集》，第二册，第 823 页。

军攻占黄州，急忙派员会见陈玉成，以维护其国商业利益为借口，反对太平军进取武汉；再一方面，也没有能得李秀成部的及时配合（该部较晚进入湖北，前锋曾近逼武昌，但亦很快退兵），故而原"合取湖北"的方略未得很好实施。这不能不说是太平天国的战略失误。试想，如果它按照原订方案力争武汉、湖北，起码胡林翼得从安徽战场撤回他所部兵马，总不会放弃老巢而不顾。当陈玉成逼近武汉之时，他就急调李续宜自青草塥回援，舒保马队继之，又令彭玉麟水师驰至。其后李秀成突入湖北，胡林翼先则调成大吉部由安庆前线回援，继而自行率部由太湖沿江西返，即可证明胡氏坚决保鄂的意图。一旦在安徽战场担任打援主力的胡部湘军撤离，曾国荃所部的围城之军独立支持亦难，那样安庆之围便有不打自解的可能，而要先到湖北战场见个分晓。这样的格局，无论对于太平军还是湘军，从战略的角度说都是正确的。假如说到时曾国藩仍然固执己见，不撤安庆之围（且不说是否行得通），那他的安庆围兵就不免将陷入被上下、内外夹击的被动境地。

因为当时的情况，决不像曾国藩所估计的，太平军"纵有破鄂之势，断无守鄂之力"①。按照太平天国方面所拟定的二次西征进军方针，除了陈玉成、李秀成两路主力之外，还有分别由杨辅清、李世贤、刘官芳率领的三路配合之师（旨在牵制皖南和江西的湘军），如此五路大军，每部"多者十余万，少者亦八九万"②，总兵力不下几十万人，数倍于湘军。试想，当时湘军主力皆集中在安徽战场，如果不撤围西顾，太平军夺占并保守湖北和武汉不是很有可能的吗？在这种情势之下，若湘军滞留安庆，上承湖北的泰山压顶之势，下临天京的锋镝刺背之险，中有安庆守军的振势突袭之虞，那可真是"内外主客，形势全失"了。可以说，是太平天国方面的战略失误，在很大程度上成全了湘军在"安庆之役"中的战略主动。

无论如何，曾国藩兄弟不撤安庆围兵的主意是坚决的。曾国藩在祁门最危急的时候，有人劝曾国荃撤安庆围往救，国荃曰："贼正欲牵我军耳，奈何为所误？"③他坚决不撤，曾国藩也切诫他勿撤。不过，曾国藩对胡林翼出湖北辖

① 曾国藩：《致沅弟季弟》，《曾国藩全集·家书》，第一册，第655页。

② 曾国藩《致沅弟》，《曾国藩全集·家书》，第一册，第656页。

③ 王定安：《湘军记》，第79页。

境坐镇安徽太湖,也觉得他不免有顾此失彼的冒险。他写信这样说:

> 公(按:指胡林翼)赴上游,似不宜身临行间。应请即驻省城,以保省垣及筹饷二事自任。目下鄂中所患者,不仅在外寇,而在省城,条理颇纷,用人稍杂。公回省,则武汉固于金汤,而饷项亦必有起色。

在同一封信中,他还这样分析当时除安庆这个最重要的战略着重点外,江西、湖北乃至安徽要顾及的重点:

> 肢体虽大,针灸不过数穴;疆土虽广,力争不过数处。目下江(西)所争者省会也,九江也,湖口也,广信也,赣州也。鄂所争者省会也,二汉(按:指汉口、汉阳)也,荆(州)、襄(阳)也,黄州也。江、鄂及东南所共争者,怀(宁)、桐(城)也。自此以外,不必处处兼顾。忠逆(按:诬指太平天国忠王李秀成)如果由义宁窜入鄂境,如崇(阳)、通(城)、兴(国)、(大)冶等处。似不必一一顾全,且可度外置之。①

曾国藩这种把握重点,以利集中兵力、防止散乱的战略思想原则,显然是可取的。不过,他的眼光还是最集中地死盯在安庆战事上。在他的心目中,"此次安庆之得失,关系吾家之气运,即关系天下之安危"②。这时曾国荃部湘军进围安庆已约一年,其间尽管事变多有,但它坚持不摇不动。就此役部署的方针而言,湘军是典型地是采取"围点打援"。"围点(安庆)"之军便主要是曾国荃部,参战的清方其他各军,主要任务则是外围"打援",即对付前来援应的各路太平军,使之无法破解安庆之围并有效地援助城内太平军。"打援"的战事或亦艰危异常,但最终收取头功的自然还是"围点"部队。当然,"围点"与"打援"不会是绝对分割的,譬如曾国荃部湘军,在就近打援的战事中也不失为中坚。

太平天国的陈玉成军从湖北撤出后于三月间进至集贤关,与安庆城内守

① 曾国藩:《复胡林翼》,《曾国藩全集·书信》,第三册,第2088页。
② 曾国藩:《致澄弟》,《曾国藩全集·家书》,第一册,第673页。

将叶芸来分别率部扎营于城东北的菱湖南北两岸，连夜筑垒十八座（北岸十三，南岸五），并以小艇沟通两岸联系。干王洪仁玕、章王林绍璋则自天京率兵前来救援安庆，定南主将黄文金也率部自芜湖西援。三月下旬，洪仁玕、林绍璋等会和桐城、庐江一带的吴如孝部，共两万余人，进至安庆北面的新安渡、横山铺、练潭一带，连营三十余里，谋与陈玉成部会师，共解安庆之围。① 此外，还有叶芸来先已联络的淮北捻军二十余万人渡淮前来②。就是在这种情势下，曾国藩抵东流就近指挥安庆战役，双方决战性的一系列激烈战事展开了。

在曾国藩抵达东流前夕，就有胡林翼指挥的多隆阿等部，分别在新安渡、挂车河对来援太平军黄文金部的截击获胜，使之未能与陈玉成部"合势"。这期间屯驻在集贤关内外的陈玉成部，与城内守军配合夹攻围城的曾国荃部湘军，除"经曾国藩暗调"的鲍超部合成大吉之军由集贤关西北进攻外，多隆阿军在截击黄文金部太平军成功后，遂由集贤关东北方向进攻。陈玉成在知道外援已绝而处被敌军夹击之势的情况下，于四月初十日自率马步五六千人，连夜转移，又遭多隆阿派兵截击。尽管遭受损失，陈玉成还是谋图与林绍璋、洪仁玕、黄文金以及捻军将领孙葵心等部联合，发起反攻。而其布置未定，多隆阿先发制人，遣将应对，经过激烈战斗，太平军方面复又失利。胡林翼等向清廷总结性地奏报此阶段的战事情形说：

> 查此次逆首伪英王陈玉成，由怀（宁）而桐（城），复纠下游（林绍）璋、（洪仁）玕、黄（文金）、孙（葵心）等众，并捻逆大股上犯，希解皖围。我军屡次移营迎击追杀，五获大胜。踏平贼垒八座，前后焚破散营及贼馆百余处。夺获伪印自安福以下至指挥止二百余颗，其余总制、监军、通传等伪印不计其数。五次共杀贼不下两万余人。实足以寒贼胆而伸天讨。③

① 据《中国近代战争史》，第一册，军事科学出版社 1987 年版，第 257 页。

② 见王定安：《湘军记》，第 80 页。

③ 胡林翼：《奏陈楚军剿退安庆援贼疏》，《胡林翼集》，第一册，第 805 页。

这中间的诿败夸胜必不可免,对太平军的仇恨情绪更是溢于言表,不过,对于了解双方的战况形势来说,其可参考价值还是有的。总体看来,在曾国藩移营东流前后,以湘军为主力的清军在江北的外围打援战场上,占据了明显优势,为最后夺取安庆,创造了重要条件。

五月中旬,胡林翼离开太湖返回省城,六月三日抵达。这固然与接收此前教训要亲临保守省垣有关,但更主要的原因,是他所患已久的病症更形加重,没有了在外指挥的身体支撑条件。在这种情况下,曾国藩对安庆战役的统筹和指挥的重要性,自然就更加凸显出来。五月下旬,由苏北来援的太平军平西主将吴定彩,率部从菱湖北面向湘军发动进攻,为曾国藩的季弟曾国葆(贞干)所部击败。五月底六月初,曾国荃督军对菱湖南北两岸的十八座太平军营垒发起攻击,迅速得胜。曾国藩说,对此各垒"一律荡平","入垒歼毙之贼与投诚骈诛之贼,实数八千,颇为痛快"①!对"投诚"的太平军也一并杀掉,还情不自禁地言称"颇为痛快",曾国藩对太平军的仇恨之深以及湘军杀降之惯,于此又得一典型例证。

贴近安庆的菱湖南北两岸太平军十八垒被破后,安庆就成为被湘军禁锢的一座孤城,形势非常危急,但太平天国方面并未放弃最后的救援。陈玉成、杨辅清等部约四五万人,于七月中旬陆续进抵集贤关内,扎营四十余座,安庆城内的太平军也列阵于西门一带,遥相呼应。此后,陈、杨所部太平军向曾国荃部湘军后濠不断轮番发起进攻。② 所谓"后濠",是曾国荃对安庆的围困工事中主要用来防御所谓"援贼"的外层壕沟,另有较贴近城池的"前濠"主要是用来围困城中太平军。为此等工事曾国荃部不惜花费了大量的时间、人力和物力,实践证明确实发挥了很大作用。当时来援太平军与曾国荃军的战斗是非常激烈的。湘军方面有知情者记述,来援太平军为越濠突进,"人持束草,蜂拥而至,掷草添濠,顷刻即满",曾国荃军则"开炮轰击,每炮决血衢一道",但太平军"进如故,前者僵仆,后者乘之","死无算而进不已"。甚至发生这样的情况:激战之中,一个湘军兵勇投掷火药包,因导火索未燃及的部分太长,被太平军回掷过来,并引发了湘军守濠内的火药,"守者皆溃,奔退十余丈",太

① 曾国藩:《复毓科》,《曾国藩全集·书信》,第三册,第2154页。

② 参见《中国近代战争史》,第一册,第260页。

平军乘机突越壕沟，已有七八个人过来。在场的曾国荃“见事急”，亲自出马砍倒数名太平军，“溃卒见统领自战，皆复返，枪炮复续”，终于逼退了太平军。这样苦战一昼夜间，曾国荃军竟用“火药十七万斤，铅子五十万斤”①。

尽管救援的太平军竭力奋战，但终究没法突破湘军对安庆的围困圈。城中断绝接济，维持困难，军心涣散，围城湘军乘机发动最后的总攻。八月一日（9 月 5 日）凌晨，曾国荃军用炸药轰塌北门城墙，突入城内，城中太平军将士疲敝得战斗力已经很差，城池迅即失陷。曾国荃放纵其军大肆烧杀淫掠。“男子髫龀以上皆死”，以致“阴惨之气”，“凝结不散”，“尸腐秽臭，不可向迩”。被杀者当是不分军民，也不分是抗还是降者，估算此役“共死三万余人”。城中“妇女万余俱为兵（湘军）掠出”，而其所略财物更是“不可胜计”，“城中凡可取之物，扫地而尽，不可取者皆毁之”。因为长时间被湘军围困城中断粮，以至于曾出现买卖和煮食人肉的惨相：“人肉价至五十文一两，割新死者肉亦四十文一两”，在城中太平军居所内，也可见“釜中皆煮人手足，有碗盛嚼余人指”。清方作此记述者感叹：“军兴以来，荡涤未有如是之酷者矣”，“嗟乎！无边浩劫，谁实酿成，闻之非痛非悲，但觉胸中嘈杂难忍而已”②。

安庆屠城和洗劫，说得上湘军战史上残酷肆虐的又一次典型记录，它可能是空前的，但没有绝后，千日后在太平天国都城天京的作为，将更是登峰造极。眼下的安庆之捷，已足以让湘系要员们庆幸他们的阶段性胜利了。曾国藩在闻知其嫡系部队的安庆捷音后，向多人致函，表达他所谓“克复安庆”，“如庆更生”，“上游大局，似有转机”之类欣喜和乐观情绪。还特别有谓“城贼诛戮净尽，无一名漏网，差快人心”③。他不但不觉得有丝毫悲情和痛心，而且感到是“差快人心”之事，足见对“造反”者的仇恨之深。在战役进行当中，乃弟曾国荃、曾国葆辈似乎有过因杀人过多而略有“悔”意的流露，曾国藩则这样写信训诫：“既已带兵，自以杀贼为志，何必以多杀人为悔？此贼之多掳多杀，流毒南纪”，“虽使周（公）、孔（子）生今，断无不力谋诛灭之理。既谋诛灭，断无

① 赵烈文：《能静居士日记》，《太平天国史料丛编简辑》，第三册，第 200—201 页。

② 赵烈文：《能静居士日记》，《太平天国史料丛编简辑》，第三册，第 201 页。

③ 曾国藩：《加赵焕联片》，《曾国藩全集 · 书信》，第三册，第 2207—2208 页。另在其他多信中也有类似之言。

以多杀为悔之理”①。可见，这时的曾国藩，不啻以心安理得的职业杀手自居了。

曾国藩辈自然要尽快向朝廷“报捷”，不过曾国藩本人在此事上非但未有抢功之嫌，而且极尽推让之能事。他在八月二日只以附片形式简短奏报了“克复安庆省城”的消息，并谓：“安庆省城，咸丰三年被贼陷据。九载以来，根深蒂固。自去冬合围至今……我军苦守猛战，卒得克此坚城，围杀净尽。军兴十载，惟五年之冯官屯（按：指最后镇压下北伐太平军之役），八年之九江，此次安庆之贼，实无一人漏网，足以伸天讨而快人心。”又特别说明，“楚军围攻安庆，已逾两年，其谋始于胡林翼一人，画图决策，商于官文与臣，并遍告各统领。前后布置规模，谋剿援贼，皆胡林翼所定”，故详细情形，“另有官文、胡林翼、李续宜（按：因胡林翼病假署理湖北巡抚）会衔具奏”②。

当然，曾国藩一定会去实地领略胜利的滋味。据他在日记中记载，当月的初七日抵达安庆城外营地，与国荃、国葆两弟相见长谈，又接见军官，在城西北察看后濠、前濠工事，感叹“壕沟之深，地段之广，援贼之悍，知成功良不易易也”！第二天，他们兄弟“连舆入城”，见迎接他们的队伍排列整齐，说是感到“备极尊荣”，“自问何修得此，用为愧悚”。不知这中间有几分真意，几分矫情？

无论如何，朝廷对安庆战役的“功臣”们自然是要奖赏和褒扬的。曾国藩被赏加太子少保衔；曾国荃加布政使衔，并赏穿黄马褂；曾国葆以同知直隶州知州尽先选用，并赏戴花翎。而病危中的胡林翼，被赏加太子太保衔（先此他已有太子少保衔）。不过，对如此一场攸关镇压太平天国全局的重大战役的胜利，清廷的反应并没有表现出应有的“激奋”，因为它正遭逢“国丧”的“哀痛”事件。

五、惊闻“哀诏”与痛失挚友

所谓“国丧”是指咸丰皇帝“驾崩”。在那个“家天下”的时代，这可是阖

---

① 《曾国藩全集·家书》，第一册，第737页。

② 曾国藩：《克复安庆省城片》，《曾国藩全集·奏稿》，第三册，第1617—1618页。

朝臣子的天大之事。这位皇帝"晏驾"的时间是咸丰十一年七月十七日(1861年8月22日)寅刻。地点是在热河避暑山庄行宫。

在当时的通讯条件下,曾国藩是在二十多天后的八月初十日才得知消息(当时还没有正式接到哀诏,并且他将所谓"龙驭上宾"的时间记为十六日,不确),立时惊呼:"天崩地坼,攀号莫及! 多难之秋,四海无主,此中外臣民无福,膺此大变也"! 当天夜里,他不能成寐,思虑良多:"新主年仅六岁,敌国外患,纷至迭乘,实不知所以善其后。又思我大行皇帝即位至今,十有二年,无日不在忧危之中。今安庆克复,长发始衰,大局似有转机,而大行皇帝竟不闻此捷报,忧悒终古,为臣子者尤甚感痛!"①其多日间所谓"独居惨栗,惄焉如捣"②。

曾国藩本来打算回东流"设次行礼",第二天上午国荃弟将他送至舟次,碰巧有人建议说大丧典礼,应该在安庆省城举行。曾国藩听从了这一建议,安排人在城中设立帐殿,以便百官行礼。同时,也让人打扫公馆,以便他近日移居。因为东流毕竟只是暂住地营地,安庆是传统上安徽的省府所在,既已收复,他作为辖及安徽的两江总督,以此为驻地,自然会"正式"和"郑重"许多。十八日夜,他接奉"哀诏",遂定于二十一日"成服哭临"。及至这天,曾国藩移寓为之收拾好的公馆,即太平天国英王陈玉成的府邸,此番主人易代,自会在新主人的心中引发诸多感慨。随后几天里,他和属下官员按制行祭,细节就不必说了。需要一提的是,从他获知"圣主驾崩"的噩耗及至行祭期间,他的围棋"功课"几乎一天也没有停过,可见其迷棋成癖。不过此时绝非成心"娱乐",而是一种身心调节。顺便说,他在祁门最为危困、心绪最为忧郁之际,竟有一日下八九十来局之多围棋的时候,譬如其三月初十日的日记中有载:"(围棋)是日共九局之多,盖天气甚长,心绪郁闷,故为此戏。"三月十四日给国荃、国葆的信中有云:"看书久荒,下棋则毫无间断,甚至一日八九局之多。"由此看来,当下"国丧"期间,曾国藩并不戒棋,亦在情理之中。

而此时,从热河到北京,朝廷内部正在进行激烈的权力之争,一场震惊中外的巨大政治暴风雨即将来临。远在数千里之外曾国藩自然不会及时获知内

---

① 《曾国藩全集·日记》,第一册,第650页。

② 曾国藩:《复李续宜》,《曾国藩全集·书信》,第三册,第2231页。

情，但起码的政治敏感也许会使他嗅出点儿异常的味道。八月初十日的日记里，他就记下，由朝中递回的“夹板”，“面上系用蓝印”。其中有数件，一件便是咸丰帝关于任命赞襄政务王大臣的谕令：“七月十六日奉朱笔，皇长子现已立为皇太子，着派载垣、端华、景寿、肃顺、穆荫、匡源、杜翰、焦祐瀛尽心辅弼，赞襄一切政务。钦此。”而在发还的曾国藩奏折上，即有“赞襄政务王大臣奉旨：览奏，均悉”的墨笔批示，证明这班“赞襄政务王大臣”正在行使权力。这不能不引起曾国藩内心的种种猜测和思量。当然，对朝局他目前还无法施加影响，出于谨慎也不会说三道四地妄加猜测和议论，既抱着做皇朝“荩臣”的效忠之心，也是为避免祸从口出，这可以说是他秉持的一贯原则和策略。不妨举证咸丰十年（1860 年）九月初十日，曾国藩写信给国荃弟口气异常严厉地予以训诫之事。该信中有云：

> 初九夜所接弟信，满纸骄矜之气，且多悖谬之语。天下之事变多矣，义理亦深矣，人情难知，天道亦难测，而吾弟为此一手遮天之辞、狂妄无稽之语，不知果何所本？恭亲王之贤，吾亦屡见而熟闻之，然其举止轻浮，聪明太露，多谋多改。若驻京太久，圣驾远离，恐日久亦难尽惬人心。僧王所带蒙古诸部在天津、通州各仗，盖已挟全力与逆夷死战，岂尚留其有余而不肯尽力耶？皇上又岂禁制之而故令其不尽力耶？力已尽而不胜，皇上与僧邸皆浩叹而莫可如何。而弟屡次信来，皆言宜重用僧邸，不知弟接何处消息，谓僧邸见疏见轻，敝处并未闻此耗也。

曾国荃的原信未能查见，但从曾国藩信中的这番言词，可以推知，曾国荃是道听途说地妄议朝事，不但涉及对奕䜣、僧格林沁的臧否，而且涉及皇帝施政用人的不当。曾国藩恐其妄言惹祸，故严加训斥，像这样言词、语气的信函在其兄弟间的通信中实不多见。当时正值“北援筹议”之际，再联系未引及的该信下文，更可知起码在大面上是着力教弟以“忠”，万勿妄疑妄议朝廷。及此皇帝易代、朝局暧昧之际，曾国藩即使心中翻江倒海，表面上也在“平静”地观察、等待。

在此期间，湘系党人中间也发生了一宗哀事，即胡林翼病逝，这令曾国藩更是痛彻心肺。

胡林翼患肺病已有时日，从症状看，很可能就是现在所说的肺结核（当年也属“不治之症”）或肺癌之类。胡林翼抱有为君国“平乱”宁愿献身的心志，坚持带病治军理政，不稍歇肩，病情好好坏坏，迁延不愈。出于同党之谊以及湘系军政的大局所关，曾国藩对胡林翼的病况一直是关心备至的。

移营东流之初，曾国藩听到胡林翼病情好转的消息。譬如，彭玉麟的信中说：“咏公大病垂危，后事均预备，竟积血呕尽大起矣，诚天相吉人也。”①其他知情朋僚，想必也报来胡林翼病情由危重忽又好转的情况。曾国藩非常高兴，说“润帅病已大愈，此近日第一可喜之事”。可这等病哪能真愈，不久胡林翼复又大量吐血。曾国藩闻知自然心里着急，可还是给胡氏写信安慰他，说“眠食无损，血多不甚足患”，并举例说曾见骆秉章等人吐血极多，“凡血之无痰者，非危道也”。想来，他所说的骆秉章等人的那种吐血，可能是胃部出血，即“血之无痰者”，胡林翼当时似乎也偶有这种征象，但过了一段，不但吐血加重，恐怕也非不与痰混的那种类型了。曾国藩为此又忧急万分，写信细说所见骆氏等人吐血的时间和当时他们的年龄（皆在六十以后），并告“公四月之吐与二月之血似是两途”，建议其“断药旬日，静验病根，却更医之”。不日，他又致书左宗棠说：“润公夏至前后病势不轻，（五月）十五夜吐血极多，十六、七日委顿之至。所幸不烦躁，不出汗，不气满，每食一碗，眠尚成寐，宜无他耳。”勉强的自我宽慰掩不住内心的深忧。随后在给李续宜的信中说：“贼多不足患，惟润帅病重与大水实深隐忧。”在给左宗棠的信中则言：“日来可虑有三端：一润帅病；二大水；三彗星。未知天意竟复何如耳。”

把胡林翼的重病与天灾和不可抗拒的天象（彗星出现）并列起来，并且跟“天意”联系起来，视为比“贼多”都堪忧患的事情，足见其看重程度了。胡林翼病重之下能心绪平和而“神采尚好”，当是其在可能身体条件下的坚强自制的表现，实际病情则是每况愈下，无可救药了。不过，同党们还是相互宽慰，也不断想办法，期望奇迹的出现。李续宜说其虽病但“神清而志不懈”；彭玉麟则说“去污（当指吐血）乃能生新，大局似无可碍”；曾国藩觉得“总求早一日止血，乃早一日放心”。当曾氏在久未接到胡氏亲笔之信的焦急之时，忽于七月上旬所接信中见有其“亲笔数行”，便立即回信，告以“曷胜欣慰”之情，并详论

① 《彭玉麟集》，第二册，第341页。

医疗之方:“服冰如(医者)方,而血稍止吐,日来自必接服奏效。此间诸友多以三七、熟地、二冬等药为非宜。特以医理精微难明,且远隔千里,未知近日脉象如何,亦未敢昌言之也。今得来示印证,似无疑义。要之,吐血多者,皆非险症,则闻之稔,见之贯(惯)矣。”①既宽慰之,又认真论医,满怀关切之情,溢于言表。

但是,就在曾国藩殷切期待胡林翼身体出现转机的时候,他于九月初三日接到湖北方面的来信,得知胡氏于八月二十六日亥刻去世。不能说没有思想准备,但闻此噩耗曾国藩还是如遭五雷轰顶。他在给朋僚的心中,对胡氏之死表示“痛心之至”,“伤痛不能自已”,甚至以“大星遽霣”来喻指,赞誉他“忧国之诚,进德之猛,好贤之笃,驭将之厚,察吏之严,理财之精”,“局量之宏”,“待人之厚”,“治事之敏”,“用兵之精”等等,“无美不备,无日不新。同时辈流固无其匹,即求之古人中亦不多得”,“实为当世第一流人”②。此等赞誉,当无半点虚情假意,而是发自肺腑。

曾国藩与胡林翼之间的深切同党之谊,主要是在镇压太平天国的过程中建立和发展起来的。在京师为官时,他们作为同省籍之人尽管即有交往,但尚难说密切,及至胡林翼自为官之地贵州率勇至楚地参加镇压太平军,阴差阳错地成为曾国藩麾下部将,便备得推重,他很快升为湖北巡抚,自离不开在湘军的本钱,所以湘系党徒王定安说:“胡林翼之经营湖北,主持东征大计,由曾国藩启之也。”③胡林翼对此感恩戴德,发迹后仍念念不忘,说自己的“皮匠小店”,“昔年本钱出于老板”④,知本图报。当曾氏客寄孤悬江西之时,把握湖北全权的胡林翼对曾氏的帮助和支持不遗余力。他一直把协济曾军作为自己的义务,“馈餫源源不绝”。咸丰九年(1859年)初,有的湖北官员建议将每月协济曾军的饷银由三万两减至二万两,胡林翼坚决不允,指令说:“此万不可行之事!涤公忠义冠时,斧柯未具,专恃湘、鄂之饷,无论如何亏欠,此三万者,

① 上注以下至此引文,出自《曾国藩全集·书信》,第三册,第2019、2106、2114、2126、2141、2144、2167、2181等页。

② 综合曾国藩数信中语,见《曾国藩全集·书札》,第三册,第2228、2230、2231、2235、2237等页。

③ 王定安:《湘军记》,第26页。

④ 胡林翼:《致曾国藩》,《胡林翼集》,第二册,第537页。

必不可丝毫欠缺。”他不但保证湖北的协济，并且还利用自己巡抚的名望、地位、经常出面向四川、陕西、山西等省为曾军催促协饷。胡林翼对曾国藩不获事权的窘迫处境备感激愤，屡屡发出这样的感叹：“此老有武侯之勋名，而尚未得位；有丙吉之阴德，而尚未即报”，“频年作客，仰食于人，金石孤忠，可敬可念”①！所以他老是不忘为曾国藩积极谋取疆吏权柄，为其获取地位上的主动创造条件。

及至曾国藩出任两江总督，胡林翼又极力督劝其包揽把持，这也意味着他主动促使湘系首席地位由自己向曾氏回转。这一举措不仅仅是私人关系上的谦让，更重要的是为湘系大局计：一则，曾氏在湘系中资格更老，向为湘系的灵魂所在，既得握疆吏权柄，对湘系的维系、号召和支配当会超过他胡林翼；二则，吴地比楚地更为广阔、富庶，特别是有太平天国都城所在，最后收取镇压太平天国之功即在此区；三则，其时胡林翼身已染疾，精力大有不支之势，鄂省形势亦不如前。为了促使这种位移，增强曾国藩的权势，胡氏供其所需，应其所求，无所顾惜。曾国藩为益其兵，要胡氏拨付其麾下精锐鲍超部六千人及礼营两千人，获慨然应允。尽管曾、胡两人之间在政务、军事上也会有不同意见，甚至发生争论，但绝不闹私人意气，而可开诚布公，求同存异。曾国藩曾十分感慨地说：“润帅聪明，本可入霸术一路”，但他“一味讲求平实朴质”，“开口便是正大的话，举笔便是正大之文，不意朋辈中进德之猛有如此者”②。其人死后，曾国藩感叹“从此共事之人，无极合心者矣”③！再后更位重势隆的曾国藩，追忆起来尚不免感触万端，说靠胡林翼“事事相顾，彼此一家，始得稍自展布以有今日，诚令人念念不忘”④。

眼下挚友甫亡，向朝廷奏陈其“忠勤勋绩”，曾国藩自知是他义不容辞的责任。他历时数日，亲自撰就专折，开篇就以胡林翼“忠勤尽瘁，勋绩最多”定下基调。接下来追述了其人“由翰林起家，洊历外任”，主要是其署理及实授湖北巡抚之后的军政历程，以武汉之役、九江之役、三河败后整军、援解湖南宝

---

① 《胡林翼集》，第二册，第 249、351、496 页。

② 曾国藩：《致李续宾李续宜》，《曾国藩全集 · 书信》，第一册，第 664 页。

③ 曾国藩：《致沅弟》，《曾国藩全集 · 家书》，第一册，第 772 页。

④ 赵烈文：《能静居士日记》27，《太平天国史料丛编简辑》，第 3 册，第 416 页。

庆之围、部署围攻安庆之役等事为铺陈的着重点，明里主要是事体叙述，隐意则是证明他公忠无私，坚韧顽强，决策得宜，指挥正确，起了决定性作用。就“安庆之克”事体特别陈说：“臣前奏推胡林翼为首功，此非微臣私议，盖在事文武所共知，亦大行皇帝所洞鉴也”。折中特别将胡林翼在“调护”将士、理财济饷方面的突出作用分别以专门的层次述之。关于前者有云：

> 大凡良将相聚则意见纷歧，或道义自高而不免气矜之过，或功能自负而不免器识之偏，一言不合，动成水火。近世将材，推湖北为最多（按：意指出自胡林翼麾下者）。如塔齐布、罗泽南，李续宾、都兴阿、多隆阿、李续宜、杨载福、彭玉麟、鲍超等，胡林翼均以国士相待，倾身结纳，人人皆有布衣昆弟之欢。或分私财以惠其室家，寄珍药以慰其父母。前敌诸军，求饷求援，竭蹶经营，夜以继日，书问馈遗，不绝于道。自七年以来，每遇捷报之摺，胡林翼皆不具奏，恒推官文与臣处主稿。偶一出奏，则盛称诸将之功，而已不与焉。其心兢兢以推让僚友、扶植忠良为务。外省盛传楚师协和，亲如骨肉，而于胡林翼之苦心调护，或不尽知。此臣所自愧昔时之不逮，而又忧后此之难继者也。

对其理财济饷方面，揭示与整饬吏治有机结合，收得良效。有谓：“军兴以来，各省皆以饷绌为虑，湖北三次失守，百物荡尽，乙卯、丙辰（按：指咸丰五、六年）之际，穷窘极矣”，而“胡林翼综核之才，冠绝一时，每于理财之中，暗寓察吏之法”。他“创议减漕，严裁冗费”，曾为先帝朱批奖谕，谓其“不顾情面，祛百年之积弊，甚属可嘉”，而此事成效确实显著，“统计湖北减漕一项，每年为民间省钱一百四十余万串，为帑项增银四十二万两，又节省提存银三十一万余两。利国利民，但不利于中饱之蠹”。他对各厘卡之员，“日有训，月有课，批答书函，娓娓千言。以为取民赡军，使商贾皆知同仇而敌忾，是即所以教忠；多入少出，使局员皆知洁已而奉公，是即所以兴廉”。由此偌多举措，使“湖北瘠区，养兵六万，月费至四十万之多，而商民不疲，吏治日茂”，这是他“精心默运”的结果，“非操切之术所得与也”。

折中最后特别强调，他与胡林翼“共事日久，相知颇深”，前曾“奏推胡林翼之才，胜臣十倍”，“近年遇事咨询，尤服其进德之猛”，“不敢阿好溢美，亦不敢没其忠勋”，故谨将其“以死勤事大略情形，据实渎陈”①。

清廷对曾国藩此折是完全认可的，发布明谕褒扬胡林翼“戮力疆场，勋劳懋著”，“恢复（湖北）本境，援剿邻氛，整军经武，以死勤事”。除了前予追赠总督并入祀贤良祠的赐奖外，又准将其事迹“宣付史馆，以光简册”②。

曾国藩与胡林翼的同党之谊，深挚得可谓无以复加矣！他们倾心竭力，相互支持，在湘系势力的维系和发展过程中起着特殊的作用，可谓在其群体中形成并立的“双峰”。而胡林翼的死去，“双峰”失却其一，当然是他们群体的一大损失。不过，曾国藩这时的地位和权势已经显赫，作为首席领袖在湘系集团中发挥中流砥柱作用的条件业已成熟。

六、“东援”成就李鸿章

湘军取得安庆战役的胜利之前，尽管曾国藩、胡林翼辈商酌战略即曾议及“平吴”，但实际军事行动上未能顾及。该役取胜后，所谓“东援”已成必行之势。对此，身为两江总督的曾国藩心里清楚。在安庆战役结束不日的八月初五，他给江苏江阴籍人士的信中有言：“自承乏两江，久无一旅入吴，众议相訾，内省亦疚，实力之有不逮，非志之敢或遗也。一俟江西、湖北各股稍清，即当力谋东征”③。而因为沪上官绅的“乞师”，此番“东援”的筹议和实施，要比曾国藩原想的更要快些。

咸丰十一年（1861 年）十月初四日，金匮知县华翼纶等一行三人，从上海来到曾国藩的驻地安庆，说下游盼望湘军，“情甚迫切”，“上海每月可筹饷六十万两之多”，“绅民愿助此间饷项”，总之，是“冀上游之兵早赴江东”④。该月十六日，有户部主事职衔的钱鼎铭和候补知县厉学潮，亦专程从上海赶到请兵。他们的到来，更是上海官绅认真集议的结果。有研究者勾勒出这样一个

① 此折载《曾国藩全集·奏稿》，第三册，第 1635—1638 页。

② 见《曾国藩全集·奏稿》，第三册，第 1638 页。

③ 曾国藩：《致季念贻》，《曾国藩全集·书信》，第三册，第 2209 页。

④ 《曾国藩全集·日记》，第一册，第 670 页。

梗概:上海当局对湘军的到来,本不表欢迎,但又无善策以解救江南,避乱居于上海的绅士们不能忍耐,适湖北盐法道顾文斌自鄂抵沪,倡乞师安庆之说,得到沪上有关绅士们的赞同,并由其出面游说江苏巡抚薛焕,薛氏终于认可,由当地团练大臣庞钟璐等六人出名,备具公启,代表沪绅的请求,派钱鼎铭持启前往,薛焕又特派厉学潮持其专函偕行。①

"公启"是出自在中国近世思想史上颇为出名的人物冯桂芬的手笔,曾国藩说此"书辞深婉切至",看来是切实打动了他,在钱鼎铭一行来到当天的日记中,他还特意记下了"公启"的内容大略:吴中有可以乘机利用但无援军依恃便不能持久的三种势力,"曰乡团,曰枪船,曰内应";有仅剩的未被敌人占领而无援军支撑也不能持久的三处地方,"曰镇江,曰湖州,曰上海"。并且记下,"钱君在坐次哭泣,真不异包胥秦庭之请矣"。这是用典故比喻钱氏其人哭求的痛切:包胥即申包胥,春秋时代楚国大夫。其国为吴攻破,他到秦国求救,在人家对是否应允举棋不定的情况下,他在秦庭痛哭七日夜,终于使秦国发兵往救。看来,此时这个钱鼎铭不啻要做申包胥第二了,曾国藩能不为之哭动?

东援事情紧迫地提上了筹商日程。曾国藩与身边的人员商讨,李鸿章便是主要的一个。此人不是在曾国藩入驻祁门期间负气离开了吗?不错,但这时已经返回一些时日了。李鸿章离开曾幕后,并没有膺任其他职事,基本处于"赋闲"状态,并且与曾国藩处未断绝通信联系。也有朋友这样劝他:"此时崛起草茅必有因依。试念今日之天下,舍曾公谁可因依者?既有拂意,终须赖之以立功名。"②李鸿章自己何尝不明白这个"玄机",只是要找个台阶下而已。这个台阶自然还是由幕主来铺合适。这不,在安庆之役得见分晓前两个半月的五月中旬,曾国藩就写信给李鸿章,明确邀他"速来相助"了,从相关话语中,也可以有助于了解两人心中的微妙:

阁下久不来营,颇不可解。以公事论,业与淮扬水师各营官有堂属之名,岂能无故弃去,起灭不测?以私情论,去年出幕时,并无不来之约。今

① 见王尔敏:《淮军志》,中华书局1987年影印本,第57页。

② 郭嵩焘:《玉池老人自述》,长沙郭氏养知书屋光绪十九年刻本,第7页。

春祁门危险，疑君有曾子避越之情；夏间东流稍安，又疑有穆生去楚之意。鄙人遍身热毒，内外交病，诸事废阁，不奏事者五十日矣。如无穆生醴酒之嫌，则请台旆速来相助为理。①

其中所说“淮扬水师”，是曾国藩入驻祁门前夕，即在胡林翼的建议和督促下，开始议办的，在祁门期间实际布置筹办，到移营东流前后成军，该军由黄翼升统带，而李鸿章曾参与其事，因为所用洋炮是从广东运至湖口，在江西的他曾就便为之分配，有此瓜葛而已，他并非该军的“编内”将官（即使后来他建起淮军，与淮扬水师亦无特别密切关系）。曾国藩信中的所谓“堂属”之说，是召李的一个由头而已。至于说其人出幕时“并无不来之约”，但也无“必”来之约啊！祁门危险时李鸿章出而“避险”，如果说幕主能表示理解的话，那么，移出祁门处境“稍安”后李鸿章还迟迟不来，曾国藩因以“穆生去楚”、“穆生醴酒”的典故来说话，在用以激将李鸿章的同时，岂不是也反映出他自己的一种揣度？穆生，汉朝鲁人，曾与楚元王刘交在同一老师门下学习，后在该王府内做官。他不喜欢喝辣酒，元王每次置酒设宴，都专为他备醴（甜酒）。元王死后，其子嗣位，开始还沿袭父亲的做法，后来就不再专为穆生设醴了。穆生因此说：“醴酒不设，王之意怠。”于是，称病离开了这个新王。后来曹植的《酒赋》中，因有“穆生以醴而辞楚”句。事实证明，穆生由设醴与否的细节而觉察到的新楚王对他的态度变化，并非无谓猜疑，老楚王的另一个“同学”名叫申生的，没有离开新王，终于因为进谏而被刑。这时，曾国藩是真借以责李鸿章多疑呢（如果这样，首先是他自己疑人），抑或压根儿就是个文雅的玩笑？

无论如何，李鸿章接信后是来了。他于六月六日赶到东流。起码半年多的分别，使得这对昔年师生、今日主幕关系的人儿之间，肯定要有满腹的话要说。所以，当日曾国藩的日记里，就有“李少荃自江西来，与之久谈”的记载。作为曾国藩“四大弟子”之一的薛福成，所留下的笔记材料中，说李鸿章辞幕后“往江西，闲居一年”，在“官军克复安庆”后，他“驰书往贺”，曾国藩复书相约，李“乃束装赴安庆”。关于李鸿章复入曾幕的时间、地点，恐怕都说得不准确了（当然，曾国藩开府安庆李鸿章也是跟随的）。至于说曾国藩将李鸿章

① 《曾国藩全集·书信》，第三册，第2127—2128页。

"复延入幕，礼貌有加于前，军国要务，皆与筹商"①，这倒是可信的。

曾国藩与李鸿章商议东援事，此路的统帅起初并不是要让他来做，而是属意于乃弟曾国荃。当时国荃已暂时回湘，曾国藩于十月二十四日写家信商议：

> 上海富甲天下，现派人两次前来请兵，许每月以银十万济我，用火轮船解至九江，四日可到。余必须设法保全上海，意欲沅弟率万人以去。已与请兵之官商订，定渠买洋人夹板船数号，每号可装三千人。现已放二号来汉口，不过放五号来皖，即可将沅弟全部载去。目下专主防守上海一隅，待多（隆阿）破庐州、鲍（超）破宁国后，渠两军会攻金陵，沅弟即可由上海进攻苏、常。不知沅弟肯辛苦远行否？如慨然远征，务祈于正月内赶到安庆，迟则恐上海先陷。如沅弟不愿远征，即望代我谋一保上海之法，迅速回信……至要至要。②

尽管是商量的口气，但可见这时曾国藩处的计划已颇具体了。似乎尚未及等到乃弟的回信，在十一月十四日，给国潢和国荃两弟又发一信，说"前许令沅弟带八千人往救（上海），正月由湘至皖，二月由皖至沪，实属万不得已之举"，"吾家一门受国厚恩，不能不力保上海重地。上海为苏、杭及外国财货所聚，每月可得厘捐六十万金，实为天下膏腴。吾今冬派人去取二十万金，当可得也"③。可见，除了图报"国恩"的冠冕堂皇之说外，曾国藩更看重的还是那里的丰厚财源。然而，曾国荃的兴趣却不在此，他的追求是担当攻取太平天国都城的主力，来场比安庆之役更"漂亮"的最终收功之战。当然，他不会不知道这并不是眼下唾手可得的，只是一旦东援，也许就永远失去了这个机会。所以，他回信谢绝了乃兄的一番"美意"。十二月初一日，曾国藩接到乃弟的回信，在当天的日记中记下："是日接沅弟信，不愿往上海，恐归他人调遣，不能尽合机宜，从违两难"。其实，曾国荃针对乃兄的沪地富说，也是"高调谢绝"，有记曰："时朝廷以杭州陷，松、沪岌岌可危，议令公（按：指曾国荃）率师出上

① 薛福成：《李傅相入曾文正公幕府》，《庸盦笔记》，第12页。
② 曾国藩：《致澄弟沅弟》，《曾国藩全集·家书》，第一册，第793—794页。
③ 《曾国藩全集·家书》，第一册，第797页。

海,规苏、常……公答曰:‘松、沪财富甲天下,筹饷易,然贼巢在金陵,急攻其巢,必以全力援救,而后苏、杭可图。愿任其难者’”[①]。全然一副舍易取难、勇当艰危的姿态了。

东援必行,而自家老弟又不去,那统将就得另行选人了。不过此事未费什么周折,统将人选自然而然地就落在了李鸿章的头上。因为在酝酿安排曾国荃的时候,就已有让李鸿章辅助的动议,曾明确说要让“少荃、昌岐(黄翼升字)同去”[②]。黄翼升已是淮扬水师将领,而更主要的当是新建陆师,这一使命即非李鸿章莫属了。这当然也是其人巴不得的事情,无论与曾国藩的私人关系如何,作为一个幕僚,在湘系集团中也难有出人头地的地位,他不能不渴望寻机自立山头,独树一帜。眼下出任东援统将,不就是此途的一个绝好台阶吗?

李鸿章在曾国藩、胡林翼辈的心目中,早就是出类拔萃的人物,主做文案类事情,委实屈才。咸丰九年(1859 年)夏间,曾国藩就对李鸿章说:“阁下闳才远志,自是匡济令器,然大易之道,重时与位,皆有大力者冥冥主持,毫不得以人力与于其间”[③]。当时,李鸿章被安排协助曾国荃带兵助攻江西景德镇,曾国藩怕引动他急于统兵的奢望,便写信如此劝慰。而胡林翼生前则督促曾国藩举荐其人“治淮上之师”,说“少荃如许骨法必大阔,才力又宏远,择福将而使之,亦大勋之助也。大局安危,只看丈(按:称曾国藩)之放手放胆耳”。稍后,又致函曾国藩说:“少荃带勇多年,中道自画。若一劲到底,必有可观。兵事尚早,毋即厌苦也。”[④]眼下面临东援之局,李鸿章被“放飞”的良机终于到来了。这也就是他组建淮军之始,即所谓“淮由湘出”的契机。

李鸿章这时组织东援陆勇进行得颇为迅速和顺利,从着手到初步成军只用了两个来月,在同治元年(1862 年)正月间就基本成军集训于安庆,并制定营制。最初的淮军营号,计有亲兵营、济字营、开字营、熊字营(稍后到)、树字营、铭字营、春字营、林字营、垣字营(稍后到)等名目,共六千五百之众,是为

① 《湘军人物年 · 曾国荃年谱》,岳麓书社 1987 年版,第 478—479 页。

② 曾国藩:《致澄弟沅弟》,《曾国藩全集 · 家书》,第一册,第 800 页。

③ 曾国藩:《复李鸿章》,《曾国藩全集 · 书信》,第二册,第 990 页。

④ 《胡林翼集》,第二册,第 604、639 页。

淮军建立之始基。其中亲兵营为原属曾国藩的亲兵两营,由韩正国统带;开字两营,借自曾国荃,由程学启统带,程氏系陈玉成部太平军叛将,其部下多籍隶两淮;林字两营,由滕嗣林、滕嗣武统带,乃系江苏巡抚薛焕使之在湖南招募而来,原为四千人,经曾国藩裁汰至千人,编入淮军;熊字营由陈飞熊统带,垣字营由马先槐统带,均系奉曾氏之命在湖南所招,原备湘军部将陈士杰率领,随同鸿章援沪,因陈氏不愿前往,遂直接拨归淮军;春子营早有,由张遇春统带,他原为李鸿章在皖北办团练时的嫡系部属,后当由李氏引介而归属湘军副将唐义训部;济字营亦早有,由李济元统带,此李本在太平军,咸丰八年(1858年)降于湘将杨载福。① 剩下的树字营、铭字营、鼎字营、庆字营,分别由张树声、刘铭传、潘鼎新、吴长庆统领,是在原安徽地方团练(或"民团"或"官团")的基础上改编成军。

可见,李鸿章淮军的最初班底,相当一部分来自曾国藩的湘军(当然其官弁兵勇除湘籍者外,更多为皖籍者,其本根上系由"淮"出),这算是所谓"赠嫁之资"吧。由安徽新招募的部分则多源于原有团练。这样,比完全新招自然会迅捷。更重要的因素是,曾国藩总督两江,皖地亦其辖境,具有地方实权,可无掣肘之患,成军自能迅速。而从淮军这最初班底的情况看,不管是军官还是兵勇,成分上比湘军则要杂沓得多。所谓"选士人,领山农"的组织原则,在淮军这里已基本不复存在。这绝非细枝末节,而是关乎淮军素质条件和人事发展状况的一个基点,也是"湘淮异流"表现的重要方面之一。当然,在勇营性质和组织形式等一些基本面,淮军与湘军还是大致仿同的。

经过在安庆一段时间的集训,接受了曾国藩的检阅,同治元年(1862年)三月初八日,李鸿章先带陆勇两千人,乘轮舟从安庆出发,初十日即抵达上海。余部陆续开到,到四月初四日,到沪者计有五千五百人(尚有两营未到),暂扎驻在上海城南,由李鸿章亲督操演,进行作战准备。在该月十二日,李鸿章就接知朝廷于三月二十七日发布的谕旨,令其署理江苏巡抚(很快,又让他署理通商大臣,至该年十月间,两职便获实授)。看,从李鸿章成为淮军统帅,到获得疆吏权柄,得以军政结合,是一个多么迅捷的过程,这又是他发展的一个多

① 据王尔敏:《淮军志》,第40—41页;苑书义:《李鸿章传》,人民出版社2004年版,第49页有关内容编录。

么关键的节点！有军又有地方事权，就意味着成为一方的实力派主人，免遭“客寄虚悬”的被动、难堪和窘困。试想，曾国藩达到这一地步，经历了数年之久，受过多少磨难，而这在李鸿章身上没再重演。与其说这是他本人的幸运，不如说是基于曾国藩及其湘系集团所创造的保障性条件，是群体盛势的烘托，并且与曾国藩的举荐直接相关。就在让李鸿章准备带兵东援之际，曾国藩奏荐李鸿章“劲气内敛，才大心细”，说“若蒙圣恩将该员擢署江苏巡抚，臣再拨给陆军，便可驰赴下游，保卫一方”①。显然，曾国藩之所以当时就为其谋取巡抚权柄，就是为了让他尽快实现军政结合，好在吴地立稳脚跟，有所作为。李鸿章对此自然心知肚明，知恩图报，在他获实授苏抚后，写信向曾国藩这样表示：

> 奉旨补授苏抚，恩纶奖励，非分宠荣。自顾何人，愧悚无地。此皆由我中堂夫子积年训植，随事裁成，俾治军临政、修己治人得以稍有涂辙，不速颠覆，而一旦叨窃禄位，仰蒙朝廷不次之擢，遂至于是。夙夜循省，惧弗克胜，震惊惶汗，实不知所以为报。伏乞远赐箴砭，免丛愆咎，曷任企幸。②

李鸿章如此表示饮水思源，不忘并感戴曾国藩的造就提携之恩，并要对他继续依赖顺从，这中间几分客套、几分真挚，也许难以精细量化。而从派系群体意义上说，李鸿章到沪后很快获取巡抚之职而得以军政结合，有了自己的集团性班底，自应该作为淮系势力从湘系分化出来而正式形成的标志。

在李鸿章获苏抚权柄之前，湘系要员左宗棠已于咸丰十一年十二月下旬(1862年1月下旬)被授浙江巡抚(他在翌年正月十七日接到谕旨)，连署理的过渡都没有。先前他已受命督办该省军务，及获巡抚，军政结合，成为一方诸侯，同是既为时势造就，又直接得助于曾国藩的不断举荐。同年四月间，曾国藩即奏请将左宗棠由“襄办军务”改为“帮办军务”，别小看这一字之差，得朝廷允准后，左氏便名正言顺地成为曾国藩统理军务上的副手，地位提高不

① 王钟翰点校：《清史列传》，第12册，第3550页。

② 顾廷龙、戴逸主编：《李鸿章全集》，第29册，安徽教育出版社2007年版，第167页。

少。随后左氏又获晋升太常寺卿,成为正三品的官员。十一月间,曾国藩先是奏请让左氏就近节制江西广信、饶州和安徽徽州诸军,并由他自行奏报军情,已俨然以一方统帅看待。接着,又密请朝廷授他浙江巡抚。他写信这样告知左氏:"二十五日复奏统辖浙江军务,已附片密请简阁下为浙江巡抚。无论是否俞允,目下经营浙事,全仗大力,责无旁贷。"①可知,清廷授左宗棠浙江巡抚,正是依从了曾国藩的建议。此前还有湘系要员李续宜出任湖北巡抚,彭玉麟擢安徽巡抚(辞免未任);与李鸿章署理苏抚同月,则有曾国藩属下的福建籍人士沈葆桢获擢江西巡抚,这也都与曾国藩辈的举荐密不可分。

可见,在李鸿章东援出任江苏巡抚之时,正值曾国藩集团在湖广、两江以及浙省等一个相当广大的地区,迅猛拓展势力之际。而李鸿章淮系集团的分化形成,则是很醒目的一大军政景观和具有标志性意义的事情。

七、在"借师助剿"的事局中

李鸿章东援入驻的上海,当时不但是中国最大的商埠,也是租界洋场规模最大、华洋人等交杂共处最为集中的地方,并成为外围江浙富绅为脱开太平天国统治的避难之所。当然,太平天国并没有放弃对这里进攻和争夺。在攻破清军江南大营之后,忠王李秀成率军东下,攻占苏州、常州,兵锋直逼嘉定、青浦、松江乃至上海。在李鸿章率军来驻之前,上海的清军,除江苏巡抚的标兵,更多是从扬州、镇江、杭州等处调集来的兵勇,总计大约三万余众。另外还辅以团练武装。再就是名义上保护租界的"洋兵洋将",也介入了镇压太平天国的军事行动,特别是由外国官弁组织、控制的以华人为兵员主体的"中外混合军"("洋枪队"、"常胜军"、"常捷军"之类),在战事中更发挥了不小作用。这就涉及清方所谓"借师助剿"的问题。

外国方面对太平天国的态度和政策,完全是以维护和扩大它在华的侵略权益为基点的。它曾一度标榜所谓"中立",目的就是为有机会观察和测度局势的发展,作出有利于它的最佳行动选择。事实上,外国方面总是利用太平天

① 《曾国藩全集·书信》,第三册,第2373页。

国与清王朝的敌对伺机进行讹诈,并且越来越倾向“帮助”清方镇压太平天国来攫取侵略权益。

《北京条约》签订第二次鸦片战争刚刚结束之际,俄国方面便向恭亲王奕䜣提出,鉴于太平军“在江南等处横行,请令中国官军于陆路统重兵进剿”,俄国则“拨兵三四百名,在水路会击,必可得手”,并提出用挂俄、美(“咪唎嘡”)旗帜的洋船济运漕米。法国(“咈郎西”)当时也曾有“助剿”、“济运”之类的要求。清廷对此事顾虑重重,犹豫不决。它一方面觉得“中国剿贼、运漕,断无专借资外国之理”,一方面又考虑“江浙地方糜烂,兵力不敷剿办,如借俄兵之力帮同办理,逆贼若能早平,我之元气亦可渐复”,可是担心“该国所贪在利,借口协同剿贼,或格外再有要求”,说“不可不思患预防”。于是,通过谕旨与两江总督曾国藩、江苏巡抚薛焕、浙江巡抚王有龄商讨。曾国藩复奏,说是“该夷(按:指俄国)与我,向无嫌怨,其请用兵船助剿发逆,自非别有诡谋”,只是“皖、吴官军之单薄在陆而不在水,金陵发逆之横行亦在陆而不在水”,并且“此时我之陆军,势不能遽进金陵,若俄夷兵船即由海口上驶,亦未能遽收夹击之效”,总之是说情势不宜,提出所谓“传谕该夷酋,奖其效顺之忱,缓其会师之期”的处置原则。至于“济运”漕粮之事,曾国藩认为“实亦济变之要着”,“似即可因而许之”。值得注意的是,曾国藩从“驭夷之道,贵识夷情”的需要出发,发表了自己对“大西洋诸夷”的看法,大意为:英国狡黠最甚;法国次之;俄国势力大于英、法,尝与英夷争斗,为英所害怕;美国人“性质醇厚,其于中国素称恭顺”。所以,他主张这次应主动与美国订立章程,妥为筹办让其采米济运之事,以防止俄国乘机拉拢该国。最后曾国藩强调,“无论目前资夷力以助剿、济运,得纾一时之忧;将来师夷智以造炮制船,尤可期永远之利”①。

这是曾国藩对于“夷务”较早表达的系统看法和策略思想。尽管其中不无分别对待、酌情利用的意味,但他对列强显然是缺乏本质认识的。对其“助剿”要求,主张所谓“奖其效顺之忱,缓其会师之期”,虽是一种拖延策略,但并非峻拒,而其拖延的隐意,实际主要也是以湘系军政集团的利益为基点的,不愿让外国争夺可以由其集团完成的“剿贼事功”。

如果说咸丰皇帝和他身边的某些权臣(如载垣、端华、肃顺等),对“借师

① 《曾国藩全集·奏稿》,第二册,第1269—1272页。

助剿"还有较大顾忌的话,那么,及至该皇帝死去,慈禧太后联同奕䜣等人发动政变,镇压了政敌赞襄政务王大臣一班人,取得最高统治权,朝局变化,相关政策也有较大调整,与外国"合作"便成为一个很醒目的转向。这样,"借师助剿"便有了为清朝最高统治层允准并推行的条件。就在曾国藩、李鸿章他们组织"东援"军队的时候,同治元年(1862年)正月初十日,新朝廷发布上谕:

> 上海情形实属万分危急,借师助剿一节业经总理衙门与英法驻京使臣商酌。现据薛焕奏,英法文武各员颇为出力……上海为通商要地,自宜中外同为保卫……所有借师助剿,即着薛焕……与英法两国迅速妥商,克日办理,但于剿贼有裨,朕必不为遥制。其事后如有必须酬谢之说,亦可酌量定议,以资联络。①

可见,起码在这时,"借师助剿"已成为清朝政府的一种"定策"。但是,它也不是已全无顾虑,在给曾国藩的寄谕中即有言:"洋人之在沪者,恐不足恃。其与我和好,究竟唯利是图","因薛焕有据苏省绅民呈禀,请借洋人剿贼之奏,当经从权谕令该抚熟计,以期无拂舆情"②。意在表明,朝廷同意"借师助剿"是为俯顺当地"舆情",不能排除这实际是一种借故塞责。不过,苏沪地方官绅当中,的确存在"借师助剿"的积极倡行派,像薛焕即为代表性人物。还有当时的署江苏布政使、苏松太道吴煦也是。其人甚至说"洋人之兵,为贼所畏,与其以饷养兵,不如以饷豢夷"③。这话可算是对洋兵洋将"信任"和"看重"到家了。

那么,曾国藩作为两江总督,苏沪乃其辖境,他这时的反应如何呢?就在组军准备东援之际,他于咸丰十一年十二月间,接到苏州绅士、在沪参议中外"会防"的潘曾玮的来信,旨在就"借师助剿"之事说项。曾国藩回信这样表态:

---

① 《筹办夷务始末》(同治朝),卷四,第2—3页。

② 见《曾国藩全集·奏稿》,第四册,岳麓书社1988年版、1995年第2次印刷本,第2060页。

③ 《筹办夷务始末》(同治朝),卷五,第33页。

> 大抵宁波、上海皆系通商码头，洋人与我同其利害，自当共争而共守之。苏、常、金陵非通商子口，借兵助剿，不胜为笑；胜则后患不测。目前权宜之计，只宜借守沪城，切勿遽务远略。谓苏、常、金陵可以幸袭，非徒无益，而又有害也。况上海孤城，安危未判，安得更有余力以图他处？……金陵、苏、常，则鄙人不愿与闻。①

可知，其大旨是“借师助剿”要限制范围，只宜在上海，而不能推及金陵、苏州、常州内地。至于这些地方不让外国插手，尽管曾国藩言及种种理由，但最关键的末言之真意，当是不想让外国染指而与他湘军夺“功”。翌年正月间，潘氏又有信给曾国藩再次陈说“借师助剿”之事，曾氏复信重申前信中所述意思，并要潘氏劝阻借洋兵攻取金陵和苏、常之议，说若劝阻不下，反正他这里没有参加“会剿”之兵，不论其胜败结果怎样，他概不与闻，也概不负责。至于洋兵的报酬，表示其“所俘财物，任彼取携，别无犒军酬劳之资”。尽管曾国藩是以这种态度表示对让洋兵“助剿”内地的拒绝，但真若让洋兵如此“取酬”，岂不是等于放纵它肆意抢掠吗？曾国藩不仅对上海方面这样表示意见，而且在同治元年（1862 年）正月下旬的奏折中有云：

> 臣之愚见，借洋兵以助守上海，共保华洋之人财则可，借洋兵以助剿苏州，代复中国之疆土则不可。如洋人因调船已齐，兵费太巨，势难中止，情愿自剿苏州等处，我中国当以情理阻之，婉言谢之。若该洋人不听禁阻，亦须先与订定：中国用兵，自有次第。目前无会剿苏州之师，即克复后，亦难遽拨驻守之师。事成则不必中国感其德，不成则中国亦不分其咎。②

尽管其主旨仍是婉拒洋兵“助剿”，但放任其“自剿”的说法也委实卑劣。潘曾玮等地方士绅们则急于保护家园，他们主张不但“借师助剿”上海，而且还要包括上海以外的苏州等地方。其意似乎是很坚决的，说不动曾国藩，竟由

① 《曾国藩全集·书信》，第三册，第 2359 页。

② 曾国藩：《议复借洋兵剿贼片》，《曾国藩全集·奏稿》，第四册，第 2060—2061 页。

上海赴京,“诉称乡间被陷,恳请借用英、法等国官兵,速筹规复”。这还果真惊动了朝廷,谕令负责“夷务”的总理衙门与英、法驻京公使筹商,并且征求曾国藩的意见。不日,又追加一谕,说“洋人与逆匪仇隙已成,情愿助剿”,要曾国藩不失时机地“饬令沿江上下游师船,与该洋人联络声势,冀收速效”。显然,是要“全面”地实施“借师助剿”。面对这样的朝命,曾国藩于三月二十四日的复奏中,还是坚持借洋兵“助守上海则可,助剿苏、常则不可”的意见,并进一步说明理由,说除了他手下无兵抽动参加“会剿”外,即使刚到上海的李鸿章一军,作为“新集之卒”,也“只堪自守,不能远征”。没有大支劲旅与之“会剿”,假使转战内地,但有“西兵”,而无“主兵”,不免让三吴父老“生疑惧之情”,而对他曾国藩来说,就像应试科场请人替考一样羞愧。他说道理上应借洋人与太平天国的仇隙,因势利导,与洋人“彼此互商,嘉其助顺,听其进兵”,但因无“会剿”之师,还是不宜让其“进攻金陵、苏、常”①。看来,在坚持有范围、有限度地“借师助剿”的意见上,曾国藩还是很难动摇的。甚至他的本意上,是连上海也尽量不让洋兵参与“会剿”。这在他对带兵赴上海后的李鸿章的指授机宜中,便能看得更清楚。

曾国藩在给到沪的李鸿章第一封信中,就以“夷务本难措置,然根本不外孔子忠、信、笃、敬四字”②来训诫。随后,又有函相嘱:“阁下向与敌以下交接颇近傲慢,一居高位,则宜时时检点。与外国人相交际,尤宜和顺,不可误认简傲为风骨。”这当是曾国藩的真心话,他不主张对外国人傲慢欺饰。但是,在“会剿”问题上,他又是坚持所认定之原则的,有谓:“洋人缠嬲颇难处置,尊处只宜以两言决之曰:会防上海则可,会剿他处则不可。”进而明确授以在上海亦“会防不会剿”的“五字经”。③

李鸿章自然不会公然表态违抗曾国藩的训示,但实际上并不唯曾国藩之命是从地拘束自己。他在上海与有关外国人员不乏“亲密接触”,对洋兵在上海以外的军事行动也予认可。譬如,刚到沪上的四月间,洋军攻下嘉定、青浦、

---

① 曾国藩:《筹议借洋兵剿贼折》,《曾国藩全集·奏稿》,第四册,第2154—2156页。
② 《曾国藩全集·书信》,第四册,第2648页。
③ 《曾国藩全集·书信》,第四册,第2661页。

宁波等地，李鸿章就上奏嘉其“诚心助剿”，还为其所谓“阵亡”人员请恤①。所部程学启军，就同英法联军、常胜军会攻奉贤南桥镇。随后李鸿章又赴英国驻沪领事馆，与英国军官“商议如何布置对太平军的战争”②。李鸿章除了让其淮军与洋兵“会剿”太平军外，与“常胜军”的关系也颇值注意。该军是一支情况复杂的武装，其前身是由美国人华尔招募外国亡命之徒成立的“洋枪队”，嗣后骗招华人兵员，官弁主要仍由外国人担任。“常胜军”名义上是由清方官员参与共为督带，领队华尔也具禀入籍中国，并成杨坊的女婿，但该军的实际操纵权是在外方，可以说它本身就是“借师助剿”政策下的一个怪胎。同治元年（1862 年）秋华尔在攻打浙江慈溪的战事中受伤毙命，其后管带该军的先后有美国人白齐文、英国人戈登等。与“常胜军”的外国管带们，李鸿章并不是像曾国藩要求的那样一味讲“忠、信、笃、敬”四字诀，而是根据各人在他心目中的不同情况区别应对。譬如对华尔就比较欣赏和推重，对白齐文则颇憎恶并终为撤换，与戈登则“好好坏坏”。特别是因为同治二年（1863 年）李鸿章的苏州杀降事件（骗杀太平天国的八个降王），戈登与之简直闹翻，后来又复和，李鸿章也多次褒奖其人。

“常胜军”这支特别武装，在镇压太平天国的战事中确实发挥了不可小觑的作用。或说“在这支军队的三年存在期间——有两年半在积极作战中——它打了将近一百次的仗，只有三次或四次挫败，攻陷了五十多个县城，它并且遏止了叛乱（按：诬指太平天国反清）的狂潮，这个任务单凭帝国（按：指清朝）军队自己的努力是办不了的”。这支军队的外国军官中，统计“有四十八人阵亡，七十三人受伤，一百三十人出缺离营”。所谓“阵亡”的那四十八名人员，“李鸿章拨款一千五百元”为之立碑。③

在同治三年（1864 年）湘军对太平天国都城发起总攻的前夕，为免于“常胜军”再染指此役，在苏州、常州之役结束后，四月间将其裁遣。当然事情也非一帆风顺，中间纠葛多有，但终算裁成。五月初李鸿章奏报此事，说该军自“戈登接带后，臣加意抚驭，遇事尚受商量，而性急多疑，每有反复”，“臣查常

---

① 见顾廷龙、戴逸主编：《李鸿章全集》，第 1 册，第 6、8—9 页。

② 参见苑书义：《李鸿章传》，第 81 页。

③ ［美］马士：《中华帝国对外关系史》，第 2 卷，上海书店出版社 2000 年版，第 117、119 页。

胜军利器在炮火,而洋弁贪恣,兵勇骄悍,锢习殊深,久为苏省隐患。两年以来,每思乘机善遣,徒以军事方棘,外人把持,未易就理",而今终得裁撤,"靡费固多,而办理甚速","可免后来无穷之忧"①。

总之,李鸿章对"借师助剿"是较为放得开和能够灵活把握的,他有自己的"准则"。当然,无论如何,联同外国人镇压太平天国的罪恶和卑鄙他也是洗刷不去的。不过,也正是在实施"借师助剿"、与洋将洋兵联同作战的过程中,他亲见"洋器"的厉害,由衷艳羡得垂涎三尺,譬如夸赞"其落地开花炸弹真神技也"②!也正因为如此,他在取用和学制洋枪洋炮这洋务初阶上,比曾国藩踏出的步子要激进和坚实得多,其淮军在武器装备和训练方法上的新式发展,比湘军也醒目得多。

好了,我们还是回到曾国藩在"借师助剿"的事局中。在这方面,他始终没有能像李鸿章那样放开。在李鸿章率军到沪后,他致信说,"洋兵会剿腹地,吾亦勉为应允,但说明无人可派往会剿耳"③,这实际是告明他对此事是表面应允而实际婉拒。同治元年六月间曾国藩所上的一个专折中,也许是其人对"借师助剿"态度表示得最直接、明确和到位的。此前有上谕告知,英国方面"有另调印度兵来秋间大举之说",本朝臣工则有"许其兴兵,约其助剿,以收有用之效"的拟请,而鉴于曾国藩等前对"借师助剿"之议的复奏"佥称有害无利",这次仍令其"会商妥议"。曾国藩在复奏中首先回顾了他历次奏陈此事的原则性观点,然后分析具体情况,认为关于英国调印度兵来之事并非轻易能定,有关说法未必确实,建议通过外交渠道查询,若确有其议,当"申大义以谢之,陈利害以劝之"。随后对这进行具体阐释:

> 中国之盗寇,起初本中国之赤子。中国之精兵,自足平中国之小丑。姑无论本年春夏连克二十余城,长江上下肃清三千余里,发逆无能久之理,吴、越有可复之机。即使事机未顺,贼焰未衰,而中华之难,中华当之。在皇上有自强之道,不因艰虞而求助于海邦;在臣有当尽之职,岂轻借兵

① 顾廷龙、戴逸主编:《李鸿章全集》,第1册,第498—499页。

② 顾廷龙、戴逸主编:《李鸿章全集》,第29册,第83页。

③ 《曾国藩全集·书信》,第四册,第2661页。

而贻讥于后世。此所谓申大义以谢之也。粤匪行径，本属无赖之贼。青（浦）、嘉（定）两城，尤为至微之事。英国若征印度之兵，为报仇之役，多调则胜之不武，少调则不胜为笑。徒使印度军士，支领英国之饷银，蹂躏中国之土地。上不利于国主，下不利于英商。不如早议息兵，俾松、沪免无穷之忧，即英法省无穷之费。此所谓陈利害以劝之也。①

若说“利害”，外国方面自己权衡得当更清楚，用不着曾国藩操心、饶舌，其调印度兵来之事未能践行原议，绝非只因清方劝阻。而“大义”一层，不管对外国方面讲论能否有效，反正能反映言者自己的认识。认所谓中国之“盗寇”，“起初本中国之赤子”，说“中华之难，中华当之”，而不要外国来管，无论如何，也有些“民族意识”的成分包含其中吧？

曾国藩在“借师助剿”事局中表现，由“阿思本舰队”事件，可得进一步展示。该事件可算是“借师助剿”之局中的一个插曲。

咸丰十一年（1861 年），恭亲王奕䜣等朝中洋务派大员，除倡议购买洋枪洋炮外，在有关外国人员的策动下，还提出购买兵船，建立新式水师。朝廷认为“东南贼氛蔓延，果能购买外国船炮剿贼，必能得力”，鉴于军饷不足，经费困难，拟由奕䜣从上海、广东各关税内先行筹垫，让任清朝代理总税务司的英国人赫德联系购买，并为此事布谕与曾国藩等人商讨。曾国藩复奏认为，“购买外洋船炮，则为今日救时第一要务”，但对船上兵员，提出“俟（所购）轮船驶至安庆、汉口时，每船酌留外洋三四人，令其司舵、司火。其余即配用楚军水师之勇丁学习驾驶，炮位亦令楚勇司放”，“其统带大员，即于现在水师镇将中遴选”②。显然，他是要借所购兵船充实和改造他的湘军水师，统带则要由湘军军官担任，士兵也以湘勇为主体，只是留少量外国技术型人员而已。

但英国方面则要借端组织它所掌控的舰队，以“助剿”为由头在华盘踞。当时正回国休假的清朝总税务司、英国人李泰国，具体操办购船、募兵之事。他并不理会中国方面的意向而一意孤行，清廷则难明具体情况，在得知“外国

① 上注以后至此引文，出自《议复调印度兵助剿折》，见《曾国藩全集・奏稿》，第四册，第 2388—2391 页。

② 曾国藩：《复陈购买外洋船炮折》，《曾国藩全集・奏稿》，第三册，第 1602—1603 页。

船炮,明春可到”的大概消息后,于同治元年(1862 年)九月末寄谕曾国藩再行商讨。曾氏除了基本坚持前议外,这次将统带新舰队的人选明确了下来,定为“久历楚军水师”的广东籍人员蔡国祥,并且拟出了在蔡氏手下“各领一船”的七人之任。[①] 可见,曾国藩对收揽这支新舰队的盼望是多么迫切!

然而,事情并不能使其遂愿。李泰国在英国组建起由所购七艘兵舰、一艘趸船和配备六百人的舰队,以英国军官阿思本为统带,于同治二年(1863 年)秋驶抵上海。李泰国也返华,提出追加经费等讹诈条件。靡费不消说,更要紧的是舰队不能为中国所掌控,故双方发生争议,进行交涉。这中间自有诸多情节,对此不拟细说,反正曾国藩连同李鸿章在这件事上态度是比较坚决的,就是不能容留官兵主体是英国人、要为该国所掌控的舰队。最后的结果是,遣散英国弁兵,船只驶回英国变卖。清方遭受了恐怕不下百万两银的经济损失,但毕竟未让阿思本舰队落脚中国(李泰国也因此结束了他的清朝总税务司职任)。李鸿章当时给曾国藩的信中说这是“近来第一快事”,曾国藩想必也抚掌认同。

八、“英英群彦满樽前”

在“借师助剿”这类事情上,清廷也把曾国藩作为征询意见的要员,自然与曾国藩此时的位高权重、声势煊赫直接相关。曾氏获任两江总督(先署理后实授)、钦差大臣之后,咸丰十一年(1861 年)十月,又被授统辖四省(两江辖境的江苏、安徽、江西另加浙江)军务,并且该四省“巡抚、提镇(提督、总兵)以下各官,悉归节制”[②]的权力。同治元年(1862 年)新正,又获加协办大学士的衔名(再后到同治六年五月升大学士),荣为“相国”,官至一品。盛名之下,实力也达到了曾国藩自己所谓“东南数省,莫不有湘军之旌旗”[③],“长江三千

① 《曾国藩全集·奏稿》,第五册,岳麓书社 1988 年版,第 2926 页。
② 见《曾国藩全集·奏稿》,第三册,第 1659 页。
③ 曾国藩:《湘乡昭忠祠记》,《曾国藩全集·诗文》,第 304 页。

里无一艘不拽鄙人之旗号”[①]的鼎盛局面。其人的政柄、军权空前加强，与之相辅相成，幕府班子也愈发规模扩大，系统严整，职能复杂，特点突出。曾国藩有“幕府山头对碧天，英英群彦满樽前”[②]之吟，岂不流露出对自己幕宾人马的几分得意？“主强”与“幕盛”，也正是一种必然吧？

幕府制度尽管源远流长，代有所异，但自晚清湘系势力崛起，曾国藩幕府情况较前发生的改变，尤其是重大而醒目的。其幕僚队伍规模宏大，成分复杂，幕僚来源和出路多脱常轨，影响多面，直接导致幕府在“制度”层面的显著变化。前面述及的左宗棠在骆秉章幕府的情况，就“主”“宾”关系而言，也许只具有“特例”意义，在曾国藩辈这里，被幕僚架空的情况根本不可能存在。但从另一个角度考虑，左宗棠之所以能够在很大程度上左右骆秉章，除了其“主”“宾”个人主观条件的原因之外，岂不也正是基于湘系群体势力的强势因素？左宗棠出骆幕之后，也算有短暂的一段在曾国藩幕府的时间，情况则是另外一番天地。

就曾国藩幕府的存在过程而言，有研究者把它划分为这样四个阶段：形成期，从其人咸丰二年末出办团练到咸丰七年春弃军奔丧；发展期，从他咸丰八年复出领军到咸丰十一年秋攻陷安庆；鼎盛期，从他于咸丰十一年八月进驻安庆至同治七年捻军最后被镇压下去；再后为直至其人去世为衰落期。[③] 应该说，这比较符合曾国藩幕府兴衰实况的一个大致轨迹，而这一轨迹，与曾国藩的地位条件及军政状况密切相关。曾国藩自移驻清朝多年间的安徽省城安庆，有了相对正规的“开府”条件，加以权位的不断上升，军务、政务大有拓展，幕府随之发展到鼎盛，自在情理之中。

曾国藩幕府的总体规模是颇为可观的，当不下四五百人。如此众多的幕僚，大致可归纳分为四类：一是幕主身边的文案类，二是军政机构雇员类，三是文化机构雇员和“闲士”类，四是洋务、科技雇员类。

曾国藩自作为一军统帅，身边就少不了有一帮类似今日“秘书”的人员，帮助处理各类文牍，兼有“参谋”、“顾问”的职能。随着幕主地位的提高，职事

---

① 赵烈文：《能静居士日记》，《太平天国史料丛编简辑》，第三册，第345页。

② 黄濬：《花随人圣盦摭忆》，第233页。

③ 见朱东安：《曾国藩传》，第324—326页。该书中关于曾国藩幕府置有较长篇幅的一个专章，本节撰写中参考受益。

的增多，军政事务自愈趋繁密，所需要的贴身文案人员也会越多，当构成人数可观的一个群体。像前边述及（当然不都是从幕主与幕僚关系的角度）的郭嵩焘、李元度、章寿麟、李鸿章、左宗棠、欧阳兆熊等人，即都有做曾国藩“贴身秘书”的经历，并且多不失为这类人物中的典型。还有《湘军记》的作者湖北籍人士王定安，也有过这种身份。《湘军志》的作者湘籍名士王闿运，则可谓“擦边”。因为其人颇有恃才傲物、狂放不羁的派头，他曾到曾国藩处为之赞画，曾国藩也愿容留帐下，只是考虑其人的性情、脾气，不好正式纳幕安排专职而已。事实也是，后来此人果真与曾国藩弄出一些隔节，及至曾国藩身后他撰著的《湘军志》，被偌多湘系要员认为有意贬损曾家兄弟和湘军，更闹出沸沸扬扬的一场风波。

还有号称曾国藩“四大弟子”的张裕钊、吴汝纶、薛福成、黎庶昌，也都有在曾国藩身边做文案的经历。黎庶昌（贵州遵义人）是《曾文正公年谱》（本书中引用的岳麓书社本作《曾国藩年谱》）的署名作者。薛福成（江苏无锡人）则是《庸盦笔记》等不少内容涉及曾国藩及湘系集团之著述的作者，至于他出使外国和成为早期维新派代表人物的情况，更是为世人所熟悉。湖北人氏张裕钊，虽说入仕非其素志，事实上他也基本是以学事为终身主业，但在曾国藩幕下还是能发挥其长，也得到锻炼。安徽桐城人氏吴汝纶，其人生基业更是离不开在曾国藩幕中的磨砺和幕主的直接举荐。他后来在直隶做过多年地方官，又弃官从教继张裕钊任莲池书院山长，继往开来地发挥了显著作用。其人与张裕钊都是晚清桐城文派的主将，而其时该文派的大帅则是曾国藩，这与他们间有过的幕中“主”“宾”关系密不可分。而曾国藩对他俩也颇为推重，寄望甚殷，尝有“吾门可期有成者，惟张、吴两生”①之言。

在曾国藩的贴身文案类幕僚中，既成就了一批文化名人，更成长起一批高官大员，像后来得以出任封疆大吏者，先后有左宗棠、李鸿章、郭嵩焘（同治二年出任广东巡抚）、刘蓉（同治二年稍晚于郭嵩焘出任陕西巡抚）等。曾国藩所选的身边文案人员，多是些既有文才又有宦才且在他心目中志节高尚的人，此类人才实不易觅，曾国藩却能够放开眼光，并不只囿于湘籍，而是通过多种关系和渠道，广为联络和招纳，得以聚集起一批能襄助于他且大有造就前途的

① 《清史稿》，第44册，第13442页。

人才。除了这里举到的人物，检索曾国藩日记，其中记及的能与他随时见面晤谈、有着亲密关系的幕僚，当多属此类。

除了身边的文案班子，曾国藩统军理政，还设立有诸多机构，除正规政权系统的机构外，仅与军务密切联系或非常规的政务机构，就名目繁多。如职能上“类似今日军中之参谋部”的营务处，筹饷机构劝捐局、饷盐局、厘金局、盐务局等，供饷的粮台，核查账目办理报销的报销局，较大战事之后办理相关地方“善后”事宜的善后局，审办案事、镇压“罪犯”的审案局或发审局，等等。其中也都安置有不少的幕客。

仅就筹饷、供饷机构而言，其复杂性和重要性即颇值得注意。军饷是军队存在并发挥其战斗力的物质保障，而当时湘军非属国家经制军，饷项在很大程度上靠在地方自筹，在地方当局财政窘迫而又存在派系矛盾，民间则穷困难以朘削得足的情况下，筹饷、供饷成为曾国藩湘军的一大棘手之事，更须千方百计，多头敛集。如“劝”办捐输捐纳，对食盐运销严稽苛征，广设卡所更大范围地征收厘金等等，皆成为其不稍放松的途径，而相应的机构就应运而生。粮台作为军饷敛集和分发的机构，可谓“枢纽”。湘军编练成军出征之时，曾国藩上奏中就言及，“所备之粮台”携带大量米、煤、盐、油，还有“军中应需之器物，应用之工匠，一概携带随行”①。可知，从湘军诞生之日起，粮台就与之紧相伴随。或说当时的粮台设立八所，即文案所、内银钱所、外银钱所、军械所、火器所、侦探所、发审所、采编所，“皆委员司之”，是个“条综众务”②的机构。随着以后相关机构的设置和分工趋于精细，粮台未必皆如此不变，有的机构所或从中分离出来相对独立。并且随着实际需要，又有行营粮台、转运粮台、后路粮台之分置。行营粮台又称支应粮台，主要负责前线各军的直接供应，一般随湘军大营行动；转运粮台又称转运局，其主要任务是负责粮饷及其他军用物资的居间转运；后路粮台主要是准备钱物，以应行营粮台之需③。这各类、各处的粮台中，自然要招纳众多人员，并且需要精明能干之人。所以，粮台机构也是重要的人才造就之所。像李鸿章之兄李瀚章，就曾有多年在曾国藩湘军粮台

---

① 曾国藩：《报东征起程日期折》，《曾国藩全集·奏稿》，第一册，第99页。

② 黎庶昌：《曾国藩年谱》，第37页。

③ 据朱东安：《曾国藩传》，第385—386页。

的经历,他后来亦得跻身督抚,成为封疆大吏。再如江苏仪征人氏厉云官,较早就操办湘军后路粮台事务,深得曾国藩、胡林翼欣赏,被多次保荐,做到湖北布政使的高位。顺便说,虽是在胡林翼粮台但也为曾部湘军的饷事作出颇大贡献的陕西朝邑人氏阎敬铭,后来官至巡抚,又任户部尚书,成为清朝的理财名手,并得充军机大臣。

至于审案局或曰发审局这样的机构,发端于曾国藩办"团练"之时,他借此机构大开杀戒,因落得"曾剃头"、"曾屠户"之名,此事前已述及。湘军出征之后这类机构仍或随营设立,审理军中或与其军有关的地方案件,那种不审而诛的乱杀现象比当初或有稍敛,但终归非正规司法机构,一个怪胎而已。

采编所是由《贼情汇纂》的主纂者张德坚主持,并是专门为该书编纂设立的一个机构。张氏原是湖北衙门巡捕,曾在湖广总督吴文镕手下充当谍报人员搜集太平天国情报,编成《贼情集要》,咸丰四年(1854 年)湘军攻占武昌后托人将此稿转交曾国藩阅看,受到重视,遂将张氏罗致入幕,"位诸宾从之列,时参帷幄之谋"。主要即令其依据文牍资料和继续获得的情报,负责重编成《贼情汇纂》。张德坚氏在该书之序中说:"将欲破贼,必先知贼。故视听所及,旋即记之,不过一好知贼情之人已耳。乃遭逢大帅(按:指曾国藩),以知贼为急务,檄充此役,鼓之舞之,心益专一,如射志彀,务求破敌,冀报知遇于万一也","是书之成,梓行天下,使我无不知贼情之将士,贼恃强,我用智,随处以寡破众,以巧胜拙,其为有益,又岂一隅百里所能限耶"①?这样看来,采编所虽是"编书",但与后边要述及的文化机构中的编书局性质不同,他主要是搞情报搜集和整理,为现实军事服务,故没有把它放在"文化"类机构中叙述。

还有采访忠义局,是曾国藩担任两江总督后,效法胡林翼在湖北的做法,于咸丰十年夏在祁门行营开始设立的,其职能按曾国藩向朝廷奏陈中的说法,是对"凡属两江境内剿贼阵亡之官绅,并矢志不屈之士民妇女等,派员在局,博加采访,详核事实,并出示遍行晓谕,或由司道具详,或由府厅州县汇报,或由该家属径禀,臣随时具奏,请建总祠总坊,其死事尤烈者,另建专祠专坊","以慰忠魂而维风化"②。以该局设立后年余之时段的情况为例,根据所采访

① 中国近代史资料丛刊《太平天国》,第三册,第 30 页。

② 《曾国藩全集·奏稿》,第二册,第 1312、1197 页。

和汇总的情况，由曾国藩奏报的即有五案（该局成立当年七月初奏报第一案，十二月间奏报第二、三案，翌年十一月间奏报第四、五案）之多。其中第二、四案系综合汇奏，涉及所谓“官绅殉节者”78名（第二案17名，第四案61名），“士民殉难者”485名（第二案183名，第四案302名），“妇女殉难者”201名（第二案59名，第四案142名）。第一、三、五案可以说是对所谓“一门忠节”的特案特奏，分别为安徽原籍舒城寄居宁国的程枚一家、江苏常州的赵起一门、安徽歙县的柯华辅及族人之妻多人之案。这五案之外，以后还持续多有，并且规模上或明显扩大。譬如同治二年（1863年）三月间所奏第十三案，仅在安徽望江、舒城两县访得者，即有“殉节官绅十四员名，殉难绅民一千四百九十三员名，殉难妇女三百二十七口”①。经核查，至曾国藩去世前一年即同治十年的十二月，两江忠义局共有四十五案奏报（当有极少部分为曾氏离任两江总督期间者）。入案奏报的自然都不是一般的死难者，而是在太平军面前表现非常的所谓“忠节”者。设采访忠义局对这类人物和家族事情的采访汇集，其“政治”意味远远要掩过“文化”色彩，故也将之归于军政之类。

容纳幕客的文化机构最典型的如编书局。此机构是同治三年（1864年）四月在安庆设立的，及至镇压下太平天国后移至金陵（南京）。有研究者揭示：“编书局的任职条件是熟悉经史，兼通小学，擅长校勘工作。故编书局人才济济，尤多宿学名儒，就其学派而言，多为治汉学者”②。在曾国藩辈心目中的传统“圣道”遭受太平天国严重冲击的情况下，为通过“崇正”而来“辟邪”，该局校勘印行传统经史书籍，自是其工作要项。但值得注意的是，该局在文化抢救和编刊西学书籍方面也有成绩。譬如，明末清初的湖南著名学人王夫子的《王船山遗书》，其后人刊刻部分，在太平军进攻湘潭时毁于战火，曾国藩属下的编书局重刻该书，较前毁版本增加一百七十余卷，共达到三百二十多卷。西学著作该局则重校刊行有《几何原本》全书。该书是希腊数学家欧几里得所著，明末由西方来华著名传教士利玛窦与华人徐光启合译刊行前六卷，所遗后九卷，到晚清咸丰年间，才由浙江海宁人氏著名数学家李善兰（字壬叔）与英国传教士伟烈亚力前在上海合译刊行，后书版毁于战火。这时在编书局供

① 《曾国藩全集·奏稿》，第六册，岳麓书社1989年版，第3221页。

② 朱东安：《曾国藩传》，第353页。

职的李善兰氏，主持完成重校重刊工作，使《几何原本》复以完璧传世。该书之序李善兰请曾国藩来写，这位总督大人对数学本不在行，便让于此有所长的儿子纪泽拟稿，并对其成稿颇感满意，称赞其“文气清劲，笔亦足达难显之情”①。李善兰此次重新校印此书，与听取同事的建议有关，像江苏南汇（今属上海市）人氏张文虎，就是积极促成者。曾国藩就曾评说此人精于算法，兼通经学、小学，而从近年整理出版的其人日记②看，他的确与李善兰交往密切。

可以想象，在战事连连、戎马倥偬之际，曾国藩就开始设立编书局这样的文化机构，安置专职性幕僚，岂不足见他骨子里对学事的挚爱和看重？其实，在曾国藩的幕府中，养有大批的“闲士”类人物，他们当然要帮助做些事情，但一般非军政实务性的工作，而是散杂“文事”而已，使之能有更多的自由时间读书治学。这般人物的主要“职能”便是深造学养，砥砺名节，张扬义理，激荡儒风。曾国藩幕府不仅规模宏大，而且儒风炽盛，成为其一大醒目特点，譬如说其幕中有所谓“三圣七贤之目”③。至于主属、僚友间的关系，曾国藩明确概括出了“凡堂属略同师弟，使寮友行修名立”④的原则，亦有浓烈的儒门味道。在这方面，与李鸿章独立淮系门庭后所置幕府的情况则大为不同。李门所看重和延揽的人才，绝大多数是经理实务的专家。统军时期，幕府人员除身边文案外，当以经理粮饷、军械者为主体。卸帅为政以后，其文秘班子自然要加强，但办理相关实务的幕僚仍是绝对主体。而无论何时，经理洋务者在其幕中皆占特殊重要地位。李鸿章曾明确表示他“向看不起‘老幕’”⑤，故其幕中很少有曾幕的那种文彦道学之士，也无那种儒风弥漫的氛围。

当然，曾国藩亦属“洋务先驱”之辈，洋务、科技雇员类人物也是他幕僚的一个重要类别。就相关机构而言，以曾国藩开府安庆后设立的安庆内军械所为其洋务军事工业的发端，后又有金陵军械所、江南制造总局的设立（与李鸿章联同操办），还有“翻译馆”之类的机构附属其下。此外又有留学办事机构。这类机构中的人员亦多为幕僚之属，且不乏“洋务精英”类人物。关于曾国藩

---

① 见喻岳衡点校：《曾纪泽遗集》，第134页。

② 见陈大康整理：《张文虎日记》，上海书店出版社2001年版。

③ 黄濬：《花随人圣盦摭忆》，第233页。

④ 曾国藩：《题金陵督署官厅》，《曾国藩全集·诗文》，第105页。

⑤ 顾廷龙、戴逸主编：《李鸿章全集》，第29册，第89页。

办洋务的事情，在后边将置专节论述，当然会涉及其“洋务、科技雇员类”幕僚，这里不再细说。

总之，曾国藩幕府的是大规模、多门类并且其中颇有特色人物的。据说，李鸿章在其幕时“有《将进酒》古风一什，叙述佐幕人物之盛”：

南丰老人应寿昌，说经舍粲莲花香。
往往谈兵惊四座，却行伤足怨迷阳。
吾宗文雅兼武略，浙东争颂小诸葛。
佞佛仍持苏晋斋，凌云未解相如渴。
诗家许浑殊翩翩，苦吟欲度饭颗前。
更有王郎歌砍剑，泻地涌出百斛泉。
满堂豪翰济时彦，得上龙门价不贱。
牡丹时节金带围，定有五色云中见。
短主簿，髯参军，纵横笔阵风运斤。
为公折简访倪迂，添写江楼雅集图。①

其中所涉及的一些人和事，“吾宗”句是说李元度（次青）者，此人前边已有介绍；“许浑”句是说许振祎（字仙屏）者，此人为江西奉新人，在曾幕主要从事草拟书启、奏咨类工作，属幕主的贴身文案类人员，及至甲午战争前后官至东河河道总督、广东巡抚。“王郎”句是说王闿运者，此人上亦提及。还涉及其他人物，有的未必很出名，因在曾幕也颇有特色，故能被李鸿章所关注，采其素材入诗。由此也更可见，曾幕中的特色人才俯拾皆是。当然，就李鸿章此作的艺术水平而言，正如《花随人圣盦摭忆》的作者黄濬所言，“诗不甚佳”，因为此道非李氏所长。

曾国藩幕府乃人才荟萃之所，其吸引力非常之强，甚至一门兄弟多人入幕的情况并不鲜见。如李瀚章、李鸿章两人外，还有其弟李鹤章、李昭庆，其一家兄弟四人先后入居曾幕，可谓“盛事”。还有郭嵩焘、郭崑焘兄弟，也不失为典型。曾幕的人才来源和入幕渠道繁多，而其人员身份更是复杂多样。特别是

① 见黄濬：《花随人圣盦摭忆》，第233页。

与过去幕宾一般没有官员身份、呈现“专职化”（如所谓“绍兴师爷”即颇典型）的情况大为不同。曾幕中从一开始就有官员加入。如湘乡知县朱孙诒，在曾国藩出办“团练”前，他就在任职地操办团练，随后成为湘军官弁，曾国藩率湘军出征时被派为陆路营务处委员，自属曾氏幕僚，后因与曾国藩意见不合而离开，在官衔逐步提升的情况下改到骆秉章幕下做事。曾国藩幕府存在的偌长时间里，一方面是既有正式官衔人员加入，另一方面是原无官衔的人被保荐获得正式官衔，而获得官职者有的出幕赴任，也有的则继续留幕。并且涉及的官衔种类宽泛，能达到高级者众多。前已述及有在其幕府履历终得出任督抚者多人，至于有布政使、按察使、道员、知府之类职衔，或出任实职，或仍留幕中，这样的人物更是多有。总之，“官幕混通”可以说在曾国藩幕府中成为一种常态。这样，其幕府既成为造就“官员”的一个摇篮，又成容纳和历练“官员”的重要场所。当然，也是更多方面“人才”的用武场和储备仓。

如果说，这种情况在晚清并非曾国藩幕府的特例，那么，也是由其发轫和导引，随后才在湘、淮系大员的幕府成为“惯例”，并影响到非湘淮系大员幕府范围的。可以说，曾国藩幕府不失为影响晚清幕府逐步“转型”变化的嚆矢。并且，就幕府的规模、人员的多样性，以及造就人才规格之高、之多的综合情况看，实罕有能与之相比者。

第七章　拼得血火没天京

一、为破“逆都”苦运筹

安庆战役之后，太平天国的都城天京——在曾国藩辈的心目中自然是“逆都”，其上游失去屏蔽，直接暴露在湘军的攻势之下。不过，用兵以稳慎著称的曾国藩，并没有急不可耐地进军速攻，而是与“东援”结合，统筹布置，以待时机。

李鸿章“东援”建立淮军，所谓“用沪平吴”，尽管也是在曾国藩的统一节制之下，但也可以说有了其相对独立的东线战区。而曾国藩最直接操控的，是攻取太平天国都城的战事部署。这一战事中的主力军，便是曾国荃所部。将心思全集中在破“逆都”立“头功”因而推掉“东援”之差的曾国荃，回湖南新募六千勇员扩充他的部队，在李鸿章的东援部队出征前夕，也回到安庆。此时他所直接统带的兵员人数，达到近两万人（后继续扩充）；其弟曾国葆所部，也有四五千人①。

曾国藩进取太平天国都城天京的战役方案，基本还想袭用“围点打援”的套路，自然是以曾国荃部为“围点”之军的主力。曾国荃对此役抱有格外急切的心情，因而进军非常迅捷。同治元年（1862 年）二月下旬，所部自安庆启行，从江北岸挺进，三月末即至和州。其弟曾国葆所部，自江南岸进至南陵。彭玉麟的水师，则由江面而下与两岸陆军呼应。这几支部队合成所谓“直捣金陵之师”。此时与之配合的清方总体军事部署，形势概况是这样的：李鸿章所部佐以黄翼升淮扬水师，“是为援剿苏、沪之师”（在东线战场）；大江以北，多隆

① 曾国藩：《致沅弟季弟》，《曾国藩全集·家书》，第二册，第 833 页。

阿军“为围攻庐州之师”，李续宜“有派援颍州之师”；大江以南，鲍超部“为进攻宁国之师”，张运兰等军“为防剿徽州之师”，左宗棠部“为规复全浙之师”。所谓“十道并出”，皆“受成”于曾国藩，其人在安庆“居中控驭，广辖数千里”。此外还有袁甲三及李世忠的“淮上之师”，都兴阿的“防江北之师”，冯子材、魁玉的“守镇江之师”，或不属湘军，或不归曾国藩节制，但他“均奉旨统筹兼顾”。或评说其势，有谓“军书辐辏，英彦风驱，上而朝端倚畀之隆，下而薄海想望之切，洵千载一时矣”①！

四月二十日（5月18日），曾国荃部由西梁山渡江转至南岸。它会合清方的水陆各军，相继攻下太平府城、金柱关、东梁山、芜湖等处，继续东下，一路连捷，至五月初，即进驻天京城外的雨花台，彭玉麟水师则泊于天京护城河口。这样，自江南大营覆灭后，清方的军队再次驻扎于太平天国都城之下。

按照曾国藩的本意，是不想让曾国荃如此急骤进军的，而是要取得各路担任“打援”部队的援应配合，防止孤军深入，虚悬敌腹。当曾国荃军业已进驻雨花台的时候，因为当时的通讯条件，曾国藩尚未及时获知，所得到的还是其进扎“距金陵不满四十里”的周村之消息。他急忙给乃弟写信，表示“既以为慰，又以为惧”（实则“惧”大于“慰”）的心绪，说“金陵地势宏敞，迥非他处可比”，“此次弟不候多（隆阿）军至九洑洲，而孤军独进，余深以为虑”，又对“上游南陵空虚”，曾国葆“不留兵守之，于宁国、芜湖均有妨碍”，表示了担心，要其“暂屯扎周村一带，以待多军之至”②。可见身处前敌的两兄弟，与曾国藩的心思大为不同，前者是急功近利，后者是力图稳慎。当曾国藩得知乃弟已进至金陵城下的时候，除了忧急之外，就是催促多隆阿军赶快前来增援，把多军不啻视为救星。然而，此事却窒碍难行。

多隆阿作为胡林翼笼络并驾驭得手的满籍将官，对曾氏兄弟并不诚心驯顺。而他所部，确是战斗力较强的一支军队，四月间攻下重镇庐州，使太平天国的英王陈玉成败走寿州后，为练总苗沛霖诱捕，遭清方杀害。本来，攻下庐州后多隆阿军从江北一路进逼天京，与曾国荃部配合，不但是既定部署，而且也是“顺势”易行之事。但在此之际，多隆阿却与官文正进行着西上陕西而脱

① 黎庶昌：《曾国藩年谱》，第150—151页。
② 《曾国藩全集·家书》，第二册，第830页。

离湘军战区的合计，由头是陕西不但有回民起事，而且太平天国扶王陈得才会合捻军张洛行等部正分路趋赴，需要应对，故由官文出奏建议，朝命多隆阿赴陕督办军务。对此事湘人王闿运有这样的叙述：

> 当是时，多隆阿之名慑惮群寇……国藩飞书约会兵，多隆阿素以文官不可亲，且已不识汉文，而亦恶儒吏，即报国藩，言军事权宜专一，以微示不与曾国荃同处……官文揣多隆阿终不欲东，而四川德安诸余寇俱入陕西，已先奏雷正绾赴援，遂再奏令多隆阿自往。陕抚及京朝官亦日言，关中帝王都，天下最要。朝命属多隆阿。命下，官文亦自喜当上意，决意遣之，合军江宁之谋，不复听矣。①

不过，曾国藩还是不放弃争取。他于五月中旬致函官文，申说此次仅以曾国荃部的万余兵力驻于金陵南隅，洪秀全"见惯不惊，了无惧色"，而"自军兴以来"，惟此次"气势最好"，"请多军会剿金陵，合围西北，当可得手"，让其入陕，则"威名太盛，贼知不敌，恐逼窜南山老林之中"，使他"进追则疲于奔命，既有牛刀割鸡之喻；不穷追则未能蒇事，又成进退两难之象"，陷入尴尬，何况，"江南贼数之多，比秦何止百倍；财赋之盛，比秦何止十倍"，若以其军"南渡会剿，纵不能遽克金陵，必可为游击之师，攻克旁近十余州县，明春即可办漕百余万石解京"。总之，是说让多隆阿军"会剿"金陵比入陕西，对军事大势，对济京漕项（隐意是官文可借以更取悦朝廷），对多隆阿本人，都有大益，是为上策。但是官文、多隆阿并不为之所动。六月上旬，曾国藩又致函官文，以请求加奉承的口吻再次争取，说"如秦事果松，或仍请礼帅（指多隆阿，其人字礼堂）东征。阁下智珠在握，想权衡缓急，必能随时斟酌尽善"。写此信时，曾国藩想必不知道多隆阿的具体行踪，随后得知其人尚在皖境而还未行抵湖北，便给官文又急追一函，说"进止似可酌商"，"金陵似有可图"，多军可否"回军东指"②？官文、多隆阿意向已决，曾国藩屡函不能奏效，多隆阿终归西上，及至后年春在陕西作战重伤死于军中。

---

① 王闿运：《湘军志》，第62—63页。

② 本段中引文见《曾国藩全集·书信》，第四册，第2785—2786、2843、2849—2850页。

而当下曾国藩部署指挥的会攻天京之役，却因多隆阿军的缺位而大受影响，加之其他各路打援之军也未能全按预定方案理想到位，天京城下湘军一度陷于孤危之境。这从曾国荃于同治元年（1862 年）九月初给乃兄信中这样一番乞援的话中就可见其情：

> 倘再一个月无援兵来助我打，则此军竟有不堪设想者，务求老兄大人原亮（谅）弟从前之错，而拯救弟今日之亟。如能有大军从后打来更好，否则设法添五六千人由大胜关入长濠内，守剿兼施，亦必能分作两三仗打退也。此实确有把握之言，百叩求兄作主，迅赐厚援，以救危局，切勿视为无可如何而不之救也。①

曾国荃本来是个颇为刚愎自用的人物，是不容易在人面前低头认错的，这次公开向老兄承认前不听训诫、急功冒进的错误，死乞百赖地请求增援，危急之下他的焦灼无奈情态显而易见。曾国藩当然要在可能的条件下设法尽力增援乃弟，但主要还是靠曾国荃军的力顶苦撑。当时，其军正处于太平天国李秀成部力图破围的强大攻势之下。

其实，当曾国荃军迅速进抵天京城下的时候，太平天国领导人，并不是真像曾国藩所说的那样“了无惧色”，而是大为惊恐于“其突如其来如是之速”②，洪秀全紧急屡催在东线战场的李秀成回援。开始，李秀成与相关将领筹议，认为在曾国荃部湘军一路进军而来势头正锐的情况下迎战不利，决定暂不起兵往救，要待其久拖懈怠之后再寻机回攻。但形势发展根本不容其延宕，在洪秀全的严令之下，他只得作出回兵救援的部署，从八月下旬开始行动。这次回救天京的军事行动规模是颇大的，有所谓“十三王”所率实数大约二十万的兵力③。

对双方的这场破围与固守之战，在其结束后的十月间，曾国藩会同官文、

---

① 《曾国荃全集》，第五册，岳麓书社 2006 年版，第 159 页。

② 《洪仁玕自述》，《太平天国文书汇编》，第 556 页。

③ 其兵力甚至号称六十万。“十三王”包括忠王李秀成、辅王杨辅清、侍王李世贤等，共十三人。当时太平天国已封王很多，各王实际地位和权力并不均等，或差异很大。此“十三王”中，当然是以李秀成为首。

李鸿章有一专折上奏，称“金陵各营苦守四十六日，屡获大捷，力解重围”①。这显然是一道极力铺陈曾国荃军在艰危境况下，苦战撑持而终获胜的文报，情节具体详细。曾国荃作为前敌统将，自然等于为他表功，并且少不了直接涉及其本人的事迹，故曾国藩拉上官文、李鸿章一同出奏，亦可揣其处心积虑。此折中述及曾国荃在闰八月末战事中的受伤情形，说“濠外开花蹦炮横飞入营，烽燧蔽天，流星匝地。群贼齐声大噪，束草填濠，岌岌欲上”，“曾国荃见事危急”，亲率部将前往策应，“为飞子伤颊，血流交颐，仍裹创上濠，以安军心”。对此整场战事，奏折则这样作结：“查苏、浙诸贼酋，大举入寇，麇集金陵，意图吞噬我营，合犯上游，计甚狡毒。仰赖圣主威福，将士同心，以病余之孱兵，当非常之凶焰，苦守力战……以寡御众，出死入生，卒能挽回危机，保全大局。”可见此战在曾国藩辈心目中的地位。的确，若在曾国荃军初扎于天京城下不数月之际，便被太平军击溃，即不啻又一个“江南大营”的下场，那样，湘军要再缓过劲来重新组织对天京的围攻战役，不知要待何日。而通过此战，天京城下的湘军经历了异常艰危的考验，必然增强了信心。而太平天国方面则等于遭受了一场重挫，这尽管与李秀成在部署、指挥上有些方面的失误有关，但毕竟造成客观战局形势上难以挽回的逆转。

要说，天京城下的湘军挺过此役获得胜利确不容易。不但曾国藩说其“以寡御众”诚不为虚，而且所谓“以病余之孱兵”也事出有因。当时正值瘟疫流行之际，对湘军的兵员和战斗力影响很大。知情者后来忆述：“我军薄雨花台，未几疾疫大行，兄病而弟染，朝笑而夕僵，十幕而五不常爨。一夫暴毙，数人送葬，比其反而半殕于途（等到返回时有一半倒毙在路上）”②。可见情况之恶劣。连曾国葆，也是这年十一月间在军中死于瘟疫的。

在极其艰危的条件下，曾国荃的盼援心态也是非常微妙的。能来加入其军和直接隶其属下的嫡系当然是他所欢迎的，而别支部队作外围打援他自亦认可，但对有可能直接染指金陵、与之争功者则仍是极力拒绝。譬如曾国藩与李鸿章商妥拟调程学启部自东线前来参战支援，曾国荃于九月十二日写信给

---

① 《曾国藩全集·奏稿》，第五册，第2777页（全折载第2777—2783页）。所说“四十六日”，若按从闰八月二十日到十月初五日逐天计算，当为四十五日。

② 曾国藩：《金陵湘军陆师昭忠祠记》，《曾国藩全集·诗文》，第299、300页。此文中对破围之役期限即曰“四十五日”（同书第300页）。

乃兄赶紧阻止,说刻下其军“已添有三千七百人自守,尽可支持”,“程学启守青浦,于沪上大有益,请兄飞函止之,勿来金陵,则于少泉(李鸿章)中丞一局无碍也”①。表面上似乎为他人和大局着想,实际上完全是为利己而排他。当然,无论如何,曾国荃军是挺了过来,得以稳扎在太平天国的都城之下。

同治二年(1863年)正月末,曾国藩从安庆启程,开始东下视察。经池州、芜湖、金柱关、大胜关,在二月初六日抵雨花台大营。早在前一天乃弟曾国荃就到大胜关迎接他了。数月不见,兄弟二人畅谈至二更才睡。想想吧,他们会有多少要说的话呀,国事公务,亲情私话,顺逆得失,苦辣酸甜……在赴雨花台大营的路上,曾国藩坐亮轿,乃弟骑马,从所记“途次尚可共语”,更可见两人此次战地之晤的倾心。到营后曾国藩接见官弁,“念各营官去年辛苦异常,无以劳之,思每人给对联一副”,他的文才书技,在此“武地”也派上了用场。当然,围棋依然是其人每天少不了的“功课”。驻此期间,兄弟俩得到姐姐国兰去世的消息,自然要忧伤一番。念及弟弟国葆刚病亡不久,又有姐姐故去,“两月之内,连遭同气之戚”,“兄弟五人,姊妹四人,从此仅存其四(按:除国藩和国荃外,还有国潢和女辈国蕙)”,使之“抚今思昔,触绪生悲”。十一日,曾国藩登舟回返,仍沿途停驻视察,国荃陪送五日,两人又多番长谈。曾国藩于二十八日回到安庆衙署,结束了整整一个月的外出巡视。②

军务之中,饷事是切要的一项,也是令曾国藩最为操心费力的事情之一。尽管有沪上饷源要地的开辟,但多方筹集仍是放松不得。苛征朘民,自不可免。甚至为此事与原朋僚之间引发激烈争执,生嫌交恶。他与江西巡抚沈葆桢之间事情,即颇典型而耐人寻味。

进士出身的福建侯官人氏沈葆桢,咸丰年间由京官简放江西九江知府(后改广信知府),时正值曾国藩在赣省“客寄虚悬”的艰困之时,沈氏却入其幕府,协助筹饷备械,参谋军机,得幕主看重和举荐,获升九江道。后曾一度回籍的他,复因曾国藩奏荐,得以出任江西巡抚。可见,两人间关系本非同一般,沈葆桢在曾国藩困难时出过襄助之力,而曾国藩对沈葆桢更有提携之恩。

可是,在沈葆桢出任赣抚不久,就与曾国藩为饷事发生激烈争执,并持续

① 《曾国荃全集》,第五册,第171页。

② 此段中引文及叙事根据见《曾国藩全集·日记》,第二册,第854—864页。

数年之久，闹得不亦乐乎。这由同治三年(1864 年)三月间曾国藩向朝廷所告"御状"中陈述，即可见事情的梗概：

(同治)元年八、九月间，臣军疾疫大作，死亡无算，而忠逆大举援救金陵，危险万状，沈葆桢乃于是时截留漕折银四万，既不函商，又不咨商，实属不近人情。二年，浔(九江)关洋税一案，臣奏拨三万两，奉旨先准，沈葆桢旋奏留专供江(忠义)、席(宝田)二军之饷，钦奉寄谕以皖营军饷短绌，饬抚臣妥筹兼顾，如数分拨。逮关道蔡锦青分拨万五千两解至臣营，沈葆桢乃大怒，严札申饬蔡锦青，并移咨责问臣处，但有峻厉之词，绝无婉商之语。此次(按：指出奏当下)截留厘金，亦并未函商、咨商一次，不知臣有何事开罪而不肯一与商酌？以为事势紧急、无暇远商耶？则前年漕折、去年洋税、今年厘金三事中，岂无一事可以先商后奏者？殊不可解。①

曾国藩在上奏中责备沈葆桢屡次不与自己商酌而硬行截饷，口气如此严厉，显为参劾，当时他心中也不免有内疚之意，在出奏的当天日记中记云："睡时因本日争厘金疏内，有参沈幼丹(葆桢字)之语，不知果合乎天理人心之公否？悒悒若不自得。"②从前述他们的关系渊源体察，其间的饷事之争，出于私人宿怨和派系仇隙的因素几可排除，主要当是为自己直接统属的军队和管辖的地盘计之。曾国藩虽为两江总督，江西亦其辖境，但在灭亡太平天国之前，毕竟是以所部嫡系湘军为尤重，何况该军饷事也确实紧张，上述曾国藩奏折中即有"今日饷需奇绌，朝不谋夕"之言，以往他给沈葆桢的函、咨之件中，更有详细具体的"诉苦"情节。而沈葆桢作为江西巡抚，自有御守和全面施治本省之责，需要养兵供饷，也需要理财，不甘割肉予人，他也向朝廷强调本辖境的军队饷需紧迫，有"今各营枕戈杀贼，悬釜待炊，薪桂米珠，深虞哗溃"③之言。当然，沈葆桢决没有胡林翼任湖北巡抚时向曾国藩军济饷的那般"慷慨无私"，

---

① 《曾国藩全集·奏稿》，第七册，岳麓书社 1989 年版，第 3998 页。

② 《曾国藩全集·日记》，第二册，第 993—994 页。

③ 《沈文肃公(葆桢)政书》，台湾文海出版社"近代中国史料丛刊"影印本，第 450 页。

因为曾、沈之间毕竟没有曾、胡两人那等同党“铁哥们”的“金石之谊”。从朝廷对他们相争之事的处置看,似乎没有明显的偏袒,而基本是采取了折中调和抹稀泥的办法。譬如对同治三年春间的这次相争,最后谕旨裁定:“将江西省牙厘、茶税,由本省提分一半,作为该省防饷,其余一半仍归曾国藩军营,俾得各资接济”①。这本来就是沈葆桢能够接受并在上奏中明确提出来的,他并不是全然拒绝江西向曾国藩军协济军饷,只是不容曾国藩包揽偌多而已,似不像故意与昔日的恩主为难,何况,曾国藩势大位高,连他江西巡抚的辖区都在其职权覆盖之下呢!不过,由此事也可见当年总督与巡抚间的微妙关系:尽管总督品级、地位上高于巡抚,但即使是在其辖境内的巡抚,也绝不是总督的属吏,而都直接对皇帝负责,若有争议之事由朝廷裁断,这样两相制衡,也是一种利弊兼具的“治术”吧?

争饷为养兵打仗,不论是对曾国藩还是沈葆桢来说都是如此。自然曾国藩在这方面的权责更重,他毕竟是指挥平定“粤匪”、破其“逆都”的大帅啊!自太平天国“十三王破围天京”之役告败后,曾国藩一方在军事上则迎来了巨大转机,得以一步步扫清外围,给最后拿下天京奠基。

太平天国方面破围天京未成,接着又部署了“进北攻南”的军事行动,即进军江北,欲以扯动围城湘军,使留于南岸的太平军“进攻得以顺手”。按清方人员的说法,这是从截获的太平天国文报中得知的。② 破围战役失败后的当月(十月)底及次月初,李秀成就从部下相继分兵数万,该军自下关渡江,出浦口,进入安徽东南部。同治二年(1863 年)正月间,李秀成等率第二批“进北”之军渡江,随后太平天国天京当局也拟派兵策应(但无大效用)。曾国藩看破了太平军的战略意图,在决不动金陵围兵的前提下,调集军队有的放矢地加强防守。李秀成军流动远程作战,一直进至皖西六安,艰攻该城不下,遂于六月初撤围东返。至此,其“进北”之军又告失败,且随后在回至九洑洲南渡时又遭重创。而担任留守“攻南”任务的侍王李世贤部亦无甚战绩,天京城外太平军各垒很快为曾国荃军扫平。

东线战场上,因李秀成军回救天京,就更给了敌方反攻的大好机会。李鸿

---

① 见《曾国藩全集·奏稿》,第七册,第 4005 页。

② 见赵烈文:《能静居士日记》,《太平天国史料丛编简辑》,第三册,第 268 页。

章的淮军与英法洋军、“常胜军”联手，采取攻打和诱降相结合的手段，拿下原为太平军所占的一个个据点，特别是在同治二年十月下旬夺回苏州（太平天国苏福省首府），翌年四月间又夺下常州、丹阳。而浙江战场上，清方也连连告捷，在同年二月夺下杭州。

这样，太平天国的都城天京也就失去了外围的援应据点，成为一座岌岌可危的孤城。曾国藩这位节制四省的钦差大臣，这个时候当会暗中狞笑了吧？

二、闻捷巡阅百感集

战局形势已非常明朗：对于太平天国来说，天京孤城为其所据守的最后一个主要据点，城陷即告国亡。这种危急形势已非一日，太平天国的忠王李秀成曾提出“让城别走”，即主动进行战略转移的正确建议，但遭洪秀全拒绝。这位老天王说：“朕奉上帝圣旨、天兄耶稣圣旨下凡，做天下万国独一真主，何惧之有？”城中兵力单薄吗？他说：“朕之天兵多过于水，何惧曾妖者乎！”①城中粮食匮乏吗？他下令阖城俱食“甜露”。“甜露”，怪好听的名字，何许物也？野草团而已。这种宗教迷狂的呓语当然不能挽救他的太平天国，也救不了他老天王自己。清同治三年（1864 年）的四月末，这位曾叱咤风云、翻倒乾坤的英雄，便末路“归天”，他十五岁的儿子洪天贵福（福瑱）继位。听听城外那一声紧似一声的炮吼，还容得这位幼天王的臀温把御座暖热吗？

围城湘军正加紧进攻。自本年正月间湘军攻破钟山顶上太平军的防御工事“天堡城”之后，实现了对天京城的全面合围。五月底。又攻下太平军设在离外城根不远的坚垒“地堡城”，围军紧缩直逼城下。湘军一面在山岭设置多门重炮昼夜轰击城墙，一面又在城下堆积起与城墙齐平的柴垛，摆出借此逾城的架势。在此掩饰下，加紧开挖通至城下的地道，用以从地下轰炸城墙。

最后的时刻到了。六月十六日（7 月 19 日），湘军在开挖成功的地道里装好炸药与火线，攻城部队作好一旦轰塌城墙便向里冲杀的准备。中午时分，曾国荃一声令下，点燃了导火索。霎时，一声巨响，城墙被轰塌二十余丈，烟焰冲

---

① 《李秀成自述》，《太平天国文书汇编》附录，第 528 页。

天而起，所临最近的准备入城的头队数百人纷纷葬身烟焰之中，后面的队伍高声呐喊着踏尸而过，发疯般地向城内冲去。在粮饷断绝下坚守城池而饥疲不堪的太平军将士们，尽管不无顽强抵抗，但显然已无力回天，仅几个小时之后所有的城门都被攻破。这座太平天国都城，在经历了十一载的辉煌之后，此时此刻又返归大清王朝了。太平天国写完了它十四年多的历史，至此画下了一个悲壮的句号。

这座易主的城池顿时成了血的深渊、火的海洋。湘军这时的屠城，已不是为了争取战斗胜利的需要，而是胜利后的蓄意肆虐，是发泄仇恨的报复，是恶魔杀人的游戏，是为方便于这千载难逢的抢掠！

屠夫们当然不会对任何一个太平军战士手软。不过，这时城中的太平军已经不多，大约只有万把人，其中多半还是老弱病残者，青壮年不过三四千人，还有一些突围出去。另有一些人充当了抢掠者搜寻财物的向导或役夫。被屠杀的大部分是平民百姓，特别是老幼之人。让我们看看亲眼目睹屠城惨况的湘军人员的记述吧：

> 其老弱本地人民不能挑担，又无窖可挖者，尽遭杀死。沿街死尸十之九皆老者，其幼孩未满二三岁者亦斫截以为戏，匍匐道上。妇女四十岁以下者，一人俱无，老者无不负伤，或十余刀，数十刀，哀号之声达于四远。其乱如此，可为发指！①

作此言者是做过曾国藩和曾国荃兄弟机要幕僚的赵烈文。连他这类人物都觉得“可为发指”，屠戮之惨，可想而知。多少天后，城中还是“尸骸塞路，臭不可闻”。至于城中的大火，连绵不息竟至旬日，烟焰升腾在天空聚成黑绛交织的云团，遮天蔽日。这时湘军放火，不单单是与杀人并举的一种肆虐手段，也是为掩盖其恣意抢掠罪行的灭迹伎俩。

他们抢财抢物。从王府殿堂到一般民居，上至棚顶梁檩，下及地窖洞窟，如篦梳过发，搜寻无遗。凡可取者，恣意尽取，竞相夸比，以为能事。他们抢人宣淫。赵烈文说“妇女四十岁以下者一人俱无”，主要便是被湘军糟踏掳掠的

① 赵烈文：《能静居士日记》，《太平天国史料丛编简辑》，第三册，第376页。

结果。暴徒们竟然可在光天化日之下强奸行乐，有的湘军军官竟因奸淫无度而致病毙命。大批妇女不光被就地糟踏，还被作为掠获物，与其他财物一同运往湖南。据说，湘军攻陷天京后多日之间，长江上千船百舸，联樯而上，满载的是包括妇女在内的"战利品"。

这就是湘军，这就是曾氏兄弟的嫡系部队，这就是他们的所谓"忠义之师"！又何止这一场战事，哪一战，哪一役，不伴随血雨腥风！而暴屠天京，应该说是湘军特别是曾部湘军战史上的一次总结性的"杰作"。对于这场骇人听闻的浩劫，曾国荃就是现场坐镇的指挥官。而乃兄曾国藩作为最高统帅，他起码也对湘军的奸淫掳掠是采取了默许和蓄意掩饰的态度。他自己尽可不屑于亲躬这种卑鄙龌龊的勾当，他有着更高远的追求意境。可多年间出生入死的官弁士卒们为了什么呢？在取得最后胜利的这一天借此"犒劳"一下他们，满足一下他们的私欲，也不失为以小利来笼络他们的手段吧？当曾国藩心中的小算盘打到这里，肯定会三分得意七分嘲讽地暗笑了。

曾国藩的同党挚友、同样由词臣文官转作"职业杀手"的胡林翼，有一次给曾国荃写信，戏言"我辈走错路了"，说"若昔年闭户著书"如何如何，让收信者"阅此当一喷饭"①，语境是那么轻松潇洒，大有走带兵打仗之路舍我其谁的意态，这也等于向同党群体抒发胸臆。而当年的曾国藩，则是有怨无悔地坚持干了下来，他所梦寐以求的，不就是早早看到这一天吗？而当这一天真正到来的时候，他的心情又如何？乃弟率军攻破天京城池之时，曾国藩还在安庆两江总督的临时衙署里。是在六月十八日的三更三点，他接到曾国荃的报告，得知天京在两天前被攻破的消息，禁不住"思前想后，喜惧悲欢，万端交集，竟夕不复成寐"——这是他本人日记中所记，可见其当时激动而又复杂的心情。后世有人评及曾国藩"治军以后"的情形，言其"意志坚强，态度沉着，虽屡经败衄，仍能本其'屡败屡战'之精神，贯彻始终"②。不管是否真能说得上如此，反正眼下这场战役的胜利，对曾国藩统兵与太平军作战以来的历程，是一个归结。这也必定是他为之激动的第一感触。

向清廷报捷，由曾国荃处急不可耐地作了。十六日当天连夜由赵烈文等

---

① 《胡林翼集》，第二册，第 758 页。

② 何贻焜：《曾国藩评传》，台湾新文丰出版股份有限公司 1975 年版，第 191 页。

人拟稿，曾国荃改定，不过，这并不能替代随后由曾国藩主稿的更为详细和正式的奏报。为拟此奏，曾国藩颇费斟酌。除根据曾国荃的咨报，详细铺陈作战情节之外，关于战果，是这样奏陈的："三日之间，毙贼共十余万人，秦淮长河尸首如麻。凡伪王、伪王将、天将及大小酋目约有三千余名，除死于乱军之中者居其半，死于城河沟渠及自焚者居其半，三日夜火光不息。"显然，为了炫耀其战功，是把所谓"毙贼"人数成倍地夸大了。不过，这中间也流露出其不掩残酷的习与性成。同时，曾国藩还陈述了整个战役中湘军方面付出的惨重代价，并极力烘托此次"粤匪之变"的"古今罕见"：

> 窃念金陵一军围攻二载有奇，前后死于疾疫者万余人，死于战阵者八九千人，令人悲涕，不堪回首，仰赖皇上福威，迄今乃得收寸效等情，由曾国荃咨报前来。臣等伏查洪逆倡乱粤西，于今十有五年，窃踞金陵亦十二年，流毒海内，神人共愤。我朝武功之盛超越前古，屡次削平大难，焜耀史编。然如嘉庆川楚之役，蹂躏仅及四省，沦陷不过十余城。康熙三藩之役，蹂躏尚止十二省，沦陷亦第三百余城。今粤匪之变，蹂躏竟及十六省，沦陷至六百余城之多……此次金陵破城，十万余贼无一降者，至聚众自焚而不悔，实为古今罕见之巨寇。

从中，我们岂不也能看到太平天国军民那惊天地、泣鬼神的坚韧顽强？

曾国藩主稿的这一奏折中，对洪秀全、幼天王以及忠王李秀成等人的情况，是这样奏报的："据城内各贼供称，逆首洪秀全实系本年五月间官军猛攻时服毒而死，瘗于伪宫院内，立幼主洪福瑱重袭伪号。城破后，伪幼主积薪宫殿，举火自焚等语。应俟伪宫火熄，挖出洪秀全逆尸，查明自焚确据，续行具奏。至伪忠王李秀成一犯，城破受伤，匿于山内民房。十九夜，提督萧孚泗亲自搜出，并搜擒王次兄洪仁达。二十日，曾国荃亲讯，供认不讳。应否槛送京师，抑或即在金陵正法，咨请定夺。"①洪秀全实系四月间病死，而被曾国藩辈说成"五月间官军猛攻时服毒而死"，其用意不言自明。所说李秀成、洪仁达的被捕情节与事实或亦有出入，不过无论如何他们毕竟是真的落入敌手，更要

---

① 以上该折中的引文，见《曾国藩全集·奏稿》，第七册，第4221—4222页。

紧的事情在于曾国藩辈对李秀成“供词”及乃辈人身的处置，这待稍后再说。其所述最为暧昧的是关于幼天王之事，言其在宫殿“举火自焚”，同时又将消息来源归于“据城内各贼供称”之列，此伪做得颇有“艺术性”，因为城破之后有太平天国方面的人马突围出去，幼天王在其中的可能当是他们估计到的，但若是这样将是他们的一大失误，“战功”会大打折扣，故千方百计地掩饰，但又预留退步。但即使如此，此事还是也不免成为了曾国藩辈遭“揭发”和攻讦的口实（详后）。

要说，按照通常的情况，曾国藩关于军情战事的奏报，还算是比较靠谱的，较少有意欺饰。他曾经向朝廷特别说明也是承诺：一是“不轻奏谣传之言”，不仅凭探报入奏，以免以不实之词而“淆朝廷之耳目”；二是“不轻奏未定之事”，以免以“未定之状”而“增朝廷之忧虑”；三是“不轻奏预计之说”，这不但是“虑大言之难践”，也是恐“纷乱朝廷之规划”①。这倒不是以假话来“忽悠”朝廷，而应该说基本是出于他以“忠信”和“谨慎”自诫的真诚。而眼下此折，毕竟是他“军兴”以来十多年最终胜利结局的一次特别奏报，不光关乎他本人，更关乎“效命疆场”出生入死的部下，故也不免有尽量张扬“战功”和弥缝缺失之处。此折是由他和官文会衔，将杨岳斌（原名载福）、彭玉麟、李鸿章、曾国荃的衔名附后“集体”出奏的，这也能体现主稿者的一番深意。

此折发出的二十三日，当天夜间曾国藩就登轮宿住，他是要亲赴金陵视察，可见日程安排之紧。次日未明船便启行，本来打算一日间即赶到，但没有能够，途中停宿，曾国藩感到急切难耐，有谓“念沅弟功在社稷，而劳苦太久，急思一见，乃不能如愿，为之怅然”。次日，兄弟相见后的万般感慨自不待言，不由得“叙谈甚久”。随后曾国藩又忙不迭地接见军官，抚慰部下。他见乃弟面颜憔悴，诸将身体枯瘠，神色非人，想见其“盛夏苦攻，昼夜暴露城下，半月而未息”，所谓“惊痛而抚慰之”。几天里，他到各营垒视察，遍看所开地道，观览战争遗迹，曾国荃和参战的各主要将领，作为向导和陪同，前呼后拥，指指点点，讲述战斗历程。几年之后，曾国藩为“金陵陆师昭忠祠”书写碑记，关于此之役的情况，就是以引录这次实地视察听取介绍的形式写成，最后系以曾国藩所作诗章，其中有云：

---

① 曾国藩：《遵旨统筹全局折》，《曾国藩全集·奏稿》，第四册，第2071页。

> 六朝旧京,逆竖所都。濯征十载,莫竟天诛。嗟我湘人,锐师东讨;非秘非奇,忠义是宝。下誓同胞,上盟有昊;昊天藐藐,成务实难。祚我百顺,厄我千艰。狂寇所噬,刈人如菅;沴厉乘之,积胔若山。伟哉多士,夷险一节;万死靡地,心坚屈铁。鉴彼巧偷,守兹贞拙;缕血所藏,后土长热。卒收名城,获丑擒王……①

而眼下,在这硝烟余味尚存的战场实地,曾国藩体察认定,“此次地道破城,一在炮火极多,猛攻极久,使城贼立脚不住;二在附城极近,掘洞极速,仅五日而成功,出于贼所不意;三在沅弟精诚所格,五万人并力用命。是以知人力可夺造化之权,凡事不得尽诿诸气数”②。平时对天命造化不失从信几分的他,这时强调“人力”,也就是其湘军之力,其兄弟之力,当然也就是自我“功业”的张扬。而在其阵营中,也有为之涂抹“神异”色彩者。譬如有说:六月十五日夜二鼓,“有人狂突至”曾国荃面前,说是“有红须人、白须人令我来销差,言委办之事已做到”云云,众人“以为奸细,曳之出,犹嚷此二语不止”。炸药点火后,“官军方欲驰入,倏钟山上有云如山,压官军阵上,拥护而进,一时若有神助”。而在火药爆炸前半刻,“不云而雷者三”。破城后,天王府“有烟焰起,忽见金光一道”,“直窜入半空而没”,一会儿,“城南复有白光如之”。作此记者特别强调,“此皆众耳众目所共睹闻,爰志其异”③。这当然不是有意要以神异来冲抵“人力”作用,无非是再为之添加“顺应天意”的神圣而已。对这种“言之凿凿”的神异之说,曾氏听了不管是疑是信,反正不会反感吧?

曾国藩在金陵除了视察、犒军之外,还有许多要事要做。他心目中的“逆首”洪秀全虽然死已有日,但对这样的人物“死须见尸”也是不能含糊的。他二十八日的日记中有载:“熊登武挖出洪秀全之尸,扛来一验,胡须微白可数,头秃无发,左臂股左膀尚有肉,遍身用黄缎绣龙包裹。验毕,大风雨约半时许。旋有一伪宫女,呼之质询。据称道州人,十七岁掳入城中,今三十矣,充当伪女侍之婢,黄姓。洪秀全于四月廿日死,实时宪书之廿七日也(按:时间上与前

---

① 曾国藩:《金陵湘军陆师昭忠祠记》,《曾国藩全集·诗文》,第301页。

② 《曾国藩全集·日记》,第二册,第1035—1036页。

③ 赵烈文:《能静居士日记》,《太平天国史料丛编简辑》,第三册,第386页。

奏中的“五月”之说不同)。黄氏女亲埋洪秀全于殿内,故知之最详。”死者毕竟永逝,戮尸、辱尸便成了敌人发泄其切齿仇恨的唯一手段,而对还活着的李秀成等人,曾国藩兄弟又会如何处置?

李秀成作为太平天国后期领袖中的杰出人物,曾为挽救他们的“天国”不但英勇率军奋战,也曾提出过一些正确可行的建议,但不为“老天王”采纳。可他依旧忠心耿耿,不管是对“老天王”,还是对继位的“幼天王”,都是如此,不愧被封冠于“王”前的那个“忠”字。在天京陷落当天,他保护幼天王突围了出去,并将自己的好马让给他骑,结果因为换乘之“马不能行”,与幼主离散,先为民众掩护下来,后落入敌手。① 天京城破后当月的二十日这天,曾国荃将俘获的李秀成提到面前审问,“置刀锥于前,欲细割之”,赵烈文认为李乃朝廷重视的要犯,若草草要了其性命不好交代,便赶忙到曾国荃近前耳语止之,不想盛怒之下的曾国荃于座上跃起,厉声言:“此土贼耳,安足留,岂欲献俘耶?”说着就喝令兵勇“割其臂股”,致“皆流血”,而李秀成竟镇定自若,丝毫不动。随后,又带来洪秀全的次兄洪仁达,也照样用刑,他也是闭口不语。赵烈文见劝不住曾国荃,遂退了下去。一会儿,稍稍冷静下来的曾国荃似有所悟,发令先将他李、洪两人收禁,召来赵烈文询问该如何处置。赵烈文说:“此系巨酋,既是生擒,理当请上裁决”。曾国荃遂命先具文咨请乃兄曾国藩。②

而曾国藩到金陵巡阅期间,自然要把李秀成事作为一大要端处理。他亲自审讯,并令其自写供词。曾国藩对李秀成的态度起码在表面上不像曾国荃那样暴虐,能比较“儒雅”地行施诱骗,这可能成为赢得李秀成好感,写下数万字的“自述”,并有乞活幻想的原因之一。其《自述》中有如此之语:“我见老中堂(指曾国藩)大义恩深,实大鸿才,心悔未及”。当然,他也有对曾国荃“恩给饭足食”,“情厚难酬”之类的奉承话。表示“是以我心自愿,将国中一切供呈”③。

李秀成的“供呈”也就是通常所谓“自述”,经过了曾国藩的“修改”,这可不是为使它文通字顺的形式上的“润色”,而是内容上的某些改窜,或使之与

---

① 参见《李秀成自述》,《太平天国文书汇编》,第539—540页。

② 据赵烈文:《能静居士日记》,《太平天国史料丛编简辑》,第三册,第373页。

③ 《李秀成自述》,《太平天国文书汇编》,第540页。

自己前所上奏中的说法吻合，或避免因对自己的谀辞过分而致清廷疑忌。经曾国藩改定后文本让人另行抄写呈报朝廷，并曾公开刊行，而原本则自行秘藏。民国年间，有人在曾国藩后人家中借得选拍了部分页幅的照片公诸于世。后来原本由曾国藩的重孙曾约农携至台湾，1962 年由台湾世界书局影印出版。

《李秀成自述》于今成为珍贵史料，而当年那可是重要证物。据知情人赵烈文说，曾国藩对李秀成亦"甚怜惜"，之于他的"乞恩之意"，答以"听旨"，甚至连日为此事而"踟蹰"。实际上，曾国藩并没有真的等朝命下达，并且，他可能估计到朝命必要求解京，顾虑那样的话会夜长梦多，不消说途中的监押安全问题，即使押抵京师，谁知道李秀成又会讲些什么？多一事不如少一事，故与乃弟商定将其尽快就地正法。七月初六日这天，打发人告明"国法难逭，不能开脱"，李秀成听罢还作了"中堂厚德，铭刻不忘，今世已误，来生愿图报"的表示。临刑他作有绝命词十句，尽管在赵烈文辈看来"无韵而俚鄙可笑"，但毕竟能反映其人是一副慨然无惧的意态。曾国藩对他还算"照顾"，"令免凌迟"（尽管奏报说"凌迟处死"），而"棺殓其躯"①。而此前两天，先已处死了洪仁达。行刑后数日，曾国藩接到上谕，命将李秀成、洪仁达解京。而此前他即已出奏就地正法之事，接谕后复又奏报说明。反正生米业已做成熟饭，脑袋割掉了再也接不起来。有意思的是，清廷接报后，还又专门补发了一道明谕，改令对"李秀成、洪仁达两犯"，"毋庸派员解京"，"即于江宁省城将该二犯凌迟处死"②。是认可曾国藩兄弟先斩后奏的既定事实？还是以掩朝野视听？

曾国藩此次巡阅金陵期间，还专到太平天国各王府查看，选定陈玉成的英王府为其迁来后的衙署驻所。想必是此府破坏稍轻，修缮省工，而像天王府，被湘军将领为掩其掘宝掠财之迹，已放火焚烧得一塌糊涂。

七月二十日，曾国藩离开刚刚回到他们手中月余、还是疮痍满目的金陵，结束了为时二十六天的这次不寻常的战后巡阅。回程已没有来时的那般急切，停停走走，一路巡游，二十八日回到安庆。

---

① 赵烈文:《能静居士日记》,《太平天国史料丛编简辑》,第三册,第 381 页。

② 见《曾国藩全集 · 奏稿》,第七册,第 4252 页。

三、显荣与隐忧

多少年的刀光剑影，多少场的血雨腥风，“逆都”亡去，大功卒成，对于清王朝来说，自然是它庆功封赏的时候。

在巡阅金陵期间，曾国藩即于七月初十日接奉上谕①，他被赏加太子太保衔，赐封一等侯爵，并赏戴双眼花翎；乃弟曾国荃赏加太子少保衔，赐封一等伯爵，并赏戴双眼花翎。他们兄弟俩“拔得头筹”。这是一道洋洋数千言的长篇上谕，在表示得知“克复江宁省城”，“实与天下臣民同深嘉悦”之后，历数“发逆”之“祸乱”经过，回顾朝廷所谓“恭行天讨”的历程，表扬受命者艰苦战斗的“功绩”，接下来就是具体封赏，位居前列的曾国藩兄弟之下，基本上便是由他们推荐的“获奖”员名和“奖项”，主体人员当然就是该役参战表现突出的湘军官弁。其实，在正式接此上谕之前的初八日，曾国藩兄弟就从江宁将军富明阿的“咨到廷寄”中得知了他们被封赏的规格，因为从该廷寄中的“结衔”即可反映出来。虽说这还不是“专谕”，但事情已铁定无疑。获此“殊荣”，曾国藩当然掩不住高兴。这天赵烈文给曾国藩贺喜，笑道：“此后当称中堂，抑称侯爷？”曾国藩也笑着回答：“君勿称猴子可矣。”想不到平时仪态严肃的主人，这当儿竟说出了如此的玩笑话，赵烈文笑得禁不住劲儿地跑了出去。②

那么，这个时候，曾家兄弟心中难道就只有庆幸和轻松了吗？曾国藩闻知攻下天京的消息之时，所谓“思前想后，喜惧悲欢，万端交集”，其感触的五味瓶里，为什么还有一个“惧”字？何惧之有？

他的那篇日记里虽然没有明说，但我们完全可以揣知，惧遭功高震主之忌，落个兔死狗烹、鸟尽弓藏的下场。他的这种心态并不是到这时才萌发，在出任两江总督兼节制数省军务之后就在心底滋生。“昔太无权，今太有权，天下事难得恰如题分也”——这是曾国藩于咸丰十一年（1861 年）十一月十四日写给家人信中的话，和盘托出了他当时的微妙心态。盈满为惧是真实的，绝不

---

① 此谕见《曾国藩全集·奏稿》，第七册，第 4228—4236 页。

② 见赵烈文：《能静居士日记》，《太平天国史料丛编简辑》，第三册，第 381 页。

是得了便宜又卖乖的虚伪表示。

也就是在写上述那封家书的前一天，曾国藩隐约获知朝中政变的消息。这时，对此事详情还不了解的他，骇言："怡亲王等俱正法，不知是何日事，又不知犯何罪戾，罹此大戮也。"亲王尚且有此不测，他曾国藩若冒犯了朝廷又有几个脑袋？由彼及此，深感自己权位的上升未必吉兆，不禁心头一阵战栗，在日记中写下这样的文字：

> 权太重，位太高，虚望太隆，悚惶之至……余近浪得虚名，亦不知其所以然，便获美誉。古之得虚名而值时艰者，往往不克保其终。思此，不胜大惧！将具奏折，辞谢大权，不敢节制四省，恐蹈覆餗负乘之咎也。①

及至曾国藩获知了朝中政变的详细情况，更深感自己被朝廷"倚畀太重"，"权位太尊"，"可悚可畏"②。他着实不止一次地上奏"辞谢大权"。就在这年十一月间，他接到令其节制四省军务及该四省巡抚、提镇以下各官的上谕之后，奏称"此非常之宠遇，臣自顾菲材，实难胜任"，但鉴于江督对辖下三省的"巡抚、提镇以下各官，例得节制"，故特别恳辞节制浙省各官及军务。而清廷在采纳曾国藩建议，授命左宗棠督办浙省军务并可自行奏事的同时，并没有答应曾氏的"恳辞"要求。③ 次年正月间，曾国藩上奏再次恳请收回他的"节制四省之名"，并极力表白心迹，说他"所以不愿节制四省，再三渎陈者，实因大乱未平，用兵之十余省之多。诸道出师，将帅联翩"，自己"一人权位太重，恐开斯世争权竞势之风，兼防他日外重内轻之渐。机括甚微，关系甚大"。要说，话到这个份上，说得够"到位"了，朝廷尽管表扬他"具见谦卑驯顺，虑远思深，得古大臣之体"，但仍坚持让他"节制四省"，"毋许再行固辞"④。

及至同治二年（1863 年）三四月间，曾国荃接到补授浙江巡抚而仍在前敌统军的谕旨，他一方面行使公文署用新授官衔，一方面又表示要辞谢巡抚之

---

① 《曾国藩全集·日记》，第一册，第 684 页。
② 《曾国藩全集·家书》，第二册，第 800 页。
③ 见《曾国藩全集·奏稿》，第三册，第 1762、1805 页。
④ 见《曾国藩全集·奏稿》，第四册，第 2022—2023 页。

职。曾国藩知道乃弟热衷功名权位，本来不好代他力辞，而曾国荃表示还是辞去浙抚专意前敌军事为好，这正合曾国藩的心意。于是，他上折为乃弟恳辞浙抚，并剖白心迹：

> 愧臣兄弟谬当重任，深恐上辜君恩，下负民望，遂陷于大戾而不自知。忧灼之余，每思避位让贤，稍分责任，又不敢数数陈奏上渎宸聪。上年正月间，臣密陈金陵未克以前，不再加恩。臣家诚以功名之际，终之始难，消长之机，盈则必缺，曾蒙寄谕嘉许，俯鉴愚忱。臣弟国荃旋擢藩司，已叨非分。今又特沛恩纶，授以开府之荣，专其治军之责。闻命而后，已阅兼旬。臣与臣弟两次函商，欲固辞，则颇涉矫情，思立异于当世；欲受事，则不自量力，惧贻讥于方来。再四踌躇，诚恐治军无效，倾覆寻至。不如少安愚拙之分，徐图尺寸之功。惟有吁恳天恩收回成命，俯准臣弟以开缺藩司效力行间，与臣随时熟筹战守，相机进取，或者以勤补拙，以恐致福，迅克坚城，殄除丑类，稍答高厚鸿慈于万一。

随后，曾国藩又有一奏片，请将自己“钦差大臣、两江总督二篆之中，分绾一篆”，也就是去一留一，以俾“责任略轻，稍释惴栗之怀”①。他写信对曾国荃说：“吾兄弟常存此兢兢业业之心，将来遇有机缘，即便抽身引退。庶几善始善终，免蹈大戾乎?”要说，钦篆、督篆辞去其一，这还是曾国荃的建议呢。本来，曾国藩酝酿辞权的“份额”还要大的，曾国荃便提了两席辞一的折中建议，曾国藩接受下来，不过还是忧虑权重致祸。他写信给乃弟说：“疏辞两席一节，弟所说甚有道理。然处大位大权而兼享大名，自古曾有几人能善其末路者？总须设法将权位两字推让少许，减去几成，则晚节渐渐可以收场耳。”②当然，到头来曾国藩还是两席兼领，曾国荃的巡抚之职也没有辞去。这时，清廷还着实指望他们效力，荣其位而笼络嘛！

及至曾氏湘军攻下天京之后，清廷对有关“功臣”们进行表彰奖赏，曾氏兄弟自在显列，特别是曾国藩封侯对于汉家大臣来说已属罕有。不过，舆论认

① 连同上面独段引文，见《曾国藩全集·奏稿》，第六册，第3269、3280页。

② 《曾国藩全集·家书》，第二册，第978、926页。

为，这实际上达不到清廷的许诺值。据说，咸丰帝生前有过能克复金陵者封王的说法，而及至湘军奏功，“廷议以文臣封王太骤，且旧制所无”，故没有兑现，或谓清廷知曾国藩“谦谨畏惧，必不敢膺王爵，且其凯捷折中早有推功诸将之意云”①。但也有人说，这是清廷对曾氏兄弟“大功不赏”。不过，曾国藩还是摆出一副受宠若惊的样子，对清廷表示千恩万谢，颂扬备至。表面上君臣关系亲密无间，实际上清廷对曾氏兄弟的疑忌和抑制有更大幅度的加码，甚至以隐含杀机的言词对曾氏兄弟进行警告，一次上谕中就这样说：

> 曾国藩以儒臣从戎，历年最久，战功最多，自能慎终如始，永保勋名。惟所部诸将，自曾国荃以下，均应由该大臣随时申儆，勿使骤胜而骄，庶可长承恩眷。②

其弦外之音，曾氏兄弟不会听不出来。所以攻下天京后曾国藩喜中有忧，喜中有惧，绝非庸人自扰。而对曾国荃当时表现出的忧惧之心不足而居功骄矜有余，乃兄十分担心，生怕他惹出乱子。针对他把攻下天京功劳皆归于自己的气态，曾国藩忧灼地进行告诫，并且认为开缺回籍是他当下最妥当的选择，说“功成身退，愈急愈好”③。

这时即使有的局外之人也为曾家捏一把汗。譬如，曾国藩的一位老友曾向其进言：“大功成矣（按：指攻下天京，灭亡太平天国），意中事也，而可喜也。顾所以善其后者，于国如何，于民如何，于家如何，于身如何，必筹之已熟、图之已预矣。窃尝妄意：阁下所以为民者，欲以‘勤俭’二字挽回风俗；所以为家为身者，欲以‘退让’二字保全晚节。此诚忧盛危明之定识，持盈保泰之定议也。”④一个叫张集馨的官员说得更为明确和直捷：

> 楚省风气，近年极旺，自曾涤生领师后，概用楚勇，遍用楚人……曾涤

① 李伯元：《南亭笔记》，第101页。

② 赵烈文：《能静居士日记》，《太平天国史料丛编简辑》，第三册，第385页。

③ 曾国藩：《致沅弟》，《曾国藩全集·家书》，第二册，第1169页。

④ 中国社会科学院近代史研究所藏《咸同朝函札汇存》中《窦垿致曾国藩函》，转引自朱东安：《曾国藩传》，第237页。

生胞弟兄两人，各得五等之爵，亦二百余年中所未见。天下事不可太盛，日中则昃，月盈则蚀，五行生尅，四序递迁，休旺乘除，天地阴阳，一定之理，况国家乎？况一省乎？况一家乎？一门鼎盛，何德以堪，从古至今，未有数传而不灭绝者。吾为楚人惧，吾盖为曾氏惧也！①

这中间，并没有罗列现实危险的具体事例，主要是基于古朴变易观的一种预感。而对这种哲理，也是曾国藩所深信的，成为他盈满为惧的一种隐深的思想基础。早年居京期间，他就将其书舍命名为"求阙斋"，并曾专门写过一篇《求阙斋记》，中心意思是说他读《周易》，对其中揭示的阳至则退而生阴，阴至则进而生阳，一损一益的自然之理深有感触，认为社会人生也是如此，事情不可一味求盈，不可追求极端，盈则转阙，故以"求阙"来作为自己的座右铭。与之类同，曾国藩还说自己"平日最好昔人'花未全开月未圆'七字，以为惜福之道、保泰之法莫精于此"②。深深根植于他心底的这种哲理，结合现实事由的刺激，也就成为曾国藩的牢不可破甚至愈积愈坚的一种心结，成为他时常保持惕励之心、不时主动要求减权避祸的心理基础。也成为他教谕子弟，特别是有的放矢地训导领军为官而功利心又颇强的国荃等弟的一大要则。同治元年(1862 年)夏间，鉴于他们弟兄为相为将，统领重兵，而又屡拜君恩，给国荃、国葆弟写信，感慨"近世似此者能有几家"？遂诫之曰：

日中则昃，月盈则亏，吾家亦盛时矣。管子云：斗斛满则人概之，人满则天概之。余谓天之概无形，仍假手于人以概之。霍氏盈满，魏相概之，宣帝概之；诸葛恪盈满，孙峻概之，吴主概之。待他人之来概而后悔之，则已晚矣。吾家方丰盈之际，不待天来之概、人来之概，吾与诸弟当设法先自概之。③

其中所谓"概"，是"刮平"、"削平"的意思。曾国藩借用自然现象和古

① 张集馨：《道咸宦海见闻录》，中华书局 1981 年版，第 377 页。
② 曾国藩：《致沅弟》，《曾国藩全集 · 家书》，第二册，第 933 页。
③ 《曾国藩全集 · 家书》，第二册，第 833 页。

语、史事来印证他所要讲的道理，提出设法“自概”的防患之计。他自己的这种心思确是超常强烈的，并且生怕自己因过盈而可能随时遭“概”而影响弟辈，尝言：“阿兄忝窃高位，又窃虚名，时时有颠坠之虞。吾通阅古今人物，似此名位权势，能保全善终者极少，深恐吾全盛之时，不克庇荫弟等，吾颠坠之际，或致连累弟等，惟于无事时，常以危词苦语，互相劝诫，庶几免于大戾。”曾国藩还提出“从畏慎二字痛下功夫”的诫条与弟辈共勉，说自己“经咸丰八年一番磨难，始知畏天命、畏人言、畏君父之训诫”①。联系前边述及的，他借父丧弃军回籍到复出之后心理调节和处世策略变通的情况，便可更深切体察他这“三畏”的真意。

及至同治三年(1864 年)春末，拿下太平天国都城用不了太久时日的形势已基本明朗，这时曾国藩心里并不是为奏功后的荣显憧憬所塞满，而且也在为退路尽早铺阶了。三月二十五日，他上了“因患病请假调理”的奏折，说“臣向患呕吐之症，每发则减食断荤，旋就痊可”，但这次“复行举发”，“忽然眩晕，左手右脚疼痛异常，抽瘛亦数次，起坐不便”，据医云系“肝家血亏，又中风寒”，请求“赏假一月，在营调养”②。并不是说他这纯粹是无病撒谎，相关病症是有的(当为脑血管病的症候)，不过，也不无借题发挥的意思。他给国荃弟的信中即交实底说，之所以“具疏告病，一则以用事太久，恐中外疑我兵权太重，利权太大，不能不缩手以释群疑。一则(待)金陵幸克，兄弟皆当引退，即以此为张本也。”③这样看来，他此番因病请假主要当是“醉翁之意不在酒”了。甚至，曾国藩这样看待所期望的“金陵之克”：说此“亦本朝之大勋，千古之大名，全凭天意主张，岂尽关乎人力？天于大名，吝之惜之，千磨百折，艰难拂乱而后予之。老氏所谓‘不敢为天下先’者，即不敢居第一等大名之意”。当时，李鸿章在东线军务颇为顺手，有让其军前来“会剿金陵”之议。曾国荃决不愿让其染指(对此，李鸿章心知肚明，所以托故到底未来)，而曾国藩认为其来“不过分占美名而已”，“人又何必占天下之第一美名哉”？即使因此“吾兄弟名望虽减，尚不致身败名裂，便是家门之福”，“吾兄弟之幸”，“只可畏天知命，不可怨

① 本段中引文见《曾国藩全集·家书》，第二册，第 843、1037 页。

② 《曾国藩全集·奏稿》，第七册，第 4032 页。

③ 《曾国藩全集·家书》，第二册，第 1102 页。

天尤人。所以养身却病在此，所以持盈保泰亦在此”①。

何况，到真的拿下金陵之后，现实的种种变端不断增加着对曾国藩的刺激。譬如，关于幼天王的下落和原太平天国都城中财货真相问题，就不失为两大要端。

幼天王从天京逃出是既定事实。但曾国藩起初向朝廷的奏报中说是在宫殿举火自焚者之列，随后即使知道了实情仍不情愿道明，态度暧昧。不要说引起“外间”怀疑，人言籍籍，即使湘系要员左宗棠，也一点不给曾国藩留情面，据金陵逃出的难民所供和侦知的情况上奏，把“洪填福”（即洪福瑱）出逃的大致线路都说了，并且强调，余留的太平军尚有十多万，“相互勾结，本有拼命相持之意。兹复借伪幼主为名，号召贼党”②。这一下子刺痛了清廷的敏感神经，上谕中明言指责曾国藩所奏其人“积薪自焚，茫无实据”，“似已逃出伪宫”，极担心“洪幼逆尚在，难保不图死灰复燃”。不仅如此，而且由此连带得让朝廷对所谓某地某地防军对敌人“斩杀净尽之说”，也认定“全不可靠”，要曾国藩“查明”③。这样，就意味着曾家湘军攻灭“逆都”的战果，在朝廷的心目中大打了折扣。由此，即又引发曾国藩与左宗棠的再度交恶。而让朝廷怀疑的结果，也难免使曾国藩的心里更曾几分悚惧。当然，在这个问题上，左宗棠比曾国藩更“实事求是”和“开诚布公”。并且，在天京陷落后数月间清扫外围太平军的残留据点方面，左宗棠指挥的湘军，也发挥了更大的作用。至于幼天王，是在太平天国有关人员的护佑下，经过多处辗转，终于被俘，于同治三年（1864 年）十月二十日在江西南昌遇害的。时隔五天，干王洪仁玕也在那里被杀。

至于太平天国都城里的财物，虽然不会像传说的那样“金银如海，百货充盈”，但为湘军抢掠私获的也肯定是个惊人的数额，自然也就没有什么可以充公的东西了。为此，曾国藩上奏中还特意加以弥缝，煞有介事地说，事先他们弟兄曾商议，“城破之日，查封贼库，所得财物，多则进奉户部，少则留充军饷，酌济难民”，“然克复老巢，而全无货财，实出微臣意计之外，亦为从来罕闻之

---

① 《曾国藩全集·家书》，第二册，第 1113—1114、1124 页。

② 《左宗棠全集·奏稿》，第一册，岳麓书社 1987 年版，第 479 页。

③ 左宗棠奏言及上谕，见《左宗棠全集·奏稿》，第一册，479、480—481 页。

事"①。他这种话骗不了舆论,有的大臣上奏明确表示质疑,说是"金陵积有巨款"。朝廷也不是傻瓜,当然也不会相信太平天国的都城里竟然赤贫如洗。只是出于策略的需要,没有特别严厉地公开追逼,但这样的口吻也足以让曾家兄弟心里打鼓:说若是真像有的臣工所奏金陵积有巨款,"自系各省脂膏,仍以济各路兵饷赈济之用,于国于民,均有裨益"②。何况,所谓"追抄之谣"形成舆论的飞箭,命中曾国藩心头敏感的痛点。在这种情况下,平时就常怀忧危保泰之心的他,此时岂能不变本加厉?

四、"流水高山心自知"

可以说,曾国藩当时的心态,绝不是自溺于玄远理念的杞人忧天,而是面对活生生现实情势的反应。摆在曾国藩面前的,从"理论上"说有两条路径可供选择:一是以自翦羽翼的实际行动向清廷表明自己决无异志,是个铁杆的忠臣,让其尽管放心;再是取而代清,夺坐天下。

既定的事实是曾国藩选择了第一条路径。可据说曾经真的有不少人劝进,在这种事情上也确实留下了诸多轶闻,虽说多属无可稽考的谈助,不能尽信,但恐怕也不都是空穴来风。这方面的事情,著名清史专家萧一山在他的著述里就有比较集中的铺叙③,所据即多属笔记材料。撮其大意叙述几则事例。

其一:湘籍文士王闿运曾力劝曾国藩自居帝位。这天,他以三寸不烂之舌,一个劲地大放厥词。曾国藩一边听着,一边用手指蘸着茶水在案上写着什么,等到一个节骨眼上,他借故离座。王闿运赶忙趋前探看,只见水迹笔画依稀可辨,全都是"荒谬"两字。王闿运因说不动曾国藩,故有"我惭携短剑,真为看山来"的不满,甚至詈骂"曾大不受抬举"。后来,他自己戏拟的挽联中亦有"纵横计不售,空留高咏满江山"句,寄寓着对曾国藩劝进不成的深深遗憾。

其二:湘军夺下安庆之后,湘军名将彭玉麟曾派亲信呈送曾国藩密函,写

① 《曾国藩全集·奏稿》,第七册,第4247页。

② 赵烈文:《能静居士日记》,《太平天国史料丛编简辑》,第三册,第385页。

③ 见萧一山:《清代通史》,第三册,第778—781页。

有“东南半壁无主,老师岂有意乎”的话语。曾国藩拆看后面色立变,赶紧说:“不成话,不成话,雪琴(彭玉麟字)还如此试我,可恶!可恶!”,立即把这片纸撕了又团成一团,放到嘴里嚼咽。

其三:胡林翼有一次见曾国藩,送去写有“用霹雳手段,显菩萨心肠”联语的条幅,曾国藩大为赞赏。可胡林翼临走时,又悄悄留下了写有“东南半壁无主,我公其有意乎”的纸条,为曾国藩的身边人员看到,大为惊骇,马上离室。而曾国藩随后便进来了,想必看到。

其四:左宗棠则曾将写有“神所凭依,将在德矣;鼎之轻重,似可问焉”的一副《题神鼎山》联语稿,托胡林翼转给曾国藩,胡林翼启视自明其意,一字未改加封转达。曾国藩看罢,则将其中“似”字改为“未”字,递还胡林翼。胡林翼见此,在笺尾批道:“一似一未,我何词费?”

其五:湘军攻下太平天国都城后曾国藩前往视察,驻留期间的一个晚上,他刚刚亲自审问了李秀成回屋休息,忽有湘军将领僚佐三十来人来到其驻所前厅,说是求见曾国藩有话要说,侍从人员觉得情况异常,便赶紧禀报。曾国藩问:“九帅(按:指曾国荃)一同来否?”侍从答曰未有。曾国藩慢慢起来,凛然凝立,对侍从说:“请九帅!”正称病的曾国荃赶忙来了,曾国藩这才出来,让大家坐下。人们见曾国藩严肃之极,迥异平时,连正眼都不敢看他了,怎还敢坐。曾国藩也不说话,就这样过了好一阵子,他突然呼人取纸笔来,见侍从拿来的是平常的簿书纸,便改令取来大红硾笺,挥笔写就一联,掷管而去,始终没有说一句话。众人皇悚地屏息静气好一会儿,曾国荃才领头到案前探看,其他人随之。一看之下,有的人咋舌,有的人舒臆,有的人细细体味着连连点头,有的人叹息不止,有的人热泪盈眶,有的人则木然呆立。而曾国荃开始似乎愤然,继而懔然,最后显出惶然,对众人说:“谁敢有复言者!此事我曾某一人担当。”于是大家惘然而散。

不难体察,这是由曾国荃导演的诸将集体劝进的一幕闹剧。曾国藩看破实情,一言不发地用联语表明了自己的态度,使得曾国荃和诸将们打消了原来的念头。那么曾国藩写的又是怎样一则联语?其曰:

倚天照海花无数,
流水高山心自知。

除了这类湘系人员劝进的传说之外，还有被俘后的李秀成也曾劝曾国藩做皇帝的说法，并引起后世学者的特别注意，试图通过李秀成的“供述”来索解。1936 年，清史专家孟森为北京大学影印《李秀成供》作序，即言及这个传说。1944 年，广西通志馆为追寻这个传说而曾专去湘乡曾家查录《李秀成自述》原稿。而著名史学家陈寅恪见其“原稿”卷末被撕毁的情况，也认为必有不可告人之隐。① 将这个事情与湘系人物的劝进传说联系起来，就更耐人寻味。如果我们暂且不去穿凿“劝进”传说中具体情节的真伪程度，而从其宏观意蕴上体味，它能反映什么问题？

一方面，曾国藩做皇帝是社会上的一种愿望乃至期盼。由这样一个当为真实无疑的事例可以进而印证：不追求“自营居室”的曾国藩，有一次例外就是“咸丰中于家起书屋，号曰思云馆”。湘中风俗，构新屋必颂上梁文，工匠乃以湘乡土音为之颂曰：“两江总督太细哩，要到南京做皇帝。”当地土语所谓“细”，就是“小”的意思。意思是说屋主人的官还是太小，要打下太平天国的都城自己做皇帝。记此事的是曾国藩的小女曾纪芬，她说“其时乡愚无知，可见一斑”②。“有知”也好，“无知”也罢，反正是乡民的一种祝愿性表达。另一方面，也可以反映，在人们的心目中，就力量而言，当时曾家有夺坐天下的可能性。如果说其实力“咸丰中”还在发展过程中的话，那么，到拿下天京时已至鼎盛，这种可能性就更大。这样看来，清廷的相关疑忌和忧虑并非杞人忧天。他曾氏兄弟手下直接掌握着十几万湘军，单曾国荃所部就有五万人，再加上湘系其他分支军队，总共大约三十来万。既然湘军能最终灭亡有过几十万大军与清朝对垒十几年的太平天国，那么，如果转而对大清王朝图谋不轨，不同样也是莫大的危险吗？清廷能容忍汉臣这种尾大不掉之患吗？所以，清廷与曾国藩集团之间形成一种非常微妙的关系：在镇压太平天国问题上，他们利益一致，清廷需要利用曾国藩和他的湘军。但另一方面，清廷又疑忌曾国藩和他的湘军。曾国藩集团一方面忠于清廷，另一方面又有对清廷不满的地方，提防着它。这实质上是满洲权贵派与汉族实力派军政势力之间的矛盾。

---

① 参见方回：《介绍忠王李秀成自传原稿笺证》，《大公报》1951 年 2 月 9 日“史学副刊”第 5 期；罗尔纲：《一条关于李秀成学姜维的曾国藩后人的口碑》，《广西日报》1981 年 3 月 2 日。

② 曾纪芬：《崇德老人自订年谱》，《曾宝荪回忆录》附录，岳麓书社 1986 年版，第 12 页。

也许有人说，他曾氏兄弟拼着老命地镇压太平天国，正是为了维护大清王朝呀，又怎么能够反叛朝廷呢，清廷的担心岂不是多余？其实，只要想一想，历代王朝皇室父子兄弟之间，为皇位的争逐相互谋害残杀的事情都层出不穷，何况是异族的君臣之间？再想想，历代王朝君主对臣下尾大不掉的防范，像赵匡胤的杯酒释兵权已算是做得比较温文尔雅的，更多的则是借故甚至无端杀戮。兔死狗烹、鸟尽弓藏是由多少冤洒的臣血凝结而成的警句！这对熟知历史的曾国藩来说，岂不是“小儿科”的常识吗？

当然，既定的事实是，曾国藩选择了自翦羽翼以释君疑的路子，这自有他的必然性。对其人来说，沦肌浃髓的是纲常名教那套东西，他是要做个荩臣的。“反叛”可能是他压根儿不敢做或许也不想做的事情。可话又说回来，王侯将相宁有种乎？哪一家的天下不是夺的？胜者王侯败者贼，只要御座夺在屁股底下，就成了天经地义的新皇帝，到那时不表臣服才是叛逆呢！正因为如此吧，有的史家就不以曾国荃操纵劝进之事为不可能，像萧一山先生就不失为一个典型。他在述及曾国荃操纵“劝进”情事时，分析其发生的背景和原因，颇有觉得顺理成章的意味，对曾国藩所持态度则颇表称道，说是：“盖其时国荃与攻城诸将，独揽大功，嫉之者多谓宝物尽在军中，且有追抄之谣，诸将欲自保，遂有陈桥之变。而国藩斩钉截铁，以十四字示意，其襟怀之磊落，浩气之流转，跃然纸上。以无人无我之意态，见至高至明之哲理，其感人至深，虽国荃亦不敢为赵匡义矣。”①所谓“陈桥之变”，是赵匡胤夺取后周政权的政变，发生在开封东北的陈桥驿地方，被将士“黄袍加身”（当然是在他的策划授意之下），做了皇帝，建立北宋政权。而赵匡义是赵匡胤的弟弟，他继兄之位，而有弑君夺位之疑，所谓“烛影斧声”即源于此事。总之，是用来借指篡位之事。

当然，对相关笔记材料，不能尽信其所有情节的真实，但也绝对不应该以“荒诞无稽”四字简单地完全否定和弃置，而可以从中体察它的主旨性“神韵”，这样来看，就可以说它的“虚中有实”。运用这类材料来借“虚”窥“实”，应该说不失为一种可取的历史解读方法。并且，从曾国藩后人的有关说法看，也可印证当年对曾国藩的劝进之事是实有的，绝非全系捕风捉影。如曾国藩的曾外孙女俞大缜（曾为北京大学西语系教授），1946 年从其母亲曾广珊（曾

---

① 见萧一山：《清代通史》，第三册，第 781 页。

国藩孙女,曾纪鸿女儿)口中,听说了"李秀成劝文正公(按:指曾国藩)做皇帝,文正公不敢"的家传口碑,并强调,"这是曾家家里人自己说的,不是一般的传说"。著名太平天国史学者罗尔纲先生,曾应邀于1977年10月间托人专门对早已患病卧床的俞女士作过访谈,嗣后她又将有关情况亲笔写给罗先生。几年后,罗先生撰专文介绍其事。①

而无论如何,曾国藩实际没有并且也不会黄袍加身的,他要坚定不移地做大清的忠良臣子,以自翦羽翼来消解君疑,所以"裁湘留淮"也就较快地付诸实施。而这与在特定的客观时势条件下,曾国藩、李鸿章的个人心态条件密不可分。

曾国藩的"忧危"典型心态上已述及。李鸿章则与之迥然不同,他的心态是以"激进"为"主色调"的。在镇压太平天国当中,李氏尽管在"用沪平吴"方面也一显身手,但就全局而言毕竟还是"配角",他要在此基础上继续"奋进",争取更"辉煌"的前程。在如此心态的李鸿章看来,曾国藩裁军的筹谋当然是失策和不合时宜的。他稍后曾对人这样说:"揆帅(按:指曾国藩)亟欲集赀撤军,为隐退之计,功成身遂,古今同尚,孰不慨慕。惟主少国疑之日,粤匪残焰犹张,中土边疆传烽正盛,老成宿将岂可自弃于宽闲。"②而在曾国藩酝酿裁减湘军这时,他则直接向曾氏表示:"吾师暨鸿章当与兵事相终始,留湘、淮勇以防剿江南北,俟大局布稳,仍可远剿他处。"③这与其说是敦劝湘淮共留,不如说其实意在于为保留淮军张本。正如《淮军平捻记》中所评说的,当时"朝廷虽未有北征之命",而李鸿章"平捻之态,已豫(预)及之矣"④。为了达到保留淮军的目的,李鸿章还大兴"因时变制"的舆论,说:"兵制关立国之根基、驭夷之枢纽,今昔情势不同,岂可狃于祖宗之成法。"⑤所谓"成法",固然包括他接下来说的武备、编制方面的事情,而从更深一层言之,自然也关乎"兵"、"勇"的分别。若按这方面"成法",国家经制兵以外的勇营,既然只是

① 见罗尔纲:《一条关于李秀成学姜维的曾国藩后人的口碑》,《广西日报》1981年3月2日。

② 顾廷龙、戴逸主编:《李鸿章全集》,第29册,第360页。

③ 顾廷龙、戴逸主编:《李鸿章全集》,第29册,第332页。

④ 中国近代史资料丛刊《捻军》,第一册,神州国光社1953年版,第112页。

⑤ 顾廷龙、戴逸主编:《李鸿章全集》,第29册,第339页。

临时性、非正规武装，一旦兵事告结，那么即当裁撤遣散。如此淮军岂不也面临着被裁革的命运？所以李鸿章力倡“变计”而行，留用他们的强劲之旅，并以此为样板来改造绿营。很明显，湘、淮军的战斗力强于八旗、绿营，而在武器装备和训练方面淮军又优胜于湘军，既然曾国藩真心要裁湘，那么在当时清王朝需兵急迫的形势下，作为主要保留对象的劲旅就舍淮军莫属了。而这时李鸿章又极力鼓吹淮军可为曾国藩所用，颇有点不妨“弃湘用淮”的意味。他致函曾国藩说：“敝部淮勇能战而多土气，相从年久，性情熟洽，尚易用命。改隶别部，难得速效……惟师门若有征调，威信足相依恃”①。这样看来，裁湘留淮并不仅仅是时势逼迫下的无奈之举，而且在很大程度上是曾国藩个人特定心态驱动下的产物，而“留淮”则正好适合李鸿章的心理。

曾国藩在他特定心态的驱使下，对“裁湘留淮”有一个酝酿过程，而不是一个早上的仓促决定。这个酝酿早在镇压太平天国当中就开始，到夺下太平天国都城后很快就形成既定决策。同治三年(1864 年)七月二十日，也就是在其湘军拿下太平天国都城一个月多一点的时候，曾国藩就向清廷奏报了这样的裁军计划及相关情况：

> 惟念近岁以来，但见增勇，不见裁撤，无论食何省之饷，所吸者皆斯民之脂膏，所损者皆国家之元气。前此贼氛方盛，万不得已，屡募屡增，以救一时之急。今幸老巢既破，大局粗定，裁一勇即节一勇之糜费，亦即销无穷之后患。诸将之愿遣散归籍，盖未始非臣之幸，未始非大局之幸。因与臣弟国荃商定，将金陵全军五万人，裁撤一半，酌留两万数千人，分守金陵、芜湖、金柱关各要隘，其余作为游击之师，进剿广德等处。②

当时，尽管湘军攻陷了天京，这可以说标志着太平天国的灭亡，但并不等于和太平军作战军务上的彻底结束，太平军还据守着周边省份的数处地方，并且随时有流动转移的可能，余战尚需时日。在这种情况下，曾国藩就迫不及待地要求将他的最嫡系湘军部队裁撤一半。理由除了上面引文中所涉及的外，

---

① 顾廷龙、戴逸主编：《李鸿章全集》，第 29 册，第 340 页。

② 《曾国藩全集·奏稿》，第七册，第 4268 页。

还有“盛暑鏖兵，病者甚多，纷纷禀请撤勇回籍”之项。

值得注意的是，就在同一折中，曾国藩还为乃弟奏请开缺回籍，说“曾国荃克城之后，困惫殊甚，彻夜不寐，有似怔忡，据称心血过亏，万难再当大任，恐致偾事。意欲奏请回籍，一面调理病躯，一面亲率遣撤之勇，部勒南归，求所为善聚不如善散，善始不如善终之道”。清廷当然要装模作样地挽留一下，谕嘱他“安心调理”，“毋庸遽请开缺回籍”。八月末，曾国藩再次上折为之奏请，说“国荃正当恪遵谕旨，赶紧医治就痊，于金陵一切善后事宜，有关吏治民瘼者，加以讲求，借资练习”，“惟一月以来，延医诊视，日进汤药，病势有增无减”。对其病症，则这样描述：“缘怔忡旧患，起于心血先亏，而成于忧劳过甚。从前数月一发，尚可支持，进则一月数发，日增狼狈。每至举发之时，粥饭不能下咽，彻夜不能成眠，始觉气如奔豚，上冲胸际，渐至心神摇动，头晕目眩，有平地颠仆之虞。”除强调身体不克支持外，还特别述以“幸值撤勇就绪，军务业经大定，地方又无专责”的情况，请求准其开缺。所谓“撤勇就绪”，实际仅是开头而已，这从折中所言“至现在遣散勇丁已近万人”，“其余专俟饷到，次第遣撤”，即可看出。而清廷接曾国藩此奏后，立即就同意了让曾国荃开缺回籍的“恳请”，上谕中说，“若不俯如所请，惟恐为职守所羁，未能从容静慑，转非体恤功臣之道”。[①] 从这一奏一答当中，臣下“恳挚”与君上“体恤”的表象下，掩藏着多少不宜说破的隐意！无论如何，在着手裁勇的同时，连其直接的统领人也去职了，既无了军职，也无了虚挂有时的浙江巡抚之职。对于曾国藩主动削兵释疑的设计而言，这可谓“双管齐下”。

为何在裁撤湘勇的同时曾国藩也连连奏请让乃弟开缺回籍？长时间的战地生活，使曾国荃的身体确有病症不假，但其病的程度上恐怕是为曾国藩夸大了，甚至可以说成为托辞，实质性的问题在于让其以暂时隐退的方式以削减舆论的攻讦和朝廷的疑忌。曾国荃其人的性格、做派，特别是他的挥霍无度和贪得无厌，比乃兄更容易招人嫉恨。曾国藩曾亲口向人述及这样的事情：咸丰七年(1857 年)他忧居在家时，亲家母自省城来看多病的大儿媳，要买高丽参为之滋补。曾家人说：“乡僻无上药，既自省垣来，何反求之下邑耶?”对方说：“省中高丽参已为九大人(指曾国荃)买尽。”曾国藩最初还不相信，及“遣人探

① 《曾国藩全集·奏稿》，第七册，第 4354—4356 页。

之,则果有其事”,乃弟收罗数十斤高丽参,装一竹箱,让人担回军中,有受伤者便令嚼参以渣敷创,也不知是从哪里听来的这种“海上方”。听曾国藩讲述者感叹:“古人一掷百万,奚以过之?”①曾国荃的挥霍公款、孟浪行事由此可见一斑。

至于贪赃肥私,更是无所顾忌。曾国藩的小女纪芬就不讳言,他这位叔父在为将时期,“每克一名城,奏一凯歌,必请假还家一次,颇以求田问舍自晦”②。这样看来,人送他“老饕”的骂名并非冤枉于他。拿下天京城后,其人的贪赃肥私恐要达到“登峰造极”的程度。传说他仅在天王府中,就“获资数千万”。其中有“东珠一挂,大如指顶,圆若弹丸,数之得百余颗”,“熠熠有光,夺人之目”,“诚稀世之宝也”;还有“一翡翠西瓜,大于栲栳,裂一缝,黑斑如子,红质如瓤,浪润鲜明,殆无其匹”,识者说是“圆明园物”③。即便是传说,也足见舆论对曾国荃贪鄙的看法。而他对眼下乃兄极力主张的让其抽身引退,并不真正理解和认同。曾国藩曾对人言,当年秋间他刚把衙署迁到金陵之时,“舍弟甫解浙抚任,不平见于辞色。时会者盈庭,吾直无地置面目”④。也就是说,曾国荃当着众人的面发牢骚,闹得乃兄简直下不来台。事后,曾国藩对乃弟多番开导,在他四十一岁生日时,曾赋诗十三首进行宽解、劝慰,其中有云:

九载艰难下百城,漫天箕口复纵横。
今朝一酌黄花酒,始与阿连庆更生。

山河策命冠时髦,鲁卫同封异数叨。
刮骨箭瘢天鉴否?可怜叔子独贤劳。⑤

据说,当曾国荃读到上引最后两句时,竟禁不住放声大哭。他当时的心情

① 赵烈文:《能静居士日记》,《太平天国史料丛编简辑》,第三册,第423—424页。
② 曾纪芬:《崇德老人自订年谱》,《曾宝荪回忆录》附录,第12页。
③ 李伯元:《南亭笔记》,第101—102页。
④ 赵烈文:《能静居士日记》,《太平天国史料丛编简辑》,第三册,第426页。
⑤ 《曾国藩全集·诗文》,第96—97页。

一定复杂得很。不过,如果乃兄真的写过“倚天照海花无数,流水高山心自知”那副联语的话,他这个为弟的在这个时候一定会体味得最为深刻。对他来说,也是“流水高山心自知”呀!

无论如何,曾国荃的职事是暂时取消了,“裁湘留淮”的方案也在雷厉风行地实施。同年九月初,曾国藩在给李鸿章的信中这样说:

> 湘勇强弩之末,锐气全销,力不足以制捻,将来戡定两淮,必须贵部淮勇任之。国藩早持此议,幸阁下为证成此言。兵端未息,自须培养朝气,涤除暮气。淮勇气方强盛,必不宜裁,而湘勇则宜多裁速裁。顷舍弟沅甫(国荃字)部下已裁撤万人。国藩拟于今冬明春共撤四五万人……①

这可以视为对“裁湘留淮”的运筹和实施计划的一种解释。就“裁湘”而言,曾国藩自家的嫡系部队,即由曾国荃直接统带攻取天京的那大约五万人的队伍,所行裁撤,比他最初上奏中所言“裁撤一半”的比例还要大。在不到一年的时间里,分批把该军裁撤殆尽。当然,“裁湘”并不仅限于曾家嫡系部队,在该军大加裁撤后,又裁去湘军的其他一些营头。左宗棠麾下约四万人的部队也裁去半数。而所剩湘军多已不直属曾国藩统辖、指挥。从湘军的总体情况看,无疑是较前大大削弱了。而李鸿章的淮军则“仅裁撤老弱数千,其各营劲旅尚存五万余人”②,基干得以保留下来,并且随后又进一步扩充。此番兵力上的消长变化,对于曾湘、李淮的前途至关紧要,可以说有着一失百失、一得百得的影响作用。最直接的,当然是反映在不久“平捻”之役的兵力投入上,由此牵一发而动全身。这在下一章当中将有具体揭示。

五、侯门能持“勤俭”风?

曾国藩被封侯之后,他的家庭自然就成了“侯门”。“侯门”的生活风习,

① 《曾国藩全集·书信》,第七册,岳麓书社1994年版,第4734页。

② 周世澄:《淮军平捻记》,中国近代史资料丛刊《捻军》,第一册,第112页。

也是反映主人状况的一个重要侧面。而将其封侯前后的情况联系起来,则能见曾国藩不改传统、秉持勤俭家风的努力追求。不过,这种追求在多大程度上能够成为现实,却不是曾国藩本人的意愿所能控制得了的。还是从具体事情中来细细体察吧。

封侯之前,曾国藩居两江总督的官职已有数年,即使有了相对稳定的衙署之后,他还是没有马上接来眷属同住,说是担心欧阳夫人出来过惯官署生活而不愿返乡,也就是说怕她丢掉村妇的本色。但家庭生活,天伦之乐,毕竟是饱经了长年累月军旅疲奔的他所盼望享受的,及至同治二年(1863 年)秋,他决定把老家的眷属接来团聚。九月间,一艘华舫承担了接眷使命。这是号称"长江第一船"的曾国藩的座舟。此船是由湘军水师大将彭玉麟为曾国藩特备的,船舱的四壁张以绢素,上画颇有几分韵致的梅花,不知情者很难想象得出,这还是出于彭玉麟这个武夫的亲笔呢!船艄特造一亭,可供凭栏远眺。这次出行接载总督大人的眷属,当然又加特意布置一番,大有接嫁之用的喜舟样子。

除儿子纪泽已先期到达、二女纪耀暂时留乡外,这次欧阳夫人率儿女媳孙一大群同舟东下。她们心境很好,一路上指指点点,谈笑风生。烟波浩淼的洞庭湖,千古佳名的岳阳楼,滚滚滔滔的长江水,巍峨神奇的黄鹤楼,九江的城影,湖口的形势……在撩拨着她们览胜兴致的同时,当也勾动她们的无限感慨。这岂不是实地领略于今已居总督高职的家长之非凡战斗历程吗?是的,眼下这艘有着舒适条件的华舫,迅速顺利地把她们载向了总督衙署。然而,"总督大人"垫铺通向督衙的道路,是花费了多少非同寻常的艰难曲折!

无论如何,这时在安庆署衙,曾国藩得以与家人、亲戚一齐相处。在太平天国英王陈玉成的府衙旧址上稍加修整而成的这一处所,说不上豪华宏大。曾国藩的小女儿曾纪芬,后来追记了当年其居处概况:

> 署中内宅口一进,其前即签押房,其后有一院,在左旁复小有隙地。文正公(指曾国藩)稍增葺三楹,以分居二女及婿,复隔别其门,出入异路。文正公每至一处,常喜种竹,故环室有竹。又喜构望楼,以资登眺,因于三楹上加小望楼……凡修葺更造之费皆出自养廉银,不动公帑分

文也。①

与整日里花天酒地的那种达官贵人的眷属相比,这个督署里的眷属们,所过的确实算是比较简朴的生活。曾国藩对其要求颇为严格,而她们自己在平日里也养成了比较简朴的生活习惯。她们的仆人,除欧阳夫人自老家带来的一名月工资八百文的村妪,另外还有适湘潭袁氏的纪静所带的一名小婢。因家务活儿忙不过来,她们就在安庆当地以十余缗钱买一婢女。曾国藩知道后,竟大加申斥,最后转赠出去了事。当时女眷们像梳妆之类的生活琐事,都要自理,不能假手婢媪,否则,被曾国藩查知便遭训斥。女眷们的活动圈也只限在署内,赶上街市上搞迎会之类的活动,她们只能从望楼上远眺一下。

同治三年(1864年)秋,已有侯爵的曾国藩的衙署迁到金陵,眷属随往。当时此城刚经过其湘军洗劫,一副残破景象。太平天国的王府殿堂多被焚毁,只因为英王陈玉成死难较早,所遗府第空无人居,才免于被毁之灾。曾国藩便以此所作为其临时督署。看来,他与敌方的这位英王在居所上还颇有些"缘分"。

这年,暂留乡间的女儿纪耀一家也来了。婢妪实在不够用,欧阳夫人便从难民局中招雇了一名侯姓仆妇。此人在陶澍任两江总督时,就曾入署做过陶公子的奶妈。后来战乱中逃难到湖南,与丈夫和儿子离散,自己被太平军带到天京。在湘军围城城中粮食困难因而向外遣散老弱的时候,她被放出城来,被曾国荃所设立的难民局收留,此番又被雇进了督署。后来,欧阳夫人她们一度返湘,侯媪不愿随往,便被转荐做了李鸿章家的仆人。不久,李鸿章署理两江总督,她随役于署。这样算来,她一生中在三任江督的家中服务,真也算是奇遇。

曾国藩对眷属们惯常不苟言笑,偶尔也说上几句笑话,特别是爱逗逗小女纪芬。纪芬小时候头上常生虱子,所以留发很晚,自然也爱惜头发。当时流行梳抓髻,以铁丝做成发架,把头发绕在上边,十一二岁的纪芬也模仿着作这样的发式,但因发架过大,梳出的大抓髻与头之比例失调。曾国藩于是就开她的玩笑说:"须唤木匠改大门框也。"看着小女那一副憨样子,他对夫人说:"满女是阿弥陀佛相。"这在湘乡土语中,就是老实相的意思。

就是对这样一个小爱女,在穿戴上曾国藩也一点不放纵她。从安庆迁到

① 曾纪芬:《崇德老人自订年谱》,《曾宝荪回忆录》附录,第10页。

金陵时，纪芬还为叔父国葆穿着孝服，她上身着蓝呢夹袄，下身穿长嫂贺氏所遗缀青花边的黄绸裤。曾国藩见了斥责穿得太侈，纪芬便赶忙拿三姐的一条绿裤换了。这条裤子也是贺氏的遗物，先是留给纪琛（纪芬之姐），这次又换到纪芬身上。① 还有一次，来了客人，纪芬穿着缀有阑干的羽纱袄，等客人走了，曾国藩进屋来，盯了纪芬身上的衣服好一会儿，追问夫人小女怎么穿这样"华好"的衣服，欧阳夫人赶忙说："刚才不是见客了吗？"其实，这件衣服的质料羽纱，是一种洋货，质薄而粗，价格比呢便宜，比湖绉更便宜，她平时也穿在身上，只是外罩一件布褂，见客人时便把外罩脱去。②

曾国藩应命挂帅平捻期间，眷属们返回老家。及至曾国藩回任江督返驻金陵的第二年，也就是同治七年（1868 年），欧阳夫人和纪芬以及儿媳、侄媳一行人又回到这里。这时督署已迁新址，宽绰多了。曾国藩对眷属们生活上的要求依然严格。他特别为女眷们制订了这样一张功课单：

早饭后	做小菜点心酒酱之类	食事
巳午刻	纺花或绩麻	衣事
中饭后	做针黹刺绣之类	细工
酉刻（过二更后）	做男鞋女鞋或缝衣	粗工

吾家男子于看读写作四字缺一不可，妇女于衣食粗细四字缺一不可。吾已教训数年，总未做出一定规矩。自后每日立定功课，吾亲自验功。食事则每日验一次，衣事则三日验一次，纺者验线子，绩者验鹅蛋（按：指线球），细工则五日验一次，粗工则每月验一次。每月须做成男鞋一双，女鞋不验。

上验功课单谕儿妇、侄妇、满女知之，甥妇到日亦照此遵行。

同治七年五月二十四日

家勤则兴，人勤则健

能勤能俭，永不贫贱③

---

① 见曾纪芬：《崇德老人自订年谱》，《曾宝荪回忆录》附录，第 11 页。

② 见曾纪芬：《廉俭救国说》，《曾宝荪回忆录》附录，第 60 页。

③ 曾纪芬：《崇德老人自订年谱》，《曾宝荪回忆录》附录，第 15 页。

不仅平日里如此，即使逢有婚丧大事，也不放纵。据曾纪芬记述，乃父“所订章程，子女婚嫁，皆以用二百金（银两）为限，衣止两箱，金器两件，一扁簪，一挖耳，一切皆在此二百金中”①。咸丰十一年（1861 年）他为大女儿纪静筹嫁，即以“二百金办奁具，以五十金为程仪”，嘱“家中切不可另筹银钱，过于奢侈”②。到四女纪纯出嫁时，因居住在外，兄妹们提出与在老家出阁应有点区别，建议多用点奁资，可曾国藩坚持不依，写信（他当时正在挂帅平捻，领兵在外）切嘱仍援其姊前例，还是限定在二百金以内，欧阳夫人只得听命。曾国荃“闻而惊异”，说哪会有这样的事情，他亲自查验，见果真如此，嗟叹再三。他觉得实在寒酸，便瞒着乃兄自作主张略增其奁资。当然，即使奁资二百两银子，当时在一般民家也是个难及的数字，不用说贫苦之家了。平时，督署里的眷属们再节俭，也基本上是过着不劳而获的日子，她们自然是一个寄生的群体。然而，作为当时一个侯门之家，能够如此，恐怕也不是一件很容易的事情吧？

据纪芬忆述，乃父“治军之日亦仅年寄十金二十金至家”，及“功成位显”而祖父去世，“尤不肯付家中以巨资”③。不过，同治五六年间，在其老家却花费七千缗（每缗即一串）修建起了名曰“富厚堂”的“侯宅”。这是在老家的曾国潢“瞒”着乃兄主持建造的。按曾国藩的本意，是将老屋修缮一下，或略加添建，不想新宅花偌多费用（七千串钱时约合六千两银）。得知此事后曾国藩在日记中这样记云：

> 知修整富厚堂屋宇用钱共七千串之多，不知何以耗费如此，深为骇叹！余生平以起屋买田为仕宦之恶习，誓不为之。不料奢靡若此，何颜见人！平日所说之话全不践言，可羞殊甚！屋既如此，以后诸事奢侈，不问可知。大官之家子弟，无不骄奢隐逸者，忧灼曷已！④

---

① 曾纪芬：《廉俭救国说》，《曾宝荪回忆录》附录，第 60 页。

② 曾国藩：《谕纪泽》，《曾国藩全集·家书》，第一册，第 787 页。

③ 曾纪芬：《崇德老人自订年谱》，《曾宝荪回忆录》附录，第 12 页。本节中自此以上除出注者外，所述事情亦多据此年谱中内容。

④ 《曾国藩全集·日记》，第三册，岳麓书社 1989 年版，第 1349 页。

不日，曾国藩又就此事写信给纪泽儿：

> 修理旧屋，何以花钱至七千串之多？即新造一屋，亦不应费钱许多。余生平以大官之家买田起屋为可愧之事，不料我家竟尔行之。澄叔（指国潢）诸事皆能体我之心，独用财太奢与我意大不相合。凡居官不可有清名，若名清而实不清，尤为造物所怒。我家欠澄叔一千余金，将来余必寄还，而目下实不能遽还。①

可以体察，曾国藩不想以这多花费建造新宅的心意和事后的"愧"、"惧"是真实的，但木已成舟又无可奈何。虽说对国潢弟的这种做法从心里不认同，但弟弟也是一番"好意"，何况，好像他还为建此宅垫付了"一千余金"。至于曾国藩说此钱"将来余必寄还，而目下实不能遽还"，是因为一时"手头紧张"呢，还是出于"时机"的考虑？他没有言明。而所说"凡居官不可有清名"的话，实在更耐揣摩。他应该是怕到头来弄个"名清而实不清"的结果，而"不清"的结果虽非己所愿，但又非己所能拒，眼下侯第的落成岂不就是一个活生生的例子？还有，像乃弟国荃那个"贪"劲儿，所得赃私也"惠"及家族，曾国藩就能撇得清吗？他曾为人送乃弟的"老饕"之号抱冤，说打赢金陵之役后财货上"吾弟所获无几"，可他也不止一次地对乃弟在钱财之事上的不检点进行劝诫和警告呀，还不是知其贪欲不泯吗？曾国藩就亲口对人讲过国荃弟在家乡营建园池的情况，说其"宅外一池，闻架桥其上，讥之者以为似庙宇，所起屋亦甚拙陋，而废钱至多，并招邻里之怨。"至于招怨因由，按其解释，主要是因一凭己意强买树木、田地。譬如人家坟地或屋舍旁借以为荫的多年大树，多不愿卖，他则必重价购之，"值一缗者，往往至二十缗"，"从湘潭购杉木，逆流三百余里，又有旱道须牵拽，厥价亦不啻数倍"；买田之价也必定较"寻常有增无减，然亦致恨"，因为强让人家出卖所本不愿卖的地块。② 如此高价强买，岂不也是"豪夺"的一种形式？莫不是在耍"有钱光棍"！而这样出手阔绰、似乎多如砖头瓦块的银钱，又是从哪里来的？

---

① 《曾国藩全集·家书》，第二册，第1325页。

② 赵烈文：《能静居士日记》，《太平天国史料丛编简辑》，第三册，第417、423页。

不过,曾国藩在力持传统家风、恪行家教并严格要求和反省自己方面的努力,不能说是虚伪的,而且有着多年坚持的一贯性。

说到曾国藩家族的传统家风,可以说是由曾玉屏老人奠定的。对其治家之道,曾国藩提炼、概括为“八字诀”,即“考、宝、早、扫、书、蔬、鱼、猪”,经常性地以之教谕家人(各次所言,八字排列顺序或不尽一样,而以上面所引排列者不在少数),不啻视为传家“锦囊”。这“八字诀”的大旨是:考,指谨行祖先祭祀;宝,指与亲属邻里搞好关系;早,指早起;扫,指扫除洒洗;书,指读书;蔬,指种菜;鱼,指养鱼;猪,指养猪。

其中除考、宝、书三项外,其余五项都是与农家生活直接相关的,集中概括了农家的一些勤劳事项。农家最讲究起早,讨厌贪睡;而早起的第一件事往往就是要打扫当院街巷,这既合乎卫生要求,也是积肥的一种途径。种菜、养鱼、养猪,都是解决副食乃至交易换钱的重要事项,自产自食的东西似乎格外甘美可口。曾玉屏老人就尝言:“凡菜茹手植而手撷者,其味弥甘。”[①]到了曾国藩这里,就更上升到一种特别的意境,那就是自行植养这些生物,能造就一种家庭兴旺的生机。他曾说:“家中养鱼、养猪、种竹、种蔬,皆不可忽,一则上接祖父相承以来之家风,二则望其外有一种生气,登其庭有一种旺气。”咸丰八年(1858年)九月间,曾国藩在江西建昌军营中写家信,还特别询问:“下首台上之线瓜、娈瓜今年有收否?”又嘱咐弟弟“冬塘肥鱼望烘几个寄营”。显然,不是曾国藩真为解口馋,而是培养家门勤风,保持农家本色的一种督教手段。

其实,即使“考”与“宝”二项,也是与农家息息相关的事情。祭祀祖先,无论穷家还是富室,都是要恪行的神圣之事。宗祠族祭,在乡间更是成规模的群体活动。以孝为本的传统文化精神,即使对乡野的蓬门荜户也是浸润深刻的,何况像曾氏这种人家?和睦邻里,在乡间比城市更为讲究,所谓“远亲不如近邻,近邻不如对门”,这种朴素的谚语却概括了乡间邻里关系的一个基本法则。旧时乡间处于一种相对封闭的状态,交往面很窄,而一家一户的生产单位时常遇到自家力不能及的事情。协同互助,靠邻里最为便捷,一旦邻里关系弄僵,过日子就会陷入一种尴尬境地。曾玉屏那时尽管已是在乡里说话算数的人物,但和睦乡邻也是他所特别注意的。到曾国藩在外做官,写家信也时常问

① 曾国藩:《大界墓表》,《曾国藩全集·诗文》,第329页。

讯和嘱咐睦邻和接济亲友方面的事情。

唯有“书”字一项，说来未必与每家农户都结缘。不过。这并不意味着农民轻视读书，只是有些人家实在没有条件罢了。事实上，目不识丁的农民对识字的神圣感往往要强于识字者，只要有可能，人们总是要让自家子弟读几天书、识几个字，去领受最基本的文化教育的。“三代不读书，一屋都是猪”，这种俗谚对农民与其说具有刺激性，不如说更具有信条意义。前边已经述及曾玉屏其人在读书方面早荒晚悔、寄望儿孙，而靠读书成名成功到了曾国藩身上如愿以偿的特定情形，这使得“书”字诀自然更包含进了特别意义。

所谓“耕读之家”，是曾氏给自家当初的恰当定位。到了曾国藩兄弟这辈，虽上升为显宦人家，但是起码在曾国藩的心目中，仍真诚地想要保持耕读之家的本色和传统，其中核心精神，可以说就是持勤俭而戒豪奢，他屡屡以此来训诫家人。他于同治二年（1863 年）冬间写给国潢弟的信中，责其兄弟在乡“各家规模总嫌过于奢华”，如四抬之轿，“家中坐者太多”，闻纪泽亦坐，“此断不可”，“即弟亦只可偶尔一坐，常坐则不可”；告诫乃弟“于俭字下一番工夫，用一番苦心”，“爱惜物力，不失寒士之家风而已”①。及至贵为侯门，曾国藩的这种警策之心亦不稍息，在给国潢弟信中曾说，“吾家现虽鼎盛，不可忘寒士家风味，子弟力戒傲惰”，“吾则不忘蒋市街卖菜篮情景，弟则不忘竹山坳拖碑车风景”②。蒋市街在离曾国藩老家几十里的地方，当年他曾去那里的集市上卖自家编的菜篮，曾国潢则曾在竹山坳给人以车拖运墓碑，这种营生对于他们兄弟来说或许只是偶尔为之，但成为曾国藩记挂在心用以教谕家人克勤克俭的典型生活素材。其人这样努力教谕家人持勤俭而戒奢华，用意自然是为家族能安妥顺遂、福祚绵长。曾国藩晚年的这一说教或许很能体现他上述教谕的思想基础：

> 若农夫织妇终岁勤动，以成数石之粟数尺之布，而富贵之家终岁逸乐，不营一业，而食必珍羞（馐），衣必锦绣，酣豢高眠，一呼百诺，此天下

① 《曾国藩全集·家书》，第二册，第 1049、1058 页。

② 《曾国藩全集·家书》，第二册，第 1319 页。

最不平之事,鬼神所不许也,能其久乎?①

当然,曾国藩纵有此心,侯门优越的地位条件之下,不要说对其整个家族,即使对自己的小家庭,也难以保证克勤克俭,一点不染奢靡之气。及至他去世的前一年,曾给国潢、国荃弟写信这样述说他署中家庭的用度情况:"所用弁仆妪婢等太多,食口众,则用度浩繁。又兼治病医药,百端奢靡,入少出多,江督岁中进款竟不敷一岁之用。曩者尝怪澄弟日用太侈,不能节俭,以致欠债甚巨。今余亦因用度不俭,亦将欠债,深为可讶。"②将他的这番话,与前边引及的所谓"凡居官不可有清名"云云联系起来,岂不更有助于体察其"深意"所在?

而无论如何,当年像曾国藩居这样的高官崇爵,尚能有几分对自家倡俭戒奢的真心,也算难能可贵了吧?这在其后人身上发挥的影响效用也是明显的,小女纪芬就不失为一个典型。她自幼恪遵父教,培养勤俭,终生秉持此旨,这位寿过九十的"崇德老人",留下《廉俭救国说》,其精神之源,便直接溯及乃父的言传身教。

---

① 曾国藩:《谕纪泽纪鸿》,《曾国藩全集·家书》,第二册,第1395页。

② 《曾国藩全集·家书》,第二册,第1405页。

第八章　挂帅“剿”捻威不再

一、勉强膺任下的筹策

同治四年(1865 年)仲夏时节,金陵城里当已颇为闷热。而这时的曾国藩,也决无“清爽”的心情。五月初三这天,他接到朝廷的寄谕,得知挂帅平捻的蒙古王爷僧格林沁“阵亡”,命他曾国藩“即前赴山东一带督兵剿贼”,两江总督由李鸿章暂行署理。随后,又连续接到催促速行的朝命。

本来,清廷是不想让湘淮军首领再染指平捻“首功”的。当然,“鸟”未射尽,藏“弓”尚早,不过,镇压捻军它所指望的是另一张弓,并且觉得这也是一张能够发射强弩之弓。此“弓”就是僧格林沁。

要说,僧格林沁可不是一般人物,不但是蒙古王爷,而且是皇室亲戚,以勇武著称。其人的戎马生涯在清廷亲贵层的将帅中确是出类拔萃的。是他,最终镇压了北伐太平军,解除了由这支曾挺进到畿辅要区的“粤匪”,给大清朝廷造成的直接威胁;是他,在第二次鸦片战争期间,曾在大沽炮台督军力战,取得击沉英法炮舰多艘、击伤英舰司令何伯的战绩(当然,在外国侵略军面前他也终究无奈)。此后不久,他即率军南下攻捻,想以他那剽悍的骑兵将纵横有年的“捻匪”一举消灭。不想,这次他却遇到比北伐太平军更不好对付的敌手。僧格林沁与捻军的作战特点可以说是“以骑对骑”。不过,僧军是在明处,捻军则可以说在暗处,因为捻军并不常靠大兵团集中作战,而大多时候分支分伙,此出彼藏,飘忽不定。这可令这位蒙古王爷大感头痛,但又无良策可施。如果说在太平天国灭亡之前,清朝方面的注意力十有八成是为“粤匪”所牵涉,那么,当太平天国被灭之后,“捻乱”便显得十分突出起来。作为汉臣的曾家兄弟把那块最硬的骨头都啃了下来,他这位蒙古大王爷难道是只管吃干饭的？不用朝廷督责，僧格林沁自己的心里就忧愤得要命。他觉得阖朝的目光都盯在了自己身上，像个输急了眼的赌徒，他要拼老本孤注一掷了。他瞄着捻军的踪影死命地追、追、追，简直到了迷狂的地步，宿不入馆，衣不解带，席地而寝，每天天不亮便催军驰马，他自己这个大力士都因长时间地持缰执鞭，累得手臂都难抬得起来。但他还是一个劲儿地追、追、追，甚至将他的大部队甩下不顾，似乎非追出个名堂来不可。“名堂”终于出来了。就在这同治四年(1865年)的春夏之交，追击到山东曹州地面的他，陷入了捻军诱设的重围而被杀死。是部下在麦田中发现了这位僧王爷有八处创伤的尸首。清廷所指望的这张“强弓”断了！

僧格林沁生前，与曾国藩的关系就是很微妙的。鉴于僧格林沁的特殊地位和身份，曾国藩表面言辞上对他恭敬、推重，而心里边未必买账。僧格林沁更是瞧不上湘淮军人物，对曾国藩辈鉴于其平捻军务上的不顺所偶有的出谋划策，他并不乐纳，更是拒绝湘淮军的支援配合，认为其劣不能战，他曾有评论说，在有关各军中，“皖军(按:不是指淮军，而是指临淮“杂牌军”)为上，豫军次之，楚军为下”①。把湘军(所谓“楚军”)，排在老末儿，在他心目中比散乱无度的地方杂牌军都差得远。其实，清廷原先尽量少让曾国藩、李鸿章辈染指平捻军务，就与僧格林沁的态度有直接关系。而无论如何，这位确不失剽悍但傲慢自负的蒙古王爷这会儿是没了。挂帅平捻的使命，落在了曾国藩身上。

可曾国藩本还没有从镇压下太平天国后自身忧危避疑的情绪中缓过劲来，并且近日里又不断有这样那样的事情刺激他，不能不更影响他此番受命的心境。早在这年三月十七日，他接到当月初六日的“廷寄”——也就是由军机处密寄(区别于由内阁明发者)的上谕一道。自从慈禧太后掌朝、“政变盟友”奕䜣被封议政王掌班军机处之后，凡“廷寄”的行文中，都以“议政王军机大臣字寄”为定规。但这次的“廷寄”中，却没了“议政王”三字。曾国藩敏感地觉察出这有悖常情，“为之大诧，与幕中诸友叹讶良久”。可以想见，他们会认定这不可能是文字疏忽，想必是奕䜣出了问题。及至当月的二十八日早上，曾国藩在《京报》上见到了同月八日革去奕䜣差事的谕旨，其中有责其人“目无君上，诸多挟制，暗使离间，不可细问”等语，他为此所记下的反应是:“读之寒

① 王闿运:《湘军志》，第151页。

心，惴栗之至，竟日忡忡如不自克。二更三点睡，不甚成寐。”奕䜣之事是发于朝中最高层的政争。慈禧太后为自己专权的需要，借故打压奕䜣，责其专擅跋扈，渐不能堪，亲出一道错字连篇的手谕，取消其议政王称号，并撤一切职事。在有关大臣说情和奕䜣本人“痛哭引咎”的诚服表态之下，才复军机大臣之职，而议政王称号不再给予。曾国藩想必会思及，像奕䜣这般人物的进退祸福都如此无常，何况自己？还是加意惕励、谨慎吧！所以，当四月二十一日他接奉廷寄，其一等侯之上再加“毅勇”二字（李鸿章的伯爵之上加“肃毅”二字），这按说是朝廷封赏的好事，但其人当天的日记中有云：“日内正以时事为非，惄然不安，加此二字，不以为荣，适以为忧。”①

在这种心境下，曾国藩接到让他挂帅平捻、并火急催行的朝命，他当然没有了舍我其谁的慷慨自负，只是迫不得已之下的勉强应命而已。谁知道，清廷不仅仅是给他平捻帅符，赋予的使命还在层层加码儿，继而又让他节制直隶、山东、河南“三省旗、绿各营及地方文武员弁”，并且谕明，“如该地方文武有不遵调度者，即由该大臣指明严参”。对此，曾国藩表示“感悚莫名”，“不敢拜此宠命”，说“不特微臣难胜巨任，即才力十倍于臣者筹办此贼，似亦不必有节制三省之名”②。他这决不是敷衍客套地谦让，而是真心实意地力辞。在朝命不准的情况下，他又有过言辞恳切、近乎哀求般地再辞、三辞，话甚至说到这样的份上：“如不蒙圣慈俞允”，“臣更当累疏渎陈，虽上干严谴，所不敢辞”③。即使这样，朝廷还是没有收回成命。随后，军事形势发生变化，清廷于八月下旬又命曾国藩“节制皖、豫、鄂三省军务”。所涉地域中湖北是官文的“领地”，曾国藩生怕冒犯，奏称官文“久历戎行，老成持重，资格在臣之先，名位居臣之右”，而“所有湖北防务及越境剿贼诸军，久经官文派定”，若此番“归臣节制，纵官文不稍存芥蒂，而骇中外之听闻，滋将士之疑贰，所关实非鲜浅”，请朝廷在尚未明谕宣布之际“暗为挽回”，饬“湖北军务仍全归官文节制”④。可见，曾国藩这时在人事关系上是多么小心谨慎，在权柄的把握上非但不极力争竞，

① 此段中引文见《曾国藩全集·日记》，第二册，第1123、1126、1134页。

② 《曾国藩全集·奏稿》，第八册，岳麓书社1990年版，第4863—4865页。

③ 《曾国藩全集·奏稿》，第八册，第4934页（“二辞折”见同书第4905页）。

④ 《曾国藩全集·奏稿》，第八册，第4996—4997页。

简直颇有些消极避让。

当然,曾国藩从受命挂帅平捻伊始,其军事筹划上还是认真的。他受命后于五月初九日上奏,明言"万难"迅即北上山东,而所陈理由即基于军务上的切实筹度,概言之:一是集训成军需时。金陵尚未裁撤之营,"闻有山东之行,各勇纷纷求归,不愿北征",经几天的劝谕仅留得四营,又新募两营,合计才三千人。李鸿章所部之淮勇,虽稍习于北方,但"尚专食稻米,不惯麦面",并且人数上亦"不敷分拨"。总之,调集、添募、集训,约需三四个月。二是添练马队需时。现闻捻军战马"多至万余匹,驰骤平原,其锋甚锐",若"强驱步兵以当骑贼","将不战自靡",故须佐以马队,而前赴古北口采买马匹,返回后再加以训练,总算起来要不下五个月的时间。三是布置河防需时。"河防之策,自为目前第一要义",直隶、山东、河南三省,"均需迅速造船,分列河干,以壮声势",而"所有斟酌船式,采办木料,招募水勇",配备炮械,"非有四五月功夫难期就绪"。四是黄河之隔的限制。"直隶宜另筹防御之兵。但令分守河岸",山东、河南、江苏、安徽四省,"宜另筹追剿之师,不使驰援河北",因为湘淮军向例"每日只行四十里",不能迅速,"黄河船少,万人渡河,动逾旬日",若时而北渡,时而南渡,疲于奔命,殊为失策,"遂不能兼顾直隶",颇费筹度。五是战区地域上的斟酌。由其接办"剿"捻军事,不但不能像僧格林沁那样兼顾五省(湖北加下述四省),即使山东、河南、江苏、安徽四省也不能处处兼顾,如果以徐州为老营,则山东只能办兖(州)、沂(州)、曹(州)、济(宁)地方,河南只能办归(德)、陈(州)地方,江苏只能办淮(安)、徐(州)、海(州)地方,安徽只能办庐(州)、凤(阳)、颍(州)、泗(州)地方。这"四省十二(三)府州者,纵横千里,古四战之场",也是捻军出入最熟之区,"若以此责成督办之臣",而他处力不能及的广大地方,就需责成四省巡抚防御配合,这也非迅能奏功之事。最后曾国藩强调,"方今贤帅新陨,巨寇方张,山东之望援,急于星火,而臣策战事,乃在半年以后",而直隶亦不能兼顾,"乃须另筹防兵",似乎"此皆骇人听闻之言,殆不免物议纷腾,交章责备",但这是"筹思累日"的结果,不这样"不足以弭流寇之祸"①。

的确,在曾国藩被命挂帅平捻伊始,就显示出不惟朝命是从,而有自己的

① 此段中引文见《曾国藩全集·奏稿》,第八册,第4837—4840页。

战略主张，显示出与僧格林沁者迥为不同。特别是他的"河防"和"四省十三府州"战区之说，体现了他"以静制动"（亦所谓"以有定制无定"）的基本平捻方略。这显然是接受了僧格林沁失败的教训，可以说他从一开始就坚定了这种战略意图：决不能像僧格林沁那样盲目追击拼消耗，要以有的放矢的固定设防来圈住以骑兵为擅长、流动无定的敌人，通过驻防之军与"游击之师"的相机配合来作战。尽管在上述这个奏折中，曾国藩还没有关于"游击之师"的明确说法，当是因为其着意点是在向朝廷申述不能遽赴山东的理由，尚不是侧重在战略方案的具体汇报，但可以想见，仅做绝对固定的防守，仗是无法打的，配以"游击之师"势在必然，随后不管是在曾国藩的战略论说，还是实际军事布置上，对此都有明确体现。

曾国藩是五月二十八日从南京启程北上的。次月（闰五月）末抵皖北临淮扎驻。及至八月初，移至苏北徐州。而捻军此期的规模和行动，或说计"数十万"，"马数万匹"，"分合不常，往来飚忽"①。这中间对捻军活动特点的揭示是准确的，但对其规模或较实际有所夸大，所言数目，属通常所谓"号称"者吧？有今人著述中述及，当时捻军"有步兵六七万人，骑兵近万人"②。但无论如何，可以肯定的是，尽管其骑兵人数较步兵为少，但捻军整体上所谓"以走制敌"的特点无疑非常明显，这也是行军求"稳妥"但也不免"迟钝"的湘淮军所难以适应的。

曾国藩挂帅平捻所统军队，北上受命之初有亲兵六营约三千人，再加刘松山、易开俊营，湘军总数八九千人，后虽还有营伍增加，但规模上远不抵淮军。有研究者统计，其最初"统带铭、盛、鼎、树四军共两万七千人"，"后复令李昭庆招练马队两千，并增杨鼎勋所统勋、松、桂三军万人；刘秉璋所统庆字、荣字、常字各营六千人；刘士奇所统奇字营三千五百人；吴毓芬所统华字营二千人；王永胜所统开字营五千五百人，再加上铭军添募的新营，总计淮军直接参战及援应之师，约近六万人"③。另外，还有过僧格林沁的残部等，成分较杂。

而从曾国藩挂帅平捻期间的作战部署看，他是坚持并力求不断完善择地

① 黎庶昌：《曾国藩年谱》，第205页。

② 朱东安：《曾国藩传》，第265页。

③ 王尔敏：《淮军志》，第352页。

固定设防配以游击之师，以能“以静制动”的方针。在北进途中的闰五月下旬，他这样奏陈：

> 臣初次奏称，专力于四省十三府州之地。今既由临淮进兵，将来安徽既以临淮为老营，江苏即以徐州为老营，山东以济宁为老营，河南以周家口为老营，四路各驻大兵，多储粮草、子药，为四省之重镇。一省有急，三省往援，其援军之粮药，即取给于受援之地，庶几往来神速，呼吸相通。①

如果说，前一次上奏中是拟定了防区、战区的范围，那么，这次则在四省中各选定一处“老营”地点，以之为“重镇”，同时也是相互援应的基地。值得注意的是，此折中还言及，“此外须另筹游兵一枝”，拟派李昭庆训练马队，合之僧格林沁的旧部马队各军，“同为游击之师”。这是将“游击之师”的设置明确化了，与重点设防拟想有机结合，把整体部署方案进一步完善。当然，军情瞬息万变，原则如此，具体安排上自需随时调整、变通。譬如，及至曾国藩在十月底的上奏中，就明言“不复拘泥十二(三)州府之说”，“随贼所向，跟踪追剿”，拟以李昭庆和刘铭传，“各带马步万人，同作两支游兵”②。当然，除了军情变化方面的原因外，这还与有的省区对曾国藩仅株守十三府州之地而不顾及全面不满，朝廷因有警告有关。譬如，新任河南巡抚吴寿昌上奏中就表此意，清廷谕令曾国藩“统筹全局”，“未可株守一隅，致误事机”③，他自不能置若罔闻。虽说其防务不是没有发挥作用，但终究因为防线过长，范围太广，特别是兵力和指挥效能上的限制，并未能收到的预期效果，捻军一直在其所圈定的重点防区内“往返穿插，流动游击”④，迫使曾国藩不能不进一步调整攻防部署。

及至同治五年(1866年)夏，实施当初就原则性计及(但不可能具体)的“河防”方略。据曾氏五月下旬的奏报，他“前次查看黄、运两河，至(山东)张秋一带”，与直隶总督刘长佑、山东巡抚阎敬铭会筹防务，当面商定“划分汛

① 曾国藩：《贼众全萃皖境拟先赴临淮折》，《曾国藩全集·奏稿》，第八册，第4917页。
② 曾国藩：《宁陵扶沟等处胜仗折》，《曾国藩全集·奏稿》，第八册，第5030页。
③ 朱学勤等纂：《钦定剿平捻匪方略》，卷二四六，同治十一年大铅字印本，第21页。
④ 《中国近代战争史》，第一册，第353页。

地，各有专责”，黄河“自范县豆腐店以上，如东明、长垣等处”，统归直隶设防；“自豆腐店以下，如张秋、东阿等处”，统归山东设防，运河北路堤墙已由山东方面修筑坚实，南路堤墙由他会同漕运总督吴棠查勘督修加固，期于“保全运东完善之区”①。运河的防线，从济宁的长沟以上至黄河，由山东军防守，以下相关地段由曾国藩部下分防。而捻军渡过沙河进入豫西后，曾国藩则设沙河、贾鲁河（沙河支流，由西北方向来至周口入沙河）防线。又命鲍超、刘秉璋、杨鼎勋、刘松山、张诗日所部为“游击之师”②。可见，此时是注重利用河道地形，并增加跟踪追击捻军的“游兵”，加强攻守结合。

而捻军，则始终发挥它行动迅速、大规模游动的特点。其时该军的主要的领袖人物是张宗禹（原即属捻军）、赖文光（原太平军将领）等，他们率部有时合军，更多时候是分支行动，踪迹涉安徽、江苏、河南、湖北、山东等省区，忽此忽彼，飘忽靡常。其军与清方军队当然最主要的是曾国藩所统各部，多次交战，胜负互有，而基本未曾受到过整体性重创。但是，因为长期流动作战，各方面消耗亦大，难于休整，军械、给养补给困难，也不得他军支援。为了改变日见被动的战略态势，在同治五年（1866 年）九月，也就是曾国藩正式卸帅（事下详）的前夕，捻军在河南中部的许州一带分成东西两支，“西捻军”由张宗禹等率领挺进陕甘，以与那里的回民起义军联络合势；“东捻军”由赖文光等率领，则仍留中原坚持。其后战事仍多，局面复杂，但因为很快曾国藩帅职由李鸿章替代，平捻军务就与曾国藩没有直接关系了。而从曾国藩挂帅期间的情况看，尽管苦苦运筹，不断调整军事部署，但总体看来，平捻军务并不顺手，成效难著。

二、帅符“法力”何失灵？

那么，何以出现上述局面？根本原因在于曾国藩的军事方略失误吗？恐怕不是。这一点，不妨与李鸿章挂帅后的情况对比来看。

---

① 《曾国藩全集·奏稿》，第九册，岳麓书社 1991 年版，第 5314 页。

② 参见《中国近代战争史》，第一册，第 353 页。

李鸿章挂帅统军，也是经过一年零七八个月（恰与曾国藩挂帅的时间差不多）的艰难拼搏，在与其他多支清军的联同下，最终于同治七年（1868年）六月，将捻军镇压下去，取得成功。是李鸿章在战略上较前作有原则性的改弦易辙吗？其实并没有。当然，这并不意味着说李鸿章对曾国藩的战略方案完全是萧规曹随，一点不作变通更改。事实上，军情千变万化，形势条件不同，军事指挥员绝对不能胶柱鼓瑟。具体的作战指挥情况不待细说了吧，就基本战略方针而言，李鸿章实施的所谓"扼地兜剿"，与曾国藩的重点设防、河防配以游击之师而形成的"攻防结合"，应该说大旨略同。据说，曾国藩的沿运河筑长墙防守法，是襄办其军务的淮人刘秉璋所出主意，李鸿章当初对这种方法看不上，致函刘秉璋讽讥说："古有万里长城，今有万里长墙，不意秦始皇于千余年后，遇公等为知音。"想来，这主要恐不是针对刘秉璋，而是针对曾国藩的。可不久李氏代曾为帅，"亦无以改"前曾国藩的"扼河而守之策"①。还有知情者说，曾国藩挂帅平捻，"筑长墙，守运河及沙、鲁诸河，闻者皆笑其迂"，而其后李鸿章"踵而行之，更守胶、莱、北运河，及马颊、徒骇，遂蒇厥功"②。诚然，自李鸿章受命挂帅之初，就有袭用曾国藩成法的定议。他说，"中原迤东，豫、皖、（山）东、徐（州）平旷千里，终年驰驱，实疲兵力。官军马队苦少，追贼不能穷远，则终无聚歼之法，不得不借地利以图合围。河防果能立脚，西路险隘较多，地势较窄，蹙贼于山深田多之处，彼骑无可施展，以步敌步，可操胜算"，"筹思再四，曾节相（按：指曾国藩）前议固有深意，无以易之"③。

曾国藩"固有深意"的平捻方策，可谓基于他对捻军在作战上长短优劣的颇为清醒的认识。且看他的这样一番总结性论说：

> 此贼（按：诬指捻军）故智，有时疾驰狂奔，日行百余里，连数日不少停歇；有时盘于百余里之内，如蚁旋磨，忽左忽右。贼中相传秘诀曰："多打几个圈圈，官兵之追者自疲矣。"僧王曹县之败，系贼以打圈圈之法疲之也。吾观捻之长技约有四端：一曰步贼长竿，于枪子如雨之中冒烟冲

---

① 刘体智：《异辞录》，第46页。
② 王定安：《湘军记》，第261页。
③ 顾廷龙、戴逸：《李鸿章全集》，第29册，第462页。

> 进;二曰马贼周围包裹速而且匀;三曰善战而不轻试其锋,必待官兵找他,他不先找官兵,得粤匪初起之诀;四曰行走剽疾,时而数日千里,时而旋磨打圈。捻之短处亦有三端:一曰全无火器,不善攻坚,只要官吏能守城池,乡民能守堡寨,贼即无粮可掳;二曰夜不扎营,散住村庄,若得善偷营者乘夜劫之,胁从者最易逃溃;三曰辎重妇女骡驴极多,若善战者与之相持而别出奇兵袭其辎重,必大受创。①

正是由于能够“知彼”,同时也能够“知己”,故而曾国藩平捻的战略战术原则并无大误。他与李鸿章先后挂帅,尽管作战结局异样,但所用方策略同。曾国藩之所以“师久无功”,除了作战具体指挥上的某些缺陷之外,更根本的原因,一是对所统军队控驭上的受限;二是缺乏继续坚持的心态和身体条件,实有“半途而废”之嫌。而这两个方面,又是前者与后者有时存在一定因果联系的。

曾国藩对所统军队控驭上的受限,直接缘于部下主体上已非湘军而为淮军,另掺以其他杂牌军队。所谓“杂牌”军队,前边曾经提到僧格林沁的残部,陈国瑞军即属之。就是这个陈国瑞,桀骜不驯,引发过诸多事端,使曾国藩大为头痛。其人为湖北应城人,早年参加过太平军,后叛投清军。在僧格林沁挂帅平捻期间,于同治元年(1862 年)归其帐下为将,隔年授总兵。僧格林沁被杀后,清廷震怒,将前敌诸将问罪,陈国瑞则以受伤及以往“战功”得免,并代领僧格林沁残部,护理钦差大臣关防,驻扎济宁。他对新挂帅的曾国藩根本不放在眼里,骄横恣肆,我行我素,不听指令。淮军刘铭传部受命赴济宁助守,陈国瑞深为嫉恨,竟率兵突入铭军营中,杀人夺械。刘铭传亦满身盛气、不甘受屈之人,便以暴抵暴,打死陈国瑞亲兵若干,并将陈国瑞逮起关押数日,直至他服软乞求才予放走。这场火并双方死者竟至数百。

发生了如此严重的事端,陈国瑞和刘铭传都不自认其错,而是各执其词,向曾国藩控告对方。

对陈国瑞情况,曾国藩自为熟闻,决无好感。早在上年春间清廷曾寄谕询及陈氏,意在擢用,曾国藩是以其“桀骜扰民,断不能独当一面”复奏的(那时

① 曾国藩:《致沅弟》,《曾国藩全集·家书》,第二册,第 1311 页。

陈氏并不在其部下)。及此时鉴于清廷对其人的看重,本想尽量迁就、笼络,冀其有所收敛,能为所用。而清廷闻知陈国瑞、刘铭传部火并事件后,并未深究,只是让曾国藩斟酌调解。曾氏奏以宜让陈军暂行驻扎河南归德,不使与铭军同处。同时,上一密片指陈"陈国瑞事状",说经访查,皆称此人"凌轹州县,性好私斗,屡次梗调,劣迹多端",江、皖统兵各员"无不畏其狠忍,不愿与之共事",他未能力救僧格林沁而"假装受伤"欺饰,肆行招勇勒派,"俨有独当一面不受节制之势",本应严参惩办,因亦有人"言其善战可用,素不贪财好色","至性过人,好听忠孝古事","臣生平爱惜将才,视如性命",故"给予公牍,历数其过,褒扬其善,与之约法三章,令其痛改前非,勉图后效"[①]。所谓"给予公牍",是指同治四年(1865 年)六月初六日对陈氏具禀的批文,洋洋二千数百言,确实称得上是直言不隐地"历数其过,褒扬其善"。所谓"约法三章",是告诫三事:"一曰不扰民,二曰不私斗,三曰不梗令",亦逐条详作阐释和要求,语辞严厉而又不失恳切。另还有"勒令遵从者"三条:第一条,八千勇数,必须大为裁减,极多不许过三千人,免致杂收游勇,饥溃生变;第二条,该军与淮勇、英翰等军,一年之内不准同扎一处;第三条,官衔宜去"钦差"字样(按:其文移结衔擅用"钦差帮办军务"字样),"各省协饷,均归河南粮台转发,不准别立门户,独树一帜"[②]。

一个多月后的七月下旬,曾国藩又有"补参"陈国瑞的一折和"再密陈陈国瑞事状"的一片,折中补参事项,是对他战阵未能救护僧格林沁,而"饰词巧脱,逍遥法外",与他人"同罪异判"提出异议,请旨将其"撤去帮办军务,革去黄马褂",暂留总兵实缺,"责令戴罪立功,以示薄惩而观后效"。片中是陈明陈国瑞对前给批牍的回复中,"于查询各事则巧为掩饰,绝无由衷之言、悔过之意;其于禁约三端,则故作游移,亦无矢志遵行之语",申说并无将此列入参款,是"因河南实乏良将",故稍留其体面,"冀收鹰犬之才,一策桑榆之效"[③]。可知,陈国瑞到底还是不买曾国藩的账,尽管曾国藩又气又恨,但为了军事上需要,也只得勉强留此"鹰犬"在其麾下。可这样的人,能够听命于他,收臂助

① 见《曾国藩全集·奏稿》,第八册,第 4918—4919 页。

② 《曾国藩全集·批牍》,第 347—349 页。

③ 《曾国藩全集·奏稿》,第八册,第 4968—4969 页。

之效吗？

作为曾国藩所统带部队主力的淮军，虽说本来是由"湘出"，但既独立形成军系，它终究是以李鸿章为主人，对曾国藩也以"外帅"视之。尽管曾国藩标榜对淮军将士"但恐失之过宽，断无失之过严，常存为父为师之心肠"①，并且在实际上也采取一些笼络措施，但淮军仍不愿听命于他。李鸿章自然也不愿放手淮军，处处干涉前敌安排，给曾国藩造成很大难堪。

按照曾国藩关于"四镇"（安徽的临淮，江苏的徐州，河南的周口，山东的济宁）分驻重兵，另设游击之师，动静结合的战略部署，李鸿章的幼弟李昭庆所部是充当游击之师的，任务是追踪捻军，这样常处前敌，自然艰险。李鸿章为李昭庆的安全计，曾私下商请曾国藩改让潘鼎新所部充当游击之师，而由李昭庆率部驻防山东济宁，不料曾国藩拒不答应，还把李鸿章教训了一番，说是李家"必须有一人常在前敌担惊受苦，乃足以折服远近之心"，"吾二人视剿捻一事，须如曾家、李家之私事一般"②。李家兄弟自然不满，酝酿让李昭庆退役而脱离曾氏。

铭军首领刘铭传也乘机发难，使事情更雪上加霜。在当时曾国藩所统的部队中，刘铭传属最为出色的将领，所部在军中举足轻重，被布置在"四镇"当中尤当冲要的周口，并拟相机随时调援他处，尤其是要充当"追剿"的游击之师。及至定计扼守沙河（周口至槐店段），亦责成刘铭传负责，也是艰巨任务。刘铭传不甘受曾国藩驱使，为他人做嫁，在战事颇为紧张和关键的时候，以所部过于劳惫为由屡屡要求休息。在他自己径向曾国藩要求不被批准的情况下，李鸿章便出面干预，意在让刘铭传告假归籍。若刘铭传离军，曾国藩的战略部署就会受到极大干扰，他忧愤难耐地致函李鸿章严词相责："省三（刘铭传字）自元年夏赴沪，今仅四年有奇，三年冬曾回籍小住数月，亦不为甚劳甚久……今若听其告假回籍，则沙河必办不成。在大局无转机，在省三无恒德矣。"甚至这样向李鸿章摊牌："目下淮勇各军既归敝处统辖，则阁下当一切付之不管。凡向尊处私有请求者，批令概由敝处核夺，则号令一而驱使较灵。以后敝人于淮军，除遣散营头必先商左右外，其余或进或止、或分或合、或保或

① 《曾国藩全集·书信》，第八册，岳麓书社1994年版，第5861页。

② 《曾国藩全集·书信》，第八册，第5657页。

参、或添募、或休息归假,皆敝处径自主持。”[①]经此交涉,李鸿章的态度表面上有所改变,但实际上仍深有城府,甚至私下这样怂恿淮军将领:“湘中将帅,藐视一切淮部。如后生小子亦思与先辈争雄,惟有决数死战稍张门户。”他依然隐操淮军的控制权,因“由人调遣,窒碍殊多”,而“颇有后悔”[②]的淮军将领们,则仍旧唯李鸿章马首是瞻,对曾国藩或阳奉阴违,或公开对抗,刘铭传在这中间俨然领头人。当然,李鸿章的态度更具有深层的影响和制约性。知情者即有谓,当时李鸿章对淮军前敌军务“事事干涉”,“且时上章,条陈军务,文正(指曾国藩)弗善也”[③]。在这种情况下,曾国藩纵有“撤湘军事,合九州铁不能铸错”[④]的深悔,但也无济于事,世上没有卖后悔药的。对淮军指挥调度困难,当是迫使曾国藩在平捻战场上无功而退的非常重要原因。

军务中的诸多掣肘,当然使曾国藩本来就颇为消沉的心情变本加厉。同治五年(1866 年)七月初,曾国藩就感叹:“军务毫无起色,加以大水成灾,酷热迥异寻常,心绪实为恶劣。然亦只好安命,耐烦做去。”如果说,这时他还打算强制自己“耐烦做去”的话,那么,很快他便再也“耐烦”不下去,打算撒手不干了,在八月十九日致国荃弟信中这样就说:困捻不成,“前功尽弃,大局尤坏,忧灼之至”,“万不能肩此重任,拟于三日内奏请革职革爵,出军养病,密片请派李(鸿章)、左(宗棠)二人接办”[⑤]。当然,所谓“奏请革职革爵”,实际上没有真的这般“雷厉风行”,是稍稍拖延了一些时日,不过,在此前后,就接二连三地向朝廷请病假“在营调理”。八月十二日,已移驻河南周口的他,发出请假一月的奏片,陈说他早在临淮时,即“感受暑湿,浑身酸疼,医治未痊,力疾西上”,到周家口后虽“外感渐愈,惟出汗过多,心气甚亏”,医嘱“必须静摄”。在此次请假获准期满之后的九月中旬,曾国藩又奏请续假一月,所陈理由是,虽经调理“外症痊愈”,但“心气过亏”的内症依旧,甚至在该月“初九酉刻,忽然昏晕倒地,虽旋即扶坐无恙,而颓衰之态实难支持”[⑥]。其身体有病并非虚

---

① 《曾国藩全集·书信》,第八册,第 5861 页。
② 顾廷龙、戴逸主编:《李鸿章全集》,第 29 册,第 444、442 页。
③ 刘体智:《异辞录》,第 46 页。
④ 徐宗亮:《归庐谈往录》,第 18 页。
⑤ 曾国藩:《致沅弟》,《曾国藩全集·家书》,第二册,第 1269、1278 页。
⑥ 《曾国藩全集·奏稿》,第九册,第 5350—5351、5382 页。

言,这自然会对其精神、心绪上直接产生负面影响,但似乎也未到“不支”的严重程度(这从随后他被取消帅职后,曾要求不回江督之任而留营作为“散员”效力的情况可证),是借以作为他“奏请革职革爵”的过渡性前奏而已。

还有官场人际上的风波,对曾国藩的消极退隐情绪更不啻雪上加霜。让他最忧心的事情,是乃弟国荃对湖广总督官文的奏参。曾国荃开缺回籍休养后,曾于同治四年(1865 年)六月间被授山西巡抚,他以病体未愈为由没有赴任,次年被调补湖北巡抚,并参与组织对捻军的镇压。他与湖广总督官文矛盾渐深,终在这年八月下旬奏参其人,并且语词颇为严厉。说他“徇私忘公,愈趋愈下”,“但知媢嫉怀私,妄自尊大,不以军务为重,惟以逸豫自安”,“致使军务、吏治弊端丛出”。具体开列其人的“劣迹实事”,有“滥支军饷”、“冒保私人”、“公行贿赂”、“添受陋规”、“弥缝要路”、“习尚骄矜”、“嫉忌谠言”等项。并且保证所参皆实,有谓“傥有虚诬,自甘重坐”①。另外,曾国荃还弹劾了时为军机大臣的胡家玉,其人能入军机,自然也属朝中权要(被劾后遂出军机)。

特别是因曾国荃与官文系同区督抚,且在政事、军务上有过多年的连带关系,其间交恶影响尤显。对乃弟弹劾之事,曾国藩事先并不知情。可能是生怕谨小慎微的大哥阻拦吧,曾国荃事先并没与他商量。及至曾国藩获知,生米已做成熟饭,他内心忧急得要命,生怕惹出乱子。他是在十月初才得见曾国荃奏参官文密稿的,此前已为其奏参事“焦灼弥月”。看稿后虽对曾国荃表示“所言皆系正人应说之事”,“始行放心”,但这在很大程度上只不过是一半安慰乃弟、一半安慰自己的话。实际上,他难以真的放下心来,敏感地觉察着舆论反应,焦急地等待朝廷的评断结果,这中间还是忍不住责备乃弟,说“吾辈当儆省,何可乘机劾人”,“左帅(按:指左宗棠)虽横行一世,尚未弹劾如官(文)、胡(家玉)之显贵者”,“弟做此石破天惊之事,而能安居乡井乎”②? 经乃兄提醒,曾国荃似乎也不无后怕,回信中说“兄则谓为石破天惊之举,弟尤不觉魂飞魄散,只得静以待罪,听其自然而已”③。事情的结果,是将官文撤湖广总督之任(其人不久又得任他职),实际上也就是将他调开免得与曾国荃同城共

---

① 曾国荃:《劾督臣疏》,《曾国荃全集》,第一册,第 63—68 页。

② 《曾国藩全集 · 家书》,第二册,第 1293、1296—1297 页。

③ 曾国荃:《复伯兄》,《曾国荃全集》,第五册,第 244 页。

事，和稀泥的办法而已。尽管当下没有捅出曾国藩所惧怕的大娄子，但还是让曾国藩感到局面被动，隐患非小。他给当时在曾国荃处的纪泽儿写信说，“沅叔劾官相之事”，此间朋僚们“皆不以为然”，“闻京师物论亦深责沅叔而共恕官相，八旗颇有恨(此事)者”，你“当时何以全不谏阻”？“顷见邸抄，官相处分当不甚重，而沅叔构怨颇多，将来仕途亦逢荆棘矣”①！

据知情者透露，曾国荃弹劾官文之事，有着复杂的官场挟私斗法的背景：时为湖北按察使(所据资料中述为“藩司”，当误)的唐际盛，与同为湖南长沙府籍且同属湘系人员的黄冕(南坡)交恶，而曾国荃则与黄冕为至交，唐氏怕曾国荃来湖北对自己不利，遂代官文起草一份折稿，奏请曾国荃暂不来鄂接巡抚任，而直接到鄂境之外任军事官，官文没有采纳。唐氏便把折稿寄归湖南，传之于众，并造谣说官文已经密奏，想借以阻止曾国荃来鄂。曾国荃听信大怒于官文，到鄂后有十来天不肯接印，有人为官文辨白，曾国荃意方“稍释”。又有粮道丁守存等人，也不得志于官文，窥知曾国荃对其不满，故意进行挑拨离间，说官文对曾国荃素以弟相称，这是“轻玩狎侮”。而唐际盛则借机又怂恿官文奏放曾国荃为帮办(军务)，官文不察，“冒昧行之”，复加剧了与曾国荃的矛盾。曾国荃终于觉得无法忍耐，连乃兄也不商量，便率尔对官文拟折奏参。据说，折稿是他亲笔起草，其间与侄儿纪泽议商，并由纪泽最后誊清。乃侄这时还是一个没有什么政治经验的书生，当然不能像他父亲那样顾虑周详，所以不但没有劝阻，还参与帮忙。后来获见此折的赵烈文，曾以“语多不中肯，文句亦冗沓拖长，首尾不相顾”②评之。

而在参劾官文之前三个月，曾国荃即先行密参过唐际盛，指斥其“狡诈成性，专以钻营接纳为事”，“夤缘当道，倾陷同官”，而督臣“大事则任其挟制，小事则听其蒙蔽”，请“严旨将唐际盛立予罢斥，永不叙用”，以期“宵小从此敛迹，正士得展其才，于全省军务、吏治实有裨益”③。结果，唐际盛被“召京”而离开湖北，等于剪除了官文的一个羽翼。接着，曾国荃遂将这位在湖广多年的总督诉诸弹章。

---

① 《曾国藩全集·家书》，第二册，第1321页。

② 《能静居士日记》，《太平天国资料丛编简辑》，第三册，第404—405页。

③ 曾国荃：《密陈臬司狡诈疏》，《曾国荃全集》，第一册，第47—48页。

尽管曾国荃奏劾官文之事，对曾家乃至湘系集团后续的不利影响不可小觑，但其直接后果似乎没有像曾国藩最初担心的那样糟糕。当然，给曾国藩与官文之间造成很大尴尬是必定的。据说官文自湖广离职赴京，路过扬州，而时已解帅印南下的曾国藩恰也在此地，两人“书疏往还，约明彼此不提（参劾事）”，身边人居间说合，劝两人见面，曾国藩先候待官文，而官文“见面无语”，待他礼节性地“答候”，曾国藩则未去晤见。及至各司道设席宴请两人，曾国藩到席，而官文未来。两人就这样相别。曾国藩倒能理解，对人说：“沅（指曾国荃）疏实未先商，然系亲老弟举动而云不知，何以为兄；若云知之，又何以对友？”所以，两人相见不免“无辞可措”。至于事后他对官文的评价，倒也算得中肯，说其人“城府甚深”，当胡林翼在世时，“面子极推让，然有占其地步处必力争，彼此不过敷衍而已，非诚交也”，不过，“其心亦止容身保位，尚无险诐”①。

曾国荃弹劾官文事结，曾国藩的卸帅之局早定，故而不能说前者对后者有直接的因果关系，但事情发生是在曾国藩酝酿开缺辞爵之际，对当时他的忧祸求退心境，则无疑会产生“谐振”效应。

三、“圣地”之行

在具体述说曾国藩卸帅情事之前，还需要回溯他“圣地”之行的一个插曲。同治五年（1866 年）二月间，他由江苏徐州移驻山东济宁（后又转河南周口）。山东乃古圣之乡，这位平捻大帅在这里进行了与军务几无什么关联的一系列朝圣活动。

在移营济宁的途中，曾国藩于二月十五日谒孟子庙，并且拜访了孟子的后裔孟广均。这于其人的日记中，只留下了非常简略的记述。第二天行进途中，他到“宣村之东六里曰凫村”的地方，展谒了孟子母亲之墓。这位非凡女性与丈夫邾国公同冢，墓在凫山（俗名马鞍山）之背。谒过之后，曾国藩还“策马登

① 本段中引文及叙事据赵烈文《能静居士日记》，《太平天国资料丛编简辑》，第三册，第405—406 页。

凫山顶一望”。在这里,也许还找不到“会当凌绝顶,一览众山小”的感觉,但“孟母三迁”、“孟母断织”的故事,一定会撩拨起展谒者心中的层层波澜。曾国藩之所以非常重视家教,应该是基于儒家文化中的“齐家”之旨,这中间,孟母教子故事当不失为典型而生动的素材吧?曾国藩展谒孟母之墓的事情本身,就说明他对这位古圣之母心存深切敬仰。

当天,曾国藩行抵曲阜,这里是“至圣先师”孔子的故乡。衍圣公孔祥珂出城迎接。在公馆略事停留后,便到圣庙谒拜行礼。据说,孔庙始建于孔子死后的第二年,鲁哀公命祭祀孔子,以其故宅三间作庙。当然,随着孔子地位的不断提高,他的享庙规制也在不断提升。明清两代钦定按皇宫之制建筑,与最原始的“故宅三间”之“庙”显然不可同日而语。曾国藩拜谒的这个时候,虽说由于战乱环境和财力限制,不可能像今天我们见到的浸润在“旅游”氛围中的“华美”和热闹,但想必能更有一种沧桑和肃穆之感。曾国藩这时的武帅名头,决掩不住他“儒臣”的“质地”,在对古圣礼拜之际,脑海中是否会泛出十二年前他写《讨粤匪檄》时的情思?在那篇出师文告中,他可是把维护孔孟圣道的调子唱得够高啊!于今亲临圣殿,是他“剿平粤匪”后又担负“剿平捻匪”使命而军务却颇不顺手的时候,他会不会默默祈祷先师的护佑呢?

在此拜谒完毕,曾国藩又“至殿上及后殿敬谨瞻仰,即圣配行官夫人之寝殿也”。接着,再到东边展谒供奉孔氏先世五王的“崇圣祠”,看了记载孔圣历代支派的两座图碑之后,曾国藩又转看“孔壁”。眼下的这一“寻常照壁”,在中国文化史上却有着一个重要符号的意义:当年秦始皇焚书坑儒,孔子九世孙孔鲋将祖传的一些儒家经典藏于故宅墙壁里,自己隐居嵩山,及至汉初鲁恭王刘余为扩建宫室而拆除孔氏旧宅,发现了这批“古文”经书,较当时的“今文经”在篇目和内容上多有不同,成为历史上形成“今古文经”之争不可缺少的一方资料源,也是儒学原典保存和传衍的千古佳话。为了纪念藏书的孔鲋,后人建此“鲁壁”。历代文人睹物思古,吟咏颇多。如明代孔贞栋的诗句即颇有意味:“蝌蚪(按:指蝌蚪文)出从古壁中,至今大地书文同。秦人遗下六经火,三月咸阳焰尚红。”而此刻,面对这面看似寻常的照壁,熟读儒家经书的曾国藩,心中能不思绪万千?此壁之西为孔宅故井,相传就是孔子当年的吃水之井,其水有“圣水”之称。览毕,曾国藩又到“孔壁”南边的诗礼堂,在里边小坐饮茶。不知道此泡茶之水是否即取自"圣井"？若是，当别有一番滋味吧？茶罢，"至大成门内阅孔子手植之桧"。此桧既然传为孔子所植，当然就成了非同寻常的"圣树"。据说，它多次枯死或遭焚，又多次复生，雍正十年复活那次，孔府还特别向雍正皇帝报喜，作为"世道兴旺"的吉兆。曾国藩观览此树，留下它周围"环以石栏，高仅尺许，有似立石，色微红，有似肉芝"的记述。桧栏之北为"杏坛"，相传是孔子讲学的地方，有于此"弟子读书，孔子弦歌鼓琴"之说。曾国藩作为读书起家之人，身临其所也会浮想联翩吧？而他的日记里只留下"有似楼观"的外形记载。出来大成门外，曾国藩"阅御碑亭十三座"，其中九座为当朝的，其余四座为唐、宋、金、元者。接下来"至西边谒启圣祠，又至后殿瞻圣母颜夫人寝殿。又阅金丝堂，观各乐器"。

曾国藩的瞻观，是在衍圣公的亲自陪同下进行的，周历各处之后，他还被邀到衍圣公府"叙谈颇久"。离开的途中，在轿子里曾国藩还抓紧时间阅读了三十来页的《曲阜志》，想必是方才之游，更激起他了解"圣地"人文历史、风土人情等背景情况的兴趣吧？这天，他还瞻拜了颜子的"复圣庙"。

第二天(十七日)吃过早饭，曾国藩到曲阜城外谒孔林等圣所，并有较为具体的记述：

出城北门，谒至圣林。约三里许，有万古长春坊。稍北，有红墙夹甬道，道皆有古柏，仪树匀挑。又北有楼观，即林墙门也。过下马牌后，有洙水桥。桥北入大门，至享殿下行礼。殿后甬道之右为子贡手植之楷，稍北为乾隆驻跸亭、康熙驻跸亭。又北为宋真宗驻跸亭。又北即圣人墓。墓之东为伯鱼墓，其南为子思墓，其西南为子贡庐墓处。旋至周公庙行三跪九叩礼，庙之规模甚小。周公墓在陕西，相传此为鲁太庙遗址，两庑配享鲁三十三公也。旋行十里许谒少昊陵，《曲阜志》颇以此墓为可疑，然坟冢叠石为之，广八丈九尺，高二丈，规模奇古，云是宋时所为，则其来已旧矣。又行二十里许，谒启圣王林，行六叩礼。圣兄孟皮墓在其南，享殿坍塌，不蔽风雨矣。①

① 《曾国藩全集·日记》，第二册，第1235页。

展谒这数处地方，往返约六十里。回到曲阜城里，曾国藩马上作了副一联语赠衍圣公。联曰："学绍两南，群伦宗主；道传一贯，累世通家。"衍圣公府则为曾国藩举行午宴，殷勤招待。宴罢，曾国藩又仔细欣赏了府藏文物，有清廷颁赠的周朝铜器，其"古泽灿然"；有珍贵的名人字画，其中包括吴道子所画孔子像原本；还有"元明两朝衍圣公及孔氏达官所留遗之冠带衣履"，其"彩色如新"，曾国藩感慨这些东西为其"生平所未见"。①

曾国藩在孔子故里自然不是一般的旅游，而是"朝圣"。结束此行后，他回到驻地济宁。及至四月中旬，又一游泰山。十五日至岱庙，观览之细，兴致之高，从他俨然游记的文字中即可看出：

> 头门凡五门：正中曰正阳门，左右曰掖门，又左曰仰高门，又右曰见大门。余入仰高门，院中左有《宣和碑》，右有《祥符碑》。二门曰仁安门，院中左右皆有乾隆御碑亭，余碑甚多。正殿曰峻极殿，祀东岳大帝。后殿曰寝宫，祀大帝与碧霞元君。正殿丹墀之下，东有古柏如龙爪，有藤萝绕之；西有新榴如凤翼，有倒挂嫩枝，葱翠异常；又有一柏正当甬道，名曰独立大夫；稍南有一太湖石，甚奇，名曰扶桑石；其西院有环咏亭，自宋元以来题咏各碑环嵌壁间，李斯刻碑亦自山顶移嵌于此。其内为东岳帝之便殿，陈列朝所颁法物珍器于此。中有乾隆间颁镇圭，长三尺许，厚二寸许，上青、中白、下绀色，首为凉玉，邸为温玉。环咏亭之南有唐槐，苍古无匹。旋赴东院，有炳灵宫，宫前有汉柏六株，尤为奇古。又登仰高门、正阳门之楼一望岳色。②

十六日早饭后，曾国藩与幕客六人登泰山。所记更为细致生动：

> 出泰安北门三里许，过岱宗坊，旋至玉皇阁小坐……又至关帝庙小坐，有盐当会馆。旋过飞云阁，有孔子登临处坊。旋过万仙楼下，未登楼。

① 本节中自此以上，相关引文和叙述多据《曾国藩全集·日记》，第二册，第1234—1236页。

② 《曾国藩全集·日记》，第二册，第1252页。

旋至斗母阁小坐，水声清澈可听。旋过水帘洞，在大路之西，图中误刻于东(按：可见当时也有“导游图”)。旋阅石经峪。峪在大路过溪之东，约步行小半里。其上为摩天岭，岭上泉流涧中，巨石铺于涧底，纵横五亩许，刻《金刚经》其上，字大径尺四寸许，中署三大字，曰“暴经石”。又有明汪玉者著论谈文，其子汪坦刻之石上，侧署二大字，曰“经正”。旁一巨石曰试剑石。旋还大路，过一小桥，土人名曰“东西桥”。自此桥以下，路在溪之西，自此桥以上，路在溪之东矣。夹道翠柏成列，土人名曰“柏洞”。旋至壶天阁小坐。自城至此凡十八里。又过回马岭，至二虎庙。登岱程途，至此得半矣。该处路稍平夷，微有陟降，名曰“快活三里”。稍北为云母桥，该处有瀑布，名曰“御帐坪”。小坐，盖途中最胜之处也。遥望东边石壁，摩崖一碑，曰“万丈碑”。过朝阳洞，有元君殿，今颓毁矣。旋至五松树，小坐，有石坊曰“五大夫松”。秦时松久不可见，今亦有虬松数株。又北为对松山，溪之两岸，古松森列，与东西桥之柏洞皆岱岳茂林也。自此以上为慢十八盘，过升仙坊为紧十八盘，岱岳中最为险峻之处。至南天门小坐。旋折而东，行里许，为碧霞元君庙，又东北一百步许为东岳大帝庙。余即在此停住。卯初自城起程，午初一刻到此，不觉登陟之难，盖号为四十里，实不过三十二、三里。小憩片时，旋至两庙各行三跪九叩礼。因捻匪未平，发愿默为祈祷。中饭后，小睡片刻。旋与幕友步行登览各处。

先至岱顶，即所谓天柱峰也。中有玉皇殿，殿外有巨石陂陀，相传为山之颠(巅)顶。门外有无字碑，广二尺许，厚一尺五、六寸，高丈二、三尺，《志》称为汉时立石。顶之西南为青帝宫，又西为寝宫，内有元君卧像，门锁，未得启视。其南为北斗台，台上两石幢，高二尺许。寝宫之西为孔子殿。以上宫殿四处及北斗台皆已颓败。旋至岱顶之东，有乾坤亭，因纯皇帝(按：乾隆帝)书“乾坤普照”扁(匾)而名之也。又东为日观烽亭，亦有纯皇帝诗碑，其后一碑题“孔子小天下处”。此亭本可观日出，今已颓毁，上无片瓦，不如玉皇殿东轩看日出之便。又东南为舍身岩，改名爱身岩。岩之侧为仙人桥，两石壁之间，三石相衔，下临深谷，有如飞桥。又东为东神霄山，即日观峰迤东之耸起者，实一山耳。遥对西神霄山，即南天门迤西之耸起者。傍夕归，观东岳殿后唐明皇摩崖《纪泰山铭》。其旁小泉曰圣女池。凡岱顶之可观者，略尽于此。①

看，曾国藩这未必经过特意精细润色的记述文字，岂不就是堪称上乘的游记？五岳之首，巍巍泰山，百景斗异，气象万千，一路游来，尽揽在胸，记之笔下，井井有条，不求渲染，生动自出，言简意赅，出神入化。实在不忍割爱，故录载于此。

当夜，曾国藩一行即住宿在山上。因傍晚为阴云微雨的天气，曾国藩估计黎明断不能观览日出了，于是“高卧不起”。而幕友黎庶昌等四人却不甘心，他们结伴登玉皇顶东轩，等到五更时分，“严风微雨过后，竟得一睹日出之胜”。曾国藩大概不无遗憾吧，但更能借事悟理，说“乃知天下事未阅历者不可以臆测，稍艰难者不可以中阻也”。

清早他们起行下山，不消一个时辰便回到郡城。能如此之快，是因为乘坐一种特别山轿，其“长六尺许，两损弧而向上，如一弓小桥然。舁夫以皮带承肩，上下石磴，轿皆横行，舁夫面皆向前。以直行，则皮带正负在项后；横行，则皮带斜曳在肩侧也”。看来，这算得上当时很便捷的载人登山、下山的工具了，曾国藩辈得以享用，与平时所乘轿舆相比自会觉得别有一番情趣，但会否想到轿夫们的苦累？

无论如何，此旅当会使曾国藩在军务的紧张、疲惫中暂得调节和松弛。他总结说：“此次登岱所心赏者，在庙则为镇圭，为李斯碑，为汉柏、唐槐，为龙爪柏，为扶桑石；在山则为玉皇顶、无字碑，为《纪泰山铭》，为南天门，为御幛坪。外此虽有胜迹，非所钦已。”看来，除了“朝圣”的精神需求外，其人最感兴趣的就是典型的文物古迹。当然，即使此际，曾国藩也仍然难免军务的“骚扰”，他十六日的日记中有云：“是夕阴云作雨，闻贼又窜曹州，恐其渡运河而东，焦灼之至，睡不甚成寐。”②还有，在东岳大帝和碧霞元君庙行三跪九叩大礼的时候，他不是还“因捻匪未平，发愿默为祈祷”吗？

不过，此际恐怕算得上曾国藩挂帅平捻期间心情最好、儒气弥炽的时候。莫不是受到了“圣地灵气”的感染？游过泰山回到济宁军次，居处“欢迎”这位大帅的却是跳蚤、虱子、臭虫之类的小动物，一连几天，他被咬得难以入眠，满

① 《曾国藩全集·日记》，第二册，第1252—1254页。引录中对有的景观专称，酌加引号。

② 上注以下自此引文，见《曾国藩全集·日记》，第二册，第1254—1255页。

身奇痒，肿起一个个包块，"大者如桃，小者如豆"。他也奇怪"何以毒气甚重如此"，命人"搜查"，结果这天夜里捕着了一蚤四虱，次日白天在床铺又搜得"大臭虫四五，形扁而润，比寻常臭虫大至倍许"。人们告诉他说，这是去冬蛰伏之虫，今年新出，所以饥而悍也。对此"凶犯"的处理，其人日记中没有留下原始记录，想来他未必有佛家"不杀生"的那般"慈善"境界，处以"极刑"无疑，因为害得他是太痛苦了，甚至"不欲治事"。而在这种情况下，夜间睡不好觉的他，竟还能时时用心体晤古人作字用笔之法，灵感光临，得"龙作潜身戏海水，鹰揩倦眼搏秋旻"的诗句，并且记作"戏为"①，可见其雅兴之高。这不妨称为"身饲咬虫戏字联"的事例。

曾国藩的"圣地之旅"至此仍没有结束，还有六月上旬他专至嘉祥县谒曾子林庙。这不仅是"朝圣"，而且是"谒祖"。前边已经交代，曾参确是其家的老祖。初七日早晨他从济宁启程，午后即到嘉祥，住在该城的书院里。晚半晌时分，到宗圣庙叩谒，当然要行三跪九叩大礼。而庙所的形制比起孔庙来可要差多了，"庙中规模扁小，朽败已甚"，后面的启圣庙，"名养志楼，尤朽敝不能避风雨"。谒庙完毕，曾国藩到主持宗祊的宗子曾广莆家一坐，从"广"字看，当属曾国藩孙辈之人了。其家"头二门及大堂等一概颓毁无存，内室亦甚残陋，即雍正年间所赐'省身念祖'匾亦无悬挂之处，仅庋置于桌上"，虽说曾国藩以前就听说过"嘉祥圣裔式微"，但当下见此景况，还是深感"愀焉不安，恝焉不忍，而非人力所能遽振也"。尽管如此，曾国藩还是要表达自己的心意，赠广莆个人四十两银，又"捐祭产银千两"②。

曾国藩的此番捐助对这位圣人远祖的祀事来说可算做了"大贡献"。在曾广莆的主持下，用那一千两银，很快买下济宁州北乡程徐庄徐刘氏田二顷十一亩九分有奇，增置了这多祭田，"祀事自兹无虞矣"。为此事，曾广莆于同治八年(1869 年)专门勒碑为记，颂扬曾国藩"追远展诚"之举，并称誉其"勋高当代"，"此固邦家之光，而亦宗族之荣也"③。在这件事情上，岂不更显出曾

---

① 《曾国藩全集·日记》，第二册，第 1258—1259 页。

② 《曾国藩全集·日记》，第二册，第 1271 页。

③ 曾广莆：《文正公增置祀田碑记》，《武城曾氏重修族谱》，"曾氏宗亲网"载图，碑记，第 1—2 页。

国藩的光宗耀祖了吗?

四、曾李瓜代之局

欣赏完曾国藩“圣地之行”的插曲,接下来便看他帅职的最后收束。

经过前已述及的两番称病请假,到同治五年(1866年)的十月十三日,也就是共计两月之假届满之时,曾国藩便以“病难速愈”为由奏请开缺了。折中述其病况云:“两月以来,加意调治,而心气过亏,不时出汗,不能多阅文牍。说话逾十余句,外舌端即謇涩异常,耳亦重听”,“标病则屡有变换,近日右腰疼痛”。说“似此病躯,久膺重任,断无不偾事之理”,故“再四筹思”,“请开各缺”。值得注意的是,除了病因之外,他还分析了自己操理军务上的长短,自然也是为开缺张本。他说自己“不善骑马,未能身临前敌亲自督阵。又行军过于迟钝,十余年来但知结硬寨打呆仗,从未用一奇谋、施一方略制敌于意计之外”,于“剿捻实大不相宜”;还有颇值揣摩的一条,是说过去统带湘军,“颇有家人父子之情”,现在“惮于见客”,又不能亲作函牍,“昔日之长者今已尽失”,虽未明言与淮军将士难洽,实则隐含其意。鉴此种种,曾国藩不但请求去其帅职(钦差大臣),而且连协办大学士、两江总督的实缺也请一并开去,还要求暂行注销侯爵。若这样,他岂不是要放弃一切职爵回家告休了吗?可又不,他提出并不回籍而“以散员留营”①。这岂不是给清廷出了一道难题,若真让他开缺留营,又将如何安排他的位置?让新帅怎样处理与他的关系?

这种事情,曾国藩当然要与乃弟商议,曾国荃回信表达了他这样的看法:“兄之功绩既冠当时,文章远驾七百年名臣之上,二者皆造物之所忌,及今极为完全之时,奉身而退,实为千古第一流人物。入觐一次,万不可少。到京疏请开缺,无妨至再至三。往京养病七八月,乞归林泉则可也;以散员住营,与兵事相终始,似不可也。”②若从真心求退的地步说,曾国荃的意见到比较符合常规。因为此前清廷虽无允准他的开缺销爵之请,还是继续“赏假”,但已令李

① 《曾国藩全集·奏稿》,第九册,第5395—5396页。

② 曾国荃:《复伯兄》,《曾国荃全集》,第五册,第243页。

鸿章接署钦差大臣，节制湘、淮各军，起码给出了可能正式换帅的信号。若不再挂帅，"军中散员"又如何充法？

及至十一月初，清廷就有了实授李鸿章钦差大臣而曾国藩回任两江总督的谕令。可特别值得注意的是，曾国藩却不情愿让李鸿章接其帅符，他写给李氏的信中有这样一番论说：

> 鄙意阁下不握星使（按：指钦差大臣）之篆，于事无损；不握江督之篆，则确有碍于大局。仆（谦称自己）不握星使之篆，亦于事无损；并不留营照料，亦有碍于大局。惟另简使臣来豫（按：曾国藩时在河南），俾仆得略分重担。新使虽于淮、湘各军不熟，然凡有调度，在东则与阁下商之，在中则与国藩商之，在西则与贱兄弟（按：指曾国荃）商之，似规模不至大变。公则无损于数省之全局，私则鄙人得以藏拙养疴，又不甚见弃于清议。盖七月以来，反复筹思而后出于此。入对之时（可见此时曾国藩拟入都），必更恳切陈之，不知果蒙俞允否？①

可见，这是曾国藩酝酿已久、深思熟虑的"定策"。但这一"定策"似乎暧昧十足。按照他的说法，岂不是要找一个"不熟"湘、淮军的人来名义挂帅，做前台傀儡，让人家受他曾氏兄弟再加李鸿章的操纵，实际上主要还是由留军的曾国藩幕后做主？亏他想得出这样的"奇策"！不日，他又给李鸿章一信，坚决地表态，"鄙人于江督、星使、协办（大学士）三缺，决不肯以病躯尸位其间。故开缺之请，即十疏不获而请之弥坚，虽获谴而不顾"。接着说，"坐实此层，此外再求有益于大局，无损于尊处之道"。看来，他是要打消李鸿章对他辞职真诚性的怀疑，故而又特别解释，有谓自己的留营"照料之说，不过以留营自效，藉塞清议，其实不主调度赏罚之权，即全不干预矣。阁下接办，仆固无不放心之处，即他人接办，仆又岂肯以无效之故将军，更攘臂而越俎乎"？还说，"阁下既奉专征之命"，而"又有洋务、吏治、盐政三者万端填委，想见日夜劳勚，然鄙人内度病躯，外畏人言，势有不能代阁下分劳者，乞亮（谅）之也"②。

① 《曾国藩全集·书信》，第八册，第 6026 页。

② 《曾国藩全集·书信》，第八册，第 6048—6049 页。

若是他真的留营,"全不干预"之说,天知道几分能真,几分将假,能不让人生"此地无银三百两"之疑?

不过,在曾国藩给李鸿章写这封信的前一天,即十一月十七日,确实上过辞回江督之任的奏折。所陈理由是,"两江总督公牍之烦,数倍于军营,而疆吏统辖文武,尤以接见僚属为要义",自己"精力日衰",难以胜任。但又说,"今因病离营,安居金陵衙署,迹涉取巧,与平日教人之言自相矛盾,不特畏清议之交讥,亦恐为部曲所窃笑",所以"但求开缺,不求离营"①。不但所陈两项理由有抵牾之嫌,而且后项调门虽高却愈显矫情。说白了,他是在尴尬难收的情势下有些"胡搅蛮缠"了。要说受"清议之交讥",在当时对他来说已非"防备"的问题,而是已有时日的现实遭遇。或说他是在遭"言路数劾"的被动情况下,"忧谗畏讥"②,乃先请病假继请开缺的。当然,清廷不会看不出曾国藩心中的隐意,不过对待这样一个老臣,面子还是要给留的,尽管无论如何也不会允准他所谓做"留营散员"的要求,但还是顺着他的话茬儿"表扬式"地坚持成命,说由他的留营请求,"具征奋勉图功,不避艰难"之意,谕其"不必以避劳就逸为嫌,致多过虑,着尊奉前旨,仍回本任"。曾国藩复奏还是坚持己见,说"倘必责臣以回任,则开缺之疏将累上而下不已,臣咎愈重,宸听愈烦,辗转耽延,徒稽时日,大局或因而有损,臣心亦无以自安"③。看来,真大有死缠百赖的架势了。而清廷成命不改,谕令的措辞和口吻却严厉了许多,说"曾国藩为国家心膂之臣,诚信相孚已久,当此捻逆未平,后路粮饷军火无人筹办,岂能无误事机?曾国藩当仰体朝廷之意,为国家分忧,岂可稍涉疑虑,固执己见,着即凛遵前旨,克期回任"!这回,曾国藩总算答应暂接总督之印,但提出不回南京而驻徐州,还是要朝廷"从容筹议",另行择人④。虽说尚未完全遵命,但毕竟进了一步。不过,动作仍颇迟缓,于同治六年(1867年)正月才从周口移至徐州。清廷谕称"既经接受两江督篆","着即回驻省城",而直到三月上旬,他才抵达南京署衙,兑现了真正的回任。

---

① 《曾国藩全集·奏稿》,第九册,第5427页。

② 见何天柱编:《三名臣书牍》,台湾文海出版社"近代中国史料丛刊"影印本,第29页。

③ 《曾国藩全集·奏稿》,第九册,第5441—5442页。

④ 《曾国藩全集·奏稿》,第九册,第5483—5484页。

看,奏辞与回任之事,中间是何等胶着,何等费劲！在此事上曾国藩恐怕是前所未有地磨磨唧唧,与朝廷不啻来了场不紧不慢的拉锯战。上面之所以有些不厌其烦地察其过程细节,是因为它实在值得揣摩。

在此特定情势下,帅符与督符比较起来,哪个在皇朝的政治衡器上更重?自然是帅符。因为尚未平息的所谓“捻乱”,是清朝当政者心目中直接威胁其统治的心腹之患,也是阖朝关注的焦点,谁能平此“乱”事,谁就是继“剿平粤匪”之后再为皇朝排危纾难的“大英雄”,谁就将是咸同时期笑到最后的得意“功臣”,谁就将踏上一个更新的借“功”发迹的坚实台阶。所以,事实上曾国藩的内心里是非常在乎其事的,在阴差阳错的种种特定条件之下,他一方面消极求退,一方面又不情愿作为一个失败者中途全身退局,特别是面对昔日学生辈的李鸿章以咄咄逼人的架势前来取代,并很可能奏功超乎于他的可料结局,其心里不免会苦辣酸甜诸味俱全。曾国荃写信宽慰乃兄,说李鸿章“尚是宠荣利禄中人,今日见解又少进矣,其计较利害也亦甚深,接办此席(按:指平捻统帅),谈何容易。幸得轻巧移荷担于渠肩,则在己之进退缓急,似不必过与之深谋耳。”意思是说把一副艰难的担子,这么容易地就推给了计较利害、不知深浅的李鸿章,这岂不是得计之事?宽慰之中显然又包含着为之解嘲的浓重意味。

当年在曾国藩帐下的淮人刘秉璋，自然是知情者，其子刘体智想必是从乃父的渠道获知有关情事，所留下的记述可有助于体察局中奥妙。说是：曾国藩挂帅平捻“师劳无功”，李鸿章继任，曾国藩愧不忍去，自请留营效力。李鸿章到军，亟亟从曾国藩处取钦差大臣关防，曾国藩说：“关防，重物也。将帅受代，大事也。彼不自重，亟索以去，无如之何，然吾弗去（不离军）也。”李鸿章“遣客百端说之回任，弗许”。有人为调和他俩间的关系，说乾隆时代，西征之师以大学士管粮台，位与钦差大臣相当。曾国藩故作不解地问是什么意思，这时刘秉璋解释说：“今回两江之任，即大学士筦粮台之职也。”李鸿章则私下这样向曾告话：“以公之望，虽违旨勿行可也。九帅（指曾国荃）之师屡失利，不惧朝廷谴责欤?”这样，曾国藩才东归回任两江，“自是绝口不谈剿捻军事”。而李鸿章代曾为帅之后，也没有改“扼河而守之策”。及“大功告成”，李鸿章疏请加恩前领兵大臣，曾国藩得加一世袭轻骑车都尉。但他听到后大怒，对江宁知府说：“异日李宫保

（按：指李鸿章）至，吾当为之下，今非昔比矣。”[①] 此为笔记材料，难保细节上处处确凿，而大旨上当为不谬。总之，是说曾国藩因为师劳无功卸帅而又愧不忍去，对取代他的李鸿章事事嫉而不服。其中所述关防交接之事，公牍中当然不会有上述情节的记述，不过由奏疏材料可知，的确不是曾、李二人亲自交接，而是由曾国藩派员送至李鸿章当时的驻地徐州，不能排除李鸿章事先起码是委婉索取的可能。至于平捻告结后李鸿章为包括曾国藩在内的“从前督办诸臣”请奖，曾氏被加赏（系“一云骑尉世职”）也是实有之事。

无论如何，易帅之际的曾、李二人，气态上确是大相径庭。与“意甚悒悒”的曾国藩恰恰相反，李鸿章壮年新近，雄心勃勃，贪求军功，不惮戎马，他把接揽帅符作为独立“建功立业”的天赐良机。他接到署理钦差大臣的谕旨，便很快复奏，在套话性的“谦辞”说过之后，便是当仁不让受命的表示，有“非敢沽谦抑之虚名，拘辞让之末节”之谓，说“若从此脱卸地方事件，专意办贼，事机可赴，神智不纷，尤可勉励报效”。他深知后路粮饷保障的重要，故极力为由朝廷督饬曾国藩尽快回江督之任张本，说是“曾国藩老病侵寻，自萌退志，臣每敦切恳劝，若不耐军事之劳顿，即请回任筹饷，坐镇要区。彼总以精力衰惫相谢”，但“剿捻全军，专恃两江之饷，若经理不得其人，全局或有震撼”，“不得不仰赖朝廷之善为区处”[②]。那朝廷怎样“善为区处”，还不就是让曾国藩正式卸帅而回任两江吗？可以说，清廷的此一决策，与李鸿章这一奏疏有直接关系。这一点，曾国藩当然也敏感地察觉。

要说，李鸿章所言两江筹饷对前敌军事的重要性，也是实情，并且，那也是相当费心和棘手的事情，他自己即有实际的体察。正因为这样，两江总督人选与前敌统帅的真心配合至关重要。曾、李之间虽说不无派系及私家争竞上的一些矛盾，但在平捻之事的大局上，还是能够尽量配合，不出大格的。曾国藩尝对国荃弟说：“大约湘淮两军、曾李两家必须联为一气，然后贼匪可渐平，外侮不能侵”。这当是他的肺腑真言。要回任江督，在其位就得谋其政，费心操劳，就筹饷济军而言，自然也是对君国大局做了贡献，属“公忠”之举，但对个人功绩、声名而言，则不免为前敌统帅所掩，在很大程度上是为他人做嫁衣的

① 刘体智：《异辞录》，第 46 页。
② 顾廷龙、戴逸主编：《李鸿章全集》，第 2 册，第 553—554 页。

“幕后匠人”角色。再说，受种种条件的限制，即使费尽心力，职事也未必能够达到别人的期望值，与其那样，还不如以“散员”的名义留军可有进退地步。恐怕又是基于这样的想法吧，曾国藩亦曾对国荃弟说：“余视江督一职实难称职，前数年幸未泼汤，此际何必再作冯妇？留军而不握大符，或者责望稍轻，疑谤稍减，是好下场也。”总之，曾国藩是陷入在一种极其矛盾和尴尬的心境之中，最后才意兴索然地回了两江总督之任。此后也老是缓不过劲儿来，有谓“只觉无处不疚心，无日不惧祸”，“诸事棘手，焦灼之际，未尝不思遁入眼闭箱子之中，昂然甘寝，万事不视，或比今日人世差觉快乐”①。竟然到了觉得生不如死的地步，尚复何言！

而李鸿章在接奉由他实任钦差大臣的谕旨后，虽上奏中谦称自揣亦无“奇谋胜算”可以超过曾国藩，但表露出的气态上诚为“感奋”异常，说“乃荷圣恩简任，加以策励”，“何敢稍有推诿，致误事机”，“惟有随时勉循职守，殚竭驽庸，以报鸿慈于万一”②。他既接帅印，表露出奋勇行事、不睬异议的气态，甚至连曾国藩与他商量之事，也是“坚执己见，毫不相让”。故曾国藩曾对人说，“少帅（指李鸿章）近颇傲，殊非吉兆”，“此次大举，必不能治贼”③。而回到两江总督任上的他，依然怀有辞职的打算。在同治六年（1867 年）二月初写给国潢弟的信中即言：“移驻金陵满三个月后，再行专疏奏请开缺。连上两疏，情辞务极恳至，不肯作恋栈无耻之徒；然亦不为悻悻小丈夫之态。”不过，他的再辞拟想并未付诸实施。三月间，他接到褒扬其“公忠素著，保障东南”，而“交部从优议叙”的上谕，自然不宜随即请退，而五月间又补授他为大学士，这对臣工来说更是至高无上的职衔。在六月中旬所上谢恩折中，曾国藩有这样一番“交心”：“五月初间，本拟具疏陈请，让贤避位，时以亢旱为灾，民心惶惧。今则群贼东窜，军事方殷，自当补效乎艰虞，未敢轻言乎进退。赧颜而拜新命，抚躬而省旧愆，惟有勉竭愚诚，强扶衰疾，更集思而广益，冀补过而尽忠，或以仰答高厚鸿慈于万一。”④显然，辞退更是不能了。

---

① 本段中引文见《曾国藩全集·家书》，第二册，第 1322、1300、1326、1341 页。

② 顾廷龙、戴逸主编：《李鸿章全集》，第 2 册，第 568—569 页。

③ 赵烈文：《能静居士日记》，《太平天国史料丛编简辑》，第三册，第 408 页。

④ 《曾国藩全集·奏稿》，第九册，第 5640 页。

不过，他回任后在政务上也未见有大的动作和绩效（洋务上倒是有可纪之事，另处再述），所不能不继续关注的平捻军务一度也仍无起色，李鸿章和曾国荃等人遭到朝廷的严厉责难。六月初八日曾国藩与心腹幕僚赵烈文言及：

> 昨有严旨，因捻贼窜至豫东，全无堵御，各帅均被斥责，沅浦（按：曾国荃字）摘去顶戴，与豫抚李鹤年均交部议处，少帅（按：指李鸿章）戴罪立功。旨中并有各疆吏于捻贼入境，则不能堵御，去则全无拦遏，殊堪痛恨。李某剿贼，已届半年，所办何事等语。辞气严厉，为迩来所无。少帅及沅浦胸次未能含养，万一焦愤，致别有意外，则国家更不可问。且大局如此，断难有瘳，吾恐仍不免北行。自顾精力颓唐，亦非了此一局之人，惟祈速死为愈耳。

曾国藩说这番话的时候"神气凄怆"，赵烈文不知如何安慰他是好，只是这般相劝："安心养摄数日，勿以境累心。假使不理公务，卧以治之，镇压民气，犹胜寻常督抚十倍。一旦无公（按：指曾国藩），则大江以南，乱可翘足而待，幸为国为民自重其身"①。不知曾国藩自己此时内心深处，还能有否这样的自负？

战事对于敌对双方来说，都是在艰难地进行着。就具体战事而言，你胜我败，你败我胜，反反复复，不待细说，但从总体趋势上看，捻军一方是越来越陷被动。及至同治七年（1868 年）六月底，以张宗禹所部西捻军的最后覆没为标志（此前赖文光所部东捻军已败亡），清方终于取得平捻之役的胜利。算来，自从李鸿章前敌挂帅，经历一年半还要多一点的时间，在其他多路清军的配合之下，才最终把捻军镇压下去，历程也是颇为艰难曲折的。而李鸿章正是因为不像曾国藩那样瞻前顾后、谨小慎微，而是放手放胆，所谓"坚定不摇"，才顶过偌多挫折磨难，最后收平捻"头功"。在获知李鸿章以湖广总督授协办大学士的封赏后，曾国藩于八月初向他致信表示：

---

① 赵烈文：《能静居士日记》，《太平天国史料丛编简辑》，第三册，第 406—407 页。

> 协揆酬庸之命,恰如人人意中所欲出。此间朋好,多以李府之登庸为曾氏之大庆,纷纷来贺,斯亦一时佳话也。自去秋以来,波澜叠起,疑谤不摇,宠辱不惊,卒能艰难百折,了此一段奇功,固自可喜,德量尤为可敬。从此亦宏伟度,浑涵圭角,有忍有容,退藏于密。古人所称"勋绩盖世而人不忌",庶近之矣。①

客套中又有掩不住的真实高兴。这胜利也离不开他曾国藩回两江总督任上的后方配合啊,他为筹饷等事的确尽了其力。虽有过自己挂帅"剿捻无功"的丢脸面经历,但他还是希望不管在谁手下能够最终把"捻匪"荡平,这符合他们共同的利益要求——不管是"曾家"还是"李家","满家"还是"汉家"。而无论如何,镇压捻军的事局,对曾湘、李淮来说,又是其主观能动因素和客观实力水平的综合检测器,李淮方面的后来居上已成为既定的客观事实。平捻战事中的曾退李进和曾败李胜,使得湘消淮长的局面进一步发展并明朗化。在这种宏观情势下,清朝官场人事的变局,朦胧微妙地续演着后戏。而就在曾国藩写上面引及的给李鸿章道贺信之前,他已经接到了调任直隶总督的朝命,只是没有立即启程赶赴新任而已。他对这一人事变动的疑虑重重后边再说,而此时他无论如何恐怕也想不到,大约两年之后,又会有直隶总督之任的李曾瓜代一幕。至于其具体"剧情",将在下一章中展示。

---

① 《曾国藩全集·书信》,第九册,岳麓书社1994年版,第6663页。

第九章　移督畿辅的日子里

一、阔别重赴京都日

同治七年(1868 年)十一月初四日,金陵城内好不热闹！由总督衙署到江边码头的沿途挤满了人群,许多人家设置了香烛,燃放起鞭炮,有的地方还搭起彩棚、戏台,摆设酒席路饯,像是有什么盛大的庆典。原来,这是欢送曾国藩启程北上赴任直隶总督。

调任他为直隶总督的谕旨早在七月下旬曾国藩就接到了。因为有诸多交接、善后工作要做,并且,曾国藩心中对朝廷的这一人事安排也隐存顾虑,拖了三个多月才迟迟动身。不知是否出自官方的特意布置,反正民间尚且有热烈的表示。当地的文武各官自然更少不了大献殷勤,他们前呼后拥地一直陪送到下关地方,那种依依惜别的劲儿,一时让曾国藩心里也委实感动。客回船行,舱中顿时显得出奇地沉寂,曾国藩心头陡然出现一个极大的落差,他当天的日记中有云:“念本日送者之众,人情之厚,舟楫仪从之盛,如好花盛开,过于烂漫,凋谢之期恐即相随而至,不胜惴栗！”①

他这种即景生情的预感,是否一步一步地趋向应验？

此番北上,家人中只有纪鸿跟随,因为欧阳夫人正在患病,经不得路途折腾,也恐乍到北方水土不服,加重病情,故暂留金陵,由纪泽等人陪伴照顾。让曾国藩怀恋的,还有行前与国潢弟的多日相处。自打曾国藩于咸丰八年(1858 年)复出,兄弟俩已经有十一年没有见面。闻知兄长即将北上直隶的消息,国潢特意从老家赶来相见。他是九月二十八日到达金陵的。久别相逢,兄

① 《曾国藩全集·日记》,第三册,第 1568 页。

弟俩喜慰无已，当夜一直谈到二更四点，仍一点不感困乏，曾国藩干脆携被与弟同宿，以后几乎每日兄弟俩都亲密长谈。这次分别，不知何年才能再见，思之怅然。好在有鸿儿在身边，能给曾国藩亲情上的一份安慰。

每日里，自己看书，辅导鸿儿学习，处理文件，见客应酬，船行行停停，打发着旅程和时日。曾国藩心里一直被一团纷乱的思绪困扰着。

直隶，畿辅重地，该省总督自然是一个要职。但此番朝廷调他充任，是重用他呢，还是为了更方便对他的控制防范？如果是后者，分明还是对他心存疑忌。这样，直隶总督一职能当得长远吗？与其那样，何如及早隐退，干脆不再去膺任此职。在金陵没有动身之前，曾国藩就这样盘算，并且把这种心思透露给他的心腹幕僚赵烈文，让他帮助拿拿主意。赵烈文跟从他的时间已经不短了，曾国藩觉得此人颇有心计，对主人也忠实可靠，碰到什么作难的事情爱和他商议。赵烈文为了宽慰曾国藩，说是朝廷做这样的人事安排，的确有悖常情，不是他这草茅之辈人物能够揣摩得透的，一定是别有一番深意，劝曾国藩不必往过坏处想。曾国藩“默然良久”，说：“去年年终考察，吾密保及劾者皆未动，知圣眷已差，惧不能始终，奈何？”赵烈文说事情不会这样严重，劝主人不必过虑，并说：“师之重德，上足以格军心，下慑群异，所虑者师去后，江南复有衅祸，更为民灾”①。这自然是委婉地推重、奉承主人，给他开心。曾国藩听了，心下稍稍感到宽慰了些。但上路后，心中还是瞻前顾后地思虑，打不消辞谢求退的念头。

十一月十七日，在苏北的清江地方换走陆驿。十天之后，行至泰安。一件传到的批旨，犹如一阵清风一下子拂去了曾国藩心头弥漫的阴云，使他一下子感到宽慰和振作了起来。这是朝廷对他在启程的前一天所上的《汇陈湘军第五案军需款目报销折》的批复。在该折中，曾国藩陈明湘军的这一笔军需款目，仍是只有各项用银数的簿册，而没有具体的花名册，请求允许这样报销。批旨：“着照所请。”在曾国藩看来，这“殊属旷典”。的确，像这种报销事情，本来就是一笔算不清的糊涂账，只看与你为难不为难。此番朝廷这样痛快地准其所请，岂不是对他曾国藩不失信任的表示？或许自己先前的猜疑是多心了。他这样思忖着，又联想到同治三年（1864 年）朝廷准其免办报销之册、不追索金陵城内原太平天国库储银财以及不深究幼天王下落的三个批旨，更是“感

① 赵烈文：《能静居士日记》，《太平天国史料丛编简辑》，第三册，第430页。

激次骨”，甚至觉得“较之高爵穹官，其感百倍过之”①。既然如此，还能再上折求退吗？那样，岂不辜负皇恩。

心境一好，天地宽阔，山水悦目。纪鸿等人去游泰山，曾国藩因此前已游，此番没有再去。不过可以想见，他在寓所，一定饶有兴致地回忆起那次登游的情景。

十二月十三日，曾国藩到达京城。在他正式到职之前，先行到京接受召见。

屈指算来，从咸丰二年（1852年）夏间曾国藩出都，到这次重入京门，时隔十六年半之久。多么艰难的岁月，多么非凡的历程！出都时自己尚值壮年壮心，于今已经老迈气衰。不错，这期间大清王朝已经平定了“粤匪”、“捻匪”，而中外也已经“相安”，危机的局势似已扭转，阖朝上下扯高调门唱起了“中兴”之歌。当然，基调是歌颂主上圣明，致治有方。可他曾国藩辈的头上，也被戴上了“中兴名臣”的桂冠呀，并且他被公认是头等头名。眼下他亲身感受到的这京城的氛围怎么依然萧索冷落，并没有能让他领略到“中兴”的盛象？也许，真相是隐藏在那重重宫门之中？新一代的小皇帝如今已经十三四岁了，垂帘听政的两宫皇太后尤其是那个慈禧太后，不是一个了不起的人物吗？想到这里，曾国藩一定巴不得快点朝见天颜。

有旨翌日即行召见。下榻在金鱼胡同贤良寺的曾国藩五更天就早早起了床，匆匆用罢早点，卯刻时分便入朝。他先是被引入内务府朝房等候，军机大臣李鸿藻、沈桂芬、文祥、宝鋆、恭亲王奕䜣等人先后与他晤谈，又与御前大臣、九卿各员会见。直到巳正时刻，曾国藩才由奕山带领进入召见处所养心殿东间。皇上向西而坐，皇太后在黄幔之内，慈安太后在南侧，慈禧太后在北侧。曾国藩肃然入殿，跪下去奏称恭请圣安，免冠叩头，然后起立，又向前行数步，跪于垫上，问对开始。发问者当然是慈禧太后唱主角。下面是曾国藩在日记中详记下来的问答对话：

“汝在江南事都办完了？”
“办完了。”

---

① 曾国藩：《谕纪泽》，《曾国藩全集·家书》，第二册，第1345页。

“勇都撤完了?”

“都撤完了。”

“遣撤几多勇?”

“撤的两万人,留的尚有三万。”

“何处人多?”

“安徽人多。湖南人也有一些,不过数千。安徽人极多。(按:是说留者)”

“撤的安静?”

“安静。”

“你一路来可安静?”

“路上很安静。先恐有游勇滋事,却倒平安无事。”

“你出京多少年?”

“臣出京十七年了。”

“你带兵多少年?”

“从前总是带兵,这两年蒙皇上恩典,在江南做官。”

“你从前在礼部?”

“臣前在礼部当差。”

“在部几年?”

“四年。道光二十九年到礼部侍郎任,咸丰二年出京。”

“曾国荃是你胞弟?”

“是臣胞弟。”

“你兄弟几个?”

“臣兄弟五个。有两个在军营死的,曾蒙皇上非常天恩。”

“你从前在京,直隶的事自然知道。”

“直隶的事,臣也晓得些。”

“直隶甚是空虚,你须好好练兵。”

“臣的才力怕办不好。”①

---

① 见《曾国藩全集·日记》,第三册,第1583—1584页。引录中省略了句前的“问:”、“对:”字符。下面引录的问对资料同。

第一次召见就这样结束了。第二天，也就是十二月十五日，再次召见，问答内容主要是关于江南制造局制造轮船的有关事宜。十六日接着召见，太后问了曾国藩所随带以及所见过的将领的情况，除了再次强调直隶练兵的亟要之外，又强调直隶整顿吏治也是要务。曾国藩一一作了对答。

三次召见，尽管每次谈话的时间都不很长，但曾国藩准备和等候却颇费功夫，心理上也总得绷着弦。除非离京赴任临行前还要请训一次，再也没有召见的安排了。话说回来，一连三天召见，已经是很看重曾国藩的表示了。至于曾国藩对召见的感触，几个月后在他与从南方到来的赵烈文的谈话中，忆述和评论说，慈禧、慈安两太后“才地平常，见面无一要语”；“皇上冲默，亦无从测之”；权臣们，像奕䜣虽“极聪明”但“晃荡不能立足”，文祥“正派而规模狭隘，亦不知求人自辅”，宝鋆“则不满人口”，倭仁“有特立之操”，但是“才薄识短”，其他人则“更碌碌”。曾国藩的感触归结为四个字：“甚可忧耳”①！

不过，此时在京城，“忧”且压在心底，许多事情要做，光场面上应酬之事就够麻烦的了。忙不迭地会客拜客，生的，熟的，新的，老的，想到的，想不到的，盼见的，不愿见的，找上门来的络绎不绝。曾国藩是讲究礼节的人，他自然也要回拜，整天折腾得不亦乐乎。他不由得感叹：“京中向系虚文应酬，全无真意流露，近日似更甚矣。”②不过，无论多忙，有两户人家他是一定要主动拜访的，这绝对不是“虚文应酬”，而是要表达他的真意。一是去穆彰阿的旧宅。这位昔年十分看重并着实提携帮助了他的恩相，已经过世多年了，往日那种家门盛势于今早已不复存在。曾国藩见到了穆相的七世兄萨善、九世兄萨廉，不胜盛衰今昔之感。再就是塔齐布家。主人听说是曾国藩来访，直延入上房，置酒殷勤相待。塔齐布的母亲已经八十多岁了，与曾国藩相对而泣。塔齐布的一个弟弟已先于乃兄一年死去，另一个弟弟也于新近去世，三兄弟都没有儿子，只有塔齐布留下一个女儿，次弟阿凌布留下四个女儿，亲房没有承继之人，家境又困。塔齐布的女儿来拜见了曾国藩，并泣求提携一下她的丈夫。此情此境，使得曾国藩十分伤感。他不是那种过河拆桥、忘恩负义的势利小人，不

---

① 罗尔纲、王庆成主编：中国近代史资料丛刊续编《太平天国》，广西师范大学出版社2004年版，第七册，第361页。

② 曾国藩：《谕纪泽》，《曾国藩全集·家书》，第二册，第1348页。

管是对上对下，只要是有情有义于他的，从感情上总不会辜负人家。

忙忙乎乎，日不得闲，不用说大年初一要进宫贺年了。一晃到了同治八年（1869 年）的正月十六。这天，朝廷举行廷臣宴。前一日，曾国藩曾参加了一次国宴。那是赐宴蒙古、高丽所谓“外藩”的，曾国藩等人不过是出席作陪。这次则是专门赐宴朝臣的，并且是一次高规格的盛大宴会。当然，为人所注重的还不是菜肴，而是“座次”，因为这表示的是朝廷对与宴各大臣政治位次的排序。

宴会厅里，正中面南的坐席当然是皇上的。大臣们分成东西两侧各四席，东侧的第一桌为满臣，倭仁居首座，西侧的第一桌为汉臣，首座即为曾国藩。这个座次可是非同寻常，曾国藩自然备感荣耀，这岂不也是他曾氏家门的荣耀？一个偏远山乡中的农户，竟然出了被皇上请为座上宾的如此人物，这得了吗？至于宴会的进行情况，曾国藩当天的日记中也有详细记载：

> 桌高尺许，（大臣们）升垫叩首，旋即盘坐。每桌前有四高装碗，如五供之状。后八碗亦鸡、鸭、鱼、肉、燕菜、海参、方饽、山查糕之类。每人饭一碗，杂脍一碗，内有荷包蛋及粉条等。唱戏三出，皇上及各大臣各吃饭菜。旋将前席撤去。皇上前之菜及高装碗，太监八人轮流撤出，大臣前之菜，两人抬出，一桌抬毕，另进一桌。皇上前之碟不计其数。大臣前，每桌果碟五，菜碟十。重奏乐（按：宴会开始前皇帝升座时已奏乐、行礼一次），倭相（按：指倭仁）起，众皆起立。倭相脱外褂，拿酒送爵于皇上前，退至殿中叩首。倭相又登御座之右，跪领赐爵，退至殿中跪。太监易爵，另进杯酒，倭相小饮，叩首，众大臣皆叩首。旋各赐酒一杯。又唱戏三出。各赐奶茶一碗。每赐，皆就垫上叩首。旋将赏物抬于殿外，各起出，至殿外谢宴、谢赏，一跪三叩。①

可见，大臣们的这餐宴席吃得可真不容易，起来伏下地不知跪叩了多少次。对于曾国藩来说，恐怕是一生中所享规格最高的一次皇家赐宴了，但会不会是“最后的晚餐”？曾国藩计划正月二十出京。十七日午初，请训又被召见

① 《曾国藩全集·日记》，第三册，第 1603 页。

一次,对话内容如下:

“尔到直隶办何事为急?”

“臣遵旨,以练兵为先,其次整顿吏治。”

“你打算练二万兵?”

“臣拟练二万人。”

“还是兵多些?勇多些?”

“现尚未定,大约勇多于兵。”

“刘铭传之勇现扎何处?”

“扎在山东境内张秋地方。他那一军有一万一千余人,此外尚须练一万人,或就直隶之六军增练,或另募北勇练之。俟臣到任后察看,再行奏明办理。”

“直隶地方也不干净,闻尚有些伏莽。”

“直隶山东交界,本有枭匪,又加降捻游匪,处处皆有伏莽,总须练兵乃弹压得住。”

“洋人的事也是要防。”

“天津海口是要设防的。此外上海、广东各口都甚紧要,不可不防。”

“近来外省督抚也说及防海的事否?”

“近来因长毛、捻子闹了多年,就把洋人的事都看松些。”

“这是一件大事,总搁下未办。”

“这是第一件大事,不定哪一天他就翻了。兵是必要练的,哪怕一百年不开仗,也须练兵防备他。”

“他多少国连成一气,是一个紧的。”

“我若与他开衅,他便数十国联成一气。兵虽练得好,却断不可先开衅。讲和也要认真,练兵也要认真。讲和是要件件与他磨。二事不可偏废,都要细心的办。”

“也就靠你们替我办一办。”

“臣尽心尽力去办。凡有所知,随时奏明请示。”

“直隶吏治也疲玩久了,你自然也都晓得。”

“一路打听到京,又问人,也就晓得些。属员全无畏惮,臣到任后,不能不多参几人。”

“百姓也苦得很。”

“对，百姓也甚苦，年岁也不好。”

“你要的几个人是跟你久了的？”

“也跟随臣多年。”①

谈话到这里，太后示意结束召见，曾国藩跪请圣安后退了出来。比较起来，在数次召见中，这次应该说算得上就直隶要政特别是练兵问题讨论得最深刻的一次。可以看出，不论是朝廷还是曾国藩，都具有此时练兵既为对内防范也为防备外国的认识，而曾国藩又特别阐述了自己关于练兵和讲和两手都要认真的看法。

二十日，曾国藩启程出都。可以想见，曾国藩此时的心情一定是十分复杂的。一个多月来在都中的经历，能不在他胸中积下太多的感触？当这座古都的背影在他的视线中越来越模糊的时候，他的心里不能不像灌了铅一样沉重。此番离去，还能否再睹京城，再见圣颜，他一定觉得这是一个叵测的未知数。当然，既定的事实是，一年多之后他还有一次机会的。

二、举政力难再从心

同治八年（1869 年）的正月下旬，曾国藩离开北京赴直隶省城保定，一路视察河工，调研民情，到保定不日即与署理总督的官文交接完毕（表面礼节上，两人做得都很到位），正式开始履行他直隶总督的职责。那他对直隶的情况看法如何呢？也是非常悲观。同样是在与赵烈文的谈话中，他说“直隶风俗颓坏已极，官则出息毫无，仰资于徭役，民则健讼成性，藐然于宪典。加以土瘠多灾，暂晴已旱，一雨辄潦”，使他觉得“一筹莫展”②。在他接印半月之际写给其子纪泽的信中则说：“公事较江督任内多至三倍，无要紧者，皆刑名案

① 见《曾国藩全集·日记》，第三册，第 1604 页。

② 罗尔纲、王庆成主编：中国近代史资料丛刊续编《太平天国》，第七册，广西师范大学出版社 2004 年版，第 361 页。

件，与六部例稿相似，竟日无片刻读书之暇，做官如此，真味同嚼蜡矣。”①觉得无趣是无趣，为难是为难，但他也得筹办政务。其实，在他还在北京未到保定以前，就上了一道论政的奏折②，提出把“练兵”、“饬吏”作为直隶的“大政”。此外还有治河，也视为要务。实际履职过程中像文教之事，也颇关注。

练兵自然是重中之重。曾国藩在京接受朝廷的召见中，觉察到两太后最牵肠挂肚的就是此事，翻来复去地嘱咐，这也很自然，因直接关系到保卫京师和朝廷的安全。廷臣们对曾国藩接办练军之事也寄予厚望。因为此前直隶练军已有数年，但成效不大，在曾国藩充任直隶总督之前，因为安徽巡抚英翰关于“撤直隶练军，另选淮、皖、豫精锐”入驻的奏请，清廷发动有关大员讨论。随后，都兴阿、左宗棠、李鸿章、官文、崇厚等人先后复奏，有旨交神机营王大臣“一并妥议具奏”。在此位的奕譞奏称，“勇多流弊，不宜畿辅”，英翰之议“非经久良策”，现在曾国藩已被授直隶总督，“于练军一事，责无旁贷，且该督久于戎事，素称谙练，自能按时势而力求实效，必不可徇众论而敷衍目前”，应饬下曾国藩于履任后“斟酌损益，悉心筹画，妥议举行”③。

清廷寄谕曾国藩，希望他履任在练兵方面能“化弱为强，一洗从前积弊，以卫畿疆”。此后又经过在京“陛见”时太后的督促，曾国藩到职后调查筹划，到同治八年(1869年)的五月下旬，就直隶练军事宜上奏，提出下述事项：一曰文法宜简。这是针对“前此所定练军条规，至一百五十余条之多”，“文法太繁，官气太重”，需要从简易记。二曰事权宜专。这是针对“今直隶六军统领迭次更换，所部营哨文武各官皆由总督派拨前往，下有翼长分其任，上有总督揽其全”，而“统领无进退人材、总管饷项之权”，部下不肯用命的弊情，强调各级对部属都要有实权。三曰情谊宜恰。这是针对今直隶练军“上下隔阂，情意全不相联”的状况，而立意扭转。以上这三条，都是“参用勇营之意者”，借法于湘军勇营所谓“朴诚耐苦，但讲实际，不事虚文”；事权专一，其统领“能大展其材，纵横如意”；上下平时“恩谊相孚”，临阵“患难相顾”的优长。另外的

---

① 《曾国藩家书》，第二册，第1353—1354页。

② 见《曾国藩全集·奏稿》，第十册，岳麓书社1993年版、1995年第2次印刷本，第6186—6188页。

③ 《附神机营奕譞等原折抄件》，《曾国藩全集·奏稿》，第十册，第6128—6131页。

酌改事项，如“马队不应杂于步队”，一队“不应增至二十五人，应仍为十人”①等。

这实际是在此前刘长佑任直隶总督创始“练军”基础上的改进。所谓“练军”，是自绿营兵中挑选精壮，按照湘淮勇营之制编练，此为晚清军制史上继湘淮军之后又一军队形式，实质上是以湘淮军来改造绿营的一个途径，也是绿营衰落的一个重要征象。此时曾国藩比起刘长佑来，从内在精神到军队编制形式皆“参用勇营之意”，并更为明确和切实。不过，具体章程他并未随之订出，部臣催促，曾国藩于八月下旬向清廷复奏，强调“用兵之道，随地形贼势而变”，“无一定之规，可泥之法。或古人著绩之事，后人效之而无功；或今日致胜之方，异日狃之而反败”，并以扎营一事为例，举出湘、淮军与“粤匪”和“捻匪”作战时的所用之不同为证。具体章程依然没有拿出，大意还是暂按前订旧章略作变通，将添练规模、调整拟想以及驻扎之地的情况予以陈说。②

直到同治九年（1870 年）四月中旬，曾国藩才上专折报告所酌定的直隶练军营制，以及该军的现状。大致情况是：新练步队六营（在古北口、正定及督标兵驻地）共 3000 人，“自去冬成军后，各立营垒，认真操练”，今年春间古北口、正定的营伍又有至保定的拉练。又派员新募四营（每营 250 人）共计千人的马队。至于所谓“直隶练兵万两千人”，仍是处于计划之中而未落实。其酌定章程，则分“一营之制”、“营官自带中哨之制”、“前后左右四哨之制”、“长夫之制”、“薪水口粮之制”、“棚帐之制”、“底饷练饷合领之制”、“挑募之制”、“出征加饷之制”、“统领之制”等项。因为改为马队独立成军，还专立有《马队章程》六条。步、马分立，这本身就是异于前直隶练军之处，其他不同，在步、马两队的各自章程之后还专附有简要的比较说明。总的看来，较比以前刘长佑所定章程，在更切近于湘军营制的基本精神的同时，也大为简明了。③ 因为很快就有天津教案的发生，曾国藩被饬令赴津处理案事，并且陷于其中被搞得焦头烂额，未等完结案事，就调回两江总督之任。总之，在他的直隶总督任内，并未来得及将练军计划完善地落实，再后就是继任者的事了。

---

① 《曾国藩全集·奏稿》，第十册，第 6322—6324 页。

② 《曾国藩全集·奏稿》，第十一册，岳麓书社 1994 年版，第 6500—6504 页。

③ 此次奏折及酌定练军章程见《曾国藩全集·奏稿》，第十二册，岳麓书社 1994 年版，第 6882—6890 页。

所谓“饬吏”也就是即整顿吏治。曾国藩了解到直隶的吏治情况非常之坏，贪官污吏虐民，致使民间冤狱、积狱太多，差徭甚重。他打算用“刚猛”手段改变这种情况。从他施政的实践看，在这方面也确实做了一定努力，到任后烧起了“三把火”。譬如他一下子就参劾玉田知县许春田等十一人，与此同时，表彰了大名知府李朝仪等十名贤员，以示彰贤罚劣，严格分明。说是“直隶劣员风气甚坏，必须大加参劾，以儆官邪”，而对所列贤员“略注考语，不过表其政绩，亦不稍乞恩施”，而“循声达于圣聪，即光宠逾于华衮”，这也是针对“近岁各省保举浮滥，习见不珍”的情况而采取的做法。① 曾国藩力倡勤政，大力扭转以往官员疲塌散漫的弊习，教育其为国为民勤谨做事。他曾精心推敲撰就过与下属官员共勉的几副联语，其中两副是这样的：

长吏多从耕田凿井而来，视民事须如家事；
吾曹同讲补过尽忠之道，凛心箴即是官箴。

随时以法言巽语相规，为诸君导迎善气；
斯民当火热水深之后，赖良吏默挽天心。②

从中所反映出的既为国“尽忠”又关心民事民瘼，导引下属与之共勉的这种心志，对这位总督来说并非虚伪。

曾国藩特别是大抓积案的清理，把能否做好此事看做衡量官员施政优劣的一项重要标准，同时也是化解社会矛盾、苏缓民困、绥靖治安的一项急务。积案严重，在直隶可以说是一个突出的历史遗留问题。据曾国藩所言，“自咸丰初年军兴以来，地方官或办理防堵，或供应兵差，未能专办讼事。而前任督臣及历任臬司均因督办防剿，节次公出，军务紧急，遂将刑名事件稍置缓图，日积月累，年复一年。截至同治八年三月底，通省未结同治七年以前之案，积之一万二千余起之多”③。为清理积案的需要，曾国藩奏请将拟调山西的按察使

① 奏折及劣、贤员清单见《曾国藩全集·奏稿》，第十册，第6227—6231页。
② 《曾国藩全集·诗文》，第108页；又见《曾国藩全集·日记》，第三册，第1609、1610页。
③ 《曾国藩全集·奏稿》，第十一册，第6746页。

张树声暂时留任，“以资熟手”。并专门拟出《直隶清讼事宜十条》，奏准颁行。这十条的要则为：通省大小衙门公文宜速；保定府发审局宜首先整顿；州县须躬亲六事（皆办理诉讼方面的具体事情），不得尽信幕友丁书；禁止滥传滥押，头门悬牌示众；禁止书差索费；四种（积案、监禁、管押、逸犯）四柱（每种的四项内容）册按月呈报悬榜；严治盗贼以弭隐患；讼案久悬不结，核明注销；分别皂白，严办诬告、讼棍；奖借人才，变易风俗。并且还订出《直隶清讼期限功过章程》①（内容上与《直隶清讼事宜十条》有交叉、相同之处）。有了具体的规章，还把相关官员的办理情况，“分别勤惰记功记过，每月悬榜院司官厅，大众阅看”。通过一系列的措施，使清讼工作确获明显成效。自同治八年四月开办起至十一月底，八个月的时间里，全省各属共“审结”并“注销、息销”同治七年以前旧案 12074 起，又结同治八年新案 28121 起②。

清讼与“饬吏”显然是密切联体、相辅相成的。当然，不管是讼事还是吏治，毕竟受大环境的制约，曾国藩终归也无法使之从根本上解决问题。不过，对吏治连同民生，他作为一方主官，真心关切也是自然的。说到关心民生，不能不提及他为祈雨解旱而拜神的事情。就是在他刚到任的这年春天，天公作难，直隶发生旱灾，省城保定一带也非常严重，新总督也就用上了拜神祈雨这一招儿。三月初四日，他派人从“一亩泉”请来“神水”，亲率下属官员跪迎，摆上香案，行二跪六叩（次于“三跪九叩”之尊）大礼。并且，从这天开始，他不辞辛劳地几乎每天坚持徒步到城隍庙行祈，一连多日（曾国藩此时的日记中就留下了记载）。要说老天总有下雨的时候，并不是祈神降雨显灵自不待言。不过，我们也不要简单地笑话曾国藩的愚昧荒唐。一则，他也未必就不布置人工抗旱，只是那时人工的这种能力实在有限，无奈之下求神仙，自能迎合民风俗情。二则，那时像这种活动也在国家的正规祭祀之列，朝廷也时有类似活动，地方官员自不能例外。这也是当时的一种政治文化表现，起码包含表示关心民生的意味。相对于前述理“大政”而言，这可以说是演“小戏”吧。

在其他一些政务方面，曾国藩也花费了不少心力。譬如治河，他在京赴省城就任前夕就直隶政务所上奏疏中，就把它视为练兵、饬吏“两大政”之外的

---

① 见《曾国藩全集·诗文》，第 444—452、413—416 页。

② 《曾国藩全集·奏稿》，第十一册，第 6747 页。

又一要务，到任后也的确有所动作，尤其是关注对流经京郊、为患经常的永定河的治理。清前期的若干年间，政府对永定河工定例有较大投入，但及至晚清时期，由于屡有战事，财政日益窘困，此项河工经费不断减少。曾国藩回顾有关情况说："从前每年部拨岁修银近十万两中，隔数年辄复另案发帑，加培土工，自道光二十二年后，而另案之工停矣。自咸丰三年以后，而岁修十万仅发四分之一矣。"[①]也正是由于国库拨发经费不能保障，所以永定河工又"多系由外捐办"，"历年成案皆系由司库借拨现银，再由岁修项下按年摊扣归款"，而"岁修筹银久经裁减，又加扣去捐款，则河员之领项愈微，到工之实银愈少"[②]。像这种情况在晚清时期可以说成为一种多年久积的痼疾。曾国藩任直隶总督后，正是深知多年间该项河工只是权宜性地修修补补，治标而未治本的局限，有言"经久恐须添筹巨款，乃可一劳永逸"[③]。事实上，巨款的添筹仍非易事，所谓一劳永逸更是无从谈起。

不过，曾国藩在任直隶总督期间，在永定河工方面确实做了一定努力，态度上是积极、认真的，也有些不无价值的筹划、设想，并切实督办过一些抢险和治理工程。他请训出京赴任的途中，即曾"先到(永定河)工次周历履勘"，对修复工程进行布置，当堤工预期合龙之时，他又专程前往查勘验收，并待得来水经历了实际考验，才向清廷奏报了施工情况，"是此次堵筑南上汛一处漫口，实将通工二十汛之堤埝坝埽已普律全修"，"而询访民间，皆称此次工程坚实，已为近二十年所未有"[④]。然而，就在曾国藩上此奏折的这一天(同治八年五月二十一日)，永定河北堤四下汛五号处漫溢决口，这虽"尚非本年新工之失"，但毕竟说明该河险患仍多。曾国藩奏参了永定河道等有关官员，部署堵口抢险，因连接秋、伏两汛，一直延至十月间才告合龙。鉴于"历届堵筑漫工"只为权宜之计、不能规划久远的教训，曾国藩设想有所改进，以免"下壅上溃及此塞彼决之虞"[⑤]，甚至在革除深层积弊上有所作为，但一则问题本身过于困难，再则也未能给他充分的尝试时间(因调离)，最终也没能如愿。

---

① 《曾国藩全集·奏稿》，第十册，第6188页。
② 《曾国藩全集·奏稿》，第十一册，第6547页。
③ 《曾国藩全集·奏稿》，第十册，第6188页。
④ 《曾国藩全集·奏稿》，第十册，第6263、6325、6327页。
⑤ 《曾国藩全集·奏稿》，第十一册，第6640页。

除了上述各项以及拟在下一节论述的文教方面之外，曾国藩在其他方面的政务上也花费了不少心力。至于效果，亦难有根本性改观。在他上任几个月后，积重难返、无力回天的势头就已显示出来，他自己也切实体察到了，如在这年五月十一日的日记中就写道："初到直隶，颇有民望，今诸事皆难振作，恐虎头蛇尾，为人所笑，尤为内疚。于心辗转惭沮，刻不自安。"政事繁难，曾国藩被搞得心力交瘁，只是强打精神、耐着性子做事而已。有道是"烈士暮年，壮心不已"呀，而这时暮年的曾国藩似乎已失去了往昔的壮心。

三、劝学士群与督教儿辈

文教当然也是曾国藩政务中的要项，尽管没有在名义上列入所谓"大政"，但这是曾国藩从骨子里喜欢的事情，他在这方面也用了不少心力。

曾国藩对地处省城、作为全省最高级别书院的莲池书院的教务和学事颇为关心。到任后不日，他即认真为莲池书院的考课拟题，并亲到考棚巡视，当天又与该书院山长李嘉瑞晤谈（他刚到保定后暂住于莲池，其间的晤谈看来是经常性的），自不能不涉及书院教学之事。这年（同治八年，1869 年）五月十三日，"书院馆课，诸生多不交卷，一哄而散"。事情发生后，曾国藩从李嘉瑞口中获知，他没有盲目地责怪和处分师生任何一方，立意于查清背后的诱因，以从根本上解决问题。而对"哄散"事件本身，进行了"软处理"。几天后"补行斋课"的时候，他亲自"送考"①。无论如何，学生考试哄散事件，反映了对书院施教的不满，这当然与书院山长有密切关系。李嘉瑞，字吉臣，号铁梅，顺天大兴人，道光进士，官至安徽巡抚（时在咸丰三年），因抗御太平军不力旋被革职（接替他的即很快败亡湘系大员江忠源），后未再做官，先后在几个地方主持教席，曾主讲关中书院，后移席直隶莲池。他施教倒是认真，有谓"每值课日，其一切法度若先年试士时，阅文必细心商榷"②，但不免有拘执、陈旧之

① 《曾国藩全集·日记》，第三册，第 1644—1645 页。

② 《清代碑传全集》，下册，上海古籍出版社 1987 年版，第 925 页。

嫌，学生的不满，当与此不无关系。而曾国藩说直隶文风“近年稍嫌朴陋”①，虽不是直接和专门地批评莲池书院教育，其中自然也包含着对作为全省书院龙头、之于一省“文风”有重要引导作用的该书院教育的不尽满意。

而李嘉瑞经历了考场哄散事件，并且“士子时有违言”，遂拟辞莲池书院教职，改馆天津，莲池书院面临新聘山长之局。曾国藩物色莲池书院的继任人选，“欲求一学有经法足餍人望者接居此席”，颇费斟酌，一时“竟亦未易物色”。因为他鉴于“莲池书院为通省士子聚会之所”，要求“山长一席，必经淹贯经史，兼攻时文、诗、赋。不得已而思其次，则须勤于接纳，善于讲解，方足诱进后学”，理想的更是要“经师、人师名实相符”，并且通过其书院教育，能“提倡”和影响一省风气。他广泛发动朋僚推荐山长人选，以供选择。有人推荐了一个叫孙莲塘的老者，为曾国藩客气地谢绝，他说，“孙莲塘前辈名望素著”，为自己所“夙所钦迟”，“惟是年齿太高，口讲指画矻矻穷年之事，过于劳瘁，未敢以之相烦”。最后决定延聘的是自己的进士同年王振纲。此人为直隶新城（今属高碑店市）籍，中进士后并未入仕（这在当年是不多见的），在家侍奉双亲，自治学事，兼授弟子，成为一时佳话。曾国藩任直隶总督后，王振纲曾来拜谒。新任莲池书院山长人选之事几经周折，最后曾国藩恳切邀请王振纲前来膺任，说“此间莲池书院主讲乏人”，“必欲得一学邃品端、堪胜经师、人师之任者，庶足稍振胶庠之气”，“此邦人文，若得阁下为依归，必能一振颓靡，蒸蒸丕变”②。王振纲应邀就任，莲池书院的教学在新的一任山长主持下自有一定起色。

在拟选莲池书院山长基本就绪的时候，曾国藩又有设“礼贤馆”的举措，“令各州县遴选才德之士，举报送省，于书院外另辟一区以相接待，意欲稍鬯宏奖之风”。尽管实际上没有达到预期效果，但也可见激励和利用人才的一种用意。针对有关情况，曾国藩于同治八年（1869 年）九月下旬曾这样说：“礼贤馆之设，各属亦举报人才，而克副所举者究竟寥寥。想必各牧令仍视为虚文，以致真才未能搜采。而保送到省，亦须有一二名贤与之讲求奖劝。于书院山长之外，别立门庭，另启津筏，多方陶铸，俾下不虚此一行，上不虚此一招。”

① 《曾国藩全集·书信》，第十册，岳麓书社 1994 年版，第 7005 页。
② 本段中引文见《曾国藩全集·书信》，第十册，第 6936、6993、7005—7006 页。

后于这年十二月初又有言,“礼贤馆之设,鸿博茂异之选,未易多得”,“数月来各属举送到省将及百人,间亦酌留一二。虽无出群之才,亦藉以通上下之情谊,访民间之疾苦”①。可知,此番选材亦兼成为一种调研、咨询手段。

曾国藩对畿辅的文教和人才确实是寄望甚殷的。他就任几个月后,就有《劝学篇示直隶士子》的出台,这可视为他在直隶文教方面的一篇纲领性文献,很值得探研分析。此文是他同治八年七月初所作②,主旨在于分析燕赵之区学术文化传统的特点,教以现实的为学途径和方针,以士风来影响人才的转移。开篇即强调,“前史称燕赵慷慨悲歌,敢于急人之难,盖有豪侠之风”,且此风影响深远,举及“直隶先正,若杨忠愍(继盛)、赵忠毅(南星)、鹿忠节(善继)、孙征君(奇峰)诸贤”③,“其后所诣各殊,起初皆于豪侠为近”,“即今日士林,亦多刚而不摇,质而好义,犹有豪侠之遗”。那么,这种豪侠之质与“圣人之道”的关系如何?文中认为,其“可与入圣人之道者,约有数端”,如侠者“薄视财力”、“忘己济物”、“轻死重气”等,皆“不悖于圣贤之道”,故“直隶之士,其为学当较易于他省”。然则如何致力?文中提出:

> 为学之术有四:曰义理,曰考据,曰辞章,曰经济。义理者,在孔门为德行之科,今世目为宋学者也。考据者,在孔门为文学之科,今世目为汉学者也。辞章者,在孔门为言语之科,从古艺文及今世制义诗赋皆是也。经济者,在孔门为政事之科,前代典礼、政书,及当世掌故皆是也。

这是曾国藩认定的一个学术系统,起码在他京官生涯的晚期已基本形成(前边述及他在《绵绵穆穆之室日记》所记可证)。曾氏作为晚清桐城文派的

① 本段中引文见《曾国藩全集·书信》,第十册,第6936、6938、6993页。

② 该文载:《曾国藩全集·诗文》,第441—444页。本段引此文中句不另注。

③ 杨继盛(1516—1555),容城人,嘉靖二十六年(1547)年进士,官至兵部武选司,被严嵩诬陷遭斩刑。赵南星(1550—1627),高邑人,万历二年(1574)年进士,官至吏部尚书,刚正耿直,终为魏忠贤迫害,遣戍代州而死。鹿善继(1575—1636),定兴人,万历四十一年(1613年)进士,官至太常少卿,后归乡,抗御清军攻城,城破而死。以上三人死后皆获谥如正文中所称。孙奇逢(1585—1675),容城人,中举后再考不第,又遭家庭变故,遂绝科考仕念,曾在邑筑城抵御清军,后屡被荐举做官,均辞却,故有“征君”之称,晚年徙居河南辉县夏峰村聚徒讲学,学声大震,世人又以“夏峰先生”称之。

代表人物,从该文派的“正宗”前辈桐城人氏姚鼐那里,借鉴取法了所言四项中的前三项(概念表述的个别字眼有异,意旨当同),而与之并列又加上“经济”一项。这里所谓“经济”显然是“经国济民”的意思,由此可以凸显曾国藩的“经世”思想和学术特征。当然,在这中间,他所特别着重的还是“义理”,说“苟通义理之学,而经济该乎其中矣”,“义理与经济初无两术之可分,特其施功之序,详于体而略于用耳”。故而特“与直隶多士约:以义理之学为先,以立志为本,取乡先达杨、赵、鹿、孙诸君子者为之表”,说“其文经史百家,其业学问思辨,其事始于修身,终于济世,百川异派,何必同哉?同达于海而已矣”。也就是说,只要把握了根本,尽管具体之术不同,但可殊途同归。认为“直隶之士风,诚得有志者导夫先路,不过数年,必有体用兼备之才,彬蔚而四出,泉涌而云兴”。

其通篇显然是以正面激励和引导为主,但联系曾国藩在这个时候不止一次地表露过认为直隶近年“学风朴陋”的意思(上面关于莲池书院之事的内容中就述及),以及明年天津教案(详见下文)发生之后他写的《谕天津士民》①,其中即言及“任侠之徒”、“好义之风”、“刚劲之气”,“本可多用之才,然善用之,则足备干城;误用之,则适滋事变”,可知他实际上是觉得燕赵“慷慨悲歌”的传统风习有正负两方面的影响因素,《劝学篇示直隶士子》一文,旨在引导趋利避害,让士子们在“正路”上向学,并立意于导引良性社会风习。

在劝学士群的同时,对儿辈的督教也是他十分注意的,并且是在其读书为学和立德修身两个方面的密切结合上。

曾国藩以病衰之身,公务之外每天还坚持读书问学,即使在右眼失明的情况下依然如此,这本身对儿辈就是莫大的榜样力量。他还要亲自辅导和检查儿子特别是小儿纪鸿的学业。“二更后,课儿背书”,这成为此期曾国藩日记中所载常项,可知几乎是雷打不动。即使对大儿纪泽的学习,也颇为在意。查此期曾纪泽日记,可见是以读书为所记的中心内容,如其同治九年(1870 年)正至三月的日记即非常典型。② 这年三月下旬,曾国藩决定“令纪泽进京考荫

---

① 见《曾国藩全集·诗文》,第 457—459 页。

② 见《曾纪泽日记》,上册,岳麓书社 1998 年版,第 1—24 页。

生”①。儿子遵命进京准备期间，曾国藩突于四月十六日凌晨出现中风的严重症候，他“头忽大眩晕，立即躺倒，（觉得）脚若朝天，床若旋绕，心不能主持，如是者四次，终不能起坐”，这样持续近三个时辰（从寅正到辰末）。即使如此，他还特别函告纪泽“不必速归”，若考试定期在五月上半月，“自宜等候，考毕再回”②。纪泽的考试是在四月二十五日进行的，二十八日便获引见，上谕“加恩以员外郎分部行走”。其当天的日记中记曰：“应得主事而赏员外，此莫大之天恩也。”③当然，此“天恩”并非基于曾纪泽的学业，而是乃父的地位，“考荫”本身就是一种享受特权的门径。不过，曾纪泽的学业上也确有特色，他并不是胶着于旧路，而立意开新，传统旧学之外，也对西学表现出浓厚兴趣，有志专重。同年六月间他这样向父亲道及：“男近年每思，学问之道，因者难传，而创者易名，将来欲拼弃一二年工夫，专学西语西文。学之既成，取其不传之秘书，而悉译其精华，察其各国强弱情伪而离合之，此于词章经济，似皆有益也。”④对于曾国藩来说，西学固非其所长，他却有着较为开通的学术观，不但不限制儿辈对西学的向往，而且支持，纪泽在外语、纪鸿在数学方面能有所造诣，于此实不能分开。

曾国藩对儿辈在修身方面的督教既行之于日常，特别时候更有凸显。在赴天津办理教案（此一案事将在下节专述）前的六月初四日，他估计到办案的艰难，甚至弄不好就要搭上老命，于是给儿子写下遗嘱性的长信，对其修身即特别注重，是为嘱咐的核心内容。有谓：“余生平略涉儒先之书，见圣贤教人修身，千言万语，要以不忮不求为重。忮者，嫉贤害能，妒功争宠，所谓怠者不能修，忌者畏人修之类也。求者，贪利贪名，怀土怀惠，所谓未得患得，既得患失之类也……忮不去，满怀皆是荆棘；求不去，满腔日即卑污。余于此二者常加克治，恨尚未能扫除净尽。尔等欲心地干净，宜于此二者痛下工夫，并愿子孙世世戒之。”他还专作忮求诗两首以教。择录其中数句：

善莫大于恕，德莫凶于妒。

---

① 《曾国藩全集·日记》，第三册，第1736页。

② 曾国藩：《谕纪泽》，《曾国藩全集·家书》，第二册，第1365页。

③ 《曾纪泽日记》，上册，第30页。

④ 钟叔河汇编校点：《曾国藩往来家书全编》，上卷，第435页。

妒者妾妇行，琐琐奚比数。
……
消除嫉妒心，普天零甘露。
家家获吉祥，我亦无恐怖。
（以上出于《不忮》）

知足天地宽，贪得宇宙隘
岂无过人姿，多欲为患害。
……
于世少所求，俯仰有余快。
俟命堪终古，曾不愿乎外。①
（以上出于《不求》）

当曾国藩去职直隶回任两江总督后，病身加恶劣的心境，预料自己将不久于人世，给纪泽、纪鸿留下又一遗嘱性家信②，教以四条："一曰慎独则心安"；"二曰主敬则身强"；"三曰求仁则人悦"；"四曰习劳则神钦"。其中的"慎独"之项前曾论及，这时曾国藩将之尤其与"养心"密切联系起来，有谓"能慎独，则内省不疚，可以对天地质鬼神"，"此心常快足宽平"。"主敬"项，体现的也是其一贯的修身要则，这里特别与强身健体联系起来，心身贯通结合，强调其工夫在于"内而专静纯一，外而整齐严肃"，说是"若人无众寡，事无大小，一一恭敬，不敢懈慢，则身体之强健，又何疑乎"？"求仁"项，是基于所谓"孔门教人，莫大于求仁"的理则来说教，与"悦人"连为一体。"习劳"项，即日常他教家人以"勤"的意旨，不待多言。在信尾曾国藩特嘱曰：

余衰年多病，目疾日深，万难挽回，汝及诸侄辈身体强壮者少，古之君子修己治家，必能心安身强而后有振兴之象，必使人悦神钦而后有骈集之祥。今书此四条，老年用之惕励，以补昔岁之愆；并令二子各自勖勉，每夜

① 《曾国藩全集·家书》，第二册，第1370—1372页。
② 见《曾国藩全集·家书》，第二册，第1393—1395页。以下出自该信的引文不另注。

以此四条相课，每月终以此四条相稽，仍寄诸侄共守，以期有成焉。

可见，曾国藩既以此“四条”自勉，又教子侄勖勉共守，自是他十分看重的，不啻他多年修身理论和实际经验的提炼和总结。要说，其人以往这方面的说教可谓多矣。除了前边在不同的篇章中业已涉及者外，譬如还有咸丰末年集中载于家书“教以子弟”的所谓“八本”和“三致祥”诀，就是包括了读书治学在内诸多个方面的“拼盘。“八本”是：“读书以训诂为本，作诗文以声调为本，养亲以得欢心为本，养生以少恼怒为本，立身以不妄语为本，治家以不晏起为本，居官以不要钱为本，行军以不扰民为本”；“三致祥”是：“孝致祥，勤致祥，恕致祥”①。具体内容就不必一一细释了，从字面上即多能看知其大旨所在。而从文字形式上看，也颇有特色，曾国藩很善于归纳、总结、提炼，以简明扼要而又上口易记的歌诀的形式表达，更增其美感和韵味。

总之，曾国藩对“子弟”特别是儿辈的督教，是一直坚持不懈甚至是愈老弥坚的。

四、津门教案陷难局

在同治九年（1870 年）五月，也就是说曾国藩到任直隶总督还不到一年半的时候，天津发生的一起教案更把他推到了一个莫大的险关。随之而来的，便是他直隶总督的去职。

天津教案的梗概是这样的：教案发生前夕，天津地方上盛传有拐匪迷拐儿童，供天主教堂（由法国传教士设立）挖眼剖心。并且有民众擒获拐匪拘送官府，官府审讯认定有迷拐属实的案例。民情汹汹，天津地方官员只好与法国方面联系到教堂勘察对质。而对方却不与配合，出尔反尔，故意刁难。特别是法国驻津领事丰大业竟公然向中国官员开枪行凶。民众怒不可遏，将丰大业打死。另有多名外国人在乱中致死，又有教堂、洋行等处所的房屋多间被烧。外国方面借端发难，对中国进行武力威胁和外交讹诈。

---

① 曾国藩：《谕纪泽纪鸿》，《曾国藩全集 · 家书》，第一册，第 662 页。

教案发生的时候，曾国藩正在保定，是由驻津三口通商大臣崇厚和天津知府张光藻等人向他通报案情。很快，他就接到了赴京处理案事的谕令。他当然明白，中外交涉本来就是非常棘手的事情，何况这又不是一桩小的案事，系牵涉到多条人命之案，外国能够善罢甘休吗？然而，案事之起，不为无因，特别是丰大业的行凶施暴，是激怒民众造成衅端的最直接诱因。再说，对迷拐儿童、挖眼剖心之类的事情，中国官民也多信实，朝野舆论有着归咎外国方面的明显倒向。处理案事若屈从妥协，必然要遭到舆论的无情抨击，背上骂名不说，说不定还要被追责治罪，可不屈从妥协能做得到吗？思来想去，面对的将是一种两难的窘境，也是一道险关，弄不好，老命难保——曾国藩做了最坏的打算。在动身之前，给时在北京的纪泽、纪鸿，写了上节提到的遗嘱性质的家书：

> 余即日前赴天津，查办殴毙洋人焚毁教堂一案。外国性情凶悍，津民习气浮嚣，俱难和叶，将来构怨兴兵，恐致激成大变。余此行反复筹思，殊无良策。余自咸丰三年募勇以来，即自誓效命疆场，今老年病躯，危难之际，断不肯吝于一死，以自负其初心。恐邂逅及难，而尔等诸事无所禀承，兹略示一二，以备不虞……①

曾国藩所嘱事情，一是他若长逝，灵柩运送回湘的路线及相关事宜；二是抄存奏折留子孙观览而不要发刻送人；三是所作古文尤不要发刻送人，不只因为篇帙太少，更顾虑刻出适彰其陋；四是对后辈修身齐家方面的教导，除上节述及的不忮不求之外，还有克勤克俭、尽心孝友等项。

曾国藩在处理教案之际，正值纪鸿要参加顺天乡试之时，而纪泽则在此前以二品荫生得授户部员外郎，亦正在京。曾国藩陷在处理案事的泥淖之中，欲拔不能，他不断给儿子写信告诉窘境和苦况，譬如六月十四日给纪泽的信中说：

> 天津人心汹汹，拿犯之说，势不能行，而非此又不能交卷。崇帅欲余

① 《曾国藩全集·家书》，第二册，第1369页。

撤道、府、县三官以悦洋人之意，余虽知撤张守即大失民心，而不得不勉从以全大局。今又闻永定河决口之信，弥添焦灼。自到直隶，无日不在忧恐之中，近三四月益无欢悰。①

信中所说崇帅，即三口通商大臣崇厚；道、府、县三官，分别是指天津道周家勋、天津知府张光藻、天津知县刘杰；而所谓“拿犯”，是指缉拿杀毙洋人、火烧教堂等洋人处所的民众。崇厚从一开始就力主向外国方面妥协。他鉴于天津地方官员特别是知府张光藻、知县刘杰，在案发前即有迎合民情的表现，为外国方面所痛恨，主张对其予以严惩。至于“拿犯”一项，自然更是外国方面所特别强硬要求的，崇厚也力求迎合。

从曾国藩的态度看，他对崇厚一味屈从洋人内心不无反感，但又觉得迫不得已，无计可施；他对天津地方官由衷同情，觉得若予惩治，既失民心，也昧良心，欲保之免惩而又不能；他对“拿犯”一直认为是必办之项，之所以觉得难办主要是顾虑激怒民众从而激化事端，倒非不忍心为之。

着手办案之始，曾国藩是想从澄清教堂“迷拐”和“挖眼剖心”事情的虚实来把握“枢纽”。认为若两者皆实，即洋人理屈；若两者皆虚，则洋人理直，当斟酌情况进行交涉，而无论如何，洋人已毙多命，应该予以迁就，即使迷拐类事情实有，也应采取“浑含”的说法，以留“转圜”地步。可见，他一开始所定办案基调也是妥协、屈从外国的。及经查勘，证明挖眼剖心一事子虚乌有，全系谣传（当然也有其特定诱因）。而对“迷拐”儿童之事，他认为似乎实有其迹，并且牵涉教民，但无教士直接行拐或主使行拐的确凿证据。对数桩迷拐案事，天津地方官原本就没有审理清楚，留下的疑窦颇多，曾国藩欲进而究明，但一实际操作，窒碍重重。而今天看来，最关键的，就是所谓特定情节的“迷拐”有无真实的可行性。

追溯起来，这类传闻并非始自天津教案，而是有着深远的历史渊源，起码自明末开始，关于传教士使用迷药、采生折割之类的传闻即已有之。在集明末反洋教言论之大成的《破邪集》中，就有关于教方用“妖术”制造“迷人”的“油

---

① 《曾国藩全集·家书》，第二册，第1373页。

水”，“有人其院者，将油抹其额，人遂痴然顺之”①之类的传述。清朝乾隆年间一度闹得举国鼎沸、骇人听闻的所谓“剪辫妖术”（最终证明其事皆虚）风波中，亦夹杂着关于“迷药”的传闻。这类传闻一直流传下来，甚至魏源在《海国图志》中，还肯定性地征引了前人关于天主教的诸多荒诞不经之说，其中就有教方使迷人信教之药，挖华人眼睛用来点铅成银之类的内容。至于晚清反洋教宣传品中所载的有关传闻，更是连篇累牍，举不胜举。像咸同之际初刊后来多次重刻的《辟邪纪实》一书即颇为典型，记载了诸多所谓“案证”，有的是自其他书籍和“各路新闻纸”中引录，有的是“见闻”记述。其中关于“迷拐”情事，就有“画符在手上”，“随意向小娃儿们头上一拍”，被拍者便“迷着”②而随拐匪走的说法。具体到天津教案“迷拐”情事上，所查到的“案犯”武兰珍的“供词”，虽不是中文原件，而是英文的回译件③，也当属不可多得的珍贵史料了。其中说到教堂让他用药物拐人，“这种药物是麻醉人的，是一种非常精细的粉末（按：当属“西药”），装在一个纸包里”。并且具体说到用之迷拐成功的一例以及再次施拐时败露而致被捕的情况：

> （日前）我到了穆家口，遇见一个二十来岁的人，穿一身浅蓝色衣裤，我倒了一点药在手掌里，在他脸上一抹，他就完全变成了一个傻子，跟着我走，我赶紧返回天主堂，把他交给王三看管。为此，王三给了我五元钱，并另外又给了我一包药。我带着这包药到了桃花口，在那里我遇到一个叫李所的人，他正在掬水，我用药来麻醉他，他也像上次那个人一样跟着我走。但是我被一些乡民抓住了，并押送到知县面前。

武兰珍供中还说到，他自己当初也被下过“迷药”，“昏昏沉沉地被带进了”教堂。又说到解药的配制服用之法，“用一些甘草，一只蝉壳和一些昆虫用火烤干磨成粉，用麻油调和；一剂药量用热水煎煮，喝了后立即就能清醒”。要说，所述够具体了，似乎可谓“凿凿有据”，但细推敲起来仍让人疑窦重重。

---

① 黄廷师：《驱夷直言》，《圣朝破邪集》，卷3，国家图书馆藏陈垣先生遗赠本，第30页。

② 天下第一伤心人：《辟邪纪实》，卷下，同治十年重刻本，第9页。

③ 见中国近代史资料丛刊续编《清末教案》，第6册，中华书局2006年版，345—346页。下面出于此件的引文不另出注。

首先是当时有这种药物的可能是否存在。按照武兰珍所供中的描述，所用之药不属一般麻醉药物，往人脸上“一抹”之下，被“抹”者立时就“完全”变成“傻子”，并不是昏迷丧失意识，而是还能跟施拐者走。像药效如此之快且独特的这样一种“致幻剂”性质的药物，尚缺少当时即存在的科学根据。再联系其所说“解药”的情况，显然是属中药类别，从成分上分析似也缺乏科学根据。而迷用“西药”解用“中药”这种不伦不类的配伍方式，更增疑问。再就是武兰珍的作供条件。曾国藩就曾透露，案犯的供词，是在所谓“稍事刑求”①的情况下作出的，这就更增加了逼供成招的可能因素。在其日记中，也明确记载有关案犯身上有“跪伤”、“棒伤”、“踢伤”②。而当时即有外国人这样评论清方的有关刑讯之事：“我不怀疑，在中国曾从许多不幸的穷人中逼出了当时流行的迷信所要求的、归罪于洋人的招供。这其中也不一定都存在着蓄意害人的情况。当使用刑讯乃习以为常时，人们便会要求使用它，并拒不相信不受刑讯折磨时所作的供词。另一方面，被怀疑的人预期刑讯难熬，便急急忙忙地供认民众舆论所宣称他犯有的那些罪过。”③总之，武兰珍所供的较为“原始性”的史料意义当然应该承认，但并不意味着其内容的绝对可信性。

曾国藩当时对这等事情当然也难以能弄个水落石出。不过，对有的事情在认识和解释的理性程度上有所深入，譬如持论，“大约挖眼剖心之谣，近来各省皆有，民间习闻此说，各怀猜疑。而天主教堂又过于秘密，平民莫能窥其底里，用是愈疑愈真，遂成牢不可破之见。及确寻证据，皆影响含糊。其初入津郡，绅民拦舆递禀百数十人，细加研求，终难指实。经此番推问士庶之心，似已稍知挖眼剖心等事空言不尽可靠”。而对迷拐案情，则依然限于模糊难辨状态，他说：“至迷拐犯供，王三虽认有迷药，尚复旋供旋翻。此外有教民安三迷拐被获，供认不讳，可为奸民入教、借为护符之证，而不能为教堂主使出拐之证。至仁慈堂救出妇女、幼孩百余人，讯供皆系多年入教，送堂豢养，并无被拐情事。”六月二十三日，由曾国藩主稿与崇厚联名上《查明天津教案大概情形折》，力辩挖眼剖心之事的虚妄不实，至于迷拐情事，所言与上面引文所表述

① 曾国藩：《复奕䜣等》，《曾国藩全集·书信》，第十册，第7244页。

② 《曾国藩全集·日记》，第三册，第1763页。

③ 中国近代史资料丛刊续编《清末教案》，第5册，中华书局2000年版，第68页。

的意思大致相同。本来,拟与此折并上的尚有一密片,“大旨言迷拐之说不为无因,拟请此案议结时将行教条约酌为修改”,但临发时因为得悉法国驻华公使罗淑亚的一件照会,恐怕密片内容泄露,使罗淑亚更借此饶舌,“遂将此片抽出未发”①。

从现可查知的这件密片看,其中有些说法的确与所发出奏折中的有关说法有所不同。譬如密片中说“仁慈堂救出之男女,即有被拐者二人”,与奏折中的“并无被拐情节”云云,显然抵牾。关于迷拐之事,密片中说“迷拐一节,实难保其必无,惟未得确实证据,徒据讯供一面之辞,不足折服洋人”。这是对于教士主使迷拐来说。而联系诸宗有关案事,认定“教民迷拐已无疑义”,并且推断说,“堂中拐匪(按:指教民行拐者)既多,领事官纵不与闻,其传教之人断无绝不知情之理”②。或许,这比发出的奏折中所陈更能代表曾国藩当时的真实看法,但仍不能据此就得出教士主使迷拐必有其事的结论。从其措辞看,“实难保其必无”,显然不等于说“保其必有”,仍具或有或无的不确定性。何况紧接着又明言“未得确实证据”云云。即使借以认定“教民迷拐已无疑义”的诸案,事实上也不乏疑窦。像天津拐案中有的案犯的“验明正身”都不无问题。至于其供词即使曾国藩也并不认“确”,六月二十三日他在写给李鸿章的信中就说:“王三始终讯无确供,教堂要求过切,以非此案所重,业经释还。”③这说明,曾国藩密片是在“王三卒无确供”的情况下拟出的。实际上,天津教案中的所谓“迷拐”,就是晚清时盛传的“拍花”之类。甚至今日对这类事情的发生都时有传闻,但仍不见坐实者。由此观之,当年难以弄清更不足为奇。

不过曾国藩对于盛传教方迷拐儿童、挖眼剖心的诱因,还是通过与教案密切关联的事体,作了较为理智的分析,主旨是说教堂的环境和教方行为方式的诡异反常,引起人们的猜疑。其所言大致情节为:一是教堂终年扃闭,过于秘密,莫能窥测底里。二是到教方场所治病的华人,多有被留不复出或坚不肯归者。三是教方收纳孤贫甚至疾病将死之人,而所施有关圣事又令教外之人诧

① 曾国藩:《复奕䜣等》,《曾国藩全集·书信》,第十册,第7209—7210、7214页。

② 《湘乡曾氏文献》,第七册,第4461、4459、4460页。

③ 《曾国藩全集·书信》,第十册,第7215页。

异。四是教堂院落、人员分类而处，甚至有母子终年不一相见者。五是发生拐案之时，适堂中死人过多，又在夜间掩埋，有的一棺二三尸，又有人见到暴露的烂尸，由是浮言大起。[①] 应该说，这一分析是基本符合实际的。疑忌之下，具有特定认知倾向的人们，便很自然地要按照自己的思维定式进行猜测和判断，极易造成杯弓蛇影、市虎成真的舆论情境。特别是上述曾国藩所析的第五项事端，对折割传闻来说影响最为直接，且与迷拐传闻联系也尤为紧密。关于此事天津知府张光藻也有类似评说：在教案发生前夕风传“各处有迷失幼孩之事”的关头，“有人于黑早见仁慈堂洋人抬小棺埋葬东关义冢地内殆非一次，偶为群犬刨出，见有一棺数尸者，于是津民哗然，谓此必洋人杀害小儿取其心眼，为端午节合药之用，否则奚为一棺而有数尸也”[②]。

总之，“迷拐”之事说不清，道不明，而外国方面压根儿就否认教堂干这种事情，它的关注点是要清朝方面赶快从严惩办“凶手”。曾国藩原本拟想的办案“关键”与外国的要求方枘圆凿，很快也就不了了之，遂把办案的重点转移到所谓“拿犯”上。

最后处理结果，所谓“案犯”中有十六名被处死（曾国藩主持原判二十人死刑），二十余人判杖徒充军各刑。张光藻、刘杰被发配戍地。曾国藩对此感到“内疚神明，外惭清议”，办案之际，致函诸多朋僚如此反复申说。甚至直到临终前的“遗折”中，在上述八个字后，又加“五中耿耿，引为深耻”[③]八字。当然，若说他对案事处置确有遗憾的话，主要是迫不得已对地方官员张光藻、刘杰的充军。这恐怕也是他遭受官场舆论抨击的主要因由之一。而对张光藻、刘杰之辈的如此处置，就曾国藩而言已是尽力争取减轻了（外国方面本要求处死），并且在他们赴戍之际个人还曾以银两相赠。而被遣戍者对曾国藩不但不嫉恨，而且还心存感激。张光藻在黑龙江戍地曾赋诗寄呈时已回任两江总督的曾国藩：

上相怜才入剡章，感恩知己列门墙。

---

① 因原文过长，撮述如上，详见《曾国藩全集·奏稿》，第十二册，第6980—6981页。

② 张光藻：《同治庚午年津案始末》，《北戍草》，光绪二十三年刻本“附录”。

③ 《曾国藩遗折抄件》，《历史档案》1993年第4期，第63页。

九州饥溺皆关念，万里孤寒岂忍忘。
伏枥骥犹思远道，失巢燕总恋华堂。
渝关生度知何日，梦绕江南引领长。①

由此亦可有助于体察曾国藩在处理天津教案中用心和处境的“微妙”，这实在是令人尴尬的一场案事。

毋庸讳言，天津教案发生的诱因中包含着非理性的盲目因素，最典型地表现为对有关传闻缺乏理智的分析判断而盲目信传，推助了群体性的失控行为。当时有外国人评论说，天津教案中民众的暴力行动，“有助于表明无知和迷信可以被谣言煽动到何种狂热的程度”②。这显然是站在侵略者自身的立场上发言，但不实传闻的群体性盲信盲传对教案的直接激发因素，确实也为外国方面借端发难提供了一种口实。曾国藩在针对天津教案发布的《谕天津士民》文告中，一方面对“天津民皆好义，各秉刚气”表示称道；一方面又鉴于其在并未得“迷拐之确证、挖眼之实据”的情况下，“徒凭纷纷谣言，即思一打泄忿”的表现，着重告诫说：“或好义而不明理，或有刚气而无远虑，皆足以偾事而致乱。”③这中间固然隐寓着屈从外国而诿过民众的成分，但也不是没有一定的合理性因素，对于诠释天津教案来说，还是有其参考价值的。无可置疑，非理智因素毕竟会有碍于提升反侵略斗争的水平。

其实，即使当时就教案之事对中国大肆进行外交讹诈乃至武力威胁的外国方面，也有人在私下里对案事进行了比较细致和理智的分析，譬如美国驻上海总领事西华在一封函件中明确承认，“在中国人当中流行的关于洋人杀害儿童的流言蜚语，也并不是完全没有现象的依据”。其论列的所谓“现象的依据”首先即是：“天主教徒据说对儿童受洗后灵魂得救的效验深信不疑。结果是，他们在幼孩病倒的濒危之际，将其接到他们的育婴堂施行洗礼。这种做法和死亡的频繁发生，支持了人们相信他们需要幼孩躯体供诡秘目的之用的看法。”同时，“天主教育婴堂和孤儿院所遵守的保密制度，或者应该说幽闭状

① 张光藻：《生日感怀寄呈曾相国夫子》，《北戍草》，第27页。
② 中国近代史资料丛刊续编《清末教案》，第5册，第4页。
③ 《曾国藩全集·诗文》，第457—458页。

态，引起了人们的许多怀疑"①。还有当时美国驻华公使镂斐迪言及教方"慈善"堂所变相收买儿童的情事，意及既然它可能与诱拐儿童之事发生某种实际联系，自然也会成为引起外间疑忌的重要诱因。并且镂斐迪也表示相信，教方"一向惯于利诱人们将病入膏肓的幼孩送到他们那里，借以达到临终末刻付洗的目的。这样一来，许多奄奄一息的病孩，便被送到这些机构去受洗礼，而抬走后很快就死去"②。教方这种做法，无疑更增加了外间对其残害人命的猜疑。

当然，有关传闻的生发还有更为深刻的背景性诱因，那就是外国方面惯常的横暴行径，使天津民众乃至官绅蓄积了对侵略者的深仇大恨，形成了厝火积薪之势，一旦有诱燃的火种，顷刻便会烈火熊熊。张光藻追忆津案始末时是这样列举外国人平时的恶行的："天津自通商以后，百货皆用外国轮船装载"，"轮船进口碰伤民船莫敢究诘，民船偶碰轮船则立擒船户置黑舱中勒赔，修价必厌其所欲"；"本处商民或欠洋人债项，被控到官，勒限三日必还。洋商铺伙有欠本处帐（账）目者，控之则抗不到案，官莫能追"；"有洋人乘马疾驰践踏人命之案，尸亲控县，莫能指名，洋人亦置不理"③，如此等等。曾国藩当时在分析有关传闻盛行引发教案的深层原因时也说，平时"凡教中犯案，教士不问是非，曲庇教民，领事亦不问是非，曲庇教士。遇有民教争斗，平民恒屈，教民恒胜。教民势焰益横，平民愤郁愈甚。郁及[积?]必发，则聚众而群思一逞"④。这主要从民教矛盾方面着眼，归根结底也是源于外国方面惯常的横暴非理。甚至像西华这样的外国人当时对有关情况也不能回避，他承认，在华的"外国代表们有时表现出放肆的态度"，领事对当地官吏不满时"使用飞扬跋扈的方式"，"在领事的要求下，炮舰被用来解决争端，（有关华人的）财产被剥夺，还有人被杀头"；平时"在外国租界里，欺负性情较温顺的华人是司空见惯的事"，人们常看到外国人"在大街上把中国人粗暴地推来搡去，在骑马或驾车时用皮鞭抽打他们"，"大船和轮船的船主毫不在乎地把本地人的船只撞沉，有时甚至不停下来把不幸遇难的人救起"。这种"粗暴和凶残"使外国人的名

① 中国近代史资料丛刊续编《清末教案》，第5册，第66页。
② 中国近代史资料丛刊续编《清末教案》，第5册，第2页。
③ 张光藻：《同治庚午年津案始末》，《北戍草》附录。
④ 《曾国藩全集·奏稿》，第十二册，第7096页。

誉在“当地政府和人民的心目中大受影响”①。西华也是把这作为引起相关传闻和激发天津教案的一个方面的原因来看待的。由此更可证明,外国方面惯常的横暴行径所激发的华人的“仇洋”、“仇教”心理和情感,既是有关传闻的助生剂,也是促使传闻激发教案的内在动因。

这样看来,有关传闻的盛行和天津教案的发生,确实不失为当地民众反侵略激愤之情的一种宣泄。连当时有的外国人也认为,天津教案的发生,是当地民众“对洋人的深恶痛绝突然间冒了出来”,并进而分析说:“这些感情有些是深信诱拐传闻的自然结果;但如果以为所有都可以归结于这个根源,那将是一种错觉。很明显,早已怀有但被压抑着的恶感,正在乘机发泄出来。讲老实话说,百姓关于屠杀(外国人)的普遍心情是庆幸,在某些情况下简直是幸灾乐祸。”②无论如何,从天津教案和相关传闻所蕴含的反侵略因素看,当然有其正义性和合理性。与之相对应,曾国藩对此案处理上的屈从外国方面,也就不免民族节操上的卑污。

当然,议处案事并非曾国藩自己一人做主,除了最终由朝廷定夺批准外,在津主持办案者,最后又添有李鸿章。因为还没有等到天津教案议结,曾国藩就奉到调任两江总督,而直隶总督由李鸿章接任的谕令。这一则是由于天津教案使得曾国藩在直隶总督任上更陷入窘困处境;二则恰巧这时两江总督马新贻被张文祥刺杀,两江总督出缺,而曾国藩曾任江督多年,有根基深固的优势条件。③

五、交接之际授“锦囊”

曾国藩回调两江而由李鸿章接任直隶总督的谕旨,是同治九年(1870 年)八月初三日发布的。曾国藩接到后,于该月初七日上奏谢恩,“并陈下情”,意在辞谢。这绝非矫情,不妨择录其折中原文来具体揣摩:

---

① 中国近代史资料丛刊续编《清末教案》,第 5 册,第 57 页。

② 中国近代史资料丛刊续编《清末教案》,第 5 册,第 35 页。

③ 本节中择用了拙文《“迷拐”、“折割”传闻与天津教案》(《近代史研究》2003 年第 2 期)中部分文字。

> 昔岁剿捻无功，回任江南，至今抱惭无地。上年量移畿辅，于奏明之吏治、军政、河工三者，毫无绩效，惶悚尤深。乃蒙新命之优加，更许旧官之重莅。在圣主曲加体恤，不以无用而弃樗栎之材；在微臣感荷恩知，亦思竭诚而图桑榆之报。惟臣自本年二月以来，衰疾日甚，前在假期之内奉旨驰赴天津，实因津事重大，不敢因病推诿，而目疾已深，将来必须开缺调理，曾于折内预为声明。到津已（以）后眩晕时发，又感受暑邪，有呕吐泄泻等症。今日标病虽已痊除，目疾实难医治，右目久经无光，左目亦日加昏眵。疆臣之职，必以披览文牍为要，臣目病甚重，往来文件难以细阅，幕僚拟稿难以核改，江南庶政殷繁，若以病躯承乏，将来贻误必多。臣自去春履任直隶，今已一年六个月，自问旷官溺职，负疚甚深。倘以病目重履江南，则旷官溺职必更有甚于今日者……再四筹思，惟有避位让贤，乞回成命，合无吁恳圣恩，另简贤能，畀以两江重任。

这中间，“谢恩折”必有的谀颂“圣主”、自我谦卑的辞风当然不能一点不带，但主要是陈述自己的病况以求让朝廷改任他人。并且，这并非“托病”请辞，目疾和其他病症也是实实在在的。当然，感觉上的身体支持力，与心境密切相关。他此时的糟糕心情，固然不便在奏折中直露，但这是不言自明的事情。并且，他表示，稍后打算连大学士也辞去，说是“目下津案尚未就绪，李鸿章到津接篆以后，臣仍当暂留津郡，会同办理，以期仰慰圣廑。一俟津案奏结，再行请开大学士之缺专心调理”①。清廷当然不会批准他的辞谢，无论如何，对如此老臣明里还是要重用的，何况他是两江旧主，岂能真就轻易地置之闲地？上谕云：“两江事务殷繁，职任极重，曾国藩老成宿望，前在江南多年，情形熟悉，措置咸宜，现虽目疾未痊，但能该督坐镇其间，诸事自可就理。该督所请另简贤能之处，着毋庸议。仍着俟津事奏结，行前赴两江总督之任，毋再固辞。”②这样，曾国藩也就不好再作“固辞”，迁延至十月间南下赴任。

而李鸿章，对接任直隶总督则是另一种心境，大有勇担艰危、当仁不让之

---

① 曾国藩：《恭谢调补两江总督恩并陈下情折》，《曾国藩全集·奏稿》，第十二册，第7051—7052页。

② 见《曾国藩全集·奏稿》，第十二册，第7131页。

概。同是在获知任命消息后的"谢折"中,他这样说:

> 臣才识疏庸,屡膺疆寄,自去春莅楚以后,使蜀援秦,驰驱不息,在任之日少,在外之日多,地方吏治愧未能尽心整饬,悚惕方深。此蒙简命调任畿疆,值海防吃紧之秋,正臣职难宽之日。惟畿辅要区,为皇都拱卫,根本大计,纲纪攸关,稍存瞻顾之心,即昧公忠之义。现津案未结,河工待修,凡柔远能迩,练军、保民诸事皆当规画闳远,非老成硕望如曾国藩不足以资以镇抚,特以江表岩疆、东南财富,亟须得人而治,臣虽梼昧,何敢畏难诿卸,上负圣明。惟有勉竭愚忱,一守曾国藩旧章,实力讲求,倍矢兢惕,以图报称而慰宸廑。①

此际李鸿章和曾国藩对是否就任新职的态度,岂不形成了非常鲜明的对比和巨大反差?李鸿章简直是摩拳擦掌地坚决应诺,而曾国藩则是委靡颓丧无心膺任(嗣后他对接受此任有"蛇足"之说,可知确实不是纯然的虚情推辞)。当然,再联系曾国藩在直隶总督任间的情况看,可以说此期绝不是他为官生涯中"花好月圆"的时候,而难事多有,困厄实深。无论如何,于此更需要注意的,是直隶总督之职李曾瓜代的政治意义。

第一,直隶作为清廷最为看重的畿辅要区,其总督一职,由过去的尽量任用满蒙大员,转到主要用汉族湘淮集团的大员。直督之职从刘长佑担任以前晚清时段中的情况来看,除了谭廷襄一任(咸丰六至八年,即 1856—1858 年间)为汉员之外,其前的琦善(满)、讷尔经额(满)、桂良(满),其后的庆祺(蒙)、恒福(蒙)、文煜(满,署),均为满蒙大员。而自刘长佑任职,除其后由满籍大员官文的短时署理,接下来就是从曾国藩到李鸿章。尽管他俩分属湘、淮派系,但相对于满蒙集团来说,湘淮可谓"一家"。至于他们两人之间,虽有时不无矛盾,但毕竟有着特殊的私谊关系。此番瓜代对于曾国藩来说,自然是可以接受的。当然,清廷不会以他们的私谊关系作为考虑的首要因素,而更重要的是任用人员要有能支撑局面的实力条件。也许满洲最高统治集团并不情愿看到满汉势力相对此消彼长的变化,但历经镇压太平天国和捻军之局,这种

① 顾廷龙、戴逸主编:《李鸿章全集》,第 4 册,第 73 页。

既定的变化又是其不能不承认和被动接受的。汉族实力派的崛起即主要体现于湘淮势大员身上，而这于上述直隶总督人选的安排情事，便不失为醒目的表现。

第二，直隶总督职任的李、曾瓜代之局，就湘、淮派系以及曾国藩和李鸿章两人的实力及地位状况而言，也提示一种值得注意的变化。而这种变化，自然有一个过程。权势地位本远在曾国藩之下的李鸿章，自平捻之役中取代曾国藩膺任主帅，又被擢为湖广总督，战役告终清廷评功封赏，李鸿章可谓赫然居首，有总督之职的他，宫衔也获加至太子太保，并兼领协办大学士，一跃跻身相国，名位上几与曾国藩持平，而可实际操纵控制的军事实力上，则愈益明显地超乎曾国藩。虽说出任直隶总督前夕一段时间李鸿章的境遇并不遂意，但自打出任直隶总督便又是一大关键转折，此后他稳居此任，坐镇北洋，达二十余年之久，淮系北洋势力由此奠基并走向不断发达。

无论如何，曾国藩与李鸿章的交接已成定局，那么，其交接之际，除了规制程序上的事情之外，私下就没有一些特别交代？有的。不妨看其一番“津门论道”，实有大堪揣摩、耐人寻味之处。尽管这是两人间的“私房话”，但论的全是如何办“国事”，更具体说是“外交”之事。

这天，当年的学生，这时仍以“学生”的身份，去拜谒请教“老师”。“老师”尽管这时被教案之事弄得狼狈不堪，但在“学生”面前仍不想丧失斯文，还不忘摆点架子。见面后不等“学生”开口，他便先问道：“少荃，你如今到了此地，是外交第一冲要的关键，我今国势消弱，外人方协以谋我，小有错误，便贻害大局，你与洋人交涉，打配作何主意呢？”李鸿章说，门生就是为此，特来求教的。曾国藩道：“你既来此，当然必有主意，且先说与我听。”李鸿章说：“门生也没有打什么主意。我想，与洋人交涉，不管什么，我只同他打痞子腔。”所谓“痞子腔”，是李鸿章家乡皖中土语，即油腔滑调的意思。曾国藩听了李的话，沉默着以五指捋须，过了好半天才慢慢开口说：“呵，痞子腔，痞子腔，我不懂得如何打法，你试打与我听。”李鸿章听出曾国藩是不以为然，赶忙说道：“门生信口胡说，错了，还求老师指教。”曾国藩眯着眼，又不停地捋起胡子来，好久才抬起眼来看着李鸿章说：“以我看来，还是用一个‘诚’字，诚能动物，我想洋人亦同此人情。圣人言，忠信可行于蛮貊，这断不会有错的。我现在既没有实在力量，尽你如何虚强造作，他是看得明明白白，都是不中用的。不如老老实实，推诚相见，与他平情说理，虽不能占到便宜，也或不至过于吃亏。无论如何，我的信用身份，总是站得住的。脚踏实地，蹉跌亦不至过远，想来比痞子腔总靠得住一点。”李鸿章碰了钉子，受了这一番教训，脸上着实下不去，但他说回心细想，觉得老师的话实在有理，是“颠扑不破”的，心中顿然有了把握，急忙应声道：“是，是，门生准遵奉老师训示办理。”①

显然，此番津门论道，实际是曾国藩“主讲”，李鸿章“听课”。事后多年，李鸿章向别人作忆述时，还表现得对当年事情刻骨铭心，感慨不已。他说，别人讲到洋务，认为老师还不如我内行，“不知我办了一辈子洋务，没有闹出乱子，都是老师一言指示之力”。这神乎其神的“一言指示”为何？就是指曾国藩讲的“诚”字经。李鸿章对人说：“后来办理外交，不论英俄德法，我只捧着这个锦囊，用一个诚字，同他相对，果然没有差错，且有很收大效的时候。古人谓一言可以终身行，真有此理。要不是我老师的学问经济，如何能如此一语破的呢？”②

如此看来，李鸿章对曾国藩的外交之道，似乎奉若神明，佩服得五体投地了。但揣摩起来，李鸿章这样对人言，多少也不免带点儿“痞子腔”。不错，李鸿章既在早年做过曾国藩的学生，后来又在曾国藩的幕下多年，他的起家，与曾国藩的提携分不开。他对曾国藩始终不失起码的尊敬，也的确从“老师”身上学到很多东西。但从曾国藩的为官生涯看，他并没有太多地涉身外交事务，而在包括处理天津教案在内的有限外交活动中，也没有表现出太出色的身手。他的“诚”字外交说，一方面是基于他根深蒂固的儒家思想的“学理”基础，特别是他理学伦理观的推衍；另一方面，也是出自慑于列强实力强大的无奈。其实，他也明白并说过外夷“论势不论理”这样意思的话。既然人家“不论理”，靠一味讲“诚”难道就真的能够打动它？

外交，从古到今都是各方为本国利益争竞的较量，可能的敷衍、迷惑和欺骗，不但是外交活动中所不忌用的，而且是其“艺术”构成的一种内容。当然，不能靠胡侃乱说要无赖办外交，“痞”亦有道，要有它的“游戏规则”。就对此的认识而言，总体上李鸿章要远比乃师到位。并且，李鸿章在为政方面受儒家

① 吴永口述、刘治襄记：《庚子西狩丛谈》，第109—110页。
② 吴永口述、刘治襄记：《庚子西狩丛谈》，第110页。

学理的牵制也远没有乃师那样明显，他的"功利"色彩倒是浓重得多。他的所谓"痞子腔"也好，"痞子手段"也罢，无非是想在办理外交中掺入一些敷衍、迷惑和欺骗对方的策略成分而已。在"强国无外交"残酷法则下，这种招数的大效用自很难说，但曾国藩的"诚"字说也未必真是什么"锦囊"。李鸿章对此想必也是心中有数的，他之所以如此"贬己褒曾"，除了"尊师"的因素外，或许也与他说话对象的身份有关，他是对曾国藩的孙女婿吴永（《庚子西狩丛谈》的口述者）如此讲的，好话好听嘛！当然，这样说并不是否认李鸿章会从曾国藩那里真的领受外交见识上的一些教益，也不是说他们两人的外交思想和行为迥相抵牾。无论如何，作为很快就兼任"北洋通商大臣"的李鸿章来说，办外交的确成了他日常的分内之事。不像原先那样再设专任三口通商大臣，而以直隶总督兼任，从李鸿章这里成为定例，这不失为直隶总督职权扩大和增强的制度上的一个重要环节。

值得注意的是，早在曾国藩两江总督任间的同治元年（1862 年）夏，就有过一场关于南洋通商大臣职事问题的筹议。这是由时任"办理通商事务大臣"（亦即"南洋大臣"）薛焕提出的，他上奏说南洋通商事务"专设大臣统辖，地方较多，鞭长莫及，事势亦多格碍"，"请即裁撤，各归本省督抚将军经理"，并建议从曾国藩和官文两人中简一员兼领长江通商事务。清廷向曾国藩征询意见，要他详筹奏闻。曾氏复奏说，"南洋之广，设一大臣统辖江、楚、苏、浙、闽、粤六省数千里之远，薛焕所称鞭长莫及，诚属实在情形"，但又认为，通商大臣之专职不可裁撤，建议把广东、福建、浙江之事分出，改为长江通商大臣，"专办濒江四省中外交涉事件"，而自己作为两江总督，在军务未竣之前，"实不能兼办通商事件"，署理江苏巡抚李鸿章，"资望尚浅，军事方殷，亦于洋务不甚相宜"①。总之，他当时是不要兼南洋通商大臣，实际也没有兼任。不过，他提出的建议方案也没有完全被清廷采纳。李鸿章实授江苏巡抚后兼任了南洋大臣，同治四年（1865 年）他署两江总督，南洋大臣的兼职就随移至该总督身上，曾国藩卸平捻统帅回任两江后继之。起码在直隶总督兼任北洋大臣成为定例后不久，两江总督兼任南洋大臣亦成定例。北、南洋大臣当然并非只管纯粹的"通商"，也涉外交，甚至外交成为更重要的事情。

---

① 《曾国藩全集・奏稿》，第四册，第 2358—2360 页。

总之，不论是曾国藩还是李鸿章，来直隶前在职事上就都涉身过外交，但又都不如在直隶正式和典型。总体看来，曾国藩一生涉身的外交之事较少，并且在这方面的敏感性也相对欠强。在同治七年（1868 年）七月间，他还曾因涉及泄露涉外机密而自请议处过。事情是总理衙门发现的。曾国藩密陈有关于与外国修约事宜的奏折内容，在上海的报纸上被揭载出来，“应准应驳各节，历举无遗”，主持总理衙门的奕䜣和有关大臣见后感到“不胜疑讶”，随后又接到由总税务司赫德抄送的全折，奕䜣追问来源，赫德“坚称系由领事官抄寄”。在这种情况下，总理衙门遂致函曾国藩“追究缘由”，曾国藩即上了自请议处的折子，也函复总理衙门，承担责任。但在折中对具体泄密情节并未细述，只是简单地说，“查密封陈奏之事，臣未能格外慎密，以致被人传抄，疏忽之咎，实无可辞”。上谕令总理衙门议处，其复奏却似有难言之隐，说：

> 臣等以此事既经疏忽于前，不必张皇于后，即访得泄露之人，拟不复奏请究惩。该督深自引咎，不欲诿过于人。因系为以往难追，顾全大体。亦因此等密件，必须慎之于前。若于事后查办，非止不能补救，且不免愈办愈彰。惟事后中外交涉事件甚多，均须由臣等会同各省疆臣筹商办理。若不京外一律慎密，我未谋定，彼亦预防，恐转肆其诡谋，为先发制人之计，种种衅隙，从此而生。所谓事机不密则害成，其患有不堪设想者。①

其中对泄密危害的陈述是不错的，但既然这样，对泄密不但预防于前而且也要惩治于后才是应该的，所谓“即访得泄露之人，拟不复奏请究惩”云云，令人不可思议。无非是因为曾国藩的含混担责，即拟免再深究、不了了之而已。其实，对防涉外之事泄密，清廷在同治元年（1862 年）即有密谕专给曾国藩、李鸿章等人，“说外国人喜于探听消息，一切交涉外国事件寄谕稍有泄露，即据为口实，生出无数事端”，“不可稍涉大意”②。涉及外交事件的不论寄谕还是上奏，自然都需要严格保密。看来，曾国藩在这方面是有过失误的。

至于天津教案中的对外交涉，曾国藩的“诚”字锦囊自也未能发挥多少

① 《总理各国事务衙门原折抄件》，《曾国藩全集·奏稿》，第十册，第 6041—6042 页。

② 附录密谕，《曾国藩全集·奏稿》，第五册，第 2746 页。

"奇妙"效用，当然，其时朝野对他的"清议"也未见得都合情合理。在当时特定的国际环境条件下，处置这种事情仅靠个人的能力可折冲樽俎总是不现实的。尽管曾国藩表面上不与攻讦他的舆论对抗，但内心并不能真正服气，他不会认为自己在这件事上有多大失误。而无论如何，此后"北洋"便没有再给他补写办理外交续篇的机会。当然，及至他回任两江总督以后，仍然有参议外交的分内职责（兼任南洋大臣）。譬如，在同治十年（1871 年）正月间，他就与日本修约事向朝廷表明自己的看法，说与之"明定章程，期于永远相安，则条约所载不外体制与税务两端"；分析日本的情况，认为它"本无威慑中土之心"，"其自居邻敌比肩之礼，欲仿英法诸国之例，自在意中"；又谓"日本自诩为强大之邦，同文之国，若不以泰西诸国之例待之，彼将谓厚腾薄薛，积疑生衅"，"悉仿泰西之例（与之订约）亦无不可"。这种主张所基的总体立意是："中国之处外洋礼数不妨谦逊，而条理必极分明。练兵以图自强，而初无扬威外国之志。收税略从彼俗，而亦无笼取大利之心。果其百度修明，西洋东洋一体优待，用威用德随时制宜，使外国知圣朝驭远一秉大公，则万国皆将亮其诚，何独日本永远相安哉！"①视日本非无足轻重的"蕞尔小国"，与昧于事势的顽固派大为不同，但主张不作争议地就一仿"泰西诸国之例"与之订约，而将"相安"仍是寄托在一个"诚"字上，并且是幻想"万国皆亮其诚"，就未免亦显其软弱且迂腐了。由此更可见曾国藩持守"诚"字外交"锦囊"的一贯性。

回到曾国藩尚在北方之际。这个时候精疲力竭的他，对回任两江总督已觉得是一种画蛇添足的累赘了，但具疏恳辞未被批准，南下前他请求入都觐见。理由冠冕堂皇，一则今年是他的六十大寿，朝廷有不菲的赏赐，他要当面谢恩；二则要当面聆受圣慈训示。而他的内心深处一定怀着与京都皇城作最后诀别的悲凉意念。入觐要求获准，曾国藩于九月下旬入都，曾被召见三次，这也是他最后得面"圣颜"的机会了。

① 曾国藩：《预筹日本修约片》，《曾国藩全集·奏稿》，第十二册，第 7205—7206 页。

六、桑榆家门事

政事颇繁难，家事亦多忧，雪上加霜，霜上加雪，老病日侵，每况愈下，曾国藩的桑榆暮景应该说是比较惨苦的。

他来直隶之初，未带家眷，享受不到天伦之乐，又加公务繁多，整日困于簿书之中，萧然寡欢，便开始考虑接来眷属的事情，不过也颇费踌躇：自己若不会长呆畿辅，何苦让眷属跟着自己来回折腾担险受罪呢，何况夫人又有病在身？让家眷回湖南老家吧，一则那样还是两处分居，无团聚之乐，二则纪泽要专管家务，恐荒了他的学业，而纪鸿也难免得南北奔波，很是麻烦。但是，与家眷两处分居相互没个照应到底不便啊，思来想去，曾国藩还是打算把眷属接来，于是写信和纪泽商量。同时，他还打算买个小妾伺候自己。听说北地的女子"性情多半乖戾"，他便嘱儿子"备银三百两"，托人在南方购买，并特别嘱咐，"言明系六十老人买妾，余死即行遣嫁"，至于条件也决不苛刻，"但取性情和柔，心窍不甚蠢者，他无所择也"①。但此事没有落实，而眷属倒是很快接来了。

其实，以前曾国藩曾有过一次买妾之事。那是咸丰十一年(1861 年)他移驻安庆临时衙署后，那时家眷尚在老家没有接来。曾国藩决意买妾，倒未必是"花心"作祟，而主要是为找一个照顾他病体的女子。"蟒蛇投胎"的他患顽固癣疾，痒得时常抓挠，甚至影响晚上睡眠。因当时身边无人照顾，不少人即劝他纳一小妾，晚上同眠可为之挠痒。据说，欧阳夫人在这件事情上很是开通，毫无妒忌之意。曾国藩的弟弟们更是着力撺掇，其时尚在世的国葆亲自为乃兄择人，曾买下一位詹姓女子，让国藩相看。曾国藩在日记中留下了"因往一看视，体貌颇重厚，特近痴肥"的记述。不知是总督大人没有相中还是别的什么原因，此亲未成。不日，曾国藩即另行纳了一个陈姓女子做如夫人。此番是由曾国藩亲军中一个叫韩正国的营官做媒。这位女子刚刚二十一岁，整整小曾国藩三十岁。她是湖北人，还能识读习字。至于长相，曾国藩在日记中留下

① 《曾国藩全集·家书》，第二册，第 1354—1355 页。

"貌尚庄重"的评语,想必是比前番相看的女子中意。十月二十四日,陈氏女子被接入曾国藩公馆。中午饭后,入室向曾国藩行礼。仪式简简单单,这位如夫人便算是纳成了。

陈妾的父亲为乡村塾师兼行医,母亲为家庭妇女。她自己性情温和,在督署中能谨守规矩,除日常居所外,只到过署内后院数次,而前院终未一至,足迹仅至厅堂帘前为止。她尽心尽力地服侍曾国藩。曾国藩睡前有洗脚的习惯,陈氏便总是事先备好热水,到时帮他洗搓,睡下后则为他细心挠痒。日常的家务事,也操持得井井有条。

陈妾患有肺病,这是曾国藩事先所不知道的。刚纳入督署时症状还较轻,几个月后便严重起来,开始吐血,最后卧床连饭也吃不得了。懂医的父亲知道她得的是不治之症,曾国藩不惜花费,还是让她服药治病。不过,与她同寝是不合适了,便由其母亲陪伴照顾她。这天,曾国藩与人谈话到深夜,感到很疲倦,躺下翻来覆去地睡不着。过了好一会儿,刚刚蒙眬睡去,忽然又被号哭声惊醒。原来是陈妾死了,她的母亲大放悲声。曾国藩起来到陈妾的寝室看视,见人确是死而无救了。这时是同治二年(1863 年)五月一日凌晨。算来,陈妾纳进大约十九个月的时间。这个年仅二十三岁的可怜女子,就这样命归黄泉了。曾国藩还是正正规规地为其办理了丧葬事宜。五月三日辰刻出殡,先暂厝于龙王庙,到五月二十一日葬于安庆城西十余里茅岭冲山中。①

曾国藩对陈妾的印象还算不错,但对陈母十分讨厌,曾在家书中这样说:"此女性情尚属平和,惟其母贪而且很(狠)。因女病常住此间,(其女)若渐染母教太久,亦必变成很(狠)性,殆非吾家之福。今女既物故,母之技亦无所施矣。"②在陈妾安葬之后,其母也就被打发了出去。从此,这门亲事就算告结。

尽管这段"姻缘"不长,但却颇为舆论诟病,倒不是因为纳妾之事本身,那个年代像他这样人物纳妾本是司空见惯的事情,主要是因为那是在"国丧"(咸丰帝死)期间,官员婚娶是违大禁的,也有悖于名教要求。曾国藩这个以崇奉理学、注重修身、笃行忠义相标榜的人物,竟然在国丧期间秘密纳妾,所以有人指责他说"违制失德莫过于此,实名教罪人之尤"。

---

① 《曾国藩全集·日记》,第二册,第 887、888、895 页。

② 曾国藩:《致澄弟》,《曾国藩全集·家书》,第二册,第 982 页。

数年之后，曾国藩来做直隶总督的这时，买妾之事却有议无成。顺便交代，及至他回任两江总督后，于同治十年（1871 年）秋间，又有人为他买下一婢，欲让其纳为小妾。曾国藩再三考虑最后还是作罢。他主要是觉得自己“精力太衰，理不久于人世，不欲误人子女”，故不受纳，请媒人“为之另行择配”①。这样看来，曾国藩倒是做了件有德行的事。当时，连曾国荃都极力怂恿乃兄收纳此婢作妾，说什么“耄耋期颐，乃兄固有之寿，倘得少阴以扶助老阳之气，益觉恬适有余味矣”。意思是采阴补阳对身体和精神无害有益。他还竟以自己纳妾之事现身说法地劝导乃兄，说“弟妇去年曾将其婢女纳为弟之侧室，弟比未允，今年秋冬，竟不能不挽回其初意，以就弟妇之意。此固无关一生之大者，随其心之所安而已”②。到底，曾国藩没有听乃弟之劝。果真，他不久就撒手尘寰，若是生前再纳一小妾，岂不真误了人家女孩的一生？当然，像这种事情在若辈中有些人根本是不会去想的。

关于曾国藩纳妾之事的前后情事大概如此。毕竟原配欧阳夫人和儿女们，才是他的嫡亲。原留金陵的眷属，于同治七年（1868 年）初夏来到保定督署。这时老夫人双目已近失明，孙儿孙女也正患病。不日，纪泽、纪鸿也双双染疾，曾国藩“既喜室家之团聚”，又为家人多病而忧伤，在日记中记下“满室呻吟，殊觉愁闷”，“家人多病，焦灼之至”的无奈之语。甚至只好以“天命”来聊以安慰自己，说“每以家中人口为虑，又惦念南中诸弟各家，竟日营营扰扰”，偶思咸丰八年（1858 年）四月扶乩，“即预知有是年十月三河之败、温甫（国华）之变”，“天下万事皆有前定，丝豪（毫）不能以人力强求。纷纷思虑，亦何补耶？以后每日当从‘乐天从命’四字上用功，治事则日有恒课，治心则纯任天命。两者兼图，终吾之身而已”③。

及至曾国藩陷入天津教案难局之年，对其家事来说更是一个多事之秋。案发前夕，在保定衙署的他，病症实际已呈相当严重的程度。多时的眼疾愈发加重，右眼基本失明。其二月二十九日的日记中记曰：“眼蒙殊甚，令纪泽视吾目，右眼黑珠，其色已坏，因以手遮蔽左眼，则右眼已无光，茫无所见矣。纪

① 曾国藩：《致澄弟沅弟》，《曾国藩全集·家书》，第二册，第 1411 页。
② 曾国荃：《致伯兄》，《曾国荃全集》，第五册，第 368—369 页。
③ 本段引文见《曾国藩器·日记》，第三册，第 1637、1643、1663 页。

泽言瞳人尚好，可望复明，恐未必然。”更要命的是，前边已述及的中风症候。总之，他的身体是够糟糕了。

要说，曾国藩可是一直很讲究养生保健之道的。早在道光二十三年（1843 年）他三十岁刚出头的时候，就作有这样的《养身要言》：

一阳初动处，万物始生时。不藏怒焉，不宿怨焉。右（按：系按竖行位置）仁所以养肝也。

内有整齐思虑，外而敬慎威仪。泰而不骄，威而不猛。右礼所以养心也。

饮食有节，起居有常。作事有恒，容止有定。右信所以养脾也。

扩然而大公，物来而顺应。裁之吾心而安，揆之天理而顺。右义所以养肺也。

心欲其定，气欲其定，神欲其定，体欲其定。右智所以养肾也。①

从所涉事项看，不但养身，而且养心，身心结合，当不无道理。不过如此与仁、义、礼、智、信连结，未免牵强，这与当时曾国藩迷恋的理学修身不无关系。其人咸丰十一年（1861 年）正月十四日的日记里，则记下所归纳的“惩忿、窒欲、少食、多动”八字诀，说“念养生家之法”，莫大于此。显然，也颇合科学原则。到晚年的时候，他讲究得更朴实具体。譬如有谓“保身莫大于眠食二字”，效法祖父“每夜用极热水洗脚，颇有效验”；又总结出“养生六事”：“一曰饭后千步，一曰将睡洗脚，一曰胸无恼怒，一曰静坐有常时，一曰习射有常时（原注：射足以习威仪强筋力，子弟宜多习），一曰黎明吃白饭一碗不沾点菜。”并说“此皆闻诸老人，累试毫无流弊者”②。其中有些事项，也是曾国藩自己坚持较好的。然而，讲究养生的他，身体状况却并不好，最终也算不上高寿，除了当时医疗保健水平的限制外，与他先天的遗传因素也自有密切关系。及至在直隶这时，曾国藩反正已是多病缠身，老衰严重了。并且，家中的变故也不断打击着他。

---

① 《曾国藩全集·家书》，第一册，第 82 页。

② 《曾国藩全集·家书》，第二册，第 1359、1424 页。

就在他被命回任两江请先入都觐见之时，其长女纪静在湘潭婆家亡故。当时，曾国藩未能及时获知，是他在十月间启程南下，走到山东境内的东阿县境时，接到由李鸿章转来的信函，才得知这一不幸的消息。这对于曾国藩的恶劣心绪来说无疑是雪上加霜。他在日记中记曰："不料儿女中有袁氏女之变，老境颓唐，不堪伤感！"①

老年丧子是人生的三大不幸之一。曾国藩的这个女儿，在人世间还不满三十春秋。她自二十岁上出嫁后，一直是在悒郁愁苦中度日的。她六岁那年由父亲做主，与湘潭人氏袁漱六家订婚，袁漱六当时也在京城做官，与曾国藩是湖南老乡兼朋友，纪静即许配他的儿子袁榆生。咸丰十一年（1861 年）完婚时，公爹已于两年前去世，而曾国藩当时已任两江总督。如此高官之家，妆奁仍守不过二百两银的定规，纪静幼承庭训，力持节俭，不以奁资多少为意。过门后她严守"勤、敬"二字，颇得族中邻里夸赞。但丈夫却是个不务正业的人，懒散怠惰，放荡无羁，甚至尚未与纪静结婚就先纳妾。与纪静结婚之后，不但不听妻子劝告，而且恶习愈演愈烈。曾国藩为了教育女婿，曾让他们夫妇随居署衙，并安排袁婿在粮台供职，但袁榆生胡作非为，封民房，夺娼妓，带人打保甲局，俨然当地一害。有人向曾国藩告发，袁闻讯后吞服鸦片自杀未遂。事后还是恶习不改，行事益加荒唐。曾国藩一气之下与之断绝关系，但还是将纪静送到湘潭袁宅，让她恪尽妇道。这种生活境况下，纪静能有好心情吗？像她这样一个侯门之女，到头来也无奈地做了封建礼教的牺牲品。

曾国藩的女儿中，婚后境遇不好成为封建礼教牺牲品的不止纪静一人。三女纪琛也有类似长姊的遭遇。纪琛在咸丰六年（1856 年）十三岁时被许配罗泽南次子罗兆升，同治元年（1862 年）十九岁上成婚。纪琛到罗家后勤劳节俭，孝敬长辈。但罗兆升性情暴戾，其家人对纪琛也越来越不加善待。曾国藩虽对此深感忧虑，但还是坚持用传统的道德伦理观念训诫女儿逆来顺受。同治二年（1863 年）正月间他在写给儿子纪泽的信中这样说：

> 罗婿性情乖戾，与袁婿同为可虑，然此无可如何之事……尔当谨嘱三妹柔顺恭谨，不可有片语违忤。三纲之道，君为臣纲，父为子纲，夫为妻

① 《曾国藩全集·日记》，第三册，第 1796 页。

纲，是地维所赖以立，天柱所赖以尊。故《传》曰：君，天也；父，天也；夫，天也。《仪礼》记曰：君至尊也，父至尊也，夫至尊也。君虽不仁，臣不可以不忠；父虽不慈，子不可以不孝；夫虽不贤，妻不可以不顺。吾家读书居官，世守礼义，尔当告诫大妹、三妹忍耐顺受。吾于诸女妆奁甚薄，然使女果贫困，吾亦必周济而覆育之。目下陈家（按：指次女纪耀的婆家，湖南茶陵人氏）微窘，袁家、罗家并不忧贫。尔谆劝诸妹，以能耐劳忍气为要。①

我们今天看来，曾国藩这个做父亲的，贵至封侯，权倾一方，却竟连自己的女儿也保护不得，岂不是太窝囊，也太残酷了吗？可有什么办法呢？纲常名教这套东西在曾国藩身上是沦肌浃髓的啊！

长女先他而去，他只有徒悲而已。三女纪琛在婆家的苦况继续着，他依然无能为力。其实，即使纪耀也不只是婆家“微窘”的不足，她的丈夫陈松生也是个“生性偏执”的人，以致纪耀“亦无生人之欢”。还有做了郭嵩焘儿媳的纪纯，亦备受郭嵩焘侧室的虐待，好在夫妇感情尚好，但结婚仅三年多，丈夫郭依永（刚基）就亡故，时在同治八年的十二月，可怜纪纯年纪轻轻已成了寡妇。这一切，都令曾国藩挂心而又无奈。像他家这样门第的女儿，绝不能违忤姑翁和丈夫，更不用说有悖从一而终而改嫁了。

不只儿辈，其孙辈也接连有不幸之事发生。在眷属于金陵尚未北上的时候，曾国藩在保定得知三孙女乾秀（纪泽女）殇亡的消息，在“殊为感脑”之下，他还得劝慰纪泽夫妇俩，有道：

知尔夫妇尤伤怀也。然吾观儿女多少成否，丝毫皆有前定，绝非人力所可强求。故君子之道，以知命为第一要务，不知命无以为君子也。尔之天分甚高，胸襟颇广，而于儿女一事不免沾滞之象。吾观乡里贫家儿女愈看得贱愈容易长大，富户儿女愈看得娇愈难成器。尔夫妇视儿女过于娇贵。柳子厚《郭橐驼传》所谓旦视而暮抚、爪肤而摇本者，爱之而反以害

① 《曾国藩全集·家书》，第二册，第936—937页。

之。彼谓养树通于养民，吾谓养树通于养儿。尔与冢妇宜深晓此意。[①]

这种教训性的中劝慰当中，曾国藩掩藏了自己多大的伤痛！他正当含饴弄孙的年龄，对孙辈又何尝不从内心爱怜有加呢？平时，不管是儿辈还是孙辈有人染灾害病，他也总是忧心忡忡、寝食难安呀！儿女情长，人之常情，若心中失此，那倒是有悖人伦、反乎其常了。而不多日，就在眷属北上的途中，携带随行的纪鸿幼子（乳名亨三）又病亡，并且“酷似乾秀濒死之状”[②]。曾国藩自刚刚开府直隶，就连遭如此之多家事变故的打击，而眷属到后，又是上面述及的那等多灾多病的情况，他的心情等好得了吗？

总之，己身老衰，家事多戚，政路维艰，在百般无奈之中，曾国藩艰难地打发着时日。

① 《曾国藩全集·家书》，第二册，第1533页。

② 曾纪泽来书，钟叔河汇编点校：《曾国藩往来家书全编》，上卷，第418页。

第十章　回督两江后的短时苟延

一、复审奏定“刺马案”

曾国藩于同治九年(1870 年)十月十五日起程南下,历时一个多月,闰十月二十一日到达金陵的暂驻衙署。

此番他回任两江总督,既然除了办理天津教案陷入极大难堪和尴尬之缘由外,马新贻被刺身亡也是最直接的诱因,并且,该案又是曾氏回到两江后参与办理完结的,那么,自然需要了解此案的情况。在说其具体情节之前,有必要先看一下马新贻的履历概况,以及他与曾国藩的关系。

马新贻,山东菏泽人,回民。他道光二十六年(1846 年)中举人,次年中进士,以知县即用,被分发安徽,由此步入仕途。其先后署理和实任过该省数邑的知县,在太平军进入安徽后,积极操办团练对抗,与李鸿章父子发生关联。咸丰六年(1856 年),任安庆知府。尽管他后来也曾因军务上的失败受到过革职处分,并有丁忧回籍之时,但总体看来,与在安徽的历任军政大员,不管是湘淮系的交恶者还是盟友,以及湘淮系大员本身,所处关系都能较好,得到看重和提携,仕途上挫折不多,较为顺遂。特别是在曾国藩任两江总督、李续宜任安徽巡抚期间的同治二年(1863 年),他由皖省按察使很快又升任布政使,并曾在曾国藩手下为湘军办理军需,次年便升任浙江巡抚,跻身于封疆大吏之列。可见,马新贻虽然说不上是湘系的嫡系人马,但起码有过作为曾国藩下属的履历,并且关系上较为和谐。作为下属时,马新贻对上司曾国藩自然要讲究礼仪,曾氏则特别告以:“本省同寅,但宜常通音问,略去仪文。以后见惠信函,笺纸草书,畅所欲言,且不可再用手版。礼节太周,则真意不能不少减矣,至嘱!"①所谓"手版",即"手本",是当时官员对上司所用的名帖,写信时附上,表示谦恭。曾国藩诫以勿用此式,以"本省同寅"视之,不端长上的架子。

总之,马新贻在曾国藩的辖境中为官,并得屡屡升迁,当时定非曾氏的嫌恶之人。而当曾国藩移督直隶的时候,马新贻是在闽浙总督任上调来两江的,其时已算是"平调"了。而最后他在总督任上被刺身亡,这等案事,在整个清朝也是极为罕见的。曾国藩在南返之前入京觐见的问对当中,即曾言及此事。慈禧太后问:"马新贻这事岂不甚奇?"曾国藩答:"这事很奇。"太后又问:"马新贻办事很好?"曾国藩答:"他办事和平、精细。"②

曾国藩抵任两江的时候,这桩"很奇"的"刺马案",已由江宁将军魁玉、漕运总督张之万审过奏报,这个过程比较复杂。不过,案发的现场情节及致使马新贻死亡的结果似乎并不复杂,只是突兀、凶险而已:七月二十六日这天早晨,马新贻到督署右箭道校阅武弁阅课,到上午十来点钟的时候校阅完毕,于署内后院旁门回署。行至门口,猝不及防之下,从旁边突然冲上来一个中年男子,以利刃猛刺马新贻右肋胁之下,见状护从武弁急忙将该人逮住。马新贻被刺处伤深数寸,正中要害,当时虽未立即死去,但延医抢救无效,至次日过午便告身亡。

事发时,江宁布政使梅启照正在贡院疏消涨潮积水,得信后,他与署盐道凌焕等人立即赶到江宁将军魁玉处报告。魁玉闻讯急忙前往看视,并当即饬令梅启照等督同府县提讯凶犯。据魁玉奏称,"该犯语言颠倒,坚不吐供",经"再三研诘",才供称"系河南人,名张汶详(张文祥)","而讯其行刺之由,则一味闪烁,毫无确供"。因为马新贻很快身亡,魁玉遂不待审讯出明白结果,便火急驰奏,并将马新贻的遗折代为呈递。该遗折中历数自己的为官履历和操守,述说被刺情节,有言被刺后"昏晕数次,心尚明白","忽遇此变,祸生不测,命在垂危。此实由臣福薄灾生,不能再邀恩眷。而现当边陲未靖,外患环生,既不能运筹决策,为朝廷纾西顾之忧;又不能御侮折冲,为海内弥无形之祸,耿耿此心,死不瞑目"。并说明,"臣年甫五十,并无子嗣",以胞弟马新祐

① 曾国藩:《加马新贻片》,《曾国藩全集·书信》,第六册,第4120页。
② 《曾国藩全集·日记》,第三册,第1787页。

之子马毓桢为嗣子，口授遗折，即由嗣子“谨敬缮写”。①

清廷得到奏报，自然感到震惊，说“凶犯张汶详胆敢伺隙行刺，戕杀总督重臣，实属罪大恶极，必应研讯确情，从严惩办，以伸国法”，并特别强调，“务将行刺缘由及有无主使情事，一一审出，据实奏闻”②。魁玉主持连日对有关案犯进行审讯。除了张文祥外，还拿获开设饭铺容留过他的朱定斋、周广彩两人。另外，张文祥行刺前还有一个情节，就是有一个人曾在道旁向马新贻跪求告帮，经查得知是个叫王咸镇的山东人，而为他指引告帮处所的是督署的轿头刘学。这两个人也被拘押，与朱定斋、周广彩一同作为与案事有牵连的嫌疑人。但经过对这一干人的“严刑熬审”，均供并不知情。而张文祥所供各情，则仍“一味支离”。在这种情况下，人们都认为“必有主使之人”。在魁玉看来，若有主使之人，“则必将该犯家属深匿不出”，而他根据张文祥所供其子女二人（按：实系两女一子，后皆到案。其妻已故）的现居地，派人到那里果真一拿即获，并没有人藏匿他们。恐怕其父子关系有假，还曾特让张文祥杂跪于“众犯”之中，引自承为其子女的两人辨认，结果确凿指出，证明不是冒充。另外，又将与张文祥同住的其妻嫂罗王氏也拿获，追查是否知道预谋，也坚予否认。经过对张文祥的反复研鞫，才又供出如下情况：他于道光二十九年（1849年）由山东原籍到浙江宁波府做生意，即在该处娶妻安家，咸丰十一年（1861年）投太平军侍王李世贤部下，随至多处地方打仗。而对行刺缘由，“则坚称既已拼命做事，甘受碎剐等语”，并不细说。另外他还说到，前在太平军中曾救出一个叫时金彪的人，同治七年（1868 年）间曾找到过他。这个人是马新贻所用差弁，后由赴任山西巡抚的李宗羲带往差遣，正在飞咨追寻其人，以“尽快押解归案质证”③。这是魁玉在八月底奏陈的情况。

---

①　此段中引文所出得魁玉折、马新贻遗折，存台北故宫博物院《军机档》第 2766 箱，据高尚举：《刺马案探隐》（北京图书馆出版社 2001 年版，下或简称“高书”）附录《刺马案密档 · 奏章》，第 142—143、169—170 页。另，关于“张汶详”之名字，通常作“张文祥”。“汶”字所来，在原字旁加三点水，表示“洪水猛兽”之意，是清方的惯伎（如将孙文作“孙汶”）。至于“详”、“祥”古为通假字，在清方文献中多用“详”，或亦属字形上的有意改篡。故除直接引文依原旧外，其他行文中都用“张文祥”。

②　中国第一历史档案馆编：《咸丰同治朝上谕档》，第二十册（同治九年），第 184 页。

③　魁玉折，存台北故宫博物院《军机档》第 2766 箱，据“高书”附录《刺马案密档 · 奏章》，第 149—150 页。

鉴于张文祥对行刺缘由和准备过程的隐讳不供,清廷加派漕运总督张之万会同审理,他与魁玉一同"复勘",传集负有"捍卫稽查"之责的中军副将、巡捕差弁及随身家丁等一干曾在现场人员,细讯相关情况,并追究责任。而对张文祥的审讯结果,仍无大突破。而朝中舆论,则根据种种迹象,愈发怀疑此案有复杂背景。据说,张文祥被执时,曾有"养军千日,用军一朝"(按:又作"养兵千日,用在一时",见下)之语,据此,被疑断非一人挟仇逞凶,必有主使,呼吁就"谁养之谁用之"须研鞫清楚,甚至有人根据传闻,指明对江苏巡抚丁日昌背后主使的怀疑,说丁日昌之子曾因案事归马新贻查办,"请托不行,致有此变"①。正是在案事审讯不能彻底清楚,而魁玉、张之万急于"比照大逆问拟"结案,舆论则认为难以含混定谳的情况下,清廷派刑部尚书郑敦谨赴江宁(金陵),与新到任的两江总督曾国藩共同复审。

虽表面上看来是由郑敦谨为主审的,但实际曾国藩在局中起了"定调"作用。且看曾国藩于同治十年(1871 年)正月十五日写给国潢、国荃弟信中的这样一段话:"郑小山(敦谨)除夕抵江宁,初二日即关门审案,今已研讯十四日。该犯一味狡展,毫无确供,将来只好仍照魁、张两公原奏之法奏结。"十天之后,曾国藩又在给两弟的信中说:"至今熬审将近一月。张汶祥毫无确供,即再熬亦属无益,只好仍照魁将军等上年原定之奏具案。"②可见,在张文祥依然是"毫无确供"的情况下,曾国藩就决意不再继续熬审,仍按魁玉、张之万原奏的基调尽快汇奏结案了。郑敦谨应该是听从了他的意见,在正月二十九日,两人即联名出奏③。从此奏的具体情节看,对案情梳理的颇为细致,各个环节上似也甄别无遗,几能给人一种研鞫确凿、不容置疑的印象,可见此折的"弥缝"水平很高,对案情可以说有了一个"全面、细致"的文本交代。据以撮要转述如下:

审讯中,"先将与凶犯素识"的一些拘押到案者"隔别研鞫,详细推求",获知张文祥"私通海盗,屡次代为销赃"。在其离家期间,其妻罗氏"携带资财改

---

① 刘秉厚折;王家璧折,存台北故宫博物院《军机档》第 2766 箱,据"高书"附录《刺马案密档·奏章》,第 153—154 页。

② 《曾国藩全集·家书》,第二册,第 1398、1399 页。

③ 该折见《曾国藩全集·奏稿》,第十二册,第 7214—7223 页。下面出自该折的引文不另出注。

嫁吴姓”，张文祥回后查知控县，结果只被断还罗氏，而未追回资财，心中蓄愤，曾乘巡抚马新贻（时任浙江巡抚）巡阅之际欲递呈告状，没有被接收，而吴姓男子（名炳燮）得意之下复用计勾引罗氏逃走，嗣经张文祥追回“逼使自尽”。张“仍时常怨恨，后在湖州新市镇私开小押店，又折本避歇”。以后他曾到过马新贻官署先后所在的杭州、江宁。至同治九年（1870 年）六月初九日，对人“声称欲往江宁访友，携带银洋数元，并随身衣被，即由新市镇起身前往”，而对“如何到宁，如何行刺，则供不知悉”。

通过提审与张文祥到江宁后一同住宿之人及留宿他的店主，以及与他同船到宁并指送投店之人，均不属其同谋，也都称未见与张文祥“来往相熟之人”。又“将案内人证旁引曲喻，逐细搜求，别无异说”。只是有人供说“发逆头目陈世隆，于攻打宁波时，用红旗及护军告条保护该犯房产”，后陈世隆被杀，张文祥曾继续在太平军，直到他们攻陷福建漳州后，才伙同时金彪一同逃离（证明张文祥与时金彪都有在太平军的经历）。遂再提张文祥“严究行刺根由”，不想张竟说，“马总督系回教中人，闻其与甘肃回匪沟通”，故“起意刺杀，实属报效”。审讯者斥以“有何凭据敢污蔑大臣”，张说是由曾任过马新贻差弁的时金彪告知。遂提业已在押的此人质对，张文祥始则坚持，后在刑讯之下，才称系故意“捏词诬陷”，牵连时金彪，是“希冀减轻（自己）罪名”。在这种情况下，遂一面调验其行凶物证，一面继续熬审诘问主使情由，其最后供认系“听受海盗指使，并挟私怨行刺”。说是在其妻被吴姓奸占并损失资财，遭受冤屈而又穷困无法的情况下，经人介绍结识海盗龙启沄等，得其钱物帮助，自己则代其销赃，还曾随海盗船直接参与到定海一带打劫，只是未能得手。及至他向马新贻呈控不被接受，反被吴炳燮讥笑并复勾引走妻子，通过官府追回逼令其自尽后，他满怀激愤地向龙启沄等述说有关情况，对方则说他们的同伙也曾被马新贻捕杀，夸张文祥“素讲朋友义气，可以为众人报仇，并可泄自己忿恨”，他遂“被激允许遇便下手”。这是同治五年（1866 年）间事。

次年，张文祥先将子女托妻嫂罗王氏照管，自己到湖州新市欲与人伙开押店，被告知巡抚马新贻已出过告示，禁止此项生意，但张文祥还是开张，并将妻嫂罗王氏并子女接来这里同住。不料“该处土棍，以违禁私开，屡向讹诈，遂致本利俱亏”，张文祥“贫极愈忿”。同治七年（1868 年）二月间，他到杭州，访见时在巡抚衙门当差的时金彪，“托其谋求衙门差事，并未告知别情。时金彪以巡抚已升闽浙总督,无从代谋差事,因念旧情,留在署中款待两日”,张文祥“未能下手,仍回新市”。次年秋间到江宁,探知时金彪已离开,正虑找不到进入总督衙门的借口,不意“瞥见督署墙上贴有每月二十五日考课武弁榜文,以为得计”,遂窥测地场及散场时总督返回情形,“心中暗计”,待来年穿衣衫单薄之时节再图动手。

及至同治九年(1870 年)六月九日,张文祥由新市上船,当月十九日进入江宁城,先住朱定斋客寓,到预备行刺地窥探情形,后又转住周广彩饭店,“暗将小刀磨利”。九月二十五日张文祥早往等候,因当天下雨考阅推迟一日。待二十六日举行时,如往常一样“许众人出入观看”。在马新贻返回时,有个叫王咸镇的人跪道求帮,为巡捕们拦问,而马新贻继续前行。这时,张文祥“乘众不备,口内呼冤”,上前“用刀猛力扑戳”,致伤马新贻“右肋近下”,“救治无效,至次日身故”。逮获凶犯时,他有“养兵千日,用在一时”之语,“屡经执此语严讯”,其“坚称实因常受龙启澐帮助,令伊代朋友复仇,即为自己泄恨”。鉴于熬审日久,“该犯屡次绝食,现已仅存一息,奄奄垂毙,倘旦夕殒命,转得幸逃显戮,自应迅速拟结”。至于对其定罪原则及判决意见,是这样的:

> 该犯曾随发逆打仗,又敢刺害兼圻大员,穷凶极恶,诚如圣谕实属情同叛逆,自应按谋反大逆律问拟。张汶祥应即照谋反大逆凌迟处死律,拟以凌迟处死。恭候命下,即将该犯绑赴市曹,明正典刑,以彰国法而快人心。

这还不够,又特附片陈明,将张文祥“明正典刑后,并请于马新贻柩前摘心致祭,以儆凶顽而慰忠魂”①。对“实不知情”的一干到案之人,拟定除人犯业已许嫁的女儿、妻嫂罗王氏等女性免议外,其十二岁的儿子“拟解送内务府,俟阉割后发往新疆为奴”,时金彪“拟发近边充军”,容留案犯食宿的各店主也各拟杖、徒之刑,对马新贻身边“失职”员弁亦分别拟以降、革处分。此处置方案基本上是对原审拟判的复认。清廷二月初六日就此谕称:

---

① 《曾国藩全集·奏稿》,第十二册,第 7229 页。

> 前据魁玉、张之万奏，审明马新贻被刺一案，将凶犯张汶详比照大逆问拟，案内人犯分别定拟罪名……以案情重大，该犯所供各节恐尚有不实不尽，特派郑敦谨前往会同曾国藩再行研究实在情形，从严惩办。并据给事中刘秉厚等、太常寺少卿王家璧先后奏请严究主使情节，复经谕令郑敦谨、曾国藩等细心推鞫，以成信谳。此据郑敦谨、曾国藩奏，复审凶犯行刺缘由，并无另有主使之人……着即将张汶详凌迟处死，并于马新贻柩前摘心致祭……余着照所拟办理。①

接到此谕，在曾国藩主持下于二月十五日（时郑敦谨已离江宁）将张文祥行刑，曾氏奏片中有现场“观者如堵，同声称快”②之谓。

还需要补充交代一事：不是有大臣据传闻怀疑此案与江苏巡抚丁日昌有关吗？这在郑敦谨、曾国藩的复审中也予以完全否定，并以专片奏报，说查丁日昌的儿子丁惠衡，不能约束家丁，案事是由丁日昌奏交马新贻审办的，马新贻据直接当事人的供词定案，“并未将丁惠衡传讯”，“嗣经丁日昌自请将丁惠衡革职，是此案在先之举发，及在后之从严褫革，均由丁日昌自行奏办，毋庸向马新贻请托”，故“刺马案”与丁惠衡之案“毫无牵涉”，原奏“得自传闻之处应毋庸议”③。

“刺马案”就这样转了一个圈，还是返回到原审结果，按“法定程序”画上了句号。但舆论的疑问并没有就此消弭，甚至在沸沸扬扬中逐渐放大，形成诸多历史传闻，甚至成为后世“戏说”的上佳素材。

民间传闻的一个最典型版本，是说马新贻渔色负友，张文祥仗义行刺。大致情节是：马新贻署理合肥知县时失守革职，戴罪操办团练图功。一日，在与捻军交战中被俘，擒之者便是时在捻营的张文祥。张氏本有“反正”意，便特意优礼马新贻，并邀名叫曹二虎、石锦标的两个契友与马氏结交。马新贻被放回后，请求上司招抚愿降的捻众，实际上是为张文祥等人铺排出路。事情果有

---

① 中国第一历史档案馆编：《咸丰同治朝上谕档》，第二十一册（同治十年），第42页。

② 《曾国藩全集·奏稿》，第十二册，第7272页。

③ 郑敦谨等片，存台北故宫博物院《军机档》第2766箱，据“高书”附录《刺马案密档·奏章》，第165页。

所成，张、曹、石三人被接纳“反正”，离开捻军另谋生路，并起码是在表面上得到马新贻的关照，随着其人的升迁，在特殊境遇中结交的兄弟们也各得所委，曹二虎还将家室接来随居在时已任安徽布政使的马新贻署中。不过，张文祥察言观色，看出了马新贻实际不屑与他们同群之意，曾劝曹二虎有所防备，但曹并不在意。不久，便传出了马新贻私下与曹二虎颇有姿色的妻子通奸的风声。开始曹二虎并不信实，但传言越来越凶，种种迹象也不能不让他生疑。一怒之下，曹二虎便想杀妻雪耻，被张文祥劝止，并且劝说曹把妻子休掉明让予马新贻，以全兄弟情谊。曹最后表示了同意，并由他自己出面向马新贻申说。不料马新贻听了，对奸情之事矢口否认，并勃然大怒，认为这是侮辱了他。张文祥闻知其情，料定马新贻知事既败露，决不会善罢甘休，定会设法加害于曹，便劝其赶紧远逃。曹正在犹豫之间，一日忽被派差赴寿春镇署领运军火。张文祥恐其途中遇害，便邀上石锦标一同护送，结果去的一路上平安无事，曹二虎便放松了警惕，甚至怀疑张文祥多疑生事。岂料待其到镇署请办差使，忽有军官将他作为“通匪之贼”喝令执拿。曹大呼冤枉，对方根本不听辩解，便将其逮捕处死。张文祥自能断定，这必为马新贻设计杀人，誓寻机为死难弟兄报仇，终于得逞。

照此说法，张文祥显然是一个江湖上的侠肝义胆之士，宁舍性命除奸灭恶，为友复仇。而马新贻则是一个渔色负友、道德败坏之徒。若真是这样，那么实际结案的定性，不是全马新贻之体面了吗？这当是一个令其家族感到欣慰的结局，可为什么其弟马新祐还有“终觉疑案之莫明，悠悠苍天抱恨终古”①之语呢？上述传闻，显然具有迎合“桃色猎奇”口味的倾向，情节上实际是很难经得起推敲的。

另还有传闻，将此案归结为当时复杂派系政争的产物。大意是说，湘军人员贪饷肥私，破太平天国都城天京后更是疯狂抢掠，大发战争之财，为舆论所指责，朝廷也不无怀疑，将曾国藩从两江总督任上调开而换上马新贻，就有清查的意图。再加以“两江”本是湘军人物的基地，岂容他人染指，于是其要员便秘密主使了这一凶杀之案。这种说法显然比前者具有严肃的政治色彩，与当时宏观的政治背景也不无轮廓性的一些吻合，但到底没有真凭实据。从前

① 转据高尚举：《刺马案探隐》，第135页。

边揭示的曾国藩与马新贻的关系上看，虽不无微妙之处，但毕竟并非仇雠交恶的政敌，他自己断不会指使做行刺这等事情。而无其指使，下边的人又何敢贸然行此天大之事？要说，有大臣对丁日昌的怀疑，与此不无类似性质及"连边"之处，但在复审中已被完全排除。虽说有曾国藩的参与甚至左右审局，他不会愿意使案事粘上对自己不利的政治性质，但毕竟要有证据才能说他刻意掩饰。

要说，按有的著述中所说郑敦谨在复审案事之后的表现，确实似有反常：复审奏报后他未等圣旨下达，更未等张文祥正法，便匆匆离开江宁。曾国藩送他程仪，他分文不收。曾氏和司道各员送行至江边，"他板着面孔，头也不回地扬帆而去"。也"并未回京交旨，走到清江就停了下来"，声称有病，打发两个郎中代他回京交代。"可能是曾国藩觉得有点对不住这个湖南同乡，借巡视地方为名，到清江去看他，百般安慰，劝他回京赴任"①。作此说的著述中，即明显倾向"刺马案背后有湘军大人物主使"的说法。但是，这毕竟缺乏足以说明问题的实证。

就现有证据而言，当然还是清方据以最后定案的审得情节，最为具体和"充分"。当然，这中间也有一个耐人索解的最大疑窦：若从张文祥"泄愤"的原因说，他为什么对与他本无多少直接关系、地位相差悬殊的马新贻如此仇恨，蓄谋多年地非要杀死他不可，而对最直接的夺妻仇人吴炳燮则反未见执意追杀？

疑案，就是疑案，也许是永远不会水落石出的疑案。前边之所以较为具体地铺陈了审理情节，特别是曾国藩、郑敦谨的奏报，当然是基于内容上的需要，同时也是想给读者提供借以"自我推断"的素材，不妨自己试来做一堂"法官"。从中当注意体察一下曾国藩在审理此案中的角色和态度：他似乎"冷淡"，却又隐然操控，甚至基调早定。是因早预料到"确供"难有，不愿为此枉费太多时间和精力，还是另有其他隐情？

---

① 高尚举：《刺马案探隐》，第135—136页。

二、洋务梦里已有年

了结“刺马案”,是曾国藩回任两江总督后的一件要事。当然,日常的各方面政务也是他要操持的,不过,算得上出色手笔的并不多,倒是“洋务”方面有他最后的“漂亮收笔”,即与李鸿章一道奏定幼童赴美留学之事。这件事情待稍后再说,因为曾国藩作为洋务运动的先驱之一,他办洋务已有多年的历史,诗意点说,就是“洋务梦里已有年”。既然如此,那就还是从他进入此梦的“起笔”说来吧。

前边述及的曾国藩在“借师助剿”的事局中的有些情节,当然也可以归于广义上的“洋务”,但本节内容,是专指他赞同学习外国长技,罗致洋务人才,操持建立军事工业,试制新式轮船,向外派遣留学生之类事情,以及所反映出的相关洋务思想。当然,其洋务思想,起码在酝酿“借师助剿”的过程中即明显露头。咸丰十年(1860 年)十一月间,他在对“借俄兵助剿发逆并代运南漕”之事的复奏当中,不就言及“将来师夷智以造炮制船,尤可期永远之利”吗?他并没有仅仅将此作为一种玄想,而是很快成为付诸实施的事情。

通常所说“洋务运动”的发端时期,应该有一组标志性的事件,其中之一,便是曾国藩咸丰十一年末设立“安庆内军械所”,所谓“制造洋枪洋炮,广储军实”①。这是中国近代最早的“洋务”军事工业厂局,尽管它还算不上最典型者,实际效果也不明显,但毕竟是一个起点。当时该所虽然还没有大量引进新式机器设备,也没有聘请洋匠,但已经开始由土法手工向机械作业的酝酿准备,并聘请了掌握新型科学技术的一批本国专家在里面供职,如丁杰、华蘅芳、徐寿和他的儿子徐建寅等(他们即属曾国藩手下的“洋务幕僚”)。

万事起头难,其“洋炮”的制造并未达到预期效果。曾国藩的日记中留下多次实地验看的记录。如同治元年(1862 年)四月十八日,“看华蘅芳所作炸弹,放十余炮,皆无所见”。次年正月初八,看丁杰“演炸炮”,“大小五炮,其弹在半空炸裂,不待落地而已开花矣”。同年五月十四日,还是看丁杰演试,“共

① 黎庶昌:《曾国藩年谱》,第 142 页。

放二十余炮，惟第一炮落地开花，而又恰中植旗之处（按：预设目标），余或不落地而开花，或不中植旗之处。”该年末，曾国藩在写给国荃弟的信中有谓：“丁道（指丁杰，时有候补道衔）所铸大炮，岂是破贼之物？徒费钱费药耳。”① 当然，曾国藩说此话，是针对曾国荃贪用洋炮、浪费军需之情而训诫其注意“撙节”的，不无故意贬“洋”褒“土”之意，并且，此期在曾国藩的内心，对洋枪洋炮的态度，也确无李鸿章那般艳羡和看重，只是作为传统武器的一种辅助，甚至视为可有可无的点缀而已。正因为如此吧，所以在上面述及的他记到炸炮演试屡次不见佳效的情况时，并没有留下情不自禁地表示着急、遗憾之类的文字。而他对国荃弟更有过这样的“至嘱”：“我军仍当以抬（枪）鸟（枪）刀矛及劈山炮为根本，譬之子弟于经书八股之外，兼攻诗赋杂艺则佳，若借杂艺以抛弃经诗八股，则浮矣。”当见乃弟回信表示对此说“深以为然”，曾国藩非常高兴，告以“此处见解相合，亦一大机括也”。并又具体说到：“吾以劈山炮为陆军第一利器”，“皖局目下加意打造劈山群子，少迟再解万斤至弟处试用”②。曾国藩说此话时，在同治元年（1862 年）十月间，其时“皖局”即安庆内军械所设立已近一年，可见其除了试制洋炮洋弹外，更着力于传统军械的制造上，与随后的其他洋务军工厂家差距明显。

除了制炮制弹之外，安庆内军械所还开始试制火轮船，这应该说是更有新意也更能显其成果的事物，是曾国藩对新式轮船不但需要购买而且还要试制筹思的实践。早在咸丰十一年（1861 年）七月间，他就“购买外洋船炮”问题向朝廷表明自己看法时就说：

> 轮船之速，洋炮之远，在英、法则夸其所独有，在中华则震于所罕见。若能陆续购买，据为己物，在中华，则见惯而不惊；在英、法，亦渐失其所恃……况今日和议既成，中外贸易，有无交通，购买外洋器物，尤属名正言顺。购成之后，访募覃思之士，智巧之将，始而演习，继而试造，不过一二年，火轮船必为中外官民通行之物，可以剿发逆，可以勤远略。③

① 《曾国藩全集·家书》，第二册，第 1067 页。

② 《曾国藩全集·家书》，第二册，第 881、885 页。

③ 曾国藩：《复陈购买外洋船炮折》，《曾国藩全集·奏稿》，第三册，第 1603 页。

"试造"即在安庆内军械所发端。至同治二年末(1864年初),即有"雏鸟出壳",并且它还有个怪好听的命名——"黄鹄"号。中国自造"火轮船"的历史从它这里掀开首页,一个了不起的起点!而这个起点,又永久地镶嵌在了曾国藩办洋务的历程中。这年的十二月二十日,其人的日记中留下了似乎并不扎眼的这么几句话:"出门至河下看……新造之小火轮。船长约二丈八九尺,因坐至江中,行八九里,计约一个时辰可行二十五六里。试造此船,将依次放大,续造多只。"其实,从这看似平常的寥寥数语中,可以剥绎出曾国藩若黄鹄展翅般的一个宏远洋务之梦。所谓"试造此船,依次放大","放大"到什么地步?那就是要到泰西恃以逞强之物,中华也能具有,可与之比肩匹敌的地步,这就是"自强"的目标境界。曾国藩在这则日记中虽然没有如此直言,但他在别的若干场合下的发言足以涵盖这个意思。"放大"这二字很有意蕴,就是连"黄鹄"号也是逐步"放大"出来的。

造火轮船首先需要所配备的蒸汽机,它的制成是在徐寿主持下由科技人员们共同努力的结果。这台机器与当时世界上的往复式蒸汽机相类似,按其试验记录材料,飞轮转速每分钟二百四十转,启动后"以火蒸水,汽贯入筒,筒中三窍,闭前二窍,则汽入前窍,其机自退,而轮行上弦;闭后二窍,则汽入后窍,其机自进,而轮行下弦。火愈大,则汽愈盛,机之进退如飞,轮行亦如飞"。曾国藩在日记中记下这样的技术情况后,又欣然感言曰:"窃喜洋人之智巧,我中国人亦能为之,彼不能傲我以其所不知矣"①。蒸汽机的制造成功,为"火轮船"的制造奠定了基础,也增强了专家们的信心,他们继续努力,"黄鹄"号终于告成。

当曾国藩亲自视察并试乘的时候,在北方正当数九寒天河流冰封的季节,他所在的皖南地方虽说依然可水流船行,但也是冷气逼人。曾国藩不顾寒冷,亲自乘坐这艘试航的小火轮走了八九里远,可见兴致之高。说不定,这艘还相当简陋的小轮,当时在曾国藩的心目中真幻化作了一飞冲天的"黄鹄"。他的理想与现实之间也许注定有着一条巨大的鸿沟,但是垫铺通途的执著努力却是曾国藩辈始终没有放弃的。

后来在这位总督的辖区内,又有多家军工厂局的出现,特别是同治四年

---

① 《曾国藩全集·日记》,第二册,第766页。

(1865 年)设立的江南制造总局,最为典型。该局设立之初,专造枪炮,不久便筹资兼造轮船。到同治七年(1868 年)七月间,便造成了“恬吉”号蒸汽兵船。这个名字是由曾国藩给它起的,取“四海波恬,厂务安吉”之意。比较起来,这条轮船比黄鹄号有了很大改进。它长一百八十五尺,宽二十七点二尺,吃水八尺余,马力三百九十二匹,排水量六百吨,配炮九门。曾国藩在该船造成当年的八月十三日,曾亲自在长江乘坐试航,有记:“巳正二刻开行,(自下关)行至采石矶下之翠螺山,凡十二刻,行九十里。又自翠螺山归之下关,凡六刻,行九十里。下水(按:即顺水)速于上水(按:即逆水)者一倍。中国初造第一号轮船,而速且稳如此,殊可喜也。”①按所记航速算来,每小时顺水六十里,逆水三十里。至于把它说为“中国初造第一号轮船”,当是鉴其成功,所谓“尚属坚致灵便,可以涉历重洋”,并且是该局所造的首号。这时,他再说起本为“第一号”的“黄鹄”,也只好作“行驶迟钝,不甚得法”的评价了。

这年的九月初,为“恬吉”号轮的试航成功,曾国藩上奏②报告,在介绍了此轮的情况之后,又说到续造的计划和信心,有谓:

> 原议拟造四号,今第一号系属明轮,此后即续造暗轮。将来渐推渐精,即二十余丈之大舰,可伸可缩之烟囱,可高可低之轮轴,或亦可苦思而得之。上年试办以来,臣深恐日久无成,未敢率尔具奏,仰赖朝廷不惜巨款,不责速效,得以从容集事,中国自强之道,或基于此。

可以体察,由于“恬吉”轮的自制成功,曾国藩洋务强国的信心也空前地“放大”了。及至曾国藩受命直隶总督先至京都觐见期间,竟还由慈禧太后问起他造船的事。太后问“造了几个轮船”,他回答:“造了一个(可见未把“黄鹄”号算上),第二个现在方造,未毕。”太后又问“有洋匠否”,他答:“洋匠不过六七个,中国匠人甚多。”太后又问“洋匠是哪国的”,他答:“法国的。英国

---

①　《曾国藩全集·日记》,第三册,第 1541—1542 页。

②　此折载《曾国藩全集·奏稿》,第十册,第 6091—6093 页。此前后数段中出于该折中的引文不再另注。

也有。”①尽管如此寥寥数语，但慈禧太后能够主动提问，可见此事还是记挂在了她的心中。好了，还是接述上边所说那个奏折的内容。在其中，曾国藩还“附陈”了江南制造总局（所称“上海机器局”）的概况。其中这样陈述制造枪炮和机器的情形：

> 开局之初，军事孔亟，李鸿章饬令先造枪、炮两项，以应急需。惟制造枪、炮，必先有制枪制炮之器，乃能举办。查原购铁厂，修船之器居多，造炮之器甚少。各委员详考图说，以点、线、面、体之法求方圆、平直之用，就厂中洋器以母生子，触类旁通，造成大小机器三十余座。即用此器以铸炮炉，高三丈，围逾一丈。以风轮煽炽火力，去渣存液，一气铸成。先铸实心，再用机器车刮旋挖，使炮之外光如镜，内滑如脂。制造开花、田鸡等炮，配备炮车、炸弹、药引、木心等物，皆与外洋所造者足相匹敌。至洋枪一项，需用机器尤多。如辗卷枪筒，车刮外光，钻挖内膛，旋造斜棱等事，各有精器，巧式百出。枪成之后，亦与购自外洋者无异。此四、五年间先造枪炮兼造制器之器之情形也。

折中还奏陈了局址和厂房设置情况：“该局向在上海虹口暂租洋厂，中外错处，诸多不便，且机器日增，厂地狭窄，不能安置。六年夏间，乃于上海城南兴建新厂，购地七十余亩，修造公所。其已成者，曰气炉厂、曰机器厂、曰熟铁厂、曰洋枪楼、曰木工厂、曰铸铜铁厂、曰火箭厂、曰库房、栈房、煤房、文案房、工务厅暨中外工匠住居之室。房屋颇多，规矩亦肃。其未成者，尚须速开船坞以整破舟，酌建瓦棚以储木料，另立学馆以习翻译。”关于“翻译”一事，曾国藩认为“系制造之根本”，“洋人制器出于算学，其中奥妙皆有图说可寻。特以彼此文义扞格不通，故虽日习其器，究不明夫用器与制器之所以然”，鉴此，局中“先后订请英国伟烈亚力、美国傅兰雅（按：实亦为英国人）、玛高温三名，专择有裨制造之书，详细翻出。现已译成《气机发轫》、《气机问答》、《运规约指》、《泰西采煤图说》四种”，计划“俟学馆建成，即选聪颖子弟随同学习，妥立课程，先从图说入手，切实研究，庶几以理融贯，不必假手洋人”。所说到的几名

① 《曾国藩全集·日记》，第三册，第1584页。

翻译洋员，伟烈亚力前即曾合同李善兰翻译《几何原本》的后九卷（上已述及）；傅兰雅进入该局，在翻译馆供职更是长达二十八年之久，先后翻译了英文原著一百数十种，成为在华传教士中以文化事业为主要职志、通过译书向中国介绍西方科学技术最典型的人物；玛高温除习医道之外，还与华蘅芳合译出美国人的《地学浅说》之类的地质、矿物学类著作。除了从事翻译的洋员，江南制造总局还聘请了诸多从事技术工作的洋员，这与安庆内军械所“全用汉人，未雇洋匠”的情况对比，是一个很醒目的变化。

江南制造总局的设立，是曾国藩与李鸿章的合作手笔。而在该局建设和曾国藩更广阔的洋务生涯中，遇合有一个至关重要的人物，就是容闳。他是广东香山南屏镇（今属珠海）人，道光二十一年（1841 年）十三岁时入澳门的马礼逊学堂（新教设立的教会学校），几年之后由该校校长布朗带往美国学习，在耶鲁大学毕业后于咸丰五年（1855 年）回国，成为中国最早的留美大学毕业生。他回国后曾在美国驻华机构、上海海关和宝顺洋行做事，同治之初曾到太平天国的都城天京访问，提出过诸如设立新式学校、建设善良政府、创立银行制度等新政建策，但未被采纳。同治二年（1863 年）他被曾国藩设法罗致进幕府，当时正在筹建江南制造总局，很需要容闳这样的在外国待过多年懂得西方科技的人才。

通过接触，容闳对曾国藩有着很好的印象，说“曾国藩是当时中国真正的最有权威最具实力的人。然而，合乎他内在的崇高品质，从未听说过他滥用置于他手掌中的几乎是无限的权力，也从未听说过他乘机利用由他支配的巨大财富使自己富裕起来，或肥其家庭、亲友和朋友”，“他非常有才干，但又很谦逊；他思想开明，又稳健节制。他是一位真正的君子，一个高尚的人，是一个典范人物”。所以，容闳为有缘接触到这样一位人物而感到“极为幸运”①。甚至在初见之下，容闳就很细致地将曾国藩的体态容貌特征深印心中：“他身高五英尺八九英寸，体格魁伟健壮，肢体匀称协调；他方肩宽胸，头大而对称，额宽且高；其眼睑成三角形状，双目平如直线”，其“面颊平直，且略多须毛。他那浓密的连鬓长髯直垂下来，披覆在宽阔的胸前，使他威严的外貌更增添几分尊贵。他的眼睛为淡褐色，双眼虽然不大，但目光炯炯，锐利逼人。他口宽唇

① 石霓译注：《容闳自传——我在中国和美国的生活》，第 130 页。

薄，显示出他是一个意志坚强、果敢明决和有崇高目标的人"①。并且，还详细地记下被曾国藩初次接见的情节：

这天，当我的名片递进去以后，我在接待室只稍停留片刻，就被引到这位中国的大人物面前。依照惯例，总督向我表示了欢迎，然后他便请我坐在他的正对面。他默默地坐着，一直对我微笑着，这样长达几分钟，看样子见到我使他非常愉快。但同时他又以锐利的目光从头到脚地审视着我，似乎从我的外表能够发现什么奇异之处。最后，他目不转睛地注视着我的双目，好像我的眼睛特别吸引他的注意。我必须承认在这期间虽然我没有羞怯感，但我的确感到不安得很。接着，他开始向我提问。

"你在国外待了多久？"

"为接受西方教育，我离开中国八年。"

"你希望就任军官之职吗？"

"我若具备军官资格当然很乐意做个军官，但是我从未学过军事学。"

"我从你的相貌可判断出，你能成为一名优秀的军人，因为我从你的眼睛可以看出你是一个勇敢且具有指挥才能的人。"

"承蒙总督阁下过奖。我可能有军人的勇敢，不过我确实缺乏军事训练和经验，因此我恐怕不能符合总督所期望的那样。"②

从中可以看出，曾国藩似乎真的有一双惯于"看相"的眼睛，他对容闳也要"相面"一番，好根据他的擅长进行安排。当曾国藩向容闳提出从军问题的时候，这位喝足"洋墨水"的被接见者，最初是以为要他当个军官以抵抗太平军，但事后知情的朋友告诉容闳，其实总督只是要弄清他的愿望是否完全倾向于军事。而当曾国藩根据容闳的反应，发现他的心思并不在军事上而在其他方面时，他便丢开军事话题而谈别的。这时曾国藩应该更放心了，因为他并不真的希望容闳志愿干军事，而是要利用他的留洋经历做"洋务"，并且是特殊

① 石霓译注：《容闳自传——我在中国和美国的生活》，第132页。

② 石霓译注：《容闳自传——我在中国和美国的生活》，第131页。

的“洋务”——去美国购买机器。言其军事资质，那只是“旁敲侧击”而已。这样看来，不管曾国藩的“看相”水平如何，但他善于察言观色，在知人善任方面确实有其一手。容闳受命后重赴美国，不负所望，利用在美国的人际关系，认真履差，圆满地完成了任务。曾国藩十分高兴，对容闳更加看重。

到曾国藩回任两江总督兼领南洋大臣的这个时候，他的洋务观和洋务实践又有了新的发展。此际，在天津教案引发的紧急形势刺激下，朝中掀起一股以“蓄艾卧薪之志”，“举驱夷之大局”的舆论。清廷密谕“沿江沿海各将军督抚，实力实心次第筹办，以整顿武备为第一要务”，南、北洋的主政者自然尤居冲要。刚回到两江的曾国藩，根据朝廷“详细熟筹具奏”的要求，于同治十年(1871 年)正月间复奏，陈述了自己的看法。他是将全国的强兵固防要略，与洋务全局密切联系起来，视为不可分割的整体。说“其大要不外三端，曰制器，曰学技，曰操兵”，又说“外国学技以算法为第一义，而又证之以图，申之以书。中国学外国之技，则须以翻译为第一要义，得洋人一技之长，始明其迹，继探其意，既乃翻译汉文，使中国人人通晓，可见施行”。显然，这是把学习外国长技作为关键手段。并且他还特别强调，“讲求实际，则下手工夫贵于铢积寸累，一步不可蹈空，一语不可矜张”①。

这时曾国藩心目中的向西方学习，已不仅仅限于通过翻译西书和向在华洋员求教的途径，还拓展到向西方派遣留学生方面的立意。当然，这有一个过程，并且与容闳分不开。

容闳回国的直接目的和常抱的一个宏愿，就是组织国人赴美留学，以造就能改造和建设国家的人才。对他来说这是一个神圣的计划，一开始却连连碰壁，不能如愿。到了曾国藩的幕下以后，有了见机行事的契机。开始容闳是先向他视为“老友”的丁日昌提议的。丁日昌也是广东人(丰顺)，他当时已任曾国藩“两江”辖区里的江苏巡抚。容闳和他谈起派遣留学的想法，丁日昌很感兴趣，让他写成书面建议，说是可以代转给清朝中央的洋务派大员文祥。容闳高兴得不得了，赶紧写了，并且是煞费苦心。这个条陈一共提了四条建议，他心目中最为重视的核心内容当然是留学之事，但他有意只是把它作为一条来提，并且把它放在四条当中第二条的位置，另外第一、三、四条都不是留学之事

① 《曾国藩全集·奏稿》，第十二册，第 7189、7191 页。

(分别是组织轮船股份公司、发展路矿、禁止外国教会势力在中国行使司法权),那三条内容固然也有意义,但据容闳自己后来透露,只想拿它们作为陪衬,怕突出地只提留学之事太过刺激,让清廷给否了。但不巧,这个条陈上去,据说正赶上文祥丁忧,事情又给耽搁了下来。

到了同治九年(1870 年)的时候,事情再逢转机。在曾国藩处置天津教案的后期阶段,丁日昌也被派前来参与,而容闳则被委派担任翻译,他们有机会聚合在一起了。办教案的事情之外便有机会面议派遣留学的事情。丁日昌对容闳的建议本来就很支持,而曾国藩对前边的事情也有所了解,这时态度则更积极。多年的夙愿终于又见付诸实施的希望了,这可让容闳乐坏了,以至于高兴得睡不着觉。后来回顾说:"这个消息实在好过了头,我躺在床上,好像不眠的猫头鹰,我感觉自己仿佛踩着云朵,漫步于太空中。"①在曾国藩已奉到回任两江总督之命还没有动身南下之前,即曾向朝廷奏陈:"江苏抚臣丁日昌屡与臣言,宜博选聪颖子弟,赴泰西各国书院及军政、船政等院,分门学习,优给斧资,宽假岁时,为三年蓄艾之计,行之既久,或有异材出乎其间,精通其法,仿效其意,使西人擅长之事,中国皆能究知,然后可以徐图自强。"②因为曾国藩完全赞同这样的看法,故上奏呼吁,并接收丁日昌的建议,奏请携带已在自己幕下的四品衔刑部主事陈兰彬南下,准备用他与容闳一同具体筹办留学事宜。当然,这时还没有指明以美国为派遣地,而是泛言"泰西各国"。

及至曾国藩回到金陵履任后大约三个月的时候,在他奉旨"复陈夷务"的上奏中,又将派遣留学作为一项要事重申,并谓"彼(指:指西洋人)来则延访,我往则就教,总求尽彼之长而后已"③。同年七月初,也就是曾国藩去世前大约七个月时,他与李鸿章联名所上奏折中,有这样一段更能反映其派遣留学立意的话:

> 或谓天津、上海、福州等处,已设局仿造轮船、枪炮、军火,京师设同文馆选满汉子弟延西人教授,又上海设广方言馆选文童肄业,似中国已有基

---

① 石霓译注:《容闳自传——我在中国和美国的生活》,第 177 页。

② 《曾国藩全集·奏稿》,第十二册,第 7134 页。

③ 《曾国藩全集·奏稿》,第十二册,第 7191 页。

> 绪，无须远涉重洋。不知设局制造，开馆教习，所以图振奋之基也；远适肄业，集思广益，所以收远大之效也。西人学求实济，无论为士、为工、为兵，无不入塾读书，共明其理，习见其器，躬亲其事，各致其心，思巧力递相师授，期于月异而岁不同。中国欲取其长，一旦遽图尽购其器，不惟力有不逮，且此中奥密（窔），苟非遍览久习，则本源无由洞彻，而曲折无以自明。古人谓学齐语者，须引而置之庄岳之间；又曰百闻不如一见，比物此志也。况诚得其法，归而触类引伸，视今日所为，孜孜以求者，不更扩充于无穷耶？①

这时派遣留学之事不但业已得到清廷的原则批准，而且已经涉及挑选幼童赴美留学的具体计划。在这一计划中，最基本的方案就是容闳当初提出的。前边说到的他那个“四条”陈说中关于派遣留学生的第二条，就提出政府应该选派优秀少年到国外接受留学教育，好为国家服务。具体的办法是：可先选派一百二十名作为实验，分作四批派遣，每年一批，每批三十人，学生完成留学教育需要十五年，他们派出时的年龄在十二到十四岁之间。应派遣中文教师一同出洋，以便使留学生在学习西学的同时又能兼学中文知识。可任命两名委员负责整个留学生事务。经费则由政府在关税项下抽拨。② 而这些内容，在曾国藩、李鸿章此时会奏附呈的派遣幼童赴美留学“酌拟章程”③中，即得到基本体现。并且，这时已成立起以陈兰彬和容闳为委员的“出洋肄业局”，像建立“留学预备学校”；安排派遣留学生的名额；筹定留学生在国外所需经费的来源；酌定出洋留学年限等事项，即其工作范围内的事情。既然上面言及的“酌拟章程”中采择了容闳原提建议，那么，如果这个“章程”就是眼下“出洋肄业局”的拟议结果，容闳在该局中所起重要作用即自不待言。陈兰彬在思想意识上则比容闳要守旧和落后得多，以至于后来在美国管理留学生的工作实践中，与容闳发生尖锐的矛盾和冲突，成为幼童在美留学之事未能画下一个圆满句号而致半途而废的先导因素。当然，不要说这个结局，即使实际派遣的工

① 《曾国藩全集·奏稿》，第十二册，第7332页。

② 参见石霓译注：《容闳自传——我在中国和美国的生活》，第159页。

③ 该“章程”见《曾国藩全集·奏稿》，第十二册，第7333—7335页。

作情况，曾国藩也未及看到便离世。不过，派遣幼童赴美留学之事，系由他生前积极支持并领衔最后奏定，不失为他洋务生涯中的要项之一。

那么，晚年的曾国藩，在“洋务御夷”思想上能达到怎样一种程度和状况呢？他的这段话也许很有代表性：

> 造船操兵亦非八年十年不能有成。其他添立铁厂，选子弟赴外国学习诸技，尤需岁月迟久，乃可有济。自各国换约以来，我中华隐忍迁就，始获一日之安，得以余间剿平发、捻诸匪。今内地粗靖，尤当一意保全和局，不宜轻开衅隙。如练兵实有把握，彼族或以万分无礼相加，然后不得已而一应之耳。臣办理津案，失之过柔，至今内疚，神明耿耿莫释。然默察时势，一国则易防，众国则难御。我朝虽有并吞八荒鞭箠域外之具，尤愿常存慎之又慎之心。①

总之，用今天的话说，在他心目中，觉得办洋务是一项较为长期而系统的工程，不光是在起步不久的眼下，即使将来在练兵设防等方面达到预定目标，不在万不得已的情况下，也不要轻易与诸国动武，“众国则难御”呀！看，实际上忍屈辱、行妥协的思想仍根深蒂固。

三、百事未毕残烛灭

回任两江总督兼领南洋大臣的曾国藩，当然还有许多事情要做。

与上述“洋务”之事密切关联，整军饬武自为要政。当然，今非昔比，这时其军队已不是用于立马上阵打仗，而属日常国防，不但为现实防备，又是“求强”的“远略”措施。也算是贯彻朝廷的意图吧，因为在曾国藩动身南下之前的觐见中，慈禧太后对两江地区的军队、武备显出特别的关心，问对中曾有这样一番话语：

---

① 曾国藩：《钦奉谕旨复陈夷务折》，《曾国藩全集·奏稿》，第十二册，第7192页。

"尔几时起程赴江南?"

"臣明日进内随班行礼,礼毕后三两日即起程前赴江南。"

"江南的事要紧,望你早些儿去。"

"即日速去,不敢耽阁(搁)。"

"江南也要练兵。"

"对,前任督臣马新贻调兵二千人在省城训练,臣到任,当照常进行训练。"

"水师也要操练。"

"对,水师操练要紧,海上现造有轮船,全未操练。臣去,拟试进行操练,长江之中,拟择要隘处试造炮台,外国洋人纵不能遽与之战,也须设法防守。"

"你从前用过的人,此刻好将尚多么?"

"好的现在不多。刘松山便是好的,今年糟蹋了(按:镇压西北回民起事中在宁夏被打死),可惜!"

"实在可惜!文职小官也有好的么?"

"对,文职小官中,省省都有好的?"

"水师还有好将么?"

"好将甚少。若要操练轮船,须先多求船主。"①

说到这里,太后不再问了,示意这次召见结束。尽管通过几次实际接触的体察,曾国藩对这位太后的经邦治国才能并不由衷看好,但他作为一个对"皇朝"矢忠不移的老臣,对这位"皇朝"最高秉政者的话,能当耳旁风吗?当然不能的。这样,一副回两江整军强兵的担子,早早地已经压在了他的肩上。回任后不数月,曾国藩即奏陈在这里的"操兵之法":已委派前台湾道吴大廷操练轮船,据其禀报,制定有章程,职司有专责,作息有定时,赏罚有常例;拟求外国所刊航海简法、兵船、炮法诸书,以及有关仪器、行阵、炮法各式之书,翻译成帙,以次教习;"江南陆兵",有吴长庆所统八营,原属李鸿章部下的淮勇,再有挑练新兵五营,为前督臣马新贻自绿营选出者,还有旧存湘勇星字两营,此外

---

① 《曾国藩全集·日记》,第三册,第1790—1791页。

并无大支劲旅；目下甘肃军务颇有起色，此后如协饷稍松，可以腾出款项，当“招致宿将另练一军，专为防海防江之用”。与此同时，曾国藩还就全国的强兵固防方案，发表这样一番论说：

十八行省之中，滨海者六，滨江者三，合之奉天共为十省，皆洋船指顾可到，皆膏腴之地也。前任江苏抚臣丁日昌曾与臣言及防海之道，数省当合并办理。直隶、山东归并设防，而以直隶主政。江苏、浙江归并设防，而以江苏主政。广东、福建归并设防，而以广东主政。分立三大镇练兵制器，专精筹备则力厚，而气不散漫等语。臣因就其说，而推之奉天亦可归并北防，仍由直隶主政。沿江之安徽、江西、湖北三省亦可归并设防，而以湖北主政。沿海七省共练陆兵九万，少者一万，多者或二万或一万数千。沿江三省共练陆兵三万，或各统一万，或小有参差。闽省前经奏明，成造轮船十六号。将来沪厂亦须造十六号，各以数号为水师兵船，其余以为货船，平日租赁商贾听装货物，有事则装载陆兵，互相救援，南北江海十省，均不过数日可到。以陆兵为御敌之本，以轮船为调兵之具，海道虽甚遥远，血脉仍极贯通。十省之中，主持防务者四省。枪炮、子药、米粮、杂物，四省多为存储，六省亦各有存储。一遇调兵，则各件皆由轮船运之同行。平日无事，即用轮舟载送，各省习惯而渐成自然，出洋而如履庭户。洋人长于水师，断非中国所能几及。至其陆军野战，则淮勇前在苏沪亦常与洋将洋兵角逐争胜，尚非殊绝不可及者。若能多练陆兵，而以轮舟装载驰援，各省举重若轻，驭远如近，似亦制敌之方……

他又从“兵”、“勇”状况以及人数、装备与饷需的矛盾上进行分析，指出了困难所在以及解决的办法：

国家蓄养绿营额兵五十余万，军兴以来不甚得力，赖募勇以戡乱。论者谓勇有流弊，不如仍用标兵为正。然标兵散处各汛，不相联属，欲练大支劲旅，必须调集一处，群居团操，识者皆能言之。兵之坐饷，仅一两及两余不等，不足以赡身家，必须大加钱粮，识者亦皆能言之。今臣所拟十省，练十二万人，欲用额兵，则恐无此多兵可调。欲用练勇，则恐将来散勇为

> 患。至养兵十二万，每年需饷近八百万。论御侮则尚嫌其少，论需费则实觉其多，加以养轮舟三十余号，则需千万以外矣。兵之难集若此，饷之难筹如彼，若非由廷臣主持大计，各省协力和衷，实有不敢轻予一试者。①

总之，曾国藩的规划可谓宏远，但也深知困难多多，不是他等督抚自能解决的，寄望于朝廷"主持大计"。而无论如何，曾国藩在其辖区的"整顿武备"之事还是认真的。最典型的表现，就是他抱病不辞辛劳地用两个多月时间外出阅兵。其大概的行程情况是这样的：这年（同治十年，1871 年）八月十三日启程。十九日，至扬州。二十八日，至清江浦。九月初三日，至徐州。十五日，回清江舟次。二十日，至丹阳。二十二日，至常州。二十六日，至常熟，登福山以望洋面。二十八日至苏州。十月初六日，至松江。初七日，至上海。十一日，至吴淞口。十五日，回金陵。②

每到一有防兵之处，他都要亲自临场校阅，并记于日记。不妨举所记两次为例。一次是十月初二日在苏州校阅的情形："出门至教场阅操……先看抚标左右营兵及亲兵营勇大阵，共九百八十八名。原额三营共一千三百人。今来应操者约八成队有奇耳。凡演廿余阵，洋枪甚为整齐。又看杂技兵三十三名。又看太湖、平望两营九子枪兵三十六名。事竣，看庆字营洋枪大阵四百名，即淮军吴长庆之勇，拨驻苏州者也。午正二刻，退堂小息。旋看官兵马箭六十一人，旋看步箭……"③另一次是同月初六日在松江校阅的情形："早饭后，登岸行十里许，至教场看操。初看提中、提右，提前、提后、城守、金山、拓林、青村八营大阵兵七百八十名……大阵跑毕，安营后，演藤牌小阵六十名。撤营后，演九子枪一百三十名。收队后，新兵营又跑大阵四百三十名。阅毕，退堂小息。旋升堂阅凤凰山之洋枪队三营，本一千四百人，而来应操者仅一千名。凡演八营，尚不如吴长庆部伍之整齐。阅毕，接看马步箭……申正，次第看毕，即在教场小宴，一面写发赏之单。"④

---

① 由此至上注之后的引文见《曾国藩全集·奏稿》，第十二册，第 7189—7192 页。

② 王定安：《曾国藩事略》，黎庶昌：《曾国藩年谱》附，第 118 页。

③ 《曾国藩全集·日记》，第三册，第 1905 页。

④ 《曾国藩全集·日记》，第三册，第 1908 页。

阅兵之外，曾国藩还要兼查堤坝工程。至于每到一处接见官员，自为必不可少之务，除了官场礼仪上的需要，他更着重借机察吏施教。在上海，还与一干外国外交官员见面。据其所记，在这里晤见的有日本、英国、奥斯马加（按：即奥匈帝国）、法国、美国、丹麦、德国、西班牙等国的或领事官、或武官、或随员人等。此外，还与任清朝总税务司的英国人赫德在这里相见。曾国藩在离开上海之前会见的客人中，孙家谷其人也值得注意。接见者在日记中记下与之坐“最久”，“渠出使外洋诸国三年，故与谈询洋务”①。此人是以礼部郎中身份，与记名海关道志刚一起，作为“蒲安臣使团”的成员，于同治七年至九年（1868—1870年）间，访问了欧美十一个国家。蒲安臣为卸任美国驻华公使，由这么一个人为清朝使团的率领人，这本身就颇显滑稽，而他擅自与美国订立《蒲安臣条约》的事情，更是越权出格。孙家谷、志刚他们，虽说由于人微言轻，出使回来并没有对清政府决策产生多大影响，但通过出使，自己也确实获取了较为丰富的海外见闻，大大增长了外交见识。曾国藩这时乘机与孙家谷久谈相询，也不失为他渴望尽多了解外域情况、以适应办洋务需要的一种表现。此行期间，曾国藩还亲临轮船演试现场检阅。这时江南制造总局所造轮船，除了“恬吉”号外，又有了“威靖”、“操江”、“测海”等号，也都是由曾国藩命名的②。

曾国藩这次巡阅回署月余之后，又有一件可表现“新气象”的事情，就是在所谓“承平之时”督署故址上新修造的衙署落成，十一月二十二日，曾国藩移住进去。此前，他即曾去看过，有“规模甚宏，房屋极多”之记。及至移居这天，所记更详。有谓此“新衙门”，“即百余年江督旧署，乱后，洪逆居为伪宫者也。本年重新修造，自三月兴工，至是初竣，惟西边花园工尚未毕，虽未能别出邱壑，而已备极宏壮矣”③。可以想见，其规模宏阔，屋宇严整，雕饰一新，显示着“平乱致治”后皇朝两江最高官衙的威严肃穆。这当然是很能激起主人兴致的事情，因为在其“易主”的变迁当中，包含了多么不寻常的历史内容，这可是他曾国藩作为局内要角所亲身经历的。这座衙署在他的心目中，无疑成了

---

① 《曾国藩全集·日记》，第三册，第1909、1910页。

② 王定安：《曾国藩事略》，黎庶昌：《曾国藩年谱》附，第118页。

③ 《曾国藩全集·日记》，第三册，第1921、1923页。

由血与火凝成的一个具有非同寻常意义的“政治符号”！

不管是在“旧衙”还是“新署”，以及出行的其他场合，操理政务之外，读书仍是曾国藩一直坚持不辍的事情。即使晚年仅剩一目的有限视力，依然如此，足见其刻苦勤奋精神的保持。知情者有评述曰：

> 公（按：指曾国藩）右目失明已两年，见者咸以静息为劝，而公昕夕孜孜，未尝倦怠。身体有不适，恒守勿药之戒。视生死之际，弥觉怡然无累。平生以宋儒义理为主，而于训诂词章两途，亦研精覃思，不遗余力。处功名之际，则师老、庄之谦抑；持身型家，则尚禹、墨之俭勤。是岁（按：指同治十年）为诗凡数首，为文十余篇。其自书日记，尤多痛自刻责之语。①

对于昔年的为学师友乃至门生，曾国藩这时格外珍视。譬如，同治十年（1871 年）十月下旬，他写信给时任深州直隶州知州、为其“四大弟子”之一的吴汝纶，谆谆教以为官之道之外，还特嘱以“治公有暇，仍当从事书史，幸无（按：通‘毋’、‘勿’）费学为要”②，师之厚谊，于此可谓至矣。对年长的师友，曾国藩自恭谨有加。吴廷栋时寓金陵已数年，住在非常窄狭的房子里，因为足病已不能步行，但还是“终日端坐一室，校书不辍”。他作为曾国藩当年在京相与讲学之友中的“岿然独存”者，如今又得同城而居，曾氏坚持“每月必一再过访，谈论移时”。同治十一年（1872 年）的大年初二，曾氏又赴吴宅拜访，说起从邸抄所见的倭仁（谥文端）遗疏（按：此人于上年六月病殁），交口称赞，认为“倘非自撰，不能书写其心中所欲言”，又由此“语及昔年故交零落殆尽，黯然而别”③。可见，刚过花甲的曾国藩，风烛残年的心理阴影已经相当浓重了，这自然与他病衰的身体状况相关。就在此年正二月之交，他于日记中留下了这样的文字：

---

① 黎庶昌：《曾国藩年谱》，第 251 页。

② 郭立志编：《桐城吴先生年谱》，民国“雍睦堂丛书”本，第 15 页（该信至今所有曾国藩集子中皆失载）。

③ 黎庶昌：《曾国藩年谱》，第 250、252 页。

余病患不能用心……近年或欲作文，亦觉心中恍惚不能自主，故眩晕、目疾、肝风等症，皆心肝血虚之所致也。不能溘先朝露，速归于尽，又不能振作精神，稍治应尽之职事，苟活人间，惭悚何极。

余精神散漫已久，凡欲应了结之件，久不能完，应收拾之件，久不能检，如败叶满山，全无归宿。通籍三十余年，官至极品，而学业一无所成，德行一无可许，老大徒伤，不胜悚惶惭赧。①

作此记述之时，曾国藩已处在中风病症屡发之际。正月二十六日在城外公所，司道各员环其而坐，他忽然觉得“心有所言而口不能出，自虑恐成中风之症，赶紧延医服药，略有微效”，及至“廿七、八、九至二月初一、二、三等日，又发作数次”，尽管他自己“犹谓春日肝旺，不甚措意，昼接僚属，夕治文牍，仍强免（勉）如常，不敢稍息”②，但显然已是危及生命的严重中风随时可能发生的症候。他的生命，已不啻一支摇曳不定的风中残烛，说不定在哪会儿就要一下子永远地熄灭了。一个曾力挽狂澜，支撑起晚清“中兴”大厦的栋梁人物，在生老病死的自然法则面前自也无能无力。可以想见，他身边的家人一定会尽心地宽慰他。或许，他实在不需要通常的祝愿式宽慰，因为他对人生已有太多的感悟；或许，他也同样需要常人所需的宽慰，因为他也是血肉之躯，有着珍惜生命的本能；或许，他更渴望在他身上出现妙手回春的奇迹，因为他还有很多割舍不下的重要事情有待了结，可以说百事未毕，余憾尚多啊！然而，造物主没有再留给他延续的时光。

二月初四日午后，他强支病体，由儿子陪伴，到署内的西花园散步，忽然一阵强烈的眩晕袭来，腿脚麻木得再也不听使唤，顿时无法走路，从者把他扶掖回书房。家人环集跟前，他已不能说话，只是在椅子上静静地倚坐着，心里当少不了思绪的搅动、挣扎，但神情上似乎又是那么平和与安详，仿佛只是过度劳累后的酣甜小憩。就这样到晚间戌刻，便永远地闭上了眼睛。

尽管他走得突然，但有迹象表明，还有“遗折”（当由其子曾纪泽代写）由

① 《曾国藩全集·日记》，第三册，第1942、1943页。

② 《曾国藩遗折抄件》，《历史档案》1993年第4期，第63页。

江宁布政使梅启照代奏。其中在历述了他的军政履历，表达了对朝廷的感恩图报、勤职尽忠素志之后，又披沥不能继续为皇朝效力的遗憾和对朝廷勤政致治的由衷期盼之情，有谓："方冀从容整理，补救万一，而葵藿之志未舒，桑榆之景荐臻，断不敢以已治已安为粉饰承平之语。惟愿我皇上敬承皇太后懿训，兢兢业业，惟日孜孜，崇宽政以恤疲氓，纾远谟以弭隐患。深宫益崇节俭，则军需虽广，而供亿不劳；圣学日进高明，则几务虽殷，而措施悉当。"①不论成此遗折之时曾国藩还有无意识，反正此语能符合其真实心志。

曾国藩去世这一天，正好是乃父的忌日。据说，几天前他曾预言，自己也会在这一天撒手尘寰。又传，就是在他去世的这个夜晚，城内有不少人忽见督署方向火光映天，想是失火，赶来救火而又无火可寻，只见有红光圆如镜面，出天西南之隅，过了很久才逐渐暗淡下去。而从别的地方，人们则看见一颗晶亮的大星陨落金陵城中。这种有意无意的附会渲染，给此人之死平添了几分神秘。而这也正好说明，当时世人对他的看重——他竟有惊天动地的非凡。

无论如何，他生命的这支残烛，是无可奈何地永远熄灭了。

① 《曾国藩遗折抄件》，《历史档案》1993 年第 4 期，第 66 页。

尾　声

身后不寂寞

的确，曾国藩堪称三朝（道光、咸丰、同治）重臣，一代“雄才”！他的死，震动了金陵，震动了大江南北，也震动了两千里外的京都。清廷为之辍朝三日，并特颁上谕：

> 大学士、两江总督曾国藩，学问纯粹，器识宏深，秉性忠诚，持躬清正。由翰林蒙宣宗成皇帝（按：指道光帝）特达之知，洊升卿贰。咸丰年间，创立楚军，剿办粤匪，转战数省，迭著勋劳。文宗显皇帝（按：指咸丰帝）优加擢用，补授两江总督，命为钦差大臣督办军务。朕（按：同治帝自称）御极后，简任纶扉，深资倚任。东南底定，厥功最多。江宁之捷，特加恩赏给一等勇毅侯，世袭罔替，并赏戴双眼花翎。历任兼圻，于地方利病尽心筹画，老成硕望，实为股肱心膂之臣。方冀克享遐龄，长承恩眷，兹闻溘逝，震悼良深。曾国藩著追赠太傅，照大学士例赐恤，赏银三千两治丧，由江宁藩库发给。赐祭一坛，派穆腾阿前往致祭。加恩予谥“文正”。入祀京师昭忠祠、贤良祠，并于湖南原籍、江宁省城建立专祠。其生平政绩事实宣付国史馆，任内一切处分悉予开复。①

此谕中，“盖棺论定”地评述了曾国藩一生的为臣履历和军政功勋，给予了很高规格的封赐。特别是谥号“文正”，在整个有清一代也只有寥寥数人，这与他生前的破格封侯，同为汉臣所获的最高荣誉。接着，又相继御赐数道祭文，并颁御制碑文。真可谓“哀荣式备”，“恩眷优隆”。

---

① 《咸丰同治两朝上谕档》，第二十二册（同治十一年），第33页。

与此相呼应，铺天盖地的挽联、祭词，包围了这位“曾文正公”。从亲眷到乡人，从同僚到下属，从文友到门生，都不惜呕心沥血献上自己的“呜呼”辞章，俨若进行一场志哀文体的创作大赛。几多发自肺腑的哀思？几多形诸笔端的谀颂？

只有大江东去依旧，逝者如斯夫。

只有钟山峻姿不改，冷眼看世情。

今天，我们完全可以说，曾国藩也不过是早为历史长河荡去的一朵浪花，他并无力扭转历史洪流的趋势。但是，我们又不能否认，他曾影响过一个王朝的气数，更牵连着湘系军政集团的兴衰显隐。同时，他所留下的“人文遗产”，也为后世关注。当然，不同的时代环境，不同的审视角度，观照者不同的主观条件，使这个本来就“复杂多面”的人物，更容易形成“横看成岭侧成峰，远近高低各不同”的成像效果。对其褒贬好恶的聚讼纷纭及反差之大，以章太炎所说“誉之则为圣相，谳之则为元凶”——这句为人熟知的话语来表达，可算到位。如果说，百年来对曾国藩的评说浩瀚如海，那么，下面述及的只是其中几朵浪花。

先看较早时候军政人物对其评说的相关事例。包括章太炎在内的辛亥革命志士们，站在反满倒清的立场上，对曾国藩当然不会看好，多有对他屠戮同种、充当“汉奸”之类的指斥。即使湖南籍的维新志士谭嗣同，都痛斥湘军以“戮民为义”，“无良莠皆膏之于锋刃”，“淫戮焚掠，无所不至”①，这当然也就意味着向其统帅曾国藩的问责。而以反对帝制为职志的著名军事将领蔡锷，则将曾国藩和胡林翼并称为“中兴名臣中铮皎（佼）者”，称扬其“懿行嘉言，皆足为我师资”②，并结合自己的职事所需，特辑以《曾胡治兵语录》。及至后来蒋介石任黄埔军校校长时，还曾对此书亲作改造，定为教材。蒋氏本人不仅仅对曾国藩的军事方面，而更是“全方位”地推崇。与此人有过多年政敌关系的伟人毛泽东，在其早年的时候，则曾留下“愚（按：自我谦称）于近人，独服曾文

---

① 蔡尚思、方行编：《谭嗣同全集（增订本）》，中华书局1981年版，第345页。

② 蔡锷辑：《曾胡治兵语录》（与《曾胡谈荟》合刊本），山西古籍出版社1995年版，第99页。

正”①的言说。

再举晚近学人评说中的“两极”之例。例一：范文澜先生写有《汉奸刽子手曾国藩的一生》，显然，此标题就为其人作了一个基本“定性”。文中更进而论定，说“曾国藩是封建中国数千年尤其是两宋以下封建统治阶级一切黑暗精神的最大体现者，又是鸦片战争后百年来一切对外投降对内屠杀的反革命的汉奸刽子手们的‘安内攘外’路线的第一个大师”②。例二：冯友兰先生在他的著述中，对曾国藩镇压太平天国则给予了高度评价，说洪秀全和太平天国搞“神权政治”，如果由其“统一了中国，那就要把中国拉回到西方的中世纪，使中国的近代化推迟几个世纪”，而曾国藩镇压太平天国的成功，“阻止了中国的后退”，“这是他的一个大贡献”③。尽管两人相关著述的写作时间和背景条件不同，但作者都是学术名家，各自的态度应该都是认真的，绝非游戏之笔。我们且不去评论个中是非，不过，像这类极端性的分歧，无疑提示我们切实以科学、理性的学术态度来力防偏弊的重要性。顺便说，近年来不是更有人认为太平天国是搞“邪教”吗？如果是这样，那曾国藩对其镇压，岂不就是消除邪门歪道？显然，这个端点跳得就更远了。这还主要是就曾国藩生涯中镇压太平天国这样一个“节点”而言，其人还做过其他诸多方面的有影响的事情，自然都牵涉对他的所谓“评价”。窃以为，淡化此类“评价”，加强具体研究，也许是更好的出路，这也算是对拙著“引言”中有关看法的一个照应。

还不应忽略眼下大众层面的反应。君不见，面向大众的关于曾国藩的读物可谓林林总总（当然优劣不齐），甚至有过随便到那个书摊上都难不见的时候，从市场情况即可感知其接受面的颇为宽泛。联系曾有过的“从政要读曾国藩，经商要读胡雪岩”的坊间传谚来想，并不“从政”的百姓所最关心的，恐怕不在曾国藩的军政史迹本身，而更在其“人生之道”。应时应世，毕竟是谁也要面对的“必修课”。盛世福泽之下，大众也有兴致和余暇兼到前人那里寻摸点资鉴，这本身就不失为和谐文化氛围的一种表现。自然，在大众层面中也会有是取是弃、或热或冷等不同的态度表现，但自难形成“两极”对争的“舆论

① 《毛泽东早期文稿》，第85页。
② 范文澜：《中国近代史》，上册，人民出版社1955年第9版，第429页。
③ 冯友兰：《中国哲学史新编》，第六册，人民出版社1989年版，第75、76页。

搏杀”现象。

这样看来，解读曾国藩（且不说解读的差异），也就成为多层面人群的一种历史文化需要，所以，使得下世多年的他一直“寂寞”不了。当然，冲抵其“寂寞”的“进行时态”的“热闹”，只能是“现世”的事情。而曾国藩和他的时代既然早已寿终正寝，那么，也就永久地被包裹在不断“层积”的历史年轮中，永远地享受“寂寞”了。要说其“复活”，只能“复活”于后人审视的目光和体认的意识中。既然如此，那我们不该力求让自己的审视和体认能够较为科学些吗？

主要征引书(文)目

(各类皆按首次征引的次序排列)

一、史料类

1.《清实录》,中华书局影印本。

2. 薛福成:《庸盦笔记》,江苏古籍出版社 2000 年版。

3. 徐凌霄、徐一士:《曾胡谈荟》(与《曾胡治兵语录》合刊),山西古籍出版社 1995 年版。

4. 陈其元:《庸闲斋笔记》,中华书局 1989 年版、1997 年第 2 次印刷本。

5. 黎庶昌:《曾国藩年谱》,岳麓书社 1986 年版。

6. 黎庶昌:《拙尊园丛稿》,台湾文海出版社"近代中国史料丛刊"影印本。

7. 喻岳衡点校:《曾纪泽遗集》,岳麓书社 1983 年版。

8.《曾国藩全集·诗文》,岳麓书社 1986 年版。

9.《曾国藩全集·家书》,第一册,岳麓书社 1985 年版。

10.《曾国藩全集·日记》,第一册,岳麓书社 1987 年版。

11. 朱克敬:《雨窗消意录》(与《儒林琐记》合刊),岳麓书社 1983 年版。

12. 刘声木:《苌楚斋随笔续笔三笔四笔五笔》,中华书局 1998 年版。

13.《清朝进士题名录》,中华书局 2007 年版。

14.《湖南通志》,商务印书馆 1934 年影印光绪十一年刊本。

15.《清史稿》,中华书局 1977 年版标点本。

16.《曾国藩全集·家书》,第二册,岳麓书社 1985 年版。

17. 王澧华等整理:《曾氏三代家书》,岳麓书社 2002 年版。

18.《曾国藩全集·书信》,第一册,岳麓书社 1990 年版。

19. 王钟翰点校:《清史列传》,中华书局 1987 年版。

20.《湘乡曾氏文献》,台湾学生书局 1965 年影印本。

21.《筹办夷务始末》(同治朝),故宫博物院 1930 年影印清内府写本。

22. 吴廷栋:《拙修集》,同治十年六安求我斋刊本。
23. 朱熹:《四书集注》,岳麓书社 1987 年版。
24.《清朝野史大观》,河北人民出版社 1997 年版。
25.《倭文端公遗书》,台湾文海出版社“近代中国史料丛刊”影印本。
26. 况周颐:《眉庐丛话》,山西古籍出版社 1996 年版。
27. 李伯元:《南亭笔记》,江苏古籍出版社 2000 年版。
28. 丁凤麟、王欣之编:《薛福成选集》,上海人民出版社 1987 年版。
29. 魏源:《圣武记》,世界书局 1936 年版。
30. 龚自珍:《龚自珍诗文选注》,广东人民出版社 1975 年版。
31.《曾国藩全集・奏稿》,第一册,岳麓书社 1987 年版。
32. 刘蓉:《养晦堂文・诗集》,台湾文海出版社“近代中国史料丛刊”影印本。
33.《曾国藩遗折抄件》,《历史档案》1993 年第 4 期。
34. 李慈铭:《越缦堂日记》,商务印务馆 1920 年影印本。
35. 欧阳兆雄、金安清:《水窗春呓》,中华书局 1984 年版。
36. 中国近代史资料丛刊《太平天国》,上海人民出版社 1957 年版。
37. 王定安:《湘军记》,岳麓书社 1983 年版。
38. 朱孔彰:《中兴将帅别传》,台湾文海出版社“近代中国史料丛刊”影印本。
39. 钟叔河汇编校点:《曾国藩往来家书全编》,海南出版社 1997 年版。
40.《曾国藩传记资料》,台湾天一出版社 1985 年版。
41.《左宗棠全集・奏稿》,第九册(附张亮基、骆秉章奏稿卷),岳麓书社 1996 年版。
42.《胡林翼集》,岳麓书社 1999 年版。
43. 王闿运:《湘军志》(《湘军志评议》、《续湘军志》合刊),岳麓书社 1983 年版。
44.《太平天国史料丛编简辑》,第三册,中华书局 1962 年版。
45. 郭振墉:《湘军志评议》(《湘军志》、《续湘军志》合刊),岳麓书社 1983 年版。
46.《左宗棠全集・家书・诗文》,岳麓书社 1987 年版。
47.《曾国藩全集・日记》,第二册,岳麓书社 1988 年版。
48.《曾国藩全集・书信》,第二册,岳麓书社 1991 年版。
49. 徐宗亮:《归庐谈往录》,台湾文海出版社“近代中国史料丛刊”影印本。
50.《曾国藩全集・批牍》,岳麓书社 1994 年版。
51.《骆公年谱》(即《骆文忠公自订年谱》),台湾文海出版社“近代中国史料丛刊”影印本。
52. 梁发:《劝世良言》,载《近代史资料》1979 年第 2 辑(总 39 号)。

53. 徐一士:《一士类稿·一士谈荟》,书目文献出版社 1984 年版。
54. 秦翰才辑录:《左宗棠逸事汇编》,岳麓书社 1986 年版。
55. 罗正钧:《左宗棠年谱》,岳麓书社 1983 年版。
56. 长沙章氏辑:《题铜官感旧集》,台湾文海出版社"近代中国史料丛刊"影印本。
57. 太平天国历史博物馆编:《太平天国文书汇编》,中华书局 1979 年版。
58. 梅英杰:《胡文忠公年谱》,台湾文海出版社"近代中国史料丛刊"影印本。
59.《湘军人物年谱》,岳麓书社 1987 年版。
60.《王壮武公遗集》,光绪十八年刻本。
61. 王闿运:《湘绮楼日记》,商务印书馆 1927 年铅印本。
62.《曾国藩全集·书信》,第七册,岳麓书社 1994 年版。
63.《左宗棠全集·书信》,第一册,岳麓书社 1987 年版。
64. 吴永口述、刘治襄记:《庚子西狩丛谈》,岳麓书社 1985 年版。
65.《曾国藩全集·书信》,第三册,岳麓书社 1992 年版。
66. 黄濬:《花随人圣盦摭忆》,上海书店出版社 1998 年版。
67.《中国歌谣选》,第一集(近代歌谣),上海文艺出版社 1978 年版。
68.《曾国藩全集·书信》,第四册,岳麓书社 1992 年版。
69.《纪晓岚文集》,河北人民出版社 1991 年版。
70. 曾国藩编纂:《经史百家杂钞》,河北人民出版社 1996 年版。
71. 王澧华校点:《曾国藩诗文集》,上海古籍出版社 2005 年版。
72. 刘体智:《异辞录》,中华书局 1988 年版。
73. 瞿兑之:《杶庐所闻录》(与《故都闻见录》合刊本),山西古籍出版社 1995 年版。
74. 窦宗一:《李鸿章年(日)谱》,台湾文海出版社"近代中国史料丛刊续编"本。
75.《郭嵩焘日记》,第一卷,湖南人民出版社 1981 年版。
76.《刘坤一遗集》,中华书局 1959 年版。
77.《钦定剿平粤匪方略》,同治十一年大铅字印本。
78.《曾国藩全集·奏稿》,第三册,岳麓书社 1987 年版。
79.《咸丰同治两朝上谕档》,广西师范大学出版社 1998 年版。
80. 中国近代史资料丛刊《第二次鸦片战争》,上海人民出版社 1978 年版。
81. 盛康辑:《皇朝经世文续编》,台湾文海出版社"近代中国史料丛刊"影印本。
82.《筹办夷务始末》(咸丰朝),中华书局 1979 年版。
83. 顾祖禹:《读史方舆纪要》,中华书局 1955 年版。
84.《彭玉麟集》,岳麓书社 2003 年版。

85. 郭嵩焘:《玉池老人自述》,长沙郭氏养知书屋光绪十九年刻本。
86. 顾廷龙、戴逸主编:《李鸿章全集》,安徽教育出版社 2007 年版。
87.《曾国藩全集·奏稿》,第四册,岳麓书社 1988 年版。
88.《曾国藩全集·奏稿》,第五册,岳麓书社 1988 年版。
89.《曾国藩全集·奏稿》,第六册,岳麓书社 1989 年版。
90. 陈大康整理:《张文虎日记》,上海书店出版社 2001 年版。
91.《曾国荃全集》,岳麓书社 2006 年版。
92.《曾国藩全集·奏稿》,第七册,岳麓书社 1989 年版。
93.《沈文肃公(葆桢)政书》,台湾文海出版社"近代中国史料丛刊"影印本。
94. 张集馨:《道咸宦海见闻录》,中华书局 1981 年版。
95.《左宗棠全集·奏稿》,第一册,岳麓书社 1987 年版。
96.《曾宝荪回忆录》附录,岳麓书社 1986 年版。
97. 中国近代史资料丛刊《捻军》,神州国光社 1953 年版。
98.《曾国藩全集·书信》,第七册,岳麓书社 1994 年版。
99.《曾国藩全集·日记》,第三册,岳麓书社 1989 年版。
100.《曾国藩全集·奏稿》,第八册,岳麓书社 1990 年版。
101.《钦定剿平捻匪方略》,同治十一年大铅字印本。
102.《曾国藩全集·奏稿》,第九册,岳麓书社 1991 年版。
103.《曾国藩全集·书信》,第八册,岳麓书社 1994 年版。
104. 曾广莆:《文正公增置祀田碑记》,《武城曾氏重修族谱》,"曾氏宗亲网"载图。
105. 何天柱编:《三名臣书牍》,台湾文海出版社"近代中国史料丛刊"影印本。
106.《曾国藩全集·书信》,第九册,岳麓书社 1994 年版。
107. 罗尔纲、王庆成主编:中国近代史资料丛刊续编《太平天国》,广西师范大学出版社 2004 年版。
108.《曾国藩全集·奏稿》,第十册,岳麓书社 1993 年版。
109.《曾国藩全集·奏稿》,第十一册,岳麓书社 1994 年版。
110.《曾国藩全集·奏稿》,第十二册,岳麓书社 1994 年版。
111.《清代碑传全集》,上海古籍出版社 1987 年版。
112.《曾国藩全集·书信》,第十册,岳麓书社 1994 年版。
113.《曾纪泽日记》,岳麓书社 1998 年版。
114.《圣朝破邪集》,国家图书馆藏陈垣先生遗赠本。
115. 天下第一伤心人:《辟邪纪实》,同治十年重刻本。

116. 中国近代史资料丛刊续编《清末教案》,第6册,中华书局2006年版。
117. 中国近代史资料丛刊续编《清末教案》,第5册,中华书局2000年版。
118. 张光藻:《北戍草》,光绪二十三年刻本。
119. 台北故宫博物院《军机档》资料,高尚举:《刺马案探隐》附录,北京图书馆出版社2001年版。
120. 郭立志编:《桐城吴先生年谱》,民国"雍睦堂丛书"本。
121. 蔡尚思、方行编:《谭嗣同全集(增订本)》,中华书局1981年版。
122. 蔡锷辑:《曾胡治兵语录》(与《曾胡谈荟》合刊本),山西古籍出版社1995年版。

二、近人今人论著、刊物类

123. 王澧华:《〈曾文正公年谱〉作者考辨》,《历史研究》1996年第4期。
124. 罗绍志、田树德:《曾国藩家世》,江西人民出版社1996年版。
125. 郭绍虞:《中国文学批评史》,百花文艺出版社1999年版。
126. 方尔文主修:《桐城文化志》,安徽人民出版社1992年版。
127. 钱穆:《中国近三百年学术史》,商务印书馆1997年版。
128. 内刊《曾国藩研究动态》第2期(1994年9月)。
129.《唐浩明评点曾国藩家书》,岳麓书社2002年版。
130. 黄惠贤、陈锋主编:《中国俸禄制度史》,武汉大学出版社1996年版。
131. 龙盛运:《湘军史稿》,四川人民出版社1990年版。
132. 罗尔纲:《湘军新志》,台湾文海出版社"近代中国史料丛刊"影印本。
133. 皮明勇:《关注与超越——中国近代军事变革论》,河北人民出版社1999年版。
134. 台湾《近代史所研究集刊》,第八期。
135. 张一文:《太平天国军事史》,广西人民出版社1994年版。
136. 钱实甫编:《清代职官年表》,中华书局1980年版。
137. 中国社会科学院近代史研究所:《中国近代史稿》,第一册,人民出版社1978年版。
138. 朱东安:《曾国藩传》,百花文艺出版社2001年版。
139. 萧一山:《清代通史》,中华书局1986年影印本。
140.《毛泽东早期文稿》,湖南出版社1990年版。
141. 张辉:《曾国藩之谜》,经济日报出版社1996年版。
142.《安徽史学通讯》1958年第2期。
143. 石霓译注:《容闳自传——我在中国和美国的生活》,百家出版社2003年版。
144. 本书编写组:《中国近代战争史》,第一册,军事科学出版社1987年第2版。

145. 王尔敏:《淮军志》,中华书局 1987 年影印本。
146. 苑书义:《李鸿章传》,人民出版社 2004 年版。
147. [美]马士:《中华帝国对外关系史》,上海书店出版社 2000 年版。
148. 何贻焜:《曾国藩评传》,台湾新文丰出版股份有限公司 1975 年版。
149. 方回:《介绍忠王李秀成自传原稿笺证》,《大公报》1951 年 2 月 9 日"史学副刊"第 5 期。
150. 罗尔纲:《一条关于李秀成学姜维的曾国藩后人的口碑》,《广西日报》1981 年 3 月 2 日。
151. 董丛林:《"迷拐"、"折割"传闻与天津教案》,《近代史研究》2003 年第 2 期。
152. 范文澜:《中国近代史》,上册,人民出版社 1955 年第 9 版。
153. 冯友兰:《中国哲学史新编》,第六册,人民出版社 1989 年版。

(未征引具体资料的参考书目从略)

后　记

尽管将晚清湘淮派系及其典型人物，作为自己的侧重研究领域之一已有多年，于此也有系列论文和著作问世，但本传记的写作，还是完全缘于人民出版社的惠约。对社方，对具体玉成此事的乔还田、陈有和、陈鹏鸣、于宏雷先生，深怀感激之情。尤其是乔先生的时常督导和具体指教，更是拙著完成不可缺少的助力；责任编辑于宏雷先生对本书稿精心审正，费心操劳，自当铭感！

本书写作承约有年，其间因有必担的教学工作和其他科研事项，未能按预想集中整段时间一气呵成，既为之抱愧，又深感乔先生和社方的宽限之惠。

本书写作过程中，亦得苑书义、陈振江先生和其他诸多师友的关心，自当以学术上的更加努力回报。

还有一点需要说明，本书从自己的旧作《百年家族·曾国藩（家族）》中择用了少量文字。该书十年前由台湾立绪文化公司和河北教育出版社分别出版繁、简字体本，至今合同约期已满，自可另用，但还是应向尊敬的读者交代明白。

作者　董丛林　谨识

2011 年 1 月

第三版后记

拙著 2011 年 3 月初版问世,一年半之后二版三印,近日接社方惠告存书无多,拟新版再印。利用这个机会,将全书又通读一遍,主要作了一些字眼上的修改,有的属订正,有的为修辞,有的则是求取表达上的更为妥帖,总体说来所涉仍属“个别”地方,依然没有大面积的更动。要说,该书出版后,笔者又基本作成约 160 万字的《曾国藩年谱长编》文稿,对传主的生平史事和相关文献资料,应该说有了更为细化和系统的了解。而在此基础上反观本传记作品,也许总不免有点儿“敝帚自珍”吧,窃觉不管从立意还是具体操作上,把握得都还算“差强己意”。就这特定的篇幅容量来说,似无明显的缺漏要项,取材、剪裁和文字表述上也未见大的不妥,并且思辨因素融入得比较自然。该书出版以来,得到了相识和并不相识的诸多师友的称道,从作为学术性传记而能较为“畅销”的情况看,也可以说得到了社会关注,这一切,自然都是对作者的鼓励。但愿新出的这一较比前印更趋完善的本子,继续得到师友们(自然包括尊敬的所有读者)的关注和指教,由衷感谢!当然,也深切地感谢社方,感谢初版后记中列及大名(于此不再重复开列)的各位师友!而各次重印和新版,于宏雷女士都是具体操持者,为此付出辛劳,自当于此特表谢忱。

作者　谨识

2014 年 8 月

责任编辑:于宏雷
封面设计:肖　辉
版式设计:程凤琴

图书在版编目(CIP)数据

曾国藩传/董丛林 著. -3版. -北京:人民出版社,2014.10(2022.2重印)
ISBN 978-7-01-013952-4

Ⅰ.①曾… Ⅱ.①董… Ⅲ.①曾国藩(1811~1872)-传记 Ⅳ.①K827=52

中国版本图书馆CIP数据核字(2014)第216965号

曾 国 藩 传

ZENGGUOFAN ZHUAN

董丛林 著

人民出版社 出版发行
(100706 北京市东城区隆福寺街99号)

北京汇林印务有限公司印刷 新华书店经销

2014年10月第3版 2022年2月北京第6次印刷
开本:710毫米×1000毫米 1/16 字数:436千字 印张:27.5

ISBN 978-7-01-013952-4 定价:80.00元

邮购地址 100706 北京市东城区隆福寺街99号
人民东方图书销售中心 电话 (010)65250042 65289539